Ferdinand Gregorovius
Geschichte der Stadt Rom im Mittelalter
Band IV

FERDINAND GREGOROVIUS

GESCHICHTE DER STADT ROM IM MITTELALTER

VOM V. BIS ZUM XVI. JAHRHUNDERT

*Herausgegeben
von Waldemar Kampf*

BAND IV

Einführung · Anhang · Register

VERLAG C.H. BECK MÜNCHEN

Mit 234 Abbildungen nach alten Vorlagen, ausgewählten Anmerkungen
des Autors, Varianten, einer Bibliographie, einem Namen- und Sachregister
und einer Studie des Herausgebers
Vollständige und überarbeitete Ausgabe in vier Bänden
nach der erstmals 1953–1957 erschienenen Ausgabe

ISBN für die 4bändige Ausgabe: 3 406 07107 4

C. H. Beck'sche Verlagsbuchhandlung (Oscar Beck) München
Zweite Auflage. 1988
© 1978 Wissenschaftliche Buchgesellschaft, Darmstadt
Druck: C. H. Beck'sche Buchdruckerei, Nördlingen
Printed in Germany

INHALT

Waldemar Kampf: Entstehung, Aufnahme und Wirkung der „Geschichte der Stadt Rom im Mittelalter"	7
Editorische Hinweise	57
Anmerkungen	
Band I: Erstes bis sechstes Buch	65
Band II: Siebentes bis zwölftes Buch	92
Band III: Dreizehntes bis vierzehntes Buch	114
Varianten	
Band I: Erstes bis sechstes Buch	143
Band II: Siebentes bis zwölftes Buch	170
Band III: Dreizehntes bis vierzehntes Buch	185
Literaturverzeichnis	
Allgemeine Literatur	195
Band I: Erstes bis sechstes Buch	200
Band II: Siebentes bis zwölftes Buch	209
Band III: Dreizehntes bis vierzehntes Buch	242
Register	263

WALDEMAR KAMPF

ENTSTEHUNG, AUFNAHME UND WIRKUNG DER „GESCHICHTE DER STADT ROM IM MITTELALTER"

GREGOROVIUS UND DIE GEISTIGE LAGE NACH 1848/49

Das Jahrzehnt nach 1848/49, an dessen Ende die „Geschichte der Stadt Rom im Mittelalter" von Ferdinand Gregorovius zu erscheinen begann, ist für den Fortgang der Ereignisse bis in unsere Gegenwart hinein von eminenter Bedeutung. Alle jene Momente, die in gesteigerter Form das materielle und geistige Leben unserer Zeit bestimmen, klingen in jenen Jahren bereits vernehmbar an: Das Auftreten der Massen und damit verbunden ein langsam fortschreitendes Zurückdrängen des Individuums; die wachsende Vorherrschaft der Erfahrungswissenschaften und als deren Folge die Abwertung der philosophischen Systeme; schließlich das allmählich zunehmende Übergewicht der Naturwissenschaften, deren Siegeslauf allerdings noch für etwa zwei Jahrzehnte durch die damals gerade aufblühende Geschichtswissenschaft und Geschichtsschreibung aufgehalten oder doch wenigstens im Gleichgewicht gehalten wird. Wollte man das Neue jener Jahre mit einem knappen Ausdruck kennzeichnen, so könnte man vom Durchbruch des Realismus sprechen, der von nun an Geist und Lebensgefühl der Menschen weitgehend bestimmt, ohne den Idealismus jedoch völlig auszuschalten.

Wie das Jahr 1848 einen bedeutenden Wendepunkt in der politischen Geschichte darstellt, so bildet es auch einen Einschnitt in der Geistesgeschichte. Rudolf Haym hat das 1857 wohl am deutlichsten erkannt, wenn er „die Empfindungs- und Ansichtswelt des vorigen Jahrzehnts von unserer gegenwärtigen" wie durch einen „scharfgezogenen Strich" abgetrennt sah[1]. Seiner Ansicht nach lag in der Überwindung der Philosophie, insbesondere der Hegels, der Grund für diesen geistigen Wandel. 1848 war nicht nur die politische Revolution gescheitert, sondern zugleich auch ihre philosophische Grundlage zerstört worden. Mit einer nicht zu verkennenden, wohl dem Ressentiment entspringenden Schärfe geht Haym mit Hegel ins Gericht. Seine Philosophie hatte die ihr zugefallene Bewährungsprobe nicht bestanden, sie war durch die „siegreichen Wirklichkeiten" widerlegt worden; der bislang alles beherrschende Idealismus hatte sich ihnen gegenüber ohnmächtig erwiesen. Was nach der mißlungen Revolution in deren Vorkämpfern zurückblieb, war „namenlose Öde und Ratlosigkeit"; der Glaube an die einst heilig gehaltenen Ideale war geschwunden.

Haym hatte – und das ist bezeichnend für den neuen Geist – nicht die Absicht, das System Hegels durch ein neues zu ersetzen, weil er der Ansicht war, daß die Philosophie ihre beherrschende Rolle im Leben und in der Wissenschaft überhaupt ausgespielt habe. Er wollte vielmehr die Phi-

[1] R. Haym, Hegel und seine Zeit. Vorlesungen. Berlin 1857, S. 6.

losophie Hegels „auf historischem Wege" verstehen und darstellen. Da die Geschichte selbst die Philosophie überwunden hatte, blieb ihm nur noch übrig, „das Geschehene zur Geschichte, die Geschichte zur verstandenen und erzählten Geschichte zu machen".

Bekannt ist, wie eindeutig sich Burckhardt von der Philosophie Hegels, besonders seiner Geschichtsphilosophie, distanziert hat. Freilich ist er gewissen philosophischen Neigungen, vor allem in seinen „Weltgeschichtlichen Betrachtungen", nicht ganz entgangen. Die Mehrzahl der geistig Schaffenden aber erkannte, daß die Zeit der Philosophie von einer Zeit der großen politischen Ereignisse abgelöst werden sollte. Gregorovius hat zu diesem Wandel, der langsam alle Lebensbereiche erfaßte, auch Stellung genommen. 1866 bemerkte er nämlich, daß sich „im geistigen Prozeß der Wissenschaft die völlige Emanzipation von der Hegelschen Art in Deutschland" vollzogen habe[2]. Seine grundsätzliche Einstellung Hegel gegenüber dürfte aber eine Äußerung aus dem Jahre 1887 widerspiegeln, die von einem wohltuend abwägenden Gerechtigkeitsgefühl erfüllt ist: „Mit den Gedanken Hegels hat eine ganze Generation gedacht, oder sie ist doch in der Schule dieser spekulativen Gymnastik erzogen worden. Wenn die heutige Generation nichts mehr davon wissen will und in das Hohngelächter Schopenhauers über Hegel einstimmt, so ist das ebenso undankbar als irrig. Ein philosophischer Scharlatan hätte doch wohl niemals die Wirkung auszuüben vermocht, welche Hegel in seiner Zeit und weit über Deutschland hinaus gehabt hat"[3].

Der Wandel, der mit 1848 eingetreten war, läßt sich noch durch eine andere Erscheinung deutlich machen. Wenn sich D. Fr. Strauß z. B. gegen den „Ausguß des Geistes auf Knechte und Mägde" wandte und wenn er beteuerte, daß er „ein Epigone jener Periode der Individualbildung" sei, deren „Typus Goethe" vertrete, so hatte er vorausahnend etwas davon erkannt, was sich im Laufe des 19. Jahrhunderts immer stärker durchsetzen sollte[4]. Es ist genau das, was wir als das Vordringen der Massen und als das Zurücktreten des Individuums bezeichnet haben; es ist ein deutliches Merkmal, worin sich die erste von der zweiten Hälfte des 19. Jahrhunderts unterscheidet.

Es dürfte wohl kein Zufall sein, wenn Goethe in diesem Zusammenhang genannt wurde, denn in der Einstellung ihm gegenüber schieden sich

[2] F. G. (= F. Gregorovius) an L. Friedländer; Rom, 5. März 1866 (unveröffentl. Brief).
[3] F. G., Der Hegelianer Augusto Vera (1887). In: Ders., Kleine Schriften zur Geschichte und Cultur. Bd. III, Leipzig 1892, S. 46.
[4] D. F. Strauß an F. Th. Vischer; Heilbronn, 13. April 1848 = Briefwechsel zwischen Strauß und Vischer. Hrsg. v. A. Rapp. Bd. I (Stuttgart 1952), S.213.

damals die Geister. Einerseits wurden Stimmen laut, die sich gegen Goethe richteten und wie Gustav Freytag z. B. rundweg erklärten: „Wir wollen keinen Goethe mehr..."[5]. Andererseits nahm der Arzt und Naturphilosoph J. G. Carus, der seit 1818 Goethe auf einer Wegstrecke seines Lebens begleitet hatte, den 100. Geburtstag zum Anlaß, um jenen Stimmen gegenüber zu verkünden, daß die Wirkung Goethes eigentlich erst begonnen habe und von einem Ende durchaus nicht die Rede sein könne[6]. Das Bekenntnis zu Goethe ist in dieser Zeit mehr als die Bejahung und Bewunderung einer großen Dichterpersönlichkeit, es ist das Bekenntnis zum „Individualprinzip" schlechthin, ja zu einer ganzen Kulturepoche, die durch die Ereignisse jener Jahre bedroht scheint. Zum Beweise dessen fügen wir das Zeugnis von Gregorovius, eines ungefähren Altersgenossen Gustav Freytags an, das als repräsentativ für die geistige Welt ihres Verfassers angesehen werden kann. Am 10. Dezember 1848, also noch im Revolutionsjahr, schreibt er in einem Brief aus Königsberg an J. P. Eckermann: „Ich habe nämlich diesen Winter zu einem wahrhaften Goethestudium für mich festgestellt und führe so das wunderlichste Leben von der Welt, indem ich zugleich mit dem Strome der Tagespolitik, an der ich, so gut es hier zulässig ist, publizistisch tätig bin, mittreibe und, mit dem innersten Sein dennoch der Gegenwart abgewandt, lebhaften Umgang pflege mit den Geistern drüben in Weimar"[7]. In der damals geschriebenen Abhandlung „Goethes Wilhelm Meister in seinen socialistischen Elementen entwickelt" suchte Gregorovius zu seiner eigenen Gegenwart die Brücke zu schlagen.

Um die durch die politische Erfahrung bereicherte Sicht der Welt ins rechte Licht zu rücken, bedarf es noch eines Blickes auf die Geschichtswissenschaft. Hier bricht eine Problematik auf, die wir aus zwei fast gleichzeitig erschienenen Aufsätzen deutlich ablesen können und die im Grunde bis heute besteht. Es ist die Frage nach der Berechtigung bloßer politischer oder reiner Kulturgeschichtsschreibung. Sie wird gestellt einmal in der bekannten Marburger Rede Heinrich von Sybels „Über den Stand der neueren deutschen Geschichtschreibung" (1856)[8], die so etwas wie ein Programm der damals jüngeren Historikergeneration darstellt, und zum andern in der anonym erschienenen Abhandlung eines kaum bekannten süd-

---

[5] Zit. nach W. Bußmann, Gustav Freytag. Maßstäbe seiner Zeitkritik. In: AFK. 34 (1952) 272.

[6] C. G. Carus, Goethe und seine Bedeutung für diese und die künftige Zeit. Eine Festrede. Dresden 1849, S. 12.

[7] Siehe: J. Hönig, Ferdinand Gregorovius. Eine Biographie. Stuttgart 1943, S. 118. – W. Kampf, F. G. In: NDB 7 (1966) 25ff.

[8] In: H. von Sybel, Kleine historische Schriften. München 1863, S. 343–359.

deutschen Historikers, Karl Klüpfel, der es durchaus verdient, der Vergessenheit entrissen zu werden[9].

Die Übereinstimmung dieser Historiker in den Grundansichten geht sehr weit. Beide vertreten z. B. die Ansicht, daß der Charakter der Geschichtsschreibung jener Jahre ein „vorherrschend politischer" sei. Beide bekennen sich auch, wie es gleichzeitig Ranke über die jüngere Historikergeneration feststellte[10], zu einer politischen Überzeugung, so daß es „keine objektiven, unparteiischen, blut- und nervenlosen Historiker" mehr gibt. Von Sybel wird diese Tatsache als „ein höchst erheblicher Fortschritt" begrüßt. Klüpfel geht sogar so weit, selbst einen extremen Parteistandpunkt für die historische Darstellung gelten zu lassen, weil ein solcher weniger schade als eine parteilose Objektivität, welche vornehm auf den Kampf der Gegensätze herabsehe. Auffallend ist auch das grundsätzliche Bekenntnis beider zur Kulturgeschichte. Mit der Darstellung der politischen Ereignisse, meinte Klüpfel, habe die Geschichte ihr höchstes Ziel noch nicht erreicht, denn die Geschichte soll uns ja „ein Gesamtbild der Entwicklung der Menschheit vor Augen stellen, und darin macht die Sitte, der Glaube, die Sprache und Literatur einen wesentlichen Bestandteil aus." Desgleichen hält auch Sybel grundsätzlich an der Geschichte der Menschheit als letztem Ziel des Historikers fest, aber der Weg dorthin führt doch über die Erkenntnis der „Persönlichkeit des eignen Volkes" und über das daraus erwachsende Verständnis für die anderen Nationen, um so „von der Geschichte der Nation zu dem Lebenslaufe der Menschheit" fortzuschreiten. Sybel will auch den Staat „in stetem Zusammenhange mit dem Gesamtleben der Nation" betrachten, worunter er die ökonomischen Verhältnisse, die Entwicklung der Sprache und der Literatur, die Kirchen- und Rechtsgeschichte begreift. Aber der Staat bleibt ihm doch die „höchste irdische Blüte". Hier steht er gewiß noch unter dem Einfluß Hegels, der ja im Staat die Verwirklichung der Freiheit und letztlich den Inhalt der Geschichte sah. Sybel hebt am Ende seiner Rede noch einmal hervor, daß das Neue in der Geschichtsschreibung seit 1848 „in der veränderten Stellung des Autors zum Staate" liege. Damit wird aber das Übergewicht des Staates über die anderen kulturellen Bereiche eindeutig festgelegt. In Sybels Ansicht erblicken wir die maßgebliche Meinung eines großen Teiles seiner Generation.

Das wird noch stärker hervortreten, wenn wir im folgenden einzelne Historiker nach ihrer Stellungnahme zum Staat befragen. Als den Haupt-

[9] „Der gegenwärtige Stand der deutschen Geschichtsforschung und Geschichtschreibung", in: Deutsche Vierteljahrs Schrift. Zweites Heft. 1855, S. 108–159.
[10] L. v. Ranke an König Maximilian II. von Bayern; Berlin, 19. März 1855. In: L. v. Ranke, Das Briefwerk. Hrsg. v. W. J. Fuchs. Hamburg 1949, S. 401.

vertreter einer unbedingten Bejahung des Staates dürfen wir wohl Theodor Mommsen ansehen, dessen „Römische Geschichte" gerade in jenen Jahren (1854–1856) erschien[11]. Er geht über die bei Sybel noch gewahrte Grenze entschieden hinaus, wenn er einmal schreibt: „Mochte der Einzelne bei dieser Untertänigkeit [gegenüber dem Staat] verderben und der schönste menschliche Keim darüber verkümmern; er gewann dafür ein Vaterland und ein Vaterlandsgefühl, wie der Grieche es nie gekannt hat..."[12]. Deutlicher drückt er seine Ansicht noch an einer andern Stelle aus, an der er davon spricht, daß Sulla der wahre und letzte Urheber der vollen staatlichen Einheit Italiens gewesen sei, – „ein Gewinn, der mit endloser Not und Strömen von Blut dennoch nicht zu teuer erkauft war"[13].

Um die Gegenposition zu bezeichnen, brauchen wir nur an J. Burckhardt zu erinnern, der den Gedanken, der Staat könne direkt das Sittliche verwirklichen, als „eine Ausartung und philosophisch-bureaukratische Überhebung"[14] zurückwies und der bei der Behandlung der griechischen Polis von der „Staatsknechtschaft des Individuums"[15] sprach. Zwischen diesen beiden Extremen gibt es eine Reihe von Historikern, die eine solch scharfe Stellungnahme für oder wider den Staat nicht erkennen lassen. Zu ihnen gehört Droysen, der mit Sybels Zentrierung des Staates im geschichtlichen Raum nicht einverstanden ist, weil das Staatliche nur eine Seite der Geschichte, die sozialen und geistigen Bezüge aber ebenso wesentlich seien[16]. Er erläutert seine Ansicht noch dahingehend, daß er in Literatur und Kunst die Beantwortung für eine Reihe von Fragen suche, „die auf dem Feld der politischen Bewegungen rein unbegreiflich bleiben", und daß man darüber hinaus auch der „Entwicklung der sozialen und rechtlichen Verhältnisse" ständige Beachtung schenken müsse[17].

---

[11] Zu den beiden Büchern über Mommsen von A. Heuß (Th. Mommsen und das 19. Jahrhundert. Kiel 1956) und A. Wucher (Th. Mommsen. Geschichtschreibung und Politik. Göttingen 1956) vgl. die Rez. von W. Kampf, in: Das Hist.-Pol. Buch VI (1958) 20f.

[12] Zit. nach H. Sträuli, Theodor Mommsens Römische Geschichte. Diss. Zürich 1948, S. 64.

[13] Zit. nach Sträuli, a. a. O., S. 50.

[14] J. Burckhardt, Weltgeschichtliche Betrachtungen (Kröner). Stuttgart 1941, S. 38.

[15] J. Burckhardt, Griechische Kulturgeschichte (Kröner). Stuttgart 1939. Bd. I, S. 81.

[16] J. G. Droysen an Wilhelm Arendt; Jena, 10. März 1858. In: J. G. Droysen, Briefwechsel. Hrsg. v. R. Hübner. Berlin-Leipzig 1929, Bd. II, S. 534.

[17] J. G. Droysen an Wilhelm Arendt; Kiel, 1. März 1844. In: a. a. O., Bd. I, S. 270.

Wenn wir diese verschiedenen Positionen gegenüber dem Staat überblicken, so fällt es einigermaßen schwer zu entscheiden, wer von den genannten Historikern der politischen und wer der kulturellen Richtung der Geschichtsschreibung zuzurechnen ist. Grundsätzlich sind sie alle der Meinung, daß die Behandlung der politischen und staatlichen Fragen für die Erkenntnis des Geschichtsganzen allein nicht ausreicht, und die meisten – selbst Mommsen – haben den kulturellen Fragen in ihren großen Werken einen Platz eingeräumt. Vielleicht läßt sich der Unterschied darin sehen, daß die einen das Schwergewicht auf die politischen, die andern auf die kulturellen Verhältnisse legen. Aus diesem Grunde hat man sich wohl daran gewöhnt, die erste Gruppe als „Politische Historiker" zu bezeichnen, obgleich dieser Begriff nicht das in sich schließt, was z. B. Sybel mit jenem „Bündnis zwischen Geschichte und Politik" gemeint hatte. Denn letztlich handelte es sich bei ihm doch nicht um die Frage, welchem Bereich der Geschichte, dem politisch-staatlichen oder dem kulturellen, er seine Aufmerksamkeit schenken, sondern aus welchem Geist heraus er Geschichte geschrieben wissen wollte. Und diesen Geist erkennen wir deutlich in der politischen Lage der damaligen Zeit und in dem politischen Zukunftsbild, das jene Historiker in sich trugen. Sucht man nach einer einigermaßen zutreffenden Bezeichnung für diese Richtung der deutschen Geschichtsschreiber, so bietet sich vielleicht der Ausdruck „Politisierende Historiker" an. Wenn es für sie selbst auch noch keine eindeutige Scheidung zwischen politischer und Kulturgeschichte gab, so ist diese Trennung doch im Laufe des 19. Jahrhunderts mit der zunehmenden Spezialisierung der Geschichtswissenschaft erfolgt.

Was man aus jenem Jahrzehnt nach der Revolution noch herleiten kann, ist einmal die Verengung des Geschichtsbildes auf Staat und Nation; zum andern – damit allerdings eng verknüpft – der Wandel in der Bewertung der Vergangenheit, kurz gesagt, der Maßstab, den die einzelnen Historiker an die Ereignisse anlegten. Denken wir an Burckhardt und Mommsen, so leuchtet gleich ein, welchen Bereichen sie die für ihre Geschichtsschreibung gültigen Maßstäbe entnommen haben. Diese Frage rührt an jene letzten und höchsten Werte, denen sich der einzelne Historiker verpflichtet weiß. Bei Mommsen ist es der Staat und die in ihm geeinte Nation; Burckhardt dagegen sieht im „duldenden, strebenden und handelnden Menschen"[18] das Hauptanliegen seiner Geschichtsschreibung. Der Richtung Burckhardts müssen wir – trotz mancher, sogar wesentlicher Unterschiede im einzelnen – im Grunde auch Gregorovius zuzählen, dessen Werk allein von diesem Zentrum zu erfassen ist, denn auch er „mißt

---

[18] J. Burckhardt, Weltgeschichtliche Betrachtungen..., S. 5.

den Gang der Menschheit... nach dem Humanitäts-Ideal"[19]. Fragt man nach den Gründen dieser sich so extrem gegenüberstehenden Haltungen, so erkennt man sie unschwer in der geistigen Herkunft ihrer Träger. Offensichtlich spielt auch hierbei die Wende von 1848/49 eine Rolle. Jene etatistisch eingestellten Historiker gehören ihrem ganzen Wesen nach nämlich zur zweiten Hälfte des 19. Jahrhunderts; für sie gibt es kaum eine geistige Linie, die sie mit der Zeit vor 1848/49 verbindet. Der geistige Raum der dem Humanitäts-Ideal verpflichteten Historiker aber reicht über die erste Hälfte des 19. tief ins 18. Jahrhundert zurück, dem sie mit den Wurzeln ihres Seins noch stark verhaftet sind.

DIE ENTSTEHUNGSGESCHICHTE DES WERKES

Am 3. Oktober 1854 hat F. Gregorovius zum ersten Mal in seinen „Römischen Tagebüchern" von der Absicht gesprochen, die „Geschichte der Stadt Rom im Mittelalter" zu schreiben. Er berichtet, daß er den Gedanken dazu gefaßt habe, „ergriffen vom Anblick der Stadt, wie sich dieselbe von der Inselbrücke S. Bartolomeo darstellt"[1], also im Anblick Trasteveres und der Kaiserpaläste. Später hat er bekannt, daß es das „Idealbild Roms" gewesen sei, welches sich in seinem Innern damals abgespiegelt hätte[2]. Auch dem englischen Historiker Gibbon, auf den sich Gregorovius öfters beruft, kam die Idee zu seinem großen Werk über den Niedergang und Fall des Römischen Reiches in Rom selbst, und zwar auf dem Kapitol, als er „sinnend zwischen den Ruinen des Kapitols saß und die Barfüßermönche im Tempel des Jupiter die Vesper singen hörte"[3]. Neben andern Gründen ist es zweifelsohne auch „enthusiasm", der Gibbon zu seinem Werk veranlaßt hat; bei Gregorovius ist es ein Akt künstlerischer Eingebung, der in ihm den Gedanken seines Lebenswerkes erweckte.

Im Jahre 1858 erfahren wir über den Plan dieses großen Werkes erstmals Genaueres, zu einem Zeitpunkt, in dem die beiden ersten Bände bereits vor dem Abschluß standen. Gregorovius will nicht nur die politische

---

[19] F. G. an H. v. Thile; Rom, 16. Dezember 1860. In: Briefe von F. G. an den Staatssekretär Hermann von Thile. Berlin 1894, S. 36.

[1] F. G., Römische Tagebücher. Hrsg. v. F. Althaus .Stuttgart 1892, S. 20. Alle durch Anmerkungen nicht belegten Zitate sind diesen „Römischen Tagebüchern" entnommen. Vgl. F. G., Gesch. d. Stadt Rom..., Bd. II, S. 943: Anm. zu S. 574, *28*.

[2] F. G., Ungedruckte Tagebücher (Rom, 9. Juni 1875).

[3] Zit. nach W. Waetzoldt, Das klassische Land. Wandlungen der Italiensehnsucht. Leipzig 1927, S. 143.

Geschichte, sondern „das gesamte Leben der Stadt"[4] darstellen. Er versteht darunter ihre Metamorphosen, die Geschichte ihrer Ruinen, ihrer Sitten und Gebräuche, aber auch ihre Sagen und ihre Kunst. Alle diese Gebiete will er organisch miteinander verweben. Freilich ist damit noch nicht alles erwähnt, was er vorhat, denn er beabsichtigt, auch die römische Gestalt des Christentums und das Verhältnis der Römer zum Papsttum und Kaisertum in die Darstellung einzubeziehen, womit er, wie das bei Rom nicht anders sein kann, den Rahmen einer bloßen Stadtgeschichte überschreitet. Rom bleibt aber für Gregorovius dennoch immer „der feste Standpunkt und die hohe Warte..., von wo aus er die Bewegung der mittelalterlichen Welt" beobachtet, „so weit sie von dieser Stadt Impulse empfängt oder in lebendigem Bezug zu ihr steht"[5]. Es ist die kosmopolitische neben der munizipalen Natur Roms, die diese Ausweitung des geschichtlichen Blickfeldes notwendig macht. Aber er hat seine Aufgabe auch eingegrenzt. Wie er den zeitlichen Rahmen vom ersten Fall Roms im Jahre 410 bis auf den letzten Fall der Stadt im Jahre 1527 festlegte, so hat er in räumlicher Hinsicht wie mit Rücksicht auf die Nachbardisziplinen ebenso Grenzen gezogen. Wenn es ihm manchmal auch schwer fiel, so hat er sich doch „Entsagung auferlegt" und z. B. die Taten Totilas oder die Eroberungen der Ostgoten nicht dargestellt, um sich nicht „zu weit von der Stadt Rom" zu entfernen[6]. Ebenfalls verzichtete er darauf, „das allmähliche Wachstum und Emporsteigen" des Papsttums zu schildern, da dies „die Aufgabe des Geschichtsschreibers der Kirche, nicht des Annalisten der Stadt Rom" sei[7]. Außerhalb der Grenzen des Werkes blieben auch „dogmatische Diskussionen", die er als rein theologische Fragen der Kirchengeschichte überlassen wollte[8].

Trotz dieser von Gregorovius vorgenommenen Begrenzung wird es ihm nicht immer leicht gefallen sein, aus der Fülle der Ereignisse, die in diesem Weltknotenpunkt zusammentrafen oder sich auf ihn bezogen, jene herauszufinden, die in seine Geschichte aufgenommen werden konnten. Er mußte sich gleichsam immer zwischen zwei Kreisen bewegen, von denen der eine mit kleinerem, der andere mit größerem Radius Rom umgab. Er schwebte daher ständig in der Gefahr, entweder in der reinen Stadtgeschichte aufzugehen oder sich in der Weltgeschichte zu verlieren. Die rechte Mitte einzuhalten, das war die nicht immer leichte Aufgabe des

---

[4] F. G. an Brockhaus; Rom, 7. März 1858 (ungedruckt).
[5] F. G., Gesch. d. Stadt Rom ..., Bd. I, S. 1 f.
[6] F. G., Gesch. d. Stadt Rom ..., Bd. I, S. 213.
[7] F. G., a. a. O., Bd. I, S. 240.
[8] F. G. an Baron Cotta; Florenz, 20. Juli 1858 = J. Hönig, F. G., der Geschichtsschreiber der Stadt Rom. Stuttgart und Berlin 1921, S. 223.

Historikers der Stadt Rom. Gregorovius befand sich in einer ähnlichen Situation wie Ranke, als dieser von einer Geschichte des Papsttums im Mittelalter einmal forderte, sie solle nicht „das ganze Gebiet der politischen und kirchlichen Historie" umfassen, sondern sich „so viel möglich immer an Rom halten"[9].

Gregorovius hat sein Werk aus den Quellen erarbeitet, und er hat, wie vor ihm schon Ranke, die besonders günstige Lage Roms in dieser Hinsicht erkannt. In Rom war nämlich, um es mit Rankes Worten zu sagen, „eine wechselseitige Erläuterung des schriftlich Überlieferten, des in Monumenten Aufbehaltenen und dessen, was noch im Leben besteht, möglich, wie wahrscheinlich an keinem anderen Ort der Welt"[10]. Gregorovius fesselten, als er nach Rom kam, in erster Linie die Ruinen. In ihnen fand er Natur, Geschichte und Architektur vereint. So werden die Ruinen immer wieder in seinem Werk dargestellt, weil sie „ihre Geschichte so gut wie die Kirche und das Papsttum" haben[11]. Ranke dagegen sah in den Ruinen nur einen „Teil der Natur"[12]. Schon diese Einstellung läßt einen wesentlichen Unterschied in der Geschichtsschreibung beider Historiker erkennen.

Auch für die Geschichte der Ruinen bedurfte es aber der schriftlichen Quellen, und Gregorovius mußte Bibliotheken und Archive aufsuchen, um das Material für seine Arbeit zusammenzutragen. Im Oktober 1855 begann er mit den Vorstudien zu seinem Werk. Die Vormittagsstunden „in dem schönen Saal der Angelica" zählte er zu seinen „köstlichsten". Er wollte sich zunächst einen Überblick über den Stoff verschaffen und merkte bald, daß es „ein Ocean" war, auf den er sich gewagt hatte. Zu den wichtigsten gedruckten Quellen, die er durchsah, gehörten die Scriptores, die Muratori neben andern Werken herausgegeben hat. Keinen Historiker hat Gregorovius bei seiner jahrelangen Arbeit so oft in Händen gehabt wie diesen „Vater der modernen Geschichtsforschung". Ohne ihn, d. h. ohne seine Vorarbeiten, so bekennt Gregorovius ausdrücklich, hätte er die Geschichte der Stadt Rom kaum schreiben können.

Neben der Angelica benutzte er noch andere Bibliotheken Roms, u. a. die Sessoriana, die Barberina und die größte und reichhaltigste, die Vaticana. Allerdings hat er bis zum Jahre 1859 warten müssen, bis ihm diese Bibliothek durch die Fürsprache A. von Reumonts bei dem Kardinal Antonelli geöffnet wurde. Er fand dort gute Aufnahme bei dem Kustoden San Marzano und konnte einige Codices, u. a. das Register von Farfa, eine ihm

[9] L. v. Ranke, Das Briefwerk. Hrsg. v. W. P. Fuchs. Hamburg 1949, S. 298.
[10] L. v. Ranke, a. a. O., S. 190.
[11] F. G., Gesch. d. Stadt Rom, a. a. O., Bd. I, S. 52.
[12] L. v. Ranke, a. a. O., S. 212.

sehr erwünschte Quelle, einsehen. Aber das Gefühl, daß die Wissenschaft auf Schleichwegen gehen müsse, demütigte ihn: „Verkappt in der Maske eines antiquarius innocuus, als welcher topographische Dinge erforscht, erhasche ich mir daselbst manchen Codex, der weit andere als solche Unschuldigkeiten enthält, aber in das geheime Archiv führt mich kein Weg, ..."[13]. Im Jahre 1870 verweigerte man Gregorovius in der Vaticana „gewisse Handschriften"[14]. Darauf kam es zum Bruch, und Gregorovius hat die Vaticana nicht mehr betreten, ohne darüber sehr betrübt zu sein, denn sein Werk war inzwischen „fast fertig" geworden. Einige ihm noch fehlende Stellen sah für ihn ein junger deutscher Historiker ein, der damals in der Vaticana arbeitete[14a].

Jahrelang hat er auch die Minerva besucht, wo er sich „heimisch" gefühlt und durch die Mönche „eine immer gleiche Freundlichkeit" erfahren hatte. Als dann sein Werk 1874 auf den Index gesetzt wurde, ging er nicht mehr dorthin, weil er „die verwunderten Gesichter jener guten Alten" nicht sehen wollte, die auch, nachdem Rom Hauptstadt geworden, in der Minerva Bibliothekare geblieben waren[15].

Selbstverständlich hat Gregorovius auch die römischen Archive, soweit sie ihm zugänglich waren, benutzt. So etwa das Archiv des Kapitols, wo er eines Tages einen alten Codex mit den Statuten der Kaufleute Roms fand. Es ist das einzige erhaltene Statut der römischen Zünfte. „Mit großer Leidenschaft" begann Gregorovius diesen Codex durchzuarbeiten. Im Geheimen Archiv des Kapitols allerdings fand er wenig für seine Zwecke, da die meisten Urkunden erst aus dem Beginn des 16. Jahrhunderts stammten: „Der Sacco di Roma" hatte dort „aufgeräumt". Später erhielt er auch Zutritt zum Archiv der Notare des Kapitols[16], wo ihm der Urkundenband des Notars Camillo Beneimbene, der Urkunden von 1467 bis 1505 enthält und „ein wahres Kleinod unter den vielen Bänden jenes Archivs" ist, für seine Forschungen nützlich war. Die Ergebnisse dieser Forschungen sind in die zweite Auflage des siebenten Bandes eingegangen,

---

[13] F. G. an H. v. Thile; Rom, 17. März 1861 = Briefe v. F. G. an den Staatssekretär H. v. Thile. Hrsg. v. H. v. Petersdorff. Berlin 1894, S. 39.

[14] Wahrscheinlich handelte es sich um die Gedichte des Fausto Maddalena de' Capi di Ferro, die der Codex Vaticanae 3351 enthält. F. G., Gesch. d. Stadt Rom.... Bd. 7. Stuttgart [4] 1894, S. 611 Anm. 1.

[14a] Vgl. V. Gardthausen, in: Die Geschichtswiss. d. Gegenwart in Selbstdarstellungen. Bd. 2. Leipzig 1926, S. 88.

[15] Vgl. auch F. G., Das Römische Staatsarchiv. In: HZ. 36 (1876) 142/3.

[16] Vgl. F. G., Das Archiv der Notare des Capitols in Rom und das Protokollbuch des Notars Camillus Beneimbene von 1467–1505. In: Sitz.-Ber. d. bayer. Akadem. der Wiss. München, philos.-phil. u. hist. Kl. 1872, H. IV, S. 489–518.

weil er diese Urkunden erst im Jahre 1872 „durch die Liberalität des neuen Regiments in Rom" einsehen konnte[17]. Damals wurden ihm immer mehr Archive der Stadt zugänglich gemacht, u. a. das der Confraternitas Santo Spirito, dessen Material es ihm gestattete, den siebenten Band für die zweite Auflage „mit vielem Merkwürdigen" zu bereichern, und das des Hospitals S. Salvator ad Sancta Sanctorum, welches besonders vom 14. Jahrhundert ab von der größten Wichtigkeit für die römische Stadtgeschichte ist. Schon 1864 aber konnte er „Urkunden-Massen" aus den aufgehobenen Klöstern Italiens durchsehen[18].

Gregorovius brauchte sich jedoch nicht auf die öffentlichen Archive Roms zu beschränken. Seine langjährige Anwesenheit in dieser Stadt und seine schon erschienenen Werke hatten ihm den Zugang zu den höchsten Gesellschaftskreisen erschlossen. So erlaubte ihm Don Vincenzo Colonna, das Archiv seines berühmten Hauses zu benutzen, aus dem er „manches Merkwürdige"[19] schöpfen konnte, obwohl Antonio Coppi, der Fortsetzer der Annalen Muratoris und Verfasser der Geschichte des Hauses Colonna, ihm versichert hatte, daß es keine Urkunden zur Geschichte der Stadt Rom enthalte. Der Herzog von Sermoneta öffnete ihm sein Archiv, und desgleichen durfte er das der Conti Ruspoli durchsehen. Im Archiv Gaëtani fand er noch nicht benutzte Urkunden, auf Grund deren er zum ersten Mal eine quellenmäßige Darstellung der Nepotenpolitik Bonifaz' VIII. geben konnte[19a]. Gering war dagegen die Ausbeute im Archiv der Santa Croce, während das Archiv Chigi, dessen Zutritt ihm der Prinz Campagnano gestattet hatte, wenigstens römische Familienwappen besaß, die er kopierte. Schließlich fand er durch den Prinzen Teano auch noch Zugang zum Archiv des Hauses Orsini und entdeckte hier das Register des alten Hauses von Bracciano, aus dem er sich Auszüge machte.

Drei Jahre nach der Durchforschung der römischen Bibliotheken und Archive, begab sich Gregorovius im September 1858 nach Florenz, wo er sich auch 1862, 1865 und 1869 zu Forschungszwecken aufhielt. Zunächst besuchte er die Magliabecchiana, um sich über das Material zu orientieren, das er noch durchsehen mußte. Es war so reichhaltig, daß er kein Ende absah. Für die ältere Periode des römischen Mittelalters fand er nur wenige Dokumente, um so mehr aber für das 13. und die folgenden Jahrhunderte. Auch im Staatsarchiv war für die früheren Epochen nichts vorhanden. Hier wie auf der Laurenziana jedoch erfreute er sich „der be-

---

[17] F. G., Gesch. d. Stadt Rom ... Bd. 7, Stuttgart ² 1873, S. 285 Anm. 2.

[18] F. G. an H. v. Thile; Rom, 5. August 1874 = a. a. O., S. 75.

[19] F. G. an Baron Cotta; Rom, Silvester 1862 = J. Hönig, a. a. O., S. 253.

[19a] Diese Darstellung bestätigt F. Baethgen weitgehend in: HZ. 138 (1928) 50.

reitwilligsten Unterstützung" durch die Italiener und empfing „von vielen Orten die lebhaftesten Beweise ihrer Sympathie"[20].

Im Oktober 1859 hielt sich Gregorovius in Monte Cassino auf. Für seine Geschichte der Stadt Rom fand er hier zwar wenig, in der Hauptsache nur einige Dokumente im Registrum des Petrus Diaconus und einige Urkunden, die Campagna-Orte betrafen, aber unschätzbar war ihm der Einblick, den er hier „in das Mönchtum des Mittelalters" tun konnte. Noch im Dezember des gleichen Jahres erinnerte er sich dieser Tage auf dem Berge Benedikts, insbesondere der beiden „Zierden jenes mittelaltrigen Athen"[21], des Geschichtsschreibers Tosti[22] und des Archivars Kalefati[23].

Eine große Archivreise unternahm Gregorovius im Herbst 1863 im Anschluß an einen mehrwöchigen Aufenthalt in Deutschland und in der Schweiz. Er suchte das Archivio publico im Palazzo del Podestà in Bologna auf, wo einst König Enzio gefangen gesessen hatte. Während er in einem großen Saal über Urkunden gebeugt arbeitete, dachte er an diesen unglücklichen König, und es schien ihm, „als wenn sein Geist" vor ihm stehe und ihm „mit trauriger Ironie" zusehe. Er fand in diesem Archiv „Berge von Documenten", aber alles in großer Unordnung, und er mußte gestehen, daß er „noch nie so viel in Staub gewühlt" habe und mit Staub „wie ein Maurer" bedeckt gewesen sei: „Mich ekelte; die Muse sträubte sich in mir". Und schließlich entfährt ihm das Faust-Wort: „Verfluchtes, dumpfes Mauerloch!"

Gleiche Zustände boten sich ihm im Archiv des Stadthauses von Orvieto. Der Sindaco hatte sich geradezu geschämt, es ihm zu öffnen, weil es sich „in unbeschreiblicher Verwirrung" befand; ja, Gregorovius erklärte, daß er nie „ein ähnliches Chaos" gesehen habe. Wertvolles Material wie die Urkunden des Albornoz, Papstbullen und Hunderte von Pergamenten begannen hier zu verfaulen. Nicht anders war es im Archiv von Todi, das er im Jahre 1864 besuchte und wo er im alten Dom sieben Tage lang „unter der Erde" arbeitete[24]. Auch hier fand er alles „in schmachvoller Unordnung" und ganze Stöße von Büchern „vermodert".

---

[20] F. G. an Baron Cotta; Florenz, 16. September 1858 = J. Hönig, a. a. O., S. 226.

[21] F. G. an H. v. Thile; Rom, 22. Dezember 1859 = a. a. O., S. 17.

[22] Luigi Tosti (1811–1897) veröffentlichte u. a.: „Storia di Bonifazio VIII" (1846). „Storia del Concilio di Costanza" (1853). „Prolegomeni alla storia universale della Chiesa" (1861). „Vita di S. Benedetto" (1892).

[23] Sebastiano Kalefati (*1864) sammelte Dokumente für die byzantinische Epoche Neapels, die aber wohl nicht erschienen sind. Jedenfalls konnte darüber nichts festgestellt werden.

[24] F. G. an H. v. Thile; Rom, 5. August 1864 = a. a. O., S. 75.

Gregorovius entschloß sich, an den Unterrichtsminister und Geschichtsforscher Michele Amari[25], den er 1861 in Florenz kennengelernt hatte, einen „energischen Brief" zu schreiben und ihn auf die trostlosen Zustände des Archivs in Bologna aufmerksam zu machen. Im gleichen Schreiben wies er auch auf den Verfall des Theoderich-Grabmals hin, das er bei einem Besuch in Ravenna im September 1863 gesehen hatte. Die Bekanntschaft mit Amari, dem Geschichtsschreiber der Araber auf Sizilien, kam Gregorovius insofern zustatten, als ihm die Empfehlungsbriefe des Ministers zahlreiche Archive öffneten, die ihm „unter dem Regiment der Päpste" verschlossen geblieben wären. Jetzt war „alles der Forschung zugänglich". Auf eine Empfehlung Amaris hin konnte er auch das Archiv in der Präfektur Siena durchsuchen und eine „große Ausbeute" heimbringen. Seine Reise in Deutschland und der Schweiz einbegriffen, führte Gregorovius drei Monate lang „dies zerstückte und kostspielige Wanderleben"; er sehnte sich endlich nach Ruhe. Mitte Oktober 1863 war er nach Rom zurückgekehrt und begann hier wieder „die ewige Mühe in der ewigen Stadt".

Diese schwierigen Forschungen in Bibliotheken und Archiven beweisen genügend, daß Gregorovius nicht „als fröhlicher Poet durch den Süden"[26] gewandert sein kann. Er hat vielmehr keine Zeit und keine Mühe gescheut, seinem Werk eine quellenmäßige Grundlage zu geben. Für diesen Zweck reiste er drei Wochen lang im Juli 1864 in Umbrien und in der Sabina umher, besuchte die Archive in Todi, Perugia, Assisi, Terni und Aspra, um sie nach Chroniken, Briefen und Urkunden zu durchforschen. Auch auf dieser Reise konnte er sich der Unterstützung der italienischen Regierung erfreuen. Schon in den ersten Augusttagen des gleichen Jahres befand er sich auf dem Wege nach Neapel, wo er die Register des Hauses Anjou und andere Urkundenbestände im Staatsarchiv benutzen wollte. Doch „die über alles Erwarten anstrengende Natur der Arbeiten im Staatsarchiv"[27] zwangen ihn, seine Forschungen für einige Zeit zu unterbrechen. Beim nächsten Besuch zwei Jahre darauf, im August 1866, mußte er seine Arbeiten in Neapel wieder aufgeben, weil die Cholera ausbrach. In Siena aber arbeitete er im Juli 1869 trotz Fieber und Kolik weiter, und obwohl er sich so elend fühlte, daß er „glaubte sterben zu müssen", konnte er doch „viel neue Urkunden" mit sich nach Rom nehmen.

---

[25] Michele Amari (1806–1889) war von 1862–1864 Unterrichtsminister. Von seinen historischen Werken nennen wir die „Storia dei Musulmani di Sicilia". Firenze 1854–1873 (2. ediz. a cura di C. A. Nallino, vol. I–III. Catania 1931 bis 1939).
[26] W. Goldbaum, in: Neue Freie Presse, Wien; 22. 6. 1889 (Nr. 8917).
[27] F. G. an H. v. Thile; Rom, 31. Oktober 1864 = a. a. O., S. 77.

Mit gutem Erfolg, wenn auch „von der Hitze und den Archivarbeiten sehr angestrengt", forschte er im Juli 1868 in Venedig in der Marciana und im dortigen Staatsarchiv. Aus den Diarien des Marin Sanuto und aus anderen wichtigen Dokumenten machte er sich Auszüge oder fertigte sich Abschriften an, die es ihm ermöglichten, der Geschichte der Borgia „ein ganz neues Licht" zu geben. Reiche Schätze entdeckte Gregorovius im Dezember 1871 im Archiv des Hauses Gonzaga in Mantua. Für die Epoche Hadrians VI. und Clemens' VII. fand er hier zahlreiche Korrespondenzen und „eigenhändige Briefe fast jeder bedeutenden Persönlichkeit jener Zeit". Mit diesem Material konnte er den drei letzten Kapiteln des achten Bandes eine gesicherte Grundlage geben und darüber hinaus hoffen, für den Sacco di Roma „so viel Neues" beigebracht zu haben, „daß sich Ranke darüber freuen soll, welcher mir in München sagte, es sei nichts Neues mehr hinzuzufügen, er habe das alles schon verwertet". In Mantua war es nicht die Hitze, sondern die Kälte in dem ungeheizten Archiv, die ihn peinigte; noch nie hatte er so gefroren. Er glaubte „nicht lebend aus diesem Ort zu kommen; nur die Freude über die Entdeckungen im Archiv" gab ihm die Kraft zur Weiterarbeit.

Gregorovius kannte durch seine jahrelangen Forschungen die Archive Roms und teilweise auch die Italiens so gut, daß es kein Wunder war, wenn ihn der Unterrichtsminister Correnti im März 1872 aufforderte, den Sitzungen eines Ausschusses unter dem Präsidenten Amari beizuwohnen, der Gesetze für diese Anstalten vorbereiten sollte. Außer Gregorovius war nur noch ein Deutscher, nämlich der Sekretär des Preußischen Archäologischen Instituts in Rom, Wilhelm Henzen[28], in diesen Ausschuß berufen worden. Gregorovius legte dem Minister einen „Plan wegen der Ordnung und Inventarisierung der Archive in und außer Rom" vor und stellte in der Aprilsitzung des Ausschusses noch zwei Anträge. Im ersten forderte er die Einsetzung einer Spezialkommission, welche die Archive überwachen sollte, im andern die Gründung einer wissenschaftlichen Zeitschrift „Archivio Storico Romano", aus der im Laufe der Zeit vielleicht ein „Codex Diplomaticus urbis Romae" entstehen konnte. Der erste Vorschlag wurde sogleich einstimmig angenommen; über den zweiten ging man zunächst hinweg, aber im Jahre 1878 wurde doch eine Zeitschrift „Archivio della società romana di storia patria" begründet.

Die Neuordnung des Archivwesens war erst möglich geworden, nachdem die Italiener 1870 in Rom einmarschiert waren und Rom zu ihrer

---

[28] Johann Heinrich Wilhelm Henzen (1816–1887) beschäftigte sich mit epigraphischen Forschungen.

Hauptstadt gemacht hatten. Die Einnahme Roms war der Schlußstein einer politischen Entwicklung, die sich seit dem Krieg um die nationale Einheit, also seit 1859, langsam aber stetig vollzog. Diese italienische Einheitsbewegung ist nicht ohne Einwirkung auf die Entstehung der „Geschichte der Stadt Rom im Mittelalter" geblieben.

Am 29. April 1859 überschritten die Österreicher den Ticino. Gregorovius verzeichnete diese Tatsache in seinen „Römischen Tagebüchern" und fügte hinzu, daß die Augsburger Allgemeine Zeitung am gleichen Tag den ersten Band seiner Geschichte angekündigt habe: „So fällt ihr Beginn in diese dem Anschein nach alles umwandelnde Revolution Italien's; und in welche Zeit wird wohl ihr nicht abzusehendes Ende fallen?" Die Zeit war unruhig, und Gregorovius kamen Bedenken, ob er das umfangreiche Werk überhaupt jemals werde beenden können. Für den Fall einer Kriegserklärung Preußens bereitete er sogar Anfang Juli 1859 alles zur Abreise aus Rom vor. Schließlich war dann das Werk im großen ganzen beendet, als die weltliche Macht des Papsttums, d. h. also der Kirchenstaat, nach und nach aufgehoben und Rom endlich die Hauptstadt des neuen Italiens geworden war. So ist die „Geschichte der Stadt Rom" in der Hauptsache in den Jahren 1859–1870 entstanden, mithin in der Zeit der großen politischen Bewegungen, und immer wieder stoßen wir daher auf Äußerungen, in denen von einer wechselseitigen Erhellung von Mittelalter und Gegenwart die Rede ist.

Die politischen Ereignisse von 1859 hatten Gregorovius die Augen geöffnet, so daß er „die Grundgedanken des Mittelalters, und vor allem das Verhältnis des Papsttums zu Rom", klarer erkannte. So verfolgte er z. B. die Losreißung der Romagna aus dem Kirchenstaat als Geschichtsschreiber mit dem größten Interesse, da sie ihm das Verständnis für „die Stetigkeit einer und derselben Revolution im Kirchenstaate seit 1100 Jahren" schärfte. Nicht ohne Grund also beobachtete er die Ereignisse der Gegenwart als „etwas gar nicht genug zu Schätzendes für den Geschichtschreiber", der die Kämpfe und Leiden Roms im Mittelalter darzustellen hatte.

Hielt sich Gregorovius in diesen politischen Krisenjahren nicht in Rom auf, so fürchtete er immer, er könnte die Einnahme der Stadt durch die Italiener versäumen, also nicht „Augenzeuge jener Transformation" sein, und es würde ihm dann „eine geschichtliche Anschauung, ja gleichsam das Finale der Geschichte selber" fehlen[29]. Solange dieses weltgeschichtliche Ereignis noch ausblieb, arbeitete er rüstig an der Geschichte Roms, um ein gutes Stück voranzukommen, bevor ihn „die Piemontesen" „zu sehr aufregen" könnten. Aber Rom hatte schon 1861 „jene Reize absolut neu-

---

[29] F. G. an H. v. Thile; St. Moritz, 11. August 1862 = a. a. O., S. 55.

traler Geschichtlichkeit eingebüßt und die unruhigen, selbst fanatischen Züge des Moments" angenommen. Es bedurfte also, vor allem später, der größten Anspannung und Konzentration, um dieses umfangreiche Werk abschließen zu können.

Besonders kritisch und deshalb für die Arbeit schwierig wurde die Lage in Rom seit 1866, in welchem Jahr Gregorovius den sechsten Band beendigte. Die französischen Truppen, die zum Schutz Roms eingesetzt worden waren, zogen vorübergehend ab. Zugleich verlagerte sich das weltgeschichtliche Interesse von Italien mehr nach Deutschland, wodurch Rom etwas in den Hintergrund trat. Gregorovius meinte daher, sein „Werk getan" zu haben und nun „vor einer moralischen Grenze" zu stehen.

Schon 1867 steigerte sich die Aufregung in Rom, als Banden von Freiwilligen an der Grenze des Kirchenstaats erschienen. Nachdem Garibaldi das Kommando übernommen hatte, drang er mit ihnen bis Mentana bei den Toren Roms vor, wurde aber von den wieder gelandeten französischen Truppen zum Rückzug gezwungen. Gregorovius hat dieses heiß umkämpfte Rom am 25. Oktober 1867 sehr eindrucksvoll geschildert: „Es ist nachts 9 Uhr – ich höre Petarden knallen. Der Himmel ist hell und klar. Unten liegt das große Rom wie ein Fieberkranker – es sind Zuckungen der Geschichte. Dort liegt finster der Vatikan; das Verderben pocht an seine Pforte. Was mag der Papst tun? – er betet – er soll ruhig und gefaßt sein. Es ist der Todeskampf der weltlichen Kirche. Ihre Haltung in dieser Stunde ist achtunggebietend. Wieder Petardenschüsse."

In dieser Zeit konnte Gregorovius kaum noch etwas arbeiten, weil er deutlich spürte, daß diese Gegenwart „auch ein Stück Geschichte" und für ihn „unschätzbar" sei. An Aufregungen und Beunruhigungen mangelte es in Rom nicht. Eines Tages fiel auf der Piazza Espagna zweihundert Schritte vor Gregorovius eine Bombe, und beim Aveläuten waren wieder „alle Teufel" los: „Während ich dies schreibe, donnern in nur minutenweiser Unterbrechung Petarden in der Stadt, und dazu läuten wohl 100 Glocken. Die letzte Stunde des weltlichen Papsttums mag geschlagen haben". Nachdem die Kämpfe bei Mentana beendet waren, besuchte er mit dem Grafen Lovatelli und dessen Gattin das Schlachtfeld.

Erst am 20. September 1870 marschierten die Italiener in Rom ein. Gregorovius weilte gerade in Deutschland, wohin er sich nach Ausbruch des deutsch-französischen Krieges begeben hatte. Die Konzentration auf seine Arbeit war durch diese Ereignisse sehr erschwert, obwohl er in München täglich die Bibliothek aufsuchte. Als er Mitte Oktober wieder in Rom eingetroffen war, fielen ihm auch hier die Arbeiten am achten Band nicht leicht, und er sehnte sich „schmerzlich nach ihrem Abschluß, denn die Zeit ist ihnen nicht mehr günstig". Trotz all dieser aus den politischen

Ereignissen sich ergebenden Schwierigkeiten wird man doch feststellen dürfen, daß Gregorovius einen großen Teil der Kraft für die Vollendung seines achtbändigen Lebenswerkes aus der nationalen Bewegung Italiens und Deutschlands gezogen hat.

Noch eine andere, nie versiegende Kraftquelle muß man erwähnen, wenn man der Entstehungsgeschichte des Werkes nachgeht. Im Jahre 1859 hatte Josias von Bunsen, der ehemalige preußische Gesandte in London, Gregorovius empfohlen, nach Berlin zu gehen und die Arbeit dort zu vollenden. Denn „selbst für jene mittelalterliche [sic!] Zustände" wird es nicht leicht sein, in Rom „etwas Befriedigendes zum Abschluß zu bringen". Bunsen meinte damit den Mangel an literarischen Hilfsmitteln in Rom, die in Berlin – dort „finden Sie Pertz mit seinen Urkunden" – in reichlichem Maße vorhanden seien[30]. Gregorovius wollte auf diesen Vorschlag nicht eingehen, weil er glaubte, die Geschichte Roms nicht in der „dünnen Atmosphäre Berlins"[31] schreiben zu können. Zudem bedurfte er nicht nur der literarischen Quellen, sondern auch der Anschauung, die notwendig war, wenn er den Geist der Zeit in sein Werk einfangen wollte. Damit war er aber durch seine Arbeit an Rom gebunden.

Darüber hinaus vermittelte ihm das päpstliche Rom in seinem täglichen Leben und bei besonderen Anlässen Eindrücke, die sich in seinem Werk widerspiegeln. Gregorovius ließ keine Gelegenheit vorübergehen, solche Eindrücke in sich aufzunehmen und sie dann an geeigneter Stelle seiner Geschichte der Stadt Rom zu verwerten. Am 5. September 1857 z. B. kehrte Pius IX. von einer Reise zurück. Rom wurde von der Bevölkerung geschmückt, um den Papst würdig zu empfangen. „Am Ponte Molle hatten die Mercati di Campagna Triumphbogen und Tribünen errichtet. Die Porta del Popolo war nach dem Modell Michelangelos verkleidet, und der Senat hatte am Corso einen großen Triumphbogen aufgestellt." Gregorovius hatte gehofft, „eine Szene" zu erleben, die er für seine Geschichte verwerten konnte, aber „dies Spektakelstück fiel gar dürftig aus". Es gab jedoch genug andere Gelegenheiten, bei denen Gregorovius das Mittelalter studieren konnte; etwa, als der Papst beim Fest des Filippo Neri seinen neuen Wagen weihte, wobei ihm „der Crucifer auf einem weißen Maultier" vorausritt, „in ganz mittelaltriger Weise, wie sonst nur bei den Possessen des Laterans geschieht".

Besonders stark trat das Mittelalter bei der Einberufung des Konzils nach Rom in Erscheinung. Die Bulle wurde schon am 29. Juni 1868 „mit

---

[30] Josias v. Bunsen an F. G., Cannes, 19. Dezember 1859 (ungedruckt).
[31] F. G. an H. v. Thile; Rom, 16. Dezember 1860 = a. a. O., S. 36.

mittelalterlichem Ceremoniell" verlesen. „Eine Kanzel stand auf der Plattform des St. Peter; dorthin begab sich der Notar, andere päpstliche Notare saßen dabei auf Bänken, dazu acht Schweizergarden und vier Fedeli des Senats, welche vor der Verlesung der Bulle in Trompeten stießen. Sodann hefteten sie die Bulle an die Türen von St. Peter, warfen sich in Wagen und fuhren fort, um sie an den herkömmlichen Orten anzuschlagen: St. Johann, Santa Maria Maggiore, Cancellaria und Campo di Flora." Während des 1869 und 1870 tagenden Konzils erschienen mehrere päpstliche Bullen, die dem Geschichtsschreiber und Kenner des mittelalterlichen Roms nur zu bekannt waren, da sie in Form und Inhalt ihren Vorgängern glichen. „Das Mittelalter" erschien wieder „frank und frei in den Bullen des Papsts".

Als im Oktober 1867 die Aufregung in Rom stark anschwoll und man schon einen Aufstand der Römer befürchtete, wurden an allen Toren „Schanzen" aufgeworfen, um die Tore zu sichern. Gregorovius begab sich vor die Tore del Popolo und Angelica, um diesen Arbeiten beizuwohnen, die ihn „an das Mittelalter" erinnerten, wo die Tore häufig zugemauert worden waren. Aber nicht nur in, sondern auch außerhalb Roms tauchten „Szenen der Vergangenheit" vor ihm auf, weil für ihn alle Orte „mit Erscheinungen" bevölkert waren.

Am 12. November 1856 begann Gregorovius mit der Darstellung der Geschichte der Stadt Rom. Er hat diesen für ihn denkwürdigen Tag in seinen „Römischen Tagebüchern" mit folgenden Worten festgehalten: „Heute um 9 Uhr des Morgens habe ich den ersten Band zu schreiben angefangen, im 5. Jahre meines Aufenthaltes in Rom, meines Lebens im 35., im 11. Jahr des Papsts Pius' IX."

Seit dem Oktober des Vorjahres hatte Gregorovius das Material gesammelt, das er in den ersten beiden Bänden verarbeiten wollte. Die Fülle der Quellen und die pausenlose Arbeit hatten ihn bereits Ende Februar 1856 gezwungen, seine Forschungen in der Bibliothek abzubrechen. Er verbrachte einen „dumpfen Monat" und machte am 16. März sein Testament. Er begann daran zu zweifeln, ob er jemals dieses umfassende Werk werde schaffen können, und in den Nächten sah er die Geschichte der Stadt Rom „wie ein fernes Gestirn" über sich stehen: „Sollte mir das Schicksal doch verstatten, sie zu vollenden, so würde kein Leid in der Welt groß genug sein, daß ich es nicht standhaft ertrüge".

Als Gregorovius das schrieb, stand er noch in den Vorbereitungen; auch später hat er öfters seine Arbeit unterbrechen müssen, wenn seine Gesundheit zu stark angegriffen worden war. In Zeiten, in denen Scirocco und allzugroße Anstrengung sein „Nervensystem verstimmt" hatten, verbrachte er die Nächte „meist schlaflos". Die Darstellung der Zeit Gregors VII. – „ein Stoff von großer Tragik" – hatte ihn so sehr angestrengt, daß er danach „pausieren" mußte[32]. Ende Mai 1869 überfiel ihn ein Fieber, so daß der Arzt ihm riet, von Rom abzureisen. Er aber blieb und verbrachte einen öden, ganz finstern Monat, wo er „nahe an den Pforten des Hades" stand.

Zeitweise, besonders in den heißen Sommermonaten, die er häufig in seinem „Lieblingsort" Genazzano im Gebirge zubrachte, mußte er eine Pause einlegen, aber seine Gedanken kreisten doch ständig um sein Werk: „Rom ist der Dämon, mit welchem ich ringe." Immer weiter kam er im Stoff voran, immer interessanter wurde er, und er entdeckte, daß es eine „terra vergine"[33] sei. Besonders der dritte Band, der die karolingische und ottonische Epoche umfaßt, hatte es ihm angetan, weil mit ihm die Geschichte Roms „dramatisch" wurde. Er hatte ihn „aus zahllosen Urkunden" erarbeitet und hoffte, daß er besser gelungen sei als die ersten beiden. Als er ihn im Januar 1860 vollendet hatte, konnte er befriedigt feststellen, daß die ersten drei Bände „durch einen wahrhaften furor laboris glücklich herausgeschleudert" worden seien[34]. Er hatte nur wenig über drei Jahre für die Niederschrift dieser umfangreichen Bände gebraucht.

Diese erstaunliche Leistung war nur möglich gewesen, weil Gregorovius alle anderen Pläne zurückgestellt hatte. Seine dichterischen Neigungen z. B., die ihn früher stark beschäftigt hatten, waren „durch den großen Stein Rom"[35] erdrückt worden. Wenn er sich der Philosophie und den „dichterischen Träumen des göttlichen Platon" hätte widmen können, wäre er glücklich gewesen. Aber er fand zu solcher Lektüre „außerhalb des Kreises" seiner „barbarischen Chroniken und Diplome" keine Zeit[36]. Er sah „diese große Arbeit" als sein „wahrhaftes Leben" an, hoffte aber nach der Fertigstellung seines Lebenswerkes noch einige Jahre der Muße zu haben, um seine poetischen Pläne verwirklichen zu können. In der Erfüllung dieses Wunsches hätte er 1862 „den besten Lohn" seiner „unter so großen Anstrengungen und Entsagungen durchgeführten Arbeit" gesehen[37].

Gregorovius wurde die Arbeit in gewissem Sinne dadurch erleichtert, daß er in Rom Menschen fand, die Anteil an ihr nahmen und ihn zur Fort-

---

[32] F. G. an H. v. Thile; Rom, 17. März 1861 = a. a. O., S. 39.
[33] F. G. an H. v. Thile; Rom, 11. Januar 1860 = a. a. O., S. 21/22.
[34] F. G. an Baron Cotta; Rom, 1. Dezember 1858 = J. Hönig, a. a. O., S. 229.
[35] F. G. an H. v. Thile; Rom, 31. Oktober 1864 = a. a. O., S. 78.
[36] F. G. an H. v. Thile; Rom, 1. Januar 1862 = a. a. O., S. 50.
[37] F. G. an H. v. Thile; Rom, St. Peter und Paul 1862 = a. a. O., S. 53.

setzung ermunterten. Zu ihnen gehörte der norwegische Historiker Peter Andreas Munch, der 1863 ganz plötzlich in Rom starb, und der französische Geschichtsschreiber Jean Jacques Ampère, der einen Artikel über Gregorovius'·Schriften im „Journal des Débats" 1858 veröffentlicht hatte. In Anwesenheit Alfred von Reumonts las Gregorovius Ampère ein Kapitel aus seinem Werk vor. Auf den Wunsch der russischen Großfürstin Helene hat er ihr und ihren Damen desgleichen zweimal Abschnitte aus seiner Geschichte vorgetragen. Die Großfürstin fand seinen Stil „tendu", und Gregorovius gab ihr recht: „in den ersten Kapiteln bin ich unsicher und deshalb ‚angestrengt'." – Die Einleitung und das Kapitel über Theoderich las er dem preußischen Gesandten beim Vatikan, dem Freiherrn von Thile, im Palazzo Caffarelli vor. Er erinnerte sich dieser Tage immer besonders gern und konnte sich auch nach dem Fortgang Thiles von Rom der steten Teilnahme dieses wahrhaft gebildeten Mannes erfreuen.

Ihm hatte Gregorovius auch sonst viel zu verdanken. Josias von Bunsen und Thile hatten nämlich erreicht, daß die preußische Regierung jährlich eine Subvention von 400 Talern an Gregorovius zahlte. Er erhielt diese Summe von 1860 bis 1870, was ihm sehr erwünscht war, denn ohne sie hätte er „die unternommene Arbeit freilich nimmer zu Ende führen können"[38]. Als er seinen Plan zu verwirklichen begann, war er tatsächlich „so mittellos", daß er „kaum ein Buch erschwingen" konnte. Haufenweise schleppte er geliehene Bücher aus der Bibliothek des ihm befreundeten Arztes Dr. Alertz oder aus der Bibliothek des Kapitols in seine Wohnung. Seine wirtschaftliche Lage besserte sich, nachdem er am 5. September 1858 mit dem Verlag Cotta im Hause seines Freundes Sabatier in Florenz einen Vertrag unterzeichnet hatte. Cotta zahlte ihm für den Band 600 Taler, eine Summe, die ihn „von der lähmenden Sorge" befreite und ihm gestattete, „ruhig weiter zu arbeiten", ja, sich „einige Bücher zu kaufen"[39]. Nach der Unterzeichnung des Vertrages konnte er befriedigt feststellen, daß er sich „unter heißen Mühen emporgearbeitet" habe und sich jetzt festes Land unter seinen Füßen bilde.

Je weiter Gregorovius im Stoff voranschritt, desto anziehender wurde er, aber damit wuchsen auch die Schwierigkeiten. Sie lagen vor allem in der Fülle des Materials, welches „so riesige Dimensionen"[40] annahm, daß Gregorovius das Ende seiner Arbeit gar nicht absehen konnte. Das Manuskript des fünften Bandes hatte viel Zeit erfordert; es war „die sehr ernste Mühe von drei ganzen Jahren" gewesen[41]. Er hoffte dann, das Werk mit

---

[38] F. G. an H. v. Thile; Rom, St. Peter und Paul 1862 = a. a. O., S. 52.
[39] F. G. an H. v. Thile; Florenz, 23. September 1858 = a. a. O., S. 6.
[40] F. G. an L. Friedländer; Rom, 7. Mai 1864 (ungedruckt).

dem sechsten Bande abschließen zu können in der Meinung, daß die letzten Epochen des Mittelalters der Stadt nicht mehr die Bedeutung wie die früheren hätten und deshalb kürzer behandelt werden könnten. Aber es gelang ihm nicht, die ganze Stoffülle in diesem einen Band – er sollte „der interessanteste in dem Werk sein"[42] – zu bewältigen. Er mußte schließlich dem sechsten noch zwei weitere Bände folgen lassen, um das Material entsprechend den früheren Bänden darzustellen.

Dem Ende seiner Arbeit sah Gregorovius nicht gerade mit Zuversicht entgegen. Er war durch die langen Mühen so angegriffen, daß er fast daran verzweifelte, „diesen Stein auf dem Gipfel aufzurichten". Die Träume dieser Zeit lassen deutlich erkennen, wovon er beim nahenden Ende seiner Arbeit bewegt wurde. So träumte ihm eines Nachts, daß er Rom verlassen müßte und daß er sträubend sich „an einem Telegraphenpfahl fest anklammerte – unten lag eine nebelnde und häßliche Welt". Als er sich 1869 dazu entschloß, aus dem siebenten Band zwei Einzelbände zu machen, schrieb er die nicht eindeutig zu interpretierenden Worte, daß „das sehnlich erwartete Ziel meiner ‚Lossprechung' von der Arbeit meines Lebens wieder um ein Jahr hinausgerückt"[43] sei. Schon vordem hatte ihn „große Schwermut" überfallen, so daß er den Schluß des letzten historischen Kapitels nicht niederschreiben konnte und dafür die kulturhistorischen Teile des letzten Bandes in Angriff nahm. Den Schluß der „Geschichte der Stadt Rom" schrieb er erst an seinem 50. Geburtstag, am 19. Januar 1871. Danach brauchte er noch ein Jahr, um Nachträge zu machen und das Manuskript für den Druck einzurichten.

Gregorovius war, nachdem er sein Lebenswerk vollendet hatte, zunächst „mehr von Wehmut als von Freude" durchdrungen. Dann fühlte er sich „in eine religiöse Stimmung"[44] emporgehoben, „so wahrhaft religiös"[45], wie er es kaum je empfunden hatte. Ende 1872 wurde diese Stimmung schließlich von einem Gefühl abgelöst, das er in die Worte „niemals so frei und so glücklich" zusammenfaßte. Damit hatte er wieder die Kraft für neue Aufgaben gewonnen.

Viele seiner Leser hofften, er werde die Geschichte der Stadt Rom bis zur Gegenwart fortsetzen. Aber das hatte er aus verschiedenen Gründen

[41] F. G. an H. v. Thile; Rom, 31. Oktober 1864 = a. a. O., S. 78.

[42] F. G. an Buchhandlung Cotta; Rom, 27. September 1865 = J. Hönig, a. a. O., S. 263.

[43] F. G. an G. G. Gervinus; Roma, 2. Mai 1869 = O. Dammann, F. Gregorovius und G. G. Gervinus. Mit elf unveröffentlichten Gregoroviusbriefen. In: ZGORH. NF. 56 (1943) 629/30.

[44] F. G. an H. v. Thile; Roma, 8. Januar 1871 = a. a. O., S. 86/7.

[45] F. G. an L. Friedländer; Rom, 21. Januar 1872 (ungedruckt).

nicht im Sinn. Einmal war es die „Übersättigung" an diesem Stoff und die „Ermüdung am Ende der Arbeit", zum andern eine für ihn doch wohl entscheidende Frage. Er konnte sich nämlich zu der Fortsetzung nicht entschließen, weil „Rom in den modernen Jahrhunderten nur noch Bedeutung hat als Sitz des Papsttums, dessen Geschichte zugleich keine großen die Welt durchwirkenden Ideen und Züge mehr darbietet"[46]. Hier stoßen wir noch einmal auf das hohe Ziel, das sich Gregorovius mit seiner Geschichte der Stadt Rom gesteckt hatte. Er wollte keine bloße Stadtgeschichte, sondern auch eine Geschichte des Papsttums und des Kaisertums schreiben. In den drei Jahrhunderten nach 1527 aber „konnte die Stadt Rom weder mehr ein mitwirkendes Glied der Geschichte des Abendlandes, noch ein Spiegel für die Bewegung Europas" sein, und der Geschichtsschreiber dieser Jahrhunderte hätte gewiß Mühe, „die großen Weltströmungen in bezug auf die Stadt Rom zu bringen"[47]. Von der Zeit der Französischen Revolution ab hätte er dann „den Todeskampf des politischen Papsttums" darzustellen, der sich „zur Tragödie des Unterganges des Kirchenstaats und auch der bisherigen Form des Papsttums" gestalten würde[48].

Da Gregorovius sein Werk im liberalen Geiste schrieb, mußte er befürchten, daß es auf den Index gesetzt werde. Aber erst am 6. Februar 1874 entschloß sich die Indexkongregation zu dieser Maßnahme, so daß der Abschluß des Werkes unbehindert blieb. Als Gregorovius davon erfuhr, ging er zum Petersdom, wo das Dekret an einer Marmorsäule beim ersten Eingang angeschlagen war: „Der ehrwürdige Dom bekam plötzlich ein persönliches Verhältnis zu mir. Noch nie zuvor durchwandelte ich ihn mit so erhobener Stimmung. Ich bedachte alle meine Mühen, meine Leiden und Freuden, meine große Leidenschaft, was alles ich in mein Werk versenkt hatte, und ich pries die guten Genien, welche über ihm gewacht zu haben schienen, daß ich es ungestört vollendete und in demselben Moment, da die Papstherrschaft in Rom zusammenbrach."

DIE AUFNAHME UND DIE WIRKUNG DES WERKES

Gregorovius hatte sich mit der „Geschichte der Stadt Rom im Mittelalter" eine Aufgabe gestellt, die über das rein Wissenschaftliche hinaus ein Anliegen aller Gebildeten des 19. Jahrhunderts war. Das wird vor allem

---

[46] F. G. an v. Troschke; Rom, 7. Januar 1872 (ungedruckt).
[47] F. G., Gesch. d. Stadt Rom. Hrsg. v. W. Kampf, Bd. III, Darmstadt 1957, S. 667.
[48] F. G., a. a. O., S. 668.

durch die noch wahrhaft Gebildeten unter den damaligen Gelehrten bezeugt. Zwei Jahre bevor die ersten beiden Bände 1859 erschienen, hatte kein Geringerer als Jacob Burckhardt darauf hingewiesen, daß „das Schicksal der Weltstadt Rom" nicht nur den Altertumsforscher, sondern „jeden Gebildeten" interessieren dürfte[1]. Und ein Jahr nach dem Erscheinen jener Bände erklärte der in gewisser Weise als Antipode Burckhardts zu bezeichnende Althistoriker Ernst Curtius, ohne sich allerdings auf das Werk selbst zu beziehen, Rom „für alle Gebildeten" zu einem Mittelpunkt ihrer geistigen Interessen, ja zu einer hohen Schule der Wissenschaft und der Kunst[2]. Schließlich versicherte der Kritiker Eduard Arnd 1862, daß „jeder Geschichtsfreund", und besonders die große Zahl derjenigen, die Rom aus eigener Anschauung kennen, der Fortsetzung der „Geschichte der Stadt Rom im Mittelalter" „mit Ungeduld" entgegensähen[3]. Diese Zeugnisse spiegeln die geistigen Anliegen jener Bildungsschicht des vorigen Jahrhunderts wider, die ein solches Geschichtswerk, das zugleich natürlich auch „ein Postulat der Wissenschaft"[4] war, lebhaft herbeisehnte und freudig begrüßte.

Für die Aufnahme, die das Werk in seiner Zeit fand, waren verschiedene Umstände maßgebend, von denen vor allem zwei erwähnt werden sollen. Einmal die weltanschauliche Situation jener Jahrzehnte, die sich dem Höhepunkt in der Auseinandersetzung zwischen Liberalismus und katholischer Kirche näherte, und zum anderen der Wandel, der sich in den Methoden und Auffassungen der Geschichtswissenschaft vollzog.

Gerade die letztere Frage dürfte für die Beurteilung und Wertung dieses profilierten Werkes von nicht geringer Bedeutung gewesen sein. Es hatten sich nämlich in der damals heranwachsenden Historikergeneration zum Teil grundlegend andere Vorstellungen von den Aufgaben und Zielen der Geschichtswissenschaft herausgebildet, deren Ursachen hier nicht weiter untersucht werden können. Zwar erschienen noch großartig komponierte Geschichtswerke, aber die Wissenschaft tendierte doch in nicht zu verkennender Weise zur subtilen Einzelforschung hin, so daß diese das Gesicht der Historie immer stärker zu prägen begann. Ein Vertreter dieser damals jungen Generation war W. Maurenbrecher, der für die 1859 begründete Historische Zeitschrift eine Rezension der „Geschichte der Stadt Rom im Mittelalter" schrieb, in der es ihm nicht so sehr um die Würdigung des Gan-

---

[1] J. Burckhardt, Gesamtausgabe, Bd. 14 (Stuttgart 1933), S. 57.
[2] E. Curtius, Altertum und Gegenwart, Bd. I (Berlin 1875), S. 42.
[3] E. Arnd, in: Westermanns Jahrbuch 11 (1862) 114.
[4] B. Erdmannsdörffer, in: Preußische Jahrbücher 7 (1861) 204.

zen als um die Kritik der Einzelheiten zu tun war. Das Ganze des Werks faßte er vielleicht am stärksten noch dort ins Auge, wo er sich der Frage des von Gregorovius gewählten Themas zuwandte. Maurenbrecher traf nämlich die Feststellung, daß Gregorovius zwei an sich verschiedene Aufgaben, nämlich die einer „Geschichte der Stadt Rom" und die einer „Geschichte des Papsttums", in seinem Werk zugleich behandelt habe; seiner Ansicht nach „ein mißlicher Versuch, dessen Lösung auch keineswegs geglückt" sei[5]. Noch deutlicher brachte er es in dem Hinweis zum Ausdruck, daß bei Gregorovius „die Selbstbeschränkung auf ein festgezeichnetes, festzuhaltendes Thema" fehlte. Vermutlich schwebte Maurenbrecher die Form einer streng wissenschaftlichen Untersuchung vor, in der die Lösung einer bestimmten Frage angestrebt wird, nicht aber die Geschichtsschreibung großen Stils. Auch Ranke hat einmal beiläufig geäußert, die Arbeit sei „mehr eine Geschichte der Päpste als der Stadt Rom und deren Municipalität", aber es bleibt doch fraglich, ob man die Akzente so setzen darf[6]. Zutreffender hat zweifelsohne H. Simonsfeld, der Bearbeiter der Jahrbücher des Deutschen Reiches unter Friedrich Barbarossa, geurteilt, der die „Geschichte Roms" als eine „überaus glückliche Vereinigung von Stadt- und Papstgeschichte" bezeichnete[7]. Und schließlich kann in diesem Zusammenhang noch auf das Zeugnis E. Bernheims hingewiesen werden, der dieses Werk gerade „wegen des glücklichen Verhältnisses zwischen Territorialem und Allgemeinem" als ein Musterbeispiel einer Territorialgeschichte hingestellt hat[8].

Auch andere Historiker haben diese eben angedeutete, aus der Aufgabe sich notwendig ergebende Problematik gesehen und von verschiedenen Seiten her erörtert, ohne allerdings immer ausdrücklich von Gregorovius ihren Ausgangspunkt zu nehmen oder auf ihn hinzudeuten. Es dürfte aber im Hinblick auf Gregorovius durchaus gerechtfertigt sein, einzelne dieser Ansichten hier wiederzugeben. So spricht z. B. H. Grisar, der vor allem durch seine heftig umstrittene Lutherbiographie bekannt geworden ist, einmal von der engen Verflochtenheit der beiden oben genannten Themen, die nur „auf Unkosten eines jeden derselben voneinander getrennt" werden können[9]. O. Vehse, ein moderner Historiker, zieht den Kreis noch weiter, wenn er darauf aufmerksam macht, daß sich die Schicksale Roms als städtisches Gemeinwesen nur schwer von der allgemeinen abendländischen

[5] W. M. (= W. Maurenbrecher), in: HZ. 6 (1861) 489.

[6] H. Wichmann, Gesammelte Aufsätze. Bd. II (Leipzig 1887) 194.

[7] H. Simonsfeld, in: Beilage z. Allgemeinen Zeitung (München, 8.Mai 1891) S. 3.

[8] E. Bernheim, Lehrbuch der hist. Methode u. d. Geschichtsphilosophie. Leipzig [5] + [6] 1908, S. 68.

[9] H. Grisar, Geschichte Roms und der Päpste. Bd. I (Freiburg 1901) V.

Geschichte des Mittelalters trennen lassen[10]. Die Idee aber, von der sich Gregorovius bei der Wahl des Themas leiten ließ, dürfte wohl am klarsten H. Hagemann, ein katholischer Theologe, erkannt und ausgedrückt haben. Gregorovius habe nämlich „Rom nicht bloß in seiner bürgerlichen Existenz für sich, sondern als Mittelpunkt der Weltgeschichte" darstellen wollen. Hagemann warf ihm deshalb auch nur einen „Mißgriff in der Wahl des Titels" vor, der „zu einseitig eine bloße Stadtgeschichte" ankündigt, einen Vorwurf, dessen Berechtigung nicht ganz von der Hand zu weisen ist[11]. Schließlich hat man gerade in Hinsicht auf die Problematik der Aufgabe das „künstlerische Geschick des Geschichtschreibers" bewundert, „der immer das Auge fest auf den Mittelpunkt gerichtet hat und den Faden nicht aus der Hand verliert, an den auch die fernstreichenden Wirkungen und Bezüge geknüpft bleiben"[12].

Von vielleicht noch größerer Bedeutung für die Beurteilung eines wissenschaftlichen Werkes ist die Frage der Quellengrundlage, da mit ihrer positiven oder negativen Beantwortung der Wert eines Werkes steht oder fällt. Es ist daher kein Wunder, daß sich die wissenschaftliche Kritik auch mit dieser Frage eingehend beschäftigt hat. Freilich ginge es zu weit, wenn an dieser Stelle Einzelheiten dazu ausgebreitet würden, und es dürfte wohl genügen, einige Gesamturteile zu dieser wichtigen Frage anzuführen.

Aus der Entstehungsgeschichte ist bereits bekannt, daß Gregorovius neben der einschlägigen Literatur auch zahlreiche gedruckte und ungedruckte Quellen herangezogen hat. Ja, er hat „eine erhebliche Zahl wertvoller Urkunden zum ersten Mal veröffentlicht", wie der Byzantinist K. Krumbacher feststellte, „und manche falsche Tradition durch die Vergleichung der Quellen beseitigt"[13]. Insbesondere kann ihm auch die Wisenschaft „für seine Detailforschung über die Zustände und die Verhältnisse Roms und des Kirchenstaats" dankbar sein, worauf Hagemann mit Recht hingewiesen hat[14]. Auf diesem Gebiet haben nach der Meinung A. von Reumonts, eines guten Kenners der Geschichte Roms, manche Teile seines Werkes „recht eigentlich Bahn gebrochen" und sogar „über die Grenzen römischer Stadtgeschichte hinaus" sehr viel „zur Kenntnis des Mittelalters" beigetragen[15]. H. Simonsfeld nahm ihn sogar gegen einige allerdings von ihm nicht genannte „zünftige Historiker" in Schutz, die die

---

[10] O. Vehse, in: HZ. 157 (1938) 575.
[11] H. Hagemann, in: Theologisches Literaturblatt 3 (1868) Sp. 374.
[12] L., in: Im neuen Reich 3, 2 (1873) 64.
[13] K. Krumbacher, Populäre Aufsätze. Leipzig 1909, S. 282.
[14] H. Hagemann, in: Theologisches Literaturblatt 1 (1866) Sp. 391.
[15] A. von Reumont, Geschichte der Stadt Rom. Bd. II (Berlin 1869), S. 1176.

Dienste, welche er der Wissenschaft „durch die Herbeischaffung wertvollen neuen Materials" erwiesen hat, nicht anerkennen wollten[16]. Gregorovius hat nämlich durchaus „auch für den Fachgelehrten wichtige Entdeckungen" gemacht, was F. Dahn, ein wenigstens für die ersten Bände vorzüglicher Kenner der Materie, bestätigen konnte. Er schränkte sein im großen ganzen positives Urteil allerdings durch die Feststellung ein, daß Irren menschlich sei und er „nicht in allen Punkten" die Auffassungen von Gregorovius teilen könnte[17]. A. von Reumont, ein Diplomat und Historiker, der auf religiösem und politischem Gebiet ganz andere Anschauungen als Gregorovius vertrat, erkannte bereitwillig die Gründlichkeit des Werkes an, das sich auf „die Ergebnisse jahrelanger sorgsamer Quellenforschung" stützen konnte[18]. Zu diesem Fragenkreis hat dann, man kann wohl sagen abschließend, P. Kehr, der verdiente Editor vieler Papsturkunden, sehr treffend bemerkt, „daß die einst an Gregorovius' Werk von einigen zünftigen Historikern geübte Kritik weder dem Kunstwerk noch seiner Forschungsarbeit gerecht geworden ist"[19].

Ein von Gregorovius häufig angewandtes Mittel, auch dann noch zu einem organischen Gesamtbild zu gelangen, wenn die Quellen spärlich oder ungleich fließen, ist öfters beobachtet worden. Er ergänzt dann nämlich „geistvoll das Fehlende" und gewinnt so „aus schwachen Umrissen und dürftigen Andeutungen Kombinationen", die „der Wahrheit gewiß nicht fern liegen"[20]. Versucht er doch manchmal, „durch die Kraft der Divination nachzuhelfen und die Lücken der Überlieferung durch Vermutungen zu ergänzen", wie es Krumbacher einmal ausgedrückt hat[21]. Sofern die Grenzlinien zwischen sicher bezeugter Tatsache und bloßer Kombination erkennbar bleiben, wird gegen ein solches Verfahren kaum etwas einzuwenden sein, da es auch sonst gebräuchlich ist. Im andern Falle allerdings besteht die berechtigte Gefahr, daß der Phantasie zu sehr nachgegeben wird.

Es lag Gregorovius nicht, alle Dokumente, die er fand, den verfeinerten Methoden der Quellenkritik zu unterwerfen, „jeden Zeugen so lange auf der kritischen Folterbank zu drehen und zu wenden, bis er ihm das letzte Wort abgerungen" hatte[22]. Das war natürlich bei der Fülle der zu bearbeitenden und zu verwertenden Quellen aller Art auch nicht zu erwarten. Kehr geht jedoch m. E. einen Schritt zu weit, wenn er behauptet,

---

[16] H. Simonsfeld, a. a. O., S. 3.
[17] F. Dahn, in: Deutsches Museum 10 (1860), 2. Hälfte, S. 569.
[18] A. v. Reumont, Geschichte der Stadt Rom. Bd. II (Berlin 1869), S. 1176.
[19] P. Kehr, in: Deutsche Revue 46 (1921) 270.
[20] R., in: Leipziger Repertorium 18 (1860), 1. Bd., S. 33/34.
[21] K. Krumbacher, a. a. O., S. 281/2.
[22] K. Krumbacher, a. a. O., S. 282.

Gregorovius habe „historische Kritik eigentlich nie geübt"[23]. Anderenfalls hätte der Vorwurf, er habe „als Geschichtsforscher nicht die höchsten Anforderungen" erfüllt, seine Berechtigung[24]. In Wahrheit dürfte jedoch eher das Urteil Hagemanns zutreffen, daß die Darstellung von Gregorovius „auf einem soliden Quellenstudium, auf ausgedehnter, auch den Staub der Archive nicht scheuender Erforschung des objektiven Tatbestandes" beruht[25]. Dieses Urteil ist zuletzt durch H. Ritter von Srbik bestätigt worden, der die „Geschichte der Stadt Rom im Mittelalter" als „ein Werk reichster archivalischer Forschung" bezeichnet hat[26].

Natürlich blieb die Kritik nicht nur allgemein auf die Frage des Themas und der Quellengrundlage beschränkt. Man hat auch eine Reihe ganz bestimmter Stellen hervorgehoben, die, wenn sie nacheinander gelesen werden, einen ersten Einblick in das Werk gestatten und zugleich gewisse Schwerpunkte erkennen lassen. Auf einige, die entweder in wissenschaftlicher oder in künstlerischer Hinsicht von Bedeutung sind, darf vielleicht im folgenden aufmerksam gemacht werden.

Gregorovius beginnt den ersten Band mit einer allgemeinen „Ansicht der Stadt Rom in der letzten Kaiserzeit" und zeigt dann, wie dieses Bild Roms durch das Christentum umgewandelt worden ist. „Das sind Fragen, die auf Grund der Forschungen von Gregorovius jetzt als gelöst betrachtet werden können"[27]. Im vierten Kapitel des gleichen Bandes erzählt er von der Eroberung und Plünderung der Stadt durch Alarich, weist dabei die italienischen Übertreibungen dieser Verwüstungen zurück und stellt schließlich fest, daß die Monumente Roms damals nicht zerstört worden sind. „Eine besonders gelungene Erörterung", wie F. Dahn bemerkt hat[28]. Zum gleichen Fragenkreis äußerte sich W. Maurenbrecher noch positiver, indem er Gregorovius das Verdienst zuerkannte, „für immer" die Behauptung widerlegt zu haben, daß die Kunstdenkmäler Roms durch die Goten unter Alarich oder durch die Vandalen zerstört worden wären. Die gleiche Zustimmung fand er für die von Gregorovius behandelte Frage der Entstehung der weltlichen Herrschaft des Papsttums, die „als Ganzes erledigt" sein könnte, wenn Gregorovius „diese Partie des Buches in knapperer Form

---

[23] P. Kehr, in: Deutsche Revue 46 (1921) 268.
[24] K. Krumbacher, a. a. O., S. 281.
[25] H. Hagemann, in: Theologisches Literaturblatt 3 (1868) Sp. 378.
[26] H. Ritter von Srbik, Geist und Geschichte vom deutschen Humanismus bis zur Gegenwart. Bd. I (München 1950), S. 321.
[27] Ev. Emeros, in: Deutsche Jahrbücher f. Politik und Literatur 13 (1864) 332.
[28] F. Dahn, in: Deutsches Museum 10 (1860), 2. Hälfte, S. 571.

und schärferer Beleuchtung zusammengefaßt" hätte. Mit besonderem Interesse und ebenfalls zustimmend hat er schließlich jene Seiten des Werkes gelesen, auf denen nachgewiesen wird, „daß Leo III. schon seit 795 die Idee des Kaisertums gefaßt" hatte und „Karl von 795 ab als Herrscher von Rom zu betrachten sei"[29].

Der dritte Band, der die Zeit vom Tode Karls des Großen bis zu dem Ottos III. umfaßt, enthält neben Schilderungen einer Fülle von Katastrophen großartige Charakterbilder, die Gregorovius „ebenso anziehend als gründlich" darzustellen weiß[30]. Zu einem Höhepunkt der mittelalterlichen Geschichte führt dann der vierte Band, der von der Auseinandersetzung Heinrichs IV. und Gregors VII. berichtet. Als „besonders gelungen" bezeichnete B. Kugler, der Geschichtsschreiber der Kreuzzüge, darin die Schilderung der letzten Kampfjahre zwischen Gregor und Heinrich, die Beschreibung Monte Cassinos, die Charakterisierung der Päpste von Paschalis II. bis Innocenz II. und die Darstellung des römischen Kulturzustandes im 12. Jahrhundert[31]. Auch der fünfte Band bot Gregorovius Gelegenheit zu Schilderungen, wie er sie „in meisterhafter Weise" zu entwerfen versteht[32]. Zu ihnen gehören die Schlacht von Benevent und das Lebensschicksal Konradins, welches nach K. Hampes Urteil „am schönsten vielleicht von Gregorovius" beschrieben worden ist[33]. Damit ist aber die Fülle der Gestalten dieses Bandes, der „viel mehr als die früheren auf ungedruckten Quellen" beruht, noch nicht erschöpft, denn in ihm werden außerdem noch die Ereignisse um Bonifaz VIII. geschildert, dessen Gefangennahme in seiner Vaterstadt Anagni Gregorovius durch die Erschließung neuer Quellen aufklären konnte.

Die Darstellung Cola di Rienzos, „die internationalen Ruf genießt", hat sich schon immer besonderer Anerkennung erfreut, da sie „von hohem Schwung getragen ist, dem Außergewöhnlichen in Rienzos Erscheinung, vor allem seiner Bedeutung für die Geschichte der italienischen Einheitsbewegung, stärker als das zuvor zum Ausdruck gekommen war, gerecht" wird. P. Piur, der letzte Biograph Rienzos, sieht neben diesen positiven Zügen auch die Schwächen der Darstellung, die „in den Bahnen Gibbons und Sismondis wandelnd, von dem hohen Turm weltgeschichtlicher Betrachtung und rationalistischer Kritik ihre Zensuren austeilt, in manchem Betracht doch fast einen Rückschritt gegenüber der nüchternen und vor-

[29] W. Maurenbrecher, in: HZ. 6 (1861) 491, 492, 493.
[30] E. Arnd, in: Westermanns Jahrbuch 11 (1862) 113.
[31] B. K. (= Bernhard Kugler), in: Literarisches Zentralblatt 1863, Sp. 52.
[32] Ohne Name, in: Literarisches Zentralblatt 1866, Sp. 1108.
[33] K. Hampe, Geschichte Konradins von Hohenstaufen. Innsbruck 1894. Vorwort.

sichtigen Darstellung Papencordts" bedeutet. Er faßt sein wohl abgewogenes Urteil in die Worte zusammen, daß das Rätsel von Rienzos Persönlichkeit durch die Darstellung von Gregorovius „eher kompliziert als erhellt" werde[34]. P. Joachimsen dagegen erkennt sie ohne jede Einschränkung als „die beste Darstellung Colas" an[35], was übrigens in ähnlicher Weise auch K. Brandi getan hat[36]. Insgesamt wird diesem sechsten Bande, dem die Geschichte Cola di Rienzos einverleibt ist, eine „besonnene und maßvolle Ruhe der Darstellung" nachgerühmt, wobei Hagemann besonders an den Bericht über den Ausbruch des Schismas nach der Wahl Urbans VI. und an die Charakterisierung dieses Papstes durch Gregorovius denkt. Er ist des Lobes voll für ihn und seine Darstellung, wenn er sich vorstellt, daß dieses Jahrhundert ein protestantischer Kirchenhistoriker „à la Ebrard" oder ein nationalliberaler italienischer Patriot beschrieben hätte, und er gesteht, daß er jenen gegenüber „unbedenklich der, wenn auch nur von einem natürlichen Takt, aber doch von einem unmittelbaren poetischen Instinkt für alles Große, Schöne und echt Menschliche geleiteten Darstellung von Gregorovius den Vorzug" geben würde. Er schließt seine Betrachtung des sechsten Bandes „voll Freude und Befriedigung über die anmutvolle Darstellung und die im ganzen festgehaltene Objektivität"[37]. Aus dem siebenten Bande ist, soweit ich sehe, keine Stelle besonders herausgehoben worden, obwohl Gregorovius in ihm ebenso einige Kapitel der Kultur der Renaissance gewidmet hat wie im achten abschließenden, in dem er neben der politischen Geschichte eben auch die Schöpfungen der Kunst und das wiedererwachende Geistesleben „in meisterhafter Weise" beschrieben hat[38].

Nicht immer und nicht in allen Punkten ist Gregorovius solche Anerkennung zuteil geworden, wie sie hier mit einzelnen Beispielen belegt werden konnte, und gelegentlich hat er sich bitter über die kleinliche und mißfällige Kritik beklagt. Daß er Grund zu solcher Klage hatte, ist später von P. Kehr bestätigt worden, der versucht hat, „gutzumachen", „was ihm früher mit unfreundlicher Kritik nachgesagt worden ist"[39]. Es mag sich dabei vielleicht auch um die Bewertung einzelner Kaiser gehandelt haben,

[34] P. Piur, Cola di Rienzo. Darstellung seines Lebens und seines Geistes. Wien 1931, S. 225/6.
[35] P. Joachimsen, in: Hist. Viertelj.-Schr. XX (1920/21) 448.
[36] Dies nach P. Piur, a. a. O., S. 225. Bei K. Brandi, Cola di Rienzo und sein Verhältnis zu Renaissance und Humanismus. In: Ders., Ausgewählte Aufsätze. Oldenburg 1938, S. 318–347, kann ich allerdings eine solche Stelle nicht nachweisen.
[37] H. Hagemann, in: Theologisches Literaturblatt 3 (1868) Sp. 378, 377 und 382.
[38] Ohne Name, in: Literarisches Zentralblatt 1873, Sp. 421.
[39] P. Kehr, in: Deutsche Revue 46 (1921) 265.

die Gregorovius in einem etwas anderen Lichte als die deutsche Forschung sah, so etwa Heinrich IV. und Heinrich VI., die B. Kugler „unbillig hart beurteilt" fand[40]. H. Simonsfeld sprach noch allgemeiner davon, daß er den Kaisern und auch den Päpsten „nicht immer ganz gerecht" geworden sei[41].

Ein Problem lag Gregorovius ganz besonders am Herzen, und er bemühte sich, Klarheit darüber zu erlangen. Es handelte sich dabei um die „kritischen Punkte der Stadtverfassung Roms", wie sie Josias von Bunsen bezeichnet und Gregorovius zur Behandlung empfohlen hatte, weil sie „die Fragen der Zeit" seien[42]. Zwar gab es über die „Geschichte der Städteverfassung in Italien" das zweibändige Werk von Carl Hegel, aber es war keine abschließende Darstellung, und das insbesondere nicht für die Verfassung Roms, deren Verhältnisse ziemlich im dunkeln lagen. Daher konnte es „als ein wesentliches Verdienst" der Forschungen von Gregorovius bezeichnet werden, daß er „den gänzlichen Untergang der römischen Städteverfassung schon beim Anfange des Mittelalters" festgestellt hatte[43]. Er hatte auch zum erstenmal „eine eingehende Darstellung der römischen Verfassung" für das 12. Jahrhundert versucht, aber bei B. Kugler nicht jene Zustimmung gefunden, die er vielleicht erwartet hatte, denn Kugler hätte sich „eine strengere Art der Behandlung" gewünscht[44].

Ein Werk, welches sich so eingehend mit Rom und dem Papsttum beschäftigte, mußte, wenn auch vielleicht nicht so sehr in seinen Einzelheiten, so doch in seinen weltanschaulichen Voraussetzungen in besonderem Maße von katholischer Seite kritisch unter die Lupe genommen werden. Daß Gregorovius als Protestant und Liberaler, der er aus tiefster Überzeugung war, mit seinen Ansichten und Urteilen nicht immer die Zustimmung katholischer Kreise erhalten würde, war vorauszusehen. Daß einige unter ihnen ihm aber sogar die Berechtigung, ein solches Werk zu schreiben, absprachen, war immerhin einigermaßen erstaunlich. Der Freiburger Kirchen- und Kunsthistoriker F. X. Kraus etwa behauptete, „daß ein Nichtkatholik unmöglich eine befriedigende Geschichte Roms" schreiben könne, weil das Beispiel von Gregorovius gezeigt habe, daß man nicht einmal einen Teil der römischen Geschichte „in nichtchristlichem Geiste" dar-

---

[40] B. K. (= Bernhard Kugler), in: Literarisches Zentralblatt 1863, Sp. 52/53.
[41] H. Simonsfeld, in: Beilage zur Allgemeinen Zeitung (München, 8.Mai 1891), S. 3/4.
[42] J. von Bunsen an F. G.; Cannes, 19. Dezember 1859 (ungedruckt).
[43] Ev. Emeros, in: Deutsche Jahrbücher für Politik u. Literatur 13 (1864) 349.
[44] B. Kugler, a. a. O., Sp. 52.

stellen könne[45]. Über den Ursprung und das Wesen der Kirche, „in der Hauptsache, in dem Kern der Frage" also fand Hagemann die Darstellung „unglaublich mangelhaft und leichtsinnig"[46]. Man könnte demgegenüber natürlich einwenden, daß es gar nicht in der Absicht von Gregorovius gelegen hatte, eine eingehende Geschichte der Kirche zu schreiben, was er an einer Stelle (vgl. I, 240) auch deutlich zum Ausdruck gebracht hat, aber er konnte es selbstverständlich auch nicht vermeiden, diese oder jene religiöse oder kirchliche Frage zu streifen, und er tat es ganz gewiß nicht „vom Standpunkt des gläubigen Katholiken"[47]. Immerhin konnte ihm aber der Freiherr von Cotta nach der Lektüre der ersten beiden Bände bestätigen, daß er darin das Dogma der katholischen Kirche „nicht verletzt, noch den Usus dieser Kirche prinzipiell angefeindet" habe[48]. J. Döllinger rühmte sogar „die vorurteilslose Stellung" der „Geschichte der Stadt Rom"[49], und H. Rump fand in ihr Stellen, „welche Gregorovius wie unwillkürlich entschlüpft sein" mußten, „um den kirchlichen Anschauungen eine Rechtfertigung" zu geben[50]. Verständlicherweise betrachtete Gregorovius die Kirche und ihre Einrichtungen als Historiker, und es war daher bei seiner weltanschaulichen Einstellung auch nicht zu erwarten, daß er die christliche Kirche „als göttliche Anstalt" im Sinne der katholischen Theologie auffaßte[51].

Er legte an alle Handlungen ihrer Vertreter einen sittlichen Maßstab an, dessen allgemeine Gültigkeit man freilich bestreiten, dessen Vorhandensein man aber nicht leugnen kann. Es entspricht daher nicht den Tatsachen, wenn F. X. Kraus behauptet, Gregorovius habe „die sittliche Idee überhaupt aus der Weltgeschichte" hinausgeworfen[52].

Gerade diese sittliche Idee ist es, von der das ganze Werk wie von einem roten Faden durchzogen und zusammengehalten wird. Karl Rosenkranz, der Nachfolger auf dem Lehrstuhl Kants und einstige Lehrer von Gregorovius, hat es deutlich erkannt, wenn er einmal bemerkt, daß sich Gregorovius „zur Idee der Menschheit" erhoben und dadurch „über die Zeit

[45] F. X. Kraus, in: Theologisches Literaturblatt 3 (1868) Sp. 511.
[46] H. Hagemann, in: Theologisches Literaturblatt 1 (1866) Sp. 435.
[47] F. X. Kraus, a. a. O., Sp. 511.
[48] Baron von Cotta an F. G.; Stuttgart, 18. August 1858 (ungedruckt).
[49] Vgl. F. G., Römische Tagebücher. Hrsg. von F. Althaus. Stuttgart 1892, S. 241.
[50] H. Rump, in: Literarischer Handweiser f. d. katholische Deutschland 66 (1868) Sp. 146.
[51] H. Grisar, Geschichte Roms und der Päpste. Bd. I. (Freiburg 1901), S. 51 Anm. 2.
[52] F. X. Kraus, a. a. O., Sp. 511.

der Päpste und Kaiser" gestellt habe[53]. Dieser von ihm eingenommene Standpunkt hängt „mit seiner ganzen, noch überwiegend von den theoretischen Idealen des 18. Jahrhunderts ausgehenden Lebensanschauung" zusammen[54]. Es besteht kein Zweifel darüber, bedürfte aber im einzelnen noch einer genaueren Untersuchung, daß die Lektüre Gibbons einen starken Einfluß auf ihn ausgeübt hat, den B. Kugler allerdings als „keinen sehr günstigen" bezeichnet[55].

Gregorovius sieht sich begreiflicherweise in seinem Werk immer wieder vor die Aufgabe gestellt, die Päpste des Mittelalters zu beurteilen. Er läßt ihnen in ihren unvergänglichen Verdiensten um Kunst und Wissenschaft „volle Gerechtigkeit" widerfahren, verurteilt aber „ihre politischen und weltlichen Herrschaftstendenzen"[56]. „Für die natürliche Größe der Päpste, für ihre Genialität als Staatsmänner, für ihre Unerschrockenheit, für ihre altrömische Ruhe bei vernichtenden Katastrophen hat er ein scharfes Auge, und in diesen Dingen hat er keinem Unrecht getan, ja er ist unbefangener und gerechter als die theologische Geschichtschreibung der Protestanten zu sein pflegt. Für die übernatürliche Weihe und die kirchliche Größe dagegen hat er keinen Sinn und kein Verständnis"[57]. Diesem in positiver wie in negativer Hinsicht zutreffenden Urteil Hagemanns können noch zwei weitere an die Seite gestellt werden, die gleichfalls erkennen lassen, welchen Maßstab Gregorovius an die Geschichte der Päpste angelegt hat. „Die wahren welthistorischen Verdienste des Papsttums", schreibt F. Althaus, „sind wohl nie parteiloser und in vollerem Umfang anerkannt und gewürdigt worden als von diesem humanen Philosophen"[58]. Schließlich hat ein so bedeutender Kenner der mittelalterlichen Papstgeschichte wie P. Kehr sein Urteil einmal in den Satz zusammengefaßt: „Niemals hat das mittelalterliche Papsttum und haben jene großen Päpste einen begeisterteren Herold gefunden" als Gregorovius[59]. Für seine im großen ganzen doch gerechte Beurteilung der Päpste versucht Hagemann, ein katholischer Theologe, eine Erklärung zu geben mit der Feststellung, „daß eben durch die Abwesenheit eines prägnanten Parteistandpunkts und durch die universellere Betrachtung die Darstellung in der Angabe des Einzelnen weit

---

[53] K. Rosenkranz an F. G.; Königsberg, 28. Dezember 1871 = Altpreußische Monatsschrift 49 (1912) 181.
[54] H. Simonsfeld, a. a. O., S. 3/4.
[55] B. Kugler, a. a. O., Sp. 53.
[56] H. Simonsfeld, a. a. O., S. 3/4.
[57] H. Hagemann, in: Theologisches Literaturblatt 1 (1866) Sp. 438/9.
[58] Ohne Name (= F. Althaus), in: Augsburger Allgemeine Zeitung Nr. 59 vom 28. Febr. 1873 (Beilage), S. 886.
[59] P. Kehr, in: Deutsche Revue 46 (1921) 269.

treuer, unbefangener und wahrheitsgemäßer ausgefallen ist, als zu erwarten steht, wo irgendein engherziges Parteiinteresse die Farben mischt"[60].

Werfen wir noch einen raschen Blick auf jene Urteile, die das Werk insgesamt betreffen, so wird die „Gründlichkeit der Studien und Nachforschungen", ja einmal sogar „die deutsche Gründlichkeit und Gewissenhaftigkeit" gerühmt, mit der sich Gregorovius selbst der unbedeutenden Persönlichkeiten unter den Päpsten angenommen habe, so daß ein Werk entstehen konnte, welches „der deutschen Wissenschaft würdig" ist[61]. Sehr treffend hat P. Piur die Akzente gesetzt, indem er auf einige „glänzende" Eigenschaften des Forschers und Schriftstellers Gregorovius hingewiesen hat. Zu ihnen rechnet er „die meisterhafte Kunst der Erzählung, die bildhaft anschauliche Sprache, die weiten historischen Perspektiven, die geistvollen Parallelen, die die Lektüre des Gesamtwerks immer wieder zu einem Genuß machen"[62].

Über die „Geschichte der Stadt Rom im Mittelalter" ist einmal gesagt worden, Gregorovius habe sie „unabhängig selbst von den Vorurteilen der Nationalität, als Objekt humaner, rein wissenschaftlicher Betrachtung" geschrieben[63]. In der Tat war er von nationalen Vorurteilen weitgehend frei, zumal er sich sowohl in Deutschland als in Italien gleichermaßen heimisch fühlte. Diese Tatsache mußte sich auch auf seine Geschichtsschreibung auswirken, so daß er manche geschichtlichen Ereignisse in einem etwas anderen Lichte als die deutschen Historiker sah. Das hat ihm wohl den Vorwurf Rankes eingetragen, seine „Geschichte der Stadt Rom im Mittelalter" sei „italienisierend". Gregorovius konnte diesem Vorwurf aber geschickt mit dem Satz eines Italieners begegnen, der ihm einst gesagt hatte: „Ihre Geschichte ist ganz vortrefflich, aber sie ist zu deutsch"[64]. Beide Äußerungen zusammengenommen sind geeignet, die Ansicht zu erhärten, daß Gregorovius bemüht war, seinen Standpunkt jenseits aller nationalen Engstirnigkeit zu wählen und sein Werk als ein Stück abendländischer Geschichte zu schreiben.

Um Wert und Bedeutung dieses Werkes ins rechte Licht zu rücken, scheint es zweckmäßig, ihm andere Werke, die sich die gleiche oder doch eine ähnliche Aufgabe gestellt haben, gegenüberzustellen. So etwa die in

---

[60] H. Hagemann, in: Theologisches Literaturblatt 3 (1868) Sp. 377.

[61] Ed. Arnd, in: Westermanns Jahrbuch 11 (1862) 114.

[62] P. Piur, a. a. O., S. 225.

[63] Ohne Name (= F. Althaus), in: Augsburger Allgemeine Zeitung Nr. 59 vom 28. Febr. 1873 (Beilage), S. 886.

[64] Vgl. F. G., Römische Tagebücher, S. 533.

den Jahren 1867–1870 erschienene dreibändige Geschichte der Stadt Rom von Alfred von Reumont, die dieser auf Anregung des Königs Maximilians II. von Bayern verfaßt hat. Sie war nicht auf das Mittelalter beschränkt, sondern umfaßte zugleich auch das Altertum und die Neuzeit. Bei der Themengleichheit konnte es nicht ausbleiben, daß beide Werke verglichen und gewertet wurden. F. Althaus hat besonders zwei Gesichtspunkte herausgestellt, die den grundsätzlichen Unterschied deutlich zu machen vermögen. Sie betreffen einerseits den weltanschaulichen Standpunkt und andererseits die Frage der Quellengrundlage. „Reumont schreibt die Geschichte des mittelalterlichen Roms als kirchlich gläubiger Katholik, als Aristokrat und als Hofmann." Mit dieser Kennzeichnung hat Althaus in jedem der von ihm aufgeführten Punkte den genauen Gegenpol von Gregorovius bezeichnet. Schärfer ist sein Urteil über Reumont in der zweiten Frage. „Seine Geschichte der Stadt Rom liefert in der Tat keine selbständigen Forschungen, nicht einmal nach den gedruckten Quellen. Er gibt die Resultate anderer, für das eigentliche Mittelalter die von Gregorovius." Sein Gesamturteil faßte er in die Worte zusammen, daß „Reumonts Arbeit als Geschichtswerk nicht im entferntesten mit dem seines Vorgängers" zu vergleichen sei[65]. In ähnlicher Weise sprach auch H. Doergens von dem berühmten Vorgänger des zweiten Reumont-Bandes: „Dieses Mal hat er nicht wie beim ersten Bande einen Franzosen (J. J. Ampère) zum Vorbilde, sondern einen Deutschen, der an Gründlichkeit der Studien und Nachforschungen nicht hinter jenem zurückbleibt"[66].

Mit Althaus' Urteil war Reumont natürlich nicht einverstanden, und er bemühte sich, die Originalität seines Werkes zu verteidigen. Wenn er auch zugab, daß er die Gregorovius-Bände vom dritten bis zum fünften „mit aufrichtigem Dank" benutzt habe, so wies er für die folgenden Teile seines Werkes diese Abhängigkeit entschieden zurück, weil sie gleichzeitig erschienen waren. Reumont stützte sich „für die ganze Zeit von Bonifaz VIII. bis zu Paul III." auf Forschungen, die er bereits in früheren Jahren angestellt hatte[67]. Gregorovius seinerseits bekannte zwar, daß er von Reumonts „kulturgeschichtlichen Abschnitten der Renaissance-Epoche guten Nutzen habe ziehen können", hielt aber im Grunde an der Meinung fest, daß das, was Althaus festgestellt hatte, „richtig und wahr" sei[68]. In ge-

---

[65] Ohne Name (= F. Althaus), a. a. O., S. 886.

[66] H. Doergens, in: Heidelberger Jahrbücher der Literatur 61 (1868) 403.

[67] A. von Reumont, in: Augsburger Allgemeine Zeitung Nr. 65 vom 6. März 1873, S. 976.

[68] F. G. an H. von Thile; Rom, 23. März 1873 = Briefe von F. Gregorovius an den Staatssekretär H. von Thile. Hrsg. von H. von Petersdorff. Berlin 1894, S. 92.

wisser Hinsicht wurde diese Ansicht auch durch F. X. Kraus bestätigt, dessen Urteil über Reumonts „Geschichte der Stadt Rom" in den Worten, sie habe „die kritische Erforschung der römischen Geschichte im ganzen nicht wesentlich" gefördert, zum Ausdruck kommt[69]. Neuerdings hat dann H. Ritter von Srbik das Werk von Gregorovius weit über Reumonts „Geschichte der Stadt Rom" gestellt und ihm das Prädikat „an Weite des geschichtlichen Blickes unerreicht" erteilt[70].

Das über den ersten Band nicht hinausgelangte Buch „Geschichte Roms und der Päpste im Mittelalter" von H. Grisar, welches Rom beim Ausgang der antiken Welt behandelt, fand in F. X. Kraus einen Rezensenten, der in ihm nur einen „Antiquar" und einen „Theologen", aber keinen „Historiker" am Werk sah[71]. Gerade die historischen Partien schienen ihm „nicht quellenmäßig" gearbeitet, und die Forschung fand er in „keinem einzigen Punkt" gefördert. Auch in literarischer Hinsicht sprach Kraus diesem Buch jede Bedeutung ab, da es nicht im entferntesten einen Vergleich mit den Arbeiten „der bedeutenden Historiker und Schriftsteller", die dieses Thema behandelt haben, aushalten kann. Neben Gibbon war mit diesem Hinweis auch Gregorovius gemeint, der „freilich nur zu sehr die Phantasie vorwalten läßt"[72].

Im Jahre 1909 erschien schließlich der „Grundriß einer Geschichte Roms im Mittelalter" von O. Rössler, den L. M. Hartmann, ein hervorragender Kenner der Geschichte des italienischen Mittelalters, einer Kritik unterzog. Es interessiert uns heute und in diesem Zusammenhang nicht mehr, was er im einzelnen an diesem Buch auszusetzen hatte. Sein Schlußurteil allerdings geht uns an, weil er darin auf Gregorovius zu sprechen kommt. „Trotz aller Mängel hat der alte Gregorovius das ihm zugängliche Material mit Energie zu verarbeiten gesucht, und obwohl vieles veraltet ist, steht die „Geschichte Roms im Mittelalter" heute noch wissenschaftlich, künstlerisch und, man möchte sagen, auch menschlich, ganz unvergleichlich höher als Rösslers sogenannter Grundriß"[73].

Hartmann hat mit dieser Kennzeichnung des Werkes von Gregorovius zugleich jene Gründe herausgestellt, die mit ein Anlaß dafür gewesen sein dürften, daß es über die eigentlichen Historiker hinaus in weiten Kreisen der Gebildeten Resonanz fand. Es gibt einige Zeugnisse, die uns einen Einblick in die Frage, warum es eigentlich gelesen worden ist, gestatten. Da

---

[69] F. X. Kraus, in: Theologisches Literaturblatt 3 (1868) Sp. 551.
[70] H. Ritter von Srbik, a. a. O., Bd. I, S. 321.
[71] F. X. Kraus, in: HZ. 88 (1902) 288.
[72] F. X. Kraus, a. a. O., S. 293 und 291.
[73] L. M. Hartmann, in: HZ. 109 (1912) 413.

ist etwa der Philosoph und Literarhistoriker K. Rosenkranz, dem viele Gestalten, Ereignisse und Schlachten, die ihm meist „sehr langweilig" gewesen waren, „in einem ganz neuen Licht" erschienen. Besonders angezogen wurde er von dem „Gemälde", das Gregorovius „von dem edlen Volk der Ostgoten und seinem heldenmütigen Untergang" entworfen hatte. Er bezeichnete sie als „eine der wehmütigsten Geschichten von der Welt"[74]. Vieles hat selbst noch der alt gewordene Rosenkranz nach eigenem Bekenntnis aus dem letzten Band gelernt. „Den höchsten Genuß" aber bereitete ihm „die Schilderung des Panoramas von Rom", das den Leser „ganz in die Anschauung von Rom am Ende des 15. Jahrhunderts" versetzt[75]. K. Fischer, im vorigen Jahrhundert einer der bedeutendsten Philosophen, las das Werk nicht nur einmal, sondern „immer von neuem und mit stets größerem Genuß"[76]. Auch ein klassischer Philologe, K. Lehrs, hatte sich in den ersten Band vertieft, und er hatte ihm so „vorzüglich wohlgefallen", daß er einzelne Abschnitte im Bekanntenkreise „nächstens einmal vorzulesen" gedachte[77]. Schließlich sprach sich auch der Geograph und Forschungsreisende Moritz Wagner sehr anerkennend über das Werk aus und prophezeite ihm „die Unsterblichkeit"[78]. Eines der schönsten Zeugnisse aber stammt von einem Historiker, der sich für seine eigenen Arbeiten oft in dem Werk von Gregorovius „Rat geholt" hat[79]. Es ist Paul Kehr, den als jungen Studenten im ersten Semester „die nüchternen Vorlesungen" in Göttingen langweilten und dem dann eines Tages die „Geschichte der Stadt Rom im Mittelalter" in die Hände fiel. Er hat sie „oft gelesen, zuerst mit Begeisterung, später mit größerer Kritik", und er fühlte „beinahe instinktiv", daß dieses Rom einmal der Gegenstand seiner Arbeiten sein würde. „So beschloß der 18jährige Studiosus seine erste Romfahrt"[80].

Nicht nur für den Historiker Kehr, sondern für viele gebildete Deutsche ist das Werk von Gregorovius zum „Führer durch Rom und Italien"

[74] K. Rosenkranz an F. G., Zeitz, 21. September 1859 = Altpreußische Monatsschrift 49 (1912) 177.

[75] K. Rosenkranz an F. G.; Königsberg, 2. November 1871 = a. a. O., S. 180.

[76] K. Fischer an F. G.; Jena, 4. Dezember 1866 (ungedruckt).

[77] K. Lehrs an Clara Naumann; Beynuhnen [13. Aug. 1860] = Ausgewählte Briefe von und an Chr. A. Lobeck und K. Lehrs nebst Tagebuchnotizen. Hrsg. v. Arthur Ludwich. Leipzig 1894, S. 651.

[78] M. Wagner an F. G.; München, 8. Jänner 1871 (ungedruckt).

[79] P. Kehr, in: Deutsche Revue 46 (1921) 270.

[80] P. Kehr, Italienische Erinnerungen = Vorträge d. Abt. f. Kulturwiss. d. Kaiser Wilhelm-Instituts im Palazzo Zuccari in Rom 21 (1940). Vgl. auch G. P. Gooch, in: Die Geschichtswiss. d. Gegenwart in Selbstdarst. Bd. 2. Leipzig 1926, S. 115.

geworden, und es ist bis auf den heutigen Tag eines der populärsten Werke" geblieben[81]. Diesen großen Erfolg und die weite Verbreitung „in allen Kreisen der Bevölkerung" verdankt es vor allem der klassischen Sprache und der Kunst der Darstellung. Rosenkranz versuchte daher mit Recht, Gregorovius zu veranlassen, über einzelne kleinliche Kritiken hinwegzusehen und darauf zu vertrauen, daß „die Nation" ihm „mit vollster Zustimmung den Lorbeer der historischen Muse" reichen werde[82]. Auf die öffentliche Meinung in Deutschland hat er jedenfalls eine „starke und nachhaltige" Wirkung ausgeübt und viel zu jener „romantischen Idealisierung Italiens" beigetragen, die trotz der Rückschläge im Ersten und Zweiten Weltkrieg im Grunde bis heute besteht[83]. Seine „romantische Begeisterung", so bekennt Fr. Schneider, „hat sich auf uns alle mehr oder weniger vererbt"[84]. Wenn diese Feststellung sogar einer der Fachhistoriker, die insgesamt Gregorovius und seinem Werk meist recht kühl gegenüberstanden, trifft, um wieviel größer muß die Resonanz in den breiten Schichten der Gebildeten gewesen sein[84a]. Allerdings läßt sich diese Resonanz sehr schwer feststellen, „und nur die intimste Geschichte der nationalen Geistes- und Herzensbildung, die nicht mit der Sprache von Wörtern und Ziffern geschrieben, sondern höchstens in ihren allgemeinen Umrissen geahnt werden kann, vermöchte zu erzählen, wie unendlich viel Gregorovius zur innerlichen Hebung unseres Volkes beigetragen hat"[85].

In diesem Zusammenhang muß in Kürze auch noch seiner Bedeutung für Italien gedacht werden, wo „die Verehrung", „das Ansehen" und „die Autorität", deren er sich erfreute, „außerordentlich" gewesen sind. In wissenschaftlichen Kreisen fand er in Italien sogar eine weit größere Anerkennung als in Deutschland. Als P. Kehr einmal mit dem Abbate Pressuti über die großen deutschen Historiker sprach, wollte dieser nur Gregorovius gelten lassen, indem er stolz erklärte: „è uno dei nostri"[86]. Große Verdienste hat er sich zweifelsohne um die römische Forschung erworben und den Ehrgeiz der römischen Historiker und Archäologen geweckt, so daß sie die vor ihm lange vernachlässigte Topographie und Geschichte des mittelalterlichen Roms gründlich zu durchforschen begannen. Für die „Ge-

---

[81] P. Kehr, in: Deutsche Rundschau 187 (1921) 195.
[82] K. Rosenkranz an F. G.; Königsberg, 8. Januar 1875 = a. a. O., S. 183.
[83] P. Kehr, in: Deutsche Rundschau 187 (1921) 195.
[84] F. Schneider, in: HZ. 126 (1922) 475.
[84a] Mit Begeisterung las Heinrich Hansjakob, der Schwarzwälder Volksschriftsteller, das Werk. Vgl. ders., Aus meiner Studienzeit. Freiburg i. Br. 1966, S. 283.
[85] K. Krumbacher, Populäre Aufsätze. Leipzig 1909, S. 284.
[86] P. Kehr, in: Deutsche Rundschau 187 (1921) 198, 197, 196.

schichte Roms" stattete ihm 1872 Ignazio Ciampi im Namen der Stadt und Italiens in einer Vorlesung an der Universität Rom den Dank ab[87]. Ein Jahr darauf schrieb Raffaele Mariano im „Diritto" einige Artikel über dieses Werk, die er dann unter dem Titel „Roma nel Medio Evo" als Buch herausgab. Darin entwickelte er die Ideen von Gregorovius, verfiel aber in den Fehler, die Geschichte zu sehr zu spiritualisieren[88].

Schon im Jahre 1865 hatte Gregorovius dem Venetianer Antonelli das Recht eingeräumt, eine italienische Ausgabe seines Werkes herauszubringen, deren erster Band 1866 und deren zweiter 1872 in der Übersetzung Manzatos erschienen. Das durch die politische Lage und die schlechten buchhändlerischen Verhältnisse in Italien bedingte langsame Fortschreiten der Ausgabe hatte Gregorovius schon großen Kummer bereitet, als der Marchese Francesco Vitelleschi eines Tages der Stadt Rom den Plan vorlegte, die italienische Ausgabe auf Kosten der Stadt drucken zu lassen. Dieser Antrag des Marchese wurde am 13. Juni 1872 einstimmig vom römischen Stadtrat angenommen[89]. Durch einen andern Antrag im römischen Stadtrat erhielt Gregorovius im Jahre 1876 für die Verdienste, die er sich um Rom erworben hatte, das Römische Bürgerrecht, das ihm selbst immer als die höchste Ehrung erschienen war, die ihm zuteil werden konnte. Es ist sehr bezeichnend für die Wertschätzung, deren er sich in Italien erfreute, daß man sich seiner noch 1922 beim Tode dreier italienischer Historiker erinnerte, „welche, von vornehmer und humaner Gesinnung getragen und jedes Chauvinismus bar, noch die Erinnerungen der Zeit von Gregorovius bewahrten"[90].

Hatte Gregorovius in Deutschland „die Liebe zur Geschichtsbetrachtung in weite Kreise getragen" und hatte er in Rom und in Italien den historischen Forschungen einen kräftigen Anstoß gegeben, so wirkt sein Werk und die darin enthaltenen Ideen in Gegenwart und Zukunft weiter, weil er „den Leser zu den lichten Höhen des Idealen und Wahren, edler Menschlichkeit und reiner Nächstenliebe" führt, „von wo man in das gelobte Land der Toleranz, der Einigkeit der Menschheit ohne Rücksicht auf Konfession und Nationalität hinüberzuschauen vermag." Durch diese Eigenschaften seines Werkes hat sich Gregorovius, „der beredte Anwalt eines freien humanen Weltbürgertums, einen hervorragenden Platz in der Weltliteratur" errungen[91].

[87] F. G., Römische Tagebücher, S. 556.
[88] F. G., a. a. O., S. 569.
[89] F. G., a. a. O., S. 297, 557, 354/5, 556, 558.
[90] K. Schellhaß, in: Neues Archiv 44 (1922) 84.
[91] H. Simonsfeld, a. a. O., S. 6.

GREGOROVIUS UND SEINE KUNST DER GESCHICHTSSCHREIBUNG

Gregorovius hatte eine klare Vorstellung von der Eigenart seiner Geschichtsschreibung. Er versuchte sie einmal dadurch zu umreißen, daß er sie von der Rankes abgrenzte. „Meine Individualität ist gänzlich von der Weise des berühmten Mannes verschieden, und ich verfolge allein meinen Weg. Ich suche Forschung und künstlerische Darstellung zu vereinigen und wünsche auch, daß man mir zugäbe, die Kunst des Erzählens zu besitzen, welche in Deutschland nicht häufig ist"[1]. Freilich läßt sich aus diesen Sätzen der Unterschied nicht so ohne weiteres ablesen, weil jene Punkte, die Gregorovius für sich allein in Anspruch nimmt, bis zu einem gewissen Grade auch für Ranke gelten. Natürlich kommt es in jedem einzelnen Falle immer auf die Akzente an und wie sie gesetzt werden. So betrachtet, steht für Ranke gewiß die Forschung und für Gregorovius die künstlerische Darstellung im Vordergrund. Das wird für Gregorovius bestätigt durch seine Antwort auf die Frage, warum er sein Werk geschrieben habe. Er tat es „nicht um der abstrakten Wissenschaft willen", denn diese als solche hat ihn stets „kalt" gelassen, weil er sie „nie um ihrer selbst willen" lieben konnte. Er tat es aus Liebe zu Rom, also „um des Gegenstandes willen", von dem er „mit einer leidenschaftlichen Glut" erfüllt war. Dieses ganze Problem hat er zusammenfassend so ausgedrückt, daß für ihn der wissenschaftliche Stoff „nur Bedeutung als Material für die gestaltende Idee"[2] habe, was in ähnlicher Weise auch D. F. Strauß von sich bekannte, für den die Wissenschaft nur „Stoff" war, welchen er „künstlerisch zu gestalten" strebte[3].

Es ist die Ansicht geäußert worden, Gregorovius durchdringe „die Tatsachen und Erscheinungen der Vergangenheit mit dem Auge des Dichters"[4], und er stelle die Geschichte „unter dem ästhetischen Gesichtspunkt" dar. Er betrachte sie „mit den Augen des Künstlers und von der Höhe des Dichters herab" und fälle selbst seine Werturteile „unter dem ästhetischen Eindruck"[5]. Auf den letzteren Punkt einzugehen erübrigt sich, weil auf die Wertmaßstäbe bereits hingewiesen wurde, die bei Gregorovius ganz und gar nicht ästhetischer Natur sind. Gegen die andern Punkte hat sich Gregorovius selbst entschieden ausgesprochen und sein Verhältnis zur

---

[1] F. G. an Baron Cotta; Florenz, 25. August 1858 = Hönig (1. Aufl.) S. 224.

[2] F. G., Ungedruckte Tagebücher (Rom, 9. Juni 1875).

[3] D. Fr. Strauß an Fr. Th. Vischer; München, 24. Febr. 1849 = Briefwechsel zwischen Strauß und Vischer. Hrsg. von A. Rapp. Bd. I (Stuttgart 1952), S. 223.

[4] W. Goldbaum, in: Neue Freie Presse Nr. 8917 (22. VI. 1889).

[5] H. Hagemann, in: Theologisches Literaturblatt (Bonner) 3 (1868) Sp. 376.

Dichtung eindeutig klargestellt. Er hat nämlich darauf aufmerksam gemacht, daß „das künstlerische Vermögen und die Einbildungskraft, ohne welche die Vergangenheit nicht zur plastischen Wirklichkeit wiederbelebt und gestaltet" werden könne, immer „mit poetischer Ausschmückung" verwechselt werde. Er wollte also weder Dichtung an sich noch „verzierte" Darstellung geben, sondern sich nur gewisser künstlerischer Elemente als Mittel der Geschichtsschreibung bedienen[6]. Er konnte sich dafür auf W. von Humboldt und dessen klassische Schrift „Über die Aufgabe des Geschichtschreibers" berufen, in der die Gebiete des Historikers und des Dichters in ihrer Wirksamkeit als verwandt hingestellt werden. Das gilt insbesondere auch für die Frage der Phantasie, die beide, sowohl der Dichter als der Geschichtsschreiber, nötig haben. Da sich Humboldt der Gefährlichkeit dieses Begriffs wohl bewußt war, machte er sich die Mühe, ihn eigens zu erläutern. Der Historiker werde die Phantasie immer „der Erfahrung und der Ergründung der Wirklichkeit" unterordnen, wodurch sie dann nicht mehr als „reine Phantasie" wirksam sei und besser als „Ahndungsvermögen und Verknüpfungsgabe" bezeichnet werde[7].

Gregorovius stützte sich einerseits auf die genannte Abhandlung Humboldts, fand aber auch Bestätigung seiner Auffassungen in den „Grundzügen der Historik" von Gervinus. Diese Grundzüge sind weniger eine Theorie der Geschichte als der Geschichtsschreibung; genau genommen handelt es sich um eine Anweisung für die Kunst der historischen Darstellung. Gervinus wies darin dem Historiker die Stelle „zwischen Dichter und Philosoph"[8] an, was genau dem Entwicklungsgang und den Ansichten von Gregorovius entsprach. Wie Gervinus den geistlosen „Faktensammler" ablehnte, dessen „Produkte" „weder poetische Farbe noch einen inneren notwendigen Zusammenhang"[9] aufwiesen, so wandte sich Gregorovius gegen „die formlose Arbeit eines gelehrten Antiquars", die nichts vom Charakter eines den Stoff ordnenden und bewältigenden Geschichtschreibers"[10] erkennen ließ. Zwar verschmähte auch Gregorovius nicht die

---

[6] F. G. an W. Goldbaum; München, 26. Juni 1889 = AFK. XXXVII (1955) 100. Es widerspricht daher den Tatsachen, die „Geschichte der Stadt Rom" als „das Werk eines gelehrten Dichters" (Kindlers Literatur-Lexikon. Zürich 1965, Bd. 3, Sp. 677) oder Gregorovius als den „wahrscheinlich bedeutendsten ostpreußischen Dichter der Jahrhundertmitte" (H. Motekat, Ostpreußische Literaturgeschichte. München 1977, S. 298) zu bezeichnen.

[7] W. von Humboldt, Über die Aufgabe des Geschichtsschreibers (Taschenausgaben der Philosophischen Bibliothek, Nr. 3) S. 4.

[8] G. G. Gervinus, Grundzüge der Historik. Leipzig 1837, S. 89.

[9] Gervinus, a. a. O., S. 19.

[10] F. G., Korfu, Jeß-Verlag (Dresden o. J.), S. 43.

„Hilfsmittel der Diplomatik", aber seine eigentliche Aufgabe sah er doch darin, „ein plastisches Ganze" zu geben, in dem „die gründliche Forschung kunstgerecht verarbeitet" war[11]. Daß er dieses hoch gesteckte Ziel erreicht hat, wurde ihm vielfach bestätigt. So etwa von K. Rosenkranz, der die Schilderung des Panoramas von Rom am Ende des 15. Jahrhunderts lobend erwähnte und darauf hinwies, daß das eben nur einem Historiker möglich wäre, der zugleich „Dichter" sei[12]. Oder von H. Simonsfeld, der „die beneidenswerte Verbindung des Dichters und Gelehrten" in Gregorovius rühmte und zugleich betonte, daß nur eine so „dichterisch und künstlerisch veranlagte Individualität" ein solches Werk in dieser „vollkommenen Weise" zu schreiben vermochte[13].

Gregorovius' künstlerische Art der Geschichtsschreibung ist nicht ganz so einmalig, wie es vielleicht den Anschein haben könnte. Es gibt jedenfalls Historiker, die wenigstens theoretisch die gleichen Ansichten vertreten haben wie er. Zu ihnen gehört W. H. Riehl, der bekannte Kulturhistoriker, der forderte, daß „der wissenschaftliche Schriftsteller forschen soll wie ein Gelehrter und schreiben wie ein Künstler"[14]. Th. Mommsen, der hervorragende Darsteller der Römischen Geschichte, berührte das problematische Wesen des Geschichtsschreibers, als er einmal bemerkte, daß dieser „vielleicht mehr zu den Künstlern als zu den Gelehrten" gehöre[15]. Er drückte damit unbewußt Gregorovius' Meinung aus, der, wenn auch etwas überspitzt und selbst wohl nicht ganz davon überzeugt, bekannte, daß er sich „nie unter die Gelehrten gezählt" habe[16]. Im 20. Jahrhundert hat sich zu dieser Frage auch L. Curtius, der vor einigen Jahren verstorbene Archäologe, geäußert, welcher, obgleich er kein Geschichtsschreiber war, doch zweifelsohne das Richtige traf, als er „das dichterische Element, ohne das höhere Geschichtsschreibung überhaupt nicht möglich" sei, stark betonte[17]. W. Andreas, sicher einer der begabtesten dieser ausgesprochen

---

[11] F. G. an Th. Heyse; Rom, 6. Januar 1856 (ungedruckt).

[12] K. Rosenkranz an F. G.; Königsberg, 2. November 1871 = Altpr. Monatsschr. 49 (1912) 180.

[13] H. Simonsfeld, in: Beilage zur Allgemeinen Zeitung (München, 8. Mai 1891), S. 3.

[14] W. H. Riehl, Vorwort zum Historischen Taschenbuch V. Folge, 1. Jg. (1871) S. VIII.

[15] Th. Mommsen, Reden und Aufsätze. Berlin 1905, S. 11. – Zu vergleichen wäre auch J. G. Droysens „Methode und Kunst" in seiner „Historik", hrsg. von R. Hübner, S. 416–424, worauf mich freundlicherweise Herr Dr. Bernd Ottnad aufmerksam machte.

[16] F. G., Ungedruckte Tagebücher (Rom, 9. Juni 1875).

[17] L. Curtius, Deutsche und antike Welt. Stuttgart 1950, S. 136.

künstlerischen Richtung unter den Historikern der Gegenwart, stellte einmal die Frage, ob der Historiker nicht „ein verhinderter Dichter" sei, ein Mensch also, „der Phantasie und Einfühlungsvermögen haben muß wie ein Poet, nur daß er im Unterschied zu ihm durch die Pflicht, lediglich verbürgte geschichtliche Tatsachen kritisch gesiebt, wahrheitsgemäß zu bringen, gebunden ist"[18].

Als Gregorovius einst nach Italien aufbrach, fühlte er sich als Dichter und Philosoph. Den „historischen Sinn" hat er sich erst „in Rom erhöht", und bald glaubte er „der Form" auf der Spur zu sein[19]. Dennoch mußte er Schwierigkeiten überwinden und fühlte sehr wohl, daß „die Konturen des historischen Stils" „leicht durch die Lebhaftigkeit der Phantasie unruhig gemacht" werden[20]. Während der Arbeit an den ersten Bänden fiel ihm auf, „daß die Natur des Stoffes als eine monumentalhistorische die verschiedensten Darstellungsformen bedingt", und er sah sich der Gefahr ausgesetzt, „in mehr als einem Stile zu schreiben". Um das zu vermeiden, wählte er „ein Mittel ruhiger und epischer Darstellung" und hoffte, allmählich in der Darstellung „immer freier" zu werden[21]. Es gelang ihm, von Band zu Band und von Auflage zu Auflage fortschreitend, dieses Ziel zu erreichen und auch Anerkennung zu finden. „Gregorovius ist ein Meister der Sprache: er beherrscht sie vollkommen und versteht es, sie in schier unerschöpflicher Mannigfaltigkeit zu handhaben"[22]. Er hat sie „ in hohem Grade in seiner Gewalt, versteht sie zum schmiegsamen Gewande seiner Gedanken wie seiner Stimmung zu machen, und wird daher nicht selten den Leser in dieselbe Erregung versetzen, in welcher er so oft seine Blätter beschrieben hat"[23]. P. Kehr machte auf die „monumentale Sprache" aufmerksam, „die seine Leser oft ergriffen und hingerissen, in ihrer pathetischen Monotonie manchmal wohl auch ermüdet" habe[24]. Ein unbekannter Kritiker meinte jedoch, daß „die edelgeformte ebenmäßige Sprache" für einen andern Gegenstand ohne Zweifel „monoton" erscheinen müßte,

---

[18] W. Andreas, Lehrjahre eines jungen Historikers in Karlsruhe (1908–1912). In: Badische Heimat 33 (1953) 9.

[19] F. G. an Th. Heyse; Rom, 6. Januar 1856 (ungedruckt).

[20] F. G. an H. von Thile; Rom, 12. Januar 1858 = Briefe von F. G. an den Staatssekretär Hermann von Thile. Hrsg. von Herman von Petersdorff. Berlin 1894. S. 3.

[21] F. G. an H. von Thile; Rom, 28. September 1859 = a. a. O., S. 14/15.

[22] H. Simonsfeld, a. a. O., S. 3.

[23] H. Rump, in: Literarischer Handweiser für das katholische Deutschland 66 (1868) Sp 143/4.

[24] P. Kehr, F. G. und seine Geschichte der Stadt Rom im Mittelalter, in: Deutsche Revue 46 (1921) 269.

für die „Geschichte der Stadt Rom" aber sei sie „das natürliche Gewand, dessen monumentale Falten ungezwungen den würdigen Inhalt umschließen"[25]. Öfters wurde auf das Pathos, das hin und wieder an Schiller erinnert, hingewiesen, niemals aber ist der Versuch einer Erklärung gemacht worden. Es ist aber durchaus möglich, daß diese pathetische Sprache, wenigstens zum Teil, durch die mittelalterlichen Chroniken bedingt ist, deren manchmal schwülstige, andererseits aber auch farbenprächtige und plastische Sprache Gregorovius jedesmal stark beeindruckt hat, wenn er die „alte Sprache der Chroniken" las, die „der Sprache der Bilder von Giotto, Lippi, Ghirlandajo" glich[26].

Gregorovius gibt in seinem Werk, und auch das ist ein Mittel künstlerischer Darstellung, nicht nur die Tatsachen der Geschichte, sondern er versucht, das geschichtliche Leben ganz konkret vor den Leser hinzustellen. Er reflektiert deshalb meist auch nicht über die Geschichte, sondern bleibt dem geschichtlichen Leben selbst nahe, bleibt gleichsam in unmittelbarster Nähe der Akteure dieses großen Schauspiels auf der Weltbühne. Das gibt seiner Erzählung das Fesselnde und Frische, das Lebensvolle und Anschauliche. Stellenweise versetzt er den Leser geradezu „in die Aufregung des Augenzeugen"[27], etwa wenn er den Festzug Leos X. beschreibt: „Der Papst ist erdrückt von der Last der Tiara und der Gewänder; sein gerötetes Gesicht von Schweiß triefend, aber strahlend vom Gefühl seiner Herrlichkeit" (Bd. III, 438). Das ist nur eins von zahlreichen Beispielen, in denen er immer „aus der Fülle lokaler und sachlicher Anschauung"[28] heraus Ereignisse und vor allem Personen so schildert, daß einzelne dem Leser „in plastischer Wirklichkeit" entgegentreten[29]. Vielleicht ist ihm die Darstellung aber doch dort am besten gelungen, wo er Gelegenheit hatte, Landschaftsschilderungen in den Fluß der historischen Darstellung einzuflechten. Dann formt er wahre Meisterstücke seiner Darstellungskunst wie dieses über die berühmte Burg in Ostia: „Denn auch diese Tiberfestung, die schönste aller römischen Burgen, ist das Werk des Kardinals Julian. Sie steht jetzt verlassen und verwittert auf dem Hintergrunde des düsteren Pinienwaldes, zwischen den Trümmern von Alt-Ostia und dem Tiber, der dort durch die melancholische Wüste der Salzsümpfe dem Meere zuströmt. Die Landschaft ist von einem so tief ernsten epischen Charak-

[25] „L", in: Im neuen Reich 3, 2 (1873) 59.
[26] F. G., Römische Tagebücher. Hrsg. von Friedrich Althaus. Stuttgart 1892, S. 38.
[27] F. G., Geschichte der Stadt Rom im Mittelalter. Hrsg. von W. Kampf. Bd. II (Darmstadt und Basel 1954), S. 739.
[28] Ohne Name, in: Literarisches Zentralblatt 1873, Sp. 421.
[29] Baron Cotta an F. G.; Stuttgart, 18. VIII. 1858 (ungedruckt).

ter, daß sie die Phantasie des Wanderers mit mythischen Gestalten aus dem Homer oder Virgil belebt sehen mag" (Bd. III, 306/07).

Noch eines Mittels, dessen sich Gregorovius gern bedient und das zur Belebung seiner Darstellung vielfach beigetragen hat, muß gedacht werden. Außer den eigentlichen Fakten versteht er es nämlich, auch Sagen, Legenden und Visionen geschickt zu verwenden und ihren Einbau einleuchtend zu begründen. Zwar fällt die Sage von der Päpstin Johanna „aus dem Kreise der historischen Tatsachen, aber nicht aus dem der Geschichte der Meinungen im Mittelalter"[30]. Durch diese von ihm vertretene Ansicht unterscheidet er sich wesentlich von jenen Historikern seiner Zeit, deren positivistische Einstellung die Verwendung solcher Art von „Quellen" nicht zuließ. Es kann mit gutem Grund gesagt werden, daß die Geschichtswissenschaft durch eine übertriebene Quellen-Kritik, die letztlich nur der Feststellung bloßer Fakten diente, selbst dazu beigetragen hat, die neuere Geschichtsschreibung immer nüchterner und farbloser zu machen, so daß kaum noch ein Hauch von Atmosphäre aus jenen alten Zeiten uns daraus entgegenweht. Gregorovius aber hat bewußt etwas davon eingefangen, indem er z. B. „die köstliche Fabel von der marmornen Venus in Rom" und „die wunderbare Geschichte von der erzenen Statue auf dem Marsfelde" oder auch den Sagenkreis vom „Zauberer Virgil" in sein Werk aufnahm[31]. Damit rettete er einen nicht unwesentlichen Teil der mittelalterlichen Vorstellungen und Anschauungen in unsere Zeit herüber, deren man sich heute in der Geschichtswissenschaft auch wieder zu erinnern beginnt[32]. Wegen der „feinen Kunstmittel" empfahl E. Bernheim die „Geschichte der Stadt Rom" als ein Muster der „Vereinigung streng wissenschaftlich und ästhetisch anziehender Darstellung selbst eines vielfach spröden Stoffes" dem künstlerisch interessierten Historiker zum Studium[33].

Durch diese von ihm verwendeten Mittel wollte Gregorovius etwas erreichen, was in Deutschland „bei weitem weniger entwickelt" war, nämlich die künstlerische Form der historischen Darstellung. Sybel hatte 1859 festgestellt, daß sich noch kein „einigermaßen fester historischer Stil" gebildet habe, aber doch schon ein „Voranschreiten nach einem richtigen Ziele unverkennbar" sei[34]. Letztlich ging es dabei auch um die Frage, für

[30] F. G., Geschichte der Stadt Rom ..., Bd. I, S. 518. Vgl. auch S. 276f. u. S. 329f.
[31] F. G., Geschichte der Stadt Rom ..., Bd. II, S. 278ff.
[32] Vgl. etwa H. Günter, Psychologie der Legende. Studien zu einer wissenschaftl. Heiligen-Legende. Freiburg i. Br. 1949.
[33] E. Bernheim, Lehrbuch der historischen Methode und der Geschichtsphilosophie. Leipzig 5+6 1908, S. 795.
[34] H. von Sybel, Über die neueren Darstellungen der deutschen Kaiserzeit. In:

wen denn solche Geschichtsdarstellungen geschrieben werden sollten. Ganz gewiß „nicht vorzugsweise für Gelehrte", sondern „für denkende Leser aller Stände, welche einer Darstellung so weit zu folgen pflegen, als sie entschiedene abgerundete Bilder zu geben imstande ist"[35]. Dieser Meinung Jacob Burckhardts hätte sich Gregorovius zweifelsohne angeschlossen, denn auch er wollte sein Werk nicht nur für Fachgelehrte, sondern vor allem für die breite Schicht der Gebildeten verfassen. In dieser Frage berührte er sich auch mit J. G. Droysen, dem Erforscher des Hellenismus, der der Geschichtswissenschaft die Aufgabe gestellt hatte, „nicht für die Gelehrten vom Fach", sondern „für das Volk" zu schreiben[36]. Gregorovius wurde in seinem Vorhaben besonders durch Josias von Bunsen bestärkt, der nach der Lektüre der ersten beiden Bände erkannte, daß es sich nicht um einzelne Studien und zusammenhanglose Forschungen, „die kein Mensch liest", sondern um „eine lebensvolle Geschichte" handelte. Bunsen beschwor ihn geradezu, auf diesem Wege fortzufahren, „den nur deutsche Professoren geringschätzen, weil sie unfähig sind, ihn selbst zu wandeln"[37].

Goethe hat einmal den Deutschen nachgesagt, daß sie die Gabe hätten, die Wissenschaften unzugänglich zu machen. In ähnlicher Weise hat Karl Hillebrand, der vielleicht bedeutendste Essayist des 19. Jahrhunderts, bemerkt, daß der deutschen Wissenschaft „das Maß und die Form" fehlen. Den „Mangel der Komposition und die Schwerfälligkeit des Stils" erkannte er als Grundübel des deutschen Gelehrtentums[38]. Gegen Ende des Jahrhunderts kamen dann „Richtungen und Strömungen" auf, die die wahre Wissenschaft im Stoffsammeln und in der Feststellung einzelner Fakta erblickten. Sie sahen nur noch lauter besondere Probleme und kümmerten sich nicht mehr um den Zusammenhang der Dinge. „Das ist ein gewisser materialistischer Zug in der Wissenschaft, dessen demoralisierender Einfluß nicht zu verkennen ist. Er raubt unseren Studien den Charakter der echten Humanität." Demgegenüber hielt es Ernst Curtius für seine Pflicht, „die echte Synthesis zu vertreten, die immer vom Einzelnen zum Ganzen

---

Universalstaat oder Nationalstaat. Hrsg. und eingeleitet von Friedrich Schneider. Innsbruck 1941, S. 8.

[35] J. Burckhardt, Die Zeit Konstantins des Großen. Vorrede der ersten Auflage = Kröners Taschenausgabe, Bd. 54, S. V.

[36] J. G. Droysen an Wilhelm Arendt; Berlin 31. Juli 1831 = J. G. Droysens Briefwechsel. Hrsg. von Rudolf Hübner. Bd. I (Berlin und Leipzig 1929), S. 38.

[37] Josias von Bunsen an F. G.; Cannes, 19. Dezember 1859 (ungedruckt).

[38] K. Hillebrand, Unbekannte Essays. Hrsg. von Hermann Uhde-Bernays. Bern 1955, S. 220.

strebt"[39]. In diesem Sinne schrieb er seine „Griechische Geschichte", ein Werk, „das alle wahrhaft Gebildeten von Anfang bis zu Ende" auch wirklich lasen. Die Kluft zwischen den Gelehrten und den Laien erschien ihm als „ein arges Stück Barbarei"[40]. Diese Kluft wurde aber mit zunehmender Spezialisierung immer größer, so daß „das humane Talent, welches über das Fach" hinausstrebte, „mit hochmütiger Einseitigkeit" verachtet wurde[41].

Das Werk von Ferdinand Gregorovius, das seine Bedeutung durch die Größe des Stoffes, durch die ihn durchdringende Idee und durch die künstlerische Form erhält, stellt „etwas Besonderes in der ganzen historischen Literatur" dar[42]. Und wenn diese „Geschichte der Stadt Rom im Mittelalter" stofflich in vielen Punkten auch „längst überholt und veraltet" ist, so besitzt sie trotz allem „auch heute noch einen eigenen Schimmer von Jugend und unvergänglichem Reiz"[43]. Diese bisher nicht erloschene Anziehungskraft verdankt sie der innern Verbundenheit ihres Verfassers mit dem Gegenstand, dem einmaligen künstlerischen Empfinden des Schriftstellers für die Formung und Gestaltung und nicht zuletzt der wahrhaft humanen Persönlichkeit dieses begnadeten Geschichtsschreibers.

---

[39] E. Curtius an Georg Curtius; Berlin, 1. Januar 1878 = E. Curtius. Ein Lebensbild in Briefen. Hrsg. von Friedrich Curtius. Berlin 1903, S. 649/50.

[40] E. Curtius an Jacob Bernays; Berlin, 20. April 1881 = E. Curtius. Ein Lebensbild... S. 661.

[41] F. G., Die Brüder von Humboldt. Einleitung zu dem Buch „Briefe Alexanders von Humboldt an seinen Bruder Wilhelm, hrsg. von der Familie von Humboldt in Ottmachau". Stuttgart 1880, S. 140 f.

[42] P. Kehr, a. a. O., S. 266.

[43] P. Kehr, a. a. O., S. 270.

ANHANG

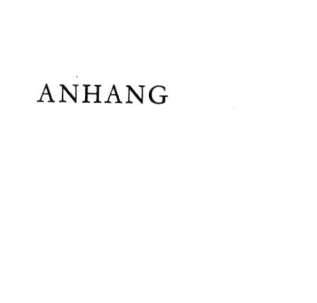

EDITORISCHE HINWEISE

Die „Geschichte der Stadt Rom im Mittelalter", das Hauptwerk von Ferdinand Gregorovius, wurde von mir in drei Bänden 1953–1957 bei der Wissenschaftlichen Buchgesellschaft in Darmstadt neu herausgegeben. Bekannte Historiker wie Friedrich Baethgen[1] und Percy Ernst Schramm[2], beide inzwischen verstorben, nahmen die Grundsätze dieser Edition positiv auf. Gleichfalls konnte ich den Rezensionen in Zeitschriften und Zeitungen eine durchaus anerkennende Resonanz entnehmen. Darüber hinaus spricht die Tatsache, daß die Wissenschaftliche Buchgesellschaft bereits 1963 einen Neudruck veranstalten mußte, eindeutig dafür, daß das umfangreiche Werk von Ferdinand Gregorovius heute noch gelesen wird. Und das gilt nicht nur für den deutschen Sprachbereich, sondern auch für den italienischen. Hier erschien 1973 auf der Grundlage der Ausgabe von 1953–1957 eine neue Übersetzung in der Reihe „I Millenni", die die hervorragenden Werke der Weltliteratur umfaßt und die vom Verlag Einaudi in Turin herausgegeben wird[3]. Von Geschichtsschreibern sind außer Gregorovius bisher nur Gibbon und Guiccardini in diese Reihe aufgenommen worden. Ein Zeichen mehr dafür, welche große Bedeutung man dem deutschen Historiker in diesem Kulturbereich beimißt. Aber auch die Vereinigten Staaten hat sich Gregorovius erobert, denn dort ist im Jahre 1971 ebenfalls eine Übersetzung seines Werkes erschienen[4].

Auf das große Unternehmen italienischer Historiker, eine „Storia di Roma" in dreißig Bänden herauszugeben, habe ich schon früher hingewiesen. Natürlich gilt diese umfangreiche Geschichte nicht nur dem mittelalterlichen Rom, sondern der Roma aeterna von ihren Anfängen bis zur Gegenwart. Vier dem Mittelalter gewidmete Bände liegen bereits vor[5].

Ein für die Neuausgabe wichtiges Problem war es, festzustellen, welches die „Auflage letzter Hand" ist. Da auf den Titelblättern der Originalausgabe

---

[1] Vgl. Deutsches Archiv für Erforschung des Mittelalters 11 (1954) 275 u. 580 sowie 14 (1958) 544/45.

[2] Vgl. Geschichte in Wiss. u. Unterr. 4 (1953) 579/80 u. 9 (1958) 172.

[3] F. Gregorovius, Storia della città di Roma nel medioevo. Introduzione di Waldemar Kampf. Vol. I–III. Torino 1973.

[4] F. Gregorovius, Rome and Medieval Culture, ed. K. F. Morrison. Chicago 1971.

[5] Vgl. dazu: E. Duprè Theseider, Veröffentlichungen d. mittelalterl. Geschichtswiss. in Italien zw. 1943 u. 1949. In: DA. 10 (1953–54) 175–188.

nichts darüber vermerkt ist, mußten die Briefe von Gregorovius zur Klärung dieser Frage herangezogen werden. Aus ihnen ging hervor, daß „voraussichtlich die 4. Auflage des Werks auch die letzte sein wird, die ich selbst erlebe"[6]. Beim Textvergleich stellte sich aber heraus, daß die ersten beiden Bände der fünften Auflage erhebliche Änderungen gegenüber der vierten aufwiesen. Es blieb zunächst rätselhaft, wer für diese verantwortlich war, da die Bände erst im Jahre 1903, also zwölf Jahre nach dem Tode des Verfassers, herauskamen. Es schien auch darüber kein Zweifel zu bestehen, daß Gregorovius selbst diese Verbesserungen nicht vorgenommen hat, denn einige Wochen vor seinem Tod war erst der vierte Band in der vierten Auflage erschienen. Damals fühlte er deutlich, daß er die Vollendung der vierten Auflage „kaum erleben" werde[7]. Nachforschungen im Cotta-Archiv und schließlich das Auffinden eines Zettels von Gregorovius' Hand, den ich im Zusammenhang mit den vorbereitenden Arbeiten für eine Gregorovius-Briefausgabe fand, gaben endgültigen Aufschluß. Danach ist es doch Gregorovius selbst gewesen, der die Verbesserungen in den ersten beiden Bänden für die fünfte Auflage besorgt hat. Ich habe daher diese Auflage der Neuausgabe zugrunde gelegt, jedoch bei einigen Fragen auch die übrigen und besonders die vierte Auflage herangezogen, weil die ersten vier Bände noch von Gregorovius selbst korrigiert worden sind.

Über das Ziel und die Gestaltung der Neuausgabe müssen hier einige Bemerkungen gemacht werden. Das Hauptanliegen ist die einwandfreie Wiedergabe des von Gregorovius überlieferten Textes. Im Hinblick darauf kann folgendes bemerkt werden: An dem von Gregorovius festgelegten Wortlaut und Sinn ist nichts geändert worden. Es wurde wissentlich kein Wort entfernt und auch keines hinzugefügt. Nur dort, wo offensichtlich ein Versehen vorliegt, ist der Fehler stillschweigend berichtigt worden. Als Beispiele seien angeführt: „S. Constanza" geändert in: „S. Costanza" und „Santa Croce in Gerusalem" in: „Santa Croce in Gerusalemme" (I, S. 49). An einer Stelle ist eine geringfügige stilistische Änderung vorgenommen worden. Statt „übersetzte" steht jetzt: „setzte über" (I, S. 59). Dasselbe gilt auch für zwei Stellen, an denen „des Augustus" gesetzt wurde statt „des August" und „Augusts" (I, S. 711). Einmal mußte ein Wort ausgewechselt werden. In vierter und fünfter Auflage heißt es an einer Stelle: „... mühsame Pflanzungen so vieler Paläste ...", in der ersten bis dritten Auflage heißt es richtiger: „... so vieler Päpste ..." (I, S. 549).

---

[6] J. Hönig, F. Gregorovius, d. Geschichtsschreiber d. Stadt Rom. Stuttgart 1921, S. 489.
[7] Hönig, a. a. O., S. 527.

Gregorovius gebraucht die häufig vorkommenden Kirchennamen in den verschiedensten Formen, ohne daß ein bestimmter Grundsatz zu erkennen wäre. Er verwendet die lateinischen, die italienischen und z. T. auch die deutschen Bezeichnungen nebeneinander. Daran wurde nichts geändert. Doch wurde das „Sankt" bei lateinischen und deutschen Formen einheitlich mit „St." und bei italienischen mit „S." wiedergegeben.

Die Schreibweise bereitete überhaupt einige Schwierigkeiten, da Gregorovius, wie es scheint, keinen allzu großen Wert auf deren einheitliche Gestaltung gelegt hat. Daher wurde bei der Neuausgabe nach folgenden Grundsätzen verfahren:

1. Allgemein ist bei historischen Personen- und Ortsnamen immer die Form gewählt worden, die in der wissenschaftlichen Literatur heute vorwiegend gebräuchlich ist. Das war nicht immer leicht festzustellen, da bekanntlich die Schreibweise vieler Namen uneinheitlich ist. Als Beispiele seien nur die verschiedenen Formen von Alcuin (Alkuin, Alchwin, Alchvine) und Quierzy (Quiercy, Kiersy, Kiersey) angeführt. Der Herausgeber hat sich in diesen Fällen für Alcuin und für Quierzy entschieden. Desgleichen für Theoderich (statt wie bei Gregorovius: Theodorich), Aistulf (statt: Astolf), Geiserich (statt: Genserich), Einhard (statt: Eginhard) u. a. m.

2. Bei lateinischen Namen sowie bei Ämtern und Bauten aus römischer Zeit sind grundsätzlich die lateinischen Formen beibehalten worden (trotz gegenteiliger Ansicht des Duden). Also: Benedictus, Patricius und Circus. Taucht der ursprünglich lateinische Name oder Ausdruck bei Gregorovius aber in deutscher Form auf, so steht diese. Folgende Beispiele bilden Ausnahmen: Bonifatius, Fiskus, Klerus und Konsul.

3. Die aus dem Griechischen stammenden Personennamen, die Gregorovius stets in ihrer lateinischen Form verwendet, wurden so beibehalten. Also: Procopius (aber: Prokop) und Theophylactus (aber: Theophylakt). Eine Ausnahme bildet: Nikephoros.

4. Deutsche Ausdrücke und auch Länder- und Ortsnamen wurden den heute üblichen Bezeichnungen angeglichen. Beispiele: Kapitell (statt: Kapitäl), Speyer (statt: Speier) und Bayern (statt: Baiern).

5. Von Gregorovius gebildete Adjektive wie karolinisch und clunisch sind in die heute übliche Form (karolingisch und cluniazensisch) umgewandelt worden.

6. Eine Eigenheit von Gregorovius wurde beibehalten. Sie betrifft seine Genetiv-Bildung. Lateinischen Formen hängt er im Genetiv niemals ein „s" an. Es finden sich also die Formen: des Imperium, des Forum und auch des Evangelium. Darüber hinaus liebt er es, vielfach die kürzere Form des Genetivs zu verwenden. Man findet also: des Papsts, des Reichs neben des Papstes und des Reiches.

7. Die Satzzeichen wurden durchgehend nach den geltenden Regeln revidiert.

Die hier aufgestellten Grundsätze gelten auch für den zweiten Band. Es seien daher aus diesem auch einige Beispiele angeführt, soweit sie Änderungen betreffen:

Markward (statt wie bei Gregorovius: Markwald) – Joachim von Fiore (statt: J. de Flore) – Nicolaus de Carbio (statt: N. de Curbio) – Heinrich von Courances (statt: H. von Cousance) – Alcheruccio (statt: Alkerucius) – Birgitta (statt: Brigitta) – Dietrich von Niem (statt: Theoderich von N.) – Convenevole (statt: Convennole).

Darüber hinaus schien es mir gerechtfertigt, einige geringfügige Berichtigungen vorzunehmen. Da sie einen Eingriff in den Text darstellen, sollen sie hier verzeichnet und begründet werden. Gregorovius spricht an einer Stelle vom „Kaiser" Konrad. Bekanntlich ist aber Konrad III. der einzige Staufer, der nicht zum Kaiser gekrönt worden ist. Daher liest man jetzt an dieser Stelle (II, S. 245) „König" Konrad. Unter den Lehnsmännern Heinrichs VI. in Italien gibt es einen gewissen Dipold, für den E. Winkelmann (Forsch. z. Dt. Gesch. XVI, 1876, 159–163), ohne auf Widerspruch zu stoßen, den Nachweis geführt hat, daß er nicht „von Vohburg", sondern „von Schweinspeunt" heißt. Im Text (II, S. 314) findet sich also letzterer Name. Gregorovius erwähnt den jüngeren Heinrich, Sohn Friedrichs II. und seiner Gemahlin „Elisabeth". In der maßgebenden Literatur (vgl. etwa E. Kantorowicz, Kaiser Friedrich der Zweite. Ergänzungsband. Berlin 1931, S. 302 ff.) ist die dritte Gemahlin des Kaisers, die Engländerin, unter dem Namen „Isabella" bekannt. Deshalb wurde im Text (II, S. 412) eine entsprechende Berichtigung vorgenommen. Schließlich stand ursprünglich auf der Seite 859 des zweiten Bandes der Name „Herman" von Langenstein, der nun richtig als „Heinrich" von Langenstein wiedererscheint.

Auch einige Zahlenangaben wurden überprüft, wofür zwei Beispiele angeführt werden mögen. Einmal geht es um die Summe von 200 000 Goldgulden, die die Gaëtani für den Erwerb der Burg S. Felice auf dem Kap der Circe gezahlt haben sollen. Die in Frage kommende Urkunde bei Theiner (Codex diplomaticus dominii temporalis S. Sedis. Romae 1861, I, p. 382) spricht aber von „viginti millium florenorum auri". Aus diesem Grunde findet sich im Text (II, S. 542) die zutreffende Angabe von 20 000 Goldgulden. Die andere fehlerhafte Zahl betrifft die Summe, die Kaiser Ludwig der Bayer dem Tyrannen von Viterbo abgenommen hat. Es sind nicht 3000, sondern 30 000 Goldgulden (II, S. 647). Zu letzterem vgl. A. Chroust, Die Romfahrt Ludwigs des Bayers. 1327–1329. Gotha 1887, S. 132. Offensichtlich handelt es sich in beiden Fällen um Druckfehler. Solche

finden sich auch im dritten Band, wofür einige Beispiele genannt sein mögen.
Calixt III. ist am 8. April 1455 zum Papst ausgerufen worden, wie es in der ersten bis dritten Auflage des siebenten Bandes der Originalausgabe ganz richtig steht. In der vierten und fünften Auflage findet sich aber an dieser Stelle der 28. April 1455. Um festzustellen, welches Datum das zutreffende ist, mußte die „Geschichte der Päpste seit dem Ausgang des Mittelalters" (Freiburg ³⁺⁴ 1901, Bd. I, S. 638) von Pastor herangezogen werden, da es keineswegs sicher war, daß die spätere Auflage auch die zuverlässigere ist. Oder: im Frühjahr 1499 bot Ludwig XII. von Frankreich die Hand der Prinzessin Charlotte d'Albret dem Papstsohn Cesare Borgia an (Pastor, a. a. O., Bd. III, ³⁺⁴1899, S. 447). Bei Gregorovius findet sich in der Kapitelüberschrift seit der ersten Auflage (vgl. Bd. 7, 5. Aufl., S. 406) der Name Johanna d'Albret, obwohl dann später im Text (S. 423) richtig Charlotte d'Albret zu lesen steht. Hier hat sich offensichtlich ein Fehler durch sämtliche Auflagen fortgeschleppt, der nun endlich ausgemerzt werden konnte (Bd. III, S. 194).
Außer diesen genannten Änderungen sind noch zahlreiche andere vorgenommen worden, die mit Hilfe der einzelnen Auflagen und der neueren wissenschaftlichen Literatur genauestens überprüft wurden, hier aber im einzelnen nicht alle aufgeführt werden können.

Gregorovius hat den Bänden der Originalausgabe Fußnoten beigegeben, die auf die Quellen und die Literatur hinweisen, aber auch Ergänzungen zum Text enthalten. Sie haben nur noch einen bedingten Wert, in welcher Ansicht ich mit Baethgen, Hönig und Schillmann[8] völlig übereinstimme. Die Quellen-Editionen, die Gregorovius benutzt hat, sind heute vielfach veraltet; das trifft auch für einen Teil der von ihm benutzten Literatur zu. Ich habe mich daher, wie früher schon Schillmann, auf eine Auswahl der Anmerkungen von Gregorovius beschränkt. Nur jene sind in den Anhang aufgenommen worden, die irgendwie zum Verständnis des Textes selbst beitragen, Änderungen im Text begründen oder für Gregorovius' Persönlichkeit von Bedeutung sind. Insbesondere aber habe ich darauf Wert gelegt, daß alle jene Anmerkungen von Gregorovius aufgenommen wurden, die erkennen lassen, wie er bemüht gewesen ist, sein Werk durch neue Quellenausgaben bzw. neue Veröffentlichungen stets dem neuesten Forschungsstand anzugleichen. Dieser Grundsatz spiegelt sich an vielen Stellen der

---

[8] Vgl. DA. 11 (1954) 275 – DLZ. 75 (1954) Sp. 31 – F. Gregorovius, Gesch. d. Stadt Rom im Mittelalter, hg. v. F. Schillmann. Dresden 1926, Bd. I, S. 1423.

von mir ausgewählten Anmerkungen deutlich wider. Wenn in den Anmerkungen Ergänzungen notwendig waren, so habe ich sie in eckigen Klammern hinzugesetzt.

Dem Anhang sind auch die Varianten beigegeben worden. Ich habe auch bei ihnen davon abgesehen, jedes geänderte Wort, sofern die Änderung bloße stilistische Gründe hat, anzuführen. Maßgebend für die Auswahl waren im wesentlichen drei Gesichtspunkte: Von Bedeutung sind erstens diejenigen Stellen, die geistesgeschichtliche Schlüsse zulassen und die meist zugleich auch von biographischem Wert sind. Zweitens jene, die durch die Verwertung neuer Forschungsergebnisse eine Textänderung veranlaßt haben. Und schließlich drittens alle jene charakteristischen Stellen, die für die Art der Geschichtsschreibung von Gregorovius aufschlußreich sind. Erwähnenswert ist vielleicht in diesem Zusammenhang, daß ich neben den einzelnen Auflagen auch den handschriftlichen Nachlaß von Gregorovius für die Varianten heranziehen konnte.

Zur technischen Einrichtung der Varianten darf folgendes bemerkt werden. Ihr Ort im Text wird durch Seiten- und Zeilenzahlen festgestellt. Die Zeilenzählung beginnt stets am oberen Seitenrand. Kapitelüberschriften sind wie Zeilen mitgezählt, allerdings ohne die beiden Wörter: Erstes Kapitel, Zweites Kapitel usw. Zum leichteren Auffinden der betreffenden Stelle ist, wo es möglich war, ein kurzes Stück des Textes vor und nach der eckigen Klammer zitiert. Jede Stelle, die in der „Auflage letzter Hand" fortgefallen ist, wird durch einen Doppelpunkt (:) *nach* dem Buchstaben, der auf die Auflage hinweist, gekennzeichnet. Jede Stelle, die in der „Auflage letzter Hand" wohl beibehalten, aber völlig umgestaltet wurde (Erweiterung, Kürzung oder ganz neue Fassung), ist durch ein Gleichheitszeichen (=) *vor* dem Buchstaben zu erkennen. Ist einer der Buchstaben unterstrichen (A–C̲), so bedeutet dies, daß der Wortlaut dieser Auflage mitgeteilt wurde. Er unterscheidet sich jedoch nur geringfügig von dem der anderen Auflagen.

Schließlich findet sich im Anhang auch die neuere Literatur. Im ersten Teil („Allgemeine Literatur") ist die den ganzen Zeitraum oder doch wenigstens große Abschnitte desselben umfassende Literatur für das gesamte Werk, nach Sachgruppen geordnet, zusammengestellt. Außerdem ist für jedes Buch jene Literatur aufgeführt, die einmal auf zusammenfassende Werke zu dem Stoff des betreffenden Buches und zum anderen auf Literatur für wissenschaftliche Einzelfragen aufmerksam machen soll. Die Literatur für die Einzelfragen ist immer so angeordnet, wie die Fragen bei Gregorovius im Text behandelt werden. Neben der Literatur zur politischen, Kirchen- und Kulturgeschichte sind auch für die bei Gregorovius häufig angeschnittenen archäologischen und topographischen Probleme einige Literaturhinweise gemacht worden[9].

Die vorliegende Neuausgabe von Gregorovius' „Geschichte der Stadt Rom im Mittelalter" gab mir Gelegenheit, die nach 1953 erschienene wissenschaftliche Literatur einzuarbeiten. Mein Wunsch, jeden neuen Titel dort einzufügen, wo er nach dem Aufbau des schon vorhandenen Literaturverzeichnisses eigentlich hätte stehen müssen, ließ sich aus technischen Gründen nicht durchführen. So kam es zu dem Kompromiß, die neue Literatur als „Nachtrag" jeweils jedem Abschnitt bzw. Kapitel anzufügen. Daß das Aufspüren, Ordnen und Einbauen der Forschungsergebnisse dieser 25 Jahre keine leichte Aufgabe war, wird derjenige bestätigen, der sich an eine solche Arbeit schon einmal gewagt hat.

Im Unterschied zur früheren Ausgabe folgt in der vorliegenden den Textbänden ein separater Band, der das Nachwort, die Anmerkungen, die Varianten, die Literatur und das umfangreiche Gesamtregister enthält. Durch diese Aufteilung ist es dem Leser nun möglich, neben den Textband stets den Anhangsband zu legen und darin die für ihn wichtigen Teile dieses Bandes mitzulesen.

Percy Ernst Schramm hat in seiner Rezension des ersten Bandes der Ausgabe von 1953 auch zu dem Werk von Gregorovius Stellung genommen. Er schrieb damals: „Es kommt auf das Ganze an, und da bleibt es dabei, daß die ‚Geschichte der Stadt Rom' der einzigartigen Größe der Ewigen Stadt besser gerecht geworden ist als alle Darstellungen, die sich seither an dieses große Thema gewagt haben."[10] Und vielleicht vermag ein Satz von Reinhard Elze, dem Direktor des Deutschen Historischen Instituts in Rom, der eigentlich auf eben diesen Percy Ernst Schramm geprägt ist, auch das Geheimnis des großen Erfolges von Ferdinand Gregorovius zu erklären. Für die „gebildeten Laien ... hat er gearbeitet und geschrieben, und deshalb war er von Anfang an frei von der Versuchung, der wir alle ausgesetzt sind und allzuoft erliegen: nur für die Fachgenossen zu arbeiten und zu schreiben"[11].

Freiburg i. Br., im Juni 1978 *Waldemar Kampf*

---

[9] Baethgen hat festgestellt, daß diese Literaturangaben „der Ausgabe einen besonderen Wert" verleihen, in: DA. 11 (1954) 275 – Hönig hält sie für „wertvoll", in: DLZ. 75 (1954) Sp. 31.

[10] Vgl. Gesch. in Wiss. u. Unterr. 4 (1953) 580.

[11] Vgl. DA. 27 (1971) 655.

ANMERKUNGEN ZU BAND I

4 *27 ff.* [Virgils Verse (Aeneïs VI, 851—853) lauten in der Übersetzung von Thassilo von Scheffer (Vergil, Aeneïs, Leipzig 1943, S. 187):
„Du aber, Römer, gedenke, die Völker der Welt zu beherrschen,
(Darin liegt deine Kunst), und schaffe Gesittung und Frieden,
Schone die Unterworfenen und ringe die Trotzigen nieder."],

5 *28* Mit diesem melancholischen Blick in die Ruinen der Stadt beginnt die archäologische Wissenschaft von Rom.

6 *27* Seit Constantin gliederte sich die Reichskirche in die drei großen apostolischen Partiarchate Rom, Alexandria und Antiochia. Der VI. Kanon von Nicäa bestätigte dies. Daneben bildeten sich die jüngeren (nicht apostolischen) Patriarchate Jerusalem und Konstantinopel; und schon das II. ökum. Konzil (381) erkannte dem Bischof von Konstantinopel den ersten Rang nach dem von Rom zu. Dieser beanspruchte bald nicht allein die geistliche Regierung der Präfektur Italiens (die politischen Diözesen *Roma, Italia, Illyricum Occidentalis* und *Africa),* sondern auch der *Praefectura Galliarum,* das ist des ganzen Abendlandes. Die kirchlichen Patriarchen entsprachen daher, der constantinischen Reichshierarchie gemäß, den *Praefecti Praetorio,* die Diözesanbischöfe den *Vicarii* und *Rectores* der Provinzen.

8 *12* Die Gründung der römischen Kirche durch Petrus kann freilich nicht als möglich gedacht werden. Selbst, wenn er in Rom lehrte und starb, so hatte er hier schon eine christliche Gemeinde vorgefunden und in ihr wie Paulus wohl als Apostel gewirkt, aber kein episkopales Amt bekleidet. Die römische Gemeinde hat keinen bestimmten Gründer aufzuweisen; sie entstand in der zahlreichen Judenschaft mit Zutritt heidnischer Proselyten. Karl Hase, Kirchengeschichte 1885. I, 168.

8 *24* Die Stiftung des römischen Stuhles durch Petrus ist seit der Reformation ein Gegenstand leidenschaftlichen Streits, weil es keine gleichzeitigen Berichte, wie sie den Aufenthalt des Paulus in Rom unzweifelhaft machen, für einen solchen des Petrus gibt. Die Angaben des Irenäus, Tertullian und Cajus seit *saec.* II weisen nur auf eine sehr alte Tradition. Hieronymus setzte die Dauer des apostolischen Amts Petri in Rom sogar auf 25 Jahre an.

8 *36* Leo I. begründete den Primat Roms durch die Lehre vom höchsten Apostolat St. Peters, was die Orientalen stets bestritten. Auf der Synode zu Chalkedon setzten sie es durch, daß der Kirche von Konstantinopel (Neu-Rom) dieselben Privilegien zuerkannt wurden, wie sie die von Alt-Rom besaß, daß also die politische Bedeutung der Städte den Rang der Kirchen entscheide.

15 *5* Über das „Curiosum Urbis" und die „Notitia" haben Sarti, Bunsen und Preller uns zuerst aufgeklärt. Ich folgte den Texten des Letzteren („Die Regionen der Stadt Rom". Jena 1846). Die jüngsten Untersuchungen von H. Jordan, Topographie der Stadt Rom im Altertum, Berlin 1871, Bd. II. Siehe dazu O. Richter, Topographie der Stadt Rom. Nördlingen 1889, Einleitung.

15 *30* Dies Wort, welches vor Ende *saec.* III nicht vorkommt, bezeichnete erst einen bestimmten christlichen Friedhof, den von S. Sebastiano. Später nannte

man so jeden anderen Begräbnisplatz der Christen. Es ist zu erklären mit Ducange von κύμβος (Tiefe oder Aushöhlung) oder besser mit De Rossi von *cubare*, wo dann *cata cumbas* soviel sein würde als *cata accubitoria*, d. h. *ad coemeteria christianorum: Roma sotterranea cristiana* III. p. 427.

19 *32* Fea [*Dissertazione sulle rovine di Roma che aggiunse al terzo volume della Storia dell' arte del Winckelmann, della cui traduzione curó una ristampo. Roma* 1783/84] p. 410 bemerkt, daß die Reiterstatue Marc Aurels für die des Constantin gehalten worden sei und diesem Irrtum ihre Fortdauer im Mittelalter verdankte. In der barbarischen Zeit war der Irrtum begreiflich, aber wer kann glauben, daß man zur Zeit der Notitia die Figur Constantins von der M. Aurels nicht unterscheiden konnte? Ich nehme an, daß nachdem die Reiterstatue Constantins längst zu Grunde gegangen war, die des Marc Aurel auf Constantins Namen getauft ward, als der fabelhafte *Caballus Constantini* der späteren Mirabilien.

20 *27* Die Regia oder das Atrium Vestae mit den Wohnungen der Vestalinnen und des Pontifex Maximus und der Vestatempel nahmen die Stelle ein vor und neben S. Maria Liberatrice. Seit 1871 haben Ausgrabungen die runde Basis des Tempels freigemacht, und 1883 sind die Reste des Atrium der Vestalinnen gefunden worden.

24 *14* Auf dem palatinischen Hügel selbst lagen die *casa Romuli*, das *tugurium Faustuli*, die *Roma quadrata*, unterwärts am Germalus genannten Abhange die Höhle des Lupercus, wo Romulus und Remus von der Wölfin genährt sein sollten; in der Nähe stand der ruminalische Feigenbaum.

25 *35* Die Meinungen der Archäologen über die Brücken des alten Rom stimmen so wenig überein wie die Uhren und die Philosophen, um mit Seneca zu reden.

31 *14* Um das Jahr 400 zählte Prudentius 600 edle Familien, welche zum Christentum übergetreten waren, darunter die Probi, Anicii, Olybriaci, Paulini, Bassi, Gracchi.

38 *37* Die älteste dort war S. Anastasia unter dem Palatin, zur Zeit des Damasus genannt. L. Duchesne, Les titres presbytéraux.... (École fr. Mélanges 1887, p. 229).

39 *12* Heute erwirbt sich der Abbé L. Duchesne das Verdienst einer neuen Ausgabe mit allen Hilfsmitteln der kritischen Forschung unserer Zeit: *Le Liber Pontificalis, Texte, Introduction et Commentaire.* Paris 1886 ff.

40 *37* Die ursprüngliche Bezeichnung für Kirche war *Dominicum*, d. h. Haus des Herrn. Erst in der constantinischen Zeit wurde der Ausdruck Basilica gebräuchlich. Du Cange *ad voc. Dominicum*, und De Rossi, *Bulletino di Archeol. Cristiana, A.* 1863. Heft I. 26, und im Abschnitt von den Basiliken in der *Roma sotterranea* T. III – F. X. Kraus, Die christliche Kunst in ihren frühesten Anfängen. Leipzig 1873.

43 *37* [Die Übersetzung lautet: „Weil die Welt unter deiner Führung triumphierend zu den Sternen aufgestiegen, gründete der Sieger Constantin dir diese Halle."]

44 *2* Der Pinienapfel [sic!] und zwei Pfauen stehen jetzt im Garten des Bel-

vedere. Paul V. ließ nämlich den alten Cantharus zerstören und das Erz unter anderm zum Guß der heil. Jungfrau verwenden, die auf der Säule von S. Maria Maggiore steht. Die spätere Sage, daß der Pinienapfel das Pantheon oder das Mausoleum Hadrians gekrönt habe, ist unverbürgt.

48 *12* Die schöne Kirche hatte ihre alte Form bis zum 17. Juli 1823 bewahrt, wo sie eine Feuersbrunst zerstörte. Seit Leo XII. wird an ihrer Herstellung zwar mit wesentlich beibehaltenem, doch immer verändertem Plan gearbeitet, und während ich diese Geschichte schreibe, gibt man dem Bau schon die Ausschmückung der inneren Decken. Die Pracht des Ganzen ist kalt und nüchtern wie unsere Zeit, aber der Säulenraum ohne gleichen in der Welt.

49 *16* Eine dritte Kirche S. Laurentius *in Panisperna,* auch *ad Formosum* oder *in Formonso* genannt, steht auf dem Viminal. Ihre Erbauungszeit ist unbekannt. *Panisperna* wird von *pane* und *perna* (Brot und Schinken) abgeleitet, wobei man an die Schweineopfer des Jupiter Fagutalis denken will. Andere erklären den Namen durch den Präfekten Perperna Quadratus, welcher die Thermen Constantins herstellte. Ich selbst fand im Garten der Kirche unter Marmortrümmern den Rest einer Inschrift mit dem deutlichen Namen PERPERNA; leider ging das Marmorstück verloren.

56 *37* Gibbon erzählt alle Umstände beim Falle Stilichos mit dem Talent eines Tragikers, aber Vorliebe läßt ihn als Geschichtschreiber nicht ganz unparteiisch sein.

69 *2* Die Diakonen spielten eine große Rolle in Rom; da sie die Kirchengüter verwalteten, hatten sie viel mit der Welt zu tun. Nächst dem Bischof war gerade deshalb der Archidiaconus der Kirche die angesehenste Person.

84 *24* Das Wort Patrimonium als Bezeichnung für Güter der römischen Kirche findet sich zuerst im *saec.* VI in einem Briefe Pelagius' I. gebraucht. G. Tomassetti, *Della Campagna Romana. Archiv. della Società Roman. Vol.* II. 10 (1879).

85 *40* Man darf nicht glauben, daß noch damals die Katakomben zum Zufluchtsort dienten. Der ausschließliche Gebrauch, die Toten unterirdisch zu begraben, hörte in Rom mit dem V. Säk. auf. Man errichtete Gräber auch auf der Erde und baute über den alten Krypten Oratorien und selbst Klöster, was alles man Coemeterium hieß. De Rossi, *Il Cemeterio di Massimo nella via Salaria nuova. Bulletino [di Archeol. Cristiana]* Juni 1863, Nr. 6. – Ein vom Papst Sixtus III. (432–440) erbautes Monasterium in Catacumbas erwähnt der *Lib. Pont.* in dessen Vita.

92 *24* Die neuesten Italiener kehren bisweilen zu diesem kindischen Haß zurück. Sie sollten die ruhige Einsicht Muratoris mehr zu Rate ziehen.

101 *36* Die merkwürdigen Schicksale der schönen Athenais oder der Kaiserin Eudokia von Byzanz erzählt Nikephorus XIV, 23. Siehe meine Schrift Athenais, Gesch. einer byzantin. Kaiserin. [Leipzig 1882].

102 *30* Zur Zeit Sixtus' III. hatte Valentinian über der Konfession des St. Peter die goldenen Figuren des Heilands und der Apostel, wie es scheint, in Relief ausgestellt. *(Lib. Pont. in Xysto),* und auf das Kunstwerk bezieht sich der Papst Hadrian in seinem berühmten Brief an Karl den Großen über den Bilderkul-

tus, worin er sagt, daß jenes Bildwerk noch heutigen Tags verehrt werde *(et a tunc usque hactenus apud nos venerantur).*

108 *16* Dies geschah im Abendland schon A. 445 durch ein Gesetz Valentinians III. Zu Chalkedon wurde dekretiert, daß Neu-Rom dieselben Priviligien haben solle wie Alt-Rom. Dieser von Leo bestrittene Kanon legte den Grund zum orientalischen Schisma. Der Satz, daß Petrus Primas der gesamten Kirche sei, wurde von Leo ausgeführt.

108 *22* Perthel, dessen Schrift [Papst Leos I. Leben und Lehren, Jena 1843] gegen die Auffassung von W. A. Arendt (Leo der Große und seine Zeit, Mainz 1835) gerichtet ist, bestreitet dieses Prädikat, indem er sagt, daß Leo nur groß ward durch die Erbärmlichkeit der Zeit. Er vergißt indes, daß jedes Licht nur im Dunkel leuchtet; *„nell' etadi grosse",* wie Dante sagt.

108 *37* Die Basilika ist auf einer alten Villa errichtet, die ursprünglich dem Domitian, dann den Sulpicii oder Servilii und später den Aniciern gehört zu haben scheint. Manche Basiliken auf der Campagna entstanden aus Landhäusern. Nicht weit von diesem Ort entdeckte man die wohlerhaltenen Gruftkammern an der Via Latina aus römischer Kaiserzeit. Demetrias war jene Freundin des Augustinus, an die Pelagius die *Epistola ad Demetriadem* richtete, welche unter die Briefe des Hieronymus aufgenommen ist.

115 *21* Der Name lautet eigentlich Odovacar und bedeutet „der Besitzwächter" (Pallmann [Die Gesch. d. Völkerwanderung v. d. Gotenbekehrung b. z. Tode Alarichs. Gotha 1863] II, 168). Er war ein gewöhnlicher Gemeinfreier. Man hält ihn für einen Rugier oder Skiren.

116 *41* Es ist allen Lesern bekannt, daß der letzte römische Kaiser, der schöne Knabe Romulus Augustulus, im Kastell Lucullanum bei Neapel seine traurigen Tage beschloß. Nepos fiel durch Meuchelmord zu Salona am 9. Mai 480.

119 *14* Das Abendland hatte sieben Jahre lang keine Konsuln; A. 480 wird wieder ein Konsul bemerkt, *Basilius iunior,* A. 481 *Placidus iunior.*

120 *26* Die Kirche stand bei S. Antonio Abbate. Piper, Mythol. und Symbolik der christl. Kunst I. [Weimar 1847] 49. De Rossi hat eingehend über sie gehandelt *im Bull. di Arch. crist.* 1871. p. 5 f. Den Namen *Cata barbara patricia* erklärt er dadurch, daß der Patricius Valila als Gote ein Barbar gewesen sei. Das *Cata* ist gleich *ad* oder *iuxta.* So gab es in Rom Kirchen *Cata Galla patricia* und *Cata Pauli.* Valila ist unzweifelhaft derselbe, welcher A. 471 den Schenkungsakt für eine Kirche in Tivoli machte, der als *Carta Cornuziana* berühmt ist.

121 *12* Es ist übrigens schwer zu entscheiden, ob Odoaker jenes Dekret als Prinzip erlassen hatte oder nur für einen einzelnen Fall, was Dahn, Könige der Germanen III. Abt. [= Bd. 3. Würzburg 1866] p. 203 annimmt, während Staudenmaier, Gesch. d. Bischofswahlen [Tübingen 1830] p. 63, das erste behauptet.

126 *12* Das römische Haus des Heiligen ist 1887 ausgegraben worden und zeigt noch Reste von Fresken. „Das Haus der hl. Märtyrer Joh. und Paul" von Peter Germano (Röm. Quartalschrift 1888. p. 137 f.).

128 *12* Nikomedes war ein römischer Presbyter, den man mit Keulen erschlug und vom *Pons Sublicius* in den Fluß stürzte.

Zweites Buch

128 *20* Cyriacus, Diaconus der römischen Kirche, war verdammt worden, in den Thermen Dokletians Handlangerdienste zu tun. Die merkwürdige Legende bei den Bollandisten zum 8. August.

129 *24* Er schreibt sich wohl von einer römischen Matrone her. Seine älteste Erwähnung dürfte vom Jahre 377 sein.

132 *22* Den Titel führten später auch die sieben dem Lateran zugeteilten Bischöfe, die 14 Regionardiakonen, die 4 *Diaconi Palatini* und die Äbte von St. Paul und S. Lorenzo. Erst Sixtus V. stellte die Zahl von 70 Kardinälen fest. Von diesen sind 51 Presbyter, da er außer den 28 alten Titeln 13 neue bestätigte, 10 neue selber schuf. Er setzte die Diakonen auf 14 fest und bestätigte die von 7 auf 6 verminderten lateranischen Kardinalbischöfe. Die Überzahl von einem Kardinal, da es so 71 wurden, kam auf Rechnung dessen, daß der Titel *in Damaso* stets mit der Würde des Kardinal-Vizekanzlers verbunden wird. Heute bestehen nur 48 Titel der Presbyterkardinäle, der Diakonen 15, dazu kommt die Kommende von *S. Lor. in Dam.* und die 6 Bistümer, welche die Zahl 70 für das *Sacrum Collegium* ergeben.

135 *19* Theoderich hatte 10 Jahre lang in Byzanz gelebt, wo die offizielle Sprache fortdauernd die lateinische war. Die gotische Sprache erhielt sich im Gotenvolk; aber sie hat kein einziges Denkmal von sich in Italien hinterlassen, sowohl weil nur wenige Goten schreiben konnten, als weil die Sprache der Kirche, des Staats und Rechts die römische war. Edikte der Gotenkönige an ihr eigenes Volk wurden lateinisch verfaßt.

136 *16* Der Ausdruck „Barbar" wird damals meist ohne üblen Sinn gebraucht. In den Reskripten Theoderichs gibt es solche, die einfach an die Römer und Barbaren (Nichtrömer) gerichtet sind. Er kommt häufig vor in Dokumenten des *saec.* VI, und nach dem Fall der Goten wird *barbaricum tempus* als Krieg dem Frieden *(pax)* naiv entgegengesetzt. Ebenso heißt in der Sprache des Zivilrechts *Sors barbarica* das Drittel des Grundbesitzes, welches den Goten anheimfiel. Noch im *saec.* VIII findet sich der Ausdruck *campus barbaricus*.

136 *23* Wie damals Theoderich zur lateinischen, so verhielt sich später Peter der Große zur germanischen Welt seiner Zeit – doch das ist nur in bezug auf das Kulturbedürfnis überhaupt gesagt, da sich die Charaktere des rohen Zaren und des edeln Theoderich nicht vergleichen lassen.

137 *39* Unter den Kaisern hieß diese Behörde *Curator operorum publicorum*. Es gab zur Kaiserzeit sogar einen *Tribunus rerum nitentium* oder der Reinlichkeit, welcher dem heutigen Rom sehr Not täte, obwohl hier eine Behörde der *nettezza publica (rerum nitentium)* fortbesteht. Theoderich wiederholte nur die Edikte früherer Kaiser.

144 *2* Über den Ursprung und die Geschichte der Circusparteien L. Friedländer, Darstellungen aus der Sittengeschichte Roms. II. [Leipzig 1864.]

146 *2* Die Villen des damaligen Adels mögen so verrottet ausgesehen haben, wie manche Landhäuser der römischen Großen es heute sind. Cassiodor schildert einige Gegenden seines Vaterlandes, den Markt von Leucothea in Lukanien (Var. VIII, 33), Bajä (IX, 6), den Lactarius Mons (XI, 10) und Squilace

(XII, 15). Nach der Quelle von Leucothea strömten damals zur Messe Lukanien, Apulien, Bruttium und Kalabrien, wie heute noch Nola, und man lese bei ihm, wie die Priester schon damals es verstanden, der Menge mit dem Wasser ein Wunder vorzumachen. Das Blut des heiligen Januarius war eben noch nicht erfunden.

146 *6* Herr Henzen in Rom hat mir aus seinen Materialien zum *Corpus Inscr. Latin.* die Theoderich betreffenden Stempel mitgeteilt. Es sind deren im ganzen 12, wovon 6 mit der Bezeichnung FELIX ROMA, 5 mit BONO ROMAE (bei ihm von Nr. 149—160).

150 *22* Silvester hatte, der Legende nach, die Titelkirche Equitii erbaut; neben ihr scheint Symmachus eine dem hl. Martin von Tours geweihte Kirche ganz neu errichtet zu haben. Beide vereinigt bildeten dann die *Basilica sanctor. Silvestri et Martini (Lib. Pont.).*

155 *10* Noch im VIII. Jahrh. bemerkte der hl. Wilibald bei der feuerspeienden Insel Volcano, die zu den Liparen gehört, daß sie die Hölle Theoderichs sei *(ibi est infernus Theodorici).* Die Sage, daß Theoderich den bösen Geistern verfallen war, erscheint auch im Lied von Etzels Hofhaltung, wo Dietrich, der Sohn eines bösen Geistes, der ihm die Burg zu Bern (Verona) baute, schließlich von einem Teufelsroß in die Wüste geführt wird, und daselbst unablässig zwei Würmer bekämpfen muß. Auch am Portal von S. Zeno in Verona ist er als wilder Jäger vorgestellt.

155 *27* Die Porphyrurne soll A. 1509 durch eine Kanonenkugel herabgeworfen und A. 1563 in die Mauer des Palasts Theoderichs eingefügt worden sein. Ich sah jene Urne am Palast zu Ravenna und verwerfe jene Erzählungen als Fabel.

155 *33* Der Patrizier Decius legte auf seine Kosten, mit Gewinn der dadurch erhaltenen Äcker, die decemnovischen Sümpfe trocken. Aber die Verdienste Theoderichs hat Pius VI. durch die *Linea Pia* übertroffen.

155 *39* In manchen Städten Italiens standen Bildsäulen Theoderichs. Der römische Senat hatte ihm eine vergoldete in Rom errichtet. Später ließ Rusticiana, die Witwe des Boëthius, die Bildsäulen des Königs umstürzen.

156 *19* Ihre Geschichte zeigt indes, daß ihre staatsmännischen Talente keineswegs sehr groß waren.

157 *40* Die Anerkennung der Oberhoheit des Kaisers lehrt Athalarichs Brief an Justin, worin er seine Thronbesteigung anzeigt. *Var.* VIII, 1; es lehren dies auch die Silbermünzen der Gotenkönige, welche den Kopf des Kaisers auf der Vorderseite, auf der Rückseite den Namen des Königs im Monogramm tragen, umgeben von einem Kranz oder den Worten INVICTA ROMA. J. Friedländer, Die Münzen der Ostgoten. Berlin 1844.

158 *33 De Rossi, Piante icnografiche di Roma* [*Roma* 1879] p. 54 f. Der berühmte marmorne Stadtplan wurde im *saec.* XVI dort als äußere Wandbekleidung und stückweise aufgefunden. Im September 1867 entdeckte man bei S. Cosma und Dam. ein weiteres Fragment davon, bei Gelegenheit einer Ausgrabung, welche das Lokal des Templum Pacis festzustellen scheint. Jordan, *Forma urbis Romae.* Berlin 1874.

158 *36* Ob dieses antike Gebäude wirklich *templum urbis Romae* hieß, ist zweifel-

haft. Duchesne [*Le Liber pontificalis*... Paris 1886] (I, 279) leugnet es, gestützt auf das *iuxta templum urbis Romae*, welches er mit Grund für die Basilika des Maxentius (später Constantins) hält.

160 *10* Die Figur Felix' IV. gehört der Zeit Alexanders VII., der jene Musive restaurierte; ein Abbild der ursprünglichen Gestalt wurde in ihr übertragen. Die alte Figur zerfiel zur Zeit Gregors XIII. und wurde durch die Gregors des Großen ersetzt, bis endlich der Card. Francesco Barberini Felix IV. wieder an die Stelle setzte. Die heutige Kirche erhielt ihre Gestalt unter Urban VIII.

160 *19* Auf Münzen der *Faustina senior* und *iunior* die AETERNITAS, den Globus haltend, worauf der Phönix mit dem Stern. Auf einer schönen Münze Constantins reicht Crispus dem sitzenden Vater den Globus mit dem Phönix. Eine Münze Constantins des Jüngeren zeigt diesen Kaiser mit Globus und Phönix in der Rechten, das Labarum mit dem Monogramm Christi in der Linken. Der Phönix mit dem Stern findet sich schon auf ägyptischen Denkmälern, wie man glaubt, als Symbol der Hundsternperiode von 1461 Jahren. Seine Sage erzählt zuerst Herodot. Plinius setzte hinzu, daß der Phönix sich sein Nest von Aromen mache, worin er sterbe; woraus aus den Knochen ein Wurm hervorkomme, aus diesem aber ein junger Vogel, der seinen Vater begrabe. Sodann entstand die Sage von der Verbrennung des Phönix. Piper, Mythol. und Symbolik der christlichen Kunst. [Weimar 1847.] I, 446.

162 *36* Die *Synodus Palmaris* anerkannte das Recht des Senats, ihre Beschlüsse zu begutachten. Im J. 507 beschloß der Senat, daß kein Bischof über Abtretung von Kirchengut zu verfügen habe. H. Usener, Das Verh. d. röm. Senats zur Kirche in der Ostgotenzeit (Commentat. Mommsen. 1877, p. 759 f.).

164 *7* Die zwölf Bücher Gotischer Geschichten Cassiodors gingen unter wie die gotische Geschichte des Ablavius. Erhalten hat sich nur die Geschichte der Goten des Jordanes, ein Auszug aus Cassiodor. Jordanes war Gote von Stamm, Zeitgenosse Cassiodors und entschiedener Anhänger der römischen Reichsgewalt.

165 *35* Nach A. 541 werden bis 566 fünfundzwanzig Jahre mit *post consul. Basilii* bezeichnet. – Was die Zeitrechnung im allgemeinen betrifft, so gebrauchte die römische Kirche seit A. 584 die Indiktionen; die Rechnung nach der *Incarnatio Domini* beginnt erst seit 968 zur Geltung zu kommen. Jaffés Einleitung zu den „*Regesta Pontificum Romanorum*..." Edit. 2. *vol.* I. Lips. 1885. p. V–X.]

169 *19* Die schnellen Erfolge Belisars in Italien erklärt der Umstand, daß die gotische Bevölkerung im Süden und Westen sehr schwach war. Erst in Samnium und Picenum begann sie seßhaft und häufiger zu werden.

170 *15* Zur Zeit Theoderichs bestand noch die Posteinrichtung der Kaiser auf den Hauptstraßen.

171 *25* Vitiges ließ zu ihren Ehren Münzen prägen: sie haben das Brustbild Justinians und auf der Rückseite den Namen Matasunthas im Monogramm.

171 *30* Die Via Latina trennte sich vor dem Capenischen Tor von der Appia. Sie ging unter Anagnium, Ferentinum, Frusino und über den Lirisstrom fort nach

Capua, nachdem sie die Via Labicana und Praenestina in sich aufgenommen hatte. Vom Tor ab ist sie 9 Millien weit zerstört und kommt dann stellenweise zu Tage.

175 *15* Es wäre töricht, den Goten auch die mutwillige Vernichtung der Aquädukte zuzuschreiben, welche sie nur zerschnitten hatten. Die antiken Wasserleitungen sind im Lauf der Zeit zerstört worden von den Eigentümern der *Fondi suburbani* im Mittelalter wie in neuerer Zeit. Endlich haben die Architekten Sixtus' V. zum Zweck des Baues der Acqua Felice die Reste der Aquädukte schonungslos zerstört. Siehe darüber R. Lanciani, *Commentarii di Frontino [intorno le acque e gli acquedotti. = Atti della R. A. dei Lincei ser. III. vol. 4]* 1880. p. 361.

177 *24* Die römische Legende erzählt, daß sich jene Mauer andachtsvoll neigte, als St. Petrus ihr vorbei zur Hinrichtung geführt wurde. Pius IX. hat die Mauern unter dem Pincio gut erneuert, aber der Muro Torto ist noch unangetastet geblieben.

179 *10* Dieser Circus in den *Prata Neronis* wird für einen Bau des Kaisers Hadrian gehalten und muß mit dem *theatrum Neronis* identisch gewesen sein. Seine Ruinen sind auf dem Stadtplan Roms des XIII. Jahrhunderts mit Hirschen und anderen Tieren abgebildet; sie dauerten noch im XV. Jahrhundert. De Rossi, *Piante Icnogr. [di Roma. Roma* 1879.] S. 85.

179 *20* Das Mausoleum Hadrians ward so seines Schmuckes für immer beraubt. Als man es zur Zeit Alexanders VI. und Urbans VIII. völlig zum Kastell umschuf, fand man beim Ziehen der Gräben den berühmten schlafenden Faun, mehrfach zertrümmert, und die Kolossalbüste Hadrians. Tacitus erzählt, daß Sabinus, Vespasians Bruder, sich auf dem Clivus Capitolinus durch Barrikaden von Statuen gegen die Vitellianer schützte. Dies ist das erste Beispiel von Vandalismus dieser Art, und er wurde von alten Römern verübt.

182 *4* ff. [Ludwig Traube (Abh. d. bayer. Akad. d. Wiss. phil.-philolog. Kl. 19 (1892) 307) übersetzt die Strophen des ersten Liedes wie folgt:

„O wunderbares Abbild der Liebesgottheit,
An dessen Leib auch nicht ein kleiner Makel ist,
So möge der Herr dich schützen, der Sterne und Himmel
Schuf und Meer und Festland gestaltete.
Nicht durch die List des Lebens-Diebes sollst du tückisches Leid erfahren:
Nein, liebend schonen möge dich Clotho, die den Rocken dinset."

„Erhalte dem Knaben das Leben, fleh ich nicht im Scherzspiel,
Sondern vom ganzen Herzen die Lachesis an,
Der Atropos Schwester, damit sie nicht sinnt, dich zu verlassen.
Neptun und Thetis magst du zu Geleitern haben,
Wenn du über den Etschstrom fährst.
Doch, was fliehst du – ich beschwöre dich, da ich dich doch liebe?
Ich Armer, was werd' ich anfangen, wenn ich dich nicht mehr sehe?"

„Harter Stoff aus der Mutter Gebeinen
Schuf die Menschen, da Pyrrha und Deukalion ihre Steine warfen.
Und von solchen Steinen muß einer jenes Knäbchen sein,
Der sich nicht kümmert um tränenreiches Klagen.
So wird denn, wenn ich in Trauer bin, nur mein Nebenbuhler die Freude haben.
Und doch muß ich schreien, wie die Hindin, wenn ihr das Junge flieht."]

182 *27 ff.* [Das Lied auf Peter und Paul in der Übersetzung von Alfred von Reumont (Gesch. d. Stadt Rom Bd. II. Berlin 1867, S. 169):
„O Roma, edle Stadt, du weltbeherrschende,
Hoch ob allen andern Städten erhabene,
Rosig im Märtyrerblute gerötete,
Weiß von der Jungfrauen Lilien erglänzende:
Grüße dir bringen wir, hehre, durch jegliche
Zeit, und entbieten dir Heil durch Jahrhunderte."

„Du, dessen Vollgewalt aufschließt das Himmelstor,
Petrus, den Bittenden leih' gnädig dein Ohr!
Wenn den zwölf Stämmen du als Richter sitzest vor,
Dann richte, mildgestimmt, ob dieser Beter Chor,
Und allen, die zur Zeit jetzt flehn zu dir empor,
Geh' gnadenreicher Spruch aus deinem Mund hervor."

„Paulus, vertritt die Schuld von unsrer Sünden Zahl,
Der mutig einst besiegt die Weisen allzumal;
Du als Verwalter jetzt bestellt im Himmelssaal,
Teil uns die Spenden zu der Gottesspeisen all,
Auf daß der Weisheit, die dich füllte voller Schall,
Durch deiner Lehre Kraft hell in uns widerhall'."]

186 *7* Die *Ludi Castorum Ostiae* wurden am 27. Januar gefeiert und finden sich noch um A. 449 verzeichnet. Siehe *„I Monumenti cristiani di Porto"* von de Rossi *Bull. [di Archeol. Cristiana]* 1866, n. 3.

187 *30* St. Paul war damals noch nicht durch eine Festung geschützt, die erst im *saec.* IX angelegt wurde.

188 *24* Die „Römer" sind hier die Byzantiner, wie Procopius diese immer nennt, und sie sich selbst nannten, um des römischen Reichs willen.

191 *17* Zwar hatte Theoderich zum Schutz der Küsten eine Flotte bauen lassen. Aber diese Schiffe müssen nicht kriegstüchtig gewesen sein, denn ihrer geschieht keine Erwähnung im Gotenkriege. Erst Totila schuf eine wirkliche Marine.

197 *29* Es sollten verdammt werden Theodor von Mopsvestia, die Bücher Theodorets von Cyrus gegen die zwölf Kapitel des heiligen Cyrillus, ein Brief des Ibas von Edessa.

204 *19* Es darf nicht bezweifelt werden, daß vor allen die Mauern zwischen dem Tor von Präneste und der Porta Pinciana niedergelegt wurden. Diese Stelle

gehört heute zu den schwächsten Roms und zeigt sehr tumultuarische Restaurationen des Mittelalters.

206 *25* „Diese Prophezeiung", sagt der Papst, „ist wörtlich eingetroffen", und indem er mit ihr die Barbaren von der Anklage losspricht, gibt er eine gute Erklärung des Verfalls der Stadt, zu der wir im späteren Mittelalter noch mehr hinzufügen. Derselben Prophezeiung erinnerten sich die Römer noch im XIII. Jahrhundert; sie steht als Randnote im ältesten Stadtplan des mittelalterlichen Rom aus der Zeit Innocenz' III., *Cod. Vat.* 1960.

206 *30* Algidus wird im heutigen Castello dell' Aglio erkannt, dessen Ruinen eine Höhe bei Rocca Priora krönen. Aber das Algidus des Procopius lag wo anders, denn wie konnte ein Lager auf dem albanischen Gebirg gegen Portus operieren? Schon Nibby schlägt daher vor, Alisium (heute Palo) zu lesen.

207 *28* Aus Sehnsucht in Rom zu wohnen, und dieses ist eine sehr alte Sehnsucht oder Krankheit der Menschen.

208 *40* Zwar spricht Procopius nur von den Brücken des Tiber und sagt, die milvische allein sei stehen geblieben, weil sie der Stadt nahe lag. Aber man überzeugt sich leicht, daß es die Brücken des Anio waren, die Totila abwarf, weil dieser Fluß die Straße nach Tivoli durchschneidet. Er warf ab die salarische, die nomentanische, wohl auch den Ponte Mammolo, natürlich aber nicht den Pons Lucanus unterhalb Tivoli.

210 *11* Die römische Tradition bezeichnet als das von Belisar gegründete Armenhaus in der Via Lata die heutige Kirche S. Maria dei Crociferi in der Nähe der Fontana di Trevi. Eine Inschrift aus der Zeit Gregors XIII. (über dem Portal der Kirche) nennt Belisar als Erbauer.

218 *5* Die alte römische Kolonie Nepi oder Nepet ist ein kleiner Ort bei Civita Castellana. Pietra Pertusa liegt 10 Millien von Rom an der Flaminischen Straße. Nachdem die Langobarden den Ort zerstört hatten, blieb der Name einem Casale.

219 *28* Hier schließt Procopius seine unschätzbare Geschichte des gotischen Kriegs, nachdem er mit ein paar Worten gesagt, daß die Griechen noch Cumae und alle anderen Festungen genommen. Aligern verteidigte Cumae und die Grotte der Sibylla jedoch ein ganzes Jahr lang mit glänzender Tapferkeit.

219 *37 Gothorum laus est civilitas custodita.* – Dieses Bekenntnis Cassiodors (*Var.* IX, 14) ist ihre Grabschrift, was die Italiener nicht vergessen sollten.

221 *8* Er wurde besonders durch das von den Humanisten gestärkte Nationalgefühl der Italiener unterstützt. Doch war Flav. Blondus so unparteiisch, die Goten vom Vandalismus loszusprechen. Er zeigt dies, der Unwissenheit der Menge gegenüber, auch an den Aquädukten, welche nicht die Goten, sondern die nach Baumaterial suchenden Römer zerstört hätten. In der *Italia Illustrata (Etruria)* hat Blondus den König Totila auch von der Zerstörung der Stadt Florenz freigesprochen. Auch Leon Battista Alberti klagte die Römer selbst, nicht die Barbaren an.

223 *2* Der Bogen selbst ist nicht bezeichnet, und mag der des Septimius Severus gewesen sein. Die uralte Mythe von vergrabenen Schätzen taucht in Rom immer wieder auf. Ich erlebte es hier im Dezember 1864, daß mit Bewilligung

des Papstes im Colosseum nach einem Schatz gegraben wurde. Ein Mann wollte nämlich ein altes Pergament gefunden haben, welches die Stelle, wo er lag, genau angab. Man grub 14 Tage lang unter dem Bogen des Eingangs nach der Seite des Lateran; eine Dampfmaschine pumpte unaufhörlich das Wasser auf, welches sich wie ein Bach um das Colosseum her ergoß. Aber der Versuch brachte nichts zu Tage als einige Tierknochen.

224 *41* Daß Narses indes die Reste der Goten nicht aus Italien vertrieb, sondern daß sie fortfuhren, am Po zu wohnen, geht aus mehreren Schriftstellern hervor. Es wird noch ein Gote Guidin genannt, der sich gegen Narses mit Hilfe der Franken in Verona und Brescia empörte.

229 *21* Vigilius stellte von den Goten zerstörte Gräber der Märtyrer im Coemeterium der Gordani her und erneuerte zerbrochene Inschriften des Papsts Damasus.

230 *13* Ein Brief Hadrians I. führt Kirchen Roms an, die vorzugsweise mit Mosaiken geschmückt waren, wie S. Silvestro, S. Marco, die Basilika des Julius, S. Lorenzo in Damaso, S. Maria (Maggiore) und St. Paul.

231 *30* Die Anlage des Oratorium und Klosters St. Paul *ad aquas Salvias* wird ihm zugeschrieben. De Rossi, *Bull. d. Arch. Crist. a.* 1887, p. 79.

232 *14* Selbst diese einzigen Denkmäler des Narses sind nicht mehr; sie fielen in den Anio, als die Neapolitaner auf ihrem Rückzug aus Rom im Jahre 1798 dieselbe Brücke abwarfen. Heute ist diese Brücke, welche die Päpstlichen beim Abmarsch der Banden Garibaldis im Jahre 1866 gesprengt hatten, vollkommen erneuert worden.

235 *30* Brief des Papsts Pelagius II. an den Nuntius Gregor vom 4. Okt. 584. Sowohl Ludo Moritz Hartmann (Untersuch. zur Gesch. d. byzantin. Verwaltung in Italien. Leipzig 1889), als Charles Diehl (Études sur l'administration Byzantine dans l'Exarchat de Ravenne. Paris 1888) verwerfen die Ansicht, daß Longinus der erste Exarch gewesen sei. Hartmann hält dafür den Patricius Decius a. 584.

237 *1* Es ist selbstverständlich, daß daraus nicht geschlossen werden darf, es habe vorher keinen *Dux* in Rom gegeben. Das ganze saec. VII hindurch völliges Schweigen vom Titel Senatus oder Senator.

241 *37* Sublacus oder Sublaqueum empfing seinen Namen von Seen, welche Nero dort für seine Villa angelegt hatte. Die erste Erwähnung dieses Lokals bei Plinius. *Hist. Nat.* III, 17. Erst die Stiftung des Klosters veranlaßte die Entstehung des *castrum Sublacum*.

247 *38* Die Goten waren aus Italien nicht ganz verschwunden. In Rom wie auf der Campagna dauerten sie in latinisierten Geschlechtern fort.

252 *12* Die älteste Geschichte der Basilika S. Lorenzo ist noch nicht vollkommen aufgeklärt. Ich verweise den Leser im allgemeinen auf Armellini, *Le chiese di Roma* 1887 und Duchesne, *Lib. pont.* I. [Paris 1886] p. 197 Note 84 mit Bezugnahme auf die Angaben de Rossis.

252 *30* Sein Leben schrieb Joh. Diaconus, Zeitgenosse des Anastasius Bibliothecarius, um 882. Mönch in M. Cassino, dann Diaconus der röm. Kirche, verfaßte er es auf Befehl Johanns VIII. Auch Paul Diaconus schrieb eine Vita St. Gre-

gorii, aber sie ist nur Kompilation aus der Kirchengesch. Bedas und den eigenen Werken Gregors.

254 *19* Benedikt XIV. ließ die heutige Figur dort aufstellen. Der das Schwert einsteckende Engel wäre das schönste Symbol für das Priestertum, welches der Welt den Frieden geben soll. Aber es paßt leider nicht für die Päpste, welche auch die Schwertgewalt usurpierten. Die Legende wird von beiden Lebensbeschreibern Gregors, Paul und Joh. Diaconus, nicht erwähnt, auch nicht von Beda und Gregor von Tours. Sie findet sich in der *Legenda Aurea* (Ende *saec.* XIII), nach alten Überlieferungen, und in einer deutschen Predigt *saec.* XII oder XIII. Müllenhof in Haupts Zeitschr. [f. deutsch. Altertum] B. 12, S. 321. Sie reicht über das X. Jahrh. hinauf. Möglich, daß irgendeine Statue, welche noch auf dem Grabmal Hadrians übrig geblieben war, etwa die eines geflügelten Genius, den Anlaß gegeben hat.

254 *34* Seine ersten Briefe namentlich an die Schwester des Kaisers Theoktista sprechen die Klage um das verlorene Glück des kontemplativen Lebens aus.

261 *5* In einer Inschrift A., welche der Notar Eugenius seinem Sohne Boëthius und seiner Gattin setzte, wird ein (ungenannter) Stadtpräfekt als sein Vater bemerkt. De Rossi *(Inscript. chr. [Urbis Romae.* Roma 1857/61] I, 512 n. 1122) hält diese Inschrift für eines der letzten Denkmäler des untergehenden römischen Adels. Von 536 bis auf die genannte Inschrift fehlen für uns die Stadtpräfekten.

265 *12* Von Gregors Zeit sollen sich die öffentlichen Fußwaschungen und Pilgerspeisungen zu Ostern herschreiben – jetzt Theaterszenen, wo die Armut und die christliche Demut als Masken auftreten.

266 *30* Das Bestehen eines *Patrimonium urbanum* hat de Rossi nachgewiesen aus einem Schenkungsdiplom des Papsts Sergius I. an die Kirche S. Susanna auf dem Quirinal *(Bull. d. Archeol. crist.* 1870, p. 93), wo gesagt wird, *ex patrimonio urbano intra hanc urbem Romam...* Siehe auch G. Tomassetti, *Della Campagna Romana. Archiv. d. Società Rom.* II. (1879) p. 11. In dieser ausgezeichneten Arbeit sind die Verhältnisse der Patrimonia gründlich behandelt.

274 *5* Gregor VII. erneuerte den Gebrauch, Petersschlüssel zu versenden; er schickte sie an Alphons von Spanien. – Noch 1866 wurde eine Bruderschaft von den Ketten Petri gestiftet. Nie sind Ketten länger getragen worden, als die des heiligen Petrus.

274 *8* Gregor schenkte der Königin Theodolinde ein goldenes Kreuz-Amulett, welches man noch im Schatz von Monza zeigt. Der Gebrauch der Amulette findet sich in Rom seit *saec.* IV. Man trug zuerst am Halse Fische von Metall, welche Reliquien enthielten, auch goldne Bullen, wie im Altertum; erst im IV. Säk. scheinen Amulette in Kreuzesform häufiger geworden zu sein, obwohl sie schon im *saec.* IV vorkommen.

275 *21* Eine Kirche dieses berühmten Heiligen aus Noricum, dessen Leiche seine Brüder nach Neapel gebracht hatten (zur Zeit Odoakers) habe ich in Rom nicht entdecken können.

275 *34* Gehenna ist der von den Kirchenvätern adoptierte Ausdruck. Auch Pru-

dentius braucht ihn. Er scheint bereits eine Vorstellung vom Fegefeuer zu haben. Nach der Lehre Gregors befand sich die bodenlose Hölle *(Infernus)* in der Erde, und hatte, wie dies Dante ausgeführt hat, Abteilungen *(poenales loci)*. Der im Glauben Gestorbene wird zuerst im Fegefeuer gereinigt.

276 *40* Die Legende entstand wohl durch irgendein auf dem Forum Trajans befindliches Relief – eine schutzflehende Provinz mochte dort als Weib vor dem Kaiser abgebildet gewesen sein. Dio Cassius erzählt über diesen Vorgang mit dem flehenden Weibe vom Kaiser Hadrian, so daß Trajan mit ihm verwechselt zu sein scheint.

278 *7* Ozanam, Documents inédits etc. [Paris 1850] p. 6, welcher den Inhalt seiner Schrift wesentlich der Dissertation Giesebrechts, De literarum studiis apud Italos [primis aevi saeculis. Berlin 1845.] abborgt.

278 *35* Sie starben in der christl. Literatur nie aus. Heidnische Anschauungen lebten in der Renaissancezeit Karls des Gr. wieder auf. Piper, der sie in der „Mythologie und Symbolik der christl. Kunst" I. [Weimar 1847] 139 mit dem *Alanus ab Insulis* im *saec.* XII beginnt, hätte dieses Kapitel durch Beispiele von der Zeit Arators ab vervollständigen können.

281 *15* Sowohl die Bibl. als das Archiv der Päpste befanden sich im VI. Jahrh. bestimmt im Lateran, wie das aus dem *Liber Diurnus* hervorgeht. De Rossi, *La Bibl. della sede apostolica.* Rom 1884. p. 28.

281 *26* Er zog sie aus einem Palimpsest, der dem Kloster Bobbio gehört hatte.

283 *8 Servus Servorum Dei.* Den Titel *Papa* (πάππας) gab man damals auch andern Bischöfen. Der erste, welcher den röm. Bischof vorzugsweise so nannte, war Ennodius von Ticinum um 510. Seit *saec.* VII wird *Papa* für den röm. Bischof fest, aber erst Gregor VII. erhob dies zum Gesetz. Den Titel *pontifex maximus* gebrauchte schon Leo I.

284 *20* Er ward im St. Peter begraben, wo ihm später eine gute Inschrift gesetzt wurde. Diese dichtete Petrus Oldradus, Erzb. von Mailand, Geheimschreiber Hadrians I.

288 *4* Urban VIII. Barberini raubte den Dachstuhl, woraus er Kanonen und die Säulen des Tabernakels im St. Peter gießen ließ. Diesen Vandalismus rächte das unsterbliche Pasquill: *quod non fecerunt Barbari, fecerunt Barbarini.*

288 *12* Das älteste röm. Dokument, worin der Name Pantheum vorkommt, datiert aus Neros Zeit vom J. 59; es ist eine arvalische Tafel, welche A. 1866 auf dem Lokal der *Dea Dia* an der portuen. Straße gefunden wurde. Die *Fratres Arvales* verzeichneten darauf, daß sie sich versammelten *In Pantheo . . .* Der Bau des Agrippa wurde also schon damals zu gottesdienstlichem Zweck benutzt.

295 *6* Die Stiftung dieser Kirche wird von der Legende schon dem Papst Silvester zugeschrieben. Sie hieß auch *S. Silvestri in Lacu (Curtii).* Reste der ältesten Anlage dieser Kirche mit Malereien sind im J. 1885 aufgefunden worden.

296 *38* Die verworrene Legende hat de Rossi, *[I Santi Quatuor Coronati e la loro chiesa sul Celio = Bull. di Arch. crist.* 1879. p. 45 f.] aufgeklärt. Man verehrte in derselben Kirche fünf Steinmetzen aus Pannonien, die sich geweigert hatten, eine Bildsäule des Aeskulap zu verfertigen. Ihre Legende hat Watten-

bach ediert (in M. Büdingers Untersuchungen zur Röm. Kaisergesch. III. Am Schluß).

298 *32* Am 14. April 1855 stürzte Pius IX. im Coenobium S. Agnese mit einer dort versammelten Gesellschaft in den untern Stock herab, da der Boden wich. Zum Dank für seine Rettung hat er die Kirche restaurieren lassen; aber der Ungeschmack der heutigen Kunst hat die Einfachheit der alten Basilika durch schreiende Gemälde entstellt.

301 *31* Daß Constantin nicht von Silvester, sondern erst am Ende seines Lebens von einem arianischen Bischof die Taufe empfing, wird dem Leser bekannt sein.

307 *17* Er klagte über seine Freunde: „*quia sic funditus infelicitatis meae obliti sunt, et nec scire volunt . . . . sive sim super ferram, sive non sim.*" [= „Weil sie meines Unglücks so gänzlich vergessen haben und nicht wissen wollen . . ., ob ich noch auf Erden bin oder nicht."] Er bittet die Römer, ihm Nahrungsmittel zu schicken; da selbst die Fremdlinge in Rom ernährt würden, so habe wohl er, der einst Papst war, darauf Anspruch.

312 *34* Scipio Maffei stimmt für die Ansicht, daß der Name vom Bau selbst herstamme. Auch das Amphitheater von Capua hieß im *saec*. IX *Colossus*. Aber neuerdings behauptet wieder H. Jordan, Topogr. der Stadt Rom im Altert. II, 510, daß das Amphith. vom Koloß des Nero genannt worden sei. Das war die Ansicht der Antiquare Roms im XV. Jahrhundert, zumal des Poggio. Wie aber sollte eine noch so große Statue einem so immensen Bau den Namen geben, vollends wenn diese Statue zertrümmert war?

313 *31* Obwohl es auffallend ist, daß der Anonymus von Einsiedeln, welcher die Weihinschrift des *equus Constantini* am Severusbogen noch auf der Basis las, des Reiterbildes Marc Aurels am Lateran nicht erwähnt, so verlasse ich doch heute meine in den früheren Auflagen dieses Bandes ausgesprochene Ansicht und nehme jetzt an, daß die Reiterstatue M. Aurels bis 1538 immer am Lateran gestanden hat. Dies hat Müllenhof, Zeitschrift für Deutsch. Altert. von Moritz Haupt, Bd. XII, 325, dargetan, und ihm ist Jordan in der Topogr. Roms gefolgt. Dasselbe hat nachgewiesen Vincenzo Tizzani, *La Statua Equestre di Marco Aurelio,* Rom 1880.

314 *10* Nach dem *Lib. Pontif.* restaurierte er St. Petrus im *Campus Meruli* an der *Via Portuensis.* Adeodatus starb Mitte Juni 676.

314 *12* Erasmus, Bischof in Kampanien, war Märtyrer unter Diokletian. Sein Martyrium ist der scheußlichste Gegenstand der Malerei; man sehe und verabscheue das Gemälde des Nicolaus Poussin in der Gallerie des Vatikan. Über das Kloster und das Haus der *Valerii:* De Rossi, *La basil. di S. Stefano Rot. etc.* in den *Studi e Docum. di Storia e Diritto.* Rom 1886, VII.

314 *24* Man sieht dies sogenannte *Sepulcrum Scipionis* auf der Bronzetür des St. Peter als Pyramide dargestellt. Donus restaurierte auch die Kirche S. Euphemia auf der *Via Appia.* Diese berühmte Heilige von Chalkedon hatte in Rom selbst eine Kirche im *Vicus Patricius* beim Titel des Pudens. Beide sind untergegangen. Der *Liber Pontif.* erwähnte im Leben des Donus eines syrischen Klosters *Monasterium Boëtianum.* War es Stiftung des Boëthius oder in dessen Wohnung entstanden?

315 *39* Der vereinzelte Fall, daß ein röm. Papst von einem ökumenischen Konzil wegen Ketzerei öffentlich mit dem Anathem belegt worden ist, gehört zu den merkwürdigsten Tatsachen der Kirchengeschichte. Zwar erlosch die Erinnerung daran seit dem VIII. Jahrh., aber sie lebte im XVI. wieder auf, endlich wurde die Verdammung des Honorius in unserer Zeit eine Waffe in der Hand derer, welche das jesuitische Dogma der Infallibilität des Papsts bekämpften. „Binnen etwa 130 Jahren ist über diese eine kirchengeschichtliche Frage (des Honorius) mehr geschrieben worden als über irgendeine andere in 1500 Jahren." Döllinger über Honorius in den „Papstfabeln des Mittelalters", 1863.

318 *10* Der Katalog griechischer Heiliger, die in Rom Kirchen und Altäre hatten, ist sehr zahlreich: S. Euphemia, Anastasia, Cosma und Damiano, Theodoros, Michael, Basilius, Tigris, Pantaleon, Apollinaris, Sebastian, Sergius, S. Cyrus, Sabas usw.

318 *24* Der von Ostia legte dem Papst das Evangelium auf den Nacken und die Hand aufs Haupt; der von Albano begann die erste Oration: *Adesto supplicationibus nostris;* der von Portus sang die zweite: *Propitiare Domine.*

319 *7* Der junge Pippin wurde vom König Liutprand durch Abschneiden des Haars adoptiert. Auch das Scheren des Barts galt als Symbol der Adoption. Solche Haarlocken nannte man (von $\mu\alpha\lambda\lambda\dot{o}\varsigma$) Mallones.

322 *28* Sein Name erklärt sich aus der Kuppel *(Trullus)* des Palasts; der Name *Quini-Sextum* daraus, daß hier Supplemente zum V. und VI. ökum. Konzil gegeben wurden.

336 *3* Aus der lebhaften Teilnahme des Volks an der Wahl des Dux schließt Bethmann-Hollweg (Ursprung der Lombard. Städtefreiheit. [Bonn 1846.] S. 186) mit Recht, daß dieser Dux das Haupt der Stadt und des ganzen Dukats war. Es ist gar nicht zu zweifeln, daß der Dux der Rector des damaligen Rom war, als Vizekönig des Kaisers.

339 *39* Der nackte Christus am Kreuz war in den ersten Jahrh. unbekannt. Selbst das merkwürdige Graffito eines heidnischen Spottcrucifixus, welches A. 1856 am Palatin gefunden wurde, stellt den Gekreuzigten bekleidet dar. F. X. Kraus, Das Spottcrucifix vom Palatin. Freiburg 1872. Man fand keinen Crucifixus auf den alten Kirchhöfen Roms. Das alte Kreuzbild von Lucca stellt den Heiland in dezenter Tunica mit dem Diadem dar. Die byzantin. Ölvasen von Monza, welche Theodolinde zum Geschenk erhielt, stellen die Passion Christi dar, aber der Heiland steht glorreich über dem Kreuz, nur die Schächer hängen an ihren Kreuzen. Der Gebrauch des Crucifixus war im Zeitalter Gregors I. noch sehr selten.

340 *15* Prudentius (Hymnus IX. auf S. Cassian) sah in der Grabkirche zu Forum Cornelii jenen heil. Schulmeister gemalt, wie ihn seine Schulkinder mit Griffeln zu Tode quälten. Dies ist die älteste Erwähnung eines Bildes der Art, die ich kenne. Sodann ließ Paulin von Nola (Anf. *saec.* V) die Kirche, die er S. Felix geweiht hatte, mit Gemälden von Martergeschichten ausstatten. Im VI. Säkulum werden Bilder in den Kirchen häufig.

341 *39* Die Darstellungen der beiden Apostel reichen bis ins IV. Jahrhundert

hinauf und finden sich auf Sarkophagen, in Gemälden der Grabkammern und auf sogenannten Zömeterialgläsern. Hier zeigt sich schon der bemerkte Typus. Siehe Armellini, Eine Bronzeplatte mit den Bildnissen Petri und Pauli (Röm. Quartalschrift von A. de Waal, 1888, p. 130 f.) – Eine zweite ähnliche Figur Petri, doch von Marmor, stand über der Haupttüre der Basilika und befindet sich jetzt in den Grotten.

351 *23* Geflüchtete Nonnen stifteten das griech. Kloster S. Maria in Campo Marzo (auch St. Gregorius von Nazianz genannt) im Jahre 750.

351 *39* Der Name läßt sich durch einen Römer Aquirius oder Aquilius erklären, der diese Kirche in seinem Hause mag eingerichtet haben.

353 *39* Mit ihnen beginnt der *Codex Carolinus,* eine der wichtigsten Urkunden der Geschichte, der Stolz der Wiener Bibliothek. Diese von Karl dem Gr. veranstaltete Sammlung zählt 99 Briefe Gregors III., Stephans III., Zacharias' I., Paulus' I., Stephans IV., Adrians I. und des Gegenpapsts Constantin an Karl Martell, Pippin und Karl den Gr., von 739 bis 791.

357 *23* Der *Lib. Pont.* bemerkt, daß der König eine halbe Millie am Steigbügel des Papsts herging. Dies ist demnach die erste Erwähnung jener Demütigungen der Könige. So tat auch später Pippin dem Papst Stephan als sein vicestrator. In der Schenkung Constantins verrichtet freilich schon dieser Kaiser solche Stallknechtdienste dem Papst Silvester.

357 *40* Ich wiederhole, daß ich diesen Stephan als griech. Beamten betrachte. Er war der letzte kaiserliche Dux in Rom. Die Reihe dieser Duces, welche wir kennen, ist folgende: Christophorus, Dux A. 711; Petrus A. 713; Basilius A. 717; Marinus A. 718; Petrus A. 720; Stephanus A. 740.

359 *7* Die kyklopischen Mauern Norbas machen noch heute erstaunen. Der Ort ward verlassen und neben ihm Norma gebaut. Auch das wurde verlassen und weiter unten entstand Nympha. Im VIII. Säk. scheint Nympha und nicht Norba bewohnt gewesen zu sein, und wahrscheinlich trieben darauf die Sarazenen das Volk in das feste Norma zurück.

359 *35* Pippin schenkte später das Hauptkloster dem Papst, der es mit S. Silvestro in Capite zu Rom verband. Der Berg heißt Syraptim in Handschriften des *Lib. Pontificalis,* Zirapti und Sarapte bei den Chronisten, so auch in der Chronik des Mönchs Benedikt vom Soracte aus *saec.* X. (Mon. Germ. V.) [= MG. SS. III. p. 695–719]. Das Wort Syraptim stammt aus den *Acta Silvestri* her. Duchesne, *Étude sur le liber pontificalis.* Paris 1877, p. 166 f.

360 *19* Von andern Fürsten, die um diese Zeit Mönche wurden, sind zu nennen Hunold von Aquitanien und Anselm von Friaul, Stifter des berühmten Klosters Nonantula bei Modena.

363 *12* Formias ist schwerlich bei Gaëta zu suchen, sondern eher in der *Massa St. Petri in Forma,* welche das später sogenannte Latifundium *Campomorto* war.

363 *20* Subaugusta, die heutige Tenuta *Centocelle,* war im ersten Mittelalter eine suburbane Diözese. Ihr Bischof wird als *Subaugustanus* verzeichnet in den Akten der Synode des Symmachus a. 499. Alte *Pagi* in der Nähe der Stadt Rom waren Succusanum, Lemonium, Aurentinum, Pelicianum, Ulmanum. Siehe

über diese Verhältnisse G. Tomassetti, *I Centri abitati nella Camp. Rom. nel medio evo. Rassegna Italiana vol.* II. 1883, p. 375 f.

364 *23* Das berühmte Kloster des Vincentius am Vulturnus, in der Diözese Isernia, stifteten drei langobard. Brüder Tato, Taso und Paldo um 703. Es zählte eine Zeitlang gegen 500 Mönche.

364 *37* Erste Erwähnung dieses Heiligenbildes. Es ist auf Holz gemalt, finster, bärtig, ganz byzantinisch. Im Mittelalter diente es bei Prozessionen; an der Vigilie der Assunta wurde es auf dem Forum abgewaschen, wie einst die Statue der Kybele im Almo. Die nächtliche Prozession schaffte erst Pius V. ab, da sie zu Bacchanalien ausgeartet war.

367 *27* Ficker, Forsch. z. Reichs- und Kirchengesch. [sic!] Ital. (1869) II, 333 f. behauptet, daß sich die Form der ersten pippin. Schenkung in den Formeln der späteren Schenkungsurkunde erhalten habe und diese wesentlich aus echten Vorlagen stammen; daß Pippin mit Stephan einen Teilungsvertrag geschlossen und dem Papst das Land südlich von Luni versprochen habe (S. 376 f.). Genelin, Das Schenkungsversprechen und die Schenkung Pippins, 1880, folgt den Auseinandersetzungen Fickers. Siehe dagegen Sybel, Die Schenkungen der Karolinger an die Päpste. (Kl. Histor. Schrift. Bd. III, 1881).

371 *5* Der Gipfel aller Barbarei ist der Ausdruck deifluo „von Gott triefend". Der *Christianissimus* für den Frankenkönig ist schon stehendes Prädikat.

383 *22* Der Name *Cata Galla Patricia* stammt von einem Grundstück der Galla, Tochter des Patricius Symmachus, welche am St. Peter als Nonne lebte.

383 *24* Stephan baute ihn zum Dank für die glücklich vollbrachte Reise zu Pippin. Die erste Anwendung der Kirchenglocken wird dem Paulin von Nola zugeschrieben. Die Mönche brauchten die Glocken seit 740 allgemein.

383 *34* Tertullian und Hieronymus sprechen von seinem Weibe. De Rossi *(Bull. d. Arch. crist.* 1874, p. 9) hält Petronilla für die geistliche Tochter des Apostels und leitet ihren Namen von Flavius Petronius ab. Der Legende nach begehrte ein edler Heide Flavius die schöne Jungfrau. Sie forderte drei Tage Bedenkzeit, betete und starb.

385 *7* Es hieß auch *Cata Pauli,* d. h. *ad Pauli domum,* auch *inter duos hortos.* Der *Lib. Pont.* schreibt Paul den Bau einer Kirche der Apostel Petrus und Paulus neben dem Tempel der Roma an der Via Sacra zu. Sie muß dort gestanden haben, wo jetzt S. Francesca Romana in den Ruinen des Tempels der Venus und Roma steht.

388 *38* Dies Kloster griech. Mönche stand bei der Kirche des S. Saba; die Gegend hieß *Cella nova;* dort besaß einst Gregors I. Mutter ihr Haus.

389 *3* Beim Abschluß dieses 2. Bandes (1858) erhielt ich Papencordts nachgelassene Materialien, welche Höfler unter jenem Titel [Geschichte der Stadt Rom im Mittelalter. Paderborn 1857] ediert hat. Die Gründlichkeit Papencordts versprach ein bedeutendes Werk, wenn er sich auch nur auf das Politische beschränkte. Er starb im Beginn seiner Laufbahn. Es bleibt ihm der Ruhm, der Erste gewesen zu sein, der diese schwierige Aufgabe angegriffen hat. Sein Plan war mir selbst unbekannt, als ich den Gedanken zu meinem Werk faßte und im Jahre 1855 dessen Ausführung begann. [BC: Seither haben die

Umwälzungen Italiens dem vernachlässigten Studium Roms im Mittelalter neue Bedeutung gegeben. Im Jahre 1865 veröffentlichte Dyer eine History of the City of Rome, und 1867 A. v. Reumont die beiden ersten Bände seiner übersichtlichen „Geschichte der Stadt Rom", welche von der Gründung der Stadt bis auf die Gegenwart reichen soll. Seit zehn Jahren ist demnach eine neue Literatur unter dem Begriff „Geschichte der Stadt Rom" ins Leben getreten.]

389 *5* Zum erstenmal wird das Amphitheater des Titus in *Lib. Pont.* so mit Namen genannt.

390 *4* Das Wahldekret Stephans III. wurde 862 oder 863 vom Papst Nikolaus I. erneuert. Ein ähnliches soll auch Stephan IV. erlassen haben, so behauptet Niehues, Die Wahldekrete Stephans III. und IV. (Histor. Jahrbuch der Görres-Gesellsch. 1880, p. 141-153). Doch ist dasjenige Stephans IV. nicht sicher zu erweisen.

395 *21* Theodatus (nicht Theodolus) restaurierte S. Angelo in Pescaria, wie noch eine dortige Marmorinschrift sagt.

397 *27 Der Lib. Pont.* bemerkt als damals in Ravenna anwesend den Chartularius Anualdus – der Name ist germanisch (Anwald); dieser Missus des Papsts wird durch das Prädikat *civis Romanus* ausgezeichnet. Dies wäre demnach der Stammvater der römischen Aniáldi oder Anibaldi.

400 *16* Es ist eine bekannte Streitfrage, ob rechts oder links die geehrtere Seite war, und weshalb auf Musiven und Siegeln häufig Petrus die linke, Paulus die rechte Stelle einnimmt. Der Ehrenplatz ward, so scheint es, nach dem Anblickenden bestimmt. Wenn Papst und König in die Kirche traten, hatten die Anblickenden den Papst zur Rechten.

401 *8* Die Osterstationen sind noch heute dieselben geblieben: am Sonntag in S. Maria Maggiore, am Montag in St. Peter, Dienstags in St. Paul, am Mittwoch in S. Lorenzo.

404 *38* Vor 939 finden sich keine auf die Sabina bezogene Dokumente im Register von Farfa.

405 *15* Beide mochten den Titel Judex schlechthin führen; in kleinere Orte scheint der Papst Comites geschickt zu haben, wie nach Gabellum. Päpstliche Beamte in den Städten führten auch im allgemeinen den Titel *Actores,* der in Papieren Ravennas sehr häufig ist.

407 *38* Karl ließ auch die Reiterstatue Theoderichs aus Ravenna nach Aachen bringen.

410 *24* Ficker, Untersuch. II. [= Forsch. z. Reichs- und Rechtsgesch. Ital. II (1869)] 348 f.

411 *29* Nach der Beilegung des Bilderstreits begehrte Hadrian die Herstellung der Patrimonien in Sizilien etc., aber Byzanz schwieg. Darüber klagt der Papst bei Karl. Der Bilderstreit wurde durch die Kaiserin Theodora im J. 842 beendigt, aber die *libri Carolini* Karls und Alcuins und das Frankfurter Konzil von 794 sprachen sich entschieden gegen die Anbetung (προσκύνησις) der Bilder aus.

413 *6* Der Ursprung des Namens ist unbekannt. Fea, *Sulle Rovine [di Roma.*

Viertes Buch 83

Roma 1784] p. 380 denkt an den A. 1662 abgebrochenen Bogen bei S. Lorenzo in Lucina, welcher im Mittelalter *delli Retrofoli* und *Portogallo* hieß. Die Mirabilien: *arcus triumphalis Octaviani ad S. Laurentium in Lucina.*

415 *24* Die Verhältnisse des Kolonats jener Zeit sind noch aus den Einrichtungen des röm. Kaisertums zu erklären. E. Kuhn, Die städtische und bürgerliche Verf. d. röm. Reichs, Leipzig 1864, I, 257 ff. Savigny, Über den röm. Colonat, 1835.

417 *29* Die Miliz von Capracorum ist ein seltnes Beispiel der Verwandlung von Kolonen in freie Pächter. Der Name Milites wurde wenigstens in saec. XI bisweilen vom Präsidium auf die Oppidani übertragen. Capracorum wird ausdrücklich als Kastell bezeichnet.

418 *7* Am Anfang der Halle lag die Kirche S. Maria (Traspontina), welche von einer gleichnamigen im Hadrianeum zu unterscheiden ist; beide hatte Hadrian zu Diakonien erhoben.

419 *7* Seither erleuchtete man die Peterskirche erst mit diesem, dann mit einem kleineren Kreuz, bis dieser Gebrauch A. 1814 abgeschafft wurde. Zur Zeit des Petrus Mallius (um 1180) brannten täglich 115 Lampen im St. Peter.

420 *41* Das Fest des Heiligen am 6. Mai ist schon im *Liber Sacramentalis* Gregors I. verzeichnet; man glaubt deshalb, daß die Kirche schon im V. Säk. bestand und auf den Ruinen des Tempels der Diana gebaut war.

421 *29* Charles *Diehl, [Étude sur] L'admin. Byzantine dans l'Exarchat. [Bibl. des Ecoles franç. d'Athène et de Rome* 54.) Paris 1888] p. 253 f.

421 *35* Der Anon. von Salzburg führt als Marienkirchen auf: *Maria Maior* (so wurde schon damals die *S. Maria ad Praesepe* genannt), *Maria antiqua, Maria rotunda, Maria transtyberim.* Er nennt die *Schola Graeca* nicht, weil er wahrscheinlich vor Hadrians Bau schrieb. Daß diese Notitia im VIII. Säk. verfaßt wurde, entnehme ich daraus, daß der Schreiber die Kapelle Petronilla am St. Peter kennt.

422 *5* Wenn das *in* Ort oder Titel bezeichnete, wie *in Lucina, in Damaso* etc., zeigt es bisweilen auch Eigenschaften an. Einige Kirchen Italiens hießen in *Coelo aureo* von ihren Decken; eine Roms heißt von einem Altar in *Ara Coeli.* – Selbst Karl der Große nannte seinen Palast in Aachen zur Erinnerung an Rom *in Lateranis.*

430 *25* Das Zunftwesen der Römer wird schon dem Numa zugeschrieben. Während der Republik gab es acht anerkannte Zünfte: die *collegia* der *fabri aearii, figuli, tibicines, aurifices, fabri tignarii, tinctores, sutores, fullones,* wozu später auch die *pistores* kamen. Außerdem *collegia funeraria.*

431 *25* Eine dortige Inschrift vom Ende *saec.* XIII schreibt den Bau Leo IV. und Karl dem Großen zu (die hier zu Zeitgenossen gemacht werden). Vielmehr wird Leo IV. diese Kirche zu Ehren der Friesen gebaut haben, welche beim sarazenischen Überfall im J. 846 den Tod fanden.

433 *6* Wir werden sehen, daß bei einem Akt, wo der Senat, wenn er existierte, sicherlich auftreten mußte, bei der Kaiserwahl Karls, nichts von ihm verlautet. Wo er in Chroniken dabei genannt wird, ist er gleichbedeutend mit *Senatus Francorum.*

435 *10* Die *Schola militiae* oder der *florentiss. atque felicissimus Romanus exer-*

84 Anmerkungen

citus muß seit *saec.* VII auch als politische Grundlage der röm. Munizipalverfassung angesehen werden. Weit später bietet sich eine Analogie dazu dar. Seit 1356 errichteten die Römer eine Schützengesellschaft: *felix societas balestrariorum et pavesatorum,* und deren Häupter, die *banderenses,* saßen im höchsten Regierungsrat. Auch in Rom waren wohl die *Numeri* oder Milizregimenter wie in Ravenna nach Regionen eingeteilt; die militische wie munizipale Ordnung der Stadt hing mit den Stadtbezirken selbst zusammen.

435 26 Die Chartularii, im Orient hoch angesehen und mit dem goldenen Ring geschmückt, waren auch in Rom oft päpstliche Richter, obwohl von Natur Chartophylaces, wider *der öffentl. Instrumente.* Über die aus der byzantin. Verwaltung sich herschreibenden Ämter: Charl. Diehl *[Étude sur l'admin. byzantine dans l'exarchat. (Bibl. des Ecoles franç. d'Athène et de Rome* 54) Paris 1888] p. 149 f. und besonders Hartmann. [Untersuch. z. Gesch. der Byzantin. Verwaltung in Italien. Leipzig 1889] p. 33 f.

445 23 Ich habe *Militia* durch den späteren Begriff Ritterschaft ausgedrückt. Man bemerke, daß nur vom *honor* des Papsts gesprochen wird; aber *honor* bedeutete auch in der Feudalsprache des späteren Mittelalters ein positives Recht.

448 9 Der Begriff „Kirchenstaat" ist im Grunde für jene Zeit völlig unpassend. Der Papst erlangte in Rom die Rechte des Dux *(Ducatus),* wie andere Bischöfe die Rechte des Comes *(Comitatus)* erlangten.

449 3 Die Mosaiken in der Tribune der S. Susanna wurden um 1600 zerstört, eine Abbildung erhielt sich.

449 17 Man sieht das Abbild der Mosaiken in der freistehenden Nische an der Kapelle St. Sanctorum; denn nach dem Zerfall der Tribune ließ dort Benedikt XIV. um 1743 ihre getreue Kopie mit Hilfe von Zeichnungen in der Vaticana anfertigen.

454 2 Das Fragment des freilich mit Unsicherheit Angilbert zugeschriebenen Gedichts *(Mon. Germ.* [SS.] II, 393) ist eins der besten Poeme der karolingischen Zeit. Ebert, Allgem. Gesch. der Liter. des Mittelalters im Abendlande [Leipzig 1880] II. 58 f.

457 15 Diese alte latinische Stadt trug damals noch ihren Namen wie beim Virgil VI, 773. Später hieß sie *Castrum Nomentanae,* woraus *Lamentana* oder *Mentana* wurde. Der Ort ward berühmt durch das Geschlecht der Crescentier, der Freiheitskämpfer Roms gegen Papsttum und Kaisertum. Nach langer Geschichtslosigkeit wurde er wieder historisch durch das Gefecht, welches Garibaldi am 3. Nov. 1867 den Päpstlichen und Franzosen lieferte, den uralten Kampf gegen jene weltliche Gewalt des Papsts fortsetzend, die Karl der Große gestiftet hatte. Ich schreibe dies in Rom, drei Tage nach dem Gefecht von Mentana. Wie seltsam sind die Beziehungen entfernter Zeiten aufeinander, des 23. Nov. 800 und des 3. Nov. 1867!

458 22 Nach Mühlbacher [Die Regesten d. Kaiserreichs unter d. Karolingern 751 bis 918. Innsbruck 1880, S. 147] erst am 23. Dezember.

471 9 *Libellus de Imperatoria Potestate in Urbe Roma.* [MG. SS. III. p. 719 bis 722], von einem Kaiserlichen um 950 verfaßt, bekämpft die Ansprüche des Papsts auf die landesherrliche Hoheit und ist Parteischrift. Daß der Missus

Karls in Rom ständig residierte, behauptet nur diese Schrift. Ferd. Hirsch (Die Schenkung Kaiser Karls des Kahlen für Papst Johann VIII. und der *Lib. de imp. pot.*, Forsch. z. deutsch. Geschichte XX, 1880) hält das für unglaublich, da es nur wandernde Königsboten in den Provinzen gegeben habe.

475 *32* In solchem Marmorsarkophag wurde die Leiche Karls unter Friedrich I. im J. 1165 gefunden. Simson, Jahrb. d. Fränk. Reichs unter Karl dem Großen II. [Leipzig 1883] 537.

477 *3* Paschalis III., Gegenpapst Alexanders III., sprach Karl auf den Wunsch Barbarossas selig, und dies bestätigte Gregor IX.

479 *23* So erscheint mir der Charakter aller Kirchen der karolingischen Epoche, S. Maria in Cosmedin, Francesca Romana, Nero e Achilleo, der Turm der S. Cecilia, S. Maria in Domnica etc.

483 *3* Stephan hatte eine kostbare Krone mitgebracht; Ermoldus Nigellus (II. v. 425) [= MG. SS. II. p. 486] erklärt sie als Poet für die Constantins.

483 *21* Floß (Die Papstwahl unter den Ottonen. [Freiburg] 1858) hat ein solches Dekret Stephan IV. zugewiesen.

484 *26* Ficker („Forschungen zur Reichs- und Kirchengesch. [sic!] Italiens", Innsbruck 1869, II. § 347 f.) nimmt in diesen berühmten Diplomen Fälschung einiger Stellen, nicht des Ganzen an. Nach ihm ist das Privilegium Ludwigs schon durch die Schenkungsurkunde Pippins und Karls von 754 und 774 bestimmt. Die Stelle von Korsika, Sardinien und Sizilien hält er für gefälscht.

489 *21* Die erste Orgel kam von den Griechen um 757 zu den Franken. Einhard verzeichnet z. J. 826, daß ein venetian. Presbyter Georg, der den Orgelbau gelernt hatte, vom Kaiser Ludwig in Aachen beschäftigt wurde.

492 *18* Man stellte vor Kirchen gern Altertümer auf. Im Vorhof St. Peters stand der bronzene Pinienapfel [sic!]; vor dem Pantheon die Porphyrurne, jetzt Grabmal Clemens XII. im Lateran; im Vorhof der St. Caecilia steht noch eine große antike Marmorvase; eine ähnliche im Hof der St. Apostoli. Da unweit S. M. in Domnica einst das Fremdenlager stand, mochte das antike Votivschiff ihm entstammen. Die V. *Cohors Vigilium* stand neben Villa Mattei. De Rossi, *Le Stazioni delle VII Coorti dei Vigili. Roma* 1859, p. 27 f.

495 *3* Zwei Erlasse Kaiser Ludwigs an Bernwein, Erzb. *Crispolitanae Eccl.*, aus Nimwegen Mai 821, und an Erzb. Adelram von Salzburg aus Frankfurt 19. Juni 823 gestatten diesen Bischöfen Sklaven, die in ihren Diözesen zu Presbytern gewählt sind, vor ihren Herren Freiheit und röm. Bürgerrecht zu geben.

496 *15* Dieser Schwur unter dem Statut Lothars in der neuen Ausgabe der *Capitularia regum Francorum* (1883) von Boretius *(Mon. Germ. Leg. ser.* II). Cenni verwirft das Faktum, welches sich nur auf das unsichere *Fragment. Langob. Hist.* (Murat. II. p. 1. A. 825) stützt, wo obenein gesagt wird, Lothar sei A. 825 zum zweitenmal nach Rom gekommen. Pagi nimmt es an, Muratori neigt dazu und unterstützt das durch die Bestätigung der Wahl Gregors IV.

501 *32* Heilige wurden Patrone von Städten. Rom erhob St. Peter und Paul auf seine Säulen, Venedig den Löwen des St. Marcus, Genua St. Georg. Der

tote Marcus wirkte sein schönstes Wunder im Bau des Doms von Venedig, der A. 976 begann.
501 *38* Ich sah in M. Cassino zwei Codices n. 139 und 149 vom Ende *saec.* XI, welche die Translation des St. Barth. nach Lipari und Benevent erzählen; sie berichten nichts von seiner Überführung zur Zeit Ottos II. und III. nach der Tiberinsel.
506 *12* Ohne Zweifel bestand ein Pactum, wonach dem kaiserl. Heer nicht erlaubt war, in Rom sich einzuquartieren. Auch die alten Römer wollten Soldaten nicht in der Stadt dulden.
512 *15* Der Papst betete zuerst am Haupttor, dann an der Porta St. Angeli und endlich an der posterula.
514 *26* Die Entstehungszeit Cornetos ist ungewiß; es scheint schon im VI. Säk., als Tarquinia noch nicht ganz zerstört war, ein Ort dieses Namens daselbst bestanden zu haben. Luigi Dasti, *Notiz. storiche arch. di Tarquinia e Corneto.* Rom 1878.
515 *31* W. Heyd, Geschichte d. Levantehandels im Mittelalter. [Stuttg.] 1879. I. 104 f.
517 *21* Woker, Das kirchl. Finanzwesen der Päpste. [Nördlingen 1878], S. 35. Im Jahre 1883 wurde im Atrium der Vestalen am Palatin ein Schatz gefunden, welcher 830 angelsächsische Silberdenare enthielt. Tribut des Romescot aus den letzten Dezennien des 9. bis zur Mitte des 10. Jahrhunderts. Darunter sind Denare des Königs Alfred, Edward, Athelstan, Edmund, Sitric, Anlaf. Dieser Schatz ist dort z. Zt. des Papstes Marinus II. (942–946) vergraben worden.
519 *2 Papa Pater Patrum Peperit Papissa Papellum,* sagt einer der fabelnden Autoren; so erklärte man eine antike Inschrift, welche einem Mithraspriester *(Pater Patrum)* angehörte, aber auf die Päpstin bezogen wurde. Eine antike Statue, darstellend ein Weib mit einem Kinde, stand am Lateran. Wege und wurde Jahrhunderte lang für die Figur der Päpstin Johanna gehalten. Erst Sixtus V. entfernte sie.
519 *24* Seit der Reformation griffen Katholiken und Protestanten einander mit Dissertationen über diese Sage an, so daß ein fingiertes Weib mehr Biographien erfuhr als die berühmtesten Königinnen der Welt. Die letzte dieser Schriften ist Döllingers „Die Päpstin Johanna" in den Papstfabeln des Mittelalters. München 1863.
521 *41* Lazarus kann als einer der ältesten Namen in der Kunstgeschichte gelten. Ich bemerke flüchtig, daß damals in Rom auch die Glasmalerei geübt wurde.
524 *25* Nikephorus war am 25. Juli 811 mit seinem Heer von Krum, dem Könige der Bulgaren, erschlagen worden. A. Hilferding, Gesch. der Serben und Bulgaren, aus dem Russischen von Schmaler, 1856, p. 29. Über die Christianisierung der Bulgaren Jirecek, Gesch. der Bulgaren, Prag 1876, p. 150 f.
532 *23* Wenn wir diese Regesten [sic!] gleich den glücklich erhaltenen Briefen Gregors I., dem Schatze aus *saec.* VI besäßen, so würde uns die Geschichte auch der Stadt Rom vom VII. bis X. Jahrhundert neu aufleben. Das Geheime Archiv des Vatikan bewahrt nur die Regesten von Innocenz III. an in mehr als 2000 Bänden. Es wird stets ein Ruhm Leos XIII. bleiben, daß er diese Schätze der Wissenschaft zugänglich gemacht hat.

533 *22* Dies Werk wurde nach Paris geschleppt, kam aber nach Rom zurück. Es war wohl ein Geschenk der Karolinger. Es ist ungewiß, ob im ersten Miniaturbilde Karl der Große oder Karl der Kahle dargestellt sei. Die Zeichnung in den Miniaturen ist roh, die Initialen sind sehr künstlich.

535 *36* Die ältesten Verzeichnisse röm. Bischöfe sind die griechischen des Hegesippos und Irenäus *(saec.* II), dann folgen die des Eusebius in der Chronik und Kirchengesch.; sodann die latein. Kataloge bei Augustinus und Optatus, der *Catalogus Liberianus* oder des *Philocalus* (354) und der *Felicianus* (530). Chronologie der röm. Bischöfe bis zur Mitte des 4. Jahrhunderts von R. A. Lipsius, Kiel 1869.

536 *12* Die neuesten Forschungen sind von Abbé L. Duchesne, *Étude sur le Lib. Pont.,* Paris 1877 und Introduktion seiner Ausgabe desselben, Paris 1884 [I, 1886]. Nach seiner Ansicht ist der *Lib. Pont.,* dessen erste Redaktion mit Felix IV. endet, in der Gotenzeit verfaßt worden von einem Zeitgenossen des Anastasius II. und Symmachus († 514). Redigiert unter Hormisdas (514–523), fortgesetzt bis Felix IV. (526–530), dann weitergeführt. Ausgaben des *Lib. Pont.:* vom Jesuiten Busäus, *Ed. Princeps Moguntiae* 1602; von C. A. Fabroti, Paris 1647; von Francesco Bianchini, Rom 1718, von Muratori, A. 1723 *(Script.* III p. I); von J. Vignoli, Rom A. 1724; von L. Duchesne, Paris, begonnen 1884.

539 *8* Nach einem Dekret, welches man Stephan IV. zuschreibt, sollte die Wahl des Papsts von dem versammelten Klerus vollzogen und der Gewählte in Gegenwart des kaiserlichen Bevollmächtigten konsekriert werden. Dieses Dekret wurde von Nikolaus I. auf einer Synode 862 oder 863 erneuert. Niehues, Die Wahldekrete Stephans III. und IV. (Histor. Jahrb. der Görres-Gesellsch. 1880, p. 141–153).

545 *13* Bouquet und Muratori glauben, daß Ludwig vom Papst nochmals gekrönt wurde, um der Länder willen, die ihm aus dem Erbe Lothars zugefallen waren. Ich sehe in dieser Krönung nur eine Zeremonie; bisweilen ließen sich nämlich die Kaiser bei hohen Festtagen vom Papst die Krone aufsetzen. So wird das von Heinrich V. zu Ostern als beabsichtigt erzählt.

552 *41* M. Cassino wurde schon A. 884 zerstört, der Abt Bertharius getötet. Die Mönche flohen nach Teano, wo im Jahre 889 das Autograph der Regel Benedikts verbrannte, dann nach Capua; erst Aligern († 986) stellte M. Cassino her. Dem Kloster verdanken wir die Erhaltung der Regesten [sic!] Joh. VIII., die von dort nach Rom kamen und den ersten Band der vatikan. Regesten bilden. G. Levi, *Il Tomo I dei Reg. vaticani (Arch. della società Romana* IV, 162 f.). M. Cassino bewahrt viele Urkunden, die für die Geschichte Süditaliens noch lange nicht erschöpft sind. Vor allem bietet der *Cod. Diplom. Caietanus* (v. J. 772–1638), Abschrift des Don Giov. Battista Federici, große Schätze dar. Ich ziere dieses Blatt mit den Namen Don Luigi Tosti und Don Sebastiano Kalefati, des Archivars von M. Cassino, und rühme dankbar die Bereitwilligkeit, mit der mir diese gelehrten Männer ihr Archiv öffneten.

570 *23* Sein Name ist nicht aus dem Katalog der Päpste gestrichen, obwohl ihn

88 Anmerkungen

das Konzil Johanns IX. von 898 für null erklärte. Joh. VIII. hatte ihn verdammt und wurde unter die Laien gestoßen.
572 *18* Dümmler (Auxilius und Vulgarius [Quell. und Forsch. z. Gesch. d. Papstt. im Anfang d. zehnten Jahrh.] Leipzig 1866) hat diese Schriften der Formosianer erläutert und durch andere aus einer Bamberger Hdschr. vermehrt.
573 *4* Den Namen Formosus hat kein Papst mehr getragen. Im J. 1464 wollte sich Pietro Barbo (Paul II.) so nennen, aber die Kardinäle erinnerten ihn an die Schicksale jenes Papsts.
575 *37* Ich halte dies Datum fest: im August drangen die Ungarn nach Italien, im Nov. starb Arnulf. Dafür spricht auch der Brief der Bischöfe Bayerns an Joh. IX. A. 899; denn wurde er vor Sept. 900 geschrieben, so ward, da er des Rückzugs der Ungarn bereits gedenkt, die Schlacht an der Brenta 899 geschlagen.
577 *30* Die Chronologie der Päpste im Anfang *saec.* X. ist unsicher. Josef Duret (Geschichtsbl. der Schweiz II. 1856) und die Herausgeber der 2. Auflage der Regesten Jaffés haben sie nochmals einer Kritik unterworfen, aber abgeschlossen ist nichts.
602 *2* Siehe meine Abhandl.: Die Münzen Alberichs, des Fürsten und Senators der Römer, Sitzungsber. der Bayer. Akad. der Wissensch. 1885. [= F. Gregorovius, Kleine Schrift. z. Gesch. u. Kultur I. Leipzig 1887, S. 155–179].
602 *29* Benedictus ist der erste bekannte Graf der Campagna; dies Grafenamt hatten die Päpste eingeführt, als sie Herren Latiums wurden; es entsprach dem Präsidium der Provinz in alter Zeit.
605 *36* Dafür gibt es zahllose Beispiele in allen Ländern. Ich begnüge mich mit einem. Wer sich in Monte Cassino die Orte auf den Bergen nennen ließ, wird erstaunt sein, ihrer so viele von Heiligen benannt zu finden. Sie alle sind Stiftungen des Klosters: S. Germano, S. Pietro in Fine, S. Elia, S. Angelo, S. Pietro in Curris, S. Giorgio, S. Apollinare, S. Ambrogio, S. Andrea, S. Vittore.
617 *5* Die Echtheit dieser Schwurformel ist oft bezweifelt worden. Dönniges (Jahrb. d. D. Reichs I. 3. Ab. 201 [= R. Köpke und W. Dönniger, Jahrb. d. D. Reichs unter Otto d. Gr. Berlin 1838] verwirft sie besonders wegen der Stelle über die Placita. Die Form ist nicht unverdächtig, aber der Inhalt unzweifelhaft. Der beste Text des Eides bei Jaffé *(Bibl. [rerum Germanicarum.* Berlin 1865], II. 588), welcher den Inhalt nicht bezweifelt.
619 *32* Über diese Urkunde Ficker, Forsch. z. [Reichs- u.] Rechtsgesch. Ital. II. 335 ff. und Th. Sickel, Das Privilegium Ottos I. für die röm. Kirche vom J. 962. [Innsbruck] 1883. Sickel hält die vat. Urk., die Baronius und Cenni kannten, für eine mit Wissen des Kaisers gemachte Ausfertigung seines Pactums, welches mit einigen Abweichungen das *Ludovicianum* erneuerte.
631 *6* Das Roß hat einen Haarbüschel auf der Stirn, woraus die Phantasie des Volks eine Eule machte; auch kann ein gebundener Kriegssklave ursprünglich unter dem Pferde abgebildet gewesen sein. Die Sage gehört wohl schon dem X. Säk. an. A. 966 hing man einen Stadtpräfekten an jener Reiterstatue auf, und 1847 gab man demselben Marc Aurel die italienische Trikolore in die Hand.

631 *15* Die Wölfin stand dort bis 1471, wo sie aufs Kapitol gebracht wurde.

633 *34* Dies prächtige Pamphlet voll Leben ist nach einer durchwanderten Wüste der Literatur wie eine Oase. Seit wir den Procopius weglegten, ist uns nichts Ähnliches mehr begegnet.

634 *4* Der gefangene Berengar war A. 966 in Bamberg gestorben, aber Adalbert lebte noch, so daß die Rede ungenau ist.

635 *6* Byzanz war erbittert, daß Otto über Ravenna und Rom als Herrscher gebot. In Ravenna baute sich Otto sogar einen Palast A. 970.

636 *19* Theophano, die Mutter der gleichnamigen Prinzessin, war die Tochter eines Weinschenken in Konstantinopel und von so hoher Schönheit, daß Romanus II. sie zu seiner Gattin machte.

638 *35* Die Cannapara war eine Straße, welche in *saec.* X und später gegenüber S. Teodoro zwischen Palatin und Kapitol auf dem Velabrum lag. Der Name Cannapara ist bis jetzt unerklärbar, wahrscheinlich bezog er sich auf ein antikes Gebäude. Siehe Band V. Es lag dort eine alte Kirche S. Maria in Cannapara.

639 *30* Schon die Grabschrift Benedikts VII. nennt Bonif. Franco. Ich las in M. Cassino Diplome dieser Epoche, wo in Gaëta selbst Ferrucci lebten. Wenn man behaupten will, Bonif. VII. sei mit Crescentius verwandt gewesen, so werde ich nichts dagegen haben; nur Stammtafeln werde ich nicht entwerfen.

639 *33* Dies schrieb Gerbert auf dem Reimser Konzil, und er war unter Otto II. Abt in Bobbio, also in Italien gewesen.

643 *2* Amari *(Storia dei Musulmanni in Sicilia* II. 324) zeigt die Übereinstimmung Thietmars und des Ibn-el-Athîr. 4000 Deutsche fielen, von den Sarazenen blieb Abul-Kasem. Ottos Unternehmung, Italien von diesen Räubern zu retten, belohnt Amari, indem er sich freut, daß der Kaiser „*di rabbia*" gestorben sei, nun werden ihm die Sarazenen zu Guelfen, die Schlacht von Stilo zu einer *prima Legnano*. Ich bedaure dies bei einem Mann zu lesen, den ich verehre. Wie hoch steht doch Muratori über aller Partei und Tendenz.

652 *40* Prussorum – *quorum deus venter est et avaritia iuncta cum morte,* sagt die *Vita S. Adalb.* c. 27, ein nicht sehr schmeichelhaftes Kompliment für mein spezielles Vaterland jener Zeit, welches im X. Säk. noch von Halbwilden bewohnt war, im XVIII. aber den Philosophen Kant hervorbrachte. [A-C: Ich kenne die Stelle, wo St. Adalbert erschlagen sein soll: es steht dort „das Kreuz an der Ostsee" – ein melancholischer Hügel an einem immer melancholischen Meer, wo viele Hünengräber stehen.]

660 *34* Ich leite jedoch den Namen *Mons Gaudii* vom Jubeln der Pilger beim ersten Anblick Roms ab; meine Ansicht wird durch die Tatsache unterstützt, daß die Kreuzfahrer den Ort Biddu vor Jerusalem *Mons Gaudii* nannten, weil von dort zuerst die hl. Stadt sichtbar war. *Malus* nennt den Berg zuerst Ben. v. Soracte c. 26 [MG. SS. III.]; er kennt dort eine Kirche St. Clemens. Aus M. Malo entstand vielleicht M. Mario. Der heutige Monte Mario hieß im Altertum vielleicht *Mons Vaticanus*.

661 *24* Diese Grabschrift las noch Baronius in S. Pancrazio und teilte sie zuerst mit, *Annal. Eccl.* A. 996. Daß sie dem tragischen Helden gehört, zeigt schon

dies vorletzte Distichon. Das 4. ist schwierig; der Poet scheint sich maskiert über die Herrschaft des Crescentius und die Rückkehr Roms unter die Gewalt Gregors V. auszusprechen. Die Wahrheit durfte er nicht sagen; aber das *Nam* im 5. Distichon leitet sich aus seinem versteckten Gedanken als Schluß hervor. Er will sagen, Rom, das Crescentius gewaltig beherrschte, ward doch wieder päpstlich, *denn* das wechselnde Glück stürzte ihn. Man wird den ersten Anflug leonischer Reime bemerkt haben.

664 *24* „Placitum" ist sowohl Gerichtsakt als richterliche Entscheidung, Prozeß wie Urteil, und der häufige Begriff *legem facere* will hier sagen: es zum Rechtsspruch kommen lassen, oder Rede vor dem Gesetz stehen.

669 *18* Siehe die Graphia, welche ihn zugleich zum Dictator Tusculanensis macht. Sie ist nur mit Vorsicht zu gebrauchen.

673 *33* Indes, sagt der Lebensbeschreiber, entfloh er nicht dem Gericht Gottes, sondern er starb aus Rom vertrieben. St. Nil kam 1002 nach Rom und stiftete das Kloster Grottaferrata, dessen Kirche Joh. XIX. A. 1024 weihte. Domenichino malte dort die Begegnung des Kaisers und Mönchs in Gaëta.

674 *36* Der Orden von Camalduli verehrt in Romuald seinen Stifter; er soll 120 Jahre alt A. 1027 gestorben sein. Er und St. Nil sind Charakterfiguren des 10. Jahrh., des Zeitalters der Renaissance des Märtyrertums.

677 *18* Die Legende *Roma caput mundi*, eine gewöhnliche Phrase jener Zeit, tragen nachher die Münzen des röm. Senats. Die eiserne Krone ist die lombardische, die silberne von Aachen fehlt, die dritte goldne ist die kaiserliche.

679 *28* Die Prinzipien des Diploms stimmen mit dem *Libell. de Imp. Potest.;* die Verschleuderung der Regalien durch die Päpste tadelte Silvester selbst im Lehnsdiplom von Terracina; Ton und Haltung gehören der Zeit an. Die Schenkung der acht Komitate *vestrum ob amorem* erwähnt auch Otto noch in *Epist. Gerb.* 158. Diese Städte hatte bisher Hugo von Tuszien nebst Spoleto und Camerino verwaltet. Die Romagna gehörte wie diese zum Reich. Der starke Ausfall auf die Unechtheit der Constant. Schenkung ist im Munde Ottos seiner Zeit wegen auffallend, doch nicht unmöglich.

680 *28* An den Fransen des Krönungsmantels hingen 355 goldene Glöckchen in Gestalt von Granatäpfeln, wie am Mantel des jüdischen Hohenpriesters; er zeigte einen goldenen von Edelsteinen strahlenden Zodiacus. Graphia.

681 *32 Chron. Novalicense* III. c. 33 *[Chron. Novaliciense usque ad a.* 1048, *Lib.* III. c. 32 = *MG. SS.* VII. p. 106]. Otto bekleidete nach dieser fabelhaften Erzählung den Toten mit einem weißen Mantel, ließ ihm die Nasenspitze von Gold ersetzen, nahm als Amulett einen Zahn und ein Kreuz mit sich. Aber die Tote erschien Otto im Traum und prophezeite ihm den baldigen Tod. – Die Sage, daß Karl d. Gr. sitzend auf goldenem Thron beigesetzt gewesen und so von Otto III. noch als Mumie vorgefunden worden sei, hat Theod. Lindner schlagend widerlegt in Preuß. Jahrb. XXXI (1873) 431 u. in Forschung. zur Deutsch. Gesch. XIX, 2 (1879) S. 181.

690 *39* Mit Anteil verfolgt man die Spuren alter Klassiker, um deren Anschaffung sich Gerbert bemühte, wie Caesar, Sueton, Homer, Boëthius, Plinius, die Republik des Cicero, welche später verlorenging, und von Mai in einem

Palimpsest von Bobbio entdeckt ward, der vielleicht Gerbert gehört hatte, als er dort Abt war.

701 *11* Graphia und die Mirabilien. Die Sachsen deuten auf die Zeit der Ottonen, die Suevi (in der Graphia Succini) auf die Hohenstaufen. Die Gleichheit einiger Phrasen in Anon. v. Salerno zeigt, daß der Chronist eine solche Graphia gelesen hatte. Ich glaube, daß die Sage entstand, nachdem das Pantheon der Maria geweiht war.

703 *29* Zu meinem Verzeichnis der mittelalterl. Regionen, welches zum ersten Mal einiges Licht auf diese topographische Frage warf, hat Jordan, Topogr. der Stadt Rom, einige Zusätze gegeben (Bd. II, 315 ff.). Sein Bemühen, nachzuweisen, daß sich die augusteische Regioneneinteilung bis ins 12. Jahrh. „ungefähr" erhalten habe, ist aber keineswegs geglückt. Man kann nur behaupten, daß sich einige alte Ordnungszahlen der Regionen im Mittelalter traditionell erhalten haben.

705 *24* De Rossi glaubt, daß diese Schilderung auf den röm. Kaiserpalast zu beziehen sei. Siehe darüber seine *Roma sotterrana [cristiana* (1877)] III. 458 f. und seine *Piante icnografiche. [di Roma. Roma* 1879] p. 123 sq.

706 *30* Der Name der heutigen Straße *Le botteghe oscure* entstand von den Buden, die sich in den finstern Portiken des Circus Flaminius eingenistet hatten; noch heute gibt ein Beispiel dieser Art das neue von Handwerkern benutzte Marcellustheater.

707 *32* Bei den Ausgrabungen auf dem Palatin im J. 1869 fanden sich Kaisermünzen Lothars, doch ist es irrig, daraus zu schließen, daß Karl d. Gr. oder seine Nachfolger noch die alte Cäsarenburg bewohnten, wenn sie nach Rom kamen. Solche Münzen konnten dort von Römern verstreut worden sein.

707 *38* Der Ort *Septem viis* konnte von den Straßen herstammen, die noch heute führen: nach dem Bogen Constantins, nach S. Giov. e Paolo, nach Porta Capena, S. Balbina, dem Tor St. Paul, zum Circus Maximus, nach St. Bonaventura; die Annahme, daß dieser Name Übertragung von *Septodium* sei (Jordan II, 512), ist wenigstens gekünstelter. Huelsen, Das Septizonium des Sep. Severus. Berlin 1886. Stevenson, *Il Settizonio Severiano. Bull. Com. Comun.* 1888.

710 *16* A. 1162 wurde die Trajanssäule der Kirche St. Nicolai abgesprochen und der Äbtissin von St. Cyriacus, nachmals S. Maria in Via Lata, zuerkannt.

710 *24* Das Mittelalter nannte die Säule Antonini, wie schon der Anon. von Einsiedeln. Von der Kaiserfigur auf ihrer Spitze ist keine Rede mehr.

711 *9* Sie wurde 1704 ausgegraben. Pius VI. ließ sie zersägen und für die vatikan. Bibliothek verwenden. Ihr Postament steht noch im vatikan. Garten.

713 *36* Schon Constantin und Silvester bauten nach der Legende auf dem Berg Guadagnolo die noch bestehende Wallfahrtskirche des St. Eustachius. Trajan tritt auf dem Lokal am Pantheon noch einmal in Sagen des Mittelalters auf. Die Mirabilien nennen den Arcus Pietatis in der Gegend der Maria Rotunda und verlegen dorthin die Sage von der um Gehör flehenden Witwe.

ANMERKUNGEN ZU BAND II

4 *10* Der Name Monte Porzio stammt indes vielleicht von Schweinen her.
5 *15* Jahrbücher des Deutschen Reichs unter Heinrich II., von Siegfried Hirsch, Bd. II, vollendet von Hermann Pabst, Berlin 1864, p. 383.
7 *21* Den Reichsapfel sieht man schon auf Siegeln der Ottonen; er war längst in Byzanz im Gebrauch.
10 *2* Arduins wohl fränkischer Stamm reicht nur bis zu seinem Vater Dado, einem kleinen Grafen in Piemont. Provana, *Studj critici sovra la storia d'Italia a' Tempi del Re Ardoino, Torino* 1844, und Exkurs über Arduins Geschlecht von Pabst: in den Jahrbüchern des Deutschen Reichs [unter Heinrich II.], II. [Berlin 1864] 458. Hermann Pabst setzte die dieser Sammlung angehörende Geschichte Heinrichs II. von Siegfried Hirsch fort, welcher er den Abschnitt über Heinrichs Römerzug beifügte. Der talentvolle junge Mann fand den Heldentod vor Metz. Die Geschichte Heinrichs II. vollendete dann Harry Breßlau mit dem 3. Bande, 1875.
11 *40* Siehe über diese Urkunde Ficker, Forschungen zur italienischen Reichs- und Rechtsgeschichte II. [Innsbruck 1869] 362 ff., H. Breßlau, [Jahrbücher des Deutschen Reichs unter] Heinrich II., 3 [Berlin 1875] 168.
13 *5* So auf dem Konzil zu Pavia A. 1018 oder 1022. Schon die Synode von Nicaea verdammte den Konkubinat der Priester.
13 *11* Jaffé [*Regesta pontificum romanorum. Berolini* 1851, p. 357] setzt seine Weihe zwischen den 24. Juni und 25. Juli [bei Jaffé = 15. Juli!]. Ich kenne eine Urkunde, die schon am 1. Mai 1032 sein 9. Jahr zählt: *anno Joh. XIX. in sede IX. Imp. Chuonrado a VI. Ind. XV. m. madio die I* (*Monte Cassino, Ex dipl. Princ. Caps. 12 n. 24*).
15 *2* Über diese Romfahrt: H. Breßlau, Jahrbücher des Deutschen Reichs unter Konrad II., Leipzig 1879, Bd. I, namentlich Exkurs V. Giesebrecht, [Geschichte der deutschen Kaiserzeit] Bd. II.
15 *35* Die heutige Finanznot des Papsts hat Abgabe und Namen des Peterspfennigs in Gestalt milder Beisteuern erneuert. Die Kommission, die ihn in Rom sammelt, ist im November 1860 von Pius IX. zu einer *Archiconfraternitas* erhoben. Mit Erstaunen blickt der Geschichtschreiber auf die Hartnäckigkeit kirchlicher Traditionen.
17 *13* Daß Benedikt IX. schon im März 1033 Papst war, zeigt eine Urkunde aus Fabriano *(anno deo propiciu pontificatu Domno Tufelato*. Mittarelli [*Annales camalduenses ordinis St. Benedicti. Venezia* 1773] II, ap. XXII. 48). Jaffé [*Reg. pontif. roman. Berolini* 1851, p. 359] hält es für wahrscheinlich, daß Benedikt IX. vor dem 27. Januar 1033 Papst geworden sei.
18 *1* Die Treuga Dei wurde A. 1041 angesetzt von mittwochs Sonnenuntergang bis montags morgen.
18 *11* Astronomische Rechnungen zeigen, daß am 29. Juni 1033 eine ringförmige Sonnenfinsternis eintrat, welche für Rom kurze Zeit nach Mittag sehr bedeutend erschienen ist. Diese Mitteilung machte mir der Astronom Herr Oppolzer in Wien. Giesebrecht nimmt als Jahr der Vertreibung 1035 an;

Löwenfeld (neue Ausgabe Jaffés [*Reg. pontif. roman. Lipsiae* 1855, p. 520]) 1036.

23 *6* Über den Romzug und die italienischen Verhältnisse eingehend Giesebrecht [Geschichte der deutschen] Kaiserzeit, Bd. II, und E. Steindorff. Jahrbücher des Deutschen Reichs unter Heinrich III., Bd. 1, 2, Leipzig 1874, 1881. Im Exkurs III (Bd. I) behandelt Steindorff das Schisma zwischen Benedikt IX. und Silvester III. und verneint die von Giesebrecht festgehaltene Ansicht, daß es drei Päpste zu einer und derselben Zeit in Rom gegeben habe.

25 *4* Ausführlichste Darstellung im *Ordo Coronationis* beim Cencius, welchen Cenni (*Mon[umenta dominationis pontificiae]* II, [*Roma* 1761] 261) auf Heinrich III., Pertz (*Mon. Germ.* IV. [= *MG. LL. II, 1*], 187) auf Heinrich VI. bezieht. Er enthält indes viel ältere Teile als die Zeit Heinrichs VI. ist. Das Nichtauftreten des Senats spricht entschieden für eine frühere Periode, als sie Pertz annimmt. Ich benutzte auch den *Ordo* aus *saec.* XIV beim Mabillon, *Mus[eum] It[alicum]* II [Paris 1724] 397. Es gibt aus fränkischer und staufischer Zeit mehrere *Ordines.* Muratori,*Ant[iquitates] It[alicae] medii aevi. Mediolani* 1738] I, 99, Hittorp in *Bibl. max. Patr.* XIII. Martene, Raynald, Cenni und Pertz; auch *Chron. Altinate, Arch. storico App. V*, und *Benzo ad Heinr. IV* [= *MG. SS. XI, libri*] I, 9. G. Waitz, Die Formeln der deutschen Königs- und der römischen Kaiserkrönung vom X. bis XII. Jahrhundert (Abhandlungen der Königlichen Gesellschaft der Wissenschaften zu Göttingen, 1873, XVIII) hat wie Giesebrecht (II, 658, 678) den *Ordo* des Cencius auf Heinrich VI. bezogen. Der Ansicht, daß er auf Heinrich III. zu beziehen sei, ist indes noch zuletzt beigetreten J. Schwarzer, Die Ordines der Kaiserkrönung, Forschungen zur Deutschen Geschichte Bd. XXII (1882) S. 161 ff. – Siehe noch Schreiber, *De ceremoniis – in imperatorib. coronandis* – Halle 1871.

25 *12* Vom *Terebinthus Neronis* werde ich bei Gelegenheit der Mirabilien reden. Es lag dort ein großes altes Grabmal, die *Meta Romuli*, eine Pyramide wie jene des Cestius. Die Pyramide des Cestius hielt man für das Grab des Remus *(sepulcrum Remi);* so schon in dem Stadtplan des *saec.* XIII bezeichnet (*Cod. Vat.* 1960).

25 *36* Die Orationen, die über dem König und der Königin gesprochen wurden, sind voll großartiger Würde.

26 *14* In den *Ordines* weicht die Folge der Handlungen bisweilen ab; auch scheint die Krönung nicht immer vor dem Altar St. Peters, bisweilen vor dem des St. Mauritius im linken Schiff, stattgefunden zu haben.

26 *20* Die lateranische Prozession fand nicht immer statt. Später, als die Päpste nicht mehr im Lateran residierten, ging nach vollendeter Krönung der Zug nur bis zum Platz der *S. Maria Traspontina*, wo sich Kaiser und Papst trennten. Der *Ordo* beim Cenni läßt aber (was Cenni übersieht) den Zug noch bis zum Lateran gehen, denn nur dort ist das *Palatium maius* (die *Casa maior* des Papstes Zacharias) und die *Camera Juliae Imperatricis* zu suchen. Heinrich VI. hielt den Umzug nicht bis zum Lateran, sicher aber Heinrich III., und auch daraus ergibt sich, daß der *Ordo* nicht auf Heinrich VI. zu beziehen ist.

28 *6* Der von Heinrich III, mit dem Kaisertum vereinigte Patriziat hatte Wich-

tigkeit, weil derselbe nicht nur die städtische Gewalt aussprach, sondern die alten Rechte des S.P.Q.R. auf die Papstwahl. Dies ist richtig erkannt von Heinemann, Der Patriciat der deutschen Könige, [Hab.-Schr. Halle] 1888.

29 *31* Der Codex Donizos (im Vatikan) enthält Miniaturbilder des ganzen Geschlechts; sie gibt Bethmanns Ausgabe in den *Mon. Germ.* [*SS.* XIII, p. 350/51; 360/61; 366/67] im schönen Farbendruck wieder. Porträts wird man darin nicht suchen; die Kostüme sind lehrreich. Azzo und sein Weib Hildegard lagen in Canossa begraben, wo Tedald fast immer residierte.

31 *5* Der Papst wurde in *S. Lorenzo fuori le mura* begraben, in einem altchristlichen Sarkophag, der dort noch gesehen wird.

34 *31* Die Päpste besaßen niemals den ganzen Dukat Benevent. Sie kamen erst 1077 in Besitz der Stadt und des Stadtgebietes.

37 *1* Nach 807 Jahren war ein ähnliches Schlachtfeld zu sehen, auf dem die deutsche und belgische Fremdenlegion für das Dominium Temporale sich geopfert hat. Auch heute nennt man die bei Castel Fidardo Gefallenen „Märtyrer" (*Civiltà Cattolica* vom 20. Oktober 1860).

42 *17* Gfrörer („Gregor VII." I, p. 10 [= Papst Gregorius VII. und sein Zeitalter. Schaffhausen 1859]) behauptet ganz willkürlich, daß Gottfried zu Köln A. 1056 durch Anno den Patriziat erhielt.

44 *37* Die Schwelgerei in Deutschland war nicht geringer; selbst auf der Wallfahrt nach Jerusalem (A. 1065) führten Siegfried von Mainz und andere Bischöfe einen kaum glaublichen Luxus mit sich. Wilken, Geschichte der Kreuzzüge I [Leipzig 1807] 39.

47 *16* Er selbst erzählt, daß er einem Bischof, welcher Schach spielte, die Disziplin eines dreimaligen Psalters und die Fußwaschung von zwölf Armen auferlegte. Das Schachspiel war im X. Jahrhundert Persern und Arabern bekannt. Seine erste Erwähnung in Europa (Florenz) ist jene Damianis. Um 1254 verbot es Ludwig IX. Antonius von der Linde, Geschichte und Literatur des Schachspiels, Berlin 1874.

49 *31 Ad castellum Passarani apud regem qui fuit fil. Crescentii praefecti: Cod. Vat.* 1984. Gfrörer (Gregor VII. I. c. 21 [= Papst Gregorius VII. und sein Zeitalter. Schaffhausen 1859]) erfindet sich daraus einen „von der Kaiserin ernannten Königs-Statthalter". Nun hieß aber der Sohn eines Präfekten Crescentius *Regetellus*, was in Instrumenten in *Rege.* abgekürzt wird. Man sieht, wie leicht die Geschichte gefälscht werden kann. Ähnliches widerfuhr Gfrörer mit dem Namen *Petrus de Imperatore* oder *Imperiola*, woraus er einen städtischen Kaiser kreiert hat.

50 *34 Mon. Germ. Leges* II. 177 app. Hinschius, Kirchenrecht I [Berlin 1869] 248. Man mag das Dekret erst nach der normannischen Belehnung publiziert haben. Über dasselbe, welches in zwei Fassungen, einer päpstlichen und kaiserlichen, vorhanden ist, gibt es, in bezug auf die Fälschung der einen oder andern schon eine Literatur. Siehe P. Scheffer-Boichorst, Die Neuordnung der Papstwahl durch Nikolaus II., Straßburg 1879.

52 *32* Die Päpste leiteten das Recht aus den Schenkungen der Kaiser von Constantin bis Heinrich II. her, und Muratori meint, daß gerade in dieser Zeit

Siebentes Buch 95

in die Diplome Ludwigs, Ottos und Heinrichs die Zusätze wegen Benevent, Kalabrien und Sizilien eingetragen seien.

53 *18 Cod. Vat.* 1984, dessen barbarischer Schreiber besser unterrichtet ist als Leo von Ostia und Bonizo. Die Unterwerfung Benedikts X. ist also auf den Herbst 1059 anzusetzen. Die Kataloge geben ihm neun Monate und zwanzig oder zweiundzwanzig Tage und rechnen sein Ende im Januar 1059, wo ihn Nikolaus aus Rom vertrieb. Jaffé [*Reg. pontif. roman. Berolini 1851*, p. 383/4] verlegt seine Beseitigung, meiner Ansicht nach irrig, schon in den April, wie auch Giesebrecht tut.

57 *17* Benzo, Schmeichler des deutschen Hofs, ist ein gemeiner Prahler; aber sein aus Prosa und Versen gemischtes Latein ist so komisch, oft sprachschöpferisch, daß er an Rabelais erinnert. Sollten von ihm nicht einige Lieder der *Carmina Burana* stammen? *Benzonis Epis. Albensis ad Heinr. Imp. libri VII. Mon. Germ. XIII* [= *SS. XI*, p. 591–681]. Lindner (Forschungen zur deutschen Geschichte VI [1866, S. 499]) hält ihn für einen Süditaliener.

58 *31* Die Note des Herausgebers Benzos in den *Mon. Germ.* [*SS. XI, p.* 616 n. 7] hält dies Galeria am Arrone irrig für Ponte Galera zwischen Ostia und Rom.

61 *28* Alle Gewalt in Rom hatten damals die Kapitäne, der päpstliche Lehnsadel; eine förmliche Adelsrepublik muß eingerichtet gewesen sein.

71 *24* Ich sah dies Originalpergament. Alexander II. erklärt darin, daß die beim Umbau unversehrt gefundene Leiche Benedikts ihm gezeigt worden sei. Die Mönche widerlegten damit den Glauben, sie sei von den Franken gestohlen worden.

72 *8* Der Name Hildeprand ist bei den Langobarden häufig; Bonizo aus Bonipert abgekürzt. Diminutive langobardischer Namen auf -izo statt -bert sind Italien im XI. Jahrhundert eigen: Rapizo, Roizo, Berizo, Albizo, Gepizo, Guinizo, Gunzo, Ingizo, Herizo (Heribert). Die langobardischen Geschlechter Gregors VII. und Napoleons (Bonipert) gehören demselben Land, ihre Charaktere ähnlicher Gattung an. Die Sage hat Hildeprand zum Wunderkind gemacht; seinem Haupt entsproßte Feuer, und als Kind setzte er aus Holzspänen die Worte zusammen: Dominabitur a Mari usque ad Mare.

74 *31* Daß Gregor die Zustimmung Heinrichs nicht nachsuchte, ist kaum zweifelhaft. Daß Heinrich diese erteilt habe, behauptet nur Bonizo, andere verneinen sie. Siehe Floto, Geschichte Heinrichs IV., im Band II zu Anfange [= Kaiser Heinrich der Vierte und sein Zeitalter. II. Stuttgart und Hamburg 1856]. An eine förmliche Zustimmung ist nicht zu denken.

86 *3* Der Brief, den ich zusammenzog, im *Cod. Udal.* (*Eccard [Corp. hist. medii aevi* ... Lipsiae 1723, ² 1743] II. n. CLXIII), im Bruno, *De bello Saxon[ico] n.* 66 *sq.* [*MG. SS.* V, p. 352] und sonst noch öfters abgedruckt.

88 *38* Man vergleiche damit, was Voigt (Hildebrand [als Papst Gregorius der Siebente und sein Zeitalter. Weimar ² 1846] S. 172) aus des Papsts Briefen zusammenstellt. Ich bemerke gern, daß die Darstellung der Epoche Gregors VII. in Plancks [Geschichte der] Christlich-Kirchlichen Gesellschaftsverfassung IV. 1 [Hannover 1806] mir als das Trefflichste erscheint, was wird darüber

haben. Seither hat Giesebrecht [Geschichte der deutschen Kaiserzeit] (im III. Band) dieselbe Epoche aus der ihm zu Gebote stehenden Fülle des Materials neu beleuchtet.

97 *18* Rudolf hob sterbend seinen verstümmelten Arm auf und rief: *ecce haec est manus, qua domino meo Heinrico fidem sacramento firmavi.* (Ekkehard, *Chron. A.* 1080 [= *MG. SS. VI, p.* 204]). Man zeigt im Dom zu Merseburg die abgehauene, schreckliche, schwarze Knochenhand.

114 *6* Auch die Leiche Gregors VII. blieb im Exil zu Salerno. Rom hat keine Denkmäler von ihm. Er baute nichts. Als Rector von St. Paul stellte er diese Basilika her, und Pantaleo von Amalfi schmückte sie mit bronzenen Türen; sie zerstörte der Brand im Jahre 1823. (B–D: Ich sah übrigens die Reste dieser Türen in zwei hölzernen Kasten im Kloster von St. Paul; die eingegrabenen Figuren und Inschriften daran sind unversehrt, nur das Niello in Metall fehlt, und zwar nicht infolge des Brandes, sondern der Raubsucht der Römer nach der normannischen Zeit.) Jede noch erhaltene Inschrift aus Gregors VII. Zeit ist heute wertvoll. Ich habe nach und nach die Kirchen Roms durchsucht, doch von Gregor VII. fand ich nur einen Stein reden, in der S. Pudenziana, in die Wand einer Kapelle eingemauert:

Tempore Gregorii Septeni Presulis Almi
Presbiter Eximius Praeclarus Vir Benedictus
Moribus Ecclesiam Renovavit Funditus Istam ...

117 *20* Siehe meine „Grabdenkmäler der Päpste" [3., illustrierte Auflage, herausgegeben von F. Schillmann. Leipzig 1911, S. 25/6].

136 *29* Die Akten Subiacos lehren, wie stark das ganze dortige Land von Germanen besiedelt war. Noch im XI. Jahrhundert zeigen das Namen wie: Arnolfus, Albertus, Albericus, Adenolfus, Baduaro, Balduin, Farolf, Guido, Gottifredo, Girardo, Ilpizo, Ildeprand, Lambertus, Lando, Rudolfus, Theodoricus usw.

137 *37* Die Regesten [sic!] Gregors sind seit A. 1591 gedruckt; Giesebrecht emendierte sie, dann gab sie Jaffé im Band II seiner *Bibliotheca [rer. Germ. Berolini 1865, p.* 9–519] heraus. Die Regesten Gregors VII. sind nur der kleine Rest, 400 seiner Briefe. – Von den Papstregesten bis Innocenz III. erhielten sich nur die Leos I., Gregors I., Johanns VIII. und Gregors VII.

138 *30* Den Enkeln wird die Broschürenliteratur der Gegenwart (seit 1859) als Quelle dienen, wie uns jene über den Investiturstreit. Seit „Le Pape et le Congrès" sind Hunderte solcher Libelle, meist in Frankreich, entstanden.

147 *9* Der Graf Cavour hat die Gründe Paschalis' II. gegen Pius IX. gewendet, ohne es zu wissen: „Wenn die Kirche einmal von jeder Fessel des Weltlichen befreit und vom Staat durch bestimmte Grenzen getrennt sein wird, so wird die Freiheit des Heiligen Stuhls nichts mehr von all den Hindernissen zu leiden haben, mit welchen die Konkordate und die Prärogative der Zivilgewalt auf sie drücken und welche allein den weltlichen Besitz des römischen Stuhls bis heute notwendig gemacht haben. Wir werden das Prinzip gegenseitiger Unabhängigkeit der Kirche und des Staats in das Grundstatut des Königreichs Italien einschreiben." Rede vom 25. März 1861.

161 *1* Die Diakonie hieß *in Carcere* vom Staatsgefängnis des Decemvir Appius Claudius. Schon Anfang des *saec.* XII sagte man irrig *in carcere Tulliano*, denn der von Servius Tullius erbaute Kerker liegt am Kapitol. Die handschriftliche Geschichte dieser Diakonie von Crescimbeni (in Verwahrung des Kardinals jenes Titels) hat mir wenig Brauchbares dargeboten.

167 *20* Petrus Diaconus und Pandulf schreiben Turricula (so im *Cod. Vat.* 3762 *fol.* 165); es ist Torrice bei Frosinone und nicht Torricella in der Sabina oder gar am Trasimenus, wie Wattenbach zur Chronik von Monte Cassino, *Mon. Germ. IX* [= *SS. VII*] 792, irrig vermutet. Des Kaisers Zug konnte nur Latium gegolten haben, die Normannen zu schrecken.

173 *31* Auch Calixt II. unternahm Kriegszüge gegen die trotzigen Campagnagrafen und ordnete in Person die kirchlichen Dinge in Süditalien schon im Sommer 1121; im November dieses Jahres und im Januar 1122 war er in Tarent. Regesten Jaffés [= *Regesta pontific. roman. Berolini 1851, p. 538* f.].

183 *38* Das Zeitalter Gregors VII. und der Kreuzzüge mußte fruchtbar an Mönchsorden sein. Bruno von Köln, Kanonikus von Reims, stiftete die Kartäuser (Chartreuse bei Grenoble, 1084). Norbert stiftete die Prämonstratenser (Premontré bei Laon) um 1120; Bertold, ein Kalabrese, um 1156 die Karmeliter im Berg Karmel. – Ritterorden: die Johanniter, gestiftet durch Kaufleute von Amalfi und bestätigt durch Paschalis II. 1113. Tempelherren, gestiftet um 1118, bestätigt durch Honorius II. Deutsche Ritter, gestiftet um 1190.

189 *11* Eine neuere Inschrift auf dem Porticus der Klosterkirche nennt Innocenz II. *ex Familia Anicia Papia et Paparesca nunc Matthaeia.* Die Anicier sind die fixe Idee römischer Familien.

193 *19* Über die italienischen Demokratien mag man die oft genannten Schriften von Savigny, Leo, Hegel, Troya, Bethmann-Hollweg zu Rate ziehen. Weder sie noch die Geschichtschreiber über den römischen Senat haben die Entwicklung der Stadtverfassung verfolgt. Ich gebe hier den ersten gründlicheren Versuch nach den Quellen der Geschichte.

194 *12* Man erinnere sich, wie die zwölf Regionen der Stadt, die Insel und Trastevere zur Rettung des Gelasius aufs Kapitol eilten. In einer Urkunde aus S. Maria in Trastevere A. 1037 heißt es: *Regione quartadecima Transtiberini* (*Mscr. Vatican.* 8051 des Galletti p. 6). Die eigentliche Stadt hatte zwölf Regionen. Die dreizehnte wird nirgends genannt; als vierzehnte galt traditionell noch immer Trastevere. Die päpstliche Leonina hatte schwerlich das Recht, Abgeordnete zu stellen, und die Tiberinsel war zu klein, um eine eigene Region (die dreizehnte) zu bilden. Zur Zeit Rienzos gab es nur dreizehn amtliche Regionen, und erst A. 1586 trat die Leonina als vierzehnte (Borgo) hinzu. Ich bin daher der Ansicht, daß auch im XII. Jahrhundert nur dreizehn amtliche Regionen bestanden. Denn scheint auch die Zahl 56 der Senatoren (wovon später) für vierzehn Regionen zu sprechen, wenn man vier Abgeordnete für jede rechnen will, so möchte sich doch die Zahl der Senatoren für jede Region nach der Größe und Bevölkerung der Stadtquartiere richten.

199 *6* Man sieht unter dem Kapitol noch heute viele antike Reste. In Via della Bufala n. 35 bildet ein versunkener Porticus die Hinterwand einer Werkstatt.

200 *28* Nachweis von R. Lanciani, *Bullett. Comm.* 1875, *p.* 165 f. – O. Richter, Topographie der Stadt Rom. [München] 1889, *p.* 90 f.
201 *19* Niebuhr und Becker glauben *in Aracoeli* aus *in Arce* entstanden. Eher konnte der Name aus *Aurocoelo (coelo Aureo)* entstehen, wie auch sonst Kirchen, z. B. in Pavia, hießen.
203 *14* Diesen Anachronismus begeht Franke „Arnold von Brescia und seine Zeit", Zürich 1825.
207 *16* Die neue Ära wurde von 1144 gezählt. Urkunden des Senats zeigen dies; die erste uns erhaltene datiert vom 23. Dezember 1148 *renovationis autem sacri Senatus an. V.* Am 23. Januar 1160 wird gezählt *an.* XVI. Am 27. März 1162 *an.* XVIII. Am 30. März 1188 *an.* XLIV. Am 28. Mai 1191 *an.* XLVII des Senats. Danach würde in den Mai 1145 noch das erste Jahr fallen und sich ergeben, daß die Erhebung des Patriziats im Herbst 1144 stattfand.
207 *38* Dieser Vorgang ist sehr dunkel. Die *Vita Lucii* verlegt ihn in die letzte Zeit des Papsts und sagt wegen seiner plötzlichen Krankheit und seines Todes *abiuratio ipsa viribus caruit.* Und das widerspricht anderen Nachrichten.
215 *12* Proklamation zum Karneval 1862: Römer! Wer seine Würde liebt, wer die erhabene Geschichte fühlt, welche die Vorsehung Italien und seiner Hauptstadt vorbehalten hat, dem bieten das alte Forum Roms und alle anderen Orte, die an die alte Größe erinnern, Vergnügen genug. Da erblickt der wahre Bürger Roms, in der Erinnerung an die Größe der Ahnen, den Grund unserer baldigen Wiedergeburt nach so vielen Jahrhunderten der Schmach. *Viva il Pontefice non Re! Roma*, 20. Februar 1862.
219 *31* Siehe über dieses Pactum außer den betreffenden Abschnitten bei Giesebrecht V [= Geschichte der deutschen Kaiserzeit. Bd. V, Leipzig 1888], Walter Ribbeck, Friedrich I. und die römische Kurie in den Jahren 1157–1159, Leipzig 1881.
220 *35* Anastasius IV. ließ sich im Porphyrsarkophag der Helena begraben, welchen er aus ihrem Mausoleum an der Via Labicana in den Lateran hatte schaffen lassen. In Rom wanderten die Toten und ihre Urnen. So hatte Innocenz II. den Porphyrsarg des Kaisers Hadrian zu seinem Grab bestimmt. Pius VI. hat jenen Sarkophag der Helena im Vatikan aufgestellt, wo er nun als Kunstwerk betrachtet wird.
227 *26* Das lateinische Gedicht eines Zeitgenossen *Gesta di Federico I in Italia* (ediert nach einem Vatikanischen Codex von E. Monaci in den *Fonti per la stor. Ital.* des *Istit. stor. Italiano*, Rom 1887, p. 611 ff.) irrt in der Angabe, daß die Römer noch am Monte Mario (Gaudia) den Schwur von Friedrich verlangten und abgewiesen wurden. Über dieses Gedicht Giesebrecht im *Arch. d. Soc. Romana di stor. patr. vol.* II. [= *vol. III (1879) p. 49–62: Sopra il Poema recentemente scoperto intorno all' imperatore Federico I.*].
230 *2* Sismondi, Leo und Raumer verlegen die Hinrichtung auf den Platz del Popolo. Aber im zugesperrten Rom konnte sie nicht geschehen. Nur dreierlei ist denkbar: Arnold wurde gerichtet vor Friedrichs Einzug; gleich nach der Krönung und dem Überfall; nach des Kaisers Abzug am Soracte. In die nächste Zeit nach diesem Abzug verlegt der Anonymus, *Gesta di*

Feder[ico in Italia. In: *Arch. della Soc. Romana di storia patria I* (1878)] die Hinrichtung.

231 *16* Am 13. Februar 1862 heftete man in Loreto Plakate an, worauf geschrieben stand: *Viva il Papa non Re! Viva Arnaldo da Brescia! Viva il Clero liberale!* Im Jahre 1883 hat die Stadt Brescia dem berühmten Reformator eine Statue von Erz errichtet, und daran hat sich auch Zürich beteiligt.

259 *12* Indes wir besitzen aus jener Epoche keinen einzigen Denar, welcher zeigte, daß die Päpste das Münzrecht ausgeübt hätten.

263 *24* Diese Ruinen gehören fast durchweg dem Altertum an. Von der mittelalterlichen Burg und den Kirchen blieb keine Spur.

265 *31* Man mag die kühnen Ideen Heinrichs VI. bewundern, aber sie stimmen das sittliche Urteil nicht um. Toeche [Kaiser Heinrich VI. Leipzig 1867] selbst kann ihn nicht von Mitschuld am Morde des Bischofs Albert freisprechen und muß die Mißhandlung Salernos (A. 1194), wie der Sizilianer und die unritterliche Behandlung Richards brandmarken. Karl Lohmeyer, *De Richardo Angliae Rege cum in Sicilia commorante, tum in Germania detento:* Königsberg 1857. – Ad. Cohn, Heinrich VI., Rom und Unteritalien. Forschungen zur deutschen Geschichte, Bd. I [(1862), 437–452]. Ferner das ruhige Urteil E. Winkelmanns, Philipp von Schwaben und Otto IV. ([Leipzig] 1873) I. Einleitung.

266 *35* Mit dem Tode Cölestins III. schließt das Riesenwerk der Annalen des Baronius. Mit Innocenz III. will ich den V. Band beginnen. Es war mir vergönnt, jede Zeile dieses Werkes in der tiefen Stille Roms zu schreiben, und ich preise mich glücklich, daß ich es gerade in dieser merkwürdigen Gegenwart durfte, welche den Schicksalen der erlauchten Stadt eine neue Wendung gibt.

272 *10* Der Terebinthus Neronis der Mirabilien, des Mallius und der Ordines bezieht sich auf den legendären Terpentinbaum, in diessen Nähe Petrus sollte begraben sein. Die Sage des Mittelalters machte aus diesem Baum ein großes Monument, ähnlich der Meta Romuli. Dies fabelhafte Monument erscheint vielfach in Abbildungen Roms, zuerst in einer Ansicht von Cimabue. J. Strigowski [= Strzygowski], Cimabue und Rom. [Wien] 1888, p. 79.

272 *17* Den ehernen Pinienapfel und zwei Pfauen von dem alten, erst unter Paul V. zerstörten Cantharus im St. Peter sieht man noch im Hof des Belvedere. Nach der Tradition zierte die Pigna einst den Gipfel des Pantheon und nicht das Mausoleum Hadrians: Lacour-Gayet, *La Pigna du Vatican* (*École franç. Mélanges* 1881, *p*. 312 f.). Allein dies ist eben nur Sage.

273 *21* Ich glaube nicht, daß die Mirabilien ein Produkt erst des XII. Säkulum sind. Ihr Entwurf ist schon in der Ottonischen Zeit zu suchen. Wilhelm von Malmesbury (*De gestis reg. Anglor*. III c. 2) scheint sie nicht gekannt zu haben. Er bringt nur einen alten Katalog über die Märtyrergräber, unter der Rubrik der vierzehn Tore und der Wege, und diese Lokale hatten sich in der ersten Hälfte des *saec*. XII, wo er schrieb, schon ganz verändert. Der Begriff Mirabilia, durchaus dem XII. Jahrhundert eigen, ist volkstümlich; der Begriff Graphia scholastisch.

Anmerkungen

275 *11* Diese Stelle ist eine der kostbarsten Notizen mittelalterlicher Archäologie. Die Prozession ging in einer Schlangenlinie durch die Fora, was beweist, daß manche Strecken durch Schutt behindert waren. So bedeckte Schutt das Forum gegen das Kapitol; neben der verschütteten Basis der Phokassäule stand ein Turm, genannt *del campanaro* oder *di pallara*, wo Zoll für Rinder erhoben wurde.

276 *19* Die Kaiserpaläste werden im Mittelalter auch in den Stadtplänen immer mit *palatium maius* bezeichnet. Von allen Hügeln Roms ist der Palatin vom Mittelalter am wenigsten berührt worden. Dort ist noch vieles zu entdecken. Der Exkönig Franz II. verkaufte seinen Anteil an den Kaiserpalästen (sie haben fünf Eigentümer) Napoleon III; für ihn unternahm zuerst Pietro Rosa Ausgrabungen; dann verkaufte auch der Exkaiser der Franzosen 1870 seinen Anteil der italienischen Regierung, und Herr Rosa hat seither die Ausgrabungen mit Erfolg fortgesetzt. Die dortigen neuesten Entdeckungen sind daher geschichtlich mit dem Sturz zweier Monarchen verbunden.

277 *35* Die Mirabilien-Drucke beginnen mit den römischen vom Ende saec. XV. Montfaucons Ausgabe ist von 1702. Spätere: in den *Effemeridi literarie di Roma* I; von Grässe; von Höfler; von Urlichs. Die letzte römische Ausgabe ist von 1864. Dann Gustav Partheys *Mirabilia Romae e codicib. vat. emendata*, Berlin 1869. Da Herr Parthey mir die Ehre erwies, dieselbe mir zuzuschreiben, spreche ich diesem Gelehrten hier meinen Dank dafür aus.

295 *30* Aus C. Trasmondi, *Comp. Storico-Geneal. della fam. Trasmondi*, Rom 1832, stammt der unkritische Abriß bei Hurter [Geschichte Papst Innocenz III. und seiner Zeitgenossen. 4 Bde. Hamburg 1834–42]. Er sagt: „Es gab keine Grafschaft Kampanien"; doch sie bestand schon im *saec.* X (Bd. III dieser Geschichte [= Bd. I, S. 602 vorliegender Ausgabe]).

296 *6* Die Päpste ritten; erst Paul IV. ließ sich in einer Sänfte tragen.

299 *25* Heinrich VI. hatte den Kirchenstaat auf dieselben Grenzen des römischen Dukats reduziert, auf welche er heute, im Jahre 1864, beschränkt ist.

301 *8* Es ist ein seltsamer Irrtum, wenn Leo, Geschichte Italiens [= Geschichte der italienischen Staaten. Hamburg 1829] II, 206 behauptet, daß seit Innocenz III. der Präfekt Stellung und Titel eines Senators annahm.

305 *36* Die guelfische Idee eines konföderierten Italiens wiederholte sich zum letztenmal in der Geschichte im Frieden von Villafranca, 1859.

318 *28* Seit der Restauration durch Innocenz III. bildeten die Provinzen der Kirche folgende Gruppen: *Campania et Maritima*, *Patrimonium B. Petri in Tuscia*, *Ducatus Spoletanus*, *Romandiola*, *Marchia Anconitana*. Es findet sich bisweilen für *Campania et Maritima* noch der alte Begriff *Comitatus Campaniae*.

325 *13* Im Archiv Siena n. 77 ein Vertrag zwischen Philipp und Siena vom 23. Juni 1208, der für dessen Anerkennung in Italien bedeutend ist. Alle Bürger von 15 bis 70 Jahren schwören Treue dem König, und ihm alle Güter herzustellen, die das Reich beim Tode Heinrichs VI. besaß . . .

327 *6* Ich bemerke noch zwei Aktenstücke aus dem Archiv Siena, n. 83 und 84. Am 3. Juli 1209: die Sienesen erklären dem Patriarchen, als dem Legaten Ottos, sie würden dem Kaiser treu sein und die Güter Heinrichs VI. für ihn

bewahren. Am 4. Juli 1209: der Patriarch verweigert die vorläufige Bewahrung der Güter.

336 *1* Sein Porträt bei Hurter [Geschichte Papst Innocenz III. und seiner Zeitgenossen. 4 Bde. Hamburg 1834–42] ist eine Fiktion.

337 *12* Brief an König Johann, worin er ihm zu seiner Unterwerfung Glück wünscht, vielleicht das großartigste Dokument der päpstlichen Macht überhaupt.

341 *23* Die Legende erzählt, daß Dominikus und Franziskus im Jahre 1215 in Rom einander begegneten. Beide Orden trennte Eifersucht; aber sie feiern noch heute das Andenken der Freundschaft ihrer Stifter durch gemeinschaftliche Feste.

350 *11* Kaufvertrag zwischen Viterbo und Centumcellae (Civitavecchia) Pinzi, *Stor. di Viterbo [lungo il medioevo. Roma]* 1887, I, 276 f.

354 *10* Seine Abkunft von den Conti steht fest, nicht aber, daß sein Vater Tristan Innocenz' III. Bruder war. Sein Alter kann nur nach Matthäus Paris berechnet werden, welcher sagt, daß er fast hundertjährig starb.

358 *21* Friedrich erlangte: zehnjährigen Waffenstillstand; Jerusalem mit anderen Städten. Die Sarazenen sollten jedoch den Tempel bewachen und dort beten dürfen.

361 *8* Das Geschlecht war germanisch. Im Band II [siehe diese Ausgabe Bd. I, S. 754; Anm. zu S. 397, 27] nannte ich einen Grafen Anualdus (Anwald). Dessen Name liegt den römischen Annibaldi zugrunde. In Rom gab es mehrere Geschlechter auf -bald; Tebaldi, Sinibaldi, Astaldi oder Astalli (von Austuald, Ostwald). Ein *Dux* Austoald A. 916 (Bd. III [siehe diese Ausgabe Bd. I, S. 588]). Die Geschichte der Annibaldi beginnt mit Petrus, dem Schwestersohn Innocenz' III. Doch erscheint im *Chron. Subl.* A. 1090 schon ein Annibaldo Annibaldi, welcher Rocca Priora, Monte Porzio und Molaria besaß. Die Annibaldi glaubten an ihre Abstammung von Hannibal.

362 *29* Als Friedrich A. 1233 Messina bestrafte, ließ er viele Bürger unter dem Vorwand der Ketzerei hinrichten; der Papst klagte darüber.

362 *35* Er genehmigte selbst die Einführung der Inquisition in Deutschland, wo Konrad von Marburg sich dafür bemühte, aber umgebracht wurde.

363 *27* Noch heute ist die Farbe der Stadt Rom Rot und Gold. Sie ist uralt. Sie war auch die Farbe der Kirche; die päpstlichen Bleibullen hängen an rotgoldnen Seidenfäden. Erst im Anfang des XIX. Säkulum nahmen die Päpste Gold und Weiß als Farbe der Kirche an.

367 *28* Die Päpste nahmen seit Innocenz III. Fremde in ihre wichtigsten Dienste. Den Bischof Milo von Beauvais hatte Gregor IX. A. 1231 zum Rector Spoletos und der Mark gemacht.

374 *35* Das Carrocium war in Rom nicht üblich; ich habe hier keine Spur davon entdeckt.

384 *4* Oddo Colonna war der erste Senator seines Hauses; so führt ihn auch ein Katalog der Senatoren dieses Geschlechts im Archiv Colonna zum Jahr 1241 auf.

386 *30* Rudolf war im Mai 1242 beim Kaiser zu Capua, woraus ich schließe, daß er auch einen Monat später in Avezzano bei ihm war.
390 *15* Der 15. November als Datum der Rückkehr, wie auch Cherrier [*Histoire de la lutte des Papes et des Empereurs . . . T. II. Paris* ² 1858] annimmt, ist irrig. Schon am 20. Oktober datiert er aus dem Lateran (Elie Berger, *Les Registres d'Innocent IV, Paris* 1881. I, 200).
406 *5* So ist noch das Urteil Böhmers über Friedrich ein vorgefaßtes und ungerechtes, wie J. Ficker selbst bekennt, welcher die Regesten des Kaiserreichs der späteren staufischen Periode von Böhmer ergänzt hat (Innsbruck 1881). Siehe seine Vorbemerkungen zu dieser neuen Ausgabe.
406 *39* Die Behauptung Huillards von einem solchen Plane Friedrichs ist unhaltbar. Der verdiente französische Gelehrte kommt darauf zurück in *Vie et Correspondence de Pierre de la Vigne, Paris 1865.*
407 *4* Friedrich leugnete das Papsttum so wenig als Philipp von Frankreich, der einst Saladin glücklich pries, weil es für ihn keinen Papst gab.
407 *77* Der Begriff *reformare* und *reformatio*, einen Zustand durch Gesetze ändern, war damals in allen Republiken gebräuchlich.
417 *37* Gestalt und Tracht des Senators im XIII. Säkulum zeigen Münzen, wo er kniend von St. Peter das Banner empfängt (Vitale [*Storia diplomatica de' senatori di Roma dalla decadenza dell' impero romano fino a' nostri giorni. Roma* 1791] *Tab. I*). In gleicher Tracht zeigen venezianische Münzen den Dogen, dem St. Markus das Banner reicht (Muratori, *Antiq[uitates Italicae. Mediolani 1739]* II. 652). Ein Musiv aus Aracoeli, heute im Palast Colonna, stellt den Senator Johann Colonna dar (um 1279): Mantel violett; Barett violett mit Hermelin, violette Stiefel (Litta, Artikel Colonna, am Ende [= *Celebri famiglie Italiane. Milano* 1819 ff.]). Bei Nerini *[De templo et coenobio SS. Bonifacii et Alexii historica Monumenta. Roma 1752]* p. 261 die Kopie eines Bildes vom Zenotaph, welches der Senator Pandulf Savelli Honorius IV. in S. Sabina errichtete.
419 *18* Im Jahre 1889 wurden im Senatspalast einige Senatorenwappen entdeckt, die jedoch nicht über die Zeit Martins V. hinaufreichen. – Die römische Stadtverfassung ist aus Mangel an Akten auch im XIII. Jahrhundert dunkel. Ich bin aufgeklärter über die Verfassung von Todi und Terni (nicht zu reden von Bologna, Florenz, Siena, Perugia) als über die Roms. Aber dasselbe Grundsystem herrschte in allen Städten.
427 *16* Diese *confirmatio* wurde vom *Scriba Senatus* eingetragen! Die erste ist von 1296, als Pandolfo de Savelli Senator war. – Dann folgen die Bestätigungen zahlreich; sie sind wichtig zur Herstellung der Fasten des Senats. Darunter findet sich auch die von Cola di Rienzo als *Scriba Senatus* sehr sauber geschriebene Konfirmation des Senators Ursus Orsini vom 28. März 1346. Das Zunftbuch von 149 Pergamentblättern ist von mir zuerst benutzt worden, nachdem ein Römer Ballanti im Jahre 1863 mich auf das Archiv der römischen Kaufleute aufmerksam gemacht und der Archivar Herr Giovanni Rigacci mir dort Zutritt gegeben hatte. Sodann edierte G. Gatti die *Statuti dei mercanti di Roma,* 1887.

429 *40* Die Urkunden des Senats verlassen uns für die nächste Zeit nach dem Falle des Emanuel. Möglicherweise war gleich nach ihm noch ein Fremder Senator; das scheint aus einer Stelle des Manifests Manfreds an die Römer hervorzugehen *(Foggia 24. Mai 1265. Cappasso, Hist. Dipl. regni Sic. n. 460)*, worin er vom Regiment Roms durch folgende Männer redet: *Brancaleonis bononiensis, Manuelis de Majo, Boncontis urbevetani, nec non ill. comitis B.* (?).

430 *35* 300 Familientürme für Rom sind eher zu wenig als zu viel, da selbst Viterbo 197 zählte. Noch zur Zeit Martins V. gab es im Borgo des Vatikan allein 44 Türme. Über die Türme der italienischen Städte G. Gozzadini, *Delle Torri Gentilizie di Bologna*. Bologna 1875, Einleitung.

434 *28* Pallavicini und Manfred verbaten sich diese gefährliche Naturerscheinung bei Todesstrafe. Die Torri errichteten 600 Galgen in Mailand, so daß die Flagellanten abzogen (Muratori, *Ant[iquitates] Ital[icae. Mediolani* 1742] VI. Diss. 75). Der Papst, Ketzereien witternd, verbot die Prozessionen; sie erloschen im Januar 1261.

451 *2* Man sah unter ihnen Frangipani, Cencii, Annibaldi vom Zweig Molara, Orsini, Paparoni, Capizucchi, Conti, Colonna, Crescentii, Parentii, Malabranca, de Ponte, Pierleoni und andere. Descriptio Victoriae wie oben [= Duchesne, *Historiae Francorum scriptores coaetanei. T. V. Paris* 1649], und Tutini, *De Contestabili p. 35* [= *Discorsi de Sette Officii overo de sette grandi del regno di Napoli. Parte prima, nella quale si tratta, del Contestabile del Maestro Guistitieri, e dell' Amonirante. Roma* 1666].

479 *25* Konradin stand bei Villa Pontium, hundert Schritte von Scurcola; Karl bei Alba. *Campus Palentinus (Valentinus)* nach einer Kirche St. Valentin. Dem Lokal nach müßte die Schlacht nach Scurcola benannt werden; aber dieser Ort war damals so gering, daß man sie nach dem sechs Millien entfernten Tagliacozzo benannte. Die Örtlichkeit hat festzustellen versucht der General G. Köhler, Zur Schlacht von Tagliacozzo, Breslau 1884. Dante gab dem Schlachtfeld den Namen, den wir deshalb beibehalten:

è la da Tagliacozzo,
Dove senz' arme vinse il vecchio Alardo.

479 *38* Villani schreibt diesen Rat dem Valery zu, die hier ganz unzuverlässige Chronik von Morea aber ihrem Helden Wilhelm Villehardouin, Fürsten von Achaja und Lehnsmann Karls infolge des Vertrags von Viterbo, wodurch der Exkaiser Balduin II. diesem die Oberhoheit über Achaja übertragen hatte. *Livre de la Conqueste ed. Buchon*, 1845, p. 229 f.

484 *30* Del Giudice (*Cod. Dipl. [del regno di Carlo I e II d' Angiò. Napoli* 1863] II. 70) bestreitet meine Ansicht, daß Karl von Rom nach Genazzano zurückgekehrt sei und dort die Gefangenen von Palestrina her an sich genommen habe. Aber indem er selbst die Anwesenheit Karls in Colonna und Paliano am 2. Oktober zeigt, um zu beweisen, daß Karl nicht Genazzano berührte, übersieht er, daß Paliano ganz nahe bei Genazzano liegt.

486 *24* Es überlebte die Hohenstaufen der Kulturgeist, an dem sie mächtig gebildet hatten, das große Prinzip der Trennung der weltlichen und der geistlichen Macht, welches auf ihrer Fahne stand (es war und ist noch das wahr-

hafte ghibellinische Prinzip, um welches sich die ganze Entwicklung Europas bis auf den heutigen Tag bewegt), und der Gedanke der politischen Monarchie, der mit jenem Prinzip genau zusammenhängt.

487 *8* Die Reihe der Prosenatoren hat zuerst Vitale *[Storia diplom. de' senatori di Roma dalla decadenza dell' impero romano fino a' nostri giorni. Roma* 1791] zusammengetragen, dann habe ich sie vervollständigt, und nach mir hat dies Wüstenfeld getan: Beiträge zur Reihenfolge der obersten Kommunalbehörden Roms von 1263 bis 1330 (Pflugk[-Harttung], *Iter Ital[icum*. Stuttgart 1883, S. 609 bis 667], 2. Abt. 1884.

489 *32* Er war erst 47 Jahre alt. Man begrub ihn mit königlichen Ehren. Sein Epitaph zu Bologna ist modern.

497 *15* Er muß das zweite Gesicht gehabt haben; ein fremdartiges Naturell muß ihm eigen gewesen sein.

501 *11* Wie oft sind nicht diese Gründe für die Notwendigkeit der Fortdauer der päpstlichen Herrschaft über Rom seit 1859 wiederholt worden!

504 *38* In mehreren Städten, wie in Florenz, hielt man auf Stadtkosten Löwen. In den Statuten Roms von 1363 (III. c. 79) wird bestimmt, daß aus dem Ertrage der Spiele des Testaccio ein Teil dem Löwenwärter zufließen soll *cum leo in capitolio viverit. Cam[illo] Re (Bull. d. Com. Arch. 1882. X. p.* 103*)*.

505 *37* Die dortigen Bürger wagten es sogar, ihn und die Kardinäle als Strohmänner im Purpur öffentlich zu verbrennen – das erste Beispiel dieser bizarren Art von Volksjustiz, welches ich in Geschichten bemerkt finde.

518 *36* Ich verdanke dem Herzog Don Michele Gaëtani in Rom die Benutzung seines Familienarchivs, woraus ich ersah, daß Bonifatius VIII. der wahre Gründer der Hausmacht Gaëtani war. Herr Carinci hat jenes Archiv trefflich geordnet; aus ihm und anderen Privatarchiven Roms ließe sich die Geschichte Latiums im Mittelalter schreiben, welche fehlt.

522 *7* Erst 1298 erinnerte sich Karl II., daß es schimpflich sei, die Söhne Manfreds verhungern zu lassen. Sodann befahl er A. 1299, ihnen die Ketten abzunehmen, sie zu kleiden und nach Neapel zu bringen. Doch ihr Los blieb der Kerker im *Castel dell' uovo;* Friedrich und Enzius starben zuerst; Heinrich starb, 47 Jahre alt, A. 1309. Dagegen hatte Loria nach seinem Seesiege bei Neapel Beatrix, die Tochter Manfreds, befreit, die sich mit Manfred, Marchese von Saluzzo, vermählte.

525 *2* Dem ehrwürdigen Greise Don Vincenzo Colonna, welcher mir seit Jahren das berühmte, lange Zeit verschlossene Archiv seines Hauses offen hält, kann ich nimmer dankbar genug sein.

532 *2* Denselben Vorwurf wiederholt Charles Chais: *Lettres historiques et dogmatiques sur les Jubilés* (*La Haye* 1751), eine oberflächliche Schrift der Voltairischen Epoche.

538 *16* Gut zeichnet Flathe, Geschichte der Vorläufer der Reformation, [2 Teile. Leipzig 1835–36] II, 27 das Verhältnis Bonifatius' VIII. zu Frankreich.

540 *36* Ferretus Vicentinus [L. A. Muratori, *Rerum Italicarum scriptores.* T. IX] p. 996 wirft dem Papst vor, daß er Anagni für seine Nepoten mit Gewalt auskaufte. Ich las viel Urkunden, die den Auskauf von Gütern dort durch die

Gaëtani beweisen. Das gaëtanische Hausarchiv hat mich instand gesetzt, darzutun, daß der Sturz des Bonifatius lediglich durch die Barone der Campagna geschah.

541 *22* Dies zeigen massenhafte Urkunden im Archiv Colonna, in welches viele Pergamente vom Haus Gaëtani gekommen sind.

542 *39* Alles Kirchenlehen entzog der Papst Margarete, worauf das Kloster *ad Aquas Salvias* mehrere ihr früher verliehene Güter, Ansidonia, Porto d'Ercole, Monte Argentaro, Orbitello und Giglio dem Pfalzgrafen Benedikt, drittem Sohn des Petrus, verlieh, für nur 15 Pf. Provisinen jährlich (Archiv Gaëtani XLVII. 39; 12. März 1303). Jene tuszischen Orte besaß das eine Kloster bei Rom und beanspruchte sie als Schenkung Karls des Großen. – Fundi kam an Loffred Gaëtani im Oktober 1299 (XXXIX. 39). Am 3. Oktober 1298 befahl Bonifatius VIII. in Rieti dem Bischof der Sabina die Ehe zwischen Loffred und Margarete, welche in Bigamie lebe, aufzuheben (XXVII. 2). Der Leser blickt mit Hilfe dieser Aktenstücke in eine planvoll angelegte Hauspolitik des Bonifatius.

544 *19* Die Ohrfeige Nogarets ist sicher unwahr. Die Bulle Benedikts XI. schweigt von körperlicher Mißhandlung, welche auch Villani, Benvenuto von Imola, Franc. Pipin leugnen.

544 *24* Die Kathedrale Anagnis bewahrt indes noch heute prachtvolle Gewänder und einige Geräte und Kreuze aus der Zeit Bonifatius' VIII. Siehe das alte Inventarium in *Ann. Arch. par Didron vol. XVIII. p. 18 f.* – E. Molinier edierte das *Inventaire du trésor du S. Siège sous Boniface VIII.* (*Bibl. de l'école des Chartes,* Paris 1881 und 1884).

545 *23* Die Reise des Papsts von Anagni nach Rom dauerte auch nach der Relation *de horribili insult[atione* ... in: *Revue des questions historiques XI,* 511 ff.] von Freitag früh bis Dienstag. Er muß die Nachtlager unter Waffen auf dem Felde oder in Landhäusern gehalten haben, da die Städte Paliano, Genazzano und Palestrina colonnisch waren.

546 *30* Die Urteile von Schlosser, Neander und Drumann sind nicht frei von Übertreibung.

549 *36* Diese Verhältnisse sind dargestellt von Carl Wenck, Clemens V. und Heinrich VII., die Anfänge des französischen Papsttums, [Halle] 1882, p. 21 f.

553 *26* Kardinäle legten Privatbibliotheken an, so Matthäus von Aquasparta, dessen Bibliothek an Todi kam, wo ich noch einen Teil davon im Archiv S. Fortunatus im Staube aufgehäuft liegen sah.

555 *30* Eine der großartigsten Publikationen dieser Art ist die der *Statuti di Bologna,* welche Luigi Frati seit 1869 herausgibt.

555 *39* Die neuesten Forschungen begannen mit einer Schrift von Vito La Mantia, *Statuti di Roma,* Rom 1877, worauf derselbe Rechtsgelehrte folgen ließ: *Origini e vicende degli statuti di Roma,* Firenze 1879. Sodann edierte Camillo Re die *Statuti della Città di Roma del sec. XIV.* (Rom 1889). Die wichtigsten Codices sind *Ottobon[ianus]* n. 1880, geschrieben anfangs des *saec.* XV, *Ottobon-[ianus]* 741, geschrieben A. 1413; *Cod. Vat.* 7308, weniger wertvoll; endlich

der Codex des *Archiv. segreto* im Vatikan, geschrieben 1438. Im Archiv des Kapitols ist das älteste auf Pergament geschriebene Originalstatut erst von 1469.

558 *12* Der Glaube an die Echtheit des anderen berühmten florentinischen Geschichtschreibers Dino Compagni ist mit gewichtigen Gründen erschüttert worden durch Scheffer-Boichorst, welcher die Unechtheit des Ricordano Malaspini unwiderleglich dargetan hat. Siehe dessen Florentiner Studien, Leipzig 1874, II: Die Chronik des Dino Compagni, eine Fälschung. Dagegen trat für die Echtheit überzeugend auf Del Lungo, *Dino Compagni e la sua Cronica*, *Firenze* 1879 bis 1880.

561 *15* Das *Stabat Mater* wird ohne Grund Innocenz III. zugeschrieben, dem Papst des großen und kalten Verstandes. Im Kloster zu Monte Santo bei Todi sah ich eine Handschrift der Poesien Fra Jacopones vom Ende des *saec.* XIV, worin auch das *Stabat mater* aufgenommen ist. Es fehlt in der Venezianer Ausgabe A. 1617.

561 *19* Über den Einfluß der Franziskaner auf die Kunst: Henry Thode, Franz von Assisi und die Anfänge der Kunst der Renaissance, Berlin 1885.

568 *40* Noch auffallender ist ihr Wesen in der Lombardei. In Rom arteten die Charaktere nicht ganz so aus wie im Norden.

571 *9* J. Str[z]ygowski, Cimabue und Rom, Wien 1888, p. 158: Einen Notariatsakt, Rom, 18. Juni 1272, unterzeichnet Cimabove pictor de Florentia.

571 *15* Über diese Malereien Giottos in jener Loge: E. Müntz, *Études sur l'histoire des arts à Rome pendant le moyen-âge: Boniface VIII et Giotto*. Rom 1881.

574 *28* Einen Turm Anguillara steht noch an der Lungaretta. Von der Cestischen Brücke aus bilden Trastevere und die Flußufer ein seltsames Gemälde. Unter modernen Häusern am Fluß steigt noch hie und da ein grauer Baronalturm auf. Es war beim Anblick Roms von dieser Brücke aus, daß der Plan zu dieser Geschichte der Stadt entstand.

576 *15* Von diesem Stadium schweigen alle alten Schriftsteller: *Guida del Palatino*, 1873, p. 86 f. H. de Glande, *École fr. Mélanges* 1889, p. 184 f. J. Sturm, Das kaiserliche Stadium auf dem Palatin, Würzburg, 1888.

578 *22* Die Gestalt der „*Milicie*" im Stadtplan *Cod. Vat.* 1960. Sehr anschaulich, und wie oben im Text, ist der Turmkoloß in einer Ansicht Roms abgebildet von Cimabue etwa um 1282, in seinem Gemälde des Evangelisten Markus in Assisi, welches die Aufschrift *Italia* trägt. Joseph Str[z]ygowski entdeckte diese Ansicht: Tafel IV seiner Schrift Cimabue und Rom. Wien 1888. Auf der das Relief Roms darstellenden Bulle Ludwigs des Bayern sind beide Türme sichtbar; dagegen verzeichnen die Stadtpläne des XV. Jahrhunderts, welche einen älteren Stadttypus wiedergeben, die *milicie* und das *palatium Milicie* daneben.

579 *40* Die Ruinen „*Roma Vecchia*" auf der Via Appia, mit welchem Namen ein Komplex von antiken Villen und mittelalterlichen Casali bezeichnet wird, zeigen noch baronale Befestigung; sie wurden wohl auch von den Gaëtani oder Savelli benutzt, welche letztere sich nach dem Tode Bonifatius' VIII. in Besitz von *Capo di Bove* setzten. Im Archiv Gaëtani fand ich keine Urkunde über

den Bau der Festung; da sie zur Zeit Heinrichs VII. den Savelli gehörte und bald darauf an die Colonna kam, so kann ihre gaëtanische Gründung nur der Epoche Bonifatius' VIII. angehören.

580 *18* Im Jahre 1885 begannen die Römer leider die Zerstörung dieses tausendjährigen Klosters, um den Raum für das Denkmal Victor Emanuels zu gewinnen.

592 *38* Die allgemeine Monarchie wird aus dem Prinzip der Einheit hergeleitet. Der schwächste Teil dieser großartigen Utopie ist der zweite, gut der dritte, wo die Doktrin der Priester treffend zerstört wird. D[ante] mochte zu seinem Buch durch die Dekrete Bonifatius' VIII. angeregt sein; Witte [Dante-Forschungen. Altes und Neues I (Halle 1869); II (Heilbronn 1879)] setzt es vor die Bulle *Unam Sanctam*, Balbo [*Vita di Dante. 2 tom. Torino* 1839] erst ins Jahr 1314. Ähnlich, doch schwächer spricht Dante über die Notwendigkeit der Monarchie im *Convito* [=*Convivio*] *Tract. IV. c.* 4. 5.

596 *5* Daß die Stellung, welche der Papst Robert in Italien gab, politischer Voraussicht entsprang, ist unzweifelhaft. So hoch konnte er nicht über den Parteien stehen, daß er mit Gleichgültigkeit die gänzliche Schwächung der Guelfen ansehen konnte, wie das Robert Pöhlmann zu glauben scheint: Der Römerzug Kaiser Heinrichs VII. und die Politik der Kurie, des Hauses Anjou und der Welfenliga. Nürnberg 1875, S. 14 f.

596 *29* Die Romfahrt Kaiser Heinrichs VII. im Bilderzyklus des *Cod. Balduini Trevirensis*, ediert von der Direktion der Königlich preußischen Staatsarchive. Berlin 1881. – Zu den Quellen: Doenniges, Kritik der Quellen für die Geschichte Heinrichs VII. Berlin 1841; (D: Dietrich König, Kritische Erörterungen zu einigen italienischen Quellen für die Geschichte des Römerzuges Heinrichs VII. Göttingen 1874; Richard Mahrenholtz, Über die Relation des Nicolaus von Butrinto, Halle 1872, in welcher Schrift die Unzuverlässigkeit der tendenziösen Relation nachgewiesen ist. – Ed. Heyck, *Nicolai Ep. Botront. Rel. de H. VII. Imp. Itinere Italico*. Innsbruck 1888, als Quellenschrift ediert).

597 *25* Der Papst bezieht sich auf diese und Heinrichs Gesandtschaft im Breve vom 28. Februar 1311. Er entschuldigt sich mit dem nahen Konzil und überläßt dem König einen Tag nach Pfingsten zur Krönung. Der Brief ist voll Liebesphrasen. Bei Bonaini, *Acta Henr. VII. [Rom. imperatoris et monumenta...* Florenz 1877] I. 168. Diese wichtigen Aktenstücke aus dem Pisaner Archiv sind noch immer nicht im Druck erschienen; Herr Bonaini übersandte mir mit gewohnter Liberalität alle fertigen Druckbogen.

598 *32* Die Torri hatten die alte eiserne Krone verpfändet: sie war verschollen. Lando von Siena machte eine neue von Stahl in Form eines Lorbeerkranzes mit Perlen besetzt. Die echte ward von Mattheus Visconti erst 1319 eingelöst und in Monza verwahrt.

599 *8* Die Überspannung der Ansprüche seiner kaiserlichen Rechte durch Heinrich ist außer von Ficker, Forschungen zur Reichs- und Rechtsgeschichte Italiens. Bd. II [Innsbruck 1869] in der Schrift Pöhlmanns [Der Römerzug Kaiser Heinrichs VII. und die Politik der Kurie, des Hauses Anjou und der Welfenliga. Nürnberg 1875.] nachgewiesen worden.

108 Anmerkungen

599 *27* Schon am 16. April hatte Dante Heinrich angerufen, die Städte liegen zu lassen und das verhaßte Florenz zu züchtigen. *Ep. VI.* Balbo [*Vita di Dante. 2 tom. Torino* 1839] zürnt, daß er einen Fremden gegen seine Vaterstadt rief, und wir Deutsche bemerken, daß es regelmäßig die Italiener selbst waren, welche unsere Könige in ihr Land riefen.

600 *1* Die Florentiner ermunterten Brescia durch Briefe und Geld. Bonaini [*Acta Henrici VII. Rom. imp. et monumenta* ... Florenz 1877] II. 36. Die Belagerung (19. Mai bis 18. September 1311) ist mit allen Greueln von Chronisten geschildert worden. Des Königs Gemahlin nahm den Tod von Brescia mit nach Genua, wo sie am 13. Dezember starb. Auch Guido von Flandern erlag der Lagerseuche, welche 10000 Mann von Heinrichs Heer fortgerafft haben soll.

601 *9* Die Florentiner hatten in ihrem Parlament am 20. Februar 1311 die Guelfische Liga erneuert und Philipp von Achaja und Tarent, Roberts Bruder, zum Generalkapitän gemacht. Bonaini [*Acta Henrici VII.* ... Florenz 1877] II. 17. 19.

601 *35* Villani *[Cronica* = Muratori, *Rerum Italicarum Scriptores XIII]* IX. c. 39 sagt zwar, daß Johann von Kalabrien am 16. April 1312 in Rom einzog, aber dies stimmt nicht mit Johannes de *Cermen[ate, Historia ... de Mediolanensium gestis sub imperio Henrici VII* = Muratori, *Rerum Italicarum Scriptores IX, p. 1225–1290]*. Man muß annehmen, daß Johann schon im Dezember 1311 kam. Er ging dann wohl wieder nach Neapel und kam im April 1312 mit frischen Truppen zurück. Ich habe leider erfolglos die Regesten der Dynastie Anjou im Staatsarchiv für diese und die folgenden Epochen des *saec.* XIV durchsucht; sie enthalten fast gar keine politischen Korrespondenzen.

602 *16* Damals warf sich Johann Parricida, der Mörder Albrechts, dem König zu Füßen. Heinrich setzte ihn in Pisa gefangen, wo er am 13. Dezember 1315 starb und zu S. Niccolò begraben ward. Böhmer, Regest*[a imperii inde ab a. 1314 usque ad a. 1347.* Frankfurt 1839] 198 mit den angezogenen Stellen.

603 *23 Castrum de Insula* (bei Nicolaus Butrinto) heute *Isola Farnese,* das alte *Veji.* Im höchsten Mittelalter entstand auf dem Boden der untergegangenen Stadt ein Kastell, von der sogenannten Insel genannt, welche von zwei Bächen gebildet wird. *Tomassetti, Della Camp. Rom. (Arch. d. Soc. Rom. V, 113 f.)* Der Ort hieß im X. Säkulum *Insula pontis Veneni* (verdorben aus *Vejentani*) und kam im *saec.* XIV. an die Orsini. Damit ist nicht Ischia *(Isola)* bei Farnese am Bolsenersee zu verwechseln.

605 *3* Heinrichs Tochter sollte im September übergeben werden; die Kinder dieser Ehe sollten Sizilien erhalten; der Herzog von Kalabrien lebenslang Vikar Tusziens und der Lombardei sein. Heinrich sollte die Colonna nicht ohne Willen der Orsini zur Krönung nach St. Peter mit sich führen: nach der Krönung nur vier Tage in Rom bleiben. Notariatsinstr. 18. Mai 1312, im Lateran. Bonaini [*Acta Henrici VII.* ... Florenz 1877] I. 223.

608 *6* Alles dies bei F. Vicentinus *[Historia rerum in Italia gestarum* = Muratori, *Rerum Italicarum Scriptores IX, p. 941–1182]*, welcher den Stil der alten Römer affektiert, von Heinrich stets wie vom römischen Imperator redet und von Augurien spricht. Die Renaissance kündigt sich an.

Elftes Buch 109

609 *1* Diese Szene ist im *Codex Balduini [Trevirensis.* Berlin 1881] höchst charaktervoll abgebildet: Juden in ihrer Tracht, lange Gewänder, ein zugespitzter Pileus auf dem Kopf, bewegen sich gegen den zu Roß sitzenden Kaiser. Der Rabbiner reicht ihm einen langen Pergamentstreifen, der hebräisch beschrieben ist.

613 *24* Schon nach der Krönung hatten die Florentiner gefürchtet, daß Heinrich sich nach Toskana wenden würde. Schon am 4. Juli 1312 schrieben sie an Robert, er möge in solchem Fall auch dem Prinzen befehlen, nach Toskana aufzubrechen. Archiv Florenz, *Signori. Carteggio Vol. I. fol. 148.*

618 *34* Heinrich hatte sich ernstlich vorgenommen, Robert zu enthaupten, wenn er in seine Gewalt kam. Dies begehrten alle Deutschen in seinem Heer als Totenopfer für Konradin.

624 *36* Die Zusammenstellung der Kardinäle bei Carl Müller, Der Kampf Ludwigs des Baiern mit der römischen Curie [Tübingen 1879] I, 352.

626 *33* Villani nennt ihn Sohn eines Schuhflickers. Neuere weisen nach, daß er (geboren um 1243) der Sohn eines Bürgers Arnaud Duèse [sic!] war. Bertrandy, *Recherchès historiques sur l'origine, l'élection et le couronnement du Pape Jean XXII. Paris* 1854. – (D: V. Velarque, *Jean XXII, sa vie et ses oeuvres d'après des documents inédits. Paris* 1883, ist eine Apologie.)

628 *12* D: Poncello ist eine Abkürzung von Napoleo und Napoleoncello. Denn derselbe Orsini war, wie ich zeigen werde, mit demselben Stefan a. 1329 Senator und bestätigte damals das Statut der Kaufleute als *d. Napuleo de fil. Ursi.*

632 *27* Mit dem XIV. Jahrhundert nahm die Inquisition einen furchtbaren Charakter an. Ketzer- und Judenverfolgung, Hexenprozesse füllen die Akten der kirchlichen Gesellschaft. Der Zug der Pastorellen in Frankreich und die damit verbundenen Greuel (1320, 1321), wie der große Prozeß gegen die „Leprosen" charakterisieren jene Zeit.

637 *12* Marsilius sagt, nach der Apostelgeschichte sei Paulus zwei Jahre in Rom gewesen, woraus folge, daß *er* und nicht Petrus dort Bischof war. Es wäre wunderbar, daß, wenn Petrus mit Paulus in Rom predigte, den Tod erlitt und die Kirche gründete, weder Lukas noch Paulus dessen erwähnten. Petrus sei nur als Bischof von Antiochien anzuerkennen. *Defens. Pacis II. c. 16.*

638 *12* Eine eingehende Darstellung dieser scholastischen Vorläufer der Reformation gibt Siegmund Riezler, Die literarischen Widersacher [der Päpste zur Zeit Ludwigs des Baiers. Leipzig 1874.] Siehe außerdem Marcour, Anteil der Minoriten am Kampf zwischen König Ludwig d. B. und Johann XXII. Emmerich 1874; (D: C. Müller, Der Kampf Ludwig d. B. mit der römischen Curie. Tübingen 1879. 1880.)

638 *22* Schon am 18. Dezember 1325 befahl der Papst dem Rector des Patrimonium Petri, gegen Viterbo und Corneto einzuschreiten, welche sich zugunsten des verdammten Herzogs von Bayern verschworen haben, ihn Kaiser nennen und wie einen Messias erwarten. Preger, Auszüge aus den Urkunden des vatikanischen Archivs von 1325–1334 (Abhandlungen der Bayerischen Akademie der Wissenschaften VII [= 17. München 1886] I. n. 258.

110   Anmerkungen

642 *35* Auf der inneren Wand der Porta S. Sebastiano: das roh eingeritzte Bild St. Michaels auf einem Drachen, mit Inschrift.
650 *37* Petrus von Corvaro war nach fünfjähriger Ehe Mönch geworden. Wadding, *Annal[es] Minor[um. Romae* 1733*] lib.* VII. p. 77 hat die ergötzliche Anekdote, daß sein Weib, welches den armen Mönch niemals reklamiert hatte, den reichen Papst als Ehemann reklamierte und daß ihn der Bischof von Rieti ihr von Rechts wegen zusprach.
653 *31* Die Entzweiung der Hoch- und Niederdeutschen (Villani [*Cronica* = Muratori, *Rerum Italicarum Scriptores, vol. XIII. Mediolani* 1728] X. 77. Annales Rebdorff., Freher [*Germanicarum Rerum Scriptores.* Frankfurt 1600] I, 424) führte zur Gründung der ersten selbständigen Kompanie der Deutschen in Italien.
661 *27* Petrarca, damals in Avignon, schrieb deshalb seine patriotische Epistel in lateinischen Versen an Aeneas Tolomei von Siena. Er beklagt den Ruin seines Vaterlandes, in welches jetzt wieder ein Barbarenfürst herabsteige.
671 *11* Cola di Rienzo war damals 24 Jahre alt und sicher in Rom.
673 *27* Die merkwürdige Krönungsrede Petrarcas ist uns authentisch erhalten; sie ist ediert aus einem *Cod. Magliabech.* bei Gelegenheit des Petrarca-Jubiläums durch *Attilio Hortis, Scritti Inediti di Francesco Petrarca, Trieste* 1874 (D: p. 311–328. Die Rede ist schwülstig und dunkel, und ihres Lateins würde sich der von Petrarca vergötterte Cicero geschämt haben.)
684 *17* Eine Holztafel, welche Cola im geheimen hatte malen lassen. Mit Bildern wirkte man im Mittelalter zu politischen Zwecken. Im Heer Heinrichs VII. trug man Fahnen mit dem Bilde des Hauptes Konradins; im Heer Ludwigs von Ungarn eine schwarze Fahne mit dem Bilde des erwürgten Andreas.
686 *28* Auf Grund dieser Leiden durch die Große Kompanie schrieb Petrarca im Jahre 1344 die schöne Canzone: *Italia mia, benche 'l parlar sia indarno – – – Che fan qui tante pellegrine spade?* – – – ein Gedicht voll patriotischer Verzweiflung, welches jeder Italiener noch bis zum 20. September 1870 mit Erregung hat lesen müssen.
693 *21* So änderte die Chronologie und zählte nach den Jahren der Freiheit auch die französische Republik, deren Erscheinungen bisweilen durchaus an die Zeit des Tribuns von Rom erinnern.
695 *38* Die Colonna wurden vom Rhein, die Orsini vom Tibertal Spoletos hergeleitet. Sicher waren germanisch in Rom: Astaldi, Astolfi, Annibaldi, Alberini, Alberteschi, Antiochia, Bulgamini, Berardi, Boneschi, Benzoni, Berta, Conti, Franchi, Farulfi, Gulferani, Gerardi, Gottifredi, Gabrielli, Gaëtani, Gandulfi, Guidoni, Ilperini, Normanni, Oddoni, Pandulfi, Reinerii, Roffredi, Sassi, Senebaldi, Savelli, Stefaneschi, Tebaldi, Tedalli. Der Ursprung der Orsini ist dunkel; die Colonna können als Nachkommen Alberichs von Tusculum als Germanen betrachtet werden. Schon im *saec.* XIV entstanden römische Genealogien. Um 1350 soll ein Notar Petrus eine solche verfaßt haben (Archiv Santa Croce, D. 4). In solchen Schriften werden als gotisch angegeben Astalli, Caputzuncchi *(ex gente Hamala Gothorum)*, Capocci, Corvini; als altrömisch Santa Croce, Massimi, Crescentii, Buccamatii, Frangipani, Colonna, Comites usw.

696 *12* Petrarca war der Chenier der römischen Revolution; sein Freiheitsenthusiasmus glich dem von Schiller, als dieser die Revolution begrüßte. Auch hier beginnt mit Petrarca der moderne Mensch.

697 *33* Die Zurücknahme aller Donationen früherer Kaiser fand ihre Wiederholung durch Napoleon. *Je n'ai pu concilier ces grands intérêts, qu'en annullant les donations des Empereurs Français, mes prédécesseurs, et en réunissant les états romains à la France.* (Proklamation von 1809. Bryce, *The Holy Roman Empire* p. 396). Die Beziehungen der Geschichte sind rätselhaft, und der Wahn in ihr ist eine volle Realität.

701 *26* Napoleons Krönung durch den Papst, der theatralische Pomp seines Kaiserhofs und seine Ideen von der Wiederherstellung des Reichs seiner Vorgänger sind von den Szenen Colas nur durch vier und ein halbes Jahrhundert getrennt. Der „Konsul" und „Imperator" nahm antik-römische Reminiszenzen wieder auf; bisweilen erscheint Cola in ihm wieder, doch in kolossalem Maßstabe.

705 *30* Denselben Vergleich machte für sich in der französischen Republik Danton.

711 *29* Daß Cola geisteskrank war, zeigt auch die Zusammenhanglosigkeit seiner Briefe.

715 *9* Ich kopierte das Original, welches von der eigenen Hand Colas ist, im Archiv Aspra, wo es liegt. Es ist schon abgedruckt in *Bibl. Italiana, Milano,* XI. 338.

719 *17* Die Geschichtschreiber des Senats nehmen an, daß Otto von Mailand in der zweiten Hälfte 1348 Senator war, wobei sie sich nur auf spätere unkritische Schriftsteller stützen. Ich entdeckte diesen Otto in keiner Urkunde; auch das offizielle Register im Kapitol kennt ihn nicht.

724 *4* Beide Briefe, ehrenvoll für die Vaterlandsliebe Petrarcas, sind Manifeste des damals die Städte beherrschenden demokratischen Prinzips ... Petrarca, um die beste Verfassung Roms befragt, ist wie Rousseau in ähnlichem Verhältnis zu Korsen und Polen.

731 *3* Diese Schriften bei Pelzel [Kaiser Karl IV., König in Böhmen. Prag 1780] Bd. I und bei Papenc[ordt, Cola di Rienzo. Hamburg und Gotha 1841]. Cola sprach die Trennung beider Gewalten so entschieden aus wie Dante. Die von Geistlichen regierten Provinzen seien am schlechtesten verwaltet. Der Papst hindere die Einheit der Stadt und Italiens, begünstige die Spaltung zwischen Guelfen und Ghibellinen. Er verkaufe Städte an Tyrannen. Der Brief vom 15. August 1350 an den Erzbischof von Prag ist ein wichtiges Manifest jener Zeit.

734 *39* Zur Rechtfertigung Colas muß gesagt sein, daß er ursprünglich guelfische Neigungen hatte. Selbst in einer Schrift an Karl IV. hatte er erklärt, daß es für Italien praktischer sei, sich unter dem Schutze des Papsts als des Kaisers zu einigen.

736 *29* Das Stadtarchiv Orvieto besitzt viele Pergamente aus der Zeit Johanns von Vico, der sich dort nennt *Illustris civitatis comitatus ac districtus Urbis veteris liberator et dom. generalis.* Man sieht, wie schon damals erobernde Tyrannen die Begriffe zu verwirren wußten. Auch aus der Zeit des Albornoz gibt es

in Orvieto viele Pergamente; dies kostbare Material fand ich in heillosem Zustande, Lumpen gleich in Kisten zusammengepreßt.

737 *28* Hier erinnert Cola an den König Theodor von Korsika.

742 *37* Die Fabel, daß Colas Asche in S. Bonosa bestattet worden sei, hat widerlegt Domenico Tordi, *La pretesa tomba di Cola di Rienzo*, Rom 1887.

743 *7* Das Phänomen Cola di Rienzo ist wie das keiner anderen geschichtlichen Persönlichkeit wesentlich aus der dichterischen Kraft zu erklären, welche jeder Zeit als ihre Phantasie angehört. Cola ist jedenfalls die lebendige Gestalt, welche die Phantasie Roms notwendig erzeugen mußte. Die Lektüre der *Divina Commedia* schuf ein sehr zu beachtendes Element für die Stimmung jener wunderbaren Zeit.

744 *14* Wie ich gezeigt habe, war das politische Programm Colas in bezug auf die Nationaleinheit Italiens dies: eine Konföderation mit dem Haupt Rom, unter einem lateinischen Kaiser, durch Volkswahl gewählt. Später nahm er den guelfischen Gedanken wieder auf: italienische Konföderation unter dem Protektorat des Papsts – dies war noch das sinnlose Projekt des Züricher Friedens von 1859.

746 *35* Am 22. November 1354 schrieb der Papst dem Patriarchen von Grado, er möge Karl mit der eisernen Krone krönen, wenn das der Erzbischof Mailands nicht wolle oder könne (Theiner *[Codex diplom. dominii temporalis S. Sedis. Romae* 1862*]* II. n. 281); der Kaiser sei mit drei Kronen zu krönen, mit der silbernen in Aachen durch den Erzbischof von Köln, mit der eisernen in Monza durch den von Mailand, mit der goldenen zu Rom durch den Papst. Die erste bedeute die *eloquentia et sapientia;* die zweite die Strafgewalt gegen die Ketzer; die goldene: *conterat cornua elata rebellium ac presidio potencie, quam fulvor metalli aurei prefigurat, libertatem ecclesiasticam tueatur.* Man vergleiche diese päpstliche Deutung mit jener der Graphia und Colas.

755 *20* Schon vor 1344 war der Gebrauch der Kanonen in Italien allgemein, wie das eine merkwürdige Stelle Petrarcas *(de Remed. utriusq. Fortuna Dial. 99)* zeigt, wo der Dichter die neue Erfindung, welche die Welt umgestalten sollte, als gottlos angreift.

768 *16* Nach Grazianis Chronik [= *Cronaca della città di Perugia dal 1309 al 1491. In: Archivio Storico Italiano T. XVI. Firenze* 1850, *p.* 69–750] starb er an der Pest. Alle Chronisten sind voll seines Ruhmes. Man kennt die Sage, daß Albornoz, vom Papst zur Rechenschaft über seine Verwaltung aufgefordert, einen Wagen mit den Schlüsseln der von ihm wiedergewonnenen Städte belud und zu ihm schickte.

791 *40* Das Grabmal ward erst A. 1584 durch den römischen Senat errichtet. Siehe meine Grabmäler der römischen Päpste, S. 85 [3. Aufl., herausgegeben von F. Schillmann. Leipzig 1911, S. 42].

793 *17* Brief des Papsts an Florenz, Anagni, 15. Juli 1377 *(Archiv. Flor. Commune di Firenzo con Roma. Tom.* XLVII. n. 24.) (D: Abgedruckt von Pastor, Geschichte der Päpste [Freiburg 1886] I, 628.)

806 *12* Ich verzeichne es, daß ich heute, wo ich diese Note schreibe, am 11. De-

zember 1866, die Übergabe der Engelsburg durch die französische Besatzung an die Truppen des Papsts erlebte.

809 *6* Ich verzeichne das in dieser Geschichte, die ich in Rom schreibe, wo eine furchtbare Katastrophe das Papsttum in ein neues Exil zu treiben droht.

831 *22* Er ließ die Buden der Kaufleute auf der Brücke zerstören. Wie auf dem Ponte Vecchio zu Florenz standen auch auf der Engelsbrücke Buden.

858 *25* Nach einer Statistik bei Hardt [*Magnum Oecumenicum Constansiense Consilium.* Frankfurt und Leipzig 1699] V. 52 waren auf dem Konzil anwesend: Ritter 2400, Prälaten 18000, Laien 80000. Der See von Konstanz verschlang nach und nach 500 Menschen.

863 *24* Der Krönungsritus wurde auch in Konstanz beobachtet. Das Pferd des Papsts führten Sigismund und Friedrich von Brandenburg. Vorauf ward der Stuhl Petri auf einem mit Scharlach gedeckten Zelter getragen. Es fehlte selbst nicht die Huldigung der Juden.

871 *13* Einer der ersten Akte Martins in Rom war, daß er einen Kapitän mit siebzig Mann zur Bewachung des Vatikan in Sold nahm: *Angelus de Trisacho,* Pakt vom 11. Oktober 1420 bei Theiner *[Codex diplom. dominii temporalis S. Sedis. Romae 1862]* III. n. 195. Dies möchte der Anfang der Schweizergarde gewesen sein.

896 *31* Hirten zogen schon seit Jahrhunderten aus den Bergländern in die Campagna Roms hinab, (D: wo die extensive Weidewirtschaft schon im XIV. Jahrhundert die heutige Form angenommen hatte. Siehe die neueste, treffliche Schrift „Die Römische Campagna", eine sozial-ökonomische Studie von Werner Sombart. Leipzig 1888.)

ANMERKUNGEN ZU BAND III

4 *23* Der erste von Martin, 27. November 1420, ernannte Senator war Baldassare de Imola, Conte della Bardella. – A. 1421: Stefano de Branchis von Gubbio und Joh. Nicolai Salerni, Ritter von Verona... Ich werde von jetzt ab die Reihe der Senatoren nicht mehr geben, weil sie keine geschichtliche Bedeutung mehr haben.

5 *30* Ich rühme hier dankbar die Liberalität, womit Don Filippo Orsini mir das Archiv seines berühmten Hauses eröffnet hat. Leider sind die Aktenstücke des alten Archivs Bracciano fast ganz untergegangen; doch fand ich das Register desselben noch vor.

10 *20* Die Geldgier am Hof Martins, wo der Protonotar Hermann Dwerges allmächtig war, schilderten die Gesandten des Deutsch-Ordens; [J. Voigt] Stimmen aus Rom über den päpstl. Hof im 15. Jahrhundert; Raumer, Histor. Taschenbuch [Bd. 4] 1833 [S. 45–184].

14 *32* Häupter der Verschwörung waren der Erzbischof von Benevent und Prior Thomas, beide Colonna. Infessura, Platina, *Vita* Eugens bei Murat. III. II. 869; und die Bannbulle.

16 *28* Pichler, Gesch. der kirchl. Trennung zwischen dem Orient und Occident, München 1864. II. 250. Siehe die Geschichte des Prinzips der päpstl. Unfehlbarkeit und seiner Bekämpfung in der Kirche selbst in „Der Papst und das Concil" von Janus, Leipzig 1869. Dieses durch das Konzil von 1869 hervorgerufene Buch setzt die lange Kette protestierender Schriften fort, welche seit Ludwig dem Bayern freidenkende Katholiken, zumal Deutschlands, verfaßt haben.

18 *2* [J. H. v.] Wessenberg, Die großen Kirchenversammlungen des 15. und 16. Jahrhunderts [Konstanz 1840] II. 328. Klar und gut hat das Basler Konzil behandelt Georg Voigt: Enea Silvio [de'] Piccolomini als Papst Pius II. und sein Zeitalter, Berlin 1856, Bd. I. Man sehe auch Aschbachs Geschichte Kaiser Sigismunds, Bd. IV [Hamburg 1845].

24 *33* Während ich dies im November 1867 schreibe, sehe ich mit eignen Augen die Invasion der garibaldischen Freischaren in der Campagna, und sie erinnert mich an die Zeiten der Condottieri.

25 *3* D: C. Calissa, *I Prefetti di Vico p.* 410, hält Jacobus für den Sohn des Giovanni di Sciarra, was ich bezweifle.

26 *7* Der Name heißt auch Venderanerii, so finde ich ihn A. 1340 in einer Urkunde im Archiv von Sto. Spirito.

30 *34* Welcher Blasphemien dieser Kardinal fähig war, zeigt dies: als er Giovenazzo verwüsten ließ, versprach er seinen Söldnern für jeden umgehauenen Ölbaum 100 Tage Ablaß.

33 *34* Pichler [Geschichte der kirchlichen Trennung zwischen dem Orient und Occident. München 1864] I, 393. Siehe über den wahren Sinn des Zugeständnisses der Griechen und die spätere römische Fälschung des betreffenden griechischen Artikels den Abschnitt im Janus [Der Papst und das Concil. Leipzig 1869] *p.* 346.

Dreizehntes Buch

39 *19* Man setzte sie erst in einem Käfig tagelang auf Campo di Fiore aus. Der Kanonikus Nikolaus wurde, zu Esel, eine Mitra mit Teufelsfiguren tragend, abgeführt und an einem Baum bei St. Johann gehenkt. Die beiden andern wurden verbrannt. Man malte diese schreckliche Geschichte (v. J. 1438) auf einem Turm am Lateran ab. Die an einem Haus in der vom Lateran nach S. M. Maggiore führenden Straße eingemauerte Tonmaske gilt als die eines jener Gerichteten.

44 *17* Bericht Piccolominis an Friedrich III., Mscr. Vat. 8093 und bei Murat. III. II. 878.

44 *27* Man pflegte Gesandten Lebensmittel in ihre Wohnung zu schicken, wie heute Reisenden im Orient. Der Kardinal von Bologna schickte den Deutschen Wildschweine, Geflügel, Wein; der Mundschenk des Papsts Konfekt, Wachs und Wein. Die Kardinäle luden sie der Reihe nach zur Tafel. Bericht Piccolominis.

47 *28* D: Stefano wurde mit großem Lobe von der Republik Florenz im Amt des *Capitaneus Populi* nochmals 1428 bestätigt. Tommasini im *Arch. d. Soc. Rom. Vol.* III (1880) *p.* 91 ff.

48 *37* D: Sie sind aufgezählt in den *Diarii di Stefano Caffari*, ausgezog. aus dem Mscr. von G. Coletti im *Arch[ivio] d[ella] Soc[ietà] Rom[ana] Vol.* VIII. (1885) *p.* 570 f.

53 *36* Seit 1424 war das Leben Sforzas eine ununterbrochene Waffentat auf den Schauplätzen Italiens. Es gibt heute nichts Langweiligeres, als die Geschichte dieser Kriege beim Simoneta und Corio zu lesen, aber sie lehren eine solche Heroennatur bewundern.

54 *21* D: Von diesem Jubil. hat der Florent. Giov. Rucellai eine Relation gemacht (*Arch. d. Società Romana* 1881, IV. 563f.) und darin auch eine flüchtige Beschreibung Roms gegeben. Er sagt, daß 1022 Osterien in Tätigkeit waren. Die Offerten des Altars v. St. Paul berechnet er mit nur 1500 Dukaten, während sie i. J. 1400 60000 betragen haben sollten. Die Ziffer der Rompilger d. J. 1450 fehlt leider. Ausführlich über dies Jubiläum: Pastor, Gesch. d. Päpste im Zeitalt. der Ren. I 323 f.

58 *11* Die Italiener haben auch heute nicht den geringsten Respekt vor einer Fürstlichkeit, da sie die freiesten Menschen durch Natur sind.

64 *21 Il Senato di Roma ed il Papa. Romae ex aedib. Maximis* 1866. Am Schluß: *Roma il giorno de' Morti. Stefano Porcari.* Diese Schrift forderte die Säkularisation Roms unter Herstellung des Senats, endlich das Recht des röm. Volks, seine Vereinigung mit Italien durch Plebiszit auszusprechen. (D: Die Verschwörung Porcaros ist in neuerer Zeit mehrfach bearbeitet worden. Die betreffenden Schriften hat Pastor zusammengestellt (Gesch. d. Päpste [Freiburg i. Br.] 1886 I, 420f.); dazu noch G. Sanesi, *St. Porcaro e la sua congiura, studio stor., Pistoja* 1887).

71 *8* D: Das Register der Ausgaben für diesen Flottenbau bewahrt jetzt das röm. Staatsarchiv; Pastor, Gesch. d. Päpste etc. I. 531. Guglielmotti, *Storia della Marina Pontificia, Vol.* II.

72 *39* D: Ernennungsdekret für Rodrigo Borgia, b. Pastor, Gesch. d. Päpste I. 690.

Anmerkungen

76 *18* Als Papst stellte er selbst die Geschichte seiner Bekehrung dar (Retraktation), wobei er die weltlichen Motive verschleierte.

80 *1* Auf dem Kongreß zu Mantua erinnerte der kühne Heimburg den Papst in einer öffentlichen Rede mit beißender Ironie an die Zeit, wo er als Schreiber in der Wiener Kanzelei für den jungen Sigismund Liebesbriefe verfaßte.

81 *3* Die Arx Adriana ist nicht, wie Voigt [Enea Silvio de' Piccolomini als Papst Pius II. und sein Zeitalter, Berlin 1863] (III. 122) meint, Adria, sondern die Engelsburg, welche die Kardinäle von Borgia erkauft hatten.

87 *7* Das Breve ist als authentisch im Vatikan. Archiv erwiesen: *Henri de l'Epinois, le Pape Alex. VI.*, in *Revue des quest. histor.* 1881, *vol.* 29, *p.* 367.

89 *13* Der Geschichtschreiber der Stadt muß zu diesen Dingen heruntersteigen, welche Pius II. ausführlich besprochen hat. Sie waren immerhin Symptome der Krankheit des geknechteten Rom.

92 *7* Sigismund wurde vor St. Peter *in effigie* verbrannt, und Pius fand die Puppe sprechend ähnlich.

93 *32* Pius selbst hat der Geschichte des Hauses Malatesta einen großen Teil des *lib.* X seiner Kommentare gewidmet.

96 *33* An der Empfangsstelle steht heute das von Pius im Kirchhof S. Trinità dei Pellegrini errichtete Tabernakel mit der Figur des Apostels.

96 *41* Es ist erheiternd, sich vorzustellen, daß St. Petrus selbst als Urheber des röm. Nepotismus aufgefaßt werden kann.

98 *26* Über den Betrieb der dortigen Gruben: Gottlob, Aus der Camera Apostolica des 15. Jahrhundert [Innsbruck 1889] *p.* 282f.

101 *21* Das Grabmal Pius' II. ward aus dem Vatikan nach S. Andrea della Valle gebracht. Das geistlose Epigramm seines Hofdichters Campanus ist seiner nicht würdig.

102 *4* Die Kommentare des Papsts geben sein vollkommenes Bild. Ich kann der *Vita Pii II.* von Campanus nicht den hohen Preis geben, welchen ihr Voigt, der verdiente Biograph jenes Papsts, zuerteilt; sie ist eine Lobrede im Stile Suetons, ohne Zusammenhang, Wärme und Natur. Campanus zeichnete Pius gut als literarisches Talent in *Ep.* I. I. (ed. Menken). Nicht ganz unwahr sagt er: *congessisse naturam in hunc unum infinitorum hominum ornamenta*. Das Leben Pius' von Platina [*De vitis ac gestis pontificum*. Colon. 1626] ist dessen beste Biographie eines Papsts.

106 *15* Die Revision wurde am 23. September 1469 öffentlich auf dem Kapitol ausgerufen, unter dem Senat Francescos de Arigneriis. So auf fol. 173 des Statutenbuchs v. J. 1469 im Kapitol. Archiv. Diesen Pergamentcodex schrieb A. 1487 Oddo de Beka Alamannus de Brabantia; er hat Zusätze von Bullen Sixtus' IV. und Innocenz' VIII. Ein berühmter röm. Jurist, Pietro Mellini, welcher 1483 starb, hatte durch Bernardo Venturini von Pavia A. 1438 die Statuten Roms zu einem pergam. Codex zusammenschreiben lassen, und dieser befindet sich im Vatikan. Archiv. Die unter Paul II. revidierten Statuten wurden zuerst gedruckt A. 1471. – Eine bessere Revision machte A. 1580 Gregor XIII.

107 *41* Es liegt mir das Zollstatut der Stadt vor, revidiert unter dem Senator Ma-

latesta de Malatestis am 29. September 1398 (Pergamentheft jener Zeit, im Privatbesitz). Mahlsteuer: 4 Soldi für jeden Rubbio Korn; Weinsteuer: *sex denarios prov. pro qualibet libra valoris totius vini.* Schlachtsteuer: *octo den. pro qualibet libra pretii dictar. bestiar.* Zoll für fremde Tuche; für Häute, Eisen, Öl, Fische, Spezereien, Flachs, Baumwolle, Schmucksachen. Diese Register bildeten die *Statuta gabellarii majoris Alme urbis;* sie sind als *Statuti delle gabelle di Roma* ediert von Sigism. Malatesta, Rom 1885, mit einer Einleitung.

113 *15* D: Man fand unter anderen vor 54 Schalen von Silber, gefüllt mit Perlen, 300000 Dukaten wert; an gleichem Wert Edelsteine und das Gold zu den neuen Tiaren. Eine Million Dukaten wurden sonstige Kleinodien geschätzt. Pastor [Geschichte der Päpste seit dem Ausgang des Mittelalters. Freiburg 1889] II. 410.

115 *16* Cortesius, *De Cardialatu [libri tres ad Julium Secundum Pont. Max. In Castro Cortesio* 1510] *p.* 44. C. urteilt, daß ein Kard. 12 000 Goldflor. Einkünfte haben und etwa 140 Personen in seinem Hause halten müsse.

119 *8* Am 5. September 1475 verbot Sixtus allen Korsen das Wohnen in Rom und dem Kirchenstaat, es sei unter Kaution von 200 Dukaten. Diese armen Insulaner kamen *ad laborandum in rebus rusticis* und verübten viele Morde. Theiner *[Codex diplomaticus dominii temporalis S. Sedis. Romae 1862]* III. n. 410.

127 *9* Man gab den Kardinal verräterische Verbindung mit Alfonso Schuld. Navagiero [*Storia della republica Veneziana* (–1498), in: Muratori, *Scriptores* XXIII, *Mediolani* 1733] *p.* 1173.

130 *33* D: Diese Ereignisse sind mit Ausführlichkeit auch von Sig[ismondo] dei Conti *[Le storie de' suoi tempi dal* 1475 *al* 1510. *Roma* 1883] erzählt, IV. I.

132 *13* Kurz vor seinem Tode ließ er, so sagt Infessura *[Diario della città di Roma.* In: Muratori, *Scriptores* III, 2] zwei seiner Leibwachen ein Duell ausfechten und sah diesem aus dem Fenster zu. Daß dies nicht erfunden, zeigt der Notajo *[Diario di Roma dall' anno* 1481 *al* 1492. In: Muratori, *Scriptores* III, 2] *p.* 1083. Der Text Infessuras bei Eccard erhebt schreckliche Anklagen gegen die Moral Sixtus' IV. (AB:, die sicherlich übertrieben sind.).

133 *3* Hauptsächlich deshalb nennt ihn Monstrelet *Zélateur de tout bien.* Das freundlichste Bild von Sixtus hat Jacob. Volaterranus. *[Diarium Romanum ab anno 1472 usque ad annum* 1484. In: Muratori, *Scriptores* XXIII. *Mediolani* 1733] aufgestellt, ohne sich ein Urteil über ihn zu gestatten. Er war ihm dankbar; er wurde durch ihn apostol. Sekretär. Neuerdings hat diesen Papst zu verherrlichen gesucht Erich Frantz, Sixtus IV. und die Republik Florenz, Regensburg 1880. Pastor, welcher ihn gegen die Urteile Infessuras verteidigt, hat unter den „Schattenseiten" Sixtus' IV. vor allem die Nepotenliebe hervorgehoben, die ihn „in ein Labyrinth politischer Wirren verwickelte, aus dem es zuletzt kaum mehr einen Ausweg gab" (II. 555).

133 *34* Mit dem Tode Sixtus' IV. beginnt auch das berühmte Diarium Burkards [= Burchardi, *Diarium sive rerum urbanar. commentarii* 1483–1506, *edid.* L. Thuasne. 3 *voll. Parisiis* 1883–1885], welches jedoch für die ganze Zeit Innocenz' VIII. kaum mehr als ein Zeremonial-Register ist.

118   Anmerkungen

136 *27* Er beschuldigte ihn *de vitio sodomitico pollutum etc.*: eine gewöhnliche Anklage jener verderbten Zeit. Infessura *[Diario della città di Roma*. In: Muratori, *Scriptores* III, 2] *p*. 1199.
137 *36* Am 12. September 1486 kehrte Kardinal Julian von seiner französischen Sendung zurück (Burkard). Am 24. September befiehlt Ferrante seinem Orator Casale in Rom, dem Kardinal zu danken, daß er die Expedition Renés verhinderte; er bittet gleichsam um seine Protektion: *Instruction. liber.*
138 *31* Infessura erzählt, daß ein Römer, der zwei seiner Töchter umgebracht hatte, für 800 Duk. seine Freiheit erhielt.
140 *8* Instr. der *Sponsalia* (Archiv der Notare des Kapitols, *Registrum Protocollorum* des Notars Camillo Beneimbene). Dieser (D: von mir entdeckte) Urkundenband reicht von 1467 bis 1505. Der Notar legte darin die Instr. nieder, die er in so langer Zeit verfaßte; es ist kaum eine bedeutende Person Roms, mit der er nicht gerichtlich zu tun hatte.
141 *15* Am 16. November 1488. Man speiste an 3 Tafeln; der Papst mit Julian und Riario; an einem andern Tisch Francesco Cibò, Teodorina, das junge Paar, Maddalena Cibò, andre Verwandte.
142 *16* Die franz. Regentschaft verhandelte Djem förmlich an den Papst, welcher unter anderm die Vermählung der Anna v. Bretagne mit Karl VIII. möglich machte. Über diese Intrigen: Moritz Brosch, Papst Julius II. [und die Gründung des Kirchenstaates] Gotha 1878, S. 45ff.
145 *36* Der Papst befahl dem Kard., das Geld herauszugeben; er antwortete, daß er es für den Bau seines Palasts verbraucht habe.
148 *32* Er kreierte 52 Piombatori apostol. Bullen, deren jeder ihm 2500 Duk. zahlen mußte; und noch 300 andere Ämter (D: Unter Sixtus IV. gab es 650 käufliche Ämter *(vacabili)*, welche etwa 100000 Skudi einbrachten. Dies Unwesen stieg dann in Progression: Unter Leo X. gab es bereits 2150 Ämter solcher Natur; Paul III. fügte noch 600, Paul IV. 300, Pius IV. 535 hinzu, und sie alle überbot Sixtus V. P. Wolker, Das kirchliche Finanzwesen der Päpste [Nördlingen 1878] S. 6.)
148 *35* Am 19. Oktober 1489 wurden 2 apostolische Sekretäre als Fälscher auf Campo di Fiore verbrannt. Burkard. Daher sind die Bullen von 1487–1489 verdächtig.
151 *24* Daten seiner Laufbahn: 10. Mai 1454 wird er, bisher Sakristan in Valencia, Protonotar; 20. Februar 1456 Kardinaldiakon; 31. Dezember 1456 Legat in Ancona; 1. Mai 1457, nach dem Tode des Kardinals von Portus Franc. Condulmaro, Vizekanzler; am Anfang Sixtus' IV. Legat für Spanien. *Ex. Reg. Alex. VI. Mscr. Barberini* XXXII. 242. – Vergleiche dazu L. Pastor, Gesch. d. Päpste I, 587 u. Anfang.
152 *22* Dies stellt die Grabschrift fest: *Vanotiae Cathanae Caesare Valentiae Joane Gandiae Jafredo Scylatii Et Lucretiae Ferrariae Ducibus Filiis Nobili...* Die Reihenfolge ist nicht Altersfolge; denn Juan war geboren um 1474; Cesare 1474 oder 1475; Lucrezia 18. April 1480; Jofré 1481 oder 82. Mariana sagt, daß Alexander von Vanozza 4 Söhne hatte; außer jenen 3 nennt er als ältesten Petrus Ludovicus. In der Grabschrift fehlt er. Urkunden nennen

ihn als Sohn des Kardinals Rodrigo, zuerst A. 1481, wo er als *adolescens* von Sixtus IV. legitimiert wurde; Bulle 5. November 1481 im *Boletin de la R. acad. Madrid* 1886, *p.* 426.

152 *24* Das Archiv Este bewahrt 9 Briefe Vanozzas von 1515 bis 1517, davon 2 an Lucrezia; sie unterschreibt *La felice et Infelice quanto Matre Vanozza Borgia de Cathaneis,* oder *la fel. et inf. Vanoza de Borgia et de Cataneis;* oder *la fel. et Inf. Mre. vra. Vanozza Borgia.*

154 *18* Solcher *libri d'entrata e d'uscita* der päpstl. *Spenditori* gibt es mehrere aus der Renaissance. Ich sah sie im neu eingerichteten *Archivio di Stato* in Rom, wohin sie mit anderm seit 1871 aus dem ehemaligen Archiv in der Dogana gekommen sind. Die Ausgabe für die päpstliche Haushaltung ist Tag für Tag verzeichnet. Alexander VI. brauchte täglich 20 bis 30 Dukaten. Der Dukat zu 10 Carlini oder 75 Soldi, weniger als 4 Francs. Noch billiger erscheint der Tisch Sixtus' IV.

155 *6* D: Sixtus IV. hatte den sechsjährigen Cesare am 1. Oktober 1480 geistlicher Weihen fähig erklärt, obwohl er zu seinem Vater einen Kardinalbischof, zu seiner Mutter eine verheiratete Frau hatte: *de episcopo cardinali genitus et conjugata.* Ohne irgendein sittliches Bedenken sprach dies der Papst ganz trocken aus. Boletin, 1886, *p.* 420. - C. v. Höfler, Don Rodrigo de Borja (P. Alex. VI.) und seine Söhne, Don Pedro Luis, erster, und Don Juan, zweiter Herzog von Gandía [aus dem Hause Borja] Wien 1889, *p.* 51 [= Denkschriften der kaiserlichen Akademie Wien. Philos.-hist. Klasse Bd. 37.]

159 *4* Infessura nennt als anwesend Julia Bella Farnese, die Geliebte des Papsts *(ejus concubina).* Noch anderes, was von diesem Fest erzählt wurde, wolle er verschweigen, „weil es unwahr, oder wenn wahr, unglaublich sei". - Geistliche nahmen Konkubinen, durch das Beispiel Innocenz' VIII. und Alexanders VI. ermutigt. Auch die Klöster Roms seien fast alle lupanaria.

163 *33* Julius II. gestattete A. 1508 Maximilian den Titel *Imperator electus.* Seit Ferdinand I. nannten sich alle Kaiser gleich nach ihrer deutschen Krönung so, mit dem Zusatz: Deutscher Nation.

167 *22* Karl VIII. war nur der Arm, Lodovico Sforza der Kopf bei dieser Umwälzung: Armand Baschet, *La Diplomatie Vénétienne* [Paris 1862] *Vol.* I. 334 und an andern Stellen.

174 *4* Daß Alexander noch am 25. Dezember an Flucht dachte, zeigt auch sein Breve an Kardinal S. Prassede, bei Rayn[aldi, *Annales ecclesiastici accedunt notae chronologicae, criticae etc., auctore* J. D. Mansi.] *n.* 21 *ad A.* 1495, welches, wie Mansi richtig meint, dem J. 1494 angehört.

175 *28* Marin Sanudo (*Venuta di Carlo* VIII. [= *La spedizione di Carlo* VIII *in Italia, pubbl. per* R. Fulin (Beilage zum *Archivio Veneto*). *Venezia* 1873-1882]) hat eine merkwürdige Beschreibung davon. Als der König sich zurückgezogen, ließ er sich Pantoffeln anziehen, hierauf ging er in den Speisesaal, setzte sich ans Kaminfeuer, ließ sich Haare und Bart kämmen und ging dann allein zu Tisch. Ein Kämmerer kredenzte jede Speise, nachdem er davon genossen. Der Überrest wurde in ein silbernes Schiffchen auf der Tafel geschüttet. Der Wein wurde von 4 Ärzten des Königs untersucht; ehe der König trank, zog

der Kämmerer ein Stück Einhorn an einer goldenen Kette mehrmals durch den Pokal.

187 *28* Er starb, 45 Jahre alt, 8. August 1497: Grabschrift aus S. M. del Popolo bei Schrader, *Monum. Italiae*, Helmstedt 1592, *p.* 159, und bei Forcella [*Iscrizioni delle chiese e d'altri edifici di Roma dal secolo* XI *fino ai giorni nostri. Roma* 1869] I. 328. – Im Archiv Gonzaga liegen die Depeschen des Joh. Carolus und anderer Agenten, welche alle diese Ereignisse, die Schlacht, die Gefangennahme des Herzogs und die Unterhandlungen darstellen.

188 *5* 40000 Dukaten in Fristen. G. wurde in Soriano, dann in Poggio Mirteto verwahrt. Depeschen des mant. Agenten Benedictus de Brugiis v. März und April 1497 aus Soriano (Archiv Gonzaga). – Aus den Jahren 1497, 1498 sind die Register der Einkünfte des Patrim. Petr. erhalten (im jetzigen Staatsarchiv in Rom). Thesaurar war dort der Bankier Alexander Francii von Siena. Städte und Geistlichkeit hatten jährliche Subsidien zu zahlen, z. B. Viterbo 1000 Dukaten, Orvieto 479, Narni 750, Corneto 600. Der Dukaten stand 72 Bolognini oder Soldi.

189 *24* Der Herzog von Sermoneta in Rom besitzt einen Degen Cesares, der mit eingravierten Figuren, anspielend auf Caesar, geziert ist, und lehrt, von welchen Dingen der Kardinal träumte. Er trägt die Aufschrift: *Caesar Borgia Card. Valent.*, und ferner: *Cum numine Caesaris Omen.* Der bekannte Abbate Galiani brachte ihn aus Spanien nach Rom, wo er von den Gaëtani erworben wurde.

193 *22* Die schwächlichen Gründe, mit denen Roscoe [vermutlich: *The Life and Pontificate of Leo X.* vol. 1–4, Heidelberg 1828] Cesare freispricht, ehren das Gefühl dieses mittelmäßigen Autors; doch sie erregen nur das Lächeln des Richters.

194 *5* Im Februar 1498 wollte man dort das Geschrei des Geistes hören, weshalb der Papst in die Engelsburg zog. Sanuto *[I Diarii. Venezia* 1879] I. 623.

197 *29* Villari, *Storia di Savonarola. [Firenze* ² 1887] I. c. 4. Wenn der jüngste und beste Biograph dieses Propheten der Renaissance die Medici beschuldigt, den religiösen Indifferentismus erzeugt zu haben, so ist das sicher irrig. Er war Produkt der ganzen Zeit und national-italienisch.

200 *26* Der Papst ließ die Unfähigkeit Giovannis erklären. Nach Matarazzo ward sogar Lucrezias Jungfrauschaft beglaubigt: *etiam advenga ad dio che fusse stata e fusse allor la maggior puttana che fusse in Roma.* Ganz Italien habe gelacht. Giovanni selbst bekannte aus Furcht, daß er nie die Ehe vollzogen, und dies beschwor auch Lucrezia. Viele Briefe Giovannis an Lodovico von Mailand, seine Ehescheidung betreffend, bewahrt das Mailänder Staatsarchiv.

205 *6* Das verräterische Verfahren gegen die Gaëtani zeigt am besten die Restitutionsbulle für Guglielmo G. vom 24. Januar 1504, worin Julius II. alle Sentenzen Alexanders VI. gegen dieses Haus aufhob, als erlassen *cupiditate inordinata et immoderata suos etiam aliena jactura postposita ditandi et locupletandi*, und dies alles als schändlich brandmarkt *(inique et immaniter decreta... per illusionem, dolum et fraudem).* So richtete ein Papst die Akte seines Vorgängers. Original im Archiv Gaëtani.

205 *27* Sein Porträt zeichnet Polo Capello (Rel. vom 28. September 1500): *è di anni 27 bellissimo. Di capo è grande ben fato* — Jovius [*Vitae illustrium virorum.* 2 *voll.* Basiliae 1576–1577] sagt, daß sein Gesicht (wohl später, infolge von Ausschweifungen) durch Röte und Eiterbeulen entstellt war — *et gli occhi fitti in dentro, i quali con serpentina et crudele guardatura pareva che schizzassero fuoco (Uom. Illustri, Cesare Borgia).* Es gibt kein authentisches Porträt von ihm; jenes im Palast Borghese, welches man Raffael zuschreibt, ist grundlos auf diesen Namen getauft worden.

208 *3* Der Papst kam in Prozession, eine vergoldete Kerze in der Linken; er tat drei Schläge an die Pforte, worauf die Maurer sie öffneten. Dasselbe geschah an den drei Jubilarbasiliken durch drei Kardinäle. Burkard. [*Diarium sive rerum urbanar. commentarii* 1483–1506, *edid.* L. Thuasne. 3 *voll. Parisiis* 1883 bis 1885.]

208 *41* Es ergab sich, daß 9 Kardinäle je 10000 Dukaten Einkünfte, 10 andere mehr als diese besaßen. Der reichste war Ascanio mit 30000 Dukaten.

211 *20* D: Von den schrecklichen Zuständen Roms hat der berühmte Rhetor Raphael Brandolini, der dort lebte, eine authentische Schilderung gemacht: *rapiuntur hic virgines, prostituuntur matronae, subripiuntur sacra, diripiuntur aedes, deturbantur passim in Tyberim homines, diu noctuque trucidantur impune.* An Manfredo de Manfredis, Rom. 13. September 1500 (mitgeteilt von G. Brom [Einige Briefe von Raphael Brandolinus Lippus, in: Waals] Röm. Quartalschrift 1888, *p.* 190.

218 *29 Johes de Borgia Infans Dux Nepesinus*, etwa 3 Jahre alt. Alles Nähere über ihn in meiner Schrift „Lucrezia Borgia" [2 Bde. Stuttgart 1874], wo man auch die schmachvollen Bullen des Papsts vom 1. September 1501 findet; in der ersten legitimierte er Giovanni als Sohn Cesares, in der zweiten bekannte er sich selbst als seinen Vater. Rodrigo erhielt als Herzog von Sermoneta 28 Städte, Giovanni als Herzog von Nepi 36. Prokuratoren dieser Kinder wurden die Kardinäle von Alexandria und Cosenza. Burkard nennt die Mutter Johanns *quaedam Romana.* (D: Vom Papst sagt Sigismondo de' Conti, Hist. XIV, 249: *etiam in extrema aetate liberis operam dabat.*)

223 *15* D: Höfische Schmeichler priesen die Größe Cesares, welcher seine Gunst Künstlern und Literaten zuteil werden ließ. Unter diesen zählte man seinen beredten Geheimschreiber Agapitus Gerardini von Amelia, Battista Orfino von Foligno, Francesco Sperulo von Camerino, Pier Francesco Justulo von Spoleto, welcher lateinische Panegyriken auf Cesare schrieb. *Justuli Spoletani opera; ed.* Rom 1510, Spoleto 1855. Siehe darüber *Cesare Borgia, Duca di Romagna* von Edoardo Aloisi, Imola 1878, *p.* 98 f., 150 f.

226 *10* D: Am 7. Dezember 1502 befahl Alexander durch Bulle dem Volk von Camerino die Varano zu verjagen: Dante dal Re, *Discorso critico sui Borgia* (*Arch. della Societ. Romana* 1881. IV. 106).

227 *8* Sein Bruder Paul war hingerichtet worden, seine Brüder Joh. und Camill im Krieg gefallen. Das Nähere in *Descrizione del modo [tenuto dal Duca Valentino nell' ammazzare Vitellozzo, Oliverotto etc.* In: *Legazioni e Commissarie di N. Machiavelli, Firenze e Roma* 1875, *vol.* II; *edit. di* L. Passerini e G. Milunesi.]

Nach dem Tode Liverottos mußte die Stadt Fermo den Papst bitten, ihr Cesare zum Herrn zu geben. Aber Alexander änderte dies und verlieh Fermo dem Sohne Lucrezias, Don Rodrigo. Urkunden aus dem Archiv Fermo (*Alcuni Docum. della storia di Fermo relativi a Liverotto ed ai Borgia* von G. Fulvi, 1875).

227 *17* Die Florentiner und andere Fürsten gratulierten alsbald zum gelungenen Handstreich. Isabella von Mantua schrieb ihm am 15. Januar und schickte ihm 100 schöne Masken zum Karneval. Es war im Werk, ihren Erstgeborenen mit der Tochter Cesares zu verloben.

227 *21* An demselben Tag schrieb Alexander den Florentinern, Cesare wolle die Orsini nach Civita Castellana abführen; sie möchten Hilfstruppen bereit halten und alle Pässe besetzen, damit Guidobald nicht entrinne. Rom, 3. Januar 1503, gezeich. Hadrianus. Arch. Flor. *Atti pubblici*.

230 *35* Mit Ruhmredigkeit meldete Cesare diesen Akt der Großmut dem Marchese von Mantua.

233 *10* Ich fand zwei seiner Briefe an die Marchesa im Archiv Mantua, vom 1. September und 5. Oktober 1502. Er zeichnet sich *Fran. Troche protonot. ap. manu propria*. Dies ist also sein Name und nicht *Trocchio* oder *Troces*. Er schreibt echtes Toskanisch.

235 *1* Der August ist den Päpsten verhängnisvoll. Von den Vorgängern Alexanders VI. starben Calixt III., Pius II., Sixtus IV. im August, Innocenz VIII. am Ende Juli.

237 *17* Für Petrucelli della Gattina (*Hist. Diplom. des Conclaves*, Paris 1864, I. 363) ist der Spanier Alexander VI. ein verbrecherischer Messias Italiens, das Ideal des italienischen Staatsmannes, weil Zerstörer des Dominium Temp. aus Prinzip, nur um Italien zu retten, dessen Unabhängigkeit sein Traum gewesen sei! Es ist unglaublich, wie weit politische Tendenz und Sucht nach Originalität es treiben können. Wer kann sich irgendeinen Papst als Zerstörer des Kirchenstaats aus Doktrin denken? Wer glauben, daß selbst ein Alexander VI. auf Rom zugunsten seines Sohnes würde verzichtet haben? Es kann hier nur von tatsächlichen Verhältnissen die Rede sein, und das Verfahren Alexanders VI. ist nur Steigerung der sixtinischen Nepotenpolitik, daher auch der Gefahr faktischer Säkularisierung des Kirchenstaats, wobei der Besitz Roms immer aus dem Spiele bleibt.

237 *33* Gegen meine Auffassung Alexanders VI. hat ein Engländer den Artikel *The Borgias and their latest Historian* (*North Brit. Rev. Jan.* 1871) gerichtet. (BC: Er hat meine Urteile nicht erschüttert, aber meinen Wunsch gesteigert, den Verf. durch die Publikation seines erwarteten kirchengeschichtlichen Werks bald die glänzende Stelle in der Literatur einnehmen zu sehen, welche ihm seine Gelehrsamkeit sichert.)

244 *16* D: Außerdem waren päpstliche Sekretäre in der letzten Zeit des Schisma Leonardo Bruni, Antonio Loschi, der Römer Agapito Cenci de' Rustici. Georg Voigt, Die Wiederbel. des class. Altert. 2. Aufl. Berlin 1881, II, 5. Buch.

245 *23* D: P[etrarca] fand nur die Briefe an M. Brutus, Quintus Cicero, Oktavian und Atticus, welche in einer Handschrift vereinigt sind. Die *familiares*

hat er nicht gekannt. Eine erste Abschrift dieser wahrscheinlich aus einem Cod. in Vercelli erhielt A. 1390 Coluccio Salutati von Pasquino de Capellis, dem Kanzler Giov. Galeazzo Visconti. Ant. Viertel, Die Wiederauff. von Ciceros Briefen durch Petrarca. Progr. d. Kön. Wilh.-Gymn. zu Königsb. 1879.

246 *39* Siehe den päpstlichen Empfehlungsbrief an den Hochmeister Ludwig v. Erlichshausen, Rom 30. April 1451; aus dem Geh. Archiv in Königsberg, bei Voigt, Die Wiederbel. des class. Altert. II. 202.

248 *36* Daß die Original-Dokumente bis auf *saec.* XI. fast ganz darin fehlen, ist bekannt. – Gaëtano Marini, *Memor. istor. degli archivi di S. Sede, ed.* A. Mai, Rom 1825; Blumes *Iter Italicum* B. III.; Pertz, Ital. Reise [vom November 1821 bis August 1823. In: Archiv der Gesellsch. f. ältere dt. Geschichtskunde 5 (1824) 1–514] Hann. 1824; Röstells Artikel in der Röm. Stadtbeschr. II.[2] 295. Dudik, *Iter Romanum* II. (D: Über die Gesch. der päpstl. Archive u. Bibliotheken sind neue wichtige Forsch. gemacht von De Rossi, *La Bibl. della Sed. Apost. et i catal. dei suoi manoscr.*, Rom 1884; und *De orig. hist., indicibus Scrinii et Bibl. S. Apost. Commentatio,* Rom 1886; von E. Müntz und Paul Fabre, *La Bibl. du Vatican au XVme siècle d'après des Doc. inédits,* Paris 1887.)

251 *28* Der fünfte Bibeldruck überhaupt. Der erste ist der von Mainz A. 1462, dann *ibid.* der von 1464; der Augsburger A. 1466; der Reutlinger A. 1469.

252 *31* Seit 1503 nannte er sich nach seinem Schüler Albertus Pius von Carpi *Aldus Pius Manutius Romanus.* Vor ihm druckte man nur wenige griech. Bücher. Homer vollständig in 2 Foliobänden besorgte prachtvoll Demetr. Chalkondyles, Flor. 1488. Das erste vollständige griech. Buch, welches in Deutschland gedruckt wurde, war bedeutungsvoll das neue Testament, ediert von Erasmus. Froben, Basel 1516. Reuchlin edierte 1512 die kleinen Schriften Xenophons, 1522 die Reden des Demosthenes (Hagenau bei Anselmi). – Aldus wandte die Kursivschrift an (*characteres surcivi seu cancellarii*, welche die Franzosen *italique* nannten). So wurde zuerst Virgil in Oktav gedruckt, A. 1501. J. Schück, Aldus Manutius und seine Zeitgen. in Italien und Deutschland, Berlin 1862. *Renouard, Annales de l'imprimerie des Aldes.* Paris 1834. 3. Aufl. Armand Baschet, *Aldo Manuzio, Lettres et Docum.* Vened. 1867. Ergänzungen dazu von R. Fulin, im *Archivio Veneto* I. I. 156.

253 *10 Universale in tutte le cose degne,* sagt Vespasiano [da Bisticci, *Vite di uomini illustri del secolo* XV. In: Tillai, *Spicilegium Romanum* I, *Roma* 1839 und *ed.* Frati. Bologna 1892] einmal von Niccoli, und man lese nur um eines Beispiels willen seine Schilderung dieser schönen Persönlichkeit.

253 *39* Außerhalb Neapels würde, so sagt Blondus, niemand vom König Robert wissen; er lebt nur fort, weil Petrarca von ihm geredet hat. *Ital[ia Illustrata.* Roma 1474; Verona 1482; Basel 1513] 234. So ganz unrichtig ist dies freilich nicht. Die Humanisten drohten bisweilen den Fürsten, sie totzuschweigen. (D: Schon Procopius hat gesagt, daß die Geschichtschreiber Fürsten für geringe Wohltaten damit lohnen, daß sie ihnen die Unsterblichkeit verleihen. *De Aedificiis* I. *p.* 170 *ed. Bonn*).

255 *19* Im Dezember 1435 heiratete er, schon den 60 nahe, die junge und schöne

Vaggia Buendelmonti, nachdem er eine Konkubine verabschiedet hatte, die ihm bereits viele Kinder geboren.

262 *4* D: Die erste vollständige Ausgabe des Aristoteles ist die *editio princeps* des Aldus Manutius, Venedig 1495–1498, auf Kosten des Alberto Pio von Carpi.

262 *27* Wolfgang von Goethe, Studien und Forschungen über das Leben und die Zeit des Kardinals Bessarion, Jena 1871. Henri Vast, *Le Card. Bessarion*, Paris 1878. – Das Grabmal des Kardinals im Klosterhof der SS. Apostoli.

266 *39* Es gibt einen merkwürdigen Katalog seines Museums vom Jahre 1547, den man in dem schätzenswerten Buche von Müntz *[Les arts à la cour des Papes pendant le XVe et le XVIe siècles.* Paris 1878–1882] findet.

271 *17* Die Sammlung Behaims ist einverleibt dem Münchner Codex des Hartmann Schedel. Siehe über die Geschichte der röm. Epigraphie (D: die zusammenfassende Darstellung von Henzen im *Corp. I. Lat.* VI. *p.* I, und De Rossis *Vol.* II. der *Inscr. Christ. Urb. Romae*).

271 *19* Sie lag handschriftlich in der Bibl. Albani und ging in unserer Zeit mit andern Schätzen jener Bibl., welche die preußische Regierung erworben hatte, durch Schiffbruch unter. Forcella, Einl. des *Vol.* I. *Iscrizioni delle chiese di Roma*, Roma 1869.

271 *35* D: Eine kritische Biographie des Blondus fehlt; eine schätzenswerte Grundlage dafür ist die Dissertation von Alfr. Masius, Flavio Biondo, sein Leben und seine Werke, Leipzig 1879. Dazu die Anzeige von A. Wilmanns, Gött. Gel.-Anzeigen 1879 p. 1489f.

274 *23* Es ist der Bemerkung wert, daß unter den vielen Unterschriftet derer, welche seit 1477 der Bruderschaft von S. Spirito beitraten (was damals Mode war), kein Humanist verzeichnet steht. Nur Celsus Mellini, Jacobus und Raph[ael] Volaterr[anus] zeichneten sich ein als apostolische Sekretäre.

274 *28* De Rossi (*Roma Sotterr[anea cristiana. Roma* 1864) I. Einl.) entdeckte Inschriften der Akademiker in den Katakomben, und diese durchforschten sie zuerst wieder. Sie verzeichneten dort ihren Besuch und legten sich solche Priesternamen bei. Z. B. *Regnante Pomp. Pont. Max. Pantagatus Sacerdos Achademiae Rom.* De Rossi sieht darin das Geständnis ihres Heidentums, was kein Lebender damals geahnt habe. Mir erscheint diese Namengebung nur als akademische Spielerei.

278 *8* Viele Deutsche studierten auf Universitäten Italiens schon vor dem *saec.* XV. Peter Luder war in Rom im Mai 1434. Wattenbach, Peter Luder, der erste humanistische Lehrer in Heidelberg, Erfurt, Leipzig, Basel. Karlsruhe 1869.

278 *41* Erhard [Geschichte des Wiederaufblühens der wissenschaftlichen Bildung, vornehmlich in Deutschland bis zum Anfange der Reformation. Magdeburg 1832] III. 499. 504. *Jovius, Elogia [virorum literis illustrium. Basiliae* 1577] *p.* 218 sagt, daß er an der Pest starb. Don Baldassarre Prinz Buoncompagni in Rom bemühte sich fruchtlos zugunsten dieser Stelle meiner Geschichte den Ort zu ermitteln, wo Regiomontanus begraben liegt; und ich benutze die Gelegenheit, um diesem gelehrten Mathematiker öffentlich für die Liberalität zu danken, womit er mir seit Jahren seine große Privatbibliothek zur Verfügung stellt.

280 *21* Siehe über den Wert der flor. Geschichten von Poggio und Bruni Gervinus (Histor. Schriften, Fkf. 1833).

280 *34 Historiar. decades tres ab inclinat. imp. Romani*, 400–1440. Der Tod hinderte ihn von Dekade 4 mehr als das 1. Buch zu schreiben. Er hatte das Werk 1442 begonnen: A. Masius, Flavio Biondo [Leipzig 1879] S. 34.

282 *23* Siehe darüber Voigt. Erst 1584 wurden die Comment. nach Campanos Redaktion durch Erzbischof Francis. Bandinus Piccolomini in Rom gedruckt, und der Name des Kopisten Gobelin kam irrig als der des Verfassers auf den Titel. Der Cod. liegt in der Bibl. Corsini. (D: Alle Drucke der Denkw. sind durch Auslassungen verstümmelt. Die unterdrückten Stellen veröffentlichte Cugnoni: *J. Aeneae Sylvii Piccol. Senensis... opera inedita... ex Cod. Christianis*, *Roma* 1883. Siehe dazu Pastor II. 627 f.)

283 *23 Privilegia Pontificum et Imperator. ad dignitatem S. R. E. spectantia.* Vorgänger Platinas waren Albinus, Cencius und Kardinal von Aragon. Er selbst arbeitete nur die dreibändige Urkundenabschrift um, welche für Sixtus IV. Urban Fieschi gemacht hatte. Die kaiserl. Privil. für die Päpste stellten im XVIII. Jahrhundert Lünig und Cenni zusammen. Dann führte die Aufgabe Platinas der päpstliche Archivar Theiner vollständiger aus: *Cod. Dipl. Dominii Temporalis S. Sedis*, Rom 1861 *sq.* 3 *Vol*. Diese Arbeit ist für *saec.* XIV reichhaltig, für die folgenden dürftig ausgefallen.

285 *11* Auch Cod. Chigi, der als vollständigster gilt und auf Befehl Alexanders VII. nach dem vatikan. Original kopiert worden ist. Burk[ard] ist teilweise zuerst von Leibniz ediert als *Hist. Arcana sive de vita Alex. VI. P.* Hannov. 1697, nach Exzerpten in der Wolfenb. Bibl. Nach einer Berliner Handsch. edierte ihn Eccard *(Corp. Hist.)* höchst mangelhaft und inkorrekter als L. A. 1787 gab Brequigny von der Pariser Hdschr. Bericht in *Notices et extraits des manuscrits de la bibl. du roy.* – A. 1854 edierte Gennarelli in Florenz die ersten Teile des Diar. bis 1494. Sodann machte L. Thouasne die erste vollständige Ausgabe in 3 Bdn., Paris 1883–85.

286 *18* Irrig machte Ranke Infessura zum Zeremonienmeister (Zur Kritik neuerer Geschichtschreiber *p*. 106); auch Jakob v. Volterra war es nicht.

286 *41* Die erste Ausgabe durch Eccard *(Corp. Hist. II)* ist vollständiger als die von Muratori, der manche scharfe Stellen unterdrückte. Neueste Ausgabe: *Diario della Città di Roma di Stefano Infessura Scribasenato*, von O. Tommasini, Rom 1890 *(Fonti per la Stor. d'Italia)*; dazu *Arch. Soc. Rom. st. patr.* XI. 481–640.

292 *33* Das sind Ansichten Burckhardts in seiner Kultur der Renaissance [in Italien. 1860.] – Der von den Jesuiten erzogene Calderon wurde Geistlicher, und demselben Stande gehören gerade die größten spanischen Dramatiker an, wie Lope de Vega und Tirso de Molina, welcher Klosterprior in Madrid war.

295 *3* Burckhardt, ([Kunst der] Renaissance in Italien *p*. 35 [= Gesamtausgabe Bd. 6, hrsg. v. H. Wölfflin. Stuttgart 1932, S. 36]) erklärt die Unproduktivität Roms aus der Malaria, den starken Schwankungen (?) der Bevölkerung in entscheidenden Kunstzeiten und dem Parvenieren durch bloße Protektion.

Als die wahren Ursachen erscheinen mir die Schwäche eines unpolitischen Bürgertums, der Rücktritt des Weltlichen hinter das Geistliche, Armut und Industrielosigkeit des Volks. Die Malaria, noch zur Zeit Addisons ein Schreckgespenst, ist heute eine fast zerstörte Fabel.

296 *41* [Blondus] *Roma Instaur.* II. 15. Dann erweiterten ihn die Kardinäle Calandrini, Joh. Bap. Cibò und der Portugiese Georg Costa, von welchem der Bogen des Marc Aurel den Namen *di Portogallo* erhielt: Albertini *[Opusculum de mirabilibus novae urbis Romae.* Hrsg. von A. Schmarsow. Heilbronn 1886] *p.* 86. Ich spreche hier mein Bedauern aus, daß noch niemand sich an die Aufgabe machte, eine monumentale Geschichte der Stadtpaläste zu schreiben. Für Bologna besitzen wir jetzt das verdienstliche Werk von Giovanni Gozzadini, *Le Torri Gentilicie di Bologna* (1875).

297 *12* S. Onofrio war ein ägyptischer Eremit. Der Eremitenorden des heil. Hieronym. wurde vom Pisaner Pietro Gambacorta A. 1380 gestiftet. Die Vorhalle der Kirche bewahrt noch den Grabstein des Nicolaus de Forca Palena. Die Kirche verdankt ihren Ruf der schönen Lage und dem Dichter Tasso, der dort ein Asyl und seinen Tod fand.

297 *17* Die Pilger bedurften solcher Stiftungen wieder in der Restaurationsepoche des Papsttums. Blondus (*Roma Inst.* III. am Ende) berechnet die gewöhnliche Zahl der Romfahrer in der Fasten- oder Osterzeit auf 40–50000 Menschen, was mir kaum glaublich erscheint.

300 *6* Man fand damals den Sarkophag des Probus; auch die Sarkophage der Proba und Juliana, die dann untergingen. Vegio kopierte die Inschriften.

301 *9* Kleinliche Rechenmeister bekritteln auch den Wiederaufbau von St. Paul bei Rom als unnützen Luxus. Doch glücklicherweise gibt es solche Marmorverschwendung auch noch in unsern Tagen.

303 *12* Den Platz S. Marco schmückte er mit zwei Wannen; die eine aus Serpentin stand vor S. Giacomo am Colosseum und wurde herbeigebracht am 27. Januar 1466; die zweite, der berühmte Sarkophag von Porphyr aus S. Costanza, wurde vor S. Marco aufgestellt, am 19. August 1467. Cola di Ponte, Mscr. Den Sarkophag der Costanza, heute im Vatikan, ließ Sixtus IV. in jene Kirche zurückbringen. Vielleicht wurde schon damals die Halbfigur Madonna Lucrezia am Palast aufgestellt.

303 *35* Wohl mit auf Kanten gestellten Ziegeln, wie noch heute röm. Landstädte haben.

304 *10* D: Sie war damals eine Straße, welche vom Campo dei Fiori seitwärts nach dem Palast Spada geführt zu haben scheint.

304 *18* D: Der Ponte Sisto wurde 1878 verbreitert und verlor so seinen historischen Charakter. A. 1484 trug man die antike Travertinbrücke an der Marmorata ab, die man für die des Cocles hielt.

305 *25* D: An der Kapelle war auch der Architekt Giovanni de' Dolci aus Florenz beschäftigt, wie Eugène Müntz nachweist: *Giov. de' Dolci…* Rom 1880.

305 *39* Das heutige Kloster baute Pius VII.; das frühere ward der Anlagen des Pincio wegen eingerissen.

306 *2* D: Als man im Jahre 1877 die Türme der P[orta] del Popolo abzubrechen

begann, fand man in ihrem Mauerwerk viele antike Marmorreste und Inschriften: Visconti und Vespignani, *Delle scoperte avvenute per la demol. delle Torri della P. Flaminia, Bull. della Comm. Arch. Comun.* 1877. V. 184f.

306 *5* Viele andere Kirchen zeigen noch sixtinische Bauweise, obwohl sie verändert wurden: Vitale, Nereus und Achilleus, Quirico, Salvator am Ponte Rotto, Susanna, das Oratorium Margherita bei S. Croce, Cosma e Damiano in Trastevere, S. Sisto auf der Via Appia. Auch S. Pietro in Montorio gehört dem Grundplan nach dieser Epoche an. A. Ferri, *Architettura in Roma, nei secoli* XV *e* XVI, Rom 1867. Es fehlt eine Geschichte der Renaissance der Stadt Rom.

307 *20* Domen[ico] Rovere vermachte die Hälfte seines Palasts dem Hospital S. Spirito, einen andern Teil dem Kapitel von St. Peter: Testam. 23. April 1503; im Archiv S. Spirito.

308 *35* Anton Kerschbaumer, Geschichte des deutschen Nationalhospizes Anima in Rom, Wien 1868. Der Titel *de Anima* (oder *Animarum*) gilt den Abgeschiedenen, für welche die Pilger beten sollten. An Niem erinnert in der Kirche eine rühmende Inschrift. Die Stiftungsbulle Bonifatius' IX. datiert vom 9. November 1399. – Das Wappen des Hospizes ist seit 1569 der Reichsadler, auf dessen Brust das Bild der Jungfrau, auf dessen Flügeln zwei nackte Seelen.

310 *10* Nach der Flucht Hadrians A. 1517 fiel sein Palast an Heinrich VIII. von England. Schon im November 1504 hatte der Kardinal ihn Heinrich VII. geschenkt *etiam pro natione anglica in urbe Romana vel pro usu et habitatione oratorum:* Schenkungsakt im Reg. Beneimbene. Es wohnte darin der letzte Gesandte Englands in Rom. Nach andern Schicksalen wurde der Palast unter Clemens XI. Eigentum des Grafen Giraud; heute besitzt ihn Torlonia.

311 *28* Der Leser kennt Lübkes [Geschichte der deutschen Renaissance. Stuttgart 1873] und Burckhardts [Kunst der Renaissance in Italien. Stuttgart 1867. ²1878] Schriften über diese kunsthistorischen Gebiete. Auch in Reumonts Bd. III der Gesch. der Stadt Rom [Berlin 1870] findet er treffliche Abschnitte über die römische Renaissance.

312 *4* Man sehe in *S. M. del Popolo* die 2 Tabernakel in der Taufkapelle St. Johann; das Altartabernakel des Kardinals Costa (Kapelle Caterina um 1479); das in der Sakristei (1497), worin auch jenes von Alexander VI. In S. Cosimato zu Trastevere das Tabernakel, welches Lorenzo Cibò machen ließ, und das von Innocenz VIII. gestiftete, in *S. M. della Pace.*

314 *15* Vasari *[Le vite de' più eccellenti pittori, scultori ed architettori. Firenze* 1846 ff. *Nuova ediz.* di G. Milanesi. *Firenze* 1878 ff.] nennt als Meister desselben Niccola della Guardia und Pietro da Todi (IV. 133); aber im Leben Filaretes (III. 294) den Pasquino da Montepulciano. Siehe über diese Monumente meine „Grabmäler der Päpste".

315 *21* In Araceli: Grabmal des Kardinals Lud. d'Alibret († 1465); des Giamb. Savelli († 1498), mit trefflichen Figuren. In der Minerva: des Kardinals Collescipoli († 1446); darunter das Denkmal Tornabuonis von Mino; sodann das vorzügliche der beiden Kardinäle Capranica; des Petro Ferrix († 1478)

im Klosterhof; des Diotesalvi Neroni († 1482) und des Sopranzi († 1495). – In S. Gregorio auf dem Coelius das schöne Grabmal der Brüder Bonsi. – In Santi Apostoli Denkmal des Kardinals Pietro Riario (1474) mit vielen Figuren von großer Schönheit.

315 *25* Besonders schön das Grabmal des Kardinals Cristoforo Rovere († 1478); des jungen Albertini († 1485); des Prälaten Rocca († 1482); der Kardinäle Pietro Mellini († 1483) und Lunate († 1497). Dieses gehört, wie das des Podocatharus in derselben Kapelle, schon dem folgenden Säkulum. So ist auch in S. L. in Damaso das Scarampos von 1515. Nicolaus Forteguerra († 1473) hat sein Grabmal in S. Caecilia, vielleicht ein Werk des Paolo Romano. Ähnlich das Seripandos († 1465) im Priorat auf dem Aventin.

315 *29* Im Klosterhof S. Agostino das Grabmal des Kardinals Ammanati. In S. Clemente die Denkmäler der Kardinäle Venieri († 1479) und Rovarella (1476); in S. Prassede das schöne des Kardinals Alain († 1474); in S. Sabina des Kardinals Ausia (1483). Grabmäler spanischer Prälaten in S. M. del Monserrato, wohin sie aus St. Jakob auf der Navona gebracht sind: so eines Verwandten Alexanders VI., de Mella († 1467), des Bischofs Rodrigo Sanches († 1468), des Alfonso Paradinas. Auch in die Vatikanischen Grotten kamen Denkmäler von Kardinälen aus dem St. Peter; so der beiden Ardicinus della Porta († 1434, 1493), des Bernardo Eruli († 1479); ferner Grabsteine, wie des Nardini von Forli, des Olivier Longueil und Baptista Zeno († 1484). Auch der Grabstein der Carlotta von Cypern daselbst, während Caterina von Bosnien in Araceli begraben liegt.

315 *41* Wir verdanken Eugen Müntz Aufschlüsse auch über Werke des Paolo Romano und des Ysaias von Pisa. Beide arbeiteten an der Loggia der Segenssprechung Pius' II. und dem prachtvollen Ciborium des Altars St. Andreas in dessen von jenem Papste erbauten Kapelle. Von diesem Ciborium Reste in den Vatikanischen Grotten.

317 *10* D: Die Medaillen der Renaissance hat zusammengestellt Alfred Armand, *Les Médailleurs Italiens des 14. et 15. siècles*, Paris 1879; ferner Alois Heiß in einem Prachtwerk *Les Médailleurs de la Renaissance*, Paris 1881 f.; Eugène Müntz, *L'atelier monétaire de Rome* (*Rev. numism. t.* II, 1884).

320 *2* Vasari *[Le vite de' più eccellenti pittori...]*, IV. 18. Raffael ließ sie kopieren. Müntz weist noch manchen andern Meister nach, der unter Nikolaus V. tätig war. Aus Italien, Deutschland, Frankreich, Belgien, Spanien zog dieser Papst Künstler nach Rom.

320 *37* Crowe und Cavalcaselle, *History of Painting [in Italy... vol.* 1–6. London 1864 ff.] III. 8 halten nur dieses Bild für ein Werk Signorellis; auch ein zweites (Moses und Zipora, von Crowe dem Perugino zugeschrieben) galt dafür. Doch so unsicher sind die Nachrichten, daß selbst das erste bezweifelt wird.

321 *25* D: Heinrich Brockhaus hat diese Fresken untersucht und beschrieben: Das Hospital Santo Spirito zu Rom im 15. Jahrhundert, im Repertorium für Kunstwissenschaft, VII. B. 1884.

321 *39* Diese Malereien beschrieb noch A. Taja, *Descriz. del Pal. Ap. Vaticano*, Rom 1750. Der Raum jener Kapelle dient heute zu den Büstenzimmern des

Dreizehntes Buch 129

Museum. Mantegna, so erzählt Vasari V. 173, von Innocenz VIII. schlecht bezahlt, brachte deshalb die Figur der Billigkeit *(Discrezione)* unter seinen Gemälden an, und der Papst riet ihm, die Pazienza dazuzustellen. Schon Paul Cortesius, *De Cardinalatu [libri tres ad Julium Secundum Pont. Max.]* p. 87 (um 1510), kennt diese Anekdote.

322 *41* Vasari V. 269. Vermiglioli, *Memorie di Pintur[icchio.]* Perugia 1837, *p.* 48 meint, daß er dies tat *forse per comando di Papa Alessandro.* (D: Galv. Volpini, *L'appartam. Borgia nel Vaticano*, Rom 1887, *p.* 122, bemerkt nur einfach das Freskobild der heil. Jungfrau im Medaillon über dem Eingange und im Bogen eines Fensters zwei Köpfe, rechts eine Matrone, in welcher man Lucrezia, links einen Krieger, in dem man Cesare erkennen will).

324 *14* D: Aug. Schmarsow, Raphael und Pinturichio in Siena, Stuttgart 1880.

326 *2* Es hatte zur Zeit Leos erst 85000 E[inwohner]; A. 1872 mehr als 244000; A. 1890 gegen 400000. Die Prophezeiung Niebuhrs, Rom werde 136000 Einwohner (A. 1822) nie überschreiten, war daher überflüssig. Stadtbeschr. I. 125.

326 *36* Der Kardinal Armellino erbaute daneben A. 1517 einen Palast, welcher dann an die Familie Cesi kam und durch seine Sammlungen berühmt wurde.

327 *14* Mir von Herrn Corvisieri mitgeteilt.

328 *35* Im Klosterregister daselbst wird als erster Abt Johannes aufgeführt, A. 685. Später gehörte die Kirche zu Farfa. A. 1234 wurde sie den Klarissinnen übergeben. Galletti, Macr. Vat. 7955. – In einer Bulle Johanns XVIII. (29. März 1005) bei Pflugk-Harttung, *Acta Pont[ificum] R[omanorum] ined[ita.* Stuttgart 1884] II. n. 93, wird das Kloster bezeichnet *in loco, qui vocatur mica aurea.*

329 *16* Ich entnehme die Geschlechter der Regionen aus Urkunden und amtlichen Registern, wie der *officiales almae urbis*, welche zur Zeit Nikolaus' V. der Scribasenatus Marco Guidi zusammengetragen hat. Ich benutzte die Mscr. in Angelica. (D: A. 1887 hat es O. Tommasini veröffentlicht *(Atti de' Lincei)*. Ferner benutzte ich das *Repertorio di Famiglie* des Domenico Jacovacci aus *saec.* XVII, viele Folianten Mscr. in der Vaticana. Die Gaëtani konnte ich in keiner Region aufzeichnen. Sie zogen erst spät in die Stadt. Manche Familien finden sich in mehreren Regionen zugleich. Die lange Fortdauer von Geschlechtern Roms ist erstaunlich; manche lassen sich in denselben Lokalen seit *saec.* XI nachweisen).

330 *12* Man erklärt ihn durch ein Relief, vorstellend Vögel, die Hirsekorn *(panico)* picken.

332 *20* Cancellieri, *Notizie delle due famose statue di Pasquino e Marforio*, Rom 1854. L. Urlichs, „Über die Gruppe des Pasquino", Bonn 1867. D: Luigi Morandi, *Pasquino e Pasquinate* (N. Antologia 1889 u. f.). Domenico Guoli, *Le origi di Maestro Pasquino* (*ibid.* 1890).

332 *27* D: Diese erste Sammlung der Pasquinaden ist in Rom ohne Angabe des Druckers gemacht, der sicher Giacomo Mazzocchi war, Drucker der röm. Akademie. Die zweite Sammlung von 1510 trägt seinen Namen. D. Guoli hat im Widerspruch zu Morandi nachgewiesen, daß die Pasquinaden ursprünglich weder volkstümlich noch satirisch waren, sondern literarisch und aka-

demisch. Allein dies zugegeben, wurde doch Pasquino mit der Zeit zum Satiriker Roms, und der Papst Hadrian VI. wollte ihn in den Fluß werfen.
333 *13* Wegen der Pflasterung der Navona wurde er A. 1869 nach Campo di Fiore verlegt. Während ich dies (im Januar 1870) schreibe, gräbt man beim Palast Braschi einen Rest der Eingangsmauer des Stadium auf.
333 *23* Ich habe schon nachgewiesen, daß die Ableitung des Namens von Apparitores falsch ist und er durch eine „große Mauer", einen antiken Trümmerrest erklärt werden muß. Bd. III. 537 dieser Geschichte [= Bd. I, S. 714 vorliegender Ausgabe].
337 *3* Als preußischer Gesandter zu Rom wohnte Niebuhr darin.
338 *9* Adinolfi hat ihn verfolgt vom Palast Orsini an der Navona bis zum Palast Orsini von Nola. (D: Dieser röm. Abbate veröffentlichte seine mühevollen, aber formlosen Materialien zur städtischen Topographie des Mittelalters unter dem Titel *Roma nell' età di Mezzo* in den beiden ersten Bänden (Rom 1881. 1882). Die Fortsetzung des Werks hat sein Tod leider unmöglich gemacht.)
341 *18* Die Gruppe des Löwen, der das Pferd zerreißt, stand frei gegen das heutige Museum zu. Blondus sah auf dem Kapitol nur das von Bonifatius IX. erbaute Senatshaus, wo, wie er sagt, zu wohnen sich ein Privatmann schämen würde, und das Kloster Aracoeli. Die Abbildung des ältesten Konservatorenpalasts gibt Gamucci um 1556 und Du Perac, *I Vistigi dell' antichità di Roma,* Rom 1575. Die heutigen Paläste der Konserv. und des Museums wurden erst im *saec.* XVII vollendet.
343 *21* A. 1777 wurde die letzte Statue von hohem Kunstwert auf dem Palatin (in der Villa Spada) gefunden, der Apollo Sauroktonos.
343 *23* D: Abbildung bei Hülsen, Das Septizonium des Sept. Sever. Berlin 1886. Erst Sixtus V. ließ diese Reste zerstören.
349 *11* Der mittelalterliche Charakter der Stadt Rom, zumal der Zauber jener Wildnisse auf dem Esquilin und Viminal, ist schon heute (1875) durch die Anlage neuer Quartiere vollkommen zerstört worden. Wären diese Neubauten nur Roms würdig!
351 *39* Die *Via di Porta Pia* ist die erste Straße, welche die Italiener in ihrer neuen Hauptstadt Rom umgetauft haben. Sie heißt heute *Via Venti Settembre.* Es wäre beklagenswert, wenn die neue Stadtbehörde die den historisch und monumental gewordenen Straßennamen schuldige Pietät einer oft nur augenblicklichen Neuerungslust aufopferte.
353 *14* Str[z]ygowski, Cimabue und Rom, Wien 1888. Seine Ansicht, daß dieser Stadtplan bis zum XV. Jahrhundert das Prototyp aller römischen Pläne blieb, ist nicht begründet.
353 *28* D: De Rossi hat mittelalterliche Pläne Roms zuerst vereinigt in den *Piante Icnografiche... di Roma,* mit Atlas, Rom 1879. Als Nachträge gaben heraus E. Müntz den Plan von B. Gozzoli und andere, Stevenson den Plan von T. di Bartolo (*Bull. della Comm. Arch. Com. di Roma* 1881); ich den des Besozzo (*Lincei* 15. April 1883 und Kleine Schriften [zur Geschichte und Cultur. Leipzig 1888] II [S. 1–32]. Man vergleiche Guoli, *Bull. com.* 1884 und E. Müntz, *Les Antiquités de la ville de R. aux* 14. 15. et 16. siècles, Paris 1886.

Vierzehntes Buch 131

356 *7* Es zählte DC *homini d'arme, mille cavalli legieri et* VI *mille fanti;* so schreibt Kardinal Cusentanus am 25. August 1503 nach Sermoneta. Originalbrief im Archiv Gaëtani X. 43.

356 *27* Depesche Giustinians an den Dogen vom 20. August 1503. Archiv Venedig: *Dispacci di Ant. Giustinian Ambasciatore a Roma da* 1502–1505. (D: Dieselben sind seither ediert worden von Pasquale Villari, Florenz 1876, 3 *vol.*)

357 *18* Guicciardinis Angaben bestätigen Briefe im Archiv Gaëtani. Am 25. August 1503 ermahnt Kardinal Cusentanus aus dem Vatikan die Gemeinde Sermoneta, wo Feder. Conti und die Gemahlin Guglielmo Gaëtanis eine Umwälzung gemacht hatten, nicht von ihrem Herzog, dem kleinen Rodrigo, abzufallen; Cesare und Prospero seien verbündet: *vogliono opprimere questi Orsini*. Rod. sei mit einer Colonna verlobt; man werde einen den Borgia günstigen Papst wählen. Am selben Tag schreibt Prospero derselben Gemeinde: nicht zu rebellieren, sondern Conti und Guglielmos Weib zu entlassen.

358 *6* Diese Kopie des Vertrags findet sich am Ende der Depeschen Giustinians. Daselbst ein Brief Grammonts an den Dogen aus Campagnano, dem Hauptquartier des Marchese von Mantua, v. 7. Sept., worin er den Vertrag mit Cesare meldet und den Dogen bittet, diesem zur Wiedererlangung aller seiner Besitzungen behilflich zu sein.

362 *29* Julian, Sohn des Raffaello Rovere, Bruders Sixtus' IV. und der Teodora Manerola, war zu Albizzola bei Savona A. 1443 geboren: *di vilissima condizione*, wie Vettori sagt (*Il sacco di Roma, ed.* Milanesi *[Firenze* 1867] *p.* 457.

367 *3* Auch sein Bruder, Prinz von Squillace, wurde in Neapel verhaftet und dann bald freigelassen. Depesche Giustinians, 31. Mai 1504.

367 *16* Es ist rätselhaft, wie und warum Micheletto trotz alledem im April 1506 freigelassen wurde, um in die Dienste der Florentiner zu treten (D:, als *capitano di guardia del contado e distretto di Firenze*, mit 30 Bogenschützen zu Pferde und 50 Fanti. Villari, Machiavelli *[e i suoi tempi, Firenze* 1881] II. 488, Note zu dem amtl. Brief v. 15. Sept. 1508 aus Firenzuola, welchen dieser Henker an den Sekretär Machiavelli schrieb und den Villari als Curiosum abgedruckt hat. Er unterzeichnet *don Michel de Orella* (häufiger *Corella*).)

368 *34* Es machte Machiavelli in Florenz verhaßt, nachdem die Medici wieder gestürzt waren; man vergaß es nicht, als er sich fruchtlos bemühte, wieder Staatssekretär zu werden.

368 *38* D: Die Absicht Leos X., dem Giuliano Medici in Parma und Modena einen Staat zu gründen, inspirierte Machiavelli zu seinem *Principe;* er wollte die Schrift jenem Giuliano widmen, nach dessen Tode (1516) aber widmete er sie Lorenzo Medici. Villari, *N. Machiavelli e i suoi tempi. [Firenze]* 1881. II. 365f.

369 *2 Un gran principe* (Friedr. II von Preußen) *lo biasimò colla penna e lo raccomandò colla spada:* sagt Corniani, *[Secoli della] Letteratura Italiana [dopo il suo risorgimento. Brescia* 1808–1813. *Torino* 1854–1856] II. 236. Es ist die Politik der List und Gewalt, des Fuchs und des Löwen, welche von jeher die Welt beherrscht hat. Machiavelli hat sie nur wissenschaftlich dogmatisiert.

373 *32* Spottend sagte der Kard. v. Portugal, Julius II. habe die Klinge von Stahl verloren und eine hölzerne in die Scheide gesteckt. Dieser Kard. Georg Costa,

kreiert A. 1476, starb, 102 Jahre alt, am 24. Sept. 1508; er liegt begraben in S. Maria del Popolo. Am 26. Sept. 1508 starb der Kard. Joh. Colonna, kreiert 1480; begraben in Sti. Apostoli.

374 *34* Der Akt der Vermähl. ist vollzogen im Vatikan, im Beisein des Papsts, der Donna Julia, des Kard. Alex. Farnese, Riario und vieler anderer, im Nov. (fehlt der Tag) 1505. Protokollbuch des Beneimbene. Laura war übrigens die Tochter Alexanders VI.

378 *21* Neapel wurde seither durch Vizekönige regiert. Nachfolger Consalvos, welcher am 2. Dez. 1515 in Ungnade in Spanien starb, war Don Giovanni d'Aragona, dann wurde Vizekönig Don Antonio di Guevara; seit 24. Okt. 1509 D. Raimondo de Cardona.

382 *38* D: Das Genauere bei Moritz Brosch: Papst Julius II. [und die Gründung des Kirchenstaates. Gotha 1878] 176 ff.

385 *21* D: In der Nacht schrie der Papst mehrmals, daß er Gift nehmen wolle. Schreiben Lipomanos Bolog. 20. Oktober bei Moritz Brosch. Note 34. S. 351.

388 *13* Schon A. 1507 hatte Francesco Maria einen Mord begangen, da er den Geliebten seiner Schwester Maria, der Gemahlin des Venanzio Varano, in Urbino erstach.

400 *22* Heute, im Dezember 1870, wo ich dies in Rom schreibe und im St. Peter das Konzil versammelt ist, bilden dessen Ehrenwache dieselben Ritter, jetzt von Malta genannt.

406 *31* In neuen Kleidern, nicht in alten wie Sixtus IV., wollte er begraben sein. Ringe von 1000 Dukaten Wert steckte man ihm an die Finger.

406 *39* Er war über Carvajal und Sanseverino so erbittert, daß er sie auf Campo di Fiore verbrennen wollte, wenn sie in seine Gewalt kamen. Jovius, *Vita Leonis* X. *p.* 68.

408 *24* Der Ausdruck der Italiener für solche Naturen ist *terribile*. *Egli è terribile*, sagte einst Julius II. von Michelangelo. Es ist die Steigerung des *magnanimo* durch die individuelle Persönlichkeit.

413 *7* D: Heinrich von Geymüller (*Raffaelo Sanzio studiato come Architetto, Milano* 1884) hat das glänzende Lorbeerblatt aus dem Ehrenkranz Peruzzis genommen und Raffael zuerkannt.

413 *39* Als die Farnese A. 1731 ausstarben, erbte es Don Carlos, Sohn Phil. V. und der Elisabetta Farnese; durch ihn kam es an die Bourbons in Neapel. Im J. 1861 verpachtete es der Exkönig Franz auf 99 Jahre dem Spanier Bermudes de Castro (D: , und dieser hat seit 1861 die Farnesina restaurieren lassen. Der Regulierung des Tibers aber (um 1879) ist der Garten des Landhauses zum Opfer gefallen.)

414 *29* Anton Kerschbaumer, Gesch. des deutsch. Nationalhospizes Anima in Rom, Wien 1868: Am 23. November 1511 wurde die Kirche eingeweiht, der Bau dauerte bis 1519. Aus Beiträgen deutscher Länder wurde er bestritten, und noch sieht man am innern Gewölbe die Wappen der Kurfürstentümer. Das Kurhaus Brandenburg besaß dort eine von Salviati ausgemalte Kapelle.

416 *12* Die Fundamente verschlangen so viel Material, daß, wie Costaguti bemerkt, der Bau unter der Erde noch massenhafter ist als der über ihr. – Die

Vierzehntes Buch 133

Kapelle der Petronilla wurde erst unter Paul III. zerstört; dort fand man A. 1544 das Grabmal Marias und Thermantias, der Töchter Stilichos und Frauen des Kaisers Honorius, mit vielem Schmuck.

417 *41* Der letzte Rest der alten Basilika wurde erst unter Paul V. abgetragen. Bramante ließ noch stehen den Hauptaltar und die Tribune. Wenn jener Vorwurf nur auf ein *si dice* sich gründet und auch Condivi *[Vita de Michel Angelo Buonarroti. Roma* 1553] (*p.* 27. 28) von Michelangelo dem Bramante nur vorwerfen läßt, daß er schöne Säulen zugrunde gehen ließ, so ist doch an der Zerstörung nicht zu zweifeln. Es gab nie Pietät in Rom für die Denkmäler des Mittelalters, und ich selbst bin seit Jahren Zeuge des Vandalismus, mit dem bei Restaurationen von Basiliken deren Monumente vernichtet werden.

421 *15* Michelangelo weigerte sich, die Gruppe zu restaurieren; der rechte Arm Laokoons wurde von Montorsoli ergänzt; die Arme der Söhne von Cornachini.

422 *40* Der Nil war schon zur Zeit des Poggio aufgegraben und wieder zugeschüttet. Nil und Tiber sah der venet. Gesandte A. 1523 im Garten des Belvedere aufgestellt.

423 *3* Unter Paul III. erhielt das Belvedere auch den berühmten Merkur, d. h. Antinous, der bei S. Martino ai Monti in denselben Trajans-Thermen gefunden wurde.

424 *40* Wie groß die Begeisterung darüber war, zeigt Varchi in seiner *Orazione funerale di Michelang.* (Flor. 1564); Laokoon, Apollo und alle Statuen Roms möchte er nicht für den einen David nehmen.

426 *17* Der Papst war sitzend abgebildet, mit der Rechten segnend, die Linke indes hielt doch die Schlüssel und nicht das Schwert, welches Julius verlangt haben soll. Siehe zu Vasari *[Le Vite de' più eccellenti pittori, scultori ed architettori. Firenze 1846 ss.]* XII. 187 den *Prospetto cronologico* in der Ausgabe von Le Monnier *p.* 348.

428 *14* Das Christusideal der Katakomben, selbst noch der Mosaiken Ravennas ist jugendlich und schön: seit *saec.* VII kommt der greisenhafte Typus der Byzantiner auf, gemäß der Ansicht Tertullians und Cyrills, daß Christus der häßlichste Mensch gewesen sei. Didron, *Iconographie chrétienne*, Paris 1843, *p.* 240 *sq.* – Es waren später nur alte und fratzenhafte Heiligenbilder, welche fortfuhren, Wunder zu tun. Ich habe nie gehört, daß eine Madonna von Perugino, Raffael oder Correggio in den Ruf gekommen ist, die Augen zu verdrehen oder Kranke zu heilen.

430 *13* Im sixtinischen Gemälde erscheint das Christusideal wie in einem Rückschritt. Wenn ich auch Didrons Ansicht bezweifle, daß Michelangelo die Handbewegung des Christus von Orgagna im Pisaner Campo Santo kopierte, ohne sie zu verstehen, so liegt doch eine richtige Empfindung seinem harten Urteil zugrunde: „*Jamais Dieu n'a été plus abaissé que par le dur artiste de Florence*". (*Iconographie chrét. p.* 267.)

430 *41* Vasari, der Schöpfer der modernen Kunstgeschichte und trotz seines Leichtsinns doch immer der lesenswerteste aller Kunsthistoriker, hat niemals reizender Gestalt und Gaben eines Künstlers ausgesprochen als in der Einleitung zu seinem Leben Raffaels.

432 *35* D: „Wenn man Raffael einen philosophischen Maler genannt hat, so liegt der Grund und das Recht dieses Ehrennamens vor allem in der Ideengewalt der Stanza della Segnatura. Nie sind von der bildenden Kunst tiefere Ideen behandelt worden und nie klarer und hoheitsvoller." H. Hettner, Ital. Studien zur Geschichte der Renaissance, Braunschweig 1879, S. 212.

437 *13* Die Beschreibung des Festzuges beim Cancellieri, *De Possessu [= Storia de' solenni Possessi de' Sommi Pontifici detti anticamente processi o processioni dopo la loro coronazione dalla basilica Vaticana alla Lateranense. Roma* 1802], nach Paris *[Il Diario di Leone X ed* Delicati-Armellini. *Roma* 1884] und dem Augenzeugen Penni, *Croniche delle Pompe fatte in Roma per la creazione et Incoronazione di P. Leone X.* (gedr. von Silber in Rom A. 1513). Ein anderer Bericht aus der sienesischen Geschichte des Titius bei Fabroni, *Vita Leonis* X. App.

440 *39* Für die meisten Päpste war dies eine Verlegenheit. Paris sagte zu Leo, daß Pius II. als vollendeter Redner die Sitte des Antwortens eingeführt habe. Paul II. habe sie beibehalten, aber nur italienisch und stets ungeschickt gesprochen. Sixtus IV. habe gut geredet, Innocenz VIII. sei stets aus dem Text gekommen. Alexander VI. sei oft steckengeblieben, so vor dem berühmten Jason Mainus. Selbst Julius II. habe die Furchtsamkeit eines Schulknaben gezeigt und seine Worte oft zwei- und dreimal verbessert.

441 *23* Den letzten Irrtum dieser Art von Seiten der Italiener erlebten wir in unserer Zeit.

444 *12* Schon am 1. Dezember 1513 schreibt Petrus Landus dem Dogen, für Julian seien ausersehen Parma, Piacenza, Reggio, wozu der Kaiser Brescia, Bergamo, Crema, Cremona und Modena für 500000 Dukaten zu schlagen verspreche. *Dispacci di Roma*, Archiv Venedig.

446 *19* Neben seinen Tugenden waren nach Belcarius Ruhmsucht und Wollust die herrschenden Leidenschaften dieses Königs. – „Die persönliche Schönheit des Königs ist wirklich groß. Er ist mutvoll, ein trefflicher Musiker, für sein Alter und seine Stellung gebildet. Zwei solche Höfe und Könige als diese von Frankreich und England hat kein venetianischer Gesandter seit 50 Jahren gesehen." Nicolo Sagundino an Aloise Foscari, 6. Juni 1515. Bei Rawdon Brown, *Calendar of state Papers [and Manuscripts relating to English affairs existing in the arch. and collect.] of Venice [and in other libraries of Northern Italy.* London 1867 ff.] II. 247.

450 *41* Obedienzrede, 3. Id. Dez. 1515, Roscoe *[Vita e pontificato di Leone X con annotazioni e documenti inediti di L. Bossi. 12 vol. Milano* 1816 ff.] Anhang n. 32. Unsre Zeit, die in Staatsverhältnissen einem tatsächlichen Wahrheitsgefühl glücklich nahe gekommen ist, begreift kaum mehr die krasse Lügenrhetorik jener Epoche, und diese war ein Produkt des Verkehrs mit der römischen Kurie.

459 *20* Der Papst sagte den Oratoren, daß keiner der Gefangenen, nicht einmal Battista gefoltert worden sei (so berichtet Marco Minio [in seinem Depeschenband, Archiv Venedig]); doch schwerlich sprach er die Wahrheit.

460 *9* Fea, *Notizie intorno Raffaelle, [Sanzio da Urbino ed alcune di lui opere, intorno Bramante, Giuliano da San Gallo, Baldassar Peruzzi ecc. Roma* 1822] *App. p.* 84

Vierzehntes Buch 135

bringt die Prozeßakten vom 22. Juni, wonach Bandinelli und Petrucci nach Leos Ermordung Riario zum Papst machen wollten. Wer bürgt für die Richtigkeit dieser erpreßten Geständnisse?

460 *36* Später ließ ihm Julius Medici ein Grabmal errichten, vielleicht um böse Reden schweigen zu machen.

462 *3* Blanca Rangone war schon im Oktober 1513 nach Rom gekommen, um für die vertriebenen Bentivogli und für das Haus Rangone Fürsprache einzulegen. Der Papst gab ihr den Palast des Kardinals von Aleria zur Wohnung und 200 Dukaten monatlich Pension. Alle die etwas erreichen wollten, wendeten sich an sie. Franc. Chieregati an die Marchesa Isabella, Rom 29. Oktober 1513. Archiv Gonzaga.

462 *10* Die Cesi stammten aus Umbrien; Stifter ihres römischen Hauses war Pietro Cesi, Senator von Rom A. 1468, † 1477 in Narni. Sein Sohn war Angelo, Konsistorialadvokat unter Julius II., † 6. Februar 1528, begraben in der von ihm gestifteten Capella Annunziata in S. M. della Pace. Dessen Sohn war Kardinal Paolo Emilio († 1537). Die Cesi wurden Herzoge von Acquasparta. Litta *[Famiglie celebri italiane. Disp.* 1-183. *Milano e Torino* 1819-1881] zu dieser Familie.

467 *17* So träumte Friedrich der Weise in der Nacht vor dem Anschlag der Thesen – einer der Cyrusträume in der Weltgeschichte. W. E. Tentzel, Histor. Bericht vom Anfang und Fortgang der Reformation Lutheri, Leipzig 1718, S. 242.

468 *10* Exegetische Vorlesungen in den deutschen Werken, XXIII. S. 10. XLIV. S. 308. Bei Souchay, Deutschland während der Reformation, Frankfurt 1868 *p.* 28. Und ähnliche Stellen in den Tischreden [Frankfurt a. M. 1593] n. LXXVII., worin er die Zustände Roms manchmal grell komisch übertreibt: „Tyberius der Heydnisch Kayser, ob er wol ein Unflat war, wie Suetonius schreibet, ist noch ein Engel gegen dem jetzigen Wesen des Römischen Hofs, derselbige hat zum Nachtmal für dem Tisch zwölff nackichter Magdlin stehen."

470 *29* Hutten entdeckte A. 1519 in Fulda die Schutzschrift des Bischofs Walram von Naumburg für Heinrich IV. und gegen Gregor VII.; er widmete sie (März 1520) dem Erzherzog Ferdinand. Strauß [Ulrich von Hutten. Leipzig 1858] II. c. 2.

475 *24* Siehe die sorgsame Auseinandersetzung dieser Dinge bei Guiseppe de Leva, *Storia documentata di Carlo V [in correlazione all'Italia. Venezia* 1863] II. 12 *sq.,* einem Werk, welches der italienischen Literatur der Gegenwart zur Ehre gereicht.

478 *41* Ihr Andenken wurde im Jahre 1867 zu Worms erneuert, als dort das große Luthermonument enthüllt ward, vor dem Könige Preußens, in einer Zeit, wo das Deutsche Reich durch diese protestantische Macht einer Wiederherstellung entgegenging.

480 *8* Den unauflöslichen Gegensatz spricht einmal Prierias, die Ablässe verteidigend, entschieden so aus: Wir haben nicht die Autorität der Schrift, aber wir haben die Autorität der römischen Kirche und der römischen Päpste,

welche die größere ist. Stelle, angeführt von Lord Acton, Zur Geschichte des Vatican. Concils, München 1871, *p.* 39.

480 *27* In einem sehr bemerkenswerten Buch „Kirche und Kirchen, Papsttum und Kirchenstaat" sagt Döllinger S. 41: „Der Wahn, als ob der päpstliche Stuhl eine despotisch willkürliche Gewalt sich beilege und sie da ausübe, wo ihn die Furcht nicht zurückhalte, ist so allgemein verbreitet, besonders in Deutschland und England; es ist herkömmlich, das Schrankenlose dieser Macht und die Schutz- und Rechtlosigkeit, in welcher sich einzelne Kirchen und Personen ihr gegenüber befänden, zu betonen, daß ich nicht umhin kann, mit entscheidenden Zeugnissen diesem Irrtum entgegenzutreten." Dies schrieb der große katholische Gelehrte ahnungslos im Jahre 1861. Wie seltsam sind die Wege und die Beweisführungen der Geschichte.

481 *1* Was die protestantische Macht Preußen im alten Reiche war, das ist der Protestantismus in der alten Kirche: der junge lebenskräftige Schößling aus einem modernden Prachtbaum.

484 *40* Im November 1521 ließ Alfonso einen lateinischen und italienischen Brief an Karl V. in Ferrara und Venedig drucken, mit den bezeichneten Anklagen. Darauf ließ die römische Kurie am 6. Januar 1522 (nach des Papsts Tode) eine Antwort drucken. Aus beiden Schriften Auszüge bei Ant. Cappelli, *Lettere di Lod. Ariosto,* Bol. 1866, Einl. *p.* 72 und Anhang. Der authentische Prozeß fehlt im Archiv von Modena.

489 *37* In dem Licht der neuplatonischen Anschauung schufen die großen Künstler Italiens ihre unsterblichen Werke. Moriz Carriere, Die Kunst im Zusammenhang der Culturentwicklung [und die Ideale der Menschheit. Leipzig 1871] IV. 10.

499 *7* Röstell, Das vatikanische Archiv, Römische Stadtbeschreibung [= Bunsen-Platner, Beschreibung der Stadt Rom. Stuttgart und Tübingen 1832] II. [2] 295. Dudek, *Iter Roman.,* Wien 1855, im II. Teil. Erst von Paul V. datiert die feste Einrichtung des päpstlichen Staatsarchivs neben der Vatikanischen Bibliothek, mit ihm wurde durch den Archivar Gaëtano Marini am Ende XVIII. Säk. auch die Secreta der Engelsburg vereinigt, so daß jetzt der ganze Schatz von Urkunden und Regesten der Päpste in 11 Zimmern beisammen ist.

499 *25* Den Briefwechsel zwischen ihm und Michael Humelberg aus Ravensburg, dem Freunde Reuchlins, enthält der Münchener Cod. lat. 4007.

500 *30* D: Agostino Vespucci berichtete im August 1501 aus Rom an Machiavelli mit wahrem Enthusiasmus von der lateinischen Rede, die ein bisher ganz Unbekannter in S. Luigi gehalten habe, hauptsächlich zu Ehren des Königs von Frankreich. Er habe Fedra, Blosio, Sabellico und Lippo übertroffen; er schließt: *credono molti che, sendo suto alle presentia il Re, che lo havia facto in quello instanti grande homo apresso di sè.* (Brief bei Villari, *Machiavelli [e i suoi tempi. Firenze* 1877] I, 562.)

501 *4* Wie ändern sich die Zeiten! Einige Schritte von der Statue Leos X. liest man heute auf dem Kapitol die Inschrift des neuen Magistrats zum Gedächtnis des 20. Septembers 1870, wo das weltliche Papsttum fiel. Darin heißt es *Urbs Roma Antiquissima Dominatione Squalles Liberata*...

Vierzehntes Buch 137

504 *2* Seine Bibliothek kam an Kardinal Marcello Cervini, dann an Kardinal Sirleto, an Kardinal Ascanio Colonna, endlich an Pietro Ottobuoni (Alexander VIII.). Auf dieser Wanderung vermehrt, wurde sie von Benedikt XIV. der Vaticana einverleibt. Albertos Neffe war der gelehrte Ridolfo Pio, Kardinal 1536, † 1564. Aus dessen Bibliothek stammt der Cod. des Virgil in der Laurenziana. (D: Über Carpi: *Mem. storiche e documenti della città e sull' antico principato di Carpi.* Carpi 1877.)

504 *6* Er schrieb die Traktate: *De vera Philosophia* und *De sermone latino et modis latine loquendi* (an Kardinal Grimani). (D: Siehe *H. Ferri pro linquae latin. usu epistolae adv. Alambertium, praecedit commentar. de reb. gest. et script. Hadriani Castelli Cardinalis*, Faenza 1771. – Bruno Gebhardt, Adrian von Corneto, Breslau 1886).

505 *39* Er steht in *Lett. di Negozi del Conte Bald. Castiglione, Padova* 1733 u. 1769, *Vol.* I und wurde erst diesem zugeschrieben, dann von Daniele Francesconi in Florenz A. 1799 Raffael vindiziert. *Lettera sulle antichità di Roma scritta da Raffaello d'Uurbino a P. Leone X*, herausgegeben v. P. E. Visconti, Rom 1834. Die Bibliothek München besitzt eine Handschrift des Briefs, wonach Passavant (Leben Raffaels [= Raffael von Urbino. 3 Bde. Leipzig 1839 f.] III. 43) den Text edierte. (D: Für Raffael als Autor hat sich auch entschieden ausgesprochen E. Müntz, *Raphael, sa vie, son œuvre et son temps*, Paris 1881, *p.* 603.)

506 *29* Er erschien A. 1551 in 20 Holztafeln. Dies Werk, welches Rom mit den Altertümern in jener Zeit darstellte, verschwand in den Unruhen der französischen Revolution. Nur ein unvollständiges Exemplar besaß bisher die Barberina. (D: Aber 1874 wurde eine vollständige Kopie in Federzeichnung zu Cuneo aufgefunden, und nach dieser ist Buffalinis Plan gedruckt worden (*Roma* 1879 *in fol.*). Siehe darüber Giov. Beltrani, *L. Buffalini e la sua pianta topogr. di Roma, Firenze* 1880.) Erst A. 1748 folgte der Plan von Nolli.

506 *36* Nur Exzerpte von A. 1518 ab gibt G. Hoffmann, *Nova Scriptor [um] ac Monum [entorum] Coll [ectio]. Lips[iae]* 1731. T. I. – Paris, Bruder des Kardinals Achilles, A. 1513 Bischof von Pesaro, starb A. 1528. Das Mscr. Chigi (4 *Vol.*) ist betitelt *Paris de Grassis Ceremoniale Tempore Julii P.* II. Es beginnt mit 26. Mai A. 1504. *Vol.* IV umfaßt die Regier. Leos X., mit dessen Exequien es schließt.

506 *39* Blasius wurde am 1. Januar 1518 Zeremonienmeister. Sein Diarium findet sich in vielen Bibliotheken Roms; eine Handschrift besitzt die Bibliothek München nebst den Diarien des Burkard und Paris.

507 *16* D: Sigismondo dei Conti da Foligno, *Le Storie de' suoi tempi dal* 1475–1510. *Ora la prima volta pubblicate nel testo latino con versione italiana a fronte.* 2 *vol. Roma* 1883. – Der lateinische Titel ist *Historiarum sui temporis libri* 17.

507 *36 Hist. Viginti Seculor. per totid. Psalmos conscripta* (Mscr. in der Angelica). Die eingestreuten Notizen reichen bis Leo X. Es gibt darin freimütige Ansichten über die Päpste der Renaissance und ein strenges Verdammungsurteil Alexanders VI.

509 *14* Ranke hat die Urteile über Paul Jovius auf ihr richtiges Maß gebracht

und diesem Autor sein Recht zurückgegeben: Zur Kritik neuerer Geschichtschreiber. Berlin 1824.

511 *6* Er entschuldigt sich zwar damit, daß dies nur ein sophistisches Kunststück sei, es ist aber bitterer Ernst darin. Noch zur Zeit des Valla hätte man ihn als literarischen Tempelschänder dafür gesteinigt.

513 *41* Die Menge der Epigramme aus jener Zeit ist erstaunlich groß, handschriftliche Sammlungen davon findet man in vielen Bibliotheken. Bemerkenswert ist *Lat. Cl.* XII. *Cod.* CCX. in der Marciana.

521 *36* Nach J. L. Klein, Geschichte des Dramas [Bd. 1–13. Leipzig 1865–1886.] IV. 546 hat Shakespeare auch Accoltis Virginia benutzt.

525 *1 9*E. Ruth, Gesch. der ital. Poesie, Leipzig 1847, im 2. Teil. Eine Analogie bietet das obszöne englische Lustspiel der Restaurationszeit, des Dreyden, Wycherley und Congreve, und in unserer Zeit die französische Demi-Monde-Literatur; nur ist hier alles psychologisch verfeinert. Die Mandragola Machiavellis gilt als das beste Lustspiel seiner Zeit, aber wie roh und ekelhaft ist ihre Fabel. Klein [Geschichte des Dramas. Leipzig 1865–86] faßt diese Komödie als Seitenstück zum „*Principe*" auf und trägt in sie eine reformatorische Absicht hinein. Machiavelli liebte aber auch das Laszive, weil er selbst den Lüsten der Zeit nicht fremd war. *Spirito lascivo* nennt ihn Corniani *[Secoli della letteratura italiana dopo il suo risorgimento. voll. 9. Brescia* 1808–1813; *Torino* 1854–56]. Über das italienische Theater findet der Leser viel Bemerkenswertes auch in Villari, *Machiavelli e i suoi tempi.* [*Firenze* 1882] III. *cap.* X.

526 *15* Die Oper, als deren erster Versuch schon der Orpheus des Poliziano gelten kann, bildete sich seit Anfang des XVI. Jahrhunderts aus. Das erste Opernhaus in Rom entstand A. 1671.

527 *4* Siehe die Abschnitte bei Klein [Geschichte des Dramas. Leipzig 1865–1886], in demselben Bande [Bd. V], zumal bei Gelegenheit der Dalida des Luigi Groto, dessen Tragödie Hadriana Shakespeare für Romeo und Julia benutzt hat.

528 *12* Man vergleiche damit ihre Fortsetzungen seit Gregor XIII. bis auf Pius IX., um zu sehen, daß die echte Kunstblüte unwiederholbar ist.

528 *25* Pungileoni [*Memorie intorno alla vita di D. Bramante. Roma* 1836] setzt die Galatea ins Jahr 1511. Raffael spricht von ihr in s. Brief an Castiglione A. 1514: Bottari, *Raccolta di Lett[ere sulla pittura ecc. Milano* 1822] I. 83. Wenn die Ansicht richtig ist, daß die „Galatea" vielmehr Venus sei, so malte dieses Bild Raffael wohl schon A. 1511. In des Blosius Palladius *Suburbanum Augustini Chisii* (Jan. 1512) wird zwar Raffael nicht genannt, aber ein Bild der Venus sehr gepriesen, und dies scheint die „Galatea" zu sein: *Heic Venus orta mari, et concha sub sydere fertur.* (D: Gegen diese Ansicht Rumohrs [Italienische Forschungen, Teil 3. Berlin und Stettin 1831, S. 106–107; 140–142] hat sich R. Förster (Farnesina-Studien [Rostock 1880] S. 48f.) ausgesprochen.)

534 *18* Die geistliche Epoche der Stadt Rom ist heute im Jahre 1871 abgelaufen. Die ehrwürdige Stadt geht einem Umbau zur Residenz der Könige Italiens entgegen.

Vierzehntes Buch 139

543 *19* Die Pest erlosch erst 1523. Im Archiv Florenz *Carte Strozziane filza* 243, *p.* 165 fand ich eine Notiz; *Roma peste del* 1522, *nota de morti di decembre.* Darnach fiel die stärkste Nummer am 2. Dezember auf Rione Eustachio mit 10 Toten; die stärkste in ganz Rom betrug am 15. Dezember 37 Tote.

554 *22* Dies zeigt Jovius selbst in seiner Biographie Hadrians *[Vita Leonis X. et Vita Adriani VI. Florentiae* 1548. 1551]. – (D: Dietrich Hesius (aus Heese bei Eindhoven), Datar des Papsts, nahm nach dessen Tode die Regesten Hadrians mit sich nach Lüttich, so daß diese im Vatikanischen Archiv fehlen und überhaupt verloren gingen. Höfler, Papst Adrian VI. [Wien 1880] *p.* 545 f.)

562 *21* Eine Armee von 20000 Mann war damals nicht klein. Man vergleiche die Zahlenverhältnisse von Truppen und Kriegskosten der Zeit Karls V. mit denen des deutschen Kriegs von 1870, um zu erstaunen. Mit nur dem 4. Teil von Truppen und dem 20. von Mitteln desselben würde Karl V. unfehlbar Europa sich unterworfen haben.

565 *12* Karl V. war vom Schauplatz seines glücklichsten Tages abwesend. „Daß er der Schlacht von Pavia nicht selbst beigewohnt, haben viele getadelt, alle Freunde erhabener Szenen haben es bedauert": Hormayr Archiv [vermutlich: Archiv für Geographie, Historie, Staats- und Kriegskunst, Wien] Jahrgang 1810 *p.* 9. Er war krank am Fieber. – Die Kraftverhältnisse für die Katastrophen von Pavia und Sedan sind diese: dort 36000 Mann Franzosen und 28000 Kaiserliche (die Besatzung Pavias mitgerechnet); hier fast 150000 Mann Franzosen und 220000 Deutsche. 53 Kanonen wurden bei Pavia erbeutet; nur 16 besaßen die Kaiserlichen.

565 *14* Die Ereignisse von Pavia und Sedan bieten eine der auffallendsten Analogien der Zeiten dar. Hier und da handelte es sich um eine Weltepoche. Zur Zeit des Aufsteigens Karls V. sah die Welt genau, was sie heute gesehen hat: den Fall Frankreichs, den Fall des Papsttums, die gebietende Macht der deutschen Reichsgewalt, ein Konzil und ihm auf dem Fuße folgend die reformatorische Bewegung.

570 *37* D: Daß ihm dasselbe Ziel, der Nationalstaat Italiens, vorschwebte, ist wohl unzweifelhaft. Villari, *Machiavelli [e i suoi tempi. Firenze* 1882] III. 298.

572 *21* Nationalhaß bestimmte das Urteil der Italiener, zumal nach dem Ausgang der Intrige. Brantôme,*Vies des homm[es] illus[tres] [et des grands capitaines français = Œuvres complètes* v. L. Lalanne. 12 *voll. Paris* 1864–82] (V. 151) behauptet, daß Pescara den Plan nur aus Furcht vor dem Verrat der Königin-Mutter Louise aufgab. Bucholtz [Geschichte der Regierung Ferdinands I. 8 Bde. und 1 Urkundenband. Wien 1831–1838] III. 7 verwirft jeden Verdacht an Pescaras Treue. Die Richtigkeit dieser Ansicht bestätigt der Bericht Pescaras an den Kaiser (Hormayr, Archiv [vermutlich: Archiv für Geographie, Historie, Staats- und Kriegskunst, Wien] Jahrgang 1810 *p.* 28). Aus dem Prozeß selbst und Briefen Pescaras an Morone geht hervor, daß P. seinen Versucher durchaus nur mit Arglist umgarnt hat.

573 *4* Nach Morones Aussagen waren die Urheber des Plans der Papst, Giberti und Venedig; deren Vermittler Sauli habe ihn aufgefordert, in des Papsts Namen Pescara jene Anerbietungen zu machen.

140   Anmerkungen

573 *11* Franc. Gonzaga an d. Marchese von Mantua, Rom 4. November 1525. Archiv Gonzaga. Mit 1525 beginnen die römischen Berichte des langjährigen Gesandten Mantuas, Bruders des Marchese, welche jenes Archiv, ein Kleinod unter denen Italiens, fast vollständig bewahrt. Ich rühme hier die Güte, mit welcher der Direktor desselben, Herr Zucchetti, und der Sekretär Herr Davari mir hilfreich gewesen sind. Das Archiv ist musterhaft unter der österreichischen Regierung gehalten worden. Heute gehört es der Stadt Mantua.

573 *16* Am erbittertsten ist Guicciardini: Pescaras Verfahren sei *eterna infamia*. Reissner [Historia Herrn Georgen und Herrn Kaspar von Frundsberg. Frankfurt 1527] ist begreiflich nur des Rühmens voll: Dieser thewre Hauptmann hat in Kriegen kein Reichthumb gesucht noch überkommen, sondern seine Güter versetzt und den Wucherkaufleuten verzinnset. – Der Papst selbst sagte dem Orator Gonzaga: *Pescara ha fatto il tratto doppio;* dann glaubte er wieder in seiner Aufregung an den Verrat Morones: Depeschen jenes Gesandten 4. und 24. November 1525.

580 *7* Am 20. September 1526 geschah der Überfall Roms durch die Colonna, welcher die Einleitung zum Sacco war. Am 20. September 1870 rückten die Italiener durch die Bresche bei der Porta Pia in Rom ein, und da fiel die weltliche Herrschaft der Päpste.

585 *39* Über ihr Wesen Barthold, Georg von Frundsberg oder das deutsche Kriegshandwerk zur Zeit der Reformation. Hamburg 1833. (D: Die Staatsbibliothek in München bewahrt die „Landsknechtsordnung", welche Konrad von Bemelberg ausgearbeitet hat (A. 1544). Über diesen berühmten Hauptmann siehe E. Solger: Der Landsknechtsobrist Konrad von Bemelberg der kleine Heß. Nördlingen 1870).

595 *5* Reissner [Historia Herrn Georgen und Herrn Kasparn von Frundsberg. Frankfurt 1572] hat diese Episode mit köstlicher Einfalt erzählt. Sein Held ist ihm gleich Romulus und Caesar; den Schlaganfall nennt er die Krankheit des Herkules. Die Ärzte in Ferrara badeten Frundsberg in Öl, worin ein Fuchs gesotten war. Er kehrte am 12. August 1528 nach Mindelheim zurück, wo er am 20. August starb. „Die Epoche Frundsbergs erschien dem deutschen Söldner bis tief in das 17. Jahrhundert hinein als das goldene Zeitalter seiner kriegerischen Zucht"; Österr. Revue [Jg.] II. [Bd. 8] 1864. *p.* 147.

597 *24* D: Siehe: Ein deutscher Bericht über die Eroberung Roms… von dem Augenzeugen Ambrosius von Gumppenberg, von mir in der Münchener Staatsbibliothek gefunden und veröffentlicht in den Sitzungsberichten der bayerischen Akademie der Wissenschaften 1877. [Auch in: F. Gregorovius, Kleine Schriften zur Geschichte und Cultur. Leipzig 1887, I, S. 181–264.]

603 *4* In Deutschland erwartete man, daß ein Kaiser dies Strafgericht vollstrecken werde; daher erschienen Prophezeiungen der Art sofort nach Karls V. Wahl. Döllinger: „Der Weissagungsglaube und das Prophetentum in der christlichen Zeit". (Histor. Taschenb. V. Folge, I. [1871, S. 257–370.])

610 *4 Bernini ut supra [= Historia di tutte l'heresie descritta da Domenico Bernini. Venezia* 1724] IV. 371. Man war vorsichtiger in Rom A. 1867, wo ich die Ket-

Vierzehntes Buch 141

tenbrücke an der Longara abwerfen sah, als die Banden Garibaldis Monte Rotondo erstürmt hatten.
610 *37* Vettori, *Sacco di Roma p.* 435. Ranke [Deutsche Geschichte im Zeitalter der Reformation. Berlin ² 1844–1847] (IV. c. 3) sagt zu diesen Bemerkungen Vettoris: „Rom hatte keine feste, durch ererbte Rechte zusammengehaltene Bürgerschaft, wie damals vielleicht alle andern Städte in Europa; die Einwohner waren großenteils erst in den letzten Jahren eingewandert." – War denn Rom bis auf die Einwanderung einiger Kolonien unter Leo X. fast menschenleer gewesen? Die politische Autonomie der Stadt war freilich gefallen, aber ihre Bürgerschaft hörte nie auf, die Gemeindeverfassung zu haben; der kapitolinische Volksrat mit seinem Wahlsystem, die Regionenvorstände, die Zünfte: all dies dauerte in ererbten Formen fort.
611 *36* Lebensbeschreibung [= Schärtlins von Burtenbach Lebensbeschreibung, aus dessen eigenen und Geschlechts-Nachrichten. Frankfurt und Leipzig 1777] *p.* 19. Wenn ein großer Hauptmann, welcher zu Tübingen studiert hatte, so roh war, wie mochten es erst seine frommen Landsknechte sein. Die Gefühllosigkeit Schertlins bei so grenzenlosem Elend bemerkt auch Theod. Herberger in seiner Ausgabe der Briefe dieses Ritters an die Stadt Augsburg, Augsb. 1852.
612 *28* Einen Begriff solcher Szenen gab mir im November 1867 der Dom von Monterondo, worin die Freischaren Garibaldis gehaust hatten.
612 *37* M. Crusius sah ihn A. 1538 in der Kirche zu Schorndorf („dick wie für einen Polyphem-Hals"), mit einer Schrift, welche besagte, daß Schertlin diesen Strick in Rom an sich gebracht: *Annales Suevici lib.* XI. *p.* III. 600.
613 *12* Allgemein wird in Rom Untergang oder Lückenhaftigkeit von Kloster- und Privatarchiven vom Sacco hergeleitet. Ich finde im Statut der Companie del Gonfalone das Breve Gregors XIII. vom 26. April 1579, worin er ausdrücklich sagt, das Archiv der Brüderschaft sei in *expugnatione urbis* zerstört worden.
613 *20* Diese Beschuldigung macht Belcar *[ius, Rerum Gallicarum Commentarii, 2 ediz. Genova* 1875] XIX. 595 wohl nach Jovius, *Vita Pompeo* [= Jovius, *Illustrium virorum vitae. Florentiae* 1552], auch Capella, *De bello Mediol.* VII. 135: *ipsa etiam in marmora et antiquas Romanor. statuas saevitum est.* Auch Brantôme *[Vies des hommes illustres]* V. 230, und ihm spricht nach Tarcagnota oder sein Fortsetzer III. *lib.* II. Die Kaiserlichen waren indes weder jenen Vandalen gleich, welche das Heidelberger Schloß und den Dom von Speyer zerstörten oder das Abendmahl Leonardos dem Untergang nahe brachten: noch sah man im Sacco di Roma eine Spur von dem herostratischen Vandalismus der Pariser im Mai 1871. Wunderlich sagt Reissner [Historia Herrn Georgen und Herrn Kasparn von Frundsberg. Frankfurt 1572], daß im Sacco die Gruppe Laokoons zerbrochen wurde. Daß der Arm Laokoons längst vorher fehlte, zeigt der venetianische Bericht aus der Zeit Hadrians VI.
617 *29* Als man A. 1705 am Palast Verospi am Corso grub, fand man 60000 Skudi verwahrt, aus der Zeit des Sacco di Roma. Moroni, *Dizionario [di erudizione storico-ecclesiastica da S. Pietro sino ai nostri giorni.* 109 *voll. Venezia* 1840–1879]. *Vol.* 59. *p.* 19.

623 *35* Auch diesen Schuß schreibt sich Cellini *[Vita, tosto critico con introduzione e note storiche, ed.* Tossi. *Firenze* 1829] zu, der das Treiben in der Engelsburg nicht ausreichend für uns geschildert hat. Was hätte nicht ein Mann von Talent und Wahrheitssinn aus jener Zeit für die Nachwelt festhalten können.

633 *21* D: Alle diese Vorgänge hat der Augenzeuge Gumppenberg lebhaft geschildert, da er damals als Vermittler und Dolmetsch den Landsknechten diente.

639 *35* Er wurde dort im Juli 1529 Vizekönig an Stelle Philiberts, der erste Kardinal in solcher Stellung. Er starb am 28. Juni 1532, erst 53 Jahre alt, in Neapel. Sein Nachfolger als Vizekönig wurde Don Pedro di Toledo, Marchese di Villafranca.

651 *14* In einem Saal neben den Uffizien zu Florenz befinden sich heute die merkwürdigen Holzschnitte eines ungenannten Venetianers, welche den Einzug Karls darstellen.

653 *28* Giannone *[Istoria civile del regno di Napoli. Venezia* 1766] XXXI. c. 6 widerlegt die Behauptung Guicciardinis *[Opere inedite illustr. da* G. Canestrini. 10 *voll.* 1854–1868], daß der Aufwand der Krönung dürftig gewesen sei, durch die Angabe, daß allein von Neapel her dem Kaiser dazu 300000 Dukaten vom Prinzen von Salerno überschickt wurden.

656 *11* Dieser Orsini, einer der italienischen Kraftmenschen jener Zeit, wurde A. 1533 von seinem Halbbruder Girolamo bei Rom verräterisch umgebracht.

657 *12* Von den Plünderern Roms sahen nur wenige ihr Vaterland wieder; unter diesen war Schertlin, welcher aus dem Neapolitanischen Krieg, an der Pest krank, als Kaufmann verkleidet Venedig und im Mai 1529 Schorndorf erreichte. Mit sich brachte er als Beute 15000 fl. und gute Kleider und Kleinod. „Dem Allmächtigen sei Lob! Ich hab's wohl erarnet". (Lebensbeschreibung.)

658 *20* Muratori, *Annal. ad* A. 1530. Das Wasser drang bis an die Peterstreppe. Der Palast des Giuliani Cesi an der Via Giulia begrub stürzend 30 Personen. Die Überschwemmung des Dezember 1870, deren Zeuge ich war, übertraf an Höhe die von 1495, aber nicht von 1530. Die höchste war im Dezember 1598. (D: Seit 1870 ist die Regulierung des Tiber Gegenstand der eifrigsten Studien. Viele Schriften sind darüber verfaßt. Alle auf den Tiber bezüglichen Schriften überhaupt versuchte Enrico Narducci zusammenzustellen im *Saggio di Bibliografia del Tevere, Roma* 1876. Er zählt darin 412 Nummern, und diese Zahl ist nicht einmal vollständig.)

664 *11 Alieno dal sangue:* ein sonderbares Lob für einen Papst. Ich stelle die Urteile der beiden Männer zusammen, welche Clemens VII. genau kannten, und erspare mir dazu ein Wort zu sagen, indem ich dies den Lesern überlasse.

VARIANTEN ZU BAND I
a) Band 1 der Originalausgabe
A = 1. Aufl. (1859); B = 2. Aufl. (1869); C = 3. Aufl. (1875); D = 4. Aufl. (1886); E = 5. Aufl. (1903)

1 *10* ff. A = [Die Wissenschaft ist freilich als ein allgemeines und höchstes Gut unter den Menschen an keine nationalen Rechte gebunden, aber ich sagte jenes, weil ich selbst ein Deutscher bin, fern vom Vaterlande lebe und in der Fremde schreibe. Denn die unserem Volk eigene Sehnsucht, nach Rom zu wandern, hat mich in diese Stadt geführt, deren Geschichte und Monumente ich nun seit Jahren betrachte.]

1 *22—23* A = [Indem ich den Plan zu einem so schwierigen Werk faßte, hoffte ich, der Wissenschaft einen Dienst zu leisten, mir selbst eine dauernde Befriedigung zu bereiten, und ich beschloß aus dem vorhandenen] historischen Material...

1 *22* BC: Als ich [, von der Betrachtung Roms und der Macht nationaler Erinnerungen durchdrungen,] den Gedanken dieses Werkes faßte, ...

1 *29* A: [Ich will jedoch nicht ausschließlich die politischen Ereignisse beschreiben, welche innerhalb der Mauern Roms geschehen sind, sondern das Gesamtbild der Stadt und des Volks und aller merkwürdigen Dinge in ihr in diesem großen Zeitraum von mehr als elf Jahrhunderten zusammenhängend wiedergeben. So Verschiedenes zu vereinigen ist freilich eine der schwierigsten Aufgaben der Geschichtschreibung, aber was ich nicht leiste, werden einst bessere Männer nach mir unternehmen. Die allmähliche Gestaltung der Kirche innerhalb Roms, die Form, welche der christliche Kultus, ja der Geist des Mittelalters selbst in der Stadt annahm, das Verhalten der Päpste zu den Römern, deren Kämpfe mit jenen, mit den deutschen Kaisern und untereinander, ihre wiederholten Anstrengungen, die republikanische Freiheit zu erringen, welche die großen Vorfahren einst besessen hatten, ihre bürgerlichen Konstitutionen zu verschiedener Zeit, die Gebräuche des Volks, die sagenhafte Gestalt des alten Römertums in Rom, die Dichtungen der römischen Legende, die Kultur der Wissenschaften und Künste während der barbarischen Jahrhunderte wie unter den Päpsten, welche die rebellische Stadt bändigten, der Einfluß Roms auf die Zivilisation des Abendlands: alles dies muß hier betrachtet und zu einem Ganzen künstlich zusammengestellt werden. Außerdem wird die wiederholte Beziehung des christlichen auf das heidnische Rom ein Hauptzug in diesem Werke sein; denn das neue Rom ging aus dem alten so hervor, wie die christliche Kultur überhaupt aus der heidnischen sich entwickelt hat. Auf und in den Trümmern des antiken gebaut, ist das neue Rom der vollkommenste Ausdruck einer organischen Verwandlung der Kultur und die deutlichste Metamorphose der Weltgeschichte, die einem Zauber ähnlich sieht. Wer also die Geschichte Roms im Mittelalter schreibt, schreibt auch die Geschichte der Ruinen der Stadt und des Volks und der äußeren wie inneren Umgestaltungen dieser merkwürdigsten aller Städte der Menschheit. Denn zweimal Haupt der zivilisierten Welt, welche sie einmal durch die Gewalt des absoluten Staats, das andere Mal durch

die Macht der absoluten Kirche beherrschte, darf Rom allein den stolzen Titel der „ewigen Stadt" führen, während die anderen Städte der Erde nach der Lösung ihrer einmaligen Aufgabe für immer geschichtlich abstarben.]

3 *14* A: Die dämonische Kraft,..., kann nicht erklärt werden;... [..., ist unendlich schwer. Es war eine absolute und zentrale Kraft in ihr, die mit planetarischer Gewalt überwand, an sich riß und in sich nahm, doch zerlegt man diese dämonische Kraft in einzelne Eigenschaften der Römer, so erscheinen sie nur als kriegerische Tüchtigkeit und Disziplin, Unternehmungsgeist nach außen, Standhaftigkeit, Klugheit, höchste Fähigkeit zu organisieren und zu kolonisieren, in Klima und Volksart jedes Himmelstrichs einzugehen, als universelles Gefühl für die Welt, und während die Römer Sprache, Sitten, Künste und Religionen der fremden Völker in ihre Stadt nach und aufnahmen, verloren sie darüber dennoch nicht ihr eigenstes energisches Nationalgefühl. In dem Triumphe Roms über freie und edle Völker, welche ihm doch wie die Hellenen durch Macht der Ideen weit überlegen waren, muß der Sieg der materiellen Gewalt über den Geist als niederdrückende Tatsache erscheinen; doch wird man zum wenigsten dieses sagen, es war der Sieg eines praktischen Weltzwecks und des Verstandes, dessen höchste sittliche Energie in der Ausbildung des besonderen und allgemeinen Rechts — und dadurch der Person, der Gesellschaft und des Staates erkannt ward, und dieser prosaische Verstand war der Phantasie und ihren schönen Schöpfungen überlegen. Alle Verhältnisse traten zusammen, die Herrschaft der Stadt zu gründen, und der Menschenfreund beseufzt vergebens das Los der Erde, auf welcher die sanftbildenden Genien der Freiheit und der Wissenschaft nur flüchtig herrschen, während das römische Cäsarentum und sein Ende, die Barbarei, lange und schauerliche Triumphe feiern.]

3 *28* BC: Die [politische] Macht tritt mit Rom auf.

3 *28*—5 *11* A = [Wenn es den Völkern vergönnt gewesen wäre, fortdauernd unter dem milden Zepter Trajans oder Marc Aurels regiert zu werden, so würden sie es wahrscheinlich nie bejammert haben, Provinzen Roms geworden zu sein, und die tödliche Gefahr des Systems der Zentralisation, welches sie aus den beschränkten Grenzen der Nationalität zum erstenmal in ein allgemeines, sicher geordnetes Weltreich gleicher Sprache, Wissenschaft, gleicher Gesetze und toleranter Regierung erhob, würde als eine große Tat Roms und als ein über das Hellenentum erhabenes Prinzip gepriesen werden. Denn die Geschichte strebt unleugbar nach der Einheit und Ausgleichung der Völker, für welche sie ewig bemüht ist, den ideellen Schwerpunkt zu finden, in dem das Gleichgewicht ruht. Jedoch, das Leben der Menschheit ist nur ein Produkt des mannigfaltig Zusammengesetzten, und die Fäulnis des Todes beginnt die Gesellschaft zu überziehen, in welcher die Gegensätze vernichtet sind. Die Despotie des römischen Cäsarentums verschlang wie ein Fatum die schönen Oasen hellenischer Kultur; die Quellen der Freiheit, der Nationalität, der Vaterlandsliebe, des Wissens, aller bürgerlichen Tugenden erstickten nach und nach unter diesem gleichförmigen Sande; die Städte, die Magistrate, die Völker sanken zu feigen und stumpfsinnigen Herden herab, welche von zahllosen Be-

amten, ihren Aufsehern, mit Gleichgültigkeit behandelt wurden. Obwohl die Bildung und die Gesetze des Reichs der Römer, verbunden mit einer gewissen Toleranz, die Menschheit niemals bis zu der äußersten Grenze orientalischer Versklavung herabsinken ließen, war sie doch in ihrem Innern versklavt, erschlafft, elend und völlig abgelebt. So verwandelte sich zuletzt die Weltkultur in eine Weltöde, in der alle Kraft, Regung und Mannigfaltigkeit der Nationen unterging, bis die Geschichte über dies düstere und tote Reich die Schwärme der gierigen Barbaren ausschüttete, welche die Menschheit von dem Schicksal römischer Despotie zum Glück erlösten. Das teure Lösegeld war freilich die Vernichtung der allgemeinen Zivilisation; die Leichenfeier Roms ward durch schreckliche Kriegstänze der Barbaren und durch wilde Todesbacchanale in der Welt begangen; doch so finstere Jahrhunderte auch kamen, neue Bildungsprozesse stellten den Verlust her, und die freigearteten Germanen ließen jene im Römertum untergegangene Eigentümlichkeit der Nationalgeister wieder schön hervortreten und behaupteten diese Gegensätze fort und fort gegen das römische Zentralisationsprinzip, das von Rom zum zweitenmal, nämlich von der absoluten Kirche ausging. Die Größe, die Versteinerung, der Tod des Römischen Reichs hatten sich übrigens auch in der Stadt Rom abgespiegelt... Im Zeitalter der Antonine stand sie, die heilige Weltgebieterin, die goldene und ewige Roma, als ein prachtvolles Wunder der Erde da, welches der Mensch nur mit entzückter Ehrfurcht anzustaunen wagen mochte; dann wurde diese Riesenblume der Kultur welk, je weiter der Todeswurm der Despotie ihr Leben durchfraß, dann endlich begann sie zu zerfallen. Die langsame Auflösung Roms ist ein so merkwürdiges Phänomen, wie es seine Entwicklung war, und die Zeit hatte nicht mindere Anstrengung nötig, diesen Koloß von Gesetzen, Institutionen und Architekturen zu zerbrechen und abzutragen, als sie einst angewendet hatte, ihn aufzurichten.]

6 *15—8 35* A = ... die Monarchie zu geben. [Von dieser Stadt aber (sie ragte nach dem Sturz des Reichs aus der allgemeinen Sintflut der Barbarei wie ein Ararat der Kultur allein hervor) ging das Mittelalter aus, und als auf sein geistiges Zentrum zielte es immer auf Rom hin, so daß alle die mannigfaltigen Gruppen romanischer und germanischer Völker wie ein Planetensystem um die eine Lebenssonne, um das ewige Rom sich zu bewegen schienen. Es übersteigt jedoch die Grenzen der Rede, in wenigem zu sagen, was Rom im Mittelalter war und welche Kräfte aus den Mauern dieser Stadt in tausend Strömen sich durch Europa verbreitet haben. Das Mittelalter wird barbarisch oder romantisch genannt; barbarisch, weil sich auf den Trümmern der alten Zivilisation die Unwissenheit, der Aberglaube, der Fanatismus, die gesetzlose Gewalt niedergelassen hatten; romantisch darum, weil die Lebenstriebe der Menschen von unbegrenzter und abenteuerlicher Leidenschaft waren, eine mystische Sehnsucht nach dem Überirdischen die Welt durchdrang, und sie aus der Wirklichkeit in das dämmernde und zaubervolle Reich der Phantasie versetzte. Das Mittelalter zeigt einen Bruch und Kampf von Gegensätzen, den das Altertum nicht kannte. Unter der römischen Despotie war die Welt erstarrt, der Strom der Völkerwanderung brachte sie wie eine elementarische Revolution in

Aufruhr, und der Untergang der großen Ordnung, welche das Römische Reich genannt wurde, erzeugte eine fieberhafte Unruhe der Menschengeister. Das Christentum aber, die gewaltigste aller moralischen Revolutionen, warf die sittliche Freiheit wie eine neue Seele in die Welt, und so erscheint das Mittelalter hierauf als die Periode der schmerzlichsten Sehnsucht und des heftigsten Ringens nach der Gestaltung des christlichen Ideals. Im tiefsten Wesen von Religiosität durchdrungen, war es das absolute Zeitalter der Kirche; während nun alle andern menschlichen Institutionen schwankten und sich verwirrten, stand diese allein unwandelbar da, und sie erzog die Völker durch das religiöse Gesetz, den Glauben, die Hoffnung und die Gewissensangst langsam und oft qualvoll zu einem höheren Sein. Die Kirche aber hatte ihren Sitz in Rom. Als sich das Christentum über das Römische Reich verbreitete, drohte jedoch der christliche Glaube in Sekten und feindliche Kirchen zu zersplittern. Die Schwächen der menschlichen Natur, Ehrgeiz, Herrschsucht und Eitelkeit, spotten dem Grundsatz demokratischer Gleichheit der Gemeinden wie der Priester, und wenn in den Zeiten der Bedrückung der Kirche die Bischöfe von Jerusalem, Antiochia, Karthago, Alexandria, Mailand und Rom einer über den andern das Haupt nur schüchtern erhoben, so mußte nach dem endlichen Siege des Christentums dennoch einer von ihnen die Diktatur der christlichen Republik erlangen. Und dies konnte nur der römische Bischof sein. Die Kirche in Rom, die reichste und mächtigste von allen, leitete ihre Stiftung von dem Apostel Petrus, dem unmittelbaren Lehnsträger Christi her, und sie behauptete, daß ihre Bischöfe, weil Nachfolger Petri und Statthalter Christi, auch allein die apostolischen Häupter der allgemeinen Kirche seien] ..., ergriffen mit Erfolg die Ansprüche,

10 *26—33* A = ... Völkergemeinde stand. [Im Gegensatz zu diesen Wirkungen wird dann auch von den Übeln geredet werden, die später von Rom ausgingen, von den Übergriffen des Papsttums, von Inquisitionen und Scheiterhaufen, von Aberglauben und Knechtung des Gewissens; aber vor dem höheren geschichtlichen Begriff mögen sich selbst die finstern Qualen der Zeiten mildern, und die Sünden der alten Völkerdespotin durch die Macht der religiösen Idee und den großen Gedanken der Weltharmonie aufgewogen werden, den Rom vertrat, und wodurch es Europa aus dem Chaos der Barbarei befreit und vor brutaler Zerrissenheit gerettet hat.]

30 *14* A—C: ... den höchsten Schatz der Menschheit bildeten. [Er sah selbst den Fall des Reichs durch die christliche Religion voraus, welche im Namen der persönlichen Freiheit und Gleichheit (A: im Namen der Individuen) dem „Staat" den Krieg erklärte und die hergebrachte bürgerliche Ordnung aufzulösen drohte.] Von den heidnischen Philosophen ...

31 *18 A—C:* ... mit dem Pöbel gemein haben sollten, [und die demokratischen Grundsätze des Christentums, die Ideen der Gleichheit, Freiheit und Brüderlichkeit (A: der Gleichheit, der Freiheit, der Liebe und Brüderlichkeit)], welche den Unterschied zwischen dem Herrn und dem Sklaven aufhoben, ...

31 *23—27* = B—E

38 *35—37* = E

Erstes Buch 147

40 *37—41 3* = B—E
43 *39—44 4* = E
45 *15—24* = C—E
49 *27* A: ... als S. Costanza verehrt. [Die letztere aber, eine zügellose Buhlerin, hat die Kirche aus Irrtum heilig gesprochen, indem sie dieselbe mit einer frommen Römerin ihres Namens verwechselte.] Der große porphyrne Sarkophag, ...
51 *5—16* = DE
52 *8—12* = B—E
52 *12—25* = DE (stark erweitert gegenüber A—C)
52 *28* A: ... mit dem V. Jahrhundert beginnen. [— ein großer und tragischer, ja dämonischer Gegenstand und zu furchtbar für meine allzu kleine Kraft. Aber, wie es die Alten gesagt haben, es ist immer schön, nach dem Großen zu streben, und ich will ruhig an die Ausführung gehen, das Ziel und alles Übrige jener Macht anheimgebend, welche die Arbeit an die menschliche Intelligenz verteilt.]
54 *9—22* = B—E
58 *21—30* = B—E
81 *13—34* = B—E
87 *18* A: ... das [bedenkliche] Prädikat der „Gottesgebärerin" ...; BC = ... das Prädikat der „Gottesgebärerin" ....
89 *30—90 6* = B—E
91 *8—17* = B—E
93 *22—25* = B—E
94 *36—95 2* = B—E
97 *19—23* = C—E
104 *33—39* = DE
107 *11* A: ... die herrlichen Marmorplatten [, auf denen sich nur noch die Eidechse im Sonnenschein ruhte,] zum Privatgebrauch zu verwenden, ...
109 *16—25* = B—E
110 *35—40* = B—E
111 *14* A: ... von Gold und Edelsteinen angefüllt. [Man kann in der Tat eines mitleidigen Lächelns sich nicht erwehren, liest man die von Gold und Rubinen starrenden Kataloge der Schenkungen an die Kirchen Roms, welche uns zu derselben Zeit einer tiefen Verkommenheit der Stadt gleichsam in funkelnde Zaubermärchen hineinsehen lassen.]
116 *1—10* = B—E
116 *40—118 8* A = ...unter seiner kaiserlichen Autorität. [So ging das abendländische Imperium aus. Durch eine lange Despotie unter Kaisern, welche barbarischer gewesen als die Barbaren, entsittlicht und versklavt, durch das Christentum nicht mit neuer Lebenskraft durchdrungen, unfähig, kräftige Geister aus sich zu produzieren, hatten die Römer germanischen Männern den Staat überlassen müssen und nichts behalten als das Institut der Kirche, welche in der Stille wuchs und wuchs. Der politische Name „Römer" aber, ja der Titel eines römischen Bürgers war, wie wir einem Bischof jener Zeit willig

glauben, schon ein Gegenstand der Verachtung geworden. Das Römische Reich erlag den Gesetzen der Natur. Nachdem es Jahrhunderte lang die Völker geknechtet und jede selbständige Entwicklung der Nationalgeister unmöglich gemacht hatte, ward es endlich, durch das Christentum und durch den Andrang der Germanen nach und nach zersprengt, aufgelöst. Sein Ruin mochte den Blicken damaliger Menschen als ein grenzenloses Unheil erscheinen, aber der Wirklichkeit nach war er eine der größten Wohltaten, die das Menschengeschlecht erfuhr; denn nun begann erst der glücklichste der Weltteile, Europa, sich zu beleben und in langen Entwicklungsprozessen sich zu einem mannigfaltigen, reichen und großen Organismus der Kultur zu gestalten. Der Untergang des Römischen Reichs, lange vorausgesehen, erschütterte die abgestumpfte Welt nicht mehr; der Fall einer Despotie läßt sich nicht beklagen. Weit eher hat die ehrwürdige Stadt Rom auf unsere Teilnahme Anspruch, da sie, jenes Glanzes völlig entkleidet, welcher ihr bis dahin noch einen Schein von Majestät gelassen hatte, mit ihren Monumenten in immer tieferen Ruin versinken sollte.]
117 *26/27* = DE
117 *31* = DE (... zu einem reichgegliederten Organismus [selbständiger Nationen] sich umzugestalten.)
120 *14—26* = DE
120 *31—121 21* = B—E (stark erweitert gegenüber A)
121 *37—122 2* = DE
133 *21—25* = B—E
134 *39—135 5* = B—E
135 *16—19* = B—E
136 *12—23* = B—E
141 *20—28* = DE (von der Stelle:..., aber es hatte im Jahre 422..)
142 27 Anm. A = [Nachdem Europa durch den letzten Krieg in der Krim beschämt worden ist, haben die Statistiker Muße zu berechnen, daß mit den Summen, die dort zugunsten kunstgerechtester Vernichtung an Menschen und Städten aufgewendet worden sind, die öffentliche Armut in England und Frankreich hätte getilgt werden können:] Heu mundi error dolendus!...
146 *32—41* A—C = [Die Hebräer, seit Pompejus in Italien ansässig, besaßen Synagogen in Genua und Neapel, in Mailand, in Ravenna und vor allem in Rom. Ihr (A: gemeiner) Wuchergeist und ihre (A: habsüchtige) Handelsverschlagenheit (A: noch heute hervorragende Eigenschaften dieser geborenen Geldwechsler und Bankiers,) machten sie reich, aber auch (A: mit Recht) verhaßt; dem Hasse der Römer gegen dieses (A: seltsame) wunderbare Volk, welches jeden Ruin jedes Reichs der Erde mit zäher Lebenskraft überdauerte, begegnen wir einigemal bei Dichtern und Prosaikern seit Augustus.]
147 *4—11* = DE
147 *15/16* = DE
147 *18* A—D:...., in Trastevere. [, wo die Hebräer schon zur Zeit des Martial und des Statius als Hausierer mit Schwefelfäden umherliefen, und in den Straßen ihren Plunder wie heute die stracci ferraci ausschrieen.] Die Nähe....
148 *28* A:... nach Rom schickte. [Der gedrängte Papst widerstand gewiß (B =

Zweites Buch 149

wahrscheinlich) mit Festigkeit dem unkanonischen Richterspruch des königlichen Boten, denn schon ein Jahr zuvor hatte er auf seiner dritten Synode das Gesetz Odoakers für nichtig erklärt, wonach derselbe durch seinen Präfekten Basilius verordnet hatte, daß die Papstwahl nicht ohne die Zustimmung des Königs von Italien geschehen dürfe.] Er selbst wollte seine eigene Lage....

149 *3—8* = DE
150 *35—39* = B—E
155 *11—23* = B—E
155 *35—39* = B—E
156 4 A: ... zu verdanken war. [Der Deutsche aber hat Grund, mit Freude auf einen der ruhmvollsten Helden seines Stammes (und die Goten sind das Mark der deutschen Nation und ihrer Sprache) und eine der schönsten Zierden seiner Geschichte und Sage gerade in dieser Stadt zurückzublicken, welche das Schicksal viele Jahrhunderte lang in den Schutz Deutschlands gestellt hatte; die italienischen Geschichtschreiber haben es ihm erspart, die Tugenden des großen Goten noch durch eine Lobrede zu preisen.]
159 *3—9* = B—E
160 *1—5* = B—E
160 *38—161 1* = B—E
161 *19—162 4* = DE (stark erweitert)
162 *30—36* = DE
170 36 A: ... sein persönlicher Feind, [eilte ihm jedoch nach, und ehe noch der Unglückliche Ravenna erreichte, traf ihn der rachsüchtige Verfolger, warf ihn auf dem Wege nieder, und sein Knie auf die Brust des rücklings daliegenden Schlachtopfers gestemmt, durchschnitt er ihm die Kehle.] erreicht ihn auf der Flucht, ...
170 *41—171 4* = B—E
172 3 A: ...., die Griechen rückten durch das Asinarische ein; [und die Römer hörten mit einer törichten und erstaunten Freude die Hörner der Griechen wieder in ihren Mauern schallen und sahen die bunte Reiterei der Sclavonier und der asiatischen Hunnen mit ihren fliegenden Drachenfahnen vom Lateran herab durch den Triumphbogen des Titus die Via Sacra hinunterziehen.] Die Römer empfingen sie frohlockend wie Befreier.
173 33 A: .... der Feind möchte mit den Griechen zugleich eindringen, [und weder die augenscheinliche Todesgefahr der Fortstürzenden, noch die zornige Stimme Belisars achtend, dessen von Schweiß und Staub starrendes Antlitz die schon sinkende Sonne immer weniger deutlich erkennen ließ, hielten sie] im Glauben, der Feldherr sei gefallen, ...
185 *7—13* = DE
185 14 A: Der schrecklichste Hunger [(er zerfleischte ganz Italien, und in Mailand verzehrten Mütter ihre Säuglinge)] wütete unterdes in Italien ...
192 *24—31* = B—E
195 *34—38* = DE
198 *17—19* = B—E
205 23 A: Totila [nahm das Schreiben seines großen Gegners aus den Händen

derer, die es brachten, und indem er dasselbe aufmerksam las, regte sich in seiner Brust der Unwille, daß ihm Belisar eine so törichte Schandtat zutrauen konnte.] schickte seinem großen Gegner eine Antwort, und wir beklagen, daß die Geschichte [dies Denkmal einer hohen Heldenseele] nicht aufbewahrt hat. (B und C kürzer)

208 *23* A: .... gerettet worden. [, und nach einem hartnäckigen Kampf um die Leiche ihres Trägers waren die Goten froh, daß sie dem Gefallenen die linke Hand hatten abhauen können, um das goldene Armband nicht als Siegeszeichen den Griechen zurückzulassen.] Im Lager ...

215 *23/24* = B—E

217 *13* AB: Der griechische Geschichtschreiber [dieser Dinge wirft bei jeder Gelegenheit einen schüchternen Blick auf die Widersprüche des Schicksals, welches das anscheinend glücklichste Ereignis zu gleicher Zeit ins Verderben wendet.] erzählt bei dieser Gelegenheit ...

221 *2—5* = DE

224 *2* AB: ... gleicht zu genau [den brutalen Ereignissen der Natur, und sowohl die Wanderung als die endliche spurlose Vernichtung jener Barbaren gleicht den Wanderzügen von Heuschrecken oder Ratten in heißen Ländern.] schrecklichen Naturerscheinungen.

224 *17—30* = B—E

225 *40—226 7* = B—E

226 *38—41* = DE

227 *18—228 7* = B—E

228 *23—27* = DE

229 *7* A: ... darstellte. [— ein Schauspiel, das wir vielfach vor Augen haben werden, und es ist ruhmvoll für die Päpste Roms, die zum Glück für die Menschheit siegreich aus dem Streit hervorgingen, wenn sie ihr auch die Resultate der Freiheit entweder nicht gönnten oder doch verkümmerten.] Der Papst Vigilius ...

229 *38—230 3* = DE

234 *26—31* = DE

234 *34—235 2* = B—E

235 *30—37* = E

236 *14—16* = E

b) Band 2 der Originalausgabe

A = 1. Aufl. (1859); B = 2. Aufl. (1869); C = 3. Aufl. (1876); D = 4. Aufl. (1889); E = 5. Aufl. (1903)

239 *6—15* = B—E

240 *33—36* = DE

240 *36—241 6* = B—E

241 *38* A̲—C: ... mit Speise versorgt. [Seine verzückten Meditationen unterbrachen jedoch, wie jene des Sankt Hieronymus in der Wüste, die holden Truggestalten der Frauen Roms, bis der junge Benedikt kurz entschlossen seine Felle

abwarf, und sich nackt unter Nesseln und Vipern wälzte, die verführerischen Phantasien von seiner Seele für immer zu verscheuchen.] Der Ruf seiner Heiligkeit...

242 *7—8* A = ... eines Tages [ließen sie sieben schöne und nackte Mädchen gegen das Kloster los, und indem diese Kinder der Freude vor den Zellen tanzten, sangen und lockende Gebärden machten, entsprangen einige von den schmachtenden Brüdern ihrem Gelübde und ihrer Klosterhaft.] Der Heilige aber beschloß....

242 *33* A: ... seiner frommen Schwester. [Die fromme Sage erzählt, daß St. Maurus, zu derselben Stunde in Gallien sich befindend, plötzlich zu einer Vision entrückt wurde und den Tod seines Meisters erkannte. Er sah von Benedikts Zelle einen Pfad geradeswegs in den Morgenhimmel fortlaufen, welcher mit Teppichen bedeckt und von zahllosen Lampen erhellt war.] Das merkwürdige Leben...

246 *24—247 4* = B—E

249 *31—250 7* = B—E

250 *22* A: ... die Kornspeicher der Kirchen untergingen." [„Es schwamm auch eine Menge von Schlangen mit einem Drachen, der so groß wie ein starker Balken war, auf dem Wasserschwall ins Meer hinunter, aber diese Tiere ertranken in den Salzwogen des stürmischen Meers und wurden an den Strand ausgeworfen." Die abergläubische Furcht des fränkischen Diaconus oder die Einbildungskraft der Römer, welche, durch Prophezeiungen und fortgesetzte Not entsetzt, seither immer mehr sich zu verfinstern begann, sah in den Baumstämmen, die der Fluß mit sich riß, greuliche Ungeheuer, und der fabelhafte Drachen oder Balena wurde als Curiosum noch in späteren Jahrhunderten gezeigt: denn eine seiner Rippen fand sich später an zwei Ketten in der Basilika der S. Maria in Ara Coeli aufgehangen, und eine andere in der S. Maria del Popolo.] Noch schrecklicher waren....

252 *10—13* B—D = ... die obere kleinere Säulenreihe aufrichten. [; denn so scheint das Märtyrergrab in der ältesten Zeit tempelartig nur mit einer Halle umschlossen gewesen zu sein, bis später die jetzt um elf Stufen erhöhte Hinterkirche hinzugefügt wurde. Die Anlage des Baues lehrt, daß die Umfassung des Märtyrergrabes ursprünglich nicht auf eine Basilika angelegt war; um diese zu errichten, baute vielleicht schon Pelagius eine Vorderkirche, schlug über der Konfession den Triumphbogen, und indem er in der alten Säulenhalle einen erhöhten Chor aufführte, schuf er so ein Presbyterium. Das Distichon unter den alten Musiven, welches von Tempeln redet, scheint diesen Doppelbau anzudeuten.] Die Mosaiken jener ältesten...

254 *2* A: ... der dritten Region. [Mitten in dieser von Leichen starrenden Stadt, deren entsetzliche Öde, durch die Stille der Ruinen und die weiten menschenleeren Räume gesteigert, mit Worten nicht ausgedrückt werden kann, erhob sich nun plötzlich ein wildes Klagegeschrei der Prozessionen, eine dunkle, gespensterhafte Szene und Vermummung des Volks und ein fremdartiges Wesen überhaupt, mit dessen Anblick im Jahr 590 sich in Rom zum erstenmal das Mittelalter völlig darstellt. Das siebenfache Volk aller Sprengel der Stadt ver-

sammelte sich jedesmal in der dritten Stunde in den bestimmten Kirchen, deren Altäre und Kreuzbilder schwarz verhängt waren. (BC: Die alten Römer würden, wenn sie dies christliche Schauspiel hätten sehen können, mit Entsetzen davor zurückgebebt sein.) Schwarze Gewänder und schwarze Schleier verhüllten die jammernden Frauen und in Kapuzen, denen ähnlich, ja wahrscheinlich gleich, in welche sich heute die Bruderschaften Roms vermummen, hatten sich die Männer gekleidet. Die Tausende von Mönchen und von Nonnen, brennende Kerzen in der Hand, die Presbyter und Geistliche aller Grade aus jeder Region verfinsterten die Straßen Roms, und gegen die sich fortbewegende Menge der Greise, der Entsagenden und Abgestorbenen kontrastierten die paarweis hinziehenden Kinder, von welchen der größte Teil Vater und Mutter und Geschwister eben erst verloren hatte.] Indem nun diese Trauerchöre...

255 *41* A:... gleichsam hingedrängt." [Der Kardinal Baronius sagt von dieser Homilie, sie bestätige vollkommen, was Benedictus prophezeit habe: Rom wird nicht von Feindeshand zerstört werden, sondern, von Wirbelwinden und Blitzen geschlagen, langsam in sich selbst verfaulen.] Die erste Predigt...

257 *23* A:... vor Rom erschien. [Es bleibt ein Rätsel, daß er die wehrlose Stadt nicht mit einem ersten und einzigen Sturm nahm. Die Langobarden waren im Beginn ihrer italienischen Herrschaft wild, räuberisch und grausam und hielten zum Teil noch an heidnischen Gebräuchen fest, aber im ganzen besaß dies bildsame Volk keinen so vorherrschend kriegerischen Charakter, wie er die Goten ausgezeichnet hatte; in allen Dingen erscheint vielmehr ihr bald gedämpftes Wesen frommer, sanfter und bürgerlichen Neigungen ergebener als das jenes Heldenstammes. Es fehlte ihnen überhaupt der heroische Geist der Eroberer; ihre Unternehmungen waren daher lahm und matt, und bilden kein ermüdenderes Schauspiel als die langobardische Kriegsgeschichte eines Zeitraums von zweihundert Jahren.] Der Heranzug der Langobarden...

259 *25* A—C:... vor ihren Augen. [: Rom war tot! Den feierlichen Ton des Redners begleitete das Weinen der Matronen und das tiefe Geseufz der Greise, die noch in den glänzenden Zeiten Theoderichs waren geboren worden; und in den Pausen mochte sich die erschütterte Phantasie einbilden, das Wutgeschrei der Feinde an den Toren oder das Bröckeln Roms und seiner alten Monumente zu vernehmen, von denen dumpf und schwer die Marmorsteine niederfielen.] Es gibt...

260 *20* A:... und diplomatische Feinheit; [denn die Schlauheit der Schlange war in diesem bewundernswürdigen Manne mit der Unschuld der Taube gemischt.] er zählte alle Gefahren auf....

265 *12* A:... wahrhafte Wohltat. [Jetzt ist es anders: von Gregors Zeit, so sagt man, schreiben sich die öffentlichen Fußwaschungen und Pilgerspeisungen noch in Rom her; aber diese Szenen gereichen dem rühmlichen Wohltätigkeitssinn auch der heutigen Kirche nicht zum Lobe, weil sie nur theatralische Formen sind, denen Fürsten des Auslands auf Balkonen und das Gedränge der Fremden ringsumher wie einem Schauspiel zusehen, wo die Armut und die christliche Demut zugleich als Puppen entwürdigt werden (B—E: z. T. in Anmerkung)]; Gregor verwendete....

267 *9—13* = DE
270 *17—23* = DE
271 *9* A—C: ... verbreiten half. [Aber wir stimmen nicht mit zu den heftigen Tadlern; denn nur der Unverständige verlangt, daß ein Mann des VI. Jahrhunderts die aufgeklärte Intelligenz der Nachkommen besitze.] Das Genie ...
272 *25—28* A = ... Weltrichters begegnete. [Wir behaupten es dreist, daß diese typische Weise der Mosaik, Christus so furchtbar darzustellen, mit dazu beigetragen hat, den Kultus des Heilands vom Gemüt des Volks mit ehrfürchtiger Scheu zu entfernen.] Der reine Dienst ...
272 *41* A—C: .... Kirchen zu erfüllen. [Der idealisierende Geist, welcher sich über die Tatsachen erhebt, drohte zu verschwinden; die erschlaffte Tätigkeit der Seele erhob sich nicht mehr zu Gedanken, sondern haftete an der greifbaren Wirklichkeit eines materiellen und abschreckenden Kultus der Toten. Die Macht der Poesie ward dadurch für Jahrhunderte gelähmt, während nur die sinnlichere Malerei,] eine Kunst, ...
282 *29—283 4* = B—E
283 *36* C: ...; von „apostolischem Geist" ergriffen, [das heißt voll Begier, die Angelsachsen dem Primat Roms zu unterwerfen,] wollte er selbst als Missionar. ...
284 *6—8* = B—E
284 *15—20* = B—E
284 *19* BC: ... begründet hatte, [ohne deren spätere Ausartung zu wollen oder nur zu ahnen,] starb Gregor I. ...
286 *11* A: ... gewidmet ist. [Dieselbe Kapelle bewahrt eine marmorne Tischplatte auf antiken Greifen, und der leichtgläubige Betrachter mag sich dabei vorstellen, daß dies derselbe Tisch war, an welchem Gregor täglich zwölf Arme und eines Tags als dreizehnten Gast einen himmlischen Engel speiste, der in Jünglingsgestalt daran Platz genommen hatte. Wichtiger wäre es freilich, wenn sich das Grabmal des Papsts erhalten hätte. Es stand einst im Vestibulum des St. Peter, dort wo man in die alte Sakristei eintrat und war mit einer Grabschrift in Distichen geziert. Der unbekannte Poet des Epigramms erhob sich mitten unter den Ruinen Roms zu den Anschauungen eines Römers und schrieb das lang entschwundene Konsulat als Ehrentitel einem Papst aufs Grab. Diese Inschrift lautet so:
Erde, o nimm nun auf, was Staub dir vom Staube genommen,
   Welchen du wieder dereinst gibst dem belebenden Gott,
Zu den Gestirnen entschwingt sich der Geist, nicht schadet der Tod ihm,
   Der zu den anderen Sein selber ihm ebnet den Pfad.
Allhier heget die Gruft des erhabenen Papstes Gebeine,
   Aber in Werken zumal lebt, in unzähl'gen, er fort.
Sieghaft zwang er den Hunger mit Brot, mit dem Kleide den Frost auch,
   Hinter dem Schilde der Schrift barg er die Seelen dem Feind.
Stets mit der Tat, was immer in Reden er lehrte, besiegelnd,
   Daß er ein Beispiel sei, sprach er mit mystischem Wort.
Anglia hat er bekehrt, mit erbarmender Liebe zu Christus,
   Neue Provinzen zum Reich Gottes erobernd gefügt.

154 Varianten

Dies dein Trachten, o Priester, und dies dein Sorgen und Mühen,
Wie du der Herden Gewinn, reicheren, bötest dem Herrn.
Konsul warest du Gottes, genieß nun dieser Triumphe,
Denn der unendlichen Müh' Taten, nun sind sie belohnt.

Gregor war, nach einer Regierung von dreizehn Jahren, sechs Monaten und zehn Tagen, am 12. März 604 gestorben, an welchem Tage Rom noch heute sein Fest begeht.]
291 *11—19* = B—E
294 *8*—295 *25* = DE
308 *29—31* A = [Unsere Einbildungskraft betritt hoch erregt das damalige Rom, aber sie stürzt mit schmerzlicher Andacht wie aus einer langen Verbannung von der Heimat in das damalige Athen; sie rührt uns zur Trauer, sehen wir aus der Verwilderung zerstörter Tempel und Odeen den ungeheuren Tod uns entgegenstarren und die vereinsamten oder verstümmelten Gebilde des Phidias ihn wie die Barbarei des Menschengeschlechts verklagen.]
310 *30* A: ... kennengelernt haben. [Mit Unwillen folgt die Geschichte diesen genauen Aufzeichnungen der päpstlichen Chroniken, und sie sträubt sich, den Brudermörder durch die Weihrauchwolken der Heuchelei von Altar zu Altar zu begleiten; jedoch sind in diesen Zeremonien zur Feier der Anwesenheit eines byzantinischen Kaisers, der sich herabließ, Rom zu betreten, schon die Empfangsfeierlichkeiten späterer Zeiten vorgezeichnet, und] Die traurige Lage ...
312 *23—34* = B—E
316 *15* A: ... Gemälde des XV. Jahrhunderts dargestellt ist. [Die großartige und wilde Phantasie dieser Legende, welche den Charakter jener byzantinisch-römischen Periode gut ausdrückt, reizt den Neid der Römer. Indem sie schon im lokalen Besitz der schönen Sage vom Erscheinen des Erzengels über dem Grabmal Hadrians sich befanden, wollten sie auch jene als römisch sich zu eigen machen. Es entstand daher in weit späteren Zeiten ein Streit zwischen Pavia und Rom um das Eigentumsrecht der seltsamen Dichtung. Aber die klaren Worte des Paul Diaconus reden von einer Kirche St. Petri ad Vincula in Ticinum oder Pavia, und von der Überführung der Reliquien des St. Sebastian aus Rom in jene Basilika. Gleichwohl haben es sich die Römer nicht nehmen lassen, jene Legende in ihrer Kirche S. Pietro ad Vincula als römische Begebenheit sowohl in einer Marmorinschrift zu verzeichnen, als in einem Gemälde darzustellen. Wenn man in die Basilika tritt, erblickt man zur linken Hand die Grabbüsten zweier Künstler, der Brüder Antonio und Pietro Pollajuolo aus Florenz vom Jahr 1498; über ihnen aber ein Freskobild, das von Antonio gemalt sein soll. Es stellt jene Pest vom Jahr 680 in eindrucksvoller und grotesker Malerei vor: vorn Leichen schauderhaften Anblicks, hinten auf der Treppe einer Basilika der Papst Agathon zwischen Kardinälen auf dem Thron sitzend und für das Volk Heilung erflehend; eine Prozession; der gute Engel, graziös von Gestalt und im Charakter der Malerei des Perugino oder des Pinturicchio, deutet mit der Hand auf ein Haus, während der böse Dämon, schwarz, gehörnt und geflügelt, mit dem Pestspeer ge-

gen die Türe stößt. Die Fürchterlichkeit dieses Würgeengels ist hier tiefsinnig gemildert, weil er als Diener des Agathodämon auftritt, wodurch der Dualismus wieder aufgehoben wird. Denn auch das Böse ist ein Werk der Vorsehung und ihr zu Zwecken des Heils dienstbar, der Mensch aber, der jenes erleidet, soll sich zu dem Gedanken erheben, daß die brutale Gewalt des Übels von der ihr gebietenden Macht des Guten geleitet werde. So hat in dieser schönen Legende ein tiefes dichterisches Gemüt die Frage über das Böse in der Welt aufgefaßt.] Im linken Seitenschiff ...

318 *2—5* = E
318 *8—10* = E
320 *24—35*; 321 *4—9* = B—D
320 *35—321 3* = E
324 *16—325 6* A = ... wuchs unterdes im Abendlande. [Wenn der heilige Petrus schon in der Epoche der gotischen Herrschaft einen den Griechen auffallenden Kultus genoß, so war in dieser Periode seine Bedeutung entschiedener, charakteristischer und weltlicher geworden. Es handelte sich nicht sowohl um sein Märtyrertum, um sein hohes Apostelamt, sondern vielmehr darum, daß er der Gründer der römischen Kirche und ihres Stuhles war; dieser unsichtbare Heilige im Himmel war der Titularbesitzer von vielen Domänen und Patrimonien auf der Erde, der theokratische König Roms, dessen Volk er als das seinige zu betrachten anfing, und auf dessen politische Regierung er rechnete, um sie dann den Päpsten, seinen Nachfolgern oder Stellvertretern als ein himmlisches Lehen zu übergeben. Sein goldenes Grab zu Rom in einer goldschimmernden Basilika war allmählich das Symbol der Kirche und des Heils geworden, welches aus diesem seinem Institut der Welt zuteil ward. Pilger aus den entferntesten Ländern strömten nun herbei, es zu verehren. Besonders aber wurden die Angelsachsen, im Eifer ihrer frischen Bekehrung, von leidenschaftlicher Sehnsucht nach Rom getrieben, und zu derselben Zeit, als der Orient nach dem heiligen Mekka und nach Medina pilgerte, stiegen fromme Scharen aus Frankreich, Spanien und Britannien die Alpen herab, um das ewige Rom zu sehen und am Grabe des St. Petrus sich niederzuwerfen. Sie langten hauptsächlich zum Osterfest an, und Rom war wie noch am heutigen Tage um die Osterzeit von Fremden erfüllt, die einer des andern Sprache nicht verstanden. Wenn solche heute das römische Volk durch ihr Geld, welches sie ihm lassen, zum Teil ernähren, brachten sie damals dem St. Peter und anderen Basiliken kostbare Geschenke dar, und die Spenden der Pilger waren eine nicht geringe Quelle des Reichtums für den Kirchenschatz. Die Pilger besuchten andächtig wallfahrend die Hauptkirchen und die Zömeterien Roms, und mit staunender Verwunderung warfen sie ihre Blicke auf die Ruinen der alten Stadt. Das Amphitheater des Titus, dieser kolossale Ring von ungeheuren, konzentrischen Mauern, scheint ihre Aufmerksamkeit am meisten erregt zu haben. Sie fanden schon im Munde des römischen Volkes den Namen Colosseum oder vielmehr Colisäus vor, sei es, daß er sich von dem berühmten Koloß des Nero, oder, was wahrscheinlicher ist, von der Riesengröße des Baues selber herschrieb. Wenigstens wird dieser Name am Ende des siebenten oder am Anfang des achten

Jahrhunderts zum erstenmal genannt, und es ist der ehrwürdige angelsächsische Mönch Beda, der ihn in der berühmten Prophezeiung über Rom zuerst gebraucht. „So lange der Colisäus", sagt er, „stehen wird, so lange wird auch Rom stehen; wenn der Colisäus fällt, fällt auch Rom, wenn Rom fällt, wird auch die Welt fallen." Dies seltsame und stolze Wort mochte eine in Rom selbst, vielleicht schon seit langer Zeit umlaufende Weissagung sein, die von den angelsächsischen Pilgern nach ihrer Heimat getragen wurde. Denn der Mönch Beda sah wahrscheinlich niemals Rom, und der Brief des Papstes Sergius, worin er ihn auffordert, herüberzukommen, wird von der Kritik stark bezweifelt.]

326 *18* A: ... bedeckte Kuppel trugen. [Wenn uns solche Arbeiten überliefert worden wären, so würden wir leicht den verderbten Geschmack über dem originellen Wesen vergessen, das sich in ihnen muß ausgesprochen haben. Die Bildhauerkunst jener Zeit können wir noch viel weniger würdigen, aber dreist behaupten, daß sie noch roher war als die verkommene Mosaikmalerei.] Sergius war Kardinal der Kirche ...

326 *19—22* = DE

327 *9—17* = B—E

327 *24* A: ... Schicksale Monte Cassinos erlitten hatte. [Er war der St. Maria geweiht und führte als Ort seinen Namen von dem vorbeiströmenden Flusse Farfa. Von den Langobarden wahrscheinlich um diese Zeit zerstört, als sie die Abtei Monte Cassino vernichteten, wurde es endlich durch den Eifer des Presbyter Thomas mit langobardischer Hilfe wieder aus dem Ruin erhoben.] Der Herzog Faroald von Spoleto ...

330 *19* A: ... niedergelegt ward. [, und noch heute zeigt man dort den Kasten, worin dasselbe Tuch von Jerusalem nach Rom gebracht wurde; im sechzehnten Jahrhundert wußte man sogar zu erzählen, daß er darum dreizehn Schlösser habe, weil jeder Caporione oder Regionskapitän Roms dazu einen Schlüssel führe; denn nur unter Zuziehung aller dreizehn Regionen durfte der Kasten geöffnet werden.] Endlich ließ es Johannes IV. ...

332 *18—28* = DE

332 *29* A—C: ... fanatischen Sitten. [Die wüste Wildheit des Mittelalters scheint sich in ihnen durch unmittelbare Beziehung zu Byzanz am ehesten und am eigentümlichsten unter den Städten Italiens ausgeprägt zu haben.] Was ihr Chronist Agnellus. ...

333 *27—31* = B—E

337 *22* A: ... suchte bald darauf die Stadt heim, [: der Fluß trat im Herbst 716 über die Ufer, setzte die Campagna weit und breit unter Wasser und stürzte endlich durch das Flaminische Tor in die Via Lata hinein, wo die Flut eine und eine halbe Manneshöhe erreichte. Sie ergoß sich verheerend bis über die Gegend von S. Marco unter dem Kapitol und Quirinal, und zugleich stand die Niederung von der Milvischen Brücke bis zum St. Peterstor unter Wasser. Sieben Tage währte die Not; täglich flehten Prozessionen um Rettung, und am achten Tage sank der Fluß zurück.] wo sie große Beschädigungen im Marsfeld anrichtete. ...

Viertes Buch

338 *6* A: ..., wo dieser unterwürfigste Diener des Papsttums [die alte Niederlage des Varus an den späten Nachkommen und in denselben Gegenden rächte, indem er Deutschland Rom und der lateinischen Sprache unterwarf.] die Herrschaft der römischen Kirche begründete ...

346 *8—29* A = ... zum göttlichen Leben zurückzuführen. [Diese treffenden Definitionen sind nicht ohne Größe, sie sprechen mit Klarheit die Stellung des Kaisers und des Papstes, des Staates und der Kirche, zueinander aus, welche in späteren Jahrhunderten die Welt so tief bewegte. Sie lassen diesen großen weltgeschichtlichen Zwiespalt im Leben der christlichen Menschheit ahnen, und er begann schon hier und jetzt, da sich aus dem Bilderstreit ein Kampf der römischen absoluten Kirche gegen den justinianischen absoluten Staat ergab. Aber jene erhob die Fahne wenigstens ihrer Freiheit mitten aus dem Streit über den Kultus der Bilder, und dieser die Fahne der Despotie und der politischen Sklaverei. Jene Erklärungen Gregors waren veranlaßt durch das despotische und charakteristische Wort in dem Briefe Leo des Isauriers: „Ich bin Kaiser und Ich bin Priester!" – „Du hast", antwortete ihm Gregor mit rühmlichem Mut, „nur den soldatischen, einfältigen und groben Sinn und mit dem wage dich nicht an die feinen Begriffe von Dogmen." Und nachdem er den Kaiser mit diesen Worten abgewiesen, sagte er ihm, er werde Christus bitten, ihm einen Teufel in den Leib fahren zu lassen, damit dieser vertilgt und wenigstens seine Seele gerettet werde.]

349 *2—10* = B—E

352 *29—353 2* = DE

355 *25—31* A = ... dem Papst antwortete. [: ohne Zweifel empfing er die Gesandtschaft als ein bedeutendes Ereignis, er erwiderte sie durch eine gleiche Gesandtschaft und durch Geschenke und übernahm die Rolle des Vermittlers zwischen den Langobarden und Rom.] (BC etwas abgeändert.)

359 *24* A = ... Mons Soracte. [Einsiedlerisch, ernst und schön scheint er über dem weiten Totenfelde von Rom als eine Sphinx gelagert.] Die klassischen Erinnerungen ...

362 *17* A: ... entstanden waren. [Neben den Treppen aber befand sich unten das Oratorium des St. Silvester, das gleichfalls reich mit Gemälden verziert wurde. Während Zacharias mit diesen Bauten beschäftigt war, entdeckte man zufällig in einem der Gemächer eine Kapsel, worin der Schädel des heiligen Georg eingeschlossen lag; dies versicherte wenigstens die griechische Inschrift. Der Papst versammelte sofort das römische Volk zu einer Prozession, und der kostbare Schatz wurde unter dem Gesange von Hymnen nach der Diakonie des St. Georg hinübergebracht, wo er sich noch heute befindet, und „wo der allmächtige Gott zum Ruhm seines Namens durch diesen hochheiligen Märtyrer unermeßliche Wunder und Segnungen zu wirken seither geruhte."] Neue Kirchen ...

363 *13—30* = DE

365 *30—38* = B—E

367 *2* A: ... Reise veranlaßt haben. [So scharf ist die Gedächtniskraft des Eigennutzes, daß sie die Titel für eine Usurpation noch aus dem Dunkel der fernsten Jahrhunderte hervorzuholen weiß, und so hartnäckig der Glaube der

Menschen, daß der Duft eines heiligen Salböls nicht in tausend Jahren verdampfte.] In der Kirche des heiligen Dionys...
367 *10—27* = DE
368 *7—16* B—D = ... verliehen wurde. [Mit der Einrichtung des Exarchats scheinen diese Würde vorzugsweise die Exarchen erhalten zu haben, und damit sich in der Folge die Vorstellung, daß es die Befugnis des Patricius sei, die Papstwahl zu überwachen und der Advokat der Kirche zu sein.]
368 *27* D: ... Auszeichnung erhalten hatten. [Pippin selbst machte davon keinen Gebrauch, und erst] Karl der Große nannte sich...
369 *4* A: ... und entläßt ihn. [Dies Zeremoniell wurde wahrscheinlich in den Zeiten entworfen, als Otto III. den phantastischen Plan ausführen wollte, das Kaisertum mit allen prunkenden Formen des byzantinischen Hofes in Rom wiederherzustellen, und als er die Würde eines Patricius wirklich wieder erneuerte.] Man darf nicht glauben,...
372 *6* A: ... mit heiligen Gebeinen zu beladen. [, die sie dann, sie eifriger verwahrend als Gold, unter beliebigem Märtyrertitel nach den Kirchen ihrer Heimat zu bringen und hier zu verkaufen hofften. Diese Menschen gruben mit der Gier von Goldgräbern; es genügte, daß ein Skelett auf römischem Boden ausgegraben war, um ihm Wunderkräfte zuzuschreiben, und so mochte es geschehen, daß die Gebeine von Menschen, die zu ihrer Zeit als Sünder in die Katakomben hinabgestiegen waren, plötzlich als Reste himmlischer Heiliger wieder ans Licht kamen.] Die Begier nach solchen Reliquien...
372 *29—33* A = ... seine „Adoptivsöhne". [Mit Recht darf man diesen köstlichen Brief, eine Heroide des Christentums, als eines der gültigsten Zeugnisse von dem Geist nicht allein jenes Jahrhunderts, sondern auch der Kirche betrachten, welche sich nicht scheute, „die heiligsten Motive der Religion für Angelegenheiten des Staates zu verwenden." Das Urteil strenger Menschen darf den Papst um diese Fiktion mit Gerechtigkeit tadeln, obwohl sie der bizarren Phantasie jener rohen Zeit im allgemeinen, wie dem originellen Einfall selbst zugutgehalten werden muß. Das barbarische Latein des Briefes freilich würde selbst Petrus, der nur hebräisch oder griechisch zu schreiben verstand, mit Erröten abgelehnt haben, und der Schwulst hätte ihn verletzen müssen, der seine Epistel an die Franken wie eine Weihrauchwolke umhüllt. Indem er diese Fürsten zum schleunigen Hilfszug lebhaft aufruft, verstärkt er seine Bitten durch die aller übrigen Heiligen:] BC: [Man sehe, was aus der Gestalt des großen Apostels im VIII. Jahrhundert geworden war, wenn ihm sein römischer Nachfolger Worte wie die folgenden in den Mund legen konnte:]
373 *16* A: ... verlustig erklärt seid." [„Aber Gott und unser Herr Jesus Christus, der uns mit seinem teuren Blut erlösend zum Licht der Wahrheit geführt hat und der uns zu Predigern und Erleuchtern der ganzen Welt eingesetzt hat, gebe euch solches zu wissen, zu erkennen und sogleich anzuordnen, daß ihr schnell herbeieilet, diese Stadt Rom und das ganze Volk und die heilige mir vom Herrn übergebene Kirche Gottes zu erretten, so wahr als er dann erbarmensvoll durch meine Fürbitte euch als den Getreuen seiner Provinz sowohl hier langes Leben, Heil und Sieg bewahren als im künftigen Säkulum

Viertes Buch 159

die gemehrten Geschenke seines Lohnes euch mag verdienen lassen mit seinen Heiligen und Auserwählten. Gehabt euch wohl." So schrieb Petrus, und man sieht, welche Gestalt die christliche Religion in Rom bereits angenommen hatte – Gott und der erhabene Heiland traten weit in den Hintergrund des menschlichen Vorstellens, und die Verweltlichung der religiösen Dinge hatte bewirkt, daß St. Petrus als Haupt des kirchlichen Institutes und als eigentlicher Princeps eines irdischen Staates in den Vordergrund trat.]
376 *39—377 24* = B—E
379 *8—12; 18—21* = B—E
383 *34* A: ... gewesen sein. [Diese Heilige verdankte einer Tradition ihr ausgezeichnetes Ansehen in Rom: die arglose Stimme des Volkes sagte dem Apostelfürsten nach, daß er eine fleischliche Tochter erzeugt hatte, die von seinem eigenen Namen Petronilla genannt wurde. Das schöne Mädchen rührte das Herz eines jungen und edeln Heiden Flavius; er begehrte ihre Hand, aber die Jungfrau forderte drei Tage Bedenkzeit, welche sie im Gebet hinbrachte, bis sie der plötzliche Tod erlöste.] Ihre Leiche war ....
384 *33* A: .... vermodert waren. [; und überhaupt war es eine seltsame Wanderung der römischen Toten im Abendland. Das menschliche feine Gefühl der Griechen würde sich vor diesem Schauspiel entsetzt, und der klare Verstand der alten Römer es verachtet oder nicht begriffen haben. Und auch wir eilen von diesen Leichen gern hinweg.] Im Jahre 761 ...
390 *24* A: ... und dem Landgebiet. [Die Geschichte und der Sturz beider Männer ist jedoch in ein Dunkel von Ränken eingehüllt, auf welches die dürftigen Berichte jener Zeit nur ein zweifelhaftes Licht fallen lassen. Die einzigen Quellen dafür sind die Lebensbeschreiber der Päpste Stephan und Hadrian und der erste Brief jenes Papstes in der karolingischen Sammlung; aber obwohl sie in einigen Dingen voneinander abweichen, kann doch dem unbeirrten Urteil der Kritik der wahre Zusammenhang nicht entgehen.] Beide standen dem Papst Stephan ...
393 *24—29* A = „ ... in große Sünde gefallen sind." [„Was ist das für ein unsäglicher Aberwitz, o erlauchte Söhne und große Könige, daß Euer ruhmvolles Frankenvolk, welches alle anderen Völker überstrahlt, und daß ein so glänzender und edler Sproß Eurer königlichen Macht (es sei ferne!) mit dem treulosen und stinkenden Volk der Langobarden befleckt werde, welches nicht einmal unter die Zahl der Völker gerechnet wird, und aus deren Nation das Geschlecht der Aussätzigen sicherlich hervorgeht."]
393 *29* A: „ ... Aussätzigen hervorgeht." [„Denn niemand, der bei gesunden Sinnen ist, darf glauben, daß so ruhmvolle Könige sich mit einer so abscheulichen und schandbaren Ansteckung behaften werden. Überhaupt, „was hat das Licht mit der Finsternis gemein?" oder „welchen Teil hat die Treue an dem Untreuen?"] Und schon seid Ihr ...."
394 *2* A: ... das Abendmahl. [– ein charakteristischer Zug jener bizarren Epoche, wo die äußere Roheit mit der feinsten Staatspolitik sich vereinigte – und nachdem er diese Handlung im Briefe selbst berichtet hat, schließt er sein Schreiben mit folgender Drohung in der grotesken Weise seiner Zeit:] „wenn jemand ...

394 *9* A: ... in Wahrheit barbarisch; [und kaum von einem fernen Schimmer der Ideen gestreift. Die Philosophie, im Altertum einst Gemeingut der Menschen, war erloschen, die humane Wissenschaft tot bis auf einige Regungen in trüben Klosterzellen; die Begriffe politischer Freiheit, bürgerlicher Tätigkeit und Würde im Staat waren unbekannt, und die Menschheit lag in einem Aberglauben eingehüllt, dessen mehr schreckliche als angenehme Bilder die Phantasie zu sehr beschäftigten. Aber selbst in so roher Zeit bleibt übermäßige Begierde nach dem Besitz tadelnswert, um so mehr, wenn in die irdischen Zwecke das Heilige herabgezogen und die den Menschen ehrwürdigen Mysterien gemißbraucht werden, um als Schreckmittel der Politik zu dienen.] die damalige Religion ...

399 *16* A: ... nach sich gezogen hat. [, und keine, die mehr blutige Kämpfe kostete, als jene zur Zeit des Belisar und des Narses, deren Heldennamen die Taten sämtlicher Karolinger zum Schweigen bringen.] Der König Karl ...

400 *10* A: ... zum Papst gelangte. [– ein unkönigliches Bild und eine Situation, die dem Helden weniger als dem frommen Pilger jener Zeit geziemte.] Dies war die Gestalt ...

402 *22—24* = DE

402 *28—403 29* = B—E

404 *21—24* = DE

404 *24* D: ... die Sabina erhielt. [Doch kann diese Ansicht nicht begründet werden.] Die Ländereien ...

407 *4—14* = B—E

407 *22* A: ... zu Recht bestehen." [Die feine Politik Roms verdient Bewunderung. Es scheint, Karl gab nach und ließ jene streitige Frage für jetzt fallen.] Wenn St. Petrus ...

410 *21—24* = DE

411 *8* BC: ..., weil gerade dieser Monarch die Kirche [zu ihrem und der Welt Unheil] mit so viel Land ausgestattet hat.

412 *31—413 2* = DE

413 *21—23* = ABDE

416 *25* A: ... des heiligen Hippolyptus, [einst ein großes Heiligtum der Pilger, zerfiel bis auf den einen Turm, der noch heute einsam, grau, von wilden Seeschwalben umflattert, auf diesem seltsamen Eiland aufrecht steht, während die immer milde Jahreszeit seine Sümpfe mit Orchis, Iris und Asphodelos schön bedeckt.] welche ehemals ...

418 *26* A: ... von Christus:
[Der mit dem Vater die Erde gegründet und Herrscher des Himmels.
Ordner der Länder, als Mensch Jungfrauenschoße entsprang,
Wie er dem Stamme der Priester zugleich und der Könige abstammt,
Also läßt er die Welt lenken von beiden zumal.] Petrus gab er ...

421 *23—29* = E

422 *11* A—C: ... andern Päpsten umgebaut. [Überhaupt hat der völlige Umbau unter Calixtus II. und anderen Päpsten die Kirche sehr verändert. Sie ist nun eines der schönsten Denkmäler mittelaltriger Kunst des XII. und XIII. Jahr-

hunderts, denn die Musive ihres Bodens, ihre Ambonen und Tabernakel gehören dieser Periode an.] Nur der schöne Glockenturm...

422 *22—30* A = ... erhebt sich derselbe 35 Meter hoch, [als eine Pyramide von zerbrochenen, tönernen Gefäßen, gleichsam der symbolische Grabhügel des alten Rom und seiner in Scherben gegangenen Herrlichkeit. Niemand weiß zu sagen, wann und wie er entstand. Er erhob sich, als Rom zerfiel, und wie die Natur oder Geschichte alles Werden und Vergehen oft durch tiefsinnige Symbole absichtslos zu kennzeichnen pflegt, wurde hier, nicht weit von der Cestiuspyramide, aus Gefäßen Roms den sieben Hügeln selber noch ein Scherbenberg hinzugefügt. Ja, jenes Bild in der Homilie Gregors, wo der Papst Rom mit einem siedenden und dann zerschlagenen Topf verglich, scheint hier seinen Ursprung gefunden zu haben.] Die Römer nannten...

425 *31* A—C = ... des Lateran hervorgegangen, [von den Päpsten selber diktiert,] von den Beamten des Scrinium oder Archivs redigiert,....

427 *20* A: ... im VIII. Jahrhundert darzustellen. [, und es wird wegen des Mangels der Quellen wie des Talents des Verfassers eines der schwächsten in diesem schwierigen Werke sein.] Eine dreifache Gliederung...

428 *1—11* = B—E

434 *40—435 10* = B—E

444 *10—17* = B—E

449 *7* A: ... zu S. Vitale abgebildet; [, und sich nicht gescheut, eins der niederträchtigsten Weiber, seine Gemahlin Theodora, ebenfalls dort im Tempel unter Heiligen vorzustellen;] aber in Rom...

450 *37—451 5* = B—E

452 *3—13* = B—E

454 *12* A: .... der Christenheit. [Das grüne Feld von Phaderbrunnin schallte von dem dumpfen Hall der erzbeschlagenen Schilde und der kriegerischen Tuben, und die rauhen Heldensöhne Germaniens schwuren mit erhobenen Schwertern, den vertriebenen Papst in jene ferne Roma wieder zurückzuführen, welche sie schon längst in ihre Obhut genommen hatten.] In den Waffenlärm...

455 *1—2* A: ... jene beiden Würden an Macht und [(wie er etwas ketzerisch hinzusetzte)] auch an Weisheit überrage,...

459 *24* A: ..., waren hingeschwunden; [doch der Begriff des Augustus dauerte; nur hatte ihn das Abendland gleichsam zerteilt und sich daran gewöhnt, Kaiser und Papst als die zwei großen Sonnen zu betrachten, von denen Licht und Ordnung durch die sittliche Welt verbreitet ward. In demselben Maße als der Papst hierauf sich von dem Zusammenhang mit dem griechischen Kaiser abgelöst und das System der römischen Kirche sich im Westen befestigt hatte, war das Bedürfnis, das Kaisertum im Abendland zu erneuern, gewachsen. Der mächtigste Fürst desselben stieg durch die Verkettung der Umstände stufenweise zu einer Gewalt empor, welcher nur der vollendete Titel fehlte. Der Papst, durch ihn selber in Besitz eines Staats gesetzt, welcher Byzanz entzogen worden war, bedurfte des Arms eines höchsten Richters und Regierers, um in seinem mächtigen Schutz des weltlichen Gewinnes froh zu sein, im Geistlichen aber sich unbehindert zu bewegen. So wurde das westliche Imperium erneuert,

162   Varianten

doch mit einem kühnen Zuge aus der Sphäre der gemeinen bloß politischen Ursachen gerückt und an den göttlichen Willen oder das weltregierende Amt Christi geknüpft, als dessen Ausfluß oder Leben es gedacht wurde. Dies Vorstellen war mystisch wie die religiöse Phantasie jener Epoche selbst. Der nüchterne Verstand mag es deshalb belächeln oder aus den späteren Kämpfen um die Kaiserkrone und aus dem Streit der Kirche mit dem Staat die politische Unzulänglichkeit der Idee beweisen, aber es wird nicht geleugnet werden können, daß die Erzeugung eines höheren Prinzips als es das bloß politische der altrömischen Weltmonarchie und das absolute des justinianischen Staates war, eine große Produktion jenes Jahrhunderts gewesen ist. Die Freiheit der Kirche oder des Geistes, welche jenes justinianische Prinzip angefochten und dem Politismus zu unterwerfen gedroht hatte, ward für immer proklamiert; dem orientalischen oder byzantinischen Staat, der an seiner eigenen ungegliederten Despotie zur Mumie werden sollte, wurde das abendländische, vielgegliederte, germanisch-römische Reich als christliches Imperium gegenübergestellt. Das Leben der Völker wurde nun an ein doppeltes ideelles System von Kirche und Reich gebunden, in einem zwiefachen sittlichen Einheitspunkt gesammelt und deshalb dialektisch bewegt, es wurde endlich vor der rohen Veräußerung und Vereinzelung bewahrt. Dies System erzeugte eine große geschichtliche Strömung, es schuf ein allgemeines Gut der Kultur, der Wissenschaft und Kunst, des Rechts, aber es wurde von den Völkern und namentlich von Deutschland durch Einbuße an eigener Entwicklung teuer bezahlt, und endlich ward es, wie es sich überlebte, zu einer despotischen Scholastik, gegen deren Reste, ungeheure Trümmer, die wie das heutige Papsttum nur durch die Schwere zusammengehalten werden, die Gesellschaft noch im Kampfe liegt, ohne jedoch die Fähigkeit zu haben, jenes große Feudalsystem des Mittelalters durch ein anderes allgemeines zu ersetzen.]

460 *11* A: ... dem mächtigsten Gebieter des Westens darbot. [Das Märchen von der überraschenden Weihnachtsbescherung Karls des Großen mit der Krone Roms wird nicht geglaubt. Die vollendete Tat riß die Welt zum Staunen hin, doch nur wie jedes große Ereignis, welches, obwohl von allen erwartet, überrascht, weil es wirklich ward.] Gleichzeitige Chronisten....

460 *22—28* = B—E

460 *32—461 9* = B—E

461 *22—23* A = ... weder des Königs noch des Papsts, [sondern als ein gemeinsamer und legaler Willensakt des gesamten christlichen Volkes erscheinen,] der das Römervolk....

461 *34—37* = B—E

461 *39—462 15* = B—E

462 *35—464 16* = B—E

464 *20—466 17* = B—E

c) Band 3 der Originalausgabe

A = 1. Aufl. (1860); B = 2. Aufl. (1870); C = 3. Aufl. (1876); D = 4. Aufl. (1890); E = 5. Aufl. (1913 = anastatischer Neudruck); M = Gregorovius-Nachlaß (Handschriften-Abteilung der Staatsbibliothek München).

467 *4* A: ... mit germanischem Gehalt erfüllt. [, und diese Nationalität, fortan die Trägerin europäischer Kultur, setzte die lateinische politisch zu ihrer Dienerin herab.] Wenn man dieses neue Reich ...

467 *13—22* M = ... der ewigen Stadt behielt. [Das Slawentum war durch die Natur der Dinge nicht zu Rom, sondern zu Byzanz gewendet und diesem als historischen [sic!] Stoff zur Durchbildung überlassen. Die Geschichte schien schon damals Byzanz, von welchem sich Rom und der Westen für immer abgetrennt hatte, die Aufgabe zu stellen, die Slawen, denen es doch die griechische Religion gab, an sich zu ziehen und dem großen germanisch-römischen Imperium ein slawisch-griechisches Reich gegenüberzusetzen. Es ist eine der denkwürdigsten Erscheinungen und zugleich eine der schwersten Anklagen gegen Byzanz, daß diese naturgemäße Aufgabe nicht gelöst ward; ihre Idee lebte jedoch fort, noch heute wird sie gespürt, und sie kann vielleicht verwirklicht werden, nachdem mehr als tausend Jahre seit der Gründung des germanisch-römischen Reichs verflossen sind, und dies selbst schon untergegangen ist.]

467 *24*—468 *5* M = ... Verhältnis zur Welt. [Wenn die Germanen das alte politische Rom so hartnäckig bekämpften, geschah es zum Teil, weil sein despotisches Prinzip die selbständige Nationalität vernichtete. Aber das Christentum gab die Nationalitäten völlig frei, und das christliche Rom proklamierte die Gleichheit der Völker, ihr allgemeines Bürgerrecht oder das Weltbürgertum. Der antike Begriff von privilegierten Nationen und von Barbaren ward ausgelöscht – ein nicht zu sagen großer Grundsatz und Fortschritt der Humanität. Vor dem Altar des allgemeinen Gottes galten fortan Germanen, Römer, Slawen, Hunnen, Griechen gleich, und selbst dem elendesten Sklavenvolk einer herrschenden Nation ward der volle Anteil an den höchsten Gütern der Religion im Namen des Christentums gewährt. Rom repräsentierte dies kosmopolitische Prinzip, es nannte sich die Mutter der Nationen, und die verschiedensten Stämme blickten voll Andacht zu ihrer gemeinsamen Hohenpriesterin empor. Wenn dies Ideal einer Civitas Dei hätte verwirklicht werden können, wenn ein moralisches Gesetz der Liebe die Völker der Erde, den orbis terrarum, zu regieren und alle ihre irdischen Institutionen zu durchdringen vermochte, dann freilich war die Aufgabe der Geschichte gelöst. Doch jenes Grundgesetz der Gleichheit vor Gott war der einzige Codex der Freiheit und des Glücks, welchen man den Völkern zu geben vermochte, und er stieg aus der idealen Sphäre des Himmels oder des Jenseits nicht in die tiefe Region hinab, wo die bürgerliche und politische Knechtschaft unter tausend Titeln fortbestand. Die Form einer allgemeinen, durch eine Idee und Macht verbundenen Gesellschaft der Völker war demnach in dem „Reich" ge-

geben, aber in der Wirklichkeit hatte sich diese Masse noch zu gestalten, hatten sich aus Stämmen und Völkern selbständige Nationen, aus dem allgemeinen Reich wirklich Staaten zu bilden, und das ganze Mittelalter ist die fortgesetzte Geschichte eines großen, erschütternden Kampfes des christlichen Prinzips um seine lebendige Form in allen Richtungen des Lebens.] Auch im engeren Kreise....

468 *8* A—C:... und Griechen, [war ein historisches Gesetz; denn Rom war in der Tat heilig, nicht um seiner Katakomben willen, sondern wegen seines inneren kosmopolitischen Begriffs.] war eine Tatsache von geschichtlicher Wichtigkeit.

468 *26* A—C:... eines allgemeinen [, immer stillen Asyls der Liebe] Asyls der Bildung...

468 *27* A:... der bewunderungswürdig sei? [Wenn das Göttliche in menschlichen Ordnungen rein könnte dargestellt werden, so würde der Papst, der Idee nach, sein Abbild gewesen sein;] Wenn das Institut...

469 *32—40* = B—E
471 *19—35* = DE
475 *29—32* = DE
476 *37—40* = B—E

494 *17* A—C:... natürlich versuchten. [Der deutsche Geist der Individualität setzte sich siegreich in Rom fest, und] Das germanische Gerichtswesen...

495 *1—3* = DE

495 *39* A:... das Bestätigungsrecht; [obwohl wir bisher kein Statut fanden, welches dies urkundlich machte, sahen wir doch die Päpste seit Leo III. Tode sich wegen ihrer eiligen Ordination entschuldigen: ein Beweis, daß über die Forderung des Kaisers verhandelt worden war.] Odoaker,...

496 *30—32* = DE

498 *25* A—C:... gegen den Vater, [und indem die hohe Geistlichkeit an diesen Freveln Anteil nahm, offenbarte sich der wahre Zustand jenes barbarischen Zeitalters. Eine künstliche Wiedergeburt der Bildung, wie sie sich später unter ähnlichen Umständen wiederholte, hatte die Menschheit berührt,] und das ganze Reich...

498 *29* A—C:... hinter sich zurückzulassen. [So wenigstens erscheint die Oberfläche der damaligen Zeit, obwohl im Innern der Welt jene Lebenskraft, welche die Epoche Karls entwickelt hatte, nicht mehr ertötet werden konnte.]

499 *19* A—C:... sein Ansehen verkleinerte. [Weil er nicht die wahrhaft priesterliche Kraft besaß, welche in diesem tragischen Moment einen energischen Papst hoch über alle Könige würde erhöht haben, so mußte er den Bischöfen freie Hand lassen, und die Nachwelt urteilt, daß in der Geschichte des Papsttums eine der Stellen, worin es als die große sittliche Institution der Liebe sich erweisen konnte, durch Gregors IV. Schuld leer geblieben sei.] Nachdem die Brüder...

500 *2* AB:... überwunden worden war, [schworen die Brüder Ludwig der Deutsche und Karl der Kahle zu Straßburg im Jahre 842 den berühmten Eid der

Freundschaft in der deutschen und der neuromanischen Sprache des jungen Frankreichs.] vertrugen sich die Parteien...
508 *40—41* A—C̲ = ...; in demselben Aposteldom, [dessen Plünderung und Verwüstung ihm das Herz gebrochen hatte,] fand er seine Gruft.
514 *24—26* =˙ DE
517 *20—21* = DE
522 *12* A—C̲:... Sohn des Regionar Theodor. [, und durch so seltene Eigenschaften ausgezeichnet, daß er unter den Päpsten eine hervorragende Stelle einnehmen mußte.] Der Erwählte...
522 *24—25* = B—E
535 *27—30* A—C = ... seiner Vaterstadt. [So gehört denn dieser Epoche die Sammlung des berühmten Werks vom Leben der Päpste an, das unter dem Namen des Anastasius bekannt ist.] Dieser Anastasius...
536 *12* A—C:... zu beklagen haben. [Es folgen nur noch die angefügten Lebensbeschreibungen Hadrians II. und Stephans V., die man dem Bibliothekar Gulielmus zugeschrieben hat.] Der Bibliothekar Anastasius...
539 *25—33* A = ... die Stadt überfallen. [Was ihn dazu veranlaßte, wissen wir nicht, wir dürfen jedoch annehmen, er habe, mit den Unzufriedenen in Rom einverstanden, wo viele mächtige Langobarden und Franken wohnten und selbst den Herzogstitel führten, und ohne Kenntnis von der Anerkennung der Wahl, dies Wagnis ausgeführt.] In die unverteidigte Stadt....
545 *13* A̲B̲:... kam er nach Rom. [Er nahm hier merkwürdigerweise noch einmal die Krone, vielleicht um der Länder willen, welche ihm aus dem Erbe Lothars zugefallen waren.] Vom Papst...
546 *10—12* = B—E
550 *41* A:.... weit größerer Mittel. [Er gebrauchte als ein vollendeter Diplomat die Schlüssel Petri, aber er erinnerte sich auch, daß dieser Apostel das Ruder und daß St. Paul das Schwert geführt hatte. Das Schifflein Petri verwandelte sich in eine bewaffnete Kriegsgaleere.] Er selbst bemannte...
552 *28* A:... wahrhaft verwirrt. [Die Hölle Dantes ist nur ein schwaches Bild menschlicher Leidenschaften und Kunstgriffe im Vergleich zu den politischen Wirklichkeiten der Italiener (und wir rechnen die Langobarden mit dazu.)] Der Bischof Athanasius...
559 *1* A—C:... bewundern. [Er war zum Staatsmann geboren.] A: [In der Periode Borgias würde er das Staunen Machiavellis erregt haben.] Er besaß eine Fähigkeit...
561 *5* A:... der Faktionen Italiens herab. [und aus jener über allen Zufällen der Zeit erhabenen Sphäre herabzog, in welcher es als eine sittliche Ordnung und Harmonie der Welt hätte ruhen sollen. Er war der größeste staatsmännische Verstand jener Epoche.] Er machte ihm zuerst...
561 *7* A̲—C:... von dessen Schwächung. [Der Ehrgeiz der Päpste strebte nach der Zerstörung des Imperiums, und doch bedurften sie der kaiserlichen Gewalt; aus diesem Widerspruch aber erzeugte sich die feinste diplomatische Kunst von Rom.] Kaum hatte er ....
567 *12—15* A = ... im Jahre 892. [Es ist ungewiß, ob Lambert die Krone

166   Varianten

schon damals in Rom nahm, oder ob er sich erst nach seines Vaters Tode dort krönen ließ.] Das Glück...

571 *30* A:... gedacht werden kann. [; das himmlische Licht der Wissenschaft, der Kunst und der Sitte war in der Stadt ausgelöscht, und die fanatischen Begierden des Hasses oder der Rache, der Herrschsucht und des Sinnengenusses erhoben lauter ihren fürchterlichen Ruf: jenes finstere Rom stellt sich als ein moderner Kirchhof dar, welchen Hyänen durchwühlten. Wir verweilen noch einen Augenblick bei dem Totengericht über Formosus, vor welchem jenes der ägyptischen Mumien, von dem Herodot erzählt, das Erschreckende verliert:] Der wilde Haß...

574 *26* AB:... gegen die verbannten Römer zu. [, indem er erklärte, ihre rebellischen und bewaffneten Zusammenkünfte mit Langobarden oder Franken im Tuszischen oder im Kirchenstaat fortan als Verschwörungen unterdrücken zu wollen.] Dieser beklagte....

578 *24—27* = B—E

581 *39* A—C = ... Römern hervorgehoben. [Wir verwerfen die Ansicht, daß die Römer damals...]

583 *32—33* A—C = ... vor Augen steht [In dieser Periode allgemeiner Auflösung der staatlichen und kirchlichen Dinge breitete der Feudalismus, indem er eine doppelte Besitzes-Aristokratie schuf, durch alle Sphären des Lebens die roheste Genußsucht aus. Alle Leidenschaften wurden entfesselt, weil sie der sittliche Geist der Kirche nicht mehr niederhielt;] Auf den glänzenden Sieg...

603 *28* A—C:..., jetzt auf jenen. [Mit Anteil betrachtet die Nachwelt die Gestalt des Römers Alberich, dessen männlich besonnener Geist, geschickt und würdig Rom zu beherrschen, diejenigen seiner späteren Nachfolger in der Stadt weit überragt, welche ihr die Freiheit wiederzugeben versuchten.] Durch die Verhältnisse...

605 *27—30* A = ... der Kirche aus. [Ihre Klöster waren Asyle des Friedens und des Heils, ruhmvolle Pflanzstätten der Wissenschaft, die einzigen Schulen des unwissenden Menschengeschlechts und die einzige Zuflucht der letzten Reste hellenischer und römischer Kultur.] Ihre Ideen oder Träume ..

612 *8—10* = DE

612 *26* AB: ..... hingebotenen Italiens. [.... Rom murrt heute nicht mehr unter dem Zepter deutscher Kaiser, doch es ist von französischen Truppen schon 12 Jahre lang besetzt. Piemont, Lombardien haben die Heere Napoleons III. als Befreier vom verhaßten Österreich hereingerufen; die Ebene des Po ist wieder mit Leichen bedeckt, und die Welt erwartet mit Spannung, welche Stellung das gerufene Frankreich in Italien einnehmen werde. Diese Kämpfe sind alt, wie die Spiele der Politik leider ewig dieselben; Befreier werden gerufen, sie befreien, und dann gebieten sie. Nachdem seit vierzehn Jahrhunderten die Fürsten Italiens, die Päpste, die Städte, die Provinzen als Verkäufer ihrer Nationalität hereingezogen haben Goten, Vandalen, Langoborden, Byzantiner, Franken, Sarazenen, Ungarn, Franzosen, Deutsche, Normannen, Spanier, ja selbst die Türken, beklagen sich die Italiener noch immer über den Zorn des Himmels, der ihr klassisches Paradies verdammt

Sechstes Buch 167

habe, den Fremden oder den Barbaren zu dienen. Der Freund der Freiheit und des Rechts muß sie bemitleiden, aber rechtfertigen kann er sie nicht, denn das Urteil der Geschichte weist ihnen nur zu oft politische Unfähigkeit, ewige Zersplitterung durch eigene Schuld und ewige Buhlerei mit dem Ausland um kleiner jämmerlicher Parteizwecke willen nach.]

612 *27—33* = DE
616 *24—25* = DE
617 *34* A—C: ... christliche Republik aufgefaßt. [; die Idee der Einheit des Menschengeschlechts, im frühen Judentum prophetisch ausgedeutet, im Cäsarentum politisch angestrebt, war durch das Prinzip der Weltreligion wirklich geworden.] Die Befreiung der Stadt ...
618 *13—17* = DE
618 *38* A—C: ... an die deutsche Nation, und dieses kräftige [und intelligente] Volk übernahm ...
619 *8—11* A = ... jenseits der Alpen zu verströmen, [um den großen geistigen Riesenkampf zu kämpfen, dessen Sieg uns doch geblieben ist.]
623 *21* AB = ... Kardinal Benedikt. Otto sprach [selten und schlecht lateinisch];
625 *1* A: ... über dem Apostelgrab, [das schon von so vielen Meineiden bedeckt war,] ihm und dem Papst Leo ...
626 *20* AB: ... auf ein milderndes Urteil. [, das die Geschichte, die seine Verbrechen richtet, ihm nicht versagt ...]. Nach dem Tode ...
627 *27* A: ... zu den Füßen des Kaisertums. [Die Tränen Ottos waren gleich wie jene des Scipio auf den Trümmern Karthagos, und sein ergriffener Geist mochte die Szene von Canossa ahnen.] Er richtete an die Synode ....
638 *21—24* = DE
647 *9* A—C: ... und verehrt. [Der heute lebende Mensch begreift solche Charaktere wie St. Nil nur schwer, und die geordnete Welt, die ihn umgibt, reizt ihn leicht, sie als Karikaturen zu belächeln. Nur der ruhige Beobachter der Zeiten und ihrer Bedürfnisse erkennt in jenen Mönchen und Heiligen wirkliche und wirksame Wohltäter eines barbarischen Menschengeschlechts. In ein schwarzes Ziegenfell gehüllt, mit verwildertem Bart, barhaupt und barfüßig, nur alle zwei oder drei Tage von einem Bissen Brot genährt, beherbergte Nilus den flüchtigen Slawen mit Freude.] Der ehrwürdige Heilige ....
651 *31—34* = B—E
652 *40* A—C: ... den wilden Preußen. [, und das Schicksal, welches diesem begeisterten Schwärmer sein Stilleben auf dem sonnigen Aventin mißgönnte, verdammte ihn auf der nebligen Bernsteinküste zum Märtyrertod unter den Streichen der Preußen, „deren Gott der Bauch und deren Gefährtin bis zum Tode die Habsucht ist."] Er fand ihn am 23. April 997 ....
660 *12* A—C: ... bestätigte. [Die Rohheit jenes Jahrhunderts hat wenig Anspruch auf unsere Milderung, der Zweifel an der Ehrlichkeit erbitterter Feinde ist wenigstens den Italienern nicht zu verdenken, die selbst an den häufigen Treubruch der Verträge gewöhnt waren.] Crescentius, ehedem.....
660 *24—25* A = ... ertragen hatten. [Unser Menschengeschlecht aber, welches seit kurzem einigen milderen Ansichten im Strafcodex und einigen freieren

Grundsätzen in der Geschichte huldigt, muß mit Mitleid auf jene Römergalgen des Monte Mario blicken,] dem Berge . .
673 *11—16* = C—E
676 *5—8* = DE
680 *15* A: . . . das Diadem. [; ein Triumph Roms, der folgenreich war und eine neue Epoche des Papsttums verkündigte.] Seither beherbergte . . .
681 *30* A—C = . . . Dort in der Münstergruft [saß] Karl bestattet, . .
683 *3* A—C: . . . der ottonischen Zeit her. [Der Deutsche steht gern auf dem immer stillen Platz vor dieser malerischen Kirche des Mittelalters, wo er zwischen Trastevere und Rom mitten im Tiber der Vergangenheit ungestört nachdenken kann, oder er blickt aus dem kleinen Klostergarten, wo Orangenbäume neben melancholischen Sandbinsen des Flusses stehn, zum nahen Aventin mit seinen finstern Burgruinen empor und ruft sich die Zeit zurück, als Otto III. vom Söller seines Palasts auf die Basilika Adalberts andachtsvoll heruntersah.]
687 *29—32* A—C = . . . durchzogen hatte. [Den Sarg Ottos III. mag der Geschichtschreiber oder der Tragiker von manchen Schatten der Vergangenheit umschweben sehen, und selbst aus der Zukunft wird er die Gestalten des jungen Konradin und des Römers Cola di Rienzo herbeikommen sehen. Den Blick des Deutschen wird Unmut und Liebe zum Vaterlande trüben, welches dem fremden Italien bis auf den heutigen Tag so viele und so teure Opfer gebracht hat. Nicht immer gerecht wird er das von den Deutschen beherrschte Land der Verräterei zeihen, wenn er vergißt, daß kein Trieb stärker ist als der nach nationaler Selbständigkeit. Mit mehr Grund wird er als Schatten unserer Nation die Liebe zum Fremdländischen beklagen, und die Gestalt Ottos III. wird ihm zum Anhalt dafür dienen. Es ist wahr, wir Deutsche haben einen idealistischen Zug nach dem Süden.] Andere Völker . . .
687 *33* A—C: . . . in das Ausland gewendet; [die Griechen sandten ihre Kolonien in drei Erdteile, die Römer eroberten unter Blutströmen die halbe Welt; die Engländer erdrückten noch mit Grausamkeit ferne Länder der Erde; die Spanier, die Franzosen, die Russen wurden und sind von gleicher Herrschsucht über ihre Grenzen hinausgezogen.] unsere einzige Eroberung . . .
688 *3* A—C: . . . eigene Nationalität geschwächt. [, während an ihren Grenzen das konzentrierte Frankreich eines beschränkten, aber energischen Nationaldespotismus fähig ward.] Ihre Könige . . .
688 *17* A—C: . . . diese Trennung gebot. [In jedem Sinne nun ist Otto III. eins der merkwürdigsten Symbole deutscher Natur.] Otto III. war . . .
689 *14* A—C: . . . gewesen ist. [, obwohl beide sich in mancher Hinsicht ähneln. Das damalige Geschlecht hatte eine eiserne Stirn, es zeigte sich nackt und furchtbar, wie es war. Die ausschweifendsten Laster verband es mit einem Aberglauben, der, wenn es zur Zeit Gregors I. entschuldbar war, uns an jenem als ein offenbarer Rückschritt der Menschheit erschreckt.] In der Epoche . . .
689 *20—21* A—C = . . . Baronie verwandelte, [die Wissenschaft und die Kunst drohten völlig auszugehen, und das zerrissene Abendland sank im Materialismus unter. Der Grad der Kultur kann nach dem gemessen werden, was die

Menschen im Höchsten begehren, glauben oder verehren. Wie nun die Religion von Menschen beschaffen war, die sich vorstellten, daß der Erzengel Michael jeden Sonnabend die Messe im Himmel lese, oder welche dem heiligen Romuald, als er einst Italien zu verlassen drohte, Mörder nachzuschicken dachten, um ihn wenigstens als kostbare Reliquie im Lande zu behalten, mag man leicht erkennen.] Die Unbildung des Klerus...

696 *35* A—C: ... herabsinken konnte. [Seinem Ausdruck sehr nahe kommt nur die Chronik des Presbyter Andreas von Bergamo im IX. Jahrhundert und manche Urkunde dieser Epoche; aber unter den Hunderten von Dokumenten, die wir gelesen haben, erreichen wenige die Barbarismen Benedikts. Die Vulgärsprache Italiens entstand wesentlich aus dem Abwerfen der lateinischen Verbal- und Casusendungen, wodurch der Artikel, und nicht etwa als Nachahmung germanischer Sprache, von selbst notwendig wurde; denn ohne ihn konnten die Casus nicht mehr unterschieden werden.] Hätte nun Benedikt....

698 *21* A—C: .... durchwandern. [Diese Regionare oder Graphien oder Mirabilien waren weder so ausführlich noch so langweilig wie unsere Guiden es sind, und wir würden diese gerne mit jenen für immer vertauschen, wenn auch uns noch der Anblick der vielen Monumente vergönnt wäre, die unsere unwissenden Vorfahren betrachten durften.] Ihr doppelter Charakter...

703 *23—27* = DE
704 *30—32* = C—E
706 *39*—707 *4* = B—E
712 *2—6* = DE
712 *8—10* = DE
712 *39*—713 *2* = DE

VARIANTEN ZU BAND II

a) Band 4 der Originalausgabe
A = 1. Aufl. (1862); B = 2. Aufl. (1870); C = 3. Aufl. (1877); D = 4. Aufl. 1890)

1 *25* A: . . . Reaktion ein, welche [durch die Kraft eines ahnungslosen deutschen Königs und den Eifer deutscher Päpste] die römische Kirche . . .
2 *40-3 3* = D
6 *20-21* A–C = . . . zu versichern, [indem er sein Vaterland dem Joch der Fremden wieder darbot. Als Lohn für seine Bestätigung verhieß er Heinrich den Patriziat und den Fortbestand des Imperium in der deutschen Nation. Ist es nicht sinnlos, die deutschen Könige zu schmähen, daß sie an sich nahmen, was ihnen die Italiener selbst immer wieder darboten?] Heinrich II. überließ . . .
6 *24* A–C: . . ., Papst zu sein. [Er selbst nannte sich jetzt „König der Römer", und durch diesen neuen Titel, welchen alle Könige Deutschlands seither annahmen, erklärte er die Oberherrlichkeit über Rom und das Reich als der deutschen Krone angehörend. (Anm.: Henricus divina favente clementia Rex Romanorum: dat. 17. Kal. Ind. XI., beim Curtius, de Senatu p. 207.)] Benedikt VIII., . . .
6 *34-36* = D
7 *5* AB: . . . verschließen; [. Doch dies zerrissene Land war damals und bis auf seine heutige gewaltsame Umgestaltung des nationalen Gedankens nicht fähig.] allein er sah . . .
7 *18-21* = D
11 *37-38* = D (und einem gemeinschaftlichen Aufenthalt in Fulda).
12 *29-30* = D (In Pavia hielt er mit dem Papst ein Konzil ab;)
14 *6* A–C: . . . seiner wartete. [Indem Italien den Ansprüchen fremder Könige keinen Widerstand entgegenzusetzen vermochte, verdammte sich dies Land selbst dazu, eine von Deutschland abhängige Provinz zu sein.] Im Frühjahr . . .
18 *3* A–C: . . . sittlichen Verfalls. [, welcher nach den Gesetzen der moralischen Natur den Umschlag zum Bessern erzeugt.] Die damaligen Zustände . . .
23 *8-9* = D
28 *21* A–C: . . . heraufbeschworen hatte. [Nur wenige, Hildebrand gewiß, mochten bestürzt und grollend in eine finstere Zukunft sehen.] Die imperatorische Gewalt . . .
28 *23* A–C: . . . gebracht: [, dessen Haupt die Römer aller Klassen den Untertaneneid leisteten.] große Revolutionen . . .
29 *20* A–C: . . . wieder zu bemächtigen. [Dieser „mit dem Teufel verbündete Magier" ließ Clemens II. einen Gifttrank mischen; wenigstens sagen es die Chroniken, und es wäre töricht, daran zweifeln zu wollen.] Der deutsche Papst . . .
35 *17* A–C: . . . zu erweitern. [Die kriegerischen Unternehmungen der Päpste der feudalen Epoche dürfen daher nur aus dem Charakter ihrer Zeit beurteilt werden.] Leo hatte sich . . .

39 *24* A–C: ... aller Völker und Zeiten. [Mit diesem Staatsmann in der Mönchskutte hätten selbst Caesar und Oktavian zu ihrer Zeit um die höchste Rolle in Rom kämpfen müssen.] Als Lenker ...

40 *36–40* A–C = ... Päpste erheben? [Heinrich zog daher nach Italien; er führte den designierten (C: erwählten) Papst nach Verona, von wo er ihn nach Rom schickte, und] Hier bestieg er ...

50 *40–51* *2* = B–D

53 *16* = B–D

53 *39–54* *3* = B–D

56 *20* = ..., die römische Kirche und das [Römische] Reich.

64 *5* A: ... umzuformen. [Die Laster, welche den Klerus schändeten, kämpften freilich für das Prinzip des Zölibats und halfen diesem asketischen Gesetz zum Sieg.] Der Papst schleuderte ...

72 *15* A: ... begehrenswert. [Ein wunderbares Schauspiel, erinnernd an Moses, an Mohammed. Seine Erscheinung ist ein wirkliches Phänomen des Mittelalters; sie zu betrachten, wird alle Zeiten reizen, und die Geschichte der christlichen Welt würde eins ihrer seltensten Blätter verlieren, wenn dieser urkräftige Charakter, der Handwerkersohn in der Tiara, darin fehlte.] Das beschränkte Ideal ...

81 *22* A: ... beliehen haben. [Dieser Plan, Barbaren durch Barbaren aus Italien zu vertreiben, mag als eine das Vaterland verratende Gesinnung erscheinen, aber Gregor, wie alle anderen Päpste, wußte nichts von italienischem Nationalgefühl, und das Recht, ihn deshalb anzuklagen, haben selbst die heutigen Italiener eingebüßt, seitdem sie die Hilfe Frankreichs zur Vertreibung der Österreicher aus der Lombardei mit Nizza und Savoyen bezahlten.] Auf seinem zweiten Konzil ...

89 *2* AB = ... königlichen Macht. [Er geht über die Alpen, die Lossprechung vom Bann zu erbetteln. Sein moralischer Selbstmord in] Canossa (1077).

89 *12–15* = B–D

93 *37–39* = B–D

94 *10–13* A = ... als König wieder. [, und es ist seltsam, diesen Wüstling aus seiner Demütigung in Italien als einen mannhaften Krieger hervorgehen zu sehen.] Gregor hörte ...

103 *24* A: Als sich [der listige] Heinrich ...

112 *3* A: ... die ewige Gerechtigkeit [, die alles Übergewaltige wieder ebnet], so herrlich triumphiert, ...

112 *7* A–C: ..., ende ich im Exil." [Dies Wort spricht die Wahrheit aus, daß die sittliche Größe ein einsamer Märtyrer sei.] Dies Wort offenbarte ...

112 *12* A–C: ..., emporsehen. [Sein Anblick erweckt Bewunderung, doch nicht das Feuer des Enthusiasmus für ein schöpferisch Ideales oder die sanfte Macht eines weltversöhnenden Gefühls.] Ihm gebührt ...

112 *38–40* A–C = ... erregen wird. [Sie war der tiefsinnig mystische Traum eines Zeitalters gewalttätiger Not, wo die Menschheit, von der Erkenntnis noch nicht innerlich entzweit, sondern kindlich und gläubig hingegeben, das ewige] Prinzip des Guten ...

172   Varianten

113 *12–13* = B–D
114 *6* A: ... beseligen muß. [Wer aber blickte heute noch mit Groll oder Haß auf solche tragischen Gestalten der Geschichte zurück, wie Gregor VII. und Heinrich IV. waren, die auch für die spätesten Enkel gekämpft haben?]
125 *11* A: ... selbst eingebüßt. [Der göttliche Geist wandelt nicht mehr schaudervoll durch die Völker in alter Weise und der menschliche blüht nicht mehr wie über Nacht empor, plötzlich, wunderbar und alle Welt mit narkotischem Duft erfüllend.] Es ist töricht ...
125 *18* A: ... beschämenden Größe. [Gelingt es doch heute nicht einmal, die Staaten zu vereinigen, daß sie den Kanal von Suez als ein europäisches Werk zustande führen.]
135 *11–14* = D
135 *37–38* = D
138 *30* AB: ... des Papsts. [, oder das Recht auf den Besitz der Hauptstadt Rom, welches Italien heute zum erstenmal seit dem Falle des Römischen Reichs als ganze Nation zu beanspruchen Gelegenheit gefunden hat.]
143 *19–21* = B–D
163 *32–36* = D
172 *25* A–C: ... fand Frieden. [Das Schauspiel der romanischen Tausende, die bei Clermont begeistert sich bekreuzten, ist groß und ergreifend, aber der Anblick jener deutschen Tausende bei Worms, welche den Investiturfrieden jubelnd empfingen, nicht minder erhebend. Ein beseeltes Auge konnte die Schatten derer, die in dem welterschütternden Kampf gefallen waren, auf dem Wormser Feld sich einander zur Sühne nähern sehen, jene berühmten Toten, Heinrich IV., Gregor VII. mit seinen unglücklichen Nachfolgern, Wibert und seine unglücklichen Nachfolger, Mathilde, Welf, Rudolf von Schwaben, Konrad und das ganze tragische Geschlecht, welches sich um jene Führer geschart hatte.] Der Investiturstreit ...
173 *5* A–C: ... zu ergreifen, [den Geist in der Menschheit wahrhaft losgelöst,] die Einseitigkeit ...
173 *19–26* = B–D
174 *20–21* = D
178 *15–17* = D
180 *22–26* = B–D
180 *26–29* = D
181 *1–2* = D
184 *19–22* = D (bis: ... ins Bolognesische; dann ...)
200 *8–14* = B–D (B und C etwas anders!)
200 *15–16* = D
202 *9–16* = B–D
207 *31–38* = D
210 *36–40* = B–D
211 *31*–212-*15* = CD
212 *25–40* = CD
214 *24–27* = CD

Achtes Buch 173

219 *15* A: ... Sie mischten [wie die heutigen Franzosen] justinianische Cäsardespotie mit demokratischen Grundrechten.
220 *31* A–C: ... die Päpste [, die das kaiserliche Bestätigungsrecht aufgehoben hatten,] sahen sich seither ...
227 *28* A–C = ... durch den hohen Dom [, als Barbarossa, der (C: künftige) Lieblingsheld des deutschen Volks,] Schwert, Zepter ...
228 *41* A–C = ..., daß die Errichtung [des neuen Ritterstandes] nicht etwas durchaus Phantastisches gewesen war.
230 *4* A–C: ..., dessen augenblicklichen Bedürfnissen [und falscher Politik] er zum Opfer fiel; ...
234 *33* A–C: ... Feudalmonarchie warb. [Um das Prinzip der Freiheit war es der Kirche dabei nicht zu tun.] Friedrich wollte ...
240 *25–30* = B–D
242 *8–32* = D
250 *7–13* = B–D
251 *13–18* = B–D
254 *11–14* = CD
260 *6–16* = D
261 *7–9* = D
262 *14* A: ... reif gewesen sind. [; denn die Kämpfe der Hohenstaufen nach Frierich I. galten keinem Kulturprinzip mehr.] Unglücklicherweise ...
264 *3* A–C = ... männlichen Bürgertugend [zu allen Zeiten unfähig.] Niemals ...
265 *9* A–C: ... der Verfassung. [Aber mit der Regierung eines Einzel-Senators hatte die republikanische Konstitution im ganzen keineswegs aufgehört, sondern es blieb der Senat und das Parlament des Volks nach wie vor bestehen.] Rom verdankte ...
265 *29* A–C: ... Die [teuflische] Hinterlist, mit welcher dieser [habsüchtige] und gewissenlose Fürst ...
266 *19–29* A = ... Rom nicht, [; und bald befreite der Tod die Kirche von dem Verderben, in welches sie dieser kraftvoll entschlossene, listige und herrschbegierige Hohenstaufe würde gestürzt haben.]
267 *38* A̲–C: ... allgemeiner Natur. [Von einem hochgebildeten und fürstlichen Papst, wie der glückliche Calixt II. war, konnte man die Pflege literarischer Anstalten erwarten, doch wir hören nichts der Art von ihm, und man mag sich leicht vorstellen, daß er] Rom in einer Verwilderung, ...
271 *6–7* A–C = ... zusammensetzte, [gehört als Deutscher zu Deutschland]. Es ist sehr zu beklagen, ...
277 *27* A–C: ... vom Falschen aussondert. [Das sonderbarste aller Bücher gleicht einer Schatzgräberhöhle, in welche er mit der Lampe der Kritik eindringen darf, noch manches Wissen heraufzuholen und] Der Autor ...
284 *1–3* = D
288 *32* A–C: ... Turm der Kathedrale. [Dort erfüllten die Architekten Buonanno und Wilhelm der Deutsche Italien mit ihrem Namen und ihren Werken, aus Rom aber wird kein Architekt von Auszeichnung genannt.] Die Türme ...

289 *4–15* = B–D
291 *5–15* = D

b) Band 5 der Originalausgabe

A = 1. Aufl. (1865); B = 2. Aufl. (1871); C = 3. Aufl. (1878); D = 4. Aufl. (1892)

293 *5* A: [Nach dem heroischen Zeitalter der Jugend,] Nach der ritterlichen und religiösen Begeisterung...
293 *6* A: ... die gereiftere Menschheit [in männlicher und bewußter Kraft,] in heißen Kämpfen...
293 *11* A: ... Nationalstaaten [und der Nationalkultur] den Weg frei zu lassen.
294 *2* A–C: ... Überwindung der [barbarischen] Feudalität, ...
294 *26* A–C: ... nach dem Erlöschen des [befruchtenden und befreienden] Weltkampfs zwischen Kirche und Reich...
295 *39–41* = CD
302 *26–30* = D
303 *18* AB: 3. [Innocenz III. restauriert den Kirchenstaat. Aufrichtung der germanischen Feudalität in Italien durch Heinrich VI. und] Zerfall der Lehnsfürstentümer...
304 *34–41* = D
313 *36* AB: ... welche ihnen nur als [barbarische] Unterdrücker...
318 *6* A–C: ... zurückgeblieben ist. [In dieser erhabenen Wüste, deren Hügel und Täler statt des Korns die Asphodelosblume oder die Menthe bedeckt, bezeugen dies noch jetzt verrottete Kastelle, welche dort, unheimlich und geisterhaft abgestorben, stehen geblieben sind, von einem schwarzen Baronalschloß, dem einzig bemerkbaren Charakter der Architektur überragt.] Die Kommunen...
328 *7–11* = D
334 *34* = D („das Kind von Apulien")
337 *23* AB: [Die von keinem Einzelwillen lang zu hemmende Bewegung der Welt spottet jeder in der Zeit triumphierenden oder vorübergehenden Gewalt. Dies lehrt auch das Verhältnis von Innocenz III. zu dem großen Geistesprozeß des XIII. Jahrhunderts, den er durch seine Gesetze in Fesseln zu schlagen doch nicht die Macht besaß.] Das XIII. Jahrhundert...
343 *39* A–C: ... der Freiheit des Denkens und [der gesunden Entwicklung] der Wissenschaft angelegt haben, ...
344 *41*–345 *4* = D
347 *6–8* = D
350 *10–11* = D
355 *8* = D (sei es wirklich, sei es zum Schein)
357 *22* BC: ... vor der Welt dagestanden sein. [Sie aber sah jetzt dies herrschsüchtige Priestertum durch den Kaiser entlarvt vor sich stehen.] Ein so greller Widerspruch...
362 *2* AB: ... des Volks. [Die Einführung dieses Ketzergerichts, wenn auch noch nicht eines ständigen Inquisitionstribunals in Rom, schreibt sich entweder

schon von Innocenz III. her, oder sie kann mit größerer Bestimmtheit von jenem Edikt des Jahres 1231 hergeleitet werden.] Fortan gab es ...
362 *9–10* AB = ... Fahrlässigkeit. [Das Urteil der gereifteren und milder gewordenen Menschheit bebt schon vor einer Zeit zurück, deren Ausdruck jene schrecklichen Edikte Gregors IX. waren,] welche die Ketzeraufspürung ...
378 *11* A–C: ..., wo Friedrich selbst [die finstersten Edikte gegen die Ketzer erließ und] das Gleichnis ...
383 *18–20* = D
386 *21–22* = D
387 *40* A–C̲: ... auf andern Straßen. [Auf dem Appischen Wege waren die bemoosten Grabmäler der Alten jetzt Wohnungen von Hirten der Campagna.] Die zahlreichen Poststationen ...
393 *22–24* = D
393 *37* A–C: ... mit gleichem Argwohn. [Es hieß, der Papst habe den Boten Frankreichs gesagt, daß er auch nach erteilter Absolution die Lombarden unterstützen wolle, wenn sie nicht in den Frieden aufgenommen seien; kurz, der Kaiser behielt das Patrimonium der Kirche als Sicherheit in seiner Hand.] Er machte ihm ...
394 *24–27* = D
406 *7* AB: ... in der Sphäre der Ideen [, die das Ewige sind und den Zufall nicht kennen,] zu den dienenden Mächten ...
406 *35* A–C̲ (Anm.): [Friedrich II. von Preußen, Philosoph, Dichter, (A: Freund der Wissenschaften), Freigeist, ein höchst verschlagener Staatsmann und Monarch im vollen Sinne, bietet Züge dar, welche seinem großen Namensvetter proträtähnlich sind.]
419 *28* A̲–C: ... der Feudalherren. [von meist (C: uralt) germanischer Abkunft. Ihrem grenzenlosen Stolz kam nur ihre Unwissenheit gleich;] Ihre Macht ...
424 *1* A–C: .. berühmt gemacht. [In diesem sehr begabten Mann, ohne Adel der Seele, ohne geistliche Tugend war eine sehr bemerkenswerte despotische Anlage, die ihn auf jedem Thron zu einem kraftvollen, beharrlichen und geschickten Monarchen würde gemacht haben.] Ein gewissenloser Priester ...
433 *7–12* = D
439 *14–18* = CD
451 *13* A–C̲: ... lachte fast nie. [Er war eifrig katholisch, aber seine Frömmigkeit hinderte ihn nicht, der gewissenloseste Egoist zu sein.] Alle Eigenschaften ...
451 *16* A–C: ... das passendste Werkzeug darbot. [: ritterliche Tapferkeit, Klugheit, fast stoische Enthaltsamkeit, durchdringende Schärfe des Urteils, unbeugsame Willenskraft, Grausamkeit, Herrschbegier, Habsucht und hochfliegenden Ehrgeiz.] Am Pfingstsonntagabend ...
451 *21–22* A–C = ... ihren Senator zu ehren; [sie wollten ihm zeigen, daß auch in der Stadt der Päpste das Rittertum höfischer Formen fähig geworden sei. Sie führten vor seinen Augen ein römisches Lanzenspiel auf, welches der Adel unter den Trümmern alter Herrlichkeit zu üben damals gewohnt sein mochte, und vielleicht hatten sie die Gestalt dieses askanischen Wettlaufs und Lanzen-

werfens den Schilderungen des Virgil entlehnt. Das Volk begleitete seinen Senator mit Blumenkränzen und Palmen in den Händen; man spielte auf Zithern; man tanzte chorweise und sang Loblieder auf die neue Herrlichkeit von Karl; die Straßen und Plätze der Stadt waren mit Teppichen ausgeschmückt.] Seit Menschengedenken ...

453 *7*-454 *6* = D
458 *23-24* A-C = ... bei Ceprano. [Dann geht sie durch entzückende Fluren weiter, bei Rocca Secca und Aquino vorbei, trifft S. Germano mit dem hohen Monte Cassino, durchbricht die prachtvollen Bergreihen von Cervara] und mündet in Capua.
470 *6-12* = D
470 *30-32* = D
472 *18-20* = CD (von: ... der Schenk Konrad ... bis: ... und Tirol ...)
476 *26-29* = CD
477 *12* AC: ... und Manfreds sei. [Man zeigte ihm die hohen Gebirge von Subiaco, welche die Grenzen Neapels und den See von Fucino umstellen.] Man wies ihm ...
478 *39*-479 *6* = CD
482 *32* A-C: ... die dichte Wildnis. [, bedeckt von finstern Gebüschen, durchzogen von Sümpfen und Fieberluft aushauchenden Seen, aus denen Flüsse träg und langsam in das Meer schleichen.] Graue Türme ...
483 *27* AB: ... verhafteter Verbrecher. [Es war Konradins Unglück, daß er nicht in die Hände der Päpstlichen kam, wodurch wenigstens sein Leben wäre gerettet worden.] Nicht Bitten ...
485 *6-7* = CD
492 *4* AB: ... zweier Jahrhunderte. [, so schrecklich wie groß und von einer immer sanfter gearteten Kultur nicht mehr recht zu begreifen.] Ihre wilde Leidenschaft ...
516 *8-11* = D
517 *24-25* A-C = ... niederlegten [, um wie Diokletian Blumen zu pflanzen oder wie Karl V. in der Einsamkeit ohne Trübsinn seinem Lebensgange nachzusinnen;]
524 *19-22* = D
531 *2* AB: ... nach Rom trugen. [Die Campagna und die Stadt erschollen vom ununterbrochenen Pilgergesang, der die Atmosphäre mit dunkler Schwermut erfüllte.] Sie redeten ...
535 *4-9* = D
540 *14-24* A-C = ... für seine Absichten. [Wilhelm Nogaret von Toulouse, Doktor der Rechte, ehemals Professor zu Montpellier, jetzt Vizekanzler Philipps und der dienstfertige Minister seines Willens, ging mit Sciarra nach Toskana, wo beide im Schloß zu Staggia bei Siena ihren Plan entwarfen.] Man war mit Wechselbriefen ...
540 *28-30* = D
540 *31-33* = D
545 *35-38* = D

548 *14* A̲–C: ... Benedikt XI. [, ein furchtsamer und beschränkter Mönch, ohne Kraft, ohne Genie,] vermochte nichts ...
550 *29*–551 *4* = D
553 *14* AB: ... zur Auswanderung trieben. [Dies Schauspiel der demokratischen Bewegung der Wissenschaft in Italien ist bewundernswert.] Nur Rom ...
555 *30–39* A–C = ... nicht beifügen können. [, weil diese in den Katastrophen späterer Zeit untergingen. Im heutigen Archiv des Kapitols datiert das älteste auf Pergament geschriebene Originalstatut erst von 1469.] Die Stadt Rom ...
557 *4–17* = D
557 *30–32* = D
566 *2–4* = D
571 *5–9* = D
580 *19*–581 *2* = D
581 *6–10* = D
581 *20–41* = D

c) Band 6 der Originalausgabe

A = 1. Aufl. (1867); B = 2. Aufl. (1871); C = 3. Aufl. (1878); D = 4. Aufl. (1893)

583 *16* AB: ... Schicksal erlitt. [Denn das Papsttum und das Kaisertum sind sympathische Zwillingsgeschwister.] Auch die Päpste ...
583 *26* A–C: ... zahllose Mißbräuche. [Sie sehnten sich immer wieder nach dem Kampf mit dem Reich zurück, dem wahren Thema des weltherrlichen Papsttums; denn] nur durch den Gegensatz ...
586 *29–30* = D (bis: ... zurückgedrängt, ...)
587 *9–12* = D
589 *15–16* = D (von: ...., die Mitwirkung ... bis: ... versprechen ...)
589 *18* = D (bis: ... Gebieters)
590 *26* AB: ... des historischen Rechts. [, und sein System die Zivilisation in der Form der zentralisierenden Monarchie.] Dagegen war ...
590 *36–39* = D
591 *38–39* AB = ... Römischen Reichs war [ein dem abendländischen Geist inhärentes] Dogma ...
595 *40* A–C: ... gesetzt; [, um für den deutschen Kaiser einen Gegner bereit zu halten.] Um Robert scharten sich ...
596 *8–9* = D
596 *40* A–C: ... gesehen hatte. [Nur Greise erinnerten sich dunkel jener Zeit.] Als nun wieder ...
598 *5* AB: ... zu Füßen. [, ein Mann, wie Dino sagt, mehr klug und schlau als redlich.] Heinrich führte ...
598 *22* A–C: ... nur Guelfen. [Seine Zeit verbrachte er nicht mit Gepränge, sondern in beständigem Rat zum Heil Italiens.] Aber seine Erfolge ...
599 *5–7* = D (von: ..., welcher übrigens ... bis: ... gewesen war, ...)
607 *6* AB: ... Engelsburg. [Noch dauern in Rom die Gräber von einigen an je-

nem Tag Gefallenen als Monumente der Zeit Heinrichs VII.]. In den Basiliken Aracoeli und Santa Sabina . . .
608 *13* AB: . . . heiligen Dom. [Ein Streit entspann sich in der Partei des Königs, bis die Ansicht durchdrang, daß er im Lateran gekrönt werden könne.] Um nun den Widerstand . . .
610 *24* AB: . . . auf das Volk. [; sie ward eingetrieben, besonders durch die Bemühung Stefan Colonnas, der auf die Fortsetzung des Kampfes drang.] Aber während . . .
615 *26* A–C: . . . entfernt blieb? [Die schlaue Fabel erzählte von Kaiser Constantin, daß er sich in einen Winkel des Reichs am Bosporus ehrfurchtsvoll zurückzog, um dem Papst allein Rom zu überlassen, und jetzt, so mochten die Römer urteilen, konnte der Nachfolger Constantins sehr wohl in seinen rechtmäßigen Sitz zurückkehren, nachdem sich der Papst in einen Winkel des Westens zurückgezogen hatte.] Was Heinrich den Römern antwortete, . . .
616 *33–35* = D (von: . . ., obgleich der Papst . . . bis: . . . niedergeschlagen hatte.)
616 *39–41* = D (von: . . ., wo er die Rechte . . . bis: . . . Orvieto überließ.)
617 *16* A–C: . . . feindlich war. [Eine Lebensaufgabe nicht lösen zu dürfen, ist schon an sich das höchste Unglück, und diesem Kaiser gelang keine seiner Unternehmungen.] Nachdem er Rom . . .
617 *26* AB: . . . die Hände reichte. [Die Italiener preisen den Widerstand von Florenz gegen Heinrich VII. als eine der ruhmvollsten Taten des Patriotismus, und sie verziehen den Florentinern deshalb das Exil ihres größten Genies. Die Freiheitsglut, die stolze und] feste Haltung . . .
621 *18* A–C = . . . verfrüht erschien, [so hat jedoch die Geschichte ein anderes Urteil zu fällen; sie anerkennt die Gesetzmäßigkeit dieses Untergangs. Was] Heinrich wollte, . . .
624 *14* AB: . . . der Tempelherren. [Was immer vielen Mitgliedern der berühmten Ritterschaft an sittlicher Ausartung, orientalischer Schwelgerei und heidnischen Freveln mit vollem Grund zur Last gelegt werden mag, so entsprang doch ihr vom König Philipp geforderter Prozeß schwerlich der moralischen Entrüstung über ihre Schuld.] Clemens war gezwungen, . . .
625 *29* AB = . . . über die [Entnationalisierung] Italiens . . .
626 *10* A–C: . . . häßliche Greisengestalt, aber [sehr verschlagen] in allen Geschäften gewandt, . . .
630 *30–31* A–C = . . . streitsüchtiger Theologe, [ohne politisches Urteil und ein Sklave des Willens von Robert von Neapel.] Der Streit zwischen ihm . . .
631 *1* A–C: . . . heftigen Zorn. [Er vereinigte die Feinde Ludwigs und brachte alles in Bewegung, ihn vom Thron zu stürzen.] Am 8. Oktober 1323 . . .
631 *20* A–C: . . . entsetzte ihn [aller seiner Würden und löste seine Untertanen vom Eid der Treue. Der große Sieg von Vavrio, welchen Marco und Galeazzo Visconti im Februar über das päpstliche Heer erfochten hatten, hatte den Papst zu solchem Zorn entflammt.] Ludwig, jetzt . . .
631 *34–36* A–C = . . . sich verbunden hätten, welche den unaufhaltsamen Fortschritt des Denkens in der Menschheit bezeugen und von der heilsamsten Wirkung auf deren Reformation gewesen sind.] Der Vertreter . . .

Elftes Buch

640 *10* AB: ... Das Glück [, welches die wenigsten deutschen Kaiser in Italien begünstigt hatte,] erklärte sich offenbar für ihn.

643 *1* AB: ... beschloß Ludwig [, kühn und schnell in seinen Entschlüssen,] schnell weiterzuziehen.

646 *31* A: ... Freudengeschrei. [; man rief in den Straßen: „Gott und dem Kaiser sei Dank! Wir sind von Pest, Hunger und Krieg erlöst, wir sind frei von der Tyrannei des Papsts!"] Erst am Abend ...

650 *15* A–C: ... gewählt hatten. [Als der Kaiser von jenem Auftritt vernommen hatte, schickte er dem kühnen Colonna vergebens Reiterei nach.] Am 23. April ...

652 *32* AB: ... seine Truppen [, mit dem Willen Johanns XXII.,] in die Campagna einrücken ließ.

653 *16* AB: ... gegen Neapel vorgehen. [, wobei ihn die sizilische Flotte zu unterstützen versprach.] Die nächste Aufgabe ...

656 *8* A–C: ... Korporalen errichteten. [, wie in grauen Zeiten die Banden Odoakers oder in späteren jene Robert Guiscards.] Sie unterhandelten ...

665 *34–35* = CD (von: ... denn er selbst ... bis: ... Pedant.)

666 *2* = B–D (..., da er sich keineswegs für infallibel hielt.)

666 *10–11* = B–D (von: ..., der eine ... bis: ... Roms hervor.)

673 *17–19* = B–D

673 *27–29* = D

673 *35–37* A–C = ... zu empfangen. [Er schloß seine Rede mit dem Ruf: „Es lebe das römische Volk und der Senator! Gott erhalte ihre Freiheit!"] Er ließ sich sodann ...

679 *40* = D (und auch unedle)

682 *39*–683 *2* = B–D

686 *23* AB: ... Türe aufgetan. [Die Ungarn kamen wieder, noch nicht zivilisierte Abkömmlinge jener Völker, die einst im IX. und X. Jahrhundert Italien verheert hatten.] Während Italien ...

694 *23* A–C: ... erstehen könne, [. Die Menschheit lag noch, und sie liegt noch zum Teil heute unter dem magischen Bann der Vorstellung von der Erhabenheit dieser Mutter der Zivilisation.] und schon dämmerte ...

694 *31* A–C: ... zur Folge haben konnte. [Es waren mit ihr alle moralischen und politischen Ideen verknüpft, welche die Völker im tiefsten bewegen, und] Es ist nur gerecht ...

695 *28* AB: ... entsprungen war. [Was in Rom geschah, entzückte ihn wie eine Magie, deren Zauberer er selber war, und in der Tat war sein Geistesbruder Cola sein eigener Adept.] Er richtete ...

696 *16* AB: ... Programm Colas. [, und das Mißverhältnis seiner Persönlichkeit zu einer so hohen Aufgabe.] Die Feste ...

698 *10* AB = ... Tyrannenhaß, [das Bewußtsein von der italienischen Nation] und der Zauber Roms ...

698 *26* BC: ... der Theologie; [, von der sich die Menschheit noch nicht loszumachen die Kraft hatte;] er war darin ...

702 *13–17* = B–D

704 *11* A–C: ... für wahr zu halten. [So große Huldigungen, welche ein römischer Plebejer empfing, der die Bewunderung der Welt weder einer Tat des Schwerts noch des Genies verdankte, beweisen den unwiderstehlichen Zauber des Namens von Rom, die Gewalt der Phantasie wie der dogmatischen Ideen in jener Zeit und die tiefe geistige Ohnmacht, in welcher Völker und Staaten unter dem beherrschenden Einfluß jener noch im XIV. Jahrhundert befangen lagen. Nicht Besonnenheit, sondern] Nur Furcht ...
704 *15–16* = D (von: ..., deren ... bis: ... war.)
704 *24* BC: ... Charakterfigur gefunden. [In seiner Person vereinigte sich das römische Altertum und die alles Wirkliche in Symbole auflösende Theologie, so daß seine Erscheinung nur aus beiden Dogmen Roms, dem heidnischen und dem christlichen, erklärt werden kann. Man wird bemerken, daß die mit Cola di Rienzo beginnende Renaissance des Römertums noch mit einer Hülle kirchlicher Mystik umgeben ist.] Wenn Cola di Rienzo ...
705 *23* A: ... mildert ihn. [Unter allen Narren der Geschichte war dieser Tribun der geistvollste und liebenswürdigste;] Und gab es nicht ...
709 *18–20* A = ... auszusprechen vermochte; [doch dies ist schwer zu sagen, was vorwurfsvoller für die Italiener sei, daß sie auch damals, wo das Papsttum in der Verbannung, das Königtum in Niedrigkeit lag, unfähig blieben, die politische Nation zu schaffen, oder daß dieser nationale Gedanke ihnen von einem Manne geboten wurde, der darüber selbst zum Narren ward.] Unterdes beschloß ...
718 *32* A–C: ... verhindert haben. [Es war nicht die Schuld Colas allein, daß seine heilsamen Pläne so kläglich endeten.] Der Herzog Werner ...
721 *4–5* = D (der Lateran verfallen;)
725 *35* = B–D (oder eine Bestechung des Richters).
726 *14* = D (Dies geschah zu Avignon am 27. April 1352.)
727 *13–15* = D
728 *31* AB: ... Sünden versenkt. [Die Gestalt des mittelalterlichen Tribunen in jener Einöde ruft als Gegensatz Bilder aus dem Altertum herbei, wie von Marius bei Minturnae und auf den Ruinen von Karthago.] Ein Eremit ...
731 *20–25* = D
731 *30* A–C: ... „phantastischen" Träume. [Die ketzerischen Ansichten des Tribunen erschreckten die Väter des Hus, Hieronymus und Ziska; der König fürchtete, den Papst zu reizen, wenn er einen solchen Mann frei ließ; er befahl daher, ihn gefangen zu setzen und meldete dies dem Papst. Der dankbare Clemens VI. übertrug hierauf dem Prager Erzbischof die Bewachung Colas in festem Gewahrsam. Der Unglückliche richtete vergeblich Bittgesuche um seine Befreiung an den König und geistvolle Verteidigungen an den Erzbischof; er suchte sich von der Ketzerei zu reinigen und Karl IV. durch Versprechungen, ihn in den Besitz Roms zu setzen, zu gewinnen.] Auf den König ...
731 *35*–732 *24* = D
742 *5* AB: ... dem Gefängnis herab. [, an dessen Gitter das Rache atmende Gesicht Brettones sichtbar ward.] Vom Saale ...

Zwölftes Buch

742 *9* AB: ... gewendet haben. [Cola indes, unschlüssig, was er tun sollte, stand in jenem Hof; bald nahm er den Helm ab, bald setzte er ihn wieder auf, als drückte er damit seinen wechselnden Entschluß aus, wie ein Held zu sterben, wie ein Feigling zu fliehen.] Die erste Eingangstüre ...

743 *3* A: ... des klassischen Altertums [, und seiner Befreiung durch Hus, Luther, die Reformation, durch Columbus und den Buchdrucker Faust] voranging, steht Cola die Rinzo ...

744 *1-2* = B-D

744 *6-7* = B-D (großartigen)

746 *8-9* A-C = ... noch die [Großmut] seines Ahns, ...

747 *36* A-C: ... Der fromme Fürst [, der wie ein Mönch zu fasten und zu beten pflegte,] ging jedoch ...

748 *14* AB: ... abmarschierten. [Dem nüchternen Geiste des böhmischen Cäsar erschienen kaum, beschämend und vorwurfsvoll, die hohen Schatten seiner Vorgänger vom alten und neuen Rom. Er war ein moderner und] praktischer Mensch, der ...

748 *33* A-C: ... einen Aufstand hervor. [Das wütende Volk griff die Deutschen an;] Der Gemeindepalast ...

751 *40*-752 *6* = D

752 *19* = D (gefürchtete)

753 *38* A-C = erfüllten jetzt die Fasten [der Magistratur] die Namen alter Popolanen, ...

758 *39-40* A-C = ... Statuten, [unter seinem Einfluß.] Albornoz bestätigte ...

762 *11-14* = D

762 *20* A-C: ..., sich zu einer [nationalen] Eidgenossenschaft zusammenzuschließen ...

763 *9* A-C: ... vor dem Untergange zu retten. [Urban V. sah sich jetzt in dieselbe Lage versetzt, in der einst Johann X. gewesen war. Denn wie dieser sich bemüht hatte, Italien durch eine Liga von Sarazenen zu befreien, so mühte auch er sich, dasselbe Land von den weit furchtbareren Soldbanden zu erlösen.] Urban V. erließ ...

767 *27-29* = D (von: ..., welche in der ... bis: ... begraben lagen.)

768 *11-12* = D (von: ..., welches im Jahre ... bis: ... worden war.)

770 *22* A-C: ... voll Stolz auf [die Meerherrschaft des gegenwärtigen Italiens und] die blühende Kraft ...

770 *31* A-C: ... seiner Höflinge bestätigen. [Rom konnte zur Zeit Urbans V. mit dem verglichen werden, was die Stadt zur Zeit Gregors des Großen gewesen war, oder sie bot einen noch wüsteren Anblick dar.] Zu den Ruinen ...

772 *13* AB: ... am 11. April 1368 [auf des Papsts Verlangen] alle Rechte der Kirche ...

773 *17-18* = D

786 *33* A-C: ... zu vollbringen. [und nach 500 Jahren ihre Stadt zur Hauptstadt des vereinigten Italiens werden zu sehen.] Taten und Gedanken ...

788 *33-35* = D

798 *26* AB: ... ein großes Unglück. [Der milde Geist eines Honorius IV. oder Gregor X. würde in so schwieriger Zeit vermocht haben, den Wogen des Aufruhrs Ruhe zu gebieten und die sich spaltende Welt zu versöhnen.] Denn dem jähzornigen Neapolitaner ...
805 *28–39* = D
806 *2–3* = D
807 *31–33* = D
808 *15* = D (moralischen)
810 *20* A–C: ... Frevel ihrer Jugend. [Die Geschichtschreiber Neapels haben Johanna I. als die weiseste Regentin gepriesen, doch in Wahrheit ist sie eine der unklugsten und unheilvollsten Frauen gewesen, die je die Krone trugen.] Ludwig drang ...
811 *21* A–C: ... finsteres Dasein führte. [, während die ganze Kirche in grenzenloser Verwirrung lag.] Die Geschichte jener Zeit ...
812 *18* AB: ... zum Eifer anzutreiben. [Die Marter preßte den Unglücklichen wahrscheinlich solche Geständnisse aus, die als Beweise ihrer Schuld gebraucht wurden.] Die ganze Kurie ...
812 *29* A–C: ... in Nocera. [Die Stimmungen und die Handlungen jener Tage übersteigen fast den Glauben.] Unter Trompetenschall ...
812 *37* AB: ... hielt sich noch. [Die Schilderung, welche die deutschen Geschichtschreiber Dietrich und Gobelin von Paderborn von dieser Belagerung gemacht haben, gehört zu den fesselndsten Historien jener Zeit.] Am 5. Juli ...
813 *30* A–C = ... Pileus, [Erzbischof von Ravenna,] und Galeottus ...
815 *35–38* = D
819 *17* A–C: ... zurückzuhalten. [; der König von Frankreich tat das gleiche, aber die französische Kurie blieb in ihrer nationalen Verstocktheit unbeugsam,] Allein sie erwählten ...
821 *5–8* = D
824 *16* A–C: ... Doch Bonifatius war [ein kleiner und selbstsüchtiger Geist,] hoher Entschlüsse nicht fähig.
835 *35* AB: ... Paul Orsinis vereitelt. [Das Mißverhältnis, in welches der Papst zu diesem tapfern Hauptmann, seinem Befreier, geriet, könnte die Meinung Niems rechtfertigen, doch es erklärt sich aus andern Ursachen. Seit seinem Siege war Paul Orsini der mächtigste Mann in Rom.] Gregor hatte ihn ...
838 *16–17* = D
844 *13* A–C: ... in den Kirchenstaat, [: Orvieto, Viterbo, Montefiascone, Sutri, Corneto, Narni und Todi ergaben sich dem Kardinal,] so daß alles Land ...
845 *7* AB: ... der Stadttore. [Diese Tore, zwischen zwei Rundtürmen und mit krenelierten Mauern verschanzt, bildeten an sich Festungen, welche erobert werden mußten.] Die Porta St. Paul ...
846 *12* = CD (durch Furcht und Gold)
853 *33–34* = D (von: ... setzte er seine Beamten ...)
853 *41* AB (C kürzer): ... König Ladislaus!" [Der vertriebene Johann war unterdes von Viterbo nach Montefiascone, sodann nach Siena geeilt, während ihm

überall auf den Fersen die Neapolitaner folgten. Er verließ Siena am 21. Juni, um nach Florenz zu gehen.] Johann XXIII. irrte jetzt ...
856 *14* AB: ... zeigen mußten. [Senator war damals Antonio de Grassis von Castronuovo, genannt Bacellerius, Nachfolger des Janottus Torti, welcher am 1. Januar 1414 zum zweitenmal das senatorische Amt übernommen hatte, aber schon am 24. Februar gestorben war.] Ladislaus blieb ...
856 *38* AB: ... forttrugen. [So in Schmerzen liegend, hielt dieser König Zwiesprach mit den dunkeln Geistern seiner Vergangenheit.] Als er vor dem Kloster anlangte, ...
865 *9–14* = D (bis: ... und machtlos, ...)
871 *13–17* = D
874 *32* A–C: ... Wenn aber die Stadt im [barbarischen] Mittelalter ...
877 *41*–878 *1* = B–D (bis: ... für Altertümer, ...)
878 *1–2* = D
878 *4–16* = B–D
878 *17–32* = D .
878 *33–39* = B–D
880 *18–19* = CD (von: ... daher enthalten sie ... bis: ... Irrtümer.)
887 *24–31* = B–D
888 *7–9* = D
888 *20* AB: ... am Aventin. [Man kannte die Legende, daß der rätselhafte Hügel aus den Scherben von Vasen entstanden war, worin die Völker ihren Tribut nach Rom gebracht hatten. Sie wurde am 29. Juni 1473, und wahrscheinlich nicht zum erstenmal, durch einen Aufzug dargestellt, wobei siebzig reichbedeckte und mit Tribut beladene Maultiere aufgeführt wurden.] Auch die Spiele ...
892 *37–39* = D
892 *41*–893 *2* = D (von: ... während die frangipanischen ... bis: ... am Lateran; ...)
893 *31–32* = D (von: ... der letztere ... bis: ... genannt.)
896 *1* AB: ... noch mehr. [In solcher Gestalt sah Rom im Jahr 1475 der König Ferrante; er riet Sixtus IV., die Straßen zu erweitern.] Das Untergeschoß ...

VARIANTEN ZU BAND III

a) Band 7 der Originalausgabe
A = 1. Aufl. (1870); B = 2. Aufl. (1873); C = 3. Aufl. (1880); D = 4. Aufl. (1894)

1 *21* A–C: [Die Vernunft und die Freiheit,] Die veredelte Menschlichkeit der Kirche und des Staats...
1 *30* A–C: ...in einen praktischen Zustand über. [Ihre ehrwürdige Erzieherin, die Kirche, hatte sie durch das System ihrer religiösen Anstalten gebildet und durch den Glauben zugleich beherrscht, aber die Rechte der Erde hatte sie hinter denen eines jenseitigen Himmels weit zurückgesetzt und die wirkliche Welt mit einem magischen Schleier von Dogmen und Allegorien, von Symbolen und Dichtungen umhüllt.] Den Zauberbann dogmatischer Übersinnlichkeit...
1 *32* AB: ...allmählich auf. [; die Welt ward anders und real.]
3 *18* A–C: ...der Wissenschaft und Kunst [milderten weder die grenzenlose Verderbnis des römischen Priestertums, noch ersetzten sie] den unermeßlichen Verlust...
3 *26–29* = D
3 *29* A–C: ...in einer Zeit schrankenloser Sittenverderbnis. [Die Tyrannei, welche die Wirkung einer weltbezwingenden Idee ist, wie es einst die Macht der Kirche war, hat das Recht einer Naturnotwendigkeit, aber sie ist rechtlos, wenn aus der Maschinerie ihres Systems die Idee entwich.] Die murrenden Völker...
4 *5* AB: ...in ewigen Denkmälern fortzudauern. [, wenn das flüchtig herrschende Schlechte spurlos zerfallen ist.] Nach seiner Rückkehr...
4 *17–19* = D
7 *3* A–C: Der [tapfere und geistvolle] Alfonso belagerte eben Bonifazio in Korsika, ...
11 *2* A–C: ..., der [feurige und edle] Julian Cesarini, [D: ein Mann von vollendetem Adel des Geistes und der Natur, ...]
11 *36* AB: Rom [beklagte den Tod seines Mitbürgers aufrichtig. Es] verschmerzte den Verlust der republikanischen Freiheit...
16 *21* = D (ein Mann von fleckenloser Reinheit des Charakters)
23 *7* AB: ...kommen ließen. [Offenbar verständigten sich die feindlichen Condottieri; sie schonten einander; ihr Krieg in Tuszien und der Sabina war lahm.] Bei Rispampano...
30 *41–31 1* = D
35 *27–29* = B–D
37 *25* A–C: ...ist unerwiesen. [, aber wahrscheinlich.] Es gibt unter den Zeitgenossen...
37 *26* A–C: ...das Andenken Vitelleschis [als eines Bluthundes] verwünscht hat...
40 *18* A–C: ...dem Sforza angehörte. [Offenbar stand bei Eugen schon der Plan fest, den Grafen aus den Marken zu vertreiben.] Die italienische Staatskunst jener Zeit...

Dreizehntes Buch 185

45 *36* AB: ...dem Markgrafen von Brandenburg verdanke. [Seine letzten Augenblicke wurden durch viele Vorwürfe verdunkelt, zumal wegen der unablässigen Kriege, die er heraufbeschworen hatte.] Der niedrigen Mittel...

47 *33*–48 *2* = D

48 *21–23* = D

52 *16* A–C = [Mit gleich wenig Mühe gewann Nikolaus] noch größere Feinde.

54 *13* AB: ..., daß der Vatikan [, dessen Autorität so heftig war bestritten worden,] noch der Mittelpunkt der Christenheit...

61 *18* A–C: ...ein Jahr lang [trefflich] verwaltet, ...

61 *25* = D

63 *37* AB: Nikolaus V. [schauderte seiner Natur nach vor Blut zurück und doch] befahl ohne Gnade...

67 *25* A–C: „...Ich habe [sie nicht allein von ihren Schulden befreit, sondern] zu ihrem Schutz..."

68 *16* A–C: „Die heiligen Musen [und die göttlichen Kamönen] würden wohl..."

69 *17* AB: [Beim Tode Nikolaus' V. bestand das Kardinalskollegium aus zwanzig Mitgliedern; fünfzehn davon waren anwesend, darunter der noch von Martin V..ernannte Prospero Colonna, die von Eugen IV. ernannten Kardinäle Bessarion, Torquemada, Scarampo, Capranica, Alfonso Borgia, Petro Barbo und Carvajal. Aus der Kreation von Nikolaus V. selbst stammten sein Halbbruder Calandrini, der gebildete und fürstlich reiche Latino Orsini, der gelehrte spanische Theologe Antonio Cerdanus, der Bretagner Alain, der Erzbischof von Metz, Guillaume d'Estagne. Der deutsche Kardinal Cusa und Estouteville waren neben andern abwesend.] Im vatikanischen Konklave...

70 *40* AB: ...wiederzugewinnen. [Carvajal ging als Legat nach Deutschland;] Nuntien wanderten an alle Höfe, ...

72 *30* A–C: ...zu der Familienpolitik Martins V. zurück. [, und seine Nepoten waren meist unwürdige Menschen.]

72 *41* A–C: ..., ein junger Mann von 25 Jahren. [Vergebens widersprachen die Kardinale Capranica, Estouteville, Bessarion.] Die Nepoten...

73 *26–27* = B–D.

75 *32* AB: ...wollte er schiffen. [; er sah mit offenem Auge, mit dichterischem Sinn und entwarf vom Gesehenen geistreiche Schilderungen.] im Seesturm gelobte er, ...

79 *16–20* = D

80 *12–13* = D (; der Grieche Bessarion bemühte sich dafür mit Leidenschaft.)

80 *15* A–C: ...Capistran bewegte; [verzeihliche] Ruhmbegierde, ...

83 *15* A–C: ...Cosimo, ihr erster Bürger [wie einst Timoleon in Syrakus,] ihr reichster Handelsherr, ...

84 *28–30* = B–D

84 *31* AB: ...Europas Epoche. [: der Papst hatte ihm den Charakter des Konzils genommen und es zu einem Kongreß gemacht.] Es war der erste...

87 *10–41* = D

93 *2* A–C: ...des Nepotismus war. [Er liebte nicht allein seine Familie, sondern alles Sienesische schwärmerisch.] Von den vier Söhnen...
97 *11–12* A–C = ...: „Misericordia!" [Man sang das Tedeum;] die Prozession...
104 *31* = D (; nur einen Teil davon ließ er den Nepoten.)
105 *24* A–C: ...duldete er nicht. [Seine Gedanken verschwieg er, um dann zu handeln, sobald es Zeit war.] Dieser praktische Venetianer...
106 *17–18* = D (, obwohl sie vom Papst vollkommen abhängig war.)
107 *27–28* = D (, Beamte, welche zuerst im Jahre 1283 bemerkt wurden,)
107 *31–35* = D
108 *14–18* = D
112 *2* AB: ...verflacht worden war. [Der Kardinal von Pavia, als Nepot Pius' II. einer seiner heftigsten Gegner, sah in seinem Tode die Strafe dafür, daß er sein Gelöbnis des Konzils gebrochen hatte.] Unter ihm war...
112 *24* A–C: ... und Bessarions. [, und auch dem Eifer des Mönchs Pietro Riario, der ihn ins Konklave begleitet und dort für ihn geworben hatte.] Zum Lohn erhielt...
113 *9–11* = D
113 *13–15* = D
113 *24* A–C = ...nach Spanien, [und richtete dort gleichfalls nichts aus.] Die Mächte versagten...
113 *38* A–C: ...durch die Stadt ritten. [Seither sah man Türken in Menge in Rom; sie begannen der Physiognomie der Stadt einen neuen Zug zu geben.] Die ersten Bemühungen...
114 *30–34* = B–D
120 *32* A–C: ...hat er nicht gewollt. [, so bekümmerte es ihn doch wenig, ob bei der Tat Blut vergossen ward oder nicht.) Die Pazzi aber...
121 *36–37* = CD (das Mißlingen dieses Frevelstücks)
124 *17–19* = D
124 *21–22* = D
125 *16* = CD (, ja, wo möglich Ferraras sich zu bemächtigen,)
125 *20–22* = CD (Der Papst hatte... zu erobern.)
127 *37* AB: ...und Sümpfe; [, die das Büffeltier und der wilde Eber bewohnen;] sie hauchen...
128 *26* AB: ...starb er am 10. September. [Man sprach von Gift, welches ihm der eifersüchtige Graf Riario gemischt habe; doch Malatesta hatte sich wohl den Tod in den Sümpfen von Campo Morto geholt.] Man bestattete...
130 *15–16* = D (erhoben sich... war; sie)
132 *17* A = ...schändete die Kurie. [Fünfunddreißig Kardinäle hatte Sixtus IV., und schwerlich umsonst, kreiert.]
133 *19–20* = CD
135 *12* AB: ...Roms zu geben. [Infessura, der Schreiber des Senats, beschuldigte freilich Innocenz, daß er seine Zusagen sofort gebrochen habe.]
135 *14* AB: ...aufrecht zu halten. [Denn die Kardinäle bestürmten ihn, ihnen Priorate, Abteien und andere Benefizien in- und außerhalb der Stadt zu geben;] Auch brachte er...

Dreizehntes Buch 187

135 *34–35* AB = ...Julian Rovere, [welchen Ruhmsucht und Kraftgefühl zu großen Unternehmungen trieben,] zog ihn...

136 *12–14* = D

140 *7–8* = B–D

140 *33* A–C: ...des Weibes des Ermordeten. [Aus dem Palast mit ihren Kindern gefangen fortgeführt und mit dem Tode bedroht, wenn sie nicht den Kastellan der Burg zur Übergabe zwang, versprach Caterina Sforza, dies zu tun. Sie ging ins Kastell, ließ sofort dessen Brücken aufziehen und dem Volke sagen, es möchte immerhin ihre gefangenen Kinder umbringen, denn einer ihrer Söhne lebe noch in Imola, und ein anderes Kind trage sie in ihrem Leibe.] Diese Amazone...

142 *9* AB: ...sehen wollte. [Seither erschien kein türkischer Monarch mehr in Frangistan bis auf das Jahr 1867. Der Leser mag hier mit Verwunderung den Sultan Abdulaziz auf den Spuren Djems durch das Mittelmeer und weiter nach Paris fahren sehen; er wird an dieser Reise und dem enthusiastischen Empfange des Großtürken mit Genugtuung erkannt haben, welchen weiten Fortschritt die Menschheit in drei Jahrhunderten zurückgelegt hat, und zugleich bemerken, daß der türkische Gast des Jahres 1867 in Frangistan eigentlich als Schutzflehender erschien, ganz so wie einst daselbst die letzten Paleologen erschienen waren, deren Reich der furchtbare Vater Djems zerstört hatte.] Die Könige des Abendlandes...

146 *12–15* = D

147 *13* AB: ...zwei Kardinäle ab. [Der Bote des Sultans begleitete diese Prälaten, aber man fand es für gut, ihn vor dem feierlichen Einzuge der Reliquie nach Rom kommen zu lassen, damit der Anblick eines beturbanten Heiden in der Prozession nicht Ärgernis errege. Der Türke hielt am 29. Mai seinen Einzug in Rom und nahm seine Wohnung am Platz St. Peters.] Am 31. Mai...

148 *11* AB: ...einzuschließen. [Als sie am 16. Juni das Inventarium der Kirchenschätze aufnahmen, hielt es der Vicecamerlengo de Morenis für geraten, sich in den Palast Mattei zu flüchten.] Rom fiel augenblicklich...

148 *37–38* = D

151 *11–14* = D

154 *15–18* = B–D

154 *23–41* = D

155 *18–20* = B–D (; schon im Februar... aufgehoben und)

157 *5–8* = B–D

158 *27–32* = B–D

159 *9* AB: ...an die Borgia gekommen. [Dies einst glänzende Haus, so voll von Erinnerungen an die schreckliche Zeit der Borgia, steht noch heute gegenüber dem Palast der Inquisition und dient jetzt zu einem Heumagazin.] Drei Tage...

159 *30–35* = D

159 *38* A–C: ...unzuverlässig seien. [Schon im Jahre 1493 hatte Leonora von Ferrara davon Entdeckung gemacht und diese dem König Ferrante, ihrem Vater, mitgeteilt.] Seine Boten...

162 *26–38* = B–D
164 *28* = D (unter dem Befehl des Korsaren Villamarina)
167 *25* A–C: ...hatte bisher nur die [legitimen] Romzüge des Kaisers...
171 *5–8* = B–D
171 *15–17* = B–D
172 *8*–14 = B–D
174 *13–21* = B–D
174 *26–29* = CD (, und bereits... bedeckt war.)
175 *10* A–C = ...umgab [den finster blickenden Monarchen.]
175 *25–27* = CD (, welcher ihm entgegeneilte... geleitete.)
175 *36–37* = B–D (, während seine... bestand.)
176 *21–22* = B–D
177 *27–28* = B–D
180 *18–20* = D
181 *39*–182 *1* = B–D (, wo er dem Befehle... zahlloses Volk ein.)
185 *36* A–C: ...bei der [legitimen] Reichsgewalt...
186 *39*–187 *1* = D
189 *17–21* = B–D
194 *1–3* = B–D
195 *25–27* = D
196 *14* = B–D (Sie forderten die Reformation der Kirche und ein Konzil.)
198 *40*–199 *2* = D
200 *33* B: ...im Vatikan vollzogen. [Man führte Komödien und Szenen auf; in der Gestalt des mythischen Einhorns erschien Cesare. Dem Kontrakt gemäß sollte Don Alfonso ein Jahr lang in Rom bleiben, Lucrezia aber, so lange als der Papst lebte, nicht verpflichtet sein, ihrem Gemahl nach Neapel zu folgen.] Lucrezia faßte...
201 *26–31* = B–D
202 *37–39* = CD
204 *6–8* = B–D
205 *10–12* = D
208 *7–12* = B–D
211 *36–40* = D
214 *13–14* = B–D
216 *4–7* = B–D
219 *10* AB: ...zu halten pflegt. [Wir heutigen Menschen sind unfähig, die Zuchtlosigkeit der Sitten jener Zeit ganz zu begreifen, aber haben trotz ihrer Priester der Religion Ansprüche auf unsere Nachsicht? Der Anblick dieses Vaters und dieses Sohns im geschändeten Vatikan würde an der Menschheit verzweifeln machen, wenn nicht ein Blick von Rom weg in die Tiefen der deutschen Nation tröstete, wo die erlösenden Mächte der Sittlichkeit nur noch für wenige Jahre im Schlummer lagen.] Die Vermählung Lucrezias...
220 *4* AB: ...der murrenden Stadt Rom. [Am 1. Januar erschienen 13 Triumphwagen auf dem St. Petersplatz, mit anspielenden Darstellungen von Herkules, Caesar, Scipio und Paulus Aemilius. Eine im Vatikan von Kardinal San-

Dreizehntes Buch 189

severino vorgeführte Pastoral-Komödie fand wenig Beifall, desto mehr die von Caesar gegebene, wobei man Büsche, Hügel und Tiere sah, während Hirten die Vermählung priesen, durch welche Herkules fortan nicht Löwen und Wölfe mehr zu fürchten habe.] Am 6. Januar 1502...
220 *29* AB: ...den Sturz der Borgia. [Höfische Schmeichler wie Ariosto, die Strozzi und Bembo, selbst Aldo Manuzio vergötterten sie, indem sie außer ihrer Schönheit auch ihre Tugend und Weisheit zu den Sternen erhoben.] Wenige Frauen...
225 *30–32* A–C = ...dem bedrängten Cesare [ihren Beistand anzutragen.] Auch der Herzog von Ferrara...
228 *30–33* = B–D
230 *33–35* = B–D
230 *33–35* A = ...seinem Glücke zu folgen. [Er nahm um diese Zeit eine Hyder mit sieben Köpfen als Devise in seine Fahnen auf. Mit Blut hatte er sich reichlich gemästet.] Alles, was er errungen...
231 *12* AB: ...vergiftet hat. [Und so verderbt waren die Zustände Italiens, welches aus der Epoche einheimischer Tyrannis der weit schlimmeren dauernder Fremdherrschaft, vielleicht gar der Teilung unter Spanien, Frankreich und Habsburg entgegenging, so verzweifelt auch die Urteile, die Hoffnungen und die Heilmittel der Patrioten des Landes, daß der armselige Cesare Borgia einem Machiavelli in der Gestalt des mystischen Veltro Dantes erscheinen konnte.] Von Verbrechen...
231 *16–17* = D
233 *7–10* = B–D
233 *15–16* = D
236 *9* BC: ...verschlingen wollte. [Dies düstre, wie Verachtung aussehende Schweigen hat einen Zug von Größe.] Das Urteil über Alexander VI. ...
237 *10–17* = B–D
237 *26* AB: ...sein gesamtes Tun. [Am Ende wurde er der Sklave Cesares, seines Sohnes und bösen Dämons.]
237 *26–30* = B–D
238 *33–239 9* = B–D
240 *1* A–C: ...heidnische Kultur zurückzukehren. [, als wäre diese ihre wahre, endlich wiedergefundene Heimat.] Der Genius des Altertums...
240 *21–23* BC = ...der Verjüngung nieder; [denn dies Christentum, an seinem Ideale verfälscht und im Materialismus versunken, war zu einem hierarchischen Institut und einem toten Kultus erstarrt.] Die Kirche, ...
241 *27–28* = B–D (ja, sie erschufen sie erst als eine europäische Macht.)
242 *31* AB: ...ihre moralische Allgewalt [durch die auflösende Zeit] eingebüßt.
243 *9–14* = D
244 *12–15* = D
246 *32* AB: ...Ptolemäus Philadelphus. [Man könnte diesen trefflichen Papst-Mäzen passend darstellen mit dem Füllhorn in der Hand, aus denen [sic!] er Männern der Wissenschaft und Kunst Gold vorschüttet – die Seligkeit des Lebens für edle Zwecke hat selten ein Mann so ganz genossen wie er.] Der Fall...

248 *4–5* A–C: ... neu erschuf. [Er vermehrte sie durch 5000 Handschriften,] und stellte ...
249 *38* A–C: ... de Civitate dei. [Man wird nur mit Pietät diese Inkunabeln in die Hand nehmen, die ältesten Denkmäler des deutschen Buchdrucks außerhalb des Vaterlandes, welche in ihrer irrtümlich gotisch genannten Schrift noch die Spuren der Kindheit ihrer Kunst tragen.] Ulrich Hahn ...
255 *27* AB: ... Verbreitung fanden. [Den Stoff dazu entnahm er Unterhaltungen, die er und andere päpstliche Sekretäre, wie Antonio Loschi und Cincio zur Zeit Martins zu haben pflegten, wenn sie sich abends in der von ihnen so genannten „Lügenstube" in der Kanzlei versammelten.] Im Jahre 1453 ...
257 *14–16* = B–D (und eine unsterbliche Kunst ... eines Lessing.)
260 *26–31* = B–D
262 *19–21* = D
264 *23–26* = B–D (Die Päpste ... Travertinquadern)
264 *36–39* = D
265 *19–25* = B–D
265 *30–32* = D
266 *12* AB: ... am eifrigsten betreiben. [Pilger, hohe Reisende, Fürsten und Bischöfe nahmen zahllose Altertümer mit sich in ihre Heimat fort.] Erst seit Eugen IV. ...
266 *31–35* = CD
267 *25–27* = CD (, was übrigens schon ... Denkmäler der Geschichte,)
270 *23–34* = D (, ein merkwürdiger Mann ... nach ihm.)
271 *7–9* = D
277 *8–10* = B–D
277 *13–14* = B–D (, und in so großer Armut ... worden wäre.)
278 *41*–279 *2* = B–D
285 *12* AB: ... in der Vatikanischen Bibliothek. [, und erst seine Veröffentlichung würde die noch nicht beantwortete Frage entscheiden, ob jene skandalösen Stellen darin enthalten sind oder fehlen.] Die eigene Handschrift Burkards ...
288 *21–23* = B–D (Capo di Ferro ... Leos X. wurde.)
288 *37–41* = B–D
289 *17–19* = D
290 *3–5* = D
294 *22–28* = D
296 *13–21* = CD (, und die am Pantheon ... Name lautete;)
297 *31–34* = D
299 *34–36* = D
299 *39*–300 *2* = CD
300 *32–34* = D
302 *32–35* = B–D
304 *25–26* = D
305 *7–15* = B–D
305 *34–35* = D
305 *39*–306 *2* = D

Vierzehntes Buch 191

314 *24* AB: ...der Kunst erfüllte. [Unter diesen allegorischen Figuren bemerkt man mit Verwunderung die Theologie in der Gestalt einer Diana mit dem Pfeilköcher auf der Schulter; die heidnische Idee gehört der Zeit an, aber ihr Sinn bleibt rätselhaft, es sei denn, daß dem ironischen Künstler die den katholischen Dogmen drohende Gefahr vorschwebte, wogegen sich die Scholastik bald zu rüsten hatte.] Das Beste...

315 *1–3* = D
315 *40–41* = CD
317 *16–19* = CD
319 *7–9* = CD
319 *28–30* = CD
320 *6–8* = CD
321 *10–25* = D
322 *31–37* = D
323 *12–15* = B–D
323 *15–17* = D
327 *7–14* = B–D
329 *35–37* = B–D
333 *9* A–C: ...diese merkwürdige Marmorfigur dauert. [Sie ist der mit Pietät gehütete Liebling der Stadt Rom, ihr Vertreter und letzter unsterblicher Volkstribun.] Die Navona...
333 *23–24* = B–D
333 *26–29* = B–D
334 *10–12* = B–D
334 *14–20* = B–D
341 *10–12* = B–D
342 *2–5* = B–D
343 *32–33* = B–D
344 *36–38* = B–D
350 *14–16* = B–D
350 *31–33* = B–D
352 *11–12* = B–D (, aber die kleine Kirche... eine Straße trug.)
352 *20–21* = D
353 *8–41* = D

b) Band 8 der Originalausgabe

A = 1. Aufl. (1872); B = 2. Aufl. (1874); C = 3. Aufl. (1881); D = 4. Aufl. (1896)

356 *10–13* = B–D
359 *3–5* A = ...am 10. September. [Der ehrgeizige Minister Ludwigs XII. hoffte jetzt die lang ersehnte Papstkrone zu gewinnen.] Amboise hatte deshalb...
359 *10–12* = B–D
362 *17–21* = D
366 *2–12* = B–D
366 *32–37* = B–D

367 *11–16* = B–D
367 *18–30* = B–D (Am Hofe zu Madrid... nach Spanien abgeführt,)
367 *31–33* = D
368 *1–6* = B–D
368 *20–27* = B–D
369 2 A–C: ...angenommen. [In Wahrheit verfaßte es Machiavelli als ein Heilmittel des Staats, dessen Unglück dieser scharfsinnige Geist in seiner Durchwucherung durch die Hierarchie erkannte und dessen Rettung ihm schon in dem vorschwebte, was wir heute die Trennung der Kirche vom Staat nennen.] A: [Aber dieser reformatorische Gedanke führte zunächst zur verderblichen Trennung der Moral von der Politik, und] Die Verleugnung...
369 *3* A–C = ...durch die Unfähigkeit [zur kirchlichen Reform. Sie töteten Savonarola, und sie behielten nur das Programm Machiavellis übrig.] Wenn der Irrtum...
369 *9–21* = D
370 *5–7* = D (und den Bann des Mittelalters... nennen kann.)
372 *5–8* = B–D
372 *24–26* = B–D
372 *36–41* = B–D
373 *2–10* = B–D
374 *27–34* = B–D
375 *1–5* = B–D
377 *23–25* = B–D
378 *34–37* = B–D
382 *37–38* = D
385 *19–21* A–C = ...für verloren; [nur der alte Papst zeigte keine Furcht.] Der Marschall...
387 *29–31* A = ...rissen sie [vom Portal des Doms herab] und sie zerschlugen...
390 *28–31* = D
392 *15–19* = D
392 *34–41* = D
393 *2–6* A–C = ...Paolo Planca, [reichten sich in Aracoeli zum ewigen Frieden die Hände.]
393 *7–13* = D
406 *40*–407 *4* = B–D
412 *36–38* = D
413 *1–7* = D
413 *20–22* = D
413 *26–31* = B–D
424 *27–31* A = ...versagt blieb, [. In schmerzvollem Ringen stürmte er mit ihnen den Himmel des Ideals: das Schicksal blieb ihm die Hebe des Herkules schuldig.] Seine Berührung mit Julius...
429 *41*–430 *3* = D
430 *13–16* = D

Vierzehntes Buch

431 *39* A: ... die Charis besitzt. [Erst in der Schule Venedigs wurde die sinnliche Leidenschaft in der Kunst emanzipiert, und das Ideal ward dort statt der Madonna die Venus.] Julius II. ...

436 *31–34* = B–D (, dessen Bruder... täuschten sich.)

451 *28–31* = D

458 *41*–459 *1* = D (, ein gläubiger Mann... entgegensetzte,)

459 *25* A: ...in Rom zu halten. [: jetzt sah man ihn bleich und verstört auf einem Stuhl in die Engelsburg forttragen.] Riario war...

459 *30–34* = B–D

465 *35–36* = B–D

480 *8–11* = B–D

480 *34–35* = B–D

488 *14–15* = B–D

492 *11–12* = D

500 *29–30* = D

503 *37–39* = B–D (, und die getürmte Burg... gewesen ist.)

504 *13–15* = D

506 *29* BC: ... entstanden sein. [Man machte am Anfange des XVI. Jahrhunderts figurierte Pläne des damaligen Rom, aus der Vogelperspektive betrachtet. Ein solcher findet sich in der Nürnberger Chronik von Hartmann Schedel. In großem Maßstabe ausgeführt, in Tempera, ist der Plan Roms, welchen gegenwärtig das Stadtmuseum von Mantua besitzt.] Während nun...

506 *41*–507 *2* = D (, ein gebildeter Humanist... Conti war)

507 *3–33* = D

513 *36–37* = B–D

528 *2–7* = D

528 *31–36* = D

529 *26–28* = B–D

529 *28–29* = D

532 *19–28* A–C = ...Banken von S. Spirito. [Auch Raffael war als Architekt von Palästen tätig, doch hat er hier nichts wahrhaft Großes und vollendet Schönes zu erschaffen vermocht. Nach seinem Plan soll im Jahr 1518 der große Palast Stoppani (oder Vidoni) erbaut sein, welcher ursprünglich den Caffarelli gehörte. Vasari schreibt ihn jedoch Lorenzetto zu, und derselbe Bildhauer erbaute für den Kardinal Andrea della Valle den schönen Hof in dessen Palast. Die Bauten Raffaels im Borgo sind untergegangen.] Von Jacopo Tatti Sansovino...

533 *39*–534 *4* = B–D

534 *7–10* = B–D

536 *39–41* = D

541 *30–31* = B–D

556 *23–26* = B–D

571 *38* A–C: ...dem Kaiser zu verschweigen. [In der ersten Aufregung hätte Pescara den Versucher aus dem Fenster werfen mögen; dann faßte er sich;] Pescara hörte ruhig Morone an, ...

572 *24–25* = D (, zu denen er selbst wahrscheinlich die erste Anregung gegeben hatte.)
573 *13–14* = D
597 *22–24* = D
609 *29* A–C = ...stürmte [Konrad Heß] das Tor S. Spirito...
610 *19–25* A–C = ...Markgraf Gumpert von Brandenburg; [Man nahm ihn ohne weiteres fest.] Tapfer kämpfend...
616 *22–25* = D
617 *19–21* = D
617 *38–39* = D
623 *36–39* = D
625 *26–30* = D
630 *40*–631 *2* = D (, lieferte der Papst... in Empfang)
637 *28–32* = B–D
647 *41*–648 *7* = B–D

LITERATURVERZEICHNIS

ALLGEMEINE LITERATUR

Bibliographien: *E. Calvi*, Bibliografia generale di Roma. Bd. 1, 2 u. 5 m. Suppl. zu Bd. 1. Roma 1906–1912. – *F. Cerroti*, Bibliografia di Roma medioevale e moderna. Bd. I. Roma 1893. – *A. Mau*, Katalog d. Biblioth. d. dt. archäol. Inst. i. Rom. Bd. I, 1 u. 2 (neu bearb. v. E. von Mercklin). Berlin 1913/14; Bd. II (neu bearb. v. F. Matz). Berlin 1932; 1. Suppl. (bearb. v. F. Matz). Berlin 1930. –

Enzyklopädien und Lexika: Realencyklopädie d. christl. Altertümer hrsg. v. F. X. Kraus. 2 Bde. Freiburg 1882–1886. – *Realencyklopädie d. klass. Altertumswiss.* hrsg. v. Pauly-Wissowa. Bd. I ff. Stuttgart 1894 ff. – *Realencyklopädie f. protest. Theologie u. Kirche* hrsg. v. A. Hauck. 24 Bde. Leipzig ³1896 bis 1910. – *Kirchenlexikon* hrsg. v. Wetzer u. Welte. 12 Bde. Freiburg ²1882–1901. – *Die Religion i. Gesch. u. Gegenwart* hrsg. v. H. Gunkel und L. Zscharnack. 5 Bde. Tübingen ²1927–1931. – *Lexikon f. Theologie u. Kirche* hrsg. v. M. Buchberger. 10 Bde. Freiburg 1930–1938. – *Wasmuths Lexikon d. Baukunst.* 5 Bde. Berlin 1929 ff. – *Reallexikon f. Antike u. Christentum* hrsg. v. Th. Klauser. Bd. I f. Stuttgart 1950 f. –

Politische Geschichte: *A. Cartellieri*, Weltgeschichte als Machtgesch. 4 Bde. München 1927–1941. – *B. Gebhardt*, Handb. d. dt. Gesch. 7. Aufl. hrsg. v. R. Holtzmann. Bd. I. Stuttgart 1930. – *L. M. Hartmann*, Gesch. Italiens i. Mittelalter Bd. I–IV, 1. Gotha 1897 ff.; Bd. 1, ²1923. – *L. Salvatorelli*, L'Italia medioevale dalle invasioni barbariche agli inizi del secolo XI. Milano [1938] = Storia d'Italia Vol. III. – *L. Salvatorelli*, Gesch. Italiens. In Verbindung m. E. Heymann u. G. Guera übers. v. G. Mehlis u. R. Frhr. v. Mattendoit. Berlin 1942. – *M. Seidlmayer*, Gesch. d. ital. Volkes u. Staates v. Zusammenbruch d. röm. Reiches b. z. Weltkrieg. Leipzig 1940 = Die große Weltgesch. Bd. 9. – *G. Volpe*, Il Medioevo. Firenze ²1933. – *G. Ostrogorsky*, Gesch. d. byzantin. Staates. München 1940; ²1952 = Handb. d. Altertumswiss. 12. Abt. I, 2. –

Nachtrag: *G. Mann* und *A. Nitschke* (Hrsg.), Propyläen Weltgeschichte Bd. V. Berlin 1963. – *H. Grundmann*, Über die Welt des Mittelalters. In: Summa historica = Propyläen Weltgeschichte Bd. XI (1965), S. 365–446. – *M. Seidlmayer*, Das Mittelalter. Umrisse und Ergebnisse des Zeitalters. Unser Erbe. Neu herausgegeben von H. Grundmann. Göttingen ²1967. – *F. Valjavec*, Historia Mundi. Ein Handbuch der Weltgeschichte in zehn Bänden. Bd. V und VI. Bern 1956–58. – *G. Tellenbach*, Die Germanen und das Abendland bis zum Beginn des 13. Jahrhunderts. In: Saeculum Weltgeschichte Bd. IV (Freiburg 1967), S. 158–401. – *B. Gebhardt*, Handbuch der deutschen Geschichte. Neunte, neu bearbeitete Auflage, hg. v. H. Grundmann.Bd. I. Stuttgart 1970. – *W. Ohnsorge*, Abendland und Byzanz. Gesammelte Aufsätze zur Geschichte der byzantinisch-abendländischen Beziehungen und des Kaisertums. Darmstadt 1958. – *M. Seidlmayer*, Geschichte Italiens. Vom Zusammenbruch des Römischen Reiches bis zum Ersten Weltkrieg. Stuttgart 1962 = KTA 341. – *H. Kramer*, Geschichte Italiens Bd. I: Von der Völkerwanderung bis 1494. Stuttgart 1968 =

Urban Buch 108. – *W. Goez,* Grundzüge der Geschichte Italiens in Mittelalter und Renaissance. Darmstadt 1975 = Grundzüge Bd. 27.

Kirchengeschichte: *K. Bihlmeyer,* Kirchengesch. 12. verb, neubes. Aufl. v. H. Tüchle. Bd. 2: Das Mittelalter. Paderborn 1948. – *A. Hauck,* Kirchengesch. Deutschlands. 5 Bde. Leipzig ³/⁴1904–1920. – *K. Heussi,* Kompendium d. Kirchengesch. Tübingen ¹⁰1949. – *J. P. Kirsch,* Kirchengesch. unter Mitwirkung v. Fachgenossen Bd. I u. II, 2. Freiburg 1930 u. 1940. – *G. Krüger,* Handb. d. Kirchengesch. f. Studierende. 4 Teile. Tübingen ²1923/31. – *J. Langen,* Gesch. d. röm. Kirche. 4 Bde. Bonn 1881 ff. – *H. Lietzmann,* Gesch. d. alten Kirche. 3 Bde. Berlin ²1937/38. – *K. Müller,* Lehrbuch d. Kirchengesch. Bd. 1. Tübingen ³1940. –

Nachtrag: *R. W. Southern,* Kirche und Gesellschaft im Abendland des Mittelalters. Berlin 1976.

Papstgeschichte: *F. Baethgen,* Artikel „Papsttum" in: Die Religion i. Gesch. u. Gegenwart Bd. IV, Sp. 896–918. – *R. Baxmann,* Die Politik d. Päpste v. Gregor I. b. auf Gregor VII. 2 Bde. Elberfeld 1868/69. – *G. Castella,* Papstgesch. 3 Bde. Zürich 1944/46. – *J. Haller,* Das Papsttum. Idee u. Wirklichkeit. 3 Bde. Stuttgart u. Berlin 1934/45. Neuaufl. in 5 Bden. Urach u. Stuttgart 1950 ff. – *F. Gregorovius,* Die Grabdenkmäler d. röm. Päpste. Marksteine d. Gesch. d. Papsttums. Neue illustr. Ausg. Dresden 1941. – *G. Krüger,* Das Papsttum. Seine Idee und ihre Träger. Tübingen ²1932. – *W. Norden,* Das Papstt. u. Byzanz. Die Trennung d. beid. Mächte u. d. Problem ihrer Wiederverein. b. 1453. Berlin 1903. – *F. X. Seppelt,* Gesch. d. Papsttums. Eine Gesch. d. Päpste v. d. Anfängen b. z. Ende Pius' X. Bd. I, II, IV. Leipzig 1931 ff. – *F. X. Seppelt,* Papstgesch. Von d. Anf. b. z. Gegenwart. München 1949. – *F. X. Seppelt,* Das Papsttum u. Byzanz. Breslau 1903 = Kirchenrechtl. Abhandl. hrsg. v. M. Sdralek Bd. II. – *W. Wattenbach,* Gesch. d. röm. Papsttums. Berlin 1876. – *J. Wittig,* Das Papsttum. Seine weltgesch. Entwicklung u. Bedeutung i. Wort u. Bild dargestellt. Hamburg 1913. –

Nachtrag: *F. X. Seppelt, G. Schwaiger,* Geschichte der Päpste. Von den Anfängen bis zur Gegenwart. München 1964. – *W. Ullmann,* Die Machtstellung des Papsttums im Mittelalter. Idee und Geschichte. Aus dem Englischen übertragen von Gerlinde Möser-Mersky. Graz–Wien–Köln 1960; engl. Ausgabe 1955. Dazu: *F. Kempf,* Die päpstliche Gewalt in der mittelalterlichen Welt. Eine Auseinandersetzung mit Walter Ullmann. In: Saggi storici intorno al Papato dei Professori della Facoltà di Storia Ecclesiastica (Roma 1959), S. 117–169 = Miscellanea Historiae Pontificiae vol. 21. – *W. Ullmann,* Kurze Geschichte des Papsttums im Mittelalter. Berlin 1978 = Sammlung Göschen 2211. – *H. Zimmermann,* Papstabsetzungen des Mittelalters. Graz–Wien–Köln 1968. – *G. Denzler,* Das Papsttum und der Amtszölibat. 1. Teil: Die Zeit bis zur Reformation. Stuttgart 1973.

G. Ladner, Die Papstbildnisse d. Altertums u. d. Mittelalters Bd. I: Bis z. Ende d. Investiturstreites. Città del Vaticano 1941 = Monum. di antichità cristiana II, 4. –

Nachtrag: *G. B. Ladner,* Die Papstbildnisse des Altertums und des Mittelalters Bd. II. Città del Vaticano 1970.

Geschichte Roms: *Ph. Hiltebrandt,* Rom. Geschichte u. Geschichten.

Stuttgart 1949. – *T. H. Neomario* (= Theodor Niemeyer), Gesch. d. **Stadt Rom**. 2 Bde. Kiel 1933. – *F. Papencordt*, Gesch. d. Stadt Rom i. Mittelalter. Hrsg. u. m. Anm., Urk., Vorwort u. Einl. versehen v. Const. Höfler. Paderborn 1857. – *A. v. Reumont*, Gesch. d. Stadt Rom. 3 Bde. Berlin 1867–1870. Bd. II: Von d. Herrschaft d. germ. Völker b. z. Ende d. großen Schismas. – *O. Rössler*, **Grundriß** einer Gesch. Roms i. Mittelalter. Berlin 1909. –

Nachtrag: *H. Schmidinger*, Roma docta? Rom als geistiges Zentrum im Mittelalter. Salzburg 1973 = Salzburger Univ.-Reden, Heft 50. – *G. Tellenbach*, Die Stadt Rom in der Sicht ausländischer Zeitgenossen (800–1200). In: Saeculum 24 (1973) 1–40. – *G. Bäseler*, Die Kaiserkrönungen i. Rom u. d. Römer v. Karl d. Gr. b. Friedr. II. (800–1220). Freiburg 1919. – *L. Halphen*, Études sur l'administration de Rome au moyen-âge (751–1252) = Bibl. de l'école des hautes études fasc. 166, Paris 1907.

R o m a l s I d e e : *E. Pfeil*, Die fränk. u. d. dt. Romidee d. frühen Mittelalters. München 1929 = Forsch. z. mitt. u. neuer. Gesch. Bd. 3. – *Fe. Schneider*, Rom u. d. Romgedanke. Die geistigen Grundlagen d. Renaissance. München 1926. – *P. E. Schramm*, Kaiser, Rom u. Renovatio. Stud. u. Texte z. Gesch. d. röm. Erneuerungsged. v. Ende d. karoling. Reiches b. z. Investiturstreit. Teil I u. II. Leipzig 1929 = Stud. d. Bibl. Warburg XVII. –

Nachtrag: *M. Seidlmayer*, Rom und Romgedanke im Mittelalter. In: Saeculum 7 (1956) 395–412.

W. Rehm, Der Untergang Roms im abendl. Denken. Ein Beitrag z. Geschichtsschr. u. z. Dekadenzproblem. Leipzig 1930. – *W. Rehm*, Europäische Romdichtung. München 1939, ²1960. – *E. R. Curtius*, Europäische Literatur und lateinisches Mittelalter. Bern ⁶1967.

K u l t u r g e s c h i c h t e : *M. Appolonio*, Uomini e cose della cultura italiana delle origini. Firenze 1934. – *L. Friedländer* - *G. Wissowa*, Darstellungen aus d. Sittengesch. Roms. 4 Bde. Leipzig ¹⁰1921/23. – *U. Kahrstedt*, Kulturgesch. d. röm. Kaiserzeit. München 1944. – *G. Schnürer*, Kirche und Kultur i. Mittelalter, 3 Bde. Paderborn 1927 ff. –

Nachtrag: *M. Seidlmayer*, Weltbild und Kultur Deutschlands im Mittelalter. Konstanz o. J. [1961].

K u n s t g e s c h i c h t e : *L. Bruhns*, Die Kunst d. Stadt Rom. Ihre Gesch. v. d. frühesten Anfängen b. i. d. Tage d. Romantik. Wien 1951 (1 Text- u. 1 Tafelbd.) – *L. Curtius*, Das antike Rom. Wien 1944 (m. Aufn. v. A. Nawrath.) – *F. A. Kauffmann*, Roms ewiges Antlitz. Formschicksal einer Stadt. Berlin 1940; ³1949. – *F. X. Kraus*, Gesch. d. christl. Kunst Bd. I–II, 2, 1. Freiburg 1896–1900. – *J. Sauer*, Artikel „Rom" i. Lex. f. Theol. u. Kirche Bd. VIII, Sp. 950–961. – *G. Graf Vitzthum u. W. F. Volbach*, Die Malerei u. Plastik d. Mittelalters i. Italien. Wildpark-Potsdam 1924 = Handb. d. Kunstwiss. – *J. Wilpert*, Die röm. Mosaiken u. Malereien d. kirchl. Bauten v. 4. b. z. 13. Jahrh. 4 Bde. Freiburg 1916/24. Neue Aufl. Freiburg i. Br. 1976.

Nachtrag: *L. Bruhns*, Die Kunst der Stadt Rom. 2 Bde. Wien, München 1972.

F. L. Dunbar, Rom. 600 Bauwerke d. ewigen Stadt, m. 26 Karten, 224 Abb. u. 76 Zeichn. nach M. van Heemskerck. Berlin 1943. – *R. Schoener*, Rom, m. 290 Org.-Illustr. v. A. Terzi, G. Bacarisas, M. Barbasan u. a., hrsg. v. E. M. Engel, o. J.

Die Kirchen Roms: *M. Armellini*, Le chiese di Roma del secolo IV al XIX. Roma 1942. – *Chr. Huelsen*, Le chiese di Roma nel Medio Evo. Firenze 1927. – *P. F. Kehr*, Italia pontificia Bd. I: Roma. Berolini 1906. – *R. Krautheimer*, Corpus Basilicarum Christianarum Romae. Città del Vaticano 1937 ff. = Monum. di antichità cristiana II, 2. Dazu: *F. W. Deichmann* in: Mitt. d. archäol. Inst. röm. Abt. 58 (1943) 151 f. – *F. X. Zimmermann*, Die Kirchen Roms. München 1935. –

Zur Topographie Roms: *H. Jordan-Chr. Huelsen*, Topographie d. Stadt Rom i. Altertum. 2 Bde. Berlin 1878–1907. – *O. Gilbert*, Gesch. u. Topographie d. Stadt Rom i. Altertum. 3 Bde. Leipzig 1883–1890. – *S. B. Platner*, A topographical Dictionary of ancient Rome. Neubearb. v. Th. Ashby. Oxford 1929. – *O. Richter*, Topographie d. Stadt Rom. München ²1901 = Handb. d. klass. Altertumswiss. 3, 3, 2. – *A. Schneider*, Das alte Rom. Entwickl. s. Grundrisses u. Gesch. s. Bauten. Leipzig 1896. – *R. Valentini* e *G. Zucchetti*, Codice Topografico della città di Roma. Vol. I–IV. Roma 1940–1953.

Stadtpläne Roms: *W. Holtzmann*, Der älteste mittelalt. Stadtplan v. Rom in: Jahrb. d. Dt. Archäol. Inst. 41 (1926) 56 ff. – *H. Jordan*, Forma urbis Romae. Berlin 1874. – *H. Kiepert u. Chr. Huelsen*, Formae urbis Romae antiquae. Berlin ²1912. – *R. Lanciani*, Forma urbis Romae. Mediolani 1893–1900. –

Die antiken Bauten Roms: *H. Babucke*, Gesch. d. Colosseums. Königsberg 1899. Dazu auch: *W. Waetzoldt*, Du u. d. Kunst. Berlin 1950, 292 ff. (m. vielen Abb.). – *Chr. Huelsen*, Das Forum Romanum. Seine Gesch. u. s. Denkmäler. Rom ²1905. – *Chr. Huelsen* (Hrsg.), Mirabilia Romae. Ein röm. Pilgerbuch d. 15. J. in dt. Sprache. Berlin 1925. – Chr. Huelsen, Forum u. Palatin. München 1926. – *H. Jordan*, Capitol, Forum und Sacra Via i. Rom. Berlin 1881. – *G. Lugli*, I Monumenti antichi di Roma e Suburbio vol. I–III, Suppl. Roma 1930 bis 1940. – *G. Lugli*, Roma antica. Il centro monumentale. Roma 1946 (= Neuaufl. Bd. I). – *G. Lugli*, Monumenti minori del Foro Romano. Roma 1947. – *K. A. Neugebauer*, Die Kaiserfora in Rom in: Die alten Sprachen 5 (1940) 65 ff. – *K. Ziegler*, Artikel „Palatium" u. „Pantheon" in: Pauly-Wissowa, Realencyklopädie d. klass. Altertumswiss. Neue Bearb. –

Nachtrag: *H. Siebenhüner*, Das Kapitol in Rom. Idee und Gestalt. München 1954.

Verfassungs- u. Rechtsgeschichte: *H. F. Feine*, Kirchl. Rechtsgesch. Bd. I: Die kath. Kirche. Auf d. Grundlage d. Kirchenrechtes v. Ulrich Stutz. Köln ⁴1964. – *J. Ficker*, Forsch. z. Reichs- u. Rechtsgesch. Italiens. 4 Bde. Innsbruck 1868–1874. – *K. Jordan*, Das Eindringen d. Lehnswesens i. d. Rechtsleben d. röm. Kurie in: Arch. f. Urk.-Forsch. 12 (1932) 13–110. – *P. S. Leicht*, Storia del diritto italiano. Bd. I: Le Fonti. Milano ³1947; Bd. II: Il diritto pubblico. Milano ³1950. – *E. Mayer*, Italien. Verf.-Gesch. v. d. Gotenzeit b. z. Zunftherrsch. 2 Bde. Leipzig 1909. Dazu: H. Niese in: ZRG. germ. Abt. 32 (1911) 365–419. – *H. Mitteis*, Der Staat d. hohen Mittelalters. Weimar ³1948. – *P. Rasi*, Exercitus Italicus e milizie cittadine nell' alto medio evo. Padova 1937. – *A. Solmi*, Storia del diritto italiano. Milano 1969. –

Nachtrag: *K. Jordan*, Das Eindringen des Lehnswesens in das Rechtsleben der römischen Kurie. Darmstadt 1971 = Reihe Libelli CCCXXV. – *H. E. Feine:* Kirchliche Rechtsgeschichte. Die katholische Kirche, 4. neu bearb. u. erweiterte Aufl.

Köln–Graz 1964. – *A. Erler*, Lupa, lex und Reiterstandbild im mittelalterlichen Rom. Eine rechtsgeschichtl. Studie. Wiesbaden 1972.
E. Eichmann, Die Kaiserkrönung i. Abendland. Ein Beitrag z. Geistesgesch. d. Mittelalters m̃. bes. Berücksichtigung d. kirchl. Rechts, d. Liturgie u. d. Kirchenpolitik. 2 Bde. Würzburg 1942. – *W. Ohnesorge*, Das Zweikaiserproblem i. früheren Mittelalter. Die Bedeutung d. byzantin. Reiches f. d. Entwickl. d. Staatsidee i. Europa. Hildesheim 1947. – *E. Schoenian*, Die Idee der Volkssouveränität i. mittelalterl. Rom. Leipzig 1919. –

Wirtschafts- u. Sozialgeschichte: *A. Doren*, Italien. Wirtschaftsgesch. Bd. I. Jena 1934 = Handb. d. Wirtschaftsgesch. – *R. Kötzschke*, Allgem. Wirtschaftsgesch. d. Mittelalters. Jena 1924. –

A. Schaube, Handelsgesch. d. rom. Völker d. Mittelmeergebiets b. z. Ende d. Kreuzzüge. München u. Berlin 1906. – *A. Schulte*, Gesch. d. mittelalterl. Handels u. Verkehrs zw. Westdeutschld. u. Italien. 2 Bde. Leipzig 1900. –

K. J. Beloch, Bevölkerungsgesch. Italiens. Bd. I: Grundlagen. Die Bevölkerung Siziliens u. d. Königsreiches Neapel. Berlin 1937; Bd. II: Die Bevölker. d. Kirchenstaates, Toskanas u. d. Herzogtümer am Po. Aus d. Nachlaß hrsg. v. G. M. de Sanctis. Berlin 1939. –

BAND I

ERSTES BUCH

Politische Geschichte: *A. Cartellieri*, Weltgesch. als Machtgesch. Bd. I: Die Zeit d. Reichsgründungen (382–911). München u. Berlin 1927. – *J. B. Bury*, History of the later Roman Empire (395–565). London 1923. – *E. Stein*, Gesch. d. spätröm. Reiches. Bd. I: Vom röm. z. byzantin. Staate (284–476). Wien 1928. – *O. Seeck*, Gesch. d. Untergangs d. antiken Welt. Bd. V u. VI. Berlin 1913 u. 1920/21. – *H. Aubin*, Die Umwandlung d. Abendlandes durch d. Germanen b. z. Ausgang d. Karolingerzeit in: Neue Propyläen-Weltgesch. Bd. II. Berlin 1940, S. 45–172. – *G. Romani* e *A. Solmi*, Le dominazioni barbariche in Italia (395–888). Milano 1939 = Storia Politica d'Italia. – *W. Enßlin*, Das Römerreich unter germ. Waltung in: Das neue Bild d. Antike. Bd. II: Rom. Leipzig 1942, S. 412–432. – *L. Schmidt*, Gesch. d. dt. Stämme bis z. Ausgang d. Völkerwanderung. Die Ostgermanen. Verb. Neudruck d. 2., völlig neubearb. Aufl. München 1941. – *H. Aubin*, Vom Absterben antik. Lebens i. Frühmittelalter in: Antike u. Abendland III (1948) 88–119. –

Nachtrag: *Th. Schieffer* (Hrsg.), Europa im Wandel von der Antike zum Mittelalter. Stuttgart 1976 = Handb. d. Europ. Gesch., hg. v.Th. Schieder. Bd. 1. – *G. Tellenbach*, Europa im Zeitalter der Karolinger. In: Historia Mundi, Bd. V (Bern 1956), S. 393–450. – *A. Nitschke*, Frühe christliche Reiche. In: Propyläen Weltgesch. Hg. v. G. Mann u. A. Nitschke. Bd. V (Berlin 1963), S. 273–393.

Sprach- u. Siedlungsgeschichte: *E. Gamillscheg*, Romania Germanica. Sprach- u. Siedlungsgesch. d. Germ. auf d. Boden d. alten Römerreiches. Bd. 2 (Ostgoten u. Langobarden). Berlin u. Leipzig 1935 = Grundriß d. germ. Philologie 11. –

Kirchen- und Papstgeschichte: *H. v. Schubert*, Gesch. d. christl. Kirche i. Frühmittelalter Bd. I (2 Teile). Tübingen 1917/21. – *K. Voigt*, Staat u. Kirche v. Konstantin d. Gr. bis zum Ende d. Karolingerzeit. Stuttgart 1936. – *E. Caspar*, Gesch. d. Papsttums. Bd. I. Tübingen 1930. –

Archäologie u. Kunstgeschichte: *O. Wulff*, Altchristl. u. byzantin. Kunst. 2 Bde. u. bibliogr.-krit. Nachträge. Wildpark-Potsdam 1914/16 u. 1939 = Handb. d. Kunstwiss. – *P. Styger*, Die röm. Katakomben. Archäol. Forsch. üb. d. Ursprung u. d. Bedeutung d. altchristl. Grabstätten. Berlin 1933. – *P. Styger*, Röm. Märtyrergrüfte. 2 Bde. Berlin 1935. – *L. Hertling* u. *E. Kirschbaum*, Die röm. Katakomben u. ihre Märtyrer. Wien 1950. – *L. Küppers*, Das unterirdische Rom. Von d. Anfängen d. christl. Kunst. Düsseldorf 1942. ²1946. – *S. Bettini*, Frühchristl. Malerei u. frühchristl.-röm. Tradition b. ins Hochmittelalter. Wien 1942. – *H. Grisar*, Gesch. Roms u. d. Päpste im Mittelalter. Bd. I: Rom beim Ausgang d. antik. Welt. Freiburg i. Br. 1901. – *E. Dinkler*, Die ersten Petrusdarstellungen. Ein archäol. Beitrag z. Gesch. d. Papstprimats in: Marburger Jahrb. f. Kunstwiss. 11/12 (1938/39) 1–80. –

Einzelfragen: *H. Lietzmann*, Petrus u. Paulus i. Rom. Berlin u. Leipzig ²1927 = Arbeiten z. Kirchengesch. 1. – *H. Dannenbauer*, Die röm. Petruslegende in: HZ. 146 (1932) 239–262. – *H. Dannenbauer*, Nochmals d. röm. Petruslegende in: HZ. 159 (1939) 81–88. – Esplorazioni sotto la Confessione di San Pietro in Vaticano, eseguite negli anni 1940–1949. Relazione a cura di *B. M. Apollonj Ghetti, A. Ferrua* S. J., *E. Josi, E. Kirschbaum* S. J. 2 Bde. Città del Vaticano 1951. Dazu: *A. M. Schneider*, Das Petrusgrab am Vatikan in: Theolog. Literaturztg. 77 (1952) Sp. 321–326 u. *D. Cullmann*, Petrus. Zürich 1952 S. 152 ff. – *A. v. Gerkan*, Grenzen u. Größen d. 14 Regionen Roms in: Bonner Jahrb. 149 (1949) 1–65. – *W. Scheel*, Die Rostra am Westende des Forum Romanum in: Mitt. d. archäol. Inst. röm. Abt. 43 (1928) 176–255. – *F. W. Deichmann*, Frühchristl. Kirchen i. Rom. Basel 1948. – *F. W. Deichmann*, Frühchristl. Kirchen i. antik. Heiligtümern in: Jahrb. d. dt. archäol. Inst. 54 (1939) 105 ff. – *A. de Waal*, Konstantins Kirchenbauten i. Rom. Hamm 1913. – *J. Sauer*, Artikel „Peterskirche" in: Lexikon f. Theol. u. Kirche Bd. VIII, Sp. 118–122. – *Chr. Huelsen*, Der Cantharus v. Alt-St.-Peter u. d. antik. Pignen-Brunnen in: Mitt. d. archäol. Inst. röm. Abt. 19 (1904) 87–116. – *F. W. Deichmann*, Frühchristl. Basen u. Kapitelle i. S. Paolo fuori le mura in: Mitt. d. archäol. Inst. röm. Abt. 54 (1939) 99 ff. – *M. Stettler*, Zur Rekonstruktion v. Santa Costanza in: Mitt. d. arch. Inst. röm. Abt. 58 (1943) 76 ff. – *F. W. Deichmann*, Die Lage d. konstantin. Basilika d. hlg. Agnes an d. Via Nomentana in: Rivista di Archeologica cristiana 22 (1946) 213 ff. – *F. W. Deichmann*, S. Agnese u. d. byzantin. Frage in: Byzantin. Zeitschr. 41 (1941) 70 ff. – *S. Schuchert*, S. Maria Maggiore zu Rom. Bd. I. Rom 1939 = Studi di Antichità Cristiana 15. – *F. W. Deichmann*, Zur Datierung d. Unterkirche S. Clemente i. Rom in: Mitt. d. archäol. Inst. röm. Abt. 58 (1943) 153 ff. – *Th. Mommsen*, Stilicho u. Alarich in: Hermes 38 (1903) 101–115. (= Ges. Schrift. IV (1906) 516–530). – *J. Straub*, Christl. Geschichtsapologetik i. d. Krisis d. röm. Reiches in: Historia I (1950) 52–81. – *M. A. Nagl*, Galla Placidia. Paderborn 1908 = Stud. z. Gesch. u. Kultur d. Altert. 2, 3. – *F. Altheim*, Attila u. die Hunnen. Baden-Baden 1951. – *H. Homeyer*, Attila. Berlin 1951. – *L. Schmidt*, Gesch. d. Wandalen. 2. umgearb. Aufl. München 1942. – Santa Agata dei Goti. Per *Chr. Huelsen* u. a. Roma 1924 = Monografie sulle chiese di Roma 1. –

Nachtrag: *K. Heussi*, Die römische Petrustradition in kritischer Sicht. Tübingen 1955. – *Th. Klauser*, Die römische Petrustradition im Lichte der neuen Ausgrabungen unter der Peterskirche. Köln u. Opladen 1956. – *E. Caspar*, Die älteste römische Bischofsliste. Kritische Studien zum Formproblem des eusebianischen Kanons sowie zur Geschichte der ältesten Bischofslisten und ihrer Entstehung aus apostolischen Sukzessionsreihen. Königsberg 1926 = Schriften der Königsberger Gelehrten Gesellschaft, geisteswiss. Reihe 2, 4. – *F. G. Maier*, Augustin und das antike Rom. Stuttgart 1955. – *E. Schaffran*, Das geschichtl. Bild Attilas. In: AFK. 36 (1954) 60–77. – *H. M. Klinkenberg*, Papsttum und Reichskirche bei Leo d. Gr. In: ZRG. KA. 38 (1952) 37–112.

ZWEITES BUCH

Politische Geschichte: *E. Stein,* Histoire du Bas-Empire. T. II: De la disparition de l'Empire d'Occident à la mort de Justinian (476–565). Publ. par I.-R. Palanque. Paris-Brüssel-Amsterdam 1949. – *B. Niese,* Die ostgotische Herrschaft i. Italien u. Justinian in: Ders., Grundriß d. röm. Gesch. nebst Quellenkde. 5. Aufl. bearb. v. E. Hohl. München 1923, S. 424–435 = Handb. d. klass. Altertumswiss. – *W. Schubart,* Justinian u. Theodora. München 1943. – *W. Enßlin,* Theoderich d. Gr. München ²1959. – *L. M. Hartmann,* Untersuch. z. Gesch. d. byzantin. Verwaltung i. Italien (540–750). Leipzig 1889. –
Nachtrag: *H. Löwe,* Von Theoderich dem Großen zu Karl dem Großen. Darmstadt 1968 = Libelli 29. – *R. Wenskus,* Die Herrschaft Odoakers und das Reich der Ostgoten in Italien. In: Th. Schieder (Hrsg.), Handbuch d. Europ. Gesch. Bd. 1 (Stuttgart 1976), S. 266–281. – *I Goti in Occidente.* Problemi. Settimana di studio del centro Italiano di studi sull' alto medioevo 3 (29 marzo – 5 aprile 1955). Spoleto 1956.
Papstgeschichte: *E. Caspar,* Gesch. d. Papsttums. Bd. II. Tübingen 1933. – Vgl. auch Lit.-Hinweise z. ersten Buch.
Kunstgeschichte: *S. Fuchs,* Kunst d. Ostgotenzeit. Berlin 1944. – *S. Fuchs,* Bildnisse u. Denkmäler aus d. Ostgotenzeit in: Die Antike, Zeitschr. f. Kunst u. Kultur d. klass. Altert. 19 (1943) 109–153. –
Einzelfragen: *F. F. Kraus,* Die Münzen Odovacars u. d. Ostgotenreichs i. Italien. Halle 1928. – *W. Enßlin,* Zu d. Grundlagen v. Odoakers Herrschaft. Zagreb 1940. = Serta Hoffileriana S. 381–388. – *L. Santifaller,* Die Urkunde d. Königs Odovakar v. Jahre 489 in: MIÖG. 60 (1952) 1–30. – *F. Altheim,* Die ostgotische Königstracht in: Germanien 1942, S. 277–289. – *E. Lucius,* Die Anfänge d. Heiligenkultes i. d. christl. Kirche. Hrsg. v. *G. Anrich.* Tübingen 1904. – *J. P. Kirsch,* Die röm. Titelkirchen i. Altertum. Paderborn 1918. – *Th. Mommsen,* Ostgot. Stud. in: Neues Arch. 14 (1889) 245 ff. (= Ges. Schrift. 6, Berlin 1910, 383 ff.) – *H. Löwe,* Cassiodor in: Romanische Forsch. 60 (1947) 420–446. – *G. Westenburger,* Der Symmachusprozeß v. 501. Kirchenkrise u. Papstdoktrin. Diss. Tübingen 1939. – *A. Alessandrini,* Teoderico e papa Simmaco durante lo scisma Lauranziano in: Archivio della Deputazione Romana 67 (1944) 153–207. – *H. Koethe,* Zum Mausoleum d. weström. Dynastie b. Alt-Sankt-Peter in: Mitt. d. archäol. Inst. röm. Abt. 46 (1931) 9–26. –*W. Bark,* The legend of Boëthius' martyrdom in: Speculum 21 (1946) 312–317. – *Ch. H. Coster* and *H. R. Patsch,* Procopius and Boëthius in: Speculum 23 (1948) 284–286. – *R. Haupt,* Grabmal Theoderichs d. Gr. Leipzig 1930. – *R. Heidenreich,* Das Grabmal Theoderichs zu Ravenna. Bonn 1941 = Kriegsvortr. d. Univ. Bonn 102. – *L. Traube,* „O Roma nobilis" in: Abh. d. bayer. Akad. d. Wiss. phil.-philolog. Kl. 19 (1892) 297 ff. – *P. Hildebrand,* Die Absetzung d. Papsts Silverius (537). Eine quellenkrit. Untersuch. in: Hist. Jahrb. 42 (1922) 213–249. – *O. Bertolini,* La fine del pontificato di Silverio in: Archivio della Società Romana di storia patria 1924, 325 ff. – *E. Schwartz,* I. Vigiliusbriefe. II. Zur Kirchenpolitik Justinians. München 1940 = Sitz.-Ber. d. Bayer. Akad. 1940, 2. – *L. Schmidt,* Die letzten Ostgoten in: Abh. d. preuß. Akad. d.

Wiss. 1943, phil.-hist. Kl. 10. – *B. Lemke*, Justinians pragmatische Sanktion über Italien (554) in: Neues Archiv XIX (1916) 536 ff. – Nachtrag: *W. Ensslin*, Papst Johannes als Gesandter Theoderichs d. Gr. bei Kaiser Justinos I. In: Byzantin. Zeitschr. 44 (1951) 127–134. – *V. Bierbrauer*, Die ostgotischen Grab- und Schatzfunde in Italien. Spoleto 1975 = Biblioteca degli „Studi Medievale" 7.

DRITTES BUCH

Politische Geschichte: *R. Holtzmann*, Die Italienpolitik d. Merowinger u. d. Königs Pippin in: Das Reich, Festschr. f. J. Haller. Stuttgart 1940, S. 95–132. – *S. Jenny*, Gesch. d. langobard. Herzogtums Spoleto v. 570–994. Diss. Basel 1890. – *F. Hirsch*, Das Herzogtum Benevent b. z. Untergang d. Langobard. Reiches. Leipzig 1871. –
Nachtrag: *E. Schaffran*, Gesch. d. Langobarden. Leipzig 1938. – *H. Fröhlich*, Zur Herkunft d. Langobarden. In: QFIAB. 55/56 (1976) 1–21. – *H. Schmidinger*, Das byzantinisch-langobardische Italien (568–751). In: Th. Schieder (Hrsg.), Handb. d. Europäischen Gesch. Bd. 1 (Stuttgart 1976), S. 371–389. – *O. Bertolini*, Papi e le relazioni politiche di Roma con i ducati longobardi di Spoleto e di Benevento. In: Rivista di storia della chiesa in Italia 6 (1952); 8 (1954); 9 (1955). – *K. Schmid*, Zur Ablösung der Langobardenherrschaft durch die Franken. In: QFIAB. 52 (1972) 1–36.
Kirchengeschichte: *L. Duchesne*, L'Eglise au VIe siècle. Paris 1925. – *H. Grasshoff*, Langobardisch-fränkisches Klosterwesen i. Italien. Diss. Göttingen 1907. – *E. Caspar*, Gesch. d. Papstt. Bd. II. Tübingen 1933. –
Einzelfragen: *I. Herwegen*, Der hl. Benedikt. Düsseldorf ³1926. – *L. Salvatorelli*, Benedikt, d. Abt d. Abendlandes. Aus d. Italien. übertragen v. G. Kühl-Claassen. Hamburg-Leipzig 1937. – *Benedictus*, Vater d. Abendlandes 547 bis 1947. Weihegabe d. Erzabtei St. Ottilien z. 1400. Todesj. dargebracht u. hrsg. v. H. S. Brechter. München 1947. – Zeugnis d. Geistes. Gabe z. *Benedictus*-Jubiläum 547–1947 dargeboten v. d. Erzabtei Beuron. Beuron 1947 = Beiheft z. XXIII. Jg. d. Benediktin. Monatsschr. – *T. Leccisotti* O. S. B., Monte Cassino. Aus d. Italien. übers. v. H. R. Balmer-Basilius. Basel 1949. – *Ph. Schmitz*, Gesch. d. Benediktinerordens. Aus d. Franz. übers. v. L. Räber. Einsiedeln 1947. – *S. Brechter*, War Gregor d. Gr. Abt vor seiner Erhebung z. Papst? In: Stud. u. Mitt. z. Gesch. d. Benediktin.-Ord. 57 (1939) 209–224. – *Th. Mommsen*, Die Bewirtschaftung d. Kirchengüter unter Papst Gregor I. in: Zeitschr. f. Sozial- u. Wirtschaftsgesch. I (1893) 43–59. – *F. Görres*, Gregor d. Gr. u. Phokas in: Zeitschr. f. Wiss. Theolog. 44 (1901) 592–602. – *E. H. Fischer*, Gregor d. Gr. u. Byzanz. Ein Beitrag z. Gesch. d. päpstl. Politik in: ZRG. kan. Abt. 36 (1950) 15–144. – *S. Brechter*, Die Quellen z. Angelsachsenmission Gregors d. Gr. Eine historiogr. Studie. Münster 1941 = Beitr. z. Gesch. d. alten Mönchtums u. d. Benediktin.-Ord. 22. – *H. Kähler*, Zu d. Spolien i. Baptisterium d. Lateransbasilika in: Mitt. d. dt. arch. Inst. röm. Abt. 52 (1937) 106–118. – *A. Tschira*, Die ursprüngl.

Gestalt d. Baptisteriums a. d. Lateransbasilika in: Mitt. d. dt. arch. Inst. röm. Abt. 57 (1942) 116–121. – *K. Brandi*, Ravenna u. Rom in: Arch. f. Urk.-Forsch. IX (1926) 1 ff. – O. *Bertolini*, Per la storia delle diaconie Romane nell' alto medio evo sine alla fine del secolo VIII in: Arch. soc. Rom. 70 (3 ser. 1, 1947) 1–145. – *L. M. Hartmann*, Johannicius v. Ravenna in: Festschr. f. Th. Gomperz. Wien 1902, S. 319–323. –
Nachtrag: *H. Hürten*, Gregor d. Gr. und der mittelalterl. Episkopat. In: Zeitschr. f. Kirchengesch. 73 [1962] 16–41.

VIERTES BUCH

Politische Geschichte: *L. Halphen*, Charlemagne et l'empire carolingien. Paris 1947; ²1949. – *W. Levison*, England and the continent in the eighth century. Oxford 1946. – *E. Mühlbacher*, Deutsche Gesch. unter d. Karolingern. Stuttgart 1896 = Bibl. dt. Gesch. hrsg. v. H. v. Zwiedineck-Südenhorst. – *W. Levison*, Die Zeit d. Karolinger u. d. Ausbreitung d. Christent. Wirtsch., Verf. u. Verwalt. i. Karolingerr. in: Gebhardts Handb. d. dt. Gesch. 7. Aufl. hrsg. v. R. Holtzmann. Bd. I. Stuttgart 1930, S. 131–195. – *F. Steinbach*, Das Frankenreich in: Handb. d. dt. Gesch. hrsg. v. A. O. Meyer. Bd. I. Potsdam [1941], S. 107–146. –
Nachtrag: *W. H. Fritze*, Papst und Frankenkönig. Studien zu den päpstlich-fränkischen Rechtsbeziehungen von 754 bis 824. Sigmaringen 1973 = Vorträge u. Forschungen, Sonderband 10.
Papstgeschichte: *E. Caspar*, Das Papsttum unter fränkischer Herrschaft in: ZKG. 54 (1935) 132–264. – *L. M. Hartmann*, Grundherrsch. u. Bureaukratie i. Kirchenstaate v. 8. b. z. 10. Jahrh. in: Viertelj.-Schr. f. Sozial- u. Wirtschaftsgesch. VII (1909) 142–158. – *G. Falco*, L'amministrazione papale nella Campagna e nella Marittima dalla caduta della dominazione bizantina sino al sorgere dei comuni in: Arch. soc. Rom. XXXVIII (1915) 677–707. – *O. Vehse*, Die päpstl. Herrschaft i. d. Sabina b. z. Mitte d. 12. Jahrh. in: Quell. u. Forsch. aus ital. Arch. u. Bibl. 21 (1929) 120–175. –
Nachtrag: *H. Müller*, Topograph. u. genealog. Untersuchungen zur Gesch. d. Herzogtums Spoleto u. d. Sabina von 800–1100. Diss. Greifswald 1930. – *H. Keller*, Zur Struktur der Königsherrschaft im karolingischen und nachkarolingischen Italien. In: QFIAB. 47 (1967) 123–223.
Ikonographie: *P. E. Schramm*, Die dt. Kaiser u. Könige i. Bildern ihrer Zeit. T. I: 751–1152. Text- u. Tafelbd. Leipzig 1928. – *G. Ladner*, Die Papstbildnisse auf d. Münzen d. 8. u. 9. Jahrh. in: Numismat. Zeitschr. NF. 28 (1935) 48 ff. –
E. Schaffran, Die Kunst d. Langobarden i. Italien. Jena 1941. –
Nachtrag: *W. Braunfels*, Die Welt der Karolinger und ihre Kunst. München 1968.
Einzelfragen: *E. Caspar*, Papst Gregor II. u. d. Bilderstreit in: ZKG. 52 (1933) 29–89. – *O. Bertolini*, Roma di fronte a Bisanzio e ai Langobardi. Bo-

logna 1943 = Ist. di studi romani. Storia di Roma. T. IX. – *J. Haller,* Die Karolinger u. d. Papsttum in: HZ. 108 (1912) 38 ff. (= Abh. z. Gesch. d. Mittelalters 1944, 1–40). – *H. L. Mikoletzky,* Karl Martell u. Grifo in: Festschr. f. E. E. Stengel. Münster-Köln 1952, S. 130–156. – *H. Grisar,* Die röm. Kapelle Sancta Sanctorum u. ihr Schatz. Freiburg i. Br. 1908. – *O. Bertolini,* Il primo „periurium" di Astolfo verso la Chiesa di Roma (752–753) in: Miscell. Giovanni Mercati 5 (1946) 160–205. – *E. Caspar,* Pippin u. d. röm. Kirche. Kritische Untersuch. z. fränk.-päpstl. Bunde i. VIII. Jahrh. Berlin 1914. Dazu: W. Levison in: Hist. Viertelj.-Schr. XX (1920/21) 1922, S. 330–337. – *M. Lintzel,* Der Codex Carolinus u. d. Motive v. Pippins Italienpolitik in: HZ. 161 (1940) 33–41. – *H. Büttner,* Aus d. Anfängen d. abendländ. Staatsgedankens. Die Königserhebung Pippins in: Hist. Jahrb. 71 (1952) 77–90. – *G. Schnürer,* Die Entstehung d. Kirchenstaates. Köln 1894. – *L. Duchesne,* Les premiers temps de l'Etat pontifical. Paris ²1904. – *O. Bertolini,* Le prime manifestazioni concrete del potere temporale dei papi nell' esarcato di Ravenna (756–757) in: Atti di Ist. di scienze, lettere ed arti. Cl. sc. morali e lettere 1948, CVI, vol. II, 280–300. – *O. Bertolini,* Il problema delle origini del potere temporale dei papi nei suoi presupposti teoretici iniziali: il concetto di restitutio nelle prime cessioni territoriali (756–757) alla Chiesa di Roma in: Miscellanea Pio Paschini. Roma 1948. I, 103–171. – *M. Lintzel,* Karl d. Gr. u. Karlmann in: HZ. 140 (1929) 1–22. – *O. Bertolini,* La caduta del primicerio Christoforo (771) nelle versioni dei contemporanei e le correnti antilangobarde e filolangobarde in Roma alla fine del pontificato di Stefano III. (771–772) in: Rivista di storia della chiesa in Italia I (1947) 227 bis 262 e 349–378. – *P. E. Schramm,* Das Versprechen Pippins u. Karls d. Gr. f. d. Röm. Kirche in: ZRG. 58 kan. Abt. 27 (1938) 180–217. – *P. Kehr,* Die sogen. Karolingische Schenkung v. 774 in: HZ. 70 (1893) 385–441. – *E. Caspar,* Die konstantinische Schenkung u. ihre Bedeutung f. d. „Zwei-Gewalten"-Lehre in: ZKG. 54 (1935) 139 ff. – *W. Ohnesorge,* Die Konstantin. Schenkung, Leo III. u. d. Anfänge d. kurialen röm. Kaiseridee in: ZRG. 68 germ. Abt. (1951) 78 bis 109. – *W. Levison,* Konstantin. Schenkung u. Silvesterlegende in: Miscell. Francesco Ehrle vol. II. Rom 1924, S.159 ff. (= Aus rhein. u. fränk. Frühzeit. Düsseldorf 1948, S. 390–465). – *G. Laehr,* Die Konstantin. Schenkung i. d. abendl. Literatur d. Mittelalters. Berlin 1926. – *W. Goetz,* Die Entstehung d. italien. Nationalität in: Ders., Italien i. Mittelalter I (1942) 6–60. – *L. M. Hartmann,* Zur Gesch. d. Zünfte i. frühen Mittelalter in: Ders., Zur Wirtschaftsgesch. Italiens i. frühen Mittelalter. Gotha 1904, S. 16–41. – *O. Jensen,* Der engl. Peterspfennig u. die Lehenssteuer aus Engl. u. Irland a. d. Papststuhl i. Mittelalter. Heidelberg 1903. Dazu: A. Gottlob in: Viertelj.-Schr. f. Sozial- u. Wirtschaftsgesch. VII (1909) 172–182. – *Th. Hirschfeld,* Das Gerichtswesen d. Stadt Rom v. 8. bis 12. Jahrh. in: Arch. f. Urk.-Forsch. IV (1912) 419–562. – *H. Breßlau,* Handb. d. Urk.-Lehre f. Deutschland u. Italien. Bd. I. Leipzig ²1912, S. 191 ff. (Beamte d. päpstl. Hofes). – *S. Keller,* Die sieben röm. Pfalzrichter i. byzantin. Zeitalter. Stuttgart 1904. – *A. Kleinclausz,* Alcuin. Paris 1948 = Annales de l'Université de Lyon, 3ᵉ Série, Lettres, Fasc. 15. Dazu: H. Löwe in: HZ. 172 (1951) 563 ff. – *E. S. Duckett,* Alcuin, friend of Charlemagne. New York 1951. –

Nachtrag: *W. Ohnsorge,* Der Patricius-Titel Karls d. Gr. In: Byzantin. Zeitschr. 53 (1960) 300–321.

Kaiserkrönung Karls d. Gr.: *K. Heldmann,* Das Kaisertum Karls d. Gr. Theorien u. Wirklichkeit. Weimar 1928. – *E. Caspar,* Zur Kaiserkrönung Karls d. Gr. in: ZKG. 54 (1935) 257–264. – *E. Eichmann,* Die Kaiserkrönung i. Abendland. Bd. I (1942) 23 ff. – *J. Haller,* Die Formen d. dt.-röm. Kaiserkrönung in: Quell. u. Forsch. aus ital. Arch. u. Bibl. 33 (1944) 49–100. – *W. Ohnsorge,* Das Zweikaiserproblem i. früh. Mittelalter. Hildesheim 1947, S. 15 ff. – *H. Fichtenau,* Das karoling. Imperium. Soziale u. geistig. Problematik eines Großreiches. Zürich 1949, S. 55 ff. – *F. L. Ganshof,* The imperial coronation of Charlemagne, theories and facts. Glasgow university publications 79, 1949. – *H. Löwe,* Eine Kölner Notiz z. Kaisertum Karls d. Gr. in: Rhein. Viertelj. Bl. 14 (1950) 59–99. – *W. Ohnesorge,* Orthodoxus imperator. Vom religiös. Motiv f. d. Kaisertum Karls d. Gr. in: Jahrb. d. Ges. f. niedersächs. Ki.-G. 48 (1950) 17.–28. – *P. Classen,* Romanum gubernans imperium in: DA. 9 (1951) 103–121. – *C. Erdmann,* Forsch. z. pol. Ideenwelt d. Frühmittelalters. Berlin 1951, S. 16 bis 31. – *P. E. Schramm,* Die Anerkennung Karls d. Gr. als Kaiser. Ein Kapitel aus d. Gesch. d. mittelalterl. „Staatssymbolik" in: HZ. 172 (1951) 449–515. – *H. Beumann,* Romkaiser u. fränk. Reichsvolk in: Festschr. E. E. Stengel, Münster-Köln 1952, S. 157–180. –

Nachtrag: *W. Mohr,* Karl d. Gr., Leo III. u. d. römische Aufstand von 799. In: Arch. lat. medii aevi 66 (1960) 39–98. – *P. Classen,* Karl d. Gr., das Papsttum und Byzanz. Die Begründung des karolingischen Kaisertums. Düsseldorf 1968. – *W. Braunfels u. a.* (Hrsg.), Karl der Große. Lebenswerk und Nachleben. 5 Bde. Düsseldorf 1966–1968. – *G. Wolf* (Hrsg.), Zum Kaisertum Karls d. Gr. Beiträge und Aufsätze. Darmstadt 1972 = Wege der Forschung XXXVIII. – *H. Löwe,* „Religio Christiana", Rom und das Kaisertum in Einhards Vita Karoli Magni. In: Storiografia e storia. Studi in onore di Eugenio Duprè Theseider. Roma 1974, p. 1–20.

FÜNFTES BUCH

Politische Geschichte: *F. Dölger,* Europas Gestaltung i. Spiegel d. fränk.-byzantin. Auseinandersetzungen d. 9. Jahrh. in: Der Vertr. v. Verdun. Leipzig 1943, S. 203–273. – *A. Henggeler,* Die Salbungen u. Krönungen d. Königs u. Kaisers Ludwigs II. (844–850–872). Diss. Freiburg/Schw. [1934]. – Vgl. auch Lit.-Hinweise z. vierten Buch.

Nachtrag: *Th. Schieffer,* Nord- und Mittelitalien (888–962). In: Th. Schieder (Hrsg.), Handb. d. Europäischen Gesch. Bd. 1 (Stuttgart 1976), S. 649–664. – *V. v. Falkenhausen,* Untersuchungen über die byzantinische Herrschaft in Süditalien vom 9. bis ins 11. Jahrhundert. Wiesbaden 1967 = Schriften zur Geistesgesch. d. östl. Europa Bd. 1.

Papstgeschichte: *E. E. Stengel,* Die Entwicklung des Kaiserprivilegs f. d. röm. Kirche 817–962. Ein Beitrag z. älteren Geschichte d. Kirchenstaats in: HZ. 134 (1926) 216–241. – *J. Haller,* Nikolaus I. u. Pseudoisidor. Stuttgart 1936. – Vgl. Lit.-Hinweise z. vierten Buch.

Nachtrag: *H. Fuhrmann*, Einfluß und Verbreitung der pseudoisidorischen Fälschungen von ihrem Auftauchen bis in die neuere Zeit. 3 Bde. Stuttgart 1972–1974 = Schriften der Monumenta Germaniae Historica Bd. 24. – *H. Zimmermann*, Papstabsetzungen des Mittelalters I: Die Zeit der Karolinger. In: MIÖG 69 (1961) 1–84.

Einzelfragen: *F. X. Funk*, Das Papstwahldekret i. c. 28 Dist. 63. [Angebliches Dekret Stephans IV.] In: Ders., Kirchenrechtl. Abhandl. u. Untersuch. I (Paderborn 1897) 460–78. – *E. Perels*, Papst Nikolaus I. u. Anastasius Bibliothecarius. Berlin 1920. – *G. Laehr*, Die Briefe u. Prologe d. Bibliothekars Anastasius in: Neues Arch. 47 (1928) 416–468. – *S. Pivani*, La „Declaratio Senatus" dell' anno 872 contro il principe adelchi di Benevento in: Rivista di storia del Diritto Ital. 23 (1950) 219–228. – *P. Hirsch*, Erhebung Berengars I. v. Friaul z. König v. Italien. Diss. Straßburg 1910. –

Nachtrag: *F. W. Deichmann* und *A. Trebira*, Das Mausoleum der Kaiserin Helena und die Basilika der Heiligen Marcellinus und Petrus an der Via Labicana vor Rom. In: Jahrbuch des Deutschen Archäologischen Instituts in Rom Bd. 72 (1957) 44 ff.

SECHSTES BUCH

Politische Geschichte: *A. Cartellieri*, Weltgesch. als Machtgesch. Bd. II: Die Weltstellung d. Deutsch. Reiches 911–1047. München und Berlin 1932.– *K. Hampe*, Das Hochmittelalter, Gesch. d. Abendlandes 900–1250. Mit einem Nachwort v. G. Tellenbach. München 1949. – *R. Holtzmann*, Gesch. d. sächs. Kaiserzeit (900–1024). München 1941. – *G. Graf*, Die weltlichen Widerstände i. Reichsital. gegen d. Herrschaft d. Ottonen u. d. ersten Salier (951–1056). Erlangen 1936. – *P. E. Schramm*, Kaiser, Basileus u. Papst i. d. Zeit d. Ottonen in: HZ. 129 (1924) 424–475.

Nachtrag: *J. Fleckenstein*, Das Reich der Ottonen im 10. Jahrhundert. In: Gebhardt, Handb. d. deutschen Gesch. Bd. 1 (1970), S. 217–283. – *H. Zimmermann*, Das dunkle Jahrhundert. Ein historisches Porträt. Graz–Wien–Köln 1971. – *K. Reindel*, Königtum und Kaisertum der Liudolfinger und frühen Salier in Deutschland und Italien (919–1056). In: Th. Schieder (Hrsg.), Handb. d. Europäischen Gesch. Bd. 1 (Stuttgart 1976), S. 665 bis 730. – *H. Grundmann*, Freiheit als religiöses, politisches und persönliches Postulat im Mittelalter. In: HZ. 183 (1957) 23–53.

Einzelfragen: *O. Gerstenberg*, Die politische Entwicklung d. röm. Adels i. 10. u. 11. Jahrh. I. T. Diss. Berlin 1933. Dazu: *G. Ladner* in: MiÖG. 48 (1934) 125. – *W. Kölmel*, Rom u. d. Kirchenstaat i. 10. u. 11. Jahrh. b. i. d. Anfänge d. Reform. Politik, Verwalt.; Rom u. Ital. Berlin 1935 = Abh. z. mittl. u. neueren Gesch. 78. – *W. Sickel*, Alberich II. u. d. Kirchenstaat in: MIÖG. 23 (1902) 50–126. – *W. Kölmel*, Beiträge z. Verf.-Gesch. Roms i. 10. Jahrh. in: Hist. Jb. d. Görres-Ges. 55 (1935) 521–546. – *E. Sackur*, Die Cluniazenser i. ihrer kirchl. u. allgemeingesch. Wirksamkeit b. z. Mitte d. 11. Jahrh. 2 Bde. Halle 1892–1894. – *G. Tellenbach*, Otto d. Gr. in: Die groß. Deutschen I (1935) 58–75. – *R. Holtzmann*, Otto d. Gr. Berlin 1936. – *M. Lintzel*, Die Kaiserpolitik

Ottos d. Gr. München u. Berlin 1943. Dazu: F. Rörig in: Festschr. E. E. Stengel. Münster-Köln 1952, S. 203–222. – C. *Erdmann*, Das ottonische Reich als Imperium Romanum in: DA. 6 (1943) 412–441. – G. *Bossi*, I Crescenzi, contributi alla storia di Roma dal 900 al 1012. Roma 1915 = Diss. della Pontif. Acc. Rom. di archeologia. Ser. 2, B. 12. – O. *Gerstenberg*, Stud. z. Gesch. d. röm. Adels i. Ausgang d. 10. Jahrh. in: Hist. Viertelj.-Schr. 31 (1937) 1–26. – Jahrb. d. dt. Reiches unter Otto II. u. Otto III., bearb. v. *K. Uhlirz*. Bd. I: Otto II. (973–983). Leipzig 1902. – *M. Uhlirz*, Stud. üb. Theophano in: DA. 6 (1943) 442–74. – *F. Dölger*, Wer war Theophano? In: Hist. Jb. 62–69 (1949) 646–658. – *M. Uhlirz*, Der Fürstentag zu Mainz i. Februar-März 983 in: MIÖG. 58 (1950) 267–284.– *C. M. Kaufmann*, Das Kaisergrab i. d. Vatikan. Grotten. Erstmalige archäol. Untersuchung der Gruft Ottos II. München 1902. – *Fe. Schneider*, Papst Johann XV. u. Ottos III. Romfahrt in: MIÖG. 39 (1923) 193–218. – *M. Uhlirz*, Kaiser Otto III. u. d. Papsttum in: HZ. 162 (1940) 258–268. – *Th. Hirschfeld*, Das Gerichtswesen d. Stadt Rom v. 8. bis 12. Jahrh. wesentlich nach stadtrömischen Urkunden in: Arch. f. Urk.-Forsch. 4 (1912) 419–562. – *L. Halphen*, La cour d'Otton III à Rome in: Mélanges d'archéologie et d'hist. XXV (1905) 349–362. – *P. E. Schramm*, Die Briefe Kaiser Ottos III. u. Gerberts v. Reims aus d. Jahre 997 in: Arch. f. Urk.-Forsch. 9 (1926) 87–122. – *K. Pivec*, Die Briefsamml. Gerberts in: MIÖG. 49 (1935) 15–74. – *M. Uhlirz*, Stud. zu Gerbert in: Arch. f. Urk.Forsch. 11 (1930) 391–422; 13 (1935) 427–474. – *Th. Dombart*, Das palatinische Septizonium zu Rom. München 1922. – *Chr. Huelsen*, Das Septizonium d. Septimius Severus. Programm z. Winckelmannfeste zu Berlin 46 (1886). –

Nachtrag: *Festschrift zur Jahrhundertfeier der Kaiserkrönung Ottos d. Gr.*. Teil 1: Festbericht, Vorträge, Abhandlungen. Graz–Köln 1962 = MIÖG, Erg.Bd. XX/1. – *H. Zimmermann* (Hrsg.), Otto der Große. Darmstadt 1976 = Wege der Forschung CCCCL. – *W. Ohnsorge*, Die Anerkennung des Kaisertums Ottos I. durch Byzanz. In: Byzantin. Zeitschr. 54 (1961) 28–52. – *H. M. Klinkenberg*, Der römische Primat im 10. Jahrhundert. In: ZRG. KA. 41 (1955) 1–57. – *H. Zimmermann*, Parteiungen und Papstwahlen in Rom z. Zt. Kaiser Ottos d. Gr. In: Röm. hist. Mitt. 8 und 9 (1964/65 bis 1965/66) 29–88. – *M. Uhlirz*, Studien über Theophano, 4–5. In: DA. 13 (1957) 369–393. – *W. Ohnsorge*, Die Heirat Kaiser Ottos II. mit der Byzantinerin Theophanu (972). In: Braunschweigisches Jahrbuch 54 (1973) 24–60. – *M. Uhlirz*, Jahrb. d. deutschen Reiches unter Otto II. und Otto III., Bd. II: Otto III. 983–1002. Berlin 1954. – *M. Uhlirz*, Zur Kaiserkrönung Ottos III. In: Festschr. E. E. Stengel zum 70. Geburtstag am 24. Dezember 1949. Münster–Köln 1952, S. 263–271. – *C. R. Brühl*, Die Kaiserpfalz bei St. Peter und die Pfalz Ottos III. auf dem Palatin. In: QFIAB. 34 (1954) 288–292; 38 (1958) 266–268. – *W. Kölmel*, Die kaiserl. Herrschaft im Gebiet von Ravenna (Exarchat und Pentapolis) vor dem Investiturstreit. In: Hist. Jahrb. 88 (1968) 257–299. – *G. Tellenbach* (Hrsg.), Neue Forschungen über Cluny und die Cluniacenser. Freiburg 1959. – *H. Richter* (Hrsg.), Cluny. Beiträge zur Gestalt und Wirkung der cluniazensischen Reform. Darmstadt 1975 = Wege der Forschung 241. – *L. Santifaller*, Zur Geschichte des ottonisch-salischen Reichskirchensystems. Wien ²1964 = Österr. Akademie d. Wiss., Phil.-hist. Kl. Sitzungsberr. 229, 1.

BAND II

SIEBENTES BUCH

Politische Geschichte: *G. Barraclough*, The mediæval empire, idea and reality. London 1950. – *H. Kämpf*, Das Reich im Mittelalter. Stuttgart 1950 = CES-Bücherei Bd. 34. – *A. Brackmann*, Die Ursachen der geistigen und politischen Wandlung Europas im 11. und 12. Jahrhundert, in: HZ. 149 (1934) 229–239. – *A. Cartellieri*, Weltgeschichte als Machtgeschichte. Bd. III: Der Aufstieg des Papsttums im Rahmen der Weltgeschichte 1047–95. München-Berlin 1936. – *L. Halphen*, L'essor de l'Europe (XI.–XIII. siècles). Paris 1932 = Peuples et civilisations. Histoire générale publiée sous la direction de L. Halphen et Ph. Sagnac). – *H. Grundmann*, Das hohe Mittelalter und die deutsche Kaiserzeit, in: Die Neue Propyläen-Weltgeschichte. Bd. I. Berlin 1940, S. 173–350. – *H. Günter*, Das deutsche Mittelalter. 1. Hälfte: Das Reich (Hochmittelalter). Freiburg i. Br. 1936 = Gesch. der führenden Völker Bd. 12. – *J. Haller*, Von den Karolingern zu den Staufern. Die altdeutsche Kaiserzeit, 900–1250. Berlin ² 1942 = Sammlung Göschen 1065. – *K. Hampe*, Deutsche Kaisergeschichte in der Zeit der Salier und Staufer. 10. Aufl. bearb. v. F. Baethgen. Heidelberg 1949. – *E. Maschke*, Der Kampf zwischen Kaisertum und Papsttum, in: Handbuch d. dt. Gesch., hrsg. von O. Brandt und A. O. Meyer. Bd. 1 [1936] S. 178–259. – *M. L. Bulst-Thiele*, Das Reich vor dem Investiturstreit, in: B. Gebhardt, Handb. d. dt. Geschichte. Bd. 1 (Stuttgart ⁸ 1954), S. 210–241. – *Th. Schieffer*, Das Zeitalter der Salier, in: Deutsche Geschichte im Überblick, hrsg. v. P. Rassow. Stuttgart 1953, S. 130–168. – *K. Jordan*, Investiturstreit und frühe Stauferzeit, in: B. Gebhardt, Handb. d. dt. Geschichte. Bd. 1 (Stuttgart ⁸ 1954) S. 242–340. – *R. Caggese*, L'alto medioevo. Torino 1937 = Grande storia d'Italia. – *L. Salvatorelli*, L'Italia Comunale dal sec. XI alla metà del sec. XIV. Milano 1940. – *R. Morghen*, Medioevo Cristiano. Bari 1951 = Biblioteca di cultura moderna Nr. 491. – *W. Goetz*, Das Werden des italienischen Nationalgefühls, in: Sitz.-Ber. d. Bayer. Akad. d. Wiss., phil.-hist. Abt. 1939. Auch in: Ders., Italien im Mittelalter. I (Leipzig 1942) S. 61–124. – *K. Schrod*, Reichsstraßen und Reichsverwaltung im Königreich Italien (754–1197). Stuttgart 1931 = Beiheft 25 zur VSWG.

Nachtrag: *G. Tellenbach*, Kaisertum, Papsttum und Europa im hohen Mittelalter. In: Historia Mundi Bd. VI (Bern 1958), S. 9–103. – *F. L. Ganshof*, Das Hochmittelalter. In: Propyläen Weltgeschichte, hg. v. G. Mann und A. Nitschke Bd. V (Berlin 1963), S. 395–488. – *K. Hampe*, Deutsche Kaisergeschichte in der Zeit der Salier und Staufer. 12. Aufl. bearb. v. F. Baethgen. Heidelberg 1968. – *M. L. Bulst-Thiele*, Das Reich vor dem Investiturstreit. In: Gebhardt, Handb. d. dt. Gesch. Bd. 1 (Stuttgart ⁹1970), S. 284–321.

M. Amari, Storia dei Musulmani di Sicilia, 2. ediz. a cura di C. A. Nallino, vol. I–III. Catania 1931–1939. – *L. v. Heinemann*, Geschichte der Normannen in Unteritalien und Sicilien bis zum Aussterben des normannischen Königshauses. Bd. 1. Leipzig 1894. – *F. Chalandon*, Histoire de la domination Normande en Italie et en Sicile. 2 Bde. Paris 1907. – Il regno Normanno. Conferenze tenute in Palermo per l'VIII Centenario dell' incoronazione di Ruggero a Re di Sicilia a cura della sezione di Palermo dell' Istituto Nazionale Fascista di Cultura. Messiana-Milano o. J. [1932] = Biblioteca storica Principato, vol. XVI. – Vgl. Literaturhinweise zum sechsten Buch.

Kirchen- und Papstgeschichte: *A. Fliche*, La réforme grégorienne et la reconquête chrétienne (1057–1125). Paris 1940 = Histoire de l'Eglise depuis les origines jusqu'à nos jours, publiée sous la direction de *A. Fliche* et *V. Martin*. 8. – *A. Fliche*, La querelle des investitures. Paris 1946 = Les grandes crises de l'histoire. – *A. Fliche*, La réforme grégorienne. Vol. 1: La formation des idées grégoriennes. Paris 1924. Vol. 2: Grégoire VII. Paris 1925. Vol. 3: L'opposition antigrégorienne. Louvain 1937. – *A. Hauck*, Kirchengeschichte Deutschlands. Bd. 3. Berlin und Leipzig [6] 1952. – *G. Tellenbach*, Libertas. Kirche und Weltordnung im Zeitalter des Investiturstreites. Stuttgart 1936 = Forsch. z. Kirchen- und Geistesgesch. 7. – *G. Tellenbach*, Die Bedeutung des Reformpapsttums für die Einigung des Abendlandes, in: Studi Gregoriani II (Roma 1947) 125–149. – *K. Bierbach*, Kurie und nationale Staaten im frühen Mittelalter (bis 1245). Diss. Leipzig 1938. – *J. von Pflugk-Harttung*, Die Papstwahlen und das Kaisertum 1046–1328, in: ZKiG. 27 (1906) 276–295; 28 (1907) 14–36; 159–187; 299–369. – *E. Eichmann*, Weihe und Krönung des Papstes im Mittelalter. München 1951 = Münchener theologische Studien III, 1. – *H.-W. Klewitz*, Die Krönung des Papstes, in: ZRG. KA. 30 (1941) 97–130. – *C. Sachße*, Tiara und Mitra der Päpste, in: ZKiG. 35 (1914) 481 bis 501. – *K. Jordan*, Die Entstehung der römischen Kurie, in: ZRG. KA. 28 (1939) 96–152. – *J. Sydow*, Cluny und die Anfänge der apostolischen Kammer, in: StMGBO. 63 (1951) 45–66. – *K. Jordan*, Zur päpstlichen Finanzgeschichte im 11. u. 12. Jahrhundert, in: QFIAB. 25 (1933/34) 61–104. – *K. Jordan*, Die päpstliche Verwaltung im Zeitalter Gregors VII., in: Studi Gregoriani I (Roma 1947) 113–135. – *P. Kehr*, Die Belehnungen der süditalienischen Normannenfürsten durch die Päpste (1059–1192), in: Abh. d. Preuß. Akad. d. Wiss. 1934, phil.-hist. Kl. 1. – *O. Vehse*, Benevent als Territorium des Kirchenstaates bis zum Beginn der avignonischen Epoche. I. Teil: Bis zum Ausgang der Normännischen Dynastie, in: QFIAB. 22 (1930/31) 87–160. – *E. Göller*, Die päpstliche Pönitentiarie von ihrem Ursprung bis zu ihrer Umgestaltung unter Pius V. Bd. I: Die päpstliche Pönitentiarie bis Eugen IV. Rom 1907 = Bibl. d. Hist. Inst. in Rom III. – *J. Gay*, Les papes du XIe siècle et le chrétienté. Paris 1926 = Bibl. de l'enseignement de l'histoire ecclésiastique 18. – *J. Vieillard*, Les tombeaux des papes du moyen-âge à Rome et en Italie, in: Moyen Age XXXIX (1929) 191–216. – *Fe. Schneider*, Die Epitaphien der Päpste. Roma 1933. – *P. E. Schramm*, Das Zeitalter Gregors VII. Ein Bericht [über die Studi Gregoriani]. Bd. I–IV. Roma 1947–52] = Göttingische Gelehrte Anzeigen 207 (1953) 62–140.

Nachtrag: *H. Fuhrmann*, Das Reformpapsttum und die Rechtswissenschaft. In: Investiturstreit und Reichsverfassung. Sigmaringen 1973 = Vorträge u. Forschungen, hg. v. Konstanzer Arbeitskreis für mittelalterl. Gesch. Bd. XVII. – *R. Hüls*, Kardinäle, Klerus und Kirchen Roms 1049–1130. Tübingen 1977 = Bibl. d. Deutschen Historischen Instituts in Rom Bd 48. – *H. Hoffmann*, Der Kirchenstaat im hohen Mittelalter. In: QFIAB. 57 (1977) 1–45. – *K. Jordan*, Investiturstreit und frühe Stauferzeit. In: Gebhardt, Handb. d. dt. Geschichte Bd. 1 (Stuttgart ⁹1970), S. 322–425. – *H. Hofmann*, Von Cluny zum Investiturstreit. In: AFK. 45 (1963) 199 ff. – *H. Hoffmann*, Die beiden Schwerter im hohen Mittelalter. In: DA. 20. (1964) 78–114. – *K. Jordan*, Das Zeitalter des Investiturstreites als politische und geistige Wende des abendländischen Hochmittelalters. In: GWU. 23 (1972) 513–522.

H. Grundmann, Religiöse Bewegungen im Mittelalter. Untersuchungen über die geschichtlichen Zusammenhänge zwischen der Ketzerei, den Bettelorden und der religiösen Frauenbewegung im 12. u. 13. Jahrh. und über die geschichtlichen Grundlagen der Mystik. Berlin 1935 = Hist. Stud. Ebering 267. – *A. de Stefano*, Riformatori ed eritici del medioevo. Palermo 1938. – *G. Volpe*, Movimenti religiosi e sette ereticali nella società medievale italiana. Firenze 1922. – *J. da Milano*, Le eresie popolari del secolo XI nell' Europa occidentale, in: Studi Gregoriani II (Roma 1947) 43–89.

Nachtrag: *A. Borst*, Religiöse und geistige Bewegungen im Hochmittelalter. In: Propyläen Weltgeschichte, hg. v. G. Mann u. A. Nitschke, Bd. V (Berlin 1963), S. 489–561. – *R. Manselli*, Grundzüge der religiösen Geschichte Italiens im 12. Jahrhundert. In: A. Haverkamp, P. Lamma, R. Manselli, Beiträge zur Geschichte Italiens im 12. Jahrhundert. Sigmaringen 1971, S. 5–35.

Kulturgeschichte: *H. Pirenne, G. Cohen, H. Focillon*, La civilisation occidentale au moyen-âge. Paris 1933 = Hist. gén. publiée de *G. Glotz*, vol. VIII. – *A. de Stefano*, Civiltà medievale. Palermo 1937. – *H. Gmelin*, Italien, in: Handb. d. Kulturgesch., hrsg. v. H. Kindermann. II. Abt.: Gesch. d. Völkerlebens. Kultur der romanischen Völker. Potsdam 1939, S. 141–270. *R. Falk*, Italienisch-deutsche Kulturbeziehungen in der Zeit von 900–1056, in: AFK. 15 (1923) 161–211.

A. Dempf, Sacrum Imperium. Geschichts- und Staatsphilosophie des Mittelalters und der politischen Renaissance. München-Berlin 1929.

Kunstgeschichte: *E. Lavagnino*, Storia dell' arte medioevale italiana. Torino 1936. – *P. Toesca*, Storia dell' arte italiana. I: Il Medioevo. Torino 1927. – *H. von der Gabelentz*, Die kirchliche Kunst im italienischen Mittelalter. Straßburg 1907. – *H. Thümmler*, Die Baukunst des 11. Jahrhunderts in Italien, in: Röm. Jahrb. f. Kunstgesch. Wien 1939, S. 141 ff. – *G. Ladner*, Die italienische Malerei im XI. Jahrhundert, in: Jahrb. der Kunsthist. Samml. in Wien 1931, S. 33 ff. – *R. Oertel*, Die Frühzeit der italienischen Malerei. Stuttgart 1953 = Urban-Bücher.

Verfassungsgeschichte: *G. Dahm*, Untersuchungen zur Verfassungs- und Strafrechtsgeschichte der italienischen Stadt im Mittelalter. Hamburg 1941 = Idee und Ordnung des Reiches. Hrsg. von E. R. Huber. – *W. Goetz*, Die Entstehung der italienischen Kommunen im frühen Mittelalter. München 1944 = Sitz.-Ber. Akad. München 1944, 1. – *F. Niccolai*, Città e signori, in: Riv. dir. ital. 14 (1941) 168 bis 291. – *A. Paravicini*, Saggio storico sulla prefettura urbana dal secolo X al secolo XIV. Roma 1900.

C. Erdmann, Kaiserliche und päpstliche Fahnen im hohen Mittelalter, in: QFIAB. 25 (1933/34) 1–48. – *C. Erdmannn*, Das Wappen und die Fahne der römischen Kirche, in: QFIAB. 22 (1930/31) 227–255.

Kriegsgeschichte u. a.: *W. Erben*, Kriegsgeschichte des Mittelalters. München 1929 = Beiheft 16 der HZ. – *R. Knussert*, Die deutschen Italienfahrten 951 bis 1220 und die Wehrverfassung. Diss. München 1931. – *O. Kestner*, Alpenpässe und die römische Malaria in der mittelalterlichen Kaiserzeit, in: HV. 30 (1935) 686–719. – *A. Celli-Fraentzel*, Quellen z. Geschichte der Malaria in Italien und ihre Bedeutung für die deutschen Kaiserzüge des Mittelalters = Quell. u. Stud. z. Gesch. d. Naturwiss. u. d. Medizin 4 (1935).

Geschichte Roms: *P. Brezzi*, Roma e l'impero medioevale (774–1252). Bologna 1947 = Storia di Roma X. – *G. Falco* ecc. Artikel „Roma medievale", in: Enciclopedia italiana vol. XXIX, p. 749–779. – *P. Villari*, Il comune di Roma nel medioevo, in: Ders., Saggi storici e critici. Bologna 1890. – *C. Re*, Le regioni di Roma nel medioevo, in: Studi e documenti di storia e diritto X (1889). – *L. Duchesne*, Les régions de Rome au Moyen-Age, in: Mélanges d'archéologie et d'histoire X (1890) 126–149. – *E. Rodocanachi*, Les institutions communales de Rome sous la papauté. Paris 1901. – *A. Paravicini*, Il Senato romano dal sec. VI al XII. Roma 1901. – *A. Solmi*, Il senato romano nell' alto medio evo (757–1143). Roma 1944 = Miscellanea della R. Deputaz. romana di storia patria. 15. – *A. Paravicini*, Saggio storico sulla prefettura urbana dal sec. X al XIV. Roma 1900. – *A. Graf*, Il papato e il comune di Roma. Milano 1891. – *E. Rodocanachi*, Les corporations ouvrières à Rome depuis la chute de l'Empire Romain. Paris 1894. – *A. P. Torri*, Le corporazioni romane. Cenno storico giuridico economico. Roma 1940. – *A. de Boüard*, Il partito popolare e il governo di Roma nel medioevo, in: Arch. della Società rom. di storia patria XXXIV (1911). – *A. de Boüard*, Les notaires de Rome au moyen-âge, in: Mélanges d'archéologie et d'histoire XXXI (1911) 291–307. – *V. Capobianchi*, Le immagini simboliche e gli stemmi di Roma, dei senatori forestieri e di altri dignatori cittadini, in: Arch. della Società rom. di storia patria XIX (1896) 347–423. – *F. Pasini Frassoni*, Lo stemma del senato romano, in: Cronache della civiltà elleno-latina 1902. – *C. Cecchelli*, Note sulle famiglie romane tra il IX e il XII secolo, in: Arch. della Deputaz. rom. di storia patria LVIII (1935) 69–97. – *G. Bossi*, I Crescenzi di Sabina Stefaniani e Ottoviani (dal 1012 al 1106), in: Arch. della R. Società rom. di storia patria XLI (1918) 111 ff. – *C. Cecchelli*, I Crescenzi, i Savelli, i Cenci. Roma 1942. – *P. Pagliucchi*, I castellani del Castel Sant' Angelo di Roma, ecc. Roma 1906–09. – *P. Egidi*, Appunti intorno all' esercito del comune di Roma. Viterbo 1897.

A. Celli, La malaria nella storia medievale di Roma, in: Arch. della Società rom. di storia patria XLVII (1924) 5–44. – *A. Celli*, Die Malaria in ihrer Bedeutung für die Geschichte Roms und der römischen Campagna (Storia della malaria nel agro Romano verkürzt). Hrsg. von Anna Celli-Fraentzel. Leipzig 1929.

Römische Kunst und römische Bauten: *F. Hermanin*, L'arte in Roma dal secolo VIII al XIV. Bologna 1945 = Storia di Roma XXIII. – *C. Cecchelli*, Aspetto di Roma Medievale, in: L'Urbe 1939 n. 4 ss., n. 8. – *W. Erben*, Rombilder auf kaiserlichen und päpstlichen Siegeln des Mittelalters. Graz 1931 = Veröffentl. d. Hist. Seminars d. Univ. Graz VII. Dazu: *P. E. Schramm*, in: HZ. 147 (1933) 157–163.

A. L. Frothingham, The monuments of Christian Rome. New York 1908. –

V. M. Swoboda, Römische und romanische Paläste. Wien 1919. – *M. Cagliano de Azevedo*, Il Vaticano nel medioevo, in: Roma II (1924). – *C. Cecchelli*, Il Vaticano. La basilica, i palazzi ecc. Milano 1927. – *Ch. Huelsen*, Bilder aus der Geschichte des Kapitols. Ein Vortrag. Roma 1899. – *E. Rodocanachi*, Le Capitole romain antique et moderne. Paris 1904. – *C. Cecchelli*, Il Campidoglio. Roma 1925. – *A. Muñoz*, Il Campidoglio. Roma 1930. – *M. Borgatti*, Castel Sant' Angelo in Roma. Storia e descrizione. Roma 1890. – *M. Borgatti*, Castel S. Angelo. Roma 1922. – *E. Rodocanachi*, Le Château Saint-Ange. Paris 1909. – *R. Elze*, Das „Sacrum Palatium Lateranense" im 10. und 11. Jahrhundert, in: Studi Gregoriani Bd. IV (Roma 1952) 27–54.

Siebentes Buch: Einzelfragen

Erstes Kapitel: *C. Erdmann*, Die Aufrufe Gerberts und Sergius' IV. für das heilige Land, in: QFIAB. 23 (1931/32) 1–21. – *P. G. Wappler*, Papst Benedikt VIII. 1012–1024. Diss. Leipzig 1897. – *Th. Schieffer*, Heinrich II. und Konrad II. Die Umprägung des Geschichtsbildes durch die Kirchenreform des 11. Jahrhunderts, in: DA. 8 (1951) 384–437. – *H. L. Mikoletzky*, Kaiser Heinrich II. und die Kirche. Wien 1946. – *G. Tellenbach*, Kaiser Konrad II. (990–1039), in: Dt. Westen – Dt. Reich / Saarpfälz. Lebensbilder. Bd. I (1937) 3–16. – *R. L. Poole*, Benedict IX. and Gregory VI., in: Proceedings of the Brit. Acad. 1917/18. – *C. M. Arpini*, Radulfo Glaber e la „Historia Suorum Temporum", in: Atti dell' Academia degli Arcadi IX–X (1932) 109–159. – *A. Michel*, Die Weltreichs- und Kirchenteilung bei Rudolf Glaber (1044), in: Hist. Jahrb. 70 (1951) 53–64.
Nachtrag: *K. J. Herrmann*, Das Tuskulanerpapsttum (1012–1046): Benedikt VIII., Johannes XIX., Benedikt IX. Stuttgart 1973 = Päpste und Papsttum, hg v. G. Denzler Bd. 4. – *H. Hoffmann*, Die Anfänge der Normannen in Süditalien. In: QFIAB. 49 (1969) 95–144. – *J. Deér*, Papsttum und Normannen. Untersuchungen zu ihren lehnsrechtlichen und kirchenpolitischen Beziehungen. Köln-Wien 1972 = Studien u. Quellen zur Welt Kaiser Friedrichs II. Bd. 1.

Zweites Kapitel: *H. Kromayer*, Über die Vorgänge in Rom im Jahre 1045 und die Synode von Sutri 1046, in: HV. X (1907) 161–195. – *G. B. Borino*, L'elezione e la deposizione di Gregorio VI, in: Arch. della R. Società rom. di storia patria XXXIX (1916) 141 ff. – *R. Holtzmann*, Heinrich III. und Heinrich IV., in: Gestalten der deutschen Vergangenheit. Potsdam/Berlin [1937] S. 111–128. – *E. Fischer*, Der Patriziat Heinrichs III. und Heinrichs IV. Tübingen 1908. – *E. Müller*, Das Itinerar Heinrichs III. Berlin 1901 = Hist. Stud. Ebering 26. – *P. Kehr*, Vier Kapitel aus der Geschichte Kaiser Heinrichs III., in: Abh. d. Akad. d. Wiss. zu Berlin 1930. – *A. Diemand*, Das Zeremoniell der Kaiserkrönung von Otto I. bis Friedrich II. München 1894. – *P. E. Schramm*, Die Ordines der mittelalterl. Kaiserkrönungen: in: AUF. 11 (1930) 285–390. – *P. E. Schramm*, Der „Salische Kaiserordo" und Benzo von Alba. Ein neues Zeugnis des Graphia-Kreises, in: DA. 1 (1937) 389–407. – *E. Eichmann*, Der sog. salische Kaiserordo, in: ZRG. KA. 58 (1938) 1–26. – *H.-W. Klewitz*, Papsttum und Kaiserkrönung. Ein Beitrag zur Frage nach dem Alter des Ordo Cencius II., in: DA. 4 (1941) 412–443. –

J. Haller, Die Formen der deutsch-römischen Kaiserkrönung, in: QFIAB. 33 (1944) 49–100. – *E. Eichmann*, Die Krönungsservitien des Kaisers, in: ZRG. KA. 59 (1939) 1–47. – *G. Ladner*, Theologie und Politik vor dem Investiturstreit. Abendmahlsstreit, Kirchenreform, Cluni und Heinrich III. Baden b. Wien 1936. – *P. Schmid*, Der Begriff der kanonischen Wahl in den Anfängen des Investiturstreits. Stuttgart 1926. – *H. Meier-Welcker*, Die Simonie im frühen Mittelalter, in: ZKiG. 64 (1952/53) 61–93. – *R. Palmarocchi*, L'abbazia di Montecassino e la conquista normanna. Lavoro premiato nel 5⁰ concorso della Fondazione Villari (1912–1914). Roma 1913. Dazu: *W. Smidt*, in: HZ. 115 (1916) 649–654. – *A. Michel*, Humbert und Kerullarios. Studien 1. Teil. Paderborn 1924 = Quell. u. Forsch. aus dem Gebiet der Geschichte, H. 21.

Nachtrag: *Th. Schieffer*, Kaiser Heinrich III. In: Die großen Deutschen Bd. 1 (Berlin 1956), S. 52–69.

Drittes Kapitel: *M. L. Bulst-Thiele*, Kaiserin Agnes. Leipzig und Berlin 1933 = Beiträge zur Kulturgesch. d. Mittelalters und der Renaissance Bd. 52. – *W. Berges*, Gregor VII. und das deutsche Designationsrecht, in: Studi Gregoriani II (Roma 1947) 189–209. – *H.-W. Klewitz*, Montecassino in Rom, in: QFIAB. XXVIII (1937/8) 36–47. – *D. J. Blum*, The Monitor of the Popes, St. Peter Damian, in: Studi Gregoriani II (Roma 1947) 459–476. – *H.-W. Klewitz*, Die Entstehung des Kardinalkollegiums, in: ZRG. KA. 25 (1936) 115–221. – *A. Michel*, Die folgenschweren Ideen des Kardinals Humbert und ihr Einfluß auf Gregor VII., in: Studi Gregoriani I (Roma 1947) 65–92. – *A. Michel*, Papstwahl und Königsrecht oder das Papstwahl-Konkordat von 1059. München 1936. – *R. Holtzmann*, Zum Papstwahldekret von 1059, in: ZRG. KA. 27 (1938) 135–153. – *B. Schmeidler*, Zum Papstwahldekret Papst Nikolaus' II. vom Jahre 1059, in: HV. 31 (1938) 554–60. – *A. Michel*, Das Papstwahlpactum von 1059, in: Hist. Jahrb. 59 (1939) 291–351. – *A. Michel*, Humbert und Hildebrand bei Nikolaus II. (1059–1061), in: Hist. Jahrb. 72 (1953) 133–161. – *O. Vehse*, Robert Guiscard, in: Ders., Nordische Staatengründer. Hamburg 1943, S. 105–122. – *J. Götz*, Kritische Beiträge zur Geschichte d. Mailänder Pataria, in: AFK. 12 (1916) 17–55; 164–194. – *S. M. Brown*, Movimenti politico-religiosi a Milano ai tempi della Pataria, in: Arch. stor. lomb. 58 (1931). – *F. Herberhold*, Die Beziehungen des Cadalus von Parma zu Deutschland, in: Hist. Jahrb. 54 (1934) 84–104. – *F. Herberhold*, Die Angriffe des Cadalus von Parma (Gegenpapst Honorius II.) auf Rom in Jahren 1062–1063, in: Studi Gregoriani II (Roma 1947) 477–503.

Nachtrag: *F. Dressler*, Petrus Damiani: Leben und Werk. Rom 1954 = Studia Anselmiana Bd. 34. – *H. Löwe*, Petrus Damiani. In: GWU. 6 (1955) 65–79. – *H. P. Laqua*, Tradition und Leitbilder bei dem Ravennater Reformer Petrus Damiani 1042–1052. München 1976 = Münsterische Mittelalter-Schriften Bd. 30. – *J. Wollasch*, Die Wahl des Papstes Nikolaus' II. In :Adel und Kirche. Festschrift für Gerd Tellenbach. Freiburg 1968, S. 205–220. Dazu: *D. Hägermann*, Zur Vorgeschichte des Pontifikats Nikolaus' II. In: ZKiG. 81 (1970) 352–361. – *H.-G. Krause*, Das Papstwahldekret von 1059 und seine Rolle im Investiturstreit. Roma 1960 = Studi Gregoriani VII. – *D. Hägermann*, Untersuchungen zum Papstwahldekret von 1059. In: ZRG. KA. 56 (1970) 157–193. Dazu: *W. Stuermer*, Das

Papstwahldekret von 1059 und die Wahl Nikolaus' II. In: ZRG. KA. 59 (1973) 417–419. – *H. Keller*, Pataria und Stadtverfassung, Stadtgemeinde und Reform: Mailand im „Investiturstreit". In: Investiturstreit und Reichsverfassung. Sigmaringen 1973 = Vorträge u. Forschungen, hg. v. Konstanzer Arbeitskreis f. mittelalterl. Gesch. Bd. XVII.

Viertes Kapitel: *G. Bauernfeind*, Anno II. Erzbischof von Köln. Diss. München 1929. – *F. Lerner*, Kardinal Hugo Candidus. München und Berlin 1931 = Beih. 22 der HZ. – *G. B. Borino*, Cencio del prefetto Stefano, l'attentatore di Gregorio VII., in: Studi Gregoriani IV (1952) 373–440.

Nachtrag: *T. Schmidt*, Alexander II. (1061–1073) und die römische Reformgruppe seiner Zeit. Stuttgart 1977 = Päpste und Papsttum Bd. 11.

Fünftes und sechstes Kapitel: *W. Martens*, Gregor VII. Sein Leben und Wirken. 2 Bde. Leipzig 1894. – *J. Haller*, Gregor VII., in: Das Papsttum. Idee und Wirklichkeit. Bd. II (Stuttgart ² 1951) 365–430. – *R. Morghen*, Gregorio VII. Torino 1942. – *A. Fliche*, Grégoire VII. Paris 1920. – *A. J. Macdonald*, Hildebrand, a life of Gregory VII. London 1932. – *G. B. Picotti*, Sul luogo, la data di nascita i e genitori di Gregorio VII., in: Ann. della scuola norm. superiore di Pisa, ser. 2, 9 (1942). – *R. Morghen*, Questioni Gregoriane, in: Arch. Deputaz. Rom. 65 (1942). – *E. Caspar*, Gregor VII. in seinen Briefen, in: HZ. 130 (1924) 1–30. – *C. Erdmann*, Die Politik Hildebrand-Gregors, in: QFIAB. 28 (1937/38) 60 ff. – *G. Soranzo*, Gregorio VII. e gli stati vassalli della Chiesa, in: Aevum, 23 (1949) 131–158. – *W. Wühr*, Studien zu Gregor VII. Kirchenreform und Weltpolitik. Freising 1930 = Hist. Forsch. und Quell. 10. Dazu: *E. Kittel*, in: HZ. 147 (1933) 163 ff. – *C. Cecchelli*, Castel S. Angelo al tempo di Gregorio VII., in: Studi Gregoriani II (Roma 1947) 103–123. – *P. Kehr*, Zur Geschichte Wiberts von Ravenna (Clemens III.) Sitz.-Ber. Preuß. Akad. d. Wiss., phil.-hist. Kl. XIX (1921) 355–368 und LIV (1921) 973–988. – *A. Brackmann*, Heinrich IV. als Politiker in den Anfängen des Investiturstreites, in: Sitz.-Ber. d. Akad. d. Wiss. Berlin 1927. – *B. Schmeidler*, Kaiser Heinrich IV. und seine Helfer im Investiturstreit. Stilkritische und sachkritische Untersuchungen. Leipzig 1927. – *C. Erdmann*, Tribur und Rom. Zur Vorgeschichte der Canossafahrt, in: DA. 1 (1937) 361–388. – *J. Haller*, Der Weg nach Canossa, in: HZ. 160 (1939) 229–285. – *A. Brackmann*, Tribur, in: Abh. d. Akad. d. Wiss. Berlin 1939, n. 9. – *G. Tellenbach*, Zwischen Worms und Canossa (1076/77), in: HZ. 162 (1940) 316–325. – *F. Baethgen*, Zur Tribur-Frage, in: DA. 4 (1941) 394–411. – *K. Hofmann*, Der „Dictatus Papae" Gregors VII. Eine rechtsgeschichtliche Erklärung. Paderborn 1933 = Veröffentl. d. Sektion f. Rechts- u. Staatswiss. 63 (Görres-Ges.) – *R. Koebner*, Der Dictatus papae, in: Festschrift f. R. Holtzmann. Berlin 1933, S. 64–92 = Hist. Stud. Ebering 238. – *J. Gauß*, Die Dictatus-Thesen Gregors VII. als Unionsforderungen. Ein hist. Erklärungsversuch, in: ZRG. KA. 29 (1940) 1–115. – *G. B. Borino*, Un ipotesi sul „Dictatus papae" di Gregorio VII, in: Arch. Dep. Rom. 67 (1944). – *A. Mayer-Pfannholz*, Die Wende von Canossa, in: Hochland 30 (1933) 385–404. – *A. Brackmann*, Canossa und das Reich, in: Stufen und Wandlungen der deutschen Einheit. Berlin 1943, S. 9–32. – *L. Tondelli*, Il valore dell' assoluzione di Enrico IV a Canossa, in: La scuola cattolica 77 (1949) 109–120. – *A. Overmann*, Gräfin Mathilde von Tuscien, ihre Besitzungen, Geschichte ihres Guts, 1115–1230, und ihre Regesten. Innsbruck 1895. – *L. Tondelli*, Matilda di Canossa. Rom 1915. Reggio Em. ²1925. – *N. Grimaldi*, La contessa Matilde e la sua stirpe feudale. Firenze 1928. – *G. Nencioni*, Matilda di Canossa. Milano ²1940. – *M. Formentini*, Sulle origini e la costituzione di un grande gentilizio feudale, in: Atti della società ligure di storia patria 53 (1926) 509–538. – *L. Simeoni*, Il contributo della Contessa Matilde al Papato nella lotta per le investiture, in: Studi Gregoriani I (Roma 1947) 353–372. – *H. Bruns*, Das Gegenkönigtum Rudolfs von Rheinfelden und seine zeitpolitischen Voraussetzungen. Diss. Berlin 1939.

Nachtrag: *K. Jordan*, Die Stellung Wiberts von Ravenna in der Publizistik des Investiturstreites. In: MIÖG. 62 (1954) 155–164. – *H. Beumann*, Tribur, Rom und Canossa. In: Investiturstreit und Reichsverfassung. Sigmaringen 1973 = Vorträge und Forschungen, hg. v. Konstanzer Arbeitskreis f. Mittelalterl. Gesch. Bd. XVII. – *W. Goez*, Zur Erhebung und ersten Absetzung Papst Gregors VII. In: Röm. Quartalschrift f. christl. Altertumskunde u. Kirchengesch. 63 (1968) 117 bis 144. – *H. Kämpf* (Hrsg.), Canossa als Wende. Ausgewählte Aufsätze zur neueren Forschung. Darmstadt ³1976 = Wege der Forschung Bd. XII.

Siebentes Kapitel: *C. Erdmann*, Die Entstehung des Kreuzzugsgedankens. Stuttgart 1935 = Forsch. z. Kirchen- und Geistesgesch. Bd. 6. – *U. Schwerin*, Die Aufrufe der Päpste zur Befreiung des heiligen Landes von den Anfängen bis zum Ausgang Innozenz' IV. Ein Beitrag zur Geschichte der kurialen Kreuzzugspropaganda und der päpstlichen Epistolographie. Berlin 1937 = Hist. Stud. Ebering 301. – *A. Fliche*, Les origines de l'action de la papauté en vue de la croisade, in: Revue d'histoire ecclésiastique XXXIV (1938) 765–775. – *P. Rousset*, Les origines et les caractères de la première croisade. Diss. Neuchâtel 1945. – *O. Vehse*, Bohemund, in: Ders., Nordische Staatengründer. Hamburg 1943, S. 142–159. – *A. Fauser*, Die Publizisten des Investiturstreites. Persönlichkeiten und Ideen. Würzburg 1935 (Diss. München). – *F. Ehrle*, Die Frangipani und der Untergang des Archivs und der Bibliothek der Päpste am Anfang des dreizehnten Jahrhunderts, in: Mélanges offerts à Emile Chatelain. Paris 1910, S. 448–486. – *A. Antonucci*, Il principato di Taranto, in: Arch. stor. per la Calabria e la Lucania VIII (1938) 133–154. – *H. Tritz*, Die hagiographischen Quellen zur Geschichte Papst Leos IX., in: Studi Gregoriani IV (Roma 1952) 191–364 [Über Humbert als Verf. der Vita Leos!]. – *C. Erdmann*, Die Anfänge der staatlichen Propaganda im Investiturstreit, in: HZ. 154 (1936) 491–512.

Nachtrag: *A. Becker*, Papst Urban II. (1088–1099). Bd. I: Herkunft und kirchliche Laufbahn. Der Papst und die lateinische Christenheit. Stuttgart 1964 = Schriften d. Monumenta Germaniae Historica Bd. 19.

ACHTES BUCH

Politische Geschichte: *A. Cartellieri*, Weltgeschichte als Machtgeschichte: Der Vorrang des Papsttums zur Zeit der ersten Kreuzzüge 1095–1150. München 1941. – *F. Heer*, Aufgang Europas. Eine Studie zu den Zusammenhängen zwischen politischer Religiosität, Frömmigkeitsstil und dem Werden Europas im 12. Jahrhundert. Wien-Zürich 1949. Dazu: 1. *Th. Mayer*, Das Hochmittelalter in neuer Schau, in: HZ. 171 (1951) 449–472. 2. *F. Kempf*, Aufgang Europas. Zu Friedrich Heers gleichnamigem Buch, in: Stimmen der Zeit 148 (1951) 81–91. 3. *F. L. Ganshof*, in: MIÖG. 61 (1953) 434–440. – *F. Heer*, Die Tragödie des Heiligen Reiches. Stuttgart 1952. Dazu: *A. Mayer-Pfannholz*, in: Hochland 45 (1953) 455–464. – *Ed. Jordan*, L'Allemagne et l'Italie aux XIIe et XIIIe siècles. Paris 1939 = Histoire générale, publiée sous la direction de G. Glotz. IV, 1. – *R. Caggese*, Dal concordato di Worms alla fine della prigionia di Avignone (1122–1377). Torino 1939 = Grande storia d'Italia. – *U. Balzani*, Italia, papato e impero nella prima metà del sec. XII. Messina 1930. – *P. Rassow*, Das Zeitalter der Staufer, in: Deutsche Geschichte im Überblick, hrsg. von P. Rassow. Stuttgart 1953, S. 168–210. – *G. Deibel*, Die finanzielle Bedeutung Reichsitaliens für die staufischen Herrscher im 12. Jahrh., in: ZRG. GA. 54 (1934) 134–177.

Nachtrag: *H. J. Kirfel*, Weltherrschaftsidee und Bündnispolitik. Untersuchungen zur auswärtigen Politik der Staufer. Bonn 1959 = Bonner historische Forschungen 12. – *E. Maschke*, Das Geschlecht der Staufer. München 1943; Neudruck Aalen 1970. – *Die Zeit der Staufer*. Geschichte – Kunst – Kultur. Katalog der Ausstellung Bd. I–IV. Stuttgart 1977.

H. Grundmann, Rotten und Brabanzonen, in: DA. 5 (1942) 419–492.

Kirchen- und Papstgeschichte: *A. Hauck*, Kirchengeschichte Deutschlands. Bd. 4. Berlin und Leipzig [6]1953. – *I. M. Brixius*, Die Mitglieder des Kardinalkollegiums von 1130–1181. Berlin 1912. – *C. Bauer*, Die Epochen der Papstfinanz, in: HZ. 138 (1928) 457–503. – *V. Pfaff*, Die Einnahmen der römischen Kurie am Ende des 12. Jahrh., in: VSWG. 40 (1953) 97–118. – *R. Elze*, Die päpstliche Kapelle im 12. und 13. Jahrhundert, in: ZRG. KA. 67 (1950) 145–204.

Nachtrag: *B. Zenker*, Die Mitglieder des Kardinalskollegiums von 1130–1159. Diss. Würzburg 1964. – *P. D. Partner*, Camera Papae: problems of Papal Finance in the later Middle Ages. In: Journal of Ecclesiastical History 4 (1953) 55–68. – *D. Unverhau*, Approbatio – Reprobatio. Studien zum päpstlichen Mitspracherecht bei Kaiserkrönung und Königswahl vom Investiturstreit bis zum ersten Prozeß Johanns XXII. gegen Ludwig IV. Lübeck 1973 = Hist. Studien Heft 424. – *V. Pfaff*, Das Papsttum in der Weltpolitik des endenden 12. Jahrhunderts. In: MIÖG. 82 (1974) 338–376.

Kultur- und Kunstgeschichte: *A. de Stefano*, La Cultura in Sicilia nel periodo normanno. Palermo 1938. – *H. Liebeschütz*, Das 12. Jahrhundert und die Antike, in: AFK. 35 (1953) 247–271. – *D. S. Gerald*, Sculpture of the XII–XIII cent. in Rome. London 1910. – *L. Coletti*, I Primitivi. Vol. I: Dall' arte benedettina a Giotto. Novara 1941. – *L. Coletti*, Die frühe italienische Malerei. I: Das 12. und 13. Jahrhundert-Giotto. Wien 1941 = Geschichte der italien. Malerei in Einzeldarstellungen.

Nachtrag: *C. A. Willemsen*, Die Bildnisse der Staufer. Versuch einer Bestandsaufnahme. Göppingen 1977. – *G. B. Ladner*, Die Papstbildnisse des Altertums und des Mittelalters Bd. 2: Von Innocenz II. zu Benedikt XI. Città di Vaticano 1970 = Mon. di Ant. Christ. II, 4.

Geschichte Roms: *E. Duprè Theseider*, L'idea imperiale di Roma nella tradizione del Medioevo. Milano 1950. – *P. Fedele*, L'èra del Senato, in: Arch. della R. Società rom. di storia patria XXXV (1912) 583–606. – *P. Fedele*, Per la storia del senato romano nel sec. XII., in: Arch. della R. Società rom. die storia patria XXXIV (1911) 351 ff. – *F. Bartoloni*, Per la storia del Senato Romano nei secoli XII e XIII., in: Bull. dell' Ist. stor. Ital. per il medio evo 60 (1946) 1–108. – Codice diplomatico del Senato Romano dal 1144 al 1348 a cura di Franco Bartoloni. Vol. I (bis zur Senatsherrschaft Karls von Anjou 1263). Roma 1948 = Fonti per la storia d'Italia 87. – *A. Salimei*, Senatori e statuti di Roma nel Medio Evo. I: senatori, cronologia e bibliografia dal 1144 al 1447. Roma 1935. – *V. Capobianchi*, Le monete coniate dal Senato di Roma. Roma 1896. – *C. Serafini*, L'autorità pontificia delle monete del Senato romano, in: Atti e memorie Ist. ital. numismatica I (1913) 129 ff. – *P. Fedele*, Pierleoni e Frangipane nella storia medioevale di Roma, in: Roma (1937) 1 ff.

Achtes Buch: Einzelfragen

Erstes Kapitel: *A. v. Reumont*, Familiengeschichten, in: Ders., Beiträge zur ital. Geschichte 5 (Berlin 1857) S. 3–115 [Über die älteste Gesch. der Colonna!]. – Colonna (I) dalle origini all'inizio del secolo XIX. Sunto di ricordi storici raccolti per cura die P. Colonna. Roma 1927. – *K. Pivec*, Die Bedeutung des ersten Romzuges Heinrichs V., in: MÖIG. 52 (1938) 217–225. – *L. Simeoni*, Bologna e la politica Italiana di Enrico V., in: Atti e mem. per l'Emilia e la Romagna 2 (1937) 147–166. – *F. Güterbock*, La contea di Piacenza feudo imperiale matildino?, in: Bullet. dell' Istituto storico italiano 53 (1938) 1–42.
Nachtrag: *H. Stoob*, Die castelli der Colonna. In: QFIAB. 51 (1971) 207–249.
Zweites Kapitel: *C. Erdmann*, Mauritius Burdinus (Gregor VIII.), in: QFIAB. 19 (1927) 205–261. – *P. Fedele*, Le famiglie di Anacleto II e di Gelasio II., in: Arch. della R. Società rom. di storia patria XXVII (1904) 399 ff. – *H. Zatschek*, Beiträge zur Beurteilung Heinrichs V. 1. Die Verhandlungen des Jahres 1119, in: DA. 7 (1944) 48–78. – *A. Hofmeister*, Das Wormser Konkordat. Zum Streit um seine Bedeutung, in: Forsch. u. Vers. z. Gesch. d. Mittelalt. u. d. Neuz. Festschrift Dietrich Schäfer. Jena 1915, S. 64–148. – *E. Celani*, De Gente Fregepania di Onofrio Panvinio, in: Studi e documenti di storia e diritto XII (1891). – *P. Fedele*, Sull' origine dei Frangipane (a proposito di un recente lavoro), in: Arch. della R. Società rom. di storia patria XXXIII (1910) 493 ff.
Drittes Kapitel: *H.-W. Klewitz*, Das Ende des Reformpapsttums, in: DA. 3 (1939) 371–412. – *P. F. Palumbo*, Lo scisma del MCXXX. Roma 1942. – *E. Caspar*, Bernhard von Clairvaux, in: Meister der Politik III (Stuttgart und Berlin ² 1923) S. 181–219. – *W. v. d. Steinen*, Bernhard von Clairvaux. Leben und Briefe. Breslau 1926. – *K. A. Vogt*, Bernhard von Clairvaux. Saarbrücken 1951. – *E. Caspar*, Roger II. (1101–1154) und die Gründung der normannisch-sicilischen Monarchie. Innsbruck 1904. – *O. Vehse*, Roger II., in: Ders., Nordische Staatengründer. Hamburg 1943, S. 160–177.
Nachtrag: *F.-J. Schmale*, Studien zum Schisma des Jahres 1130. Köln-Graz

1961. – *F.-J. Schmale*, Die Bemühungen Innocenz' II. um seine Anerkennung in Deutschland. In: ZKiG. 65 (1954) 240–269. – *J. Spörl* (Hrsg.), Die Chimäre seines Jahrhunderts. Vier Vorträge über Bernhard von Clairvaux. Würzburg 1954. – *W. Holtzmann*, Zur päpstlichen Gesetzgebung über die Juden im 12. Jahrhundert. In: Festschrift Guido Kirsch. Rechtshistorische Forschungen anläßlich des 60. Geburtstages. Stuttgart 1955, S. 217–235. – *H. Wieruszowski*, Roger II of Sicily, Rex-Tyrannus in the 12th-Century Political Thought. In: Speculum 38 (1963) 46 bis 78. – *R. Elze*, Zum Königtum Rogers II. von Sizilien. In: Festschrift P. E. Schramm 1 (1964) 102–116.

Viertes Kapitel: *W. von Giesebrecht*, Über Arnold von Brescia, in: Sitz.-Ber. d. Akad. d. Wiss. München. I (1873). – *K. Hampe*, Zur Geschichte Arnolds von Brescia, in: HZ. 130 (1924) 58–69. – *A. de Stefano*, Arnoldo da Brescia e i suoi tempi. Roma 1921. – *G. W. Greenaway*, Arnold of Brescia. Cambridge 1931. – *A. Ragazoni*, Arnaldo da Brescia nella tradizione storica. Brescia 1937. – *H. Gleber*, Papst Eugen III. (1145–1153) unter besonderer Berücksichtigung seiner politischen Tätigkeit. Jena 1936 = Beiträge z. ma. u. neueren Gesch. Bd. 6. Dazu: *P. Rassow*, in: HZ. 159 (1939) 181/82. – *T. Hirschfeld*, Zur Chronologie der Stadtpräfekten in der Zeit der Erneuerung des Senates, in: QFIAB. 16 (1914) 93–107. – *A. Frugoni*, Sulla renovatio senatus del 1143 e l'ordo equestris, in: Bull. dell' Ist. stor. Ital. per il medio evo 62 (1950) 159–174.

Nachtrag: *A. Frugoni*, Arnaldo da Brescia nelle fonti del secolo XII. Roma 1954 = Ist. Stor. Ital. per il Medio Evo, Studi Storici 8–9. – *A. Haverkamp*, Herrschaftsformen der Frühstaufer in Reichsitalien Teil 1 u. 2. Stuttgart 1970/71. – *A. Rota*, La Costituzione originaria del Comune di Roma. L'epoca del comune libero (luglio 1143 – dicembre 1145). In: Bull. dell'Ist. Stor. Ital. 64 (1953) 19 bis 131. – *A. Rota*, Il „Consilium Urbis" del secolo XII. In: Arch. della Soc. Rom. di storia patria 75 (1952) 1–15.

Fünftes Kapitel: *H. Heimpel*, Kaiser Friedrich Barbarossa und die Wende der staufischen Zeit. Straßburg 1942 = Straßb. Univ.-Reden 3. – *E. Otto*, Friedrich Barbarossa. Potsdam ²1943 = Deutsche Könige und Kaiser, hrsg. v. Werner Reese. Dazu: *H. Grundmann*, in: HZ. 166 (1942) 346–351. – *P. Rassow*, Honor imperii. Die Politik Friedrich Barbarossas in den Jahren 1152–1159. München und Berlin 1940. Dazu: *H. Grundmann*, in: HZ. 164 (1941) 577–582. – *W. Ohnsorge*, Zu den außenpolitischen Anfängen Friedrich Barbarossas, in: QFIAB. 32 (1942) 13 bis 32. – *H. Meyer*, Die Militärpolitik Friedrich Barbarossas im Zusammenhang seiner Italienpolitik. Berlin 1930 = Hist. Stud. Ebering 200. Dazu: *R. Holtzmann*, in: HZ. 143 (1931) 551–553. – *R. Holtzmann*, Der Kaiser als Marschall des Papstes. Berlin 1928. – *R. Holtzmann*, Zum Strator- und Marschalldienst, in: HZ. 145 (1931) 301 ff. – *G. Dunken*, Die politische Wirksamkeit der päpstlichen Legaten in der Zeit des Kampfes zwischen Kaisertum und Papsttum in Oberitalien unter Friedrich I. Berlin 1931 = Hist. Stud. Ebering 209. – *P. Brezzi*, Lo scisma inter regnum et sacerdotium al tempo di Federico Barbarossa, in: Arch. della R. Deputaz. rom. di storia patria 63 (1940) 1–98. – *P. W. Finsterwalder*, Die Gesetze des Reichstags von Roncaglia vom 11. November 1158, in: ZRG. GA. 51 (1931) 1–69. – *A. Erler*, Die Ronkalischen Gesetze des Jahres 1158 und die oberitalienische

Städtefreiheit, in: ZRG. GA. 61 (1941) 127–149. – *F. Güterbock*, Die Lage der roncalischen Ebene, in: QFIAB. 9 (1906) 197–220. – *P. F. Kehr*, Zur Gesch. Victors IV. (Octavian von Monticelli), in: NA. 46 (1925) 53–85. – *M. Preiß*, Die politische Tätigkeit und Stellung der Cisterzienser im Schisma 1159 bis 1177. Berlin 1934 = Hist. Stud. Ebering 248. – *W. Ohnsorge*, Die Legaten Alexanders III. im ersten Jahrzehnt seines Pontifikats (1159–69). Berlin 1928 = Hist. Stud. Ebering 175. – *Fe. Schneider*, Die Staatsschulden Alexanders III., in: QFIAB. 9 (1906) 1–14. – *G. Deibel*, Die italienischen Einkünfte Kaiser Friedrich Barbarossas, in: Neue Heidelb. Jahrb. 1932, S. 21–58. – *O. Tschirch*, Beitr. z. Gesch. Mailands von der Zerstörung der Stadt 1162 bis zum Ausgange Friedrichs I. Brandenburg a. d. H. 1884 (Schulprogr.). – *W. Föhl*, Studien zu Rainald von Dassel, in: Jahrb. d. Kölner Gesch.-Ver. 17 (1935) 234–259 und 20 (1938) 238–262. – *J. Giorgi*, Il trattato di pace e d'alleanza del 1165–1166 fra Roma e Genova, in: Arch. della R. Società rom. di storia patria XXV (1902) 397 ff.

Nachtrag: *A. Cartellieri*, Das Zeitalter Friedrich Barbarossas 1150–1190. Aalen 1972 = Weltgeschichte als Machtgeschichte Bd. 5. – *G. Barraclough*, Friedrich Barbarossa und das 12. Jahrhundert. In: Ders., Geschichte in einer sich wandelnden Welt. Göttingen 1957, S. 86–114. – *K. Jordan*, Friedrich Barbarossa. Kaiser des christlichen Abendlandes. Göttingen 1959 = Persönlichkeit und Geschichte 13. – *M. Pacaut*, Friedrich Barbarossa. Stuttgart 1969. – *P, Munz*, Frederick Barbarossa. London 1969. – *H. Simonsfeld*, Jahrbücher des deutschen Reiches unter Friedrich I. Leipzig 1908; Neudruck 1967. – *P. Rassow*, Honor imperii. Die neue Politik Friedrich Barbarossas. München ²1961; Nachdruck 1974. – *H. Appelt*, Die Kaiseridee Friedrich Barbarossas. Wien 1967 = Sitzungsberr. Wien Bd. 252, Abh. 4. – *G. Wolf* (Hrsg.), Friedrich Barbarossa. Darmstadt 1975 = Wege der Forschung 390. – *P. Classen*, Zur Geschichte Papst Anastasius' IV. In: QFIAB. 48 (1968) 36–63. – *W. Ullmann*, The Pontificate of Adrian IV. In: The Cambridge Historical Journal 11 (1955) 233–252. – *M. Pacaut*, Alexandre III. Étude sur la conception du Pouvoir pontifical dans sa pensée et dans son oeuvre. Paris 1956 = L' Église et l'État au moyen âge, hg. v. H. X. Arquillière, Bd. 11. Dazu: *F. Kempf*, in: Rev. d'hist. ecclés. 52 (1957) 932–937. – *R. M. Herkenrath*, Reinald von Dassel als Verfasser und Schreiber von Kaiserurkunden. In: MIÖG. LXXII (1964) 34–62. – *D. Hägermann*, Beiträge zur Reichslegation Christians von Mainz in Italien. In: QFIAB. 49 (1969) 186–238. – *H. Appelt*, Friedrich Barbarossa und die italienischen Kommunen. In: MIÖG. 72 (1964) 311–325. – *W. Heinemeyer*, Der Friede von Montebello (1175). In: DA. 11 (1954/55) 101–139. – *A. Haverkamp*, Die Regalien-, Schutz- und Steuerpolitik in Italien unter Friedrich Barbarossa bis zur Entstehung des Lombardenbundes. Diss. München [1967]. – *C.-R. Brühl*, Die Finanzpolitik Friedrich Barbarossas in Italien. In: HZ 213 (1971) 13–37.

Sechstes Kapitel: *K. Wenck*, Die römischen Päpste zwischen Alexander III. und Innocenz III. und der Designationsversuch Weihnachten 1197, in: Papsttum und Kaisertum, Paul Kehr zum 65. Geburtstag, hrsg. v. A. Brackmann. München 1926, S. 415–474. – *F. Güterbock*, Piacenzas Beziehungen zu Barbarossa auf Grund des Rechtsstreits um den Besitz des Poübergangs, in: QFIAB. 24 (1932/33) 62 bis 111 und 284. – *F. Güterbock*, Kaiser, Papst und Lombardenbund nach dem

Frieden von Venedig, in: QFIAB. 25 (1933/34) 158–191. – *W. Lenel*, Der Konstanzer Frieden von 1183 und die italienische Politik Friedrichs I., in: HZ. 128 (1923) 189–261. – *H. Kauffmann*, Die italienische Politik Kaiser Friedrichs I. nach dem Frieden von Constanz (1183–89). Greifswald 1933 = Greifswalder Abh. z. Gesch. d. MA. 3. Dazu: *O. Vehse*, in: HZ. 151 (1935) 572–574. – *F. Böhm*, Das Bild Friedrich Barbarossas und seines Kaisertums in den ausländischen Quellen seiner Zeit. Berlin 1936 = Hist. Stud. Ebering 289. – *G. Digard*, La fin de la seigneurie de Tusculum, in: Mélanges Paul Fabre. Paris 1902, S. 292–302. – *J. Haller*, Kaiser Heinrich VI., in: HZ. 113 (1914) 473–504. Auch in: Ders., Reden und Aufs. z. Gesch. und Politik. Stuttgart und Berlin 1934, S. 47–66. – *J. Haller*, Heinrich VI. und die römische Kirche, in: MIÖG. 35 (1914) 385–454; 545–669. – *W. Wohlfahrth*, Kaiser Heinrich VI. und die oberitalienischen Städte (Lombardei und Piemont). Heidelberg 1939 (Diss. Tübingen) = Quell. und Stud. zur Gesch. u. Kultur des Altert. und des Mittelal. Reihe D, H. 10. – *E. Perels*, Der Erbreichsplan Heinrichs VI. Berlin 1927. – *J. Haller*, Innozenz III. und das Kaisertum Heinrichs VI., in: HV. XX (1920) 23 ff. Auch in: Ders., Abh. z. Gesch. d. Mittelalters. Stuttgart 1944, S. 233–247.

Nachtrag: *V. Pfaff*, Der Vorgänger: Das Wirken Coelestins III. aus der Sicht von Innocenz III. In: ZRG. KA. 60 (1974) 121–167. – *G. Baaken*, Die Verhandlungen zwischen Kaiser Heinrich VI. und Papst Coelestin III. in den Jahren 1195–97. In: DA. 27 (1971) 457–513.

Siebentes Kapitel: *W. Goetz*, Das Wiederaufleben des römischen Rechtes im 12. Jahrhundert, in: AFK. X (1912) 25–39. Auch in: Ders., Italien im Mittelalter II (1942) 108–129. – *B. Schmeidler*, Italienische Geschichtschreiber des XII. und XIII. Jahrhunderts. Ein Beitrag zur Kulturgeschichte. Leipzig 1909 = Leipz. hist. Abhandl. H. XI. – *E. Levi*, Un nuovo cimelio d'iconografia vergiliana, in: Studi medievale Torino V (1932) 262–265. – *Ch. Huelsen*, Virgilio ed i monumenti di Roma nell' immaginazione del medio evo, in: Studi medievali Torino V (1932) 139–144. – *P. Fedele*, Sul commercio delle antichità in Roma nel secolo XII, in: Arch. della R. Società rom. di storia patria XXXII (1909) 465 ff. – *E. Amadei*, Le torri di Roma. Roma ² 1943. – *C. Cecchelli*, S. Maria in Trastevere. Roma [1933] = Le chiese di Roma illustrate, n. 31/32. – *G. B. Giovenale*, La basilica di S. Maria in Cosmedin. Roma 1927 – *J. Wilpert*, Le pitture della Basilica primitiva di S. Clemente, in: Mélanges d'archéologie et d'hist. 26 (1906) 251 ff. – *C. Scaccia Scarafoni*, Il musaico absidale di S. Clemente in Roma, in: Bolletino d'arte 1935, S. 49 ff. – *C. Cecchelli*, S. Clemente. Roma [1930] = Le chiese di Roma illustrate, n. 24–25. – *S. Ortolani*, S. Croce in Gerusalemme. Roma [1924] = Le chiese di Roma illustrate, n. 6.

NEUNTES BUCH

Politische Geschichte: *C. W. Prévité-Orton*, A History of Europe from 1198 to 1378. London 1937, ² 1948. – *H. Grundmann*, Wahlkönigtum, Territorialpolitik und Ostbewegung im 13. und 14. Jahrhundert (1198–1378), in: *B. Gebhardt*, Hand-

buch d. dt. Gesch. Bd. 1 (Stuttgart [8] 1954) 341–504. – *F. Bock*, Nationalstaatliche Regungen in Italien bei den guelfisch-ghibellinischen Auseinandersetzungen von Innocenz III. bis Johann XXII., in: QFIAB. 33 (1943) 1–48. – *M. Ohlig*, Studien zum Beamtentum Friedrichs II. in Reichsitalien unter besonderer Berücksichtigung der süditalienischen Beamten. Diss. Frankfurt a. M. 1936. – *G. Pepe*, Lo stato ghibellino di Federico II. Bari 1938. – *W. Cohn*, Das Zeitalter der Hohenstaufen in Sizilien. Ein Beitrag zur Entstehung des modernen Beamtenstaates. Breslau 1925 = Untersuch. z. dt. Staats- und Rechtsgesch. 134. – *W. Heupel*, Der sizilische Großhof unter Kaiser Friedrich II. Leipzig 1940 = Schrift. d. Reichsinstituts f. ältere dt. Geschichtskunde 4. – *W. Cohn*, Die Geschichte der sizilischen Flotte unter der Regierung Friedrichs II. (1197–1250). Breslau 1926.
Nachtrag: *A. R. Myers*, Europa im 14. Jahrhundert. In: Propyläen Weltgeschichte, hg. v. G. Mann u. A. Nitschke Bd. V (Berlin 1963), S. 563–618. – *H. Grundmann*, Wahlkönigtum, Territorialpolitik und Ostbewegung im 13. und 14. Jahrhundert (1198–1378). In: Gebhardt, Handb. d. dt. Gesch. Bd. 1 (Stuttgart [9]1970), S. 426–606.

Kirchen- und Papstgeschichte: *J. Hollnsteiner*, Die Kirche im Ringen um die christliche Gemeinschaft vom Anfang des 13. bis zur Mitte des 15. Jahrh. Freiburg i. Br. 1940 = Kirchengesch. hrsg. von P. Kirsch II, 2. – *A. Fliche*, Chr. Thouzellier, Y. Azais, Histoire de l'Eglise 10: La Chrétienné romaine (1198–1274). Paris 1950. – *J. Oswald*, Das klassische Jahrhundert der abendländischen Kirchengeschichte. Nürnberg-Bamberg-Passau 1946 = Reden und Vorträge der Hochschule Passau 4. – *O. Joelson*, Die Papstwahlen des 13. Jahrhunderts bis zur Einführung der Konklaveordnung Gregors X. Berlin 1928. – *F. Baethgen*, Der Anspruch des Papstes auf das Reichsvikariat, in: ZRG. KA. 10 (1920) 168–268. – *G. Ermini*, Caratteri della sovranità temporale dei papi nei secoli XIII e XIV, in: ZRG. KA. XXVII (1938) 315–347. – *G. Ermini*, La libertà comunale nello Stato della Chiesa. Da Innocenzo III all' Albornoz (1198–1367). Il governo e la costituzione del Comune, in: Arch. della R. Società rom. di storia patria XLIX (1926) 5–126. – *O. Vehse*, Benevent als Territorium des Kirchenstaates bis zum Beginn der avignonischen Epoche. II. Teil: Benevent im dreizehnten Jahrhundert, in: QFIAB. 23 (1931/32) 80–119. – *B. Rusch*, Die Behörden und Hofbeamten der päpstlichen Kurie des 13. Jahrhunderts. Königsberg 1936 = Schrift. d. Albertus-Universität, Geisteswiss. Reihe III. – *J. P. Kirsch*, Die Finanzverwaltung des Kardinalkollegiums im 13. und 14. Jahrhundert. Münster i. W. 1895 = Kirchengeschichtl. Studien II. Bd., 4. Heft. – *G. Barraclough*, Papal provisions. Oxford 1935. – *G. Barraclough*, The executors of papal provisions in the canonical theory of the thirteenth and fourteenth centuries, in: Acta Congressus Iuridici Internationalis Romae 1934, vol. III (1936) 109–153.

Kunst- und Literaturgeschichte: *H. Thode*, Studien zur Geschichte der italienischen Kunst im XIII. Jahrhundert, in: Repert. f. Kunstwiss. 13 (1890) 1–38. – *A. de Stefano*, La cultura alla corte di Federico II. imperatore. Palermo 1938. – *C. A. Willemsen*, Kaiser Friedrich II. und sein Dichterkreis. Staufisch-sizilische Lyrik in freier Nachdichtung. Krefeld 1947. – *F. de Sanctis*, Geschichte der italienischen Literatur. Bd. I: Von den Anfängen bis zur Renaissance. Stuttgart 1941

(Kröners Taschenausgabe Bd. 156). – *K. Voßler*, Italienische Literaturgeschichte. Berlin-Leipzig ⁴ 1927 (Sammlung Göschen).
Geschichte Roms: *Th. Hirschfeld*, Genuesische Dokumente z. Geschichte Roms und des Papsttums im XIII. Jahrhundert, in: QFIAB. 17 (1914–24) 108 bis 140. – *A. de Boüard*, La suzeraineté du pape sur Rome au XIIIe et XIVe siècles, in: Rev. Historique 116 (1914), S. 61 ff. – *W. Groß*, Die Revolutionen in der Stadt Rom 1219–1254. Berlin 1934 = Hist. Stud. Ebering 252. – *G. Morelli*, Le corporazioni romane di arti e mestieri dal XIII al XIX secolo. Roma 1937. – *K. Eubel*, Series vicariorum Urbis a. 1200–1558, in: Röm. Quartalschr. VIII (1894) 493 bis 499. – *F. Savio*, Gli Annibaldi a Roma nel secolo XIII, in: Studi e documenti di storia e diritto XVII (1896).

Nachtrag: *R. Brentano*, Rome before Avignon. A social history of thirteenth century. London 1974.

Neuntes Buch: Einzelfragen

Erstes Kapitel: *J. Haller*, Innocenz III., in: Meister der Politik. Bd. I (Stuttgart und Berlin 1922) S. 357–401. – *J. Haller*, Das Papsttum. Bd. III (Stuttgart ² 1952) S. 296–480 [Innocenz III.]. – *M. Maccarone*, Innocenzo III prima del pontificato, in: Arch. Dep. Rom. 66 (NS 9, 1943) 59–134. – *R. v. Heckel*, Studien über die Kanzleiordnung Innozenz III., in: Hist. Jahrb. 57 (1937) 248–289. – *A. Luchaire*, Innocent III et le peuple romain, in: Rev. Historique 81 (1903) 225–257. – *A. Luchaire*, Innocent III. 1.Rome et l'Italie. Paris 1904. – *C. Calisse*, I prefetti di Vico, in: Arch. della Società rom. di storia patria X (1887) 1–136; 353–594. – *Th. C. van Cleve*, Markward of Anweiler and the Sicilian regency, a study of Hohenstaufen policy in Sicily during the minority of Frederik II. Princeton 1937. – *R. Kraft*, Markward von Annweiler, in: Deutscher Westen – Deutsches Reich/ Saarpfälzische Lebensbilder. Kaiserslautern 1938, S. 15–26. – *G. Ermini*, I rettori provinciali dello Stato della Chiesa da Innocenzo III all' Albornoz, in: Riv. Stor. Diritto ital. IV (1931) 29–104. – *F. Savio*, Le tre famiglie Orsini di Monterotondo, di Marino e di Manoppello, in: Bollettino Società Umbra storia patria II (1896). – *W. Goetz*, Italien im Mittelalter. Bd. I (Leipzig 1942) S. 195 Anm. 21 [zum Namen „Ursus"].

Nachtrag: *F. Kempf*, Papsttum und Kaisertum bei Innocenz III. Die geistigen und rechtlichen Grundlagen seiner Thronpolitik. Roma 1954 = Miscellanea Historiae Pontificiae Vol. XIX. – *B. Moeller*, Papst Innocenz III. und die Wende des Mittelalters. In: Bleibendes im Wandel der Kirchengeschichte = Kirchenhist. Studien, hg. v. B. Moeller u. G. Ruhbach. Tübingen 1973, S. 151–167. – *M. Maccarone*, Studi su Innocenzo III. Padova 1972 = Italia Sacra. Studi e Documenti di Storia Ecclesiastica a cura di M. Maccarone e. a. 17.

Zweites Kapitel: *F. Baethgen*, Die Regentschaft Papst Innozenz' III. im Königreich Sizilien. Heidelberg 1914 = Heidelberger Abh. z. mittl. u. neuer. Gesch. H. 44. – *E. Kantorowicz*, Kaiser Friedrich der Zweite. 2 Bde. Berlin 1927/31. Dazu: *K. Hampe*, in: HZ. 146 (1932) 441–475. – *F. Kempf*, Die zwei Versprechen Ottos IV. an die römische Kirche (1200–1201), in: Festschr. E. E. Stengel (Münster-Köln 1952) S. 359–384. – *F. Baethgen*, Die Exkommunikation Philipps von Schwaben, in: MIÖG. 34 (1913) 909–917. – *M. Maccarone*, Chiesa e stato nella dottrina di papa Innocenzo III. Roma 1946. – *H. Tillmann*, Zur Frage des Verhältnisses von Kirche und Staat in Lehre und Praxis Papst Innocenz' III., in: DA. 9 (1951) 136–181.

Nachtrag: *A. Haidacher*, Über den Zeitpunkt der Exkommunikation Ottos IV. durch Papst Innocenz III. In: Röm. hist. Mitt. 3 (1958/59 u. 1959/60), S. 132–185. – *H. M. Schaller*, Kaiser Friedrich II. Verwandler der Welt. Göttingen ²1971 = Persönlichkeit und Geschichte 34. – *Th. Curtis van Cleve*, The Emperor Frederick II of Hohenstaufen. Immutator Mundi. Oxford 1972. – *G. Wolf* (Hrsg.), Stupor mundi. Zur Geschichte Friedrichs II. von Hohenstaufen. Darmstadt 1966 = Wege der Forschung Bd. CI. – *E. Kantorowicz*, Kaiser Friedrich der Zweite. 2 Bde. Düsseldorf 1973.

Drittes Kapitel: *A. Fliche*, Innocent III et la réforme de l'église, in: Rev. d'hist. ecclés. 44 (1949) 87–152. – *H. Krabbo*, Die Deutschen Bischöfe auf dem vierten Laterankonzil 1215, in: QFIAB. 10 (1907) 275–300. – *E. v. Strube*, Innozenz' III. politische Korrespondenz und die religiöse Weltherrschaftsidee der Kurie. Diss. Berlin 1936. – *G. Martini*, Traslazione dell' Impero e donazione di Constantino nel pensiero e nella politica d'Innocenzo III, in: Arch. della Società rom. di storia patria LVI–LVII (1933/34) 219–362. – *W. v. d. Steinen*, Franziskus und Dominikus. Leben und Schriften. Breslau 1926. – *L. Salvatorelli*, Vita di San Francesco d'Assisi. Bari ² 1928. – *P. Sabatier*, Das Leben des Heiligen Franz von Assisi. Mit 16 Tafeln nach Fresken von Giotto. Zürich 1953. – *W. Goetz*, Die Quellen zur Geschichte des hl. Franz von Assisi. Eine kritische Untersuchung. Gotha 1904. – *W. Goetz*, Franz von Assisi und die Entwicklung der mittelalterlichen Religiosität, in: AFK. XVII (1927) 129–149. Auch in: Ders., Italien im Mittelalter I (1942) 161–192. – *W. Goetz*, Die ursprünglichen Ideale des Hl. Franz von Assisi, in: HV. VI (1903) 19–50. Auch in: Ders., Italien im Mittelalter I (1942) 125–160. – *P. H. Felder*, Die Ideale des hl. Franz von Assisi. Paderborn 1923. – *H. Grundmann*, Studien über Joachim von Floris. Berlin-Leipzig 1927 = Beiträge zur Kulturgesch. d. Mittelalters und der Renaissance, Bd. 32. – *J. Chr. Huck*, Joachim von Floris und die joachitische Literatur. Ein Beitrag zur Geistesgeschichte des hohenstaufischen Zeitalters mit Benützung und teilweiser Veröffentlichung ungedruckter Joachimsschriften. Freiburg i. Br. 1938. – *H. Grundmann*, Neue Forschungen über Joachim von Fiore. Marburg 1950 = Münsterische Forschungen 1. – *K. Burdach*, Die Wahl Friedrichs II. zum römischen Kaiser, in: HZ. 154 (1936) 513–527. – *J. Deér*, Der Kaiserornat Friedrichs II. Diss. Bern 1952. – *W. Knebel*, Kaiser Friedrich II. und Papst Honorius III. von der Kaiserkrönung Friedrichs bis zum Tode des Papstes (1220–1227). Diss. Münster 1905. – *A. Keutner*, Papsttum und Krieg unter dem Pontifikat Honorius' III. Münster 1935 = Münster. Beitr. z. Geschichtsforsch. 3. Folge, 10. – *Fe. Schneider*, Über selbständige Reichsvikariate unter Friedrich II. [Beispiel Romagna], in: QFIAB. 15 (1913) 1–17.

Nachtrag: *K.-V. Selge*, Franz von Assisi und die römische Kirche. In: Zeitschr. f. Theologie u. Kirche 67 (1970) 129–161. – *P. E. Schramm*, Kaiser Friedrichs II. Herrschaftszeichen. Göttingen 1955 = Abh. d. Akad. d. Wiss., phil.-hist. Kl. III,

36. – *C. Köhler*, Das Verhältnis Kaiser Friedrichs II. zu den Päpsten seiner Zeit. Breslau 1888; Neudruck Aalen 1969. – *J. Fleckenstein* (Hrsg.), Probleme um Friedrich II. Sigmaringen 1974 = Vorträge u. Forschungen, hg. v. Konstanzer Arbeitskreis für mittelalterl. Geschichte 16.

Viertes Kapitel: *P. Egidi*, La colona saracena di Lucera e la sua distruzione, in: Arch. Stor. Prov. Napoli 36/37/38 (1912–14). – *E. Brem*, Papst Gregor IX. bis zum Beginn seines Pontifikats. Ein biographischer Versuch. Heidelberg 1911 = Heidelberger Abh. z. mittl. u. neuer. Gesch. H. 32. – *F. Fehling*, Kaiser Friedrich II. und die römischen Cardinäle in den Jahren 1227 bis 1239. Berlin 1901 = Hist. Stud. Ebering 21. – *E. Blochet*, Les relations diplomatiques des Hohenstaufen avec les Sultans d'Égypte, in: Rev. Historique 80 (1902) 51–64. – *G. Falco*, I preliminari della pace di S. Germano, in: Arch. della R. Società rom. di storia patria XXXIII (1910). – *J. Guiraud*, L'inquisition médiévale. Paris 1928.

Fünftes Kapitel: *H. Oelrichs*, Untersuchung der Glaubwürdigkeit des Matthäus Paris für die Jahre 1236–41. Jena 1921. – *P. Reinhold*, Die Empörung König Heinrichs (VII.) gegen seinen Vater. Diss. Leipzig 1911 = Leipz. hist. Abh. 25. – *F. Stieve*, Ezzelino von Romano. Eine Biographie. Leipzig 1909. – *L. Simeoni*, Federico II ed Ezzelino da Romano, in: Rendiconti delle sessione della Reale Accademia delle scienze dell' Istituto di Bologna, classe di scienze morali, ser. IV, vol. I (1938) 11–42. – *E. Kantorowicz*, Petrus de Vinea in England, in: MÖIG. 51 (1938) 43–88. – *G. M. Monti*, Pier della Vigna e le „Costituzione" del 1231, in: Ders., Dai Normanni agli Aragonesi. Trani 1936. – *M. Grabmann*, Kaiser Friedrich II. und sein Verhältnis zur aristotelischen und arabischen Philosophie, in: Ders., Mittelalterliches Geistesleben. Bd. II. (München 1936) S. 103–137. – *A. de Stefano*, Federico II e le correnti spirituali del suo tempo. Roma 1922. – *F. Graefe*, Die Publizistik in der letzten Epoche Friedrichs II. Ein Beitrag zur Gesch. der Jahre 1239–50. Heidelberg 1909. – *H. Wieruszowski*, Vom Imperium zum nationalen Königtum. Vergleichende Studien über die publizistischen Kämpfe Kaiser Friedrichs II. und König Philipps des Schönen mit der Kurie. München und Berlin 1933 = Beih. 30 der HZ. – *B. Sütterlin*, Die Politik Kaiser Friedrichs II. und die römischen Kardinäle in den Jahren 1239–1250. Heidelberg 1929 = Heidelb. Abh. z. mittl. u. neuer. Gesch. 58. – *Z. Schiffer*, Markgraf Hubert Pallavicini. Ein Signore Oberitaliens im 13. Jahrhundert. Leipzig 1910. – *F. Tenckhoff*, Der Kampf der Hohenstaufen um die Mark Ancona und das Herzogtum Spoleto von der zweiten Exkommunikation Friedrichs II. bis zum Tode Konradins. Paderborn 1893. – *K. Hampe*, Ein ungedruckter Bericht über das Konklave von 1241, in: Sitz.-Ber. Heidelberg, phil.-hist. Kl. 1913. – *K. Wenck*, Das erste Konklave der Papstgeschichte. Rom August bis Oktober 1241, in: QFIAB. 18 (1926) 101–170. – *F. Bartoloni*, Un trattato d'alleanza del secolo XIII tra Roma e Alatri, in: Bull. dell' Ist. Stor. Ital. per il Medio Evo e Arch. Muratoriano 61 (1949) 125–161.

Sechstes Kapitel: *G. v. Puttkamer*, Papst Innocenz IV. Versuch einer Gesamtcharakteristik aus seiner Wirkung. Münster 1930. – *J. Maubach*, Die Kardinäle und ihre Politik um die Mitte des 13. Jahrh. unter den Päpsten Innocenz IV., Alexander IV., Urban IV., Clemens IV. (1243–68). Diss. Bern 1902. – *C. Rodenberg*, Die Friedensunterhandlungen zwischen Friedrich II. und Innocenz IV. (1243–44), in: Festgabe f. G. Meyer von Knonau. Zürich 1913, S. 165–204. – *E. Winkelmann*, Kaiser Friedrichs II. Kampf um Viterbo, in: Hist. Aufs., dem Andenken an G. Waitz gewidmet. Hannover 1886, S. 277–305. – *H. Plehn*, Der politische Charakter des Matthaeus Parisiensis. Leipzig 1897 = Staats- und sozialwiss. Forsch., hrsg. v. G. Schmoller, 14. – *A. Folz*, Kaiser Friedrich II. u. Papst Innocenz IV. Ihr Kampf in den Jahren 1244 und 1245. Straßburg 1905. – *C. Rodenberg*, Innocenz IV. u. d. Königreich Sizilien 1245–54. Halle 1892. – *K. Hampe*, Papst Innozenz IV. und die sizilische Verschwörung 1246. Heidelberg 1923 = Sitz.-Ber. d. Heidelb. Akad. d. Wiss., phil.-hist. Kl. Bd. 14, 8. – *A. Wachtel*, Die sizilische Thronkandidatur des Prinzen Edmund von England, in: DA. 4 (1941) 98–178. – *R. Morghen*, Il tramonto della potenza sveva in Italia 1250–1266. Roma 1936. – *H. Marc-Bonnet*, Le Saint-Siège et Charles d'Anjou sous Innocent IV et Alexandre IV (1245–1261), in: Rev. Historique 200 (1948) 38–65. – *K. G. Hugelmann*, Die Wahl Konrads IV. zu Wien im Jahre 1237. Weimar 1914. – *M. Döberl*, Berthold von Vohburg-Hohenburg, der letzte Vorkämpfer der deutschen Herrschaft im Königreich Sicilien, in: Dt. Zeitschr. f. Geschichtswiss. XII (1894) 203 ff. – *G. Zeller*, König Konrad IV. in Italien 1252/54. Diss. Straßburg 1907. – *A. Karst*, Geschichte Manfreds vom Tode Friedrichs II. bis zu seiner Krönung (1250–1258). Berlin 1897 = Hist. Stud. Ebering 6. – *P. Schmitthenner*, Der Anspruch des Adels und des Volks der Stadt Rom auf Vergebung der Kaiserkrone während des Interregnums. Berlin 1923.

Nachtrag: *H. Weber*, Der Kampf zwischen Innocenz IV. und Kaiser Friedrich II. bis zur Flucht des Papstes nach Lyon. Berlin 1900 = Hist. Studien 20; Nachdruck 1965. – *O. H. Becker*, Kaisertum, deutsche Königswahl und Legitimitätsprinzip in der Auffassung der späteren Staufer und ihres Umkreises. Bern/Frankfurt 1975 = Europäische Hochschulschriften Reihe III, 51.

Siebentes Kapitel: *G. Rovere*, Brancaleone degli Andalò senatore di Roma. Contributo alla storia del comune di Roma nel medio evo. Udine 1895. – *P. S. Leicht*, Brancaleone d'Andalò, in: Roma XXI (1943). – *F. Tenckhoff*, Papst Alexander IV. Paderborn 1907. – *J. Haller*, Die Herkunft Papst Alexanders IV., in: QFIAB. 32 (1942) 254–259.

ZEHNTES BUCH

Politische Geschichte: *F. Baethgen*, Europa im Spätmittelalter, in: Die Neue Propyläen-Weltgesch. (Bd. I. Berlin 1940) S. 351–460. Auch als Sonderband. Berlin 1951. – *J. Haller*, Von den Staufern zu den Habsburgern. Auflösung des Reichs und Emporkommen der Landesstaaten (1250–1519). Berlin ²1943 = Sammlung Göschen 1077. – *H. Günter*, Das Deutsche Mittelalter. 2. Hälfte: Das Volk (Spätmittelalter). Freiburg i. Br. 1939 = Gesch. d. führend. Völker. Bd. 12. – *H. Heimpel*, Deutschland im späteren Mittelalter, in: Handb. d. Deutsch. Gesch., hrsg. v. O. Brandt u. A. O. Meyer. Bd. 1 (Potsdam [1936]) S. 260–407. – *B. Schmeid-*

ler, Das späte Mittelalter von der Mitte des 13. Jahrh. bis zur Reformation, in: O. *Kendes* Handb. f. d. Geschichtslehr. Bd. 4. Leipzig und Wien 1937. – O. *Brunner*, Kaiser und Reich im Zeitalter der Habsburger und Luxemburger 1257–1517, in: Deutsche Geschichte im Überblick, hrsg. von P. Rassow. Stuttgart 1953, S. 210–251. – *E. Perrin* et *E. G. Léonard*, La décadence de la papauté. L'Allemagne et l'Italie 1273 à 1492. Paris 1951 (?) = Hist. gén. ed. G. Glotz 5. – *F. Bock*, Reichsidee und Nationalstaaten. Vom Untergang des alten Reichs bis zur Kündigung des deutsch-englischen Bündnisses im Jahre 1341. München 1943. – *H. Finke*, Weltimperialismus und nationale Regungen im späteren Mittelalter. Freiburg i. Br. 1916. – *E. Dade*, Versuch der Wiedererrichtung der lateinischen Herrschaft in Konstantinopel im Rahmen der abendländischen Politik 1261 bis 1310. Diss. Jena 1938.

Nachtrag: *J. Leuschner*, Deutschland im späten Mittelalter. Göttingen 1975 = Deutsche Geschichte 3. – *F. Baethgen*, Die Weltherrschaftsidee im späten Mittelalter. In: Festschrift P. E. Schramm 1 (1964) 189–203. – *G. Tellenbach*, Die Grundlegung der späteren Weltstellung des Abendlandes. In: Saeculum Weltgeschichte V (Freiburg 1970), S. 69–239.

H. Niese, Zur Geschichte des deutschen Soldrittertums in Italien, in: QFIAB. 8 (1905) 217–248.

Kirchen- und Papstgeschichte: *A. Hauck*, Kirchengeschichte Deutschlands. Bd. 5, 1. Berlin und Leipzig ⁵1953. – *F. X. Seppelt*, Das Papsttum im Spätmittelalter und in der Renaissance. Geschichte der Päpste vom Regierungsantritt Bonifaz VIII. bis zum Tode Klemens VII. (1294–1534). Leipzig 1941. – *A. Huyskens*, Das Kapitel von S. Peter unter dem Einflusse der Orsini (1276–1342), in: Hist. Jahrb. XXVII (1906) 266–290.

Nachtrag: *F. X. Seppelt*, Geschichte der Päpste v. d. Anfängen bis zur Mitte des 20. Jahrhunderts, 4. Bd.: Von Bonifaz VIII. bis zu Klemens VII. Neu bearb. v. G. Schwaiger. München 1957.

Kunstgeschichte: *G. Weise*, Die geistige Welt der Gotik und ihre Bedeutung für Italien. Halle 1939 = Deutsche Vierteljahrsschr. f. Literaturwiss. u. Geistesgesch., Buchreihe 25. – *F. Rintelen*, Giotto und die Giotto-Apokryphen. München u. Leipzig 1912. Basel ²1943. – *M. Zimmermann*, Giotto und die Kunst Italiens im Mittelalter. Leipzig 1899. – *H. Thode*, Giotto. Leipzig 1899. – *J. G. Wilde*, Giotto-Studien, in: Wiener Jahrb. f. Kunstgesch. 1930, S. 45 ff. – *P. Toesca*, Giotto. Torino 1941.

Geschichte Roms: *E. Duprè Theseider*, Roma dal comune di popolo alla signoria pontificia (1252–1377). Bologna 1952 = Storia di Roma vol. XI. – *A. de Boüard*, Le régime politique et les institutions de Rome au moyen-âge. 1252–1347. Paris 1920. – *F. Bartoloni*, Il senato romano e la sua cancelleria dalla renovatio a Carlo d'Angiò. Roma 1938. – *P. Gasparrini*, Senatori romani della prima metà del XIII secolo finora ignorati. Roma 1938. – *R. Neumann*, Die Colonna und ihre Politik von der Zeit Nikolaus IV. bis zum Abzuge Ludwigs des Bayern aus Rom 1288–1328. Langensalza 1914 = Sammlung wiss. Arb. 29. – *V. Sora*, I conti di Anguillara dalla loro origine al 1465, in: Arch. della Società rom. di storia patria XXIX (1906) 397–442.

Zehntes Buch: Einzelfragen

Erstes Kapitel: *O. Cartellieri*, König Manfred. Palermo 1910. – *W. Lenel*, Giovanni Villani u. d. Schlacht bei Montaperti, in: Miscellanea di studi storici, in onore di Camillo Manfroni. Padova 1925, S. 298–316. – *Freidhof*, Die Städte Tusciens zur Zeit Manfreds. T. I u. II. Metz 1879/80. (Schulprogr.). – *R. Davidsohn*, Beiträge zur Geschichte Manfreds, in: QFIAB. 17 (1914–1924) 78–107. – *W. Sievert*, Das Vorleben des Papstes Urban IV., in: Röm. Quartalschr. X (1896) 451 bis 505; XII (1898) 127–161. – *K. Hampe*, Urban IV. und Manfred (1261–1264). Heidelberg 1905 = Heidelb. Abh. 11. – *Fe. Schneider*, Manfreds Versöhnungspolitik [1262/1263], in: QFIAB. 15 (1913) 17–52. – *E. Jordan*, Les origines de la domination angevine en Italie. Paris 1909. – *G. M. Monti*, Carlo I e Roberto, senatori di Roma, in: Ders., Da Carlo I a Roberto di Angiò. Trani 1936. – *Fe. Schneider*, Die große Staatsanleihe für Karl von Anjou und ihre Tilgung, in: QFIAB. 9 (1906) 14–37. – *F. R. Lewis*, The election of Richard of Cornwall as senator of Rome in 1261, in: English hist. Review LII (1937) 657–662. – *J. Heidemann*, Clemens IV. 1. Das Vorleben des Papstes und sein Legationsregister. Münster 1903. – *E. Horn*, Le rôle politique de Clément IV., in: Comptes rendus de l'Académie des sciences morales et politiques (Paris 1925) 273–300. – *A. Bergmann*, König Manfred von Sizilien. Seine Geschichte vom Tode Urbans IV. bis zur Schlacht bei Benevent 1264–1266. Heidelberg 1909 = Heidelberger Abh. zur mittl. u. neuer. Gesch. 23. –

Zweites Kapitel: *K. Hampe*, Zum Manifest Manfreds an die Römer vom 24. Mai 1265, in: NA. XXXVI (1911) 226–238. – *G. Levi*, Il cardinale Ottoviano degli Ubaldini secondo il suo carteggio ed altri documenti, in: Arch. della Società rom. di storia patria XIV (1891) 231–303. – *M. Müller*, Die Schlacht bei Benevent 26. Februar 1266. Diss. Berlin 1907. – *G. del Giudice*, La famiglia di re Manfredo, in: Arch. Nap. IV, 3 e Napoli ²1896. – *J. Ficker*, König Manfreds Söhne, in: MIÖG. 4 (1883) 1–5.

Drittes Kapitel: *K. Hampe*, Geschichte Konradins von Hohenstaufen. Mit einem Anhang von Dr. H. Kämpf. Leipzig ² 1940. – *E. Tuccio*, I moti siciliani in favore di Corradino di Svevia. Palermo 1922. – *R. Honig*, Guido da Montefeltro. Studio storico. Bologna 1901. – *J. Ficker*, Konradins Marsch zum palatinischen Felde, in: MIÖG. 2 (1881) 513–550. – *P. Egidi*, Carlo I d'Angiò e l'abbazia di S. Maria della Vittoria presso Scurcola, in: Arch. storico napoletano XXXIV–V (1909–10). – *G. M. Monti*, Il processo di Corradino di Svevia, in: Ders., Da Carlo I a Roberto di Angiò. Trani 1936. – *H. Hirsch*, Konradin. Sein „Prozeß" und sein Ende in gesamtdeutscher Beleuchtung, in: Gesamtdt. Vergangenheit, Festgabe f. H. R. v. Srbik. München 1938, S. 33–46.

Nachtrag: *F. Geldner*, Konradin, das Opfer eines großen Traumes. Größe, Schuld und Tragik der Hohenstaufen. Bamberg 1970. – *P. Herde*, Die Schlacht bei Tagliacozzo. In: Zeitschr. f. bayerische Landesgesch. 25 (1962) 679–744. – *A. Nitschke*, Der Prozeß gegen Konradin. In: ZRG. KA. 42 (1956) 27 ff. – *H. M. Schaller*, Zur Verurteilung Konradins. In: QFIAB. 37 (1957) 311–327. – *A. Nitschke*, Konradin und Clemens IV. In: QFIAB. 38 (1958) 268–277. – G. Franceschina, I Montefeltro. Milano 1970.

Viertes Kapitel: *O. Redlich*, Rudolf von Habsburg; das Deutsche Reich nach dem Untergange des Kaisertums. Innsbruck 1903. – *Ch. Poulet*, Guelfes et Gibelins. 2 Bde. Paris-Bruxelles 1922. – *M. H. Laurent*, Le bienheureux Innocent V. (Pierre de Tarentaise) et son temps (Studi e Testi 129). Città del Vaticano 1947 = Biblioteca Apostolica Vaticana. – *W. Schoepp*, Papst Innocenz V. (Ottobuono Fieschi). Heidelberg 1916. – *R. Stapper*, Papst Johann XXI. Münster 1898. – *H. Otto*, Die Beziehungen Rudolfs von Habsburg zu Papst Gregor X. Innsbruck 1894. – *F. Baethgen*, Ein Versuch Rudolfs von Habsburg, die Reichsrechte in Toskana wahrzunehmen (Ende 1275), in: HV. 22 (1924/25) 70–75. – *A. Demski*, Papst Nikolaus III. Münster 1903 = Kirchengeschichtl. Studien, hrsg. v. Knöpfler, Schrörs, Sdralek. VI. Bd., 1. u. 2. H. – *R. Sternfeld*, Der Kardinal Johann Gaetan Orsini (Papst Nikolaus III.) 1244–1277. Berlin 1905. – *A. Demski*, Rudolf I. von Habsburg und die römische Kaiserkrone während des Pontifikats Nikolaus' III. Diss. Breslau 1906. – *R. Sternfeld*, Das Konklave von 1280 und die Wahl Martins IV. 1281, in: MIÖG. 31 (1910) 1–53. – *N. Backes*, Kardinal Simon de Brion (Papst Martin IV.). Diss. Breslau 1910. – *E. Sthamer*, Aus der Vorgeschichte der Sizilischen Vesper, in: QFIAB. 19 (1927) 262–372. – *M. Amari*, La guerra del Vespro Siciliano. 3 Bde. Milano ⁹1886. – *C. Carucci*, La Guerra del Vespro Siciliano nella frontiera del Principato. Storia diplomatica. Subiaco 1934 = Codice diplomatico salernitano del secolo XIII, 2. – *O. Cartellieri*, Peter von Aragon und die Sizilische Vesper. Heidelberg 1904 = Heidelb. Abh. Heft 7.

Nachtrag: *H. Wieruszowski*, Politische Verschwörungen und Bündnisse König Peters von Aragon gegen Karl von Anjou am Vorabend der sizilianischen Vesper. In: QFIAB. 37 (1957) 136–191. – *St. Runciman*, Die Sizilianische Vesper. Eine Geschichte der Mittelmeerwelt im Ausgang des dreizehnten Jahrhunderts. Aus dem Englischen von Peter de Mendelssohn. München 1959. Dazu: *E. Werner*, in: DLZ. 80 (1959) 520–525. – *L. Gatto*, Il pontificato di Gregorio X (1271–1276). Roma 1959 = Istituto Italiano per il Medio Evo, Studi storici fasc. 28–30.

Fünftes Kapitel: *B. Pawlicki*, Papst Honorius IV. Münster 1906. – *O. Schiff*, Studien zur Geschichte Papst Nikolaus' IV. Berlin 1897. – *O. Vehse*, Benevent und die Kurie unter Nikolaus IV. Ein Beitrag zur Geschichte des Kirchenstaates im XIII. Jahrhundert, in: QFIAB. 20 (1928/29) 57–113. – *L. Mohler*, Die Kardinäle Jakob und Peter Colonna. Paderborn 1914. – *C. Cochin*, Recherches sur Stefano Colonna, in: Revue d'Histoire et de Littérature réligieuses X (1905). – *F. X. Seppelt*, Studien zum Pontifikat Cölestins V. Berlin-Leipzig 1911. – *F. Baethgen*, Beiträge zur Geschichte Cölestins V. = Schrift. d. Königsb. Gelehrt. Ges., Geisteswiss.-Kl. Jg. 10, H. 4 (1934). – *F. Baethgen*, Cölestin V. als Papst, in: Ders., Der Engelpapst (Leipzig 1943) 110–184. – *H. E. Rohde*, Der Kampf um Sizilien in den Jahren 1291–1302. Berlin und Leipzig 1913. – *T. S. R. Boase*, Boniface VIII. London 1933 = Makers of the Middle Ages. – *S. Sibilia*, Bonifacio VIII (1294–1303). Roma 1949. – *H. Finke*, Aus den Tagen Bonifaz VIII. Funde und Forschungen. Münster 1902 = Vorreformator. Forsch. II. – *M. Seidlmayer*, Papst Bonifaz VIII. und der Kirchenstaat, in: Hist. Jahrb. 60 (1940) 78–87. – *H. Göring*, Die Beamten der Kurie unter Bonifaz VIII. Diss. Königsberg 1934. – *R. Scholz*, Zur Beurteilung Bonifaz' VIII. und seines sittlich-religiösen Charakters, in: HV. IX (1906)

470–515. – *G. Ladner*, Die Statue Bonifaz' VIII. in der Lateranbasilika und die Entstehung der dreifach gekrönten Tiara, in: Röm. Quartalschr. XLII (1934) 35–69. – *P. E. Schramm*, Zur Geschichte der päpstlichen Tiara, in: HZ. 152 (1935) 307–312. – *H. Denifle*, Die Denkschriften der Colonna gegen Bonifaz VIII. und der Kardinäle gegen die Colonna, in: Arch. f. Lit.- u. Kirchengesch. d. Mittelalt. V (1889) 493–564.

Nachtrag: *A. Frugoni*, Celestiniana. Roma 1954 = Ist. Stor. Ital. per il Medio Evo, Studi storici fasc. 6–7. – *M. Bertram*, Die Abdankung Papst Cölestins V. (1294) und die Kanonisten. In: ZRG. KA. 56 (1970) 1–101.

Sechstes Kapitel: *A. Frugoni*, Il giubilei di Bonifacio VIII, in: Bulletino Ist. stor. ital. n. 62 (1950). – *R. Morghen*, Il giubileo del 1300. Nel suo Medioevo cristiano. Bari 1951. – *P. Fedele*, I giubilei del 1300 e del 1350. Torino-Milano 1934, in: Gli anni santi. – *P. Fedele*, I Giubilei del 1300 e del 1350, estr. da Gli anni santi, a cura dell' Istituto di studi romani, in: Roma XI (1933). – *G. Digard*, Philippe le Bel et le Saint-Siège de 1285 à 1304. Paris 1936. – *H. Finke*, Zur Charakteristik Philipps des Schönen, in: MIÖG. 26 (1905) 201–224. – *R. Scholz*, Die Publizistik zur Zeit Philipps des Schönen und Bonifaz' VIII. Ein Beitrag zur Geschichte der politischen Anschauungen des Mittelalters. Stuttgart 1906. – *A. de Stefano*, Federico III d'Aragona, re di Sicilia (1296–1337). Palermo 1937. – *J. Berchtold*, Die Bulle Unam sanctam, ihre wahre Bedeutung und Tragweite für Staat und Kirche. Eine Festgabe zum Doctorjubiläum J. J. W. von Planck. München 1887. – *K. Wenck*, War Bonifaz VIII. ein Ketzer?, in: HZ. 94 (1905) 1–66. – *A. Niemeier*, Untersuchungen über die Beziehungen Albrechts I. zu Bonifaz VIII. Berlin 1900 = Hist. Stud. Ebering 19. – *F. Baethgen*, Die Promissio Albrechts I. für Bonifaz VIII., in: Aus Politik und Geschichte, Gedächtnisschr. für G. von Below. Berlin 1928, S. 75 ff. – *M. Lintzel*, Das Bündnis Albrechts I. mit Bonifaz VIII., in: HZ. 151 (1935) 457–485. – *G. Digard*, Un nouveau récit de l'attentat d'Anagni, in: Revue des questions historiques XLIII (1888) 557–561. – *E. Michael*, Die Rolle Nogarets beim Attentat auf Bonifaz VIII., in: Zeitschr. f. kathol. Theologie XVI (1892) 367–372. – *R. Holtzmann*, Wilhelm von Nogaret. Freiburg i. Br. 1898. – *W. Holtzmann*, Zum Attentat von Anagni, in: Festschr. f. A. Brackmann. Weimar 1931, S. 492–507. – *R. Fawtier*, L'attentat d'Anagni, in: Mélanges d'archéologie et d'histoire LX (1948) 153–179. – *F. Bock*, „Musciatto dei Francesi", in: DA. 6 (1943) 521–544. – *G. Marchetti-Longhi*, Il palazzo di Bonifacio VIII in Anagni, in: Arch. della R. Società rom. di storia patria XLIII (1920) 379–410. – *G. Caetani*, Domus Caietana I–II. Sancasciano Val di Pesa 1927–1933. – *F. Baethgen*, Zur Geschichte des Hauses Gaetani, in: HZ. 138 (1928) 47–58. – *G. Marchetti-Longhi*, I Caetani. Roma 1942. – *F. Baethgen*, Quellen und Untersuchungen zur Geschichte der päpstlichen Hof- und Finanzverwaltung unter Bonifaz VIII., in: QFIAB. 20 (1928/29) 114–237 und 24 (1932/33) 124–149. – *G. Falco*, Sulla formazione e la costituzione della signoria dei Caetani (1283–1303), in: Rivista storica italiana XLV (1928) 225–278. – *G. Ciacci*, Gli Aldobrandeschi nella storia e nella „Divina Commedia". Roma 1935, in: Biblioteca storica di fonti e documenti, vol. 1, 1. 2. – *P. Funke*, Papst Benedikt XI. Eine Monographie. Münster 1891 = Kirchengesch. Stud. I, 1. – *A. Haag*, Matteo Rosso Orsini, Kardinaldiakon von S. Maria in Porticu. Diss. Freiburg 1912. – *R. Morghen*, Il cardinale Matteo Rosso Orsini e la politica papale nel secolo XIII., in: Arch. della R. Società rom. di storia patria 46 (1922) 271–372. – *A. Corvi*, Il processo di Bonifazio VIII. Studio critico. Roma 1948. – *G. Digard*, Le domaine des Gaetani au tombeau de Cecilia Metella, in: Mélanges G. B. de Rossi. Paris 1892, S. 281–290.

Nachtrag: *W. Ullmann*, Die Bulle Unam sanctam: Rückblick und Ausblick. In: Röm. Hist. Mitteil. 16 (1974) 45–77.

Siebentes Kapitel: *St. Kuttner*, Zur Frage der theologischen Vorlagen Gratians, in: ZRG. KA. XXIII (1934) 243–268. – *F. Valls Taberner*, San Ramon de Penyafort. Barcelona 1936. – *St. Kuttner*, Repertorium der Kanonistik (1140–1234). Città del Vaticano 1937. [§ 31: Die Schriften des hl. Raymund von Penyafort]. – *St. Kuttner*, Zur Entstehungsgeschichte der Summa de casibus poenitentiae des hl. Raymund von Penyafort, in: ZRG. KA. 39 (1953) 419–434. – *C. Re*, Statuti della città di Roma, in: Biblioteca dell' Accademia storico-giuridica, I = Studi e documenti di storia e diritto. Roma 1880. – *G. Levi*, Ricerche intorno agli statuti di Roma, in: Arch. della R. Società rom. di storia patria VII (1894) 463 ff. – *R. Valentini*, Lo studium urbis durante il secolo XIV, in: Arch. d. R. Deput. rom. 67 (1944) 371–389. – *W. Lenel*, Giovanni Villani und die Schlacht bei Montaperti, in: Miscellanea di studi storici, in onore di Camillo Manfroni. Padova 1925, S. 298–316. – *E. Mehl*, Die Weltanschauung des Giovanni Villani. Ein Beitr. z. Geistesgesch. Italiens im Zeitalter Dantes. Leipzig 1927 = Beitr. z. Kulturgesch. d. Mittelalt. und der Renaissance, Bd. 33. – *F. Ehrle*, Die Frangipani und der Untergang des Archivs und der Bibliothek der Päpste am Anfang d. 13. Jahrh., in: Mélanges offerts à Emile Chatelain. Paris 1910, S. 448 ff. – *A. Dyroff*, Aegidius Colonna? Aegidius conigiatus?, in: Philosoph. Jahrb. d. Görresges. XXXVIII (1925) 18–25. – *W. Berges*, Die Fürstenspiegel des hohen und späten Mittelalters. Leipzig 1938. ²1952, S. 211–228 [= Über Aegidius Romanus]. – *J.S. Makaay*, Der Traktat des Aegidius Romanus über die Einzigkeit der substantiellen Form. Würzburg 1924. – *St. Bross*, Gilles de Rome et son traité du „De ecclesiastica potestate". Paris 1930. – *P. Vogel*, Nikolaus von Calvi [= de Carbio] und seine Lebensbeschreibung des Papstes Innocenz IV., mit besonderer Berücksichtigung der Friedensverhandlungen zw. Papst Innocenz IV. und Kaiser Friedrich II. i. d. Jahren 1243/44. Münster 1939 = Münster. Beitr. z. Geschichts-Forsch. III. Folge, 21. – *M. Fuiano*, Saba Malaspina, in: Annali della facoltà di lettere e filosofia dell' Università di Napoli I (1951) 1–31. – *R. Sternfeld*, [Einige Bemerkungen zur Geschichtsschreibung d. Saba Malaspina], in: MIÖG. 31 (1910) 45–53. – *J. Hösl*, Kardinal Jacobus Gaietani Stefaneschi. Ein Beitrag zur Literatur- und Kirchengesch. des beginnenden 14. Jahrhunderts. Berlin 1908 = Hist. Stud. Ebering 61. – *A. Frugoni*, La figura e l'opera del card. J. Stefaneschi, in: Rendiconti Accad. Lincei, Cl. Sci. mor. 1950. – *M. Tangl*, Zur Baugeschichte des Vatikans, in: MIÖG. X (1889) 428–442. – *P. Fabre*, Les offrandes dans la basilique du Vaticane en 1285, in: Mélanges d'archéologie et d'histoire XIV (1894) 225–240. – *Cl. Sommer*, Zur römischen Baugeschichte unter dem Pontifikate Papst Bonifaz VIII., in: Röm. Quartalschr. XXXI (1923) 41–54. – *A. Muñoz*, S. Pietro in Vaticano. Roma [1924] = Le chiese di Roma illustrate, n. 5. – *S. Ortolani*, S. Giovanni in Laterano. Roma

[1925] = Le chiese di Roma illustrate, n. 13. – *H. Grisar*, Die römische Kapelle Sancta Sanctorum und ihr Schatz. Freiburg i. Br. 1908. – *G. da Bra*, Guida storico-artistica della Basilica di S. Lorenzo fuori le Mura. Roma 1931. – *P. J. Taurisano*, Santa Sabina. Roma [1925] = Le chiese di Roma illustrata, n. 11. – *F. Reh*, Kardinal Peter Capocci. Berlin 1933. – *H. Keller*, Der Bildhauer Arnolfo di Cambio und seine Werkstatt, in: Jahrb. d. Preuß. Kunstsamml. 1934, S. 205–228; 1935, S. 22–43. – *G. Giovannoni*, I Cosmati, in: Arch. della R. Società rom. di storia patria XXXVII (1914) 41 ff. – *A. Colasanti*, S. Maria in Aracoeli. Roma [1923] = Le chiese di Roma illustrate, n. 2. – *F. Filippini*, La tomba del cardinale Matteo Orsini, nella chiesa della Minerva in Roma, in: Bollettino d'arte 1927/28, S. 84 ff. – *A. Bartolini*, La tomba del beato Innocenzo V in Laterano, in: Giornale arcadico, ser. III, vol. II (1899) p. 253–61; 399–401. – *A. J. P. Whitbrooke*, Intorno a una tomba del Duecento, in: Roma V (1927). – *E. Langlotz*, Das Porträt Friedrichs II. vom Brückentor in Capua, in: Beiträge f. G. Swarzenski. Berlin 1951, S. 45–50. – *C. A. Willemsen*, Kaiser Friedrichs II. Triumphtor zu Capua. Ein Denkmal hohenstaufischer Kunst in Süditalien. Wiesbaden 1953. – *Cl. Sommer*, Die Anklage der Idolatri gegen Papst Bonifaz VIII. und seine Porträtstatuen. Freiburg i. Br. 1920. – *G. Poggi*, Il monumento di Bonifacio VIII in S. Pietro, in: Rivista d'Arte 1905, S. 187 ff. – *J. Garber*, Wirkungen der frühchristlichen Gemäldecyklen der alten Peters und Pauls Basiliken in Rom. Berlin 1918. – *J. Strzygowski*, Cimabue und Rom. Wien 1888. – *M. Soldati*, Nota su Jacopo Torriti, in: L'Arte 1928, S. 247 ff. – *M. Alpatoff*, Die Entstehung des Mosaiks von Jakobus Torriti in Santa Maria Maggiore in Rom, in: Jahrb. f. Kunstwiss. II (1924) 1–19. – *W. Paeseler*, Die römische Weltgerichtstafel im Vatikan, in: Jahrb. d. Bibl. Hertziana 1938, S. 311 ff. – *A. v. Reumont*, Rom in Dantes Zeit, in: Jahrb. d. dt. Dante-Ges. III (1871) 369–422. – *A. Muñoz*, Roma al tempo di Dante. Milano 1921. – *P. Arcari*, La Roma di Dante. Milano 1944 = Studi su Dante. – *W. Körte*, Die „Navicella" des Giotto, in: Festschr. f. W. Pinder. Leipzig 1938, S. 223 ff. – *W. Paeseler*, Giottos Navicella und ihr spätantikes Vorbild, in: Röm. Jahrb. f. Kunstgesch. 1941, S. 49 ff. – *A. Serafini*, Torri campanarie di Roma e del Lazio nel Medioevo. Roma 1927. – *L. de Gregori*, La torre degli Anguillara. Roma 1928.

ELFTES BUCH

Politische Geschichte: *L. Simeoni*, Le Signorie (1313–1559). 2 Bde. Milano 1950 = Storia politica d'Italia dalle origini ai giorni nostri. Dazu: *H. Baron*, in: HZ. 174 (1952) 31. – *N. Valeri*, L'Italia nell' Età dei Principati dal 1343 al 1516. Verona 1950 = Storia d'Italia. – *G. Peyronnet*, Les relations politiques entre la France et l'Italie principalement au XIVe et dans la première moitié du XVe siècles, in: Moyen Age 55 (1949) 301–342. – *F. Bock*, Kaisertum, Kurie und Nationalstaat im Beginn des 14. Jahrhunderts, in: Röm. Quartalschr. XLIV (1936) 105–122; 169–220. – *H. Otto*, Die Eide und Privilegien Heinrichs VII. und Karls IV. Mit ungedruckten Aktenstücken, in: QFIAB. 9 (1906) 316–378. – *E. Kraack*,

Rom oder Avignon? Die röm. Frage unter den Päpsten Clemens V. und Johann XXII. Marburg 1929. – *E. E. Stengel*, Avignon und Rhens. Forschungen zur Gesch. des Kampfes um das Recht am Reich i. d. ersten Hälfte des 14. Jahrh. Weimar 1930 = Quellen u. Stud. z. Verf.-Gesch. des Dt. Reiches VI, 1. – *Th. E. Mommsen*, Italienische Analekten zur Reichsgeschichte des XIV. Jahrhunderts (1310–1378). Stuttgart 1952 = Schriften der Mon. Germ. hist. XI. – *A. S. Atiya*, The crusade in the later middle ages. London 1938.

V. Samanek, Der Marschall des Kaisers im nachstaufischen Reichsitalien, in: QFIAB. 14 (1911) 38–67 u. 443. – *K. H. Schäfer*, Deutsche Ritter und Edelknechte in Italien während des 14. Jahrhunderts. I: Im päpstlichen Dienste. Darstellung. II: Soldlisten und Urkunden. Paderborn 1911 = Quell. u. Forsch. aus d. Gebiete d. Gesch. Bd. XV, 1 u. 2. – *K. H. Schäfer*, Deutsche Ritter und Edelknechte in Italien. III: Im kaiserlichen und gibellinischen Dienste zu Pisa und Lucca. Darstellungen und Urkunden. Paderborn 1914 = w. o. Bd. 16. – *K. H. Schäfer*, Deutsche Ritter und Edelknechte in Italien. IV: Vorwiegend im guelfischen Kriegsdienst von Bologna, Florenz, Genua, Neapel, Perugia, Siena u. a. Paderborn 1940 = w. o. Bd. 25.

Kirchen- und Papstgeschichte: *L. Pastor*, Geschichte der Päpste im Zeitalter der Renaissance bis zur Wahl Pius' II. Freiburg [10] 1931 = Geschichte der Päpste seit dem Ausgang des Mittelalters. I. Bd. [Darin: Die Päpste in Avignon 1305–1376]. – *G. Mollat*, Les papes d'Avignon (1305–1378). Paris [9] 1950. – *G. Monticelli*, Chiesa e Italia durante il Pontificato Avignonese (1308–78). Milano 1937. – *E. Duprè Theseider*, I papi di Avignone e la questione romana. Firenze 1939. – *R. Brun*, Avignon au temps des papes. Les Monuments. Les Artistes. La Société. Paris 1928. – *J. B. Sägmüller*, Der Verfall des kirchlichen Lebens im Kapitel von S. Peter in Rom i. d. ersten Hälfte des 14. Jahrhunderts, in: Hist. Jahrb. XXVII (1906) 598–603. – *H. Hofmann*, Kardinalat und kuriale Politik i. d. ersten Hälfte des 14. Jahrhunderts. Diss. Leipzig 1935. – *J. Lulvès*, Päpstliche Wahlkapitulationen. Ein Beitrag zur Entwicklungsgeschichte des Kardinalats, in: QFIAB. 12 (1909) 212–235. – *G. Mollat*, Contribution à l'histoire du Sacré Collège de Clément V à Eugène IV., in: Rev. d'hist. ecclés. 46 (1951) 22–112. – *G. Mollat*, Contribution à l'histoire de la Chambre Apostolique au XIVe siècle, in: Rev. d'hist. ecclés. 45 (1950) 82–94. – *K. H. Schäfer*, Die Ausgaben der apostolischen Kammer unter Benedikt XII., Klemens VI. und Innocenz VI. (1335–1362). Paderborn 1914 = Vatikan. Quell. z. Gesch. d. päpstl. Hof- und Finanzverwaltung 3. – *G. Tellenbach*, Beiträge zur kurialen Verwaltungsgesch. im 14. Jahrh., in: QFIAB. 24 (1932/33) 150–187. – *M. Antonelli*, Nuove ricerche per la storia del Patrimonio dal 1314 al 1341, in: Arch. della Deputaz. rom. di storia patria LVIII (1935) 119–151.

F. Bertolini, Roma e il papato nel secolo XIV., in: La vita italiana nel Trecento. Milano 1908.

J. Haller, Papsttum und Kirchenreform. Vier Kapitel zur Geschichte des ausgehenden Mittelalters. Bd. I. Berlin 1903. – *J. Hashagen*, Staat und Kirche vor der Reformation. Eine Untersuchung der vorreformatorischen Bedeutung des Laieneinflusses in der Kirche. Essen 1931.

Kunstgeschichte: *P. Toesca*, Storia dell' arte italiana. II: Il Trecento. Torino

1951. – *L. Filippini*, Scultura del Trecento in Roma. Torino 1908. – *W. Scheffler*, Die Porträts der deutschen Kaiser und Könige im späten Mittelalter von Adolf von Nassau bis Maximilian I. (1292–1519), in: Repert. f. Kunstwiss. 33 (1910) 222 bis 232; 318–338; 424–442; 509–524.

Dante Alighieri: *M. Barbi*, Dante, Leben, Werk und Wirkung. Übers. v. Georg Engelhardt, Regensburg 1943. – *F. Schneider*, Dante. Eine Einführung in sein Leben und sein Werk. 3. erneut vermehrte Aufl. Weimar 1944. – *A. Vezin*, Dante. Seine Welt und Zeit. Sein Leben und sein Werk. Dülmen in W. 1949. – *H. Gmelin*, Dantes Weltbild. Leipzig 1940; Urach ² 1948. – *K. Voßler*, Die Göttliche Komödie. Entwicklungsgeschichte und Erklärung. 2 Bde. Heidelberg ² 1925. – *G. Ledig*, Dantes Göttliche Komödie, in den einzelnen Gesängen aus mittelalterlichem Denken erläutert. Jena 1943 = Beitr. z. mittelalt., neuer. und allg. Gesch. 23. – *R. Glasser*, Die Zeit der Göttlichen Komödie, in: Die Welt als Geschichte 9 (1943) 13–24. – *E. R. Curtius*, Dante und das lateinische Mittelalter, in: Rom. Forsch. 57 (1943) 153–185. – *H. Leisegang*, Dante und das christliche Weltbild. Weimar 1941 = Schriften d. dt. Dantegesellschaft 6. – *O. Herding*, Dante und das Abendland, in: Studium Generale 6 (1953) 138–144. – *W. Goetz*, Das Dantebildnis. Weimar 1937.

Nachtrag: *F. Baethgen*, Dante und Petrus de Vinea. München 1955 = Sitz.-Berr. München, Phil.-hist. Kl. 1955, 3. – *K. Reindel*, Petrus Damiani bei Dante. In: Deutsches Dante-Jahrb. 34/35 (1957) 153–176. – *H. Grundmann, O. Herding, H. C. Peyer*, Dante und die Mächtigen seiner Zeit. München 1960. – *H. Löwe*, Dante und die Staufer. In: Speculum historiale. Geschichte im Spiegel von Geschichtsschreibung und Geschichtsdeutung. Hg. v. Cl. Bauer, L. Boehm, M. Müller. Freiburg-München 1965, S. 316–333. – *H. Rheinfelder* (1898–1971), Dante-Studien. Hg. v. Marcella Roddewig. Köln-Wien 1975. – *J. Deér*, Dante in seiner Zeit. In: Ders., Byzanz und das abendl. Herrschertum. Sigmaringen 1977 = Vorträge u. Forschungen, Bd. XXI.

Elftes Buch: Einzelfragen

Erstes Kapitel: Dantes Monarchie, übersetzt von C. Sauter. Freiburg i. Br. 1913. – *Dante*, Monarchia. Übers. von W. v. d. Steinen. München 1923. – *H. Wieruszowski*, Der Reichsgedanke bei Dante, in: Deutsches Dante-Jahrb. 14 (1932) 185 bis 209. – *M. Seidlmayer*, Dantes Reichs- und Staatsidee. Heidelberg 1952. – *E. Jordan*, Dante et la theorie romaine de l'Empire, in: Nouvelle revue historique du droit français et étranger XLV (1921); I (1922). – *B. Opalka*, Dante und die politischen Mächte seiner Zeit. Untersuch. zur Monarchia. Berlin 1937 = Roman. Studien 43. – *F. Schneider*, Kaiser Heinrich VII. Greiz und Leipzig 1924. – *F. Schneider*, Kaiser Heinrich VII. Dantes Kaiser. Stuttgart und Berlin 1940. – *A. Eitel*, Der Kirchenstaat unter Klemens V. Berlin-Leipzig 1907. – *W. Goetz*, König Robert von Neapel (1309–1343). Seine Persönlichkeit und Verhältnis zum Humanismus. Tübingen 1910. – *R. Caggese*, Roberto d'Angiò e i suoi tempi. 2 Bde. Firenze 1922–35. – *G. Cencetti*, Giovanni da Ignano „capitaneus populi et urbis Romae", in: Arch. della Società rom. di storia patria LXIII (1940) 145–171. – *A. Vezin*, Dante. Seine Welt und seine Zeit. Sein Leben und sein Werk. Dülmen

i. W. 1949, S. 309 ff., 412 ff. [Über Dantes „Veltro"]. - *L. Olschki*, The Myth of Felt. Berkeley und Los Angeles 1949. - *G. Soranzo*, L'idea imperiale nella Curia romana ai tempi di Dante, in: Atti III Congresso di Studi rom. 1935. - *H. E. Feine*, Die Approbation der Luxemburgischen Kaiser in ihren Rechtsformen an der Kurie, in: ZRG. KA. 27 (1938) 364–397. - *P. S. Leicht*, Lodovico di Savoia, in: Roma XIX (1941). - *A. de Gerbaix de Sonnaz*, Luigi, Lodovico o Louis di Savoia sire di Vaud, senatore di Roma (1310–1312), in: Atto Congresso intern. di Scienze stor. vol. III, sezione II. Roma 1906. - *C. Fraschetti*, Luigi di Savoia senatore di Roma. Roma 1902. - *G. Falco*, La deposizione di Luigi di Savoia, senatore di Roma, in: Arch. della R. Società rom. di storia patria XXXIV (1911) 465 ff. - *K. Wenck*, Clemens V. und Heinrich VII. Halle 1882. - *A. de Gerbaix de Sonnaz*, Amé de Savoie et les savoyards à l'expédition de l'empereur Henri VII de Lausanne à Rome 1308–1313. Thonon-les-Bains 1903. - *V. Samanek*, Zur Beurteilung der Herrschaftsverhältnisse Kaiser Heinrichs VII. in Italien, in: HV. 12 (1909) 77–91. - *G. Caro*, Zur Signorie Heinrichs VII. in Genua, in: HV. 11 (1908) 226 bis 231. - *O. Felsberg*, Beiträge zur Gesch. d. Römerzuges Heinrichs VII.: 1. Innere und Finanzpolitik Heinrichs VII. in Italien. Diss. Freiburg 1886. - *F. Prowe*, Die Finanzverwaltung am Hofe Heinrichs VII. während des Römerzuges. Diss. Berlin 1888. - *H. Breßlau*, Die erste Sendung des Dominikaners Nikolaus von Ligny, später Bischofs von Butrinto, an den päpstl. Hof und die Promissionsurkunden Heinrichs VII. von Hagenau und Lausanne, in: Papsttum u. Kaisertum, Festschr. f. P. Kehr. München 1926, S. 549–560. - *F. Theile*, Nikolaus von Prato, Kardinalbischof von Ostia (1303–1321). Diss. Marburg 1913. - *H. Ströbele*, Nicolaus von Prato, Kardinalbischof von Ostia und Velletri. Diss. Freiburg 1914.

Nachtrag: *K. Gräfe*, Die Persönlichkeit Kaiser Heinrichs VII. Leipzig 1921. - *W. M. Bowsky*, Henry VII in Italy. Lincoln 1960.

Zweites Kapitel: *E. Haberkern*, Der Kampf um Sizilien in den Jahren 1302 bis 1337. Berlin 1921 (Diss. Freiburg i. Br.). - *M. Thilo*, Das Recht der Entscheidung über Krieg und Frieden im Streite Kaiser Heinrichs VII. mit der römischen Kurie. Berlin 1938 = Hist. Stud. Ebering 343. - *P. Browe*, Die angebliche Vergiftung Kaiser Heinrichs VII., in: Hist. Jahrb. 49 (1929) 479–488. - *H. Finke*, Papsttum und Untergang des Templerordens. Münster 1907 = Vorreform. Forsch. 4. - *J. Hösl*, Dantes Brief an die italienischen Kardinäle, in: Festgabe f. H. Grauert. Freiburg i. Br. 1910, S. 70–90. - *C. A. Willemsen*, Kardinal Napoleon Orsini (1263 bis 1342). Berlin 1927 = Hist. Stud. Ebering 72. - *J. Asal*, Die Wahl Johanns XXII. Diss. Freiburg 1909. - *A. Maier*, Annotazioni autografe di Giovanni XXII in codici Vaticani, in: Riv. di storia della chiesa in Italia 6 (1952) 317–332. - *G. Frotscher*, Die Anschauungen von Papst Johann XXII. (1316–1334) über Kirche und Staat. Ein Beitrag zur Geschichte des Papsttums. Jena 1933. - *H. Otto*, Zur italienischen Politik Johanns XXII., in: QFIAB. 14 (1911) 140–265. - *F. Bock*, Roma al tempo di Roberto d'Angiò, in: Arch. della R. Deput. rom. di storia patria 65 (1942).

Drittes Kapitel: *H. Schrohe*, Der Kampf der Gegenkönige Ludwig und Friedrich um das Reich. Berlin 1902 = Hist. Stud. Ebering 29. - *B. Aistermann*, Beiträge zum Konflikt Johanns XXII. mit dem deutschen Königtum. Diss. Freiburg 1909.

– *G. Tabacco*, La politica italiana di Federico il Bello, re dei Romani, in: Arch. Stor. Ital. 108 (1950) 3–77. – *W. Erben*, Die Schlacht bei Mühldorf 28. September 1322 hist.-geogr. und rechtsgeschichtl. untersucht. Graz 1923 = Veröffentl. d. Hist. Sem. Heft 1. – *F. Bock*, Die Appellationsschriften König Ludwigs IV. in den Jahren 1323/24, in: DA. 4 (1941) 178–205. – *C. Müller*, Der Kampf Ludwig des Baiern mit der röm. Curie. 2 Bde. Tübingen 1879/80. – *R. Möller*, Ludwig der Bayer und die Kurie im Kampf um das Reich. Berlin 1914 = Hist. Stud. Ebering 116. – *K. Balthasar*, Geschichte des Armutsstreites im Franziskanerorden bis zum Konzil von Vienne. Münster 1911 = Vorreform. Forsch. VI. – *O. Bornhak*, Staatskirchliche Anschauungen und Handlungen am Hofe Ludwigs des Bayern. Weimar 1933 = Quell. u. Stud. z. Verf.-Gesch. d. Dt. Reiches in Mittelalt. und Neuz. Bd. 7, H. 1. – *A. Gewirth*, Marsilius of Padua, the defendor of peace. Vol. 1. New York 1951. – *G. de Lagarde*, La naissance de l'esprit laïque au déclin du moyenâge. II: Marsile de Padoue ou le premier théoricien de l'état laïque. St. Paul-Trois Châteaux 1934. – *J. Haller*, Zur Lebensgeschichte des Marsilius von Padua, in: ZKiG. 48 (1929) 166–197. Auch in: Ders., Abh. z. Gesch. d. Mittelalters. Stuttgart 1944, S. 335–368. – *R. Scholz*, Marsilius von Padua und die Idee der Demokratie, in: Zeitschr. f. Politik 1 (1908) 61–95. – *Marsilio da Padova*, Studi raccolti nel VI centenario della morte a cura dei professori A. Checchini e N. Bobbio. Padova 1942 [1–35: *R. Scholz*, Marsilius von Padua und Deutschland]. – *C. W. Previté-Orton*, Marsilius von Padua, in: Proceedings of the British Academy XXI (1935) 137–183. – *F. Battaglia*, Marsilio da Padova e la filosofia politica del medio evo. Firenze 1928 = Studi Filosofici diretti da Giovanni Gentile. Seconda Serie, IV. – *H. Köhler*, Der Kirchenbegriff bei Wilhelm von Occam. Diss. Leipzig 1937. – *R. Scholz*, Wilhelm von Ockham als politischer Denker und sein Breviloquium de principatu tyrannico. Leipzig 1944. – *A. Chroust*, Die Romfahrt Ludwigs des Bayers. 1327–1329. Gotha 1887. – *F. Winkler*, Castruccio Castracani, Herzog von Lucca. Berlin 1897. – *Th. E. Mommsen*, Castruccio e l'Impero, in: Castruccio Castracani degli Antelminelli, Atti della R. Acad. Lucchese NS. 3 (1934). – *L. Ciaccio*, Il Cardinale legato Bertrando del Poggetto in Bologna (1327–1334), in: Atti e Memorie della R. Deputaz. di Storia Patria per la Romagna, III. Ser. Vol. XXIII (1906). – *P. S. Leicht*, Le funzioni elettive del popolo romano e la dottrina di Marsilio da Padova, in: Marsilio da Padova. Studi. Padova 1942. – *G. Vittori*, Ludovico il Bavaro e Pietro del Corbaro, in: Boll. Società storia patria A. L. Antinori negli Abruzzi VI (1894). – *C. Eubel*, Der Gegenpapst Nikolaus V. und seine Hierarchie, in: Hist. Jahrb. XII (1891) 277–308. – *J. v. Pflugk-Harttung*, Die Wahl des letzten kaiserlichen Gegenpapstes (Nikolaus V. 1328), in: ZKiG. XXII (1901) 566 bis 585.

Nachtrag: *H. O. Schwöbel*, Der diplomatische Kampf zwischen Ludwig dem Bayern und der Römischen Kurie im Rahmen des kanonischen Absolutionsprozesses 1330–1346. Weimar 1968.

Viertes Kapitel: *R. Cessi*, Roma e il Patrimonio di S. Pietro in Tuscia dopo la prima spedizione del Bavaro, in: Arch. della R. Società rom. di storia patria XXXVII (1914) 57 ff. – *F. Bock*, I Processi di Giovanni XXII contra i Ghibellini delle Marche, in: Bull. dell'Istituto storico Italiano 57 (1941). – *A. Mercati*, Dall' archivio Vaticano, in: Mél. d'arch. et d'hist. 61 (1949). - *H. Otto*, Benedikt XII. als Reformator des Kirchenstaates, in: Röm. Quartalschr. XXXVI (1928) 59–110. - *K. Jacob*, Studien über Papst Benedikt XII. Berlin 1910. - *J.-B. Mahn*, Le Pape Benoit XII et les Cisterciens. Paris 1949 = Bibl. de l'École des Hautes-Études sc. hist., fasc. 295. - *H. Otto*, Zur politischen Einstellung Papst Benedikts XII., in: ZKiG. 62 (1943/44) 103–126. - *A. Mercati*, Nell' Urbe dalla fine di settembre 1337 al 21 gennaio 1338 ecc. Roma 1945.

Fünftes Kapitel: *H. W. Eppelsheimer*, Petrarca. Bonn 1926. - *P. Piur*, Petrarcas „Buch ohne Namen" und die päpstliche Kurie. Ein Beitrag zur Geistesgesch. der Frührenaissance. Halle 1925 = Dt. Viertelj.-Schr. f. Literaturwiss. u. Geistesgesch. Buchreihe Bd. 6. - *E. H. Wilkins*, The coronation of Petrarca, in: Speculum XVIII (1943) 155–197. - *C. Calcaterra*, Bologna e Roma nella mente del Petrarca, in: Convivium XIII (1941). - *R. de Mattei*, Il sentimento politico del Petrarca. Firenze 1944. - *A. v. Martin*, Petrarca u. d. Romantik d. Renaissance, in: HZ. 138 (1928) 328–344. - *A. d'Ancona*, Convenevole da Prato. Studi sulla letteratura italiana. Ancona 1884. - *G. Cerrati*, Il tetto della Basilica vaticana rifatto per opera di Benedetto XII, in: Mélanges d'archéologie et d'histoire XXXV (1915) 81–117. - *F. Bock*, Die Prokuratorien Kaiser Ludwigs IV. an Papst Benedikt XII., in: QFIAB. 25 (1933/34) 251–291. - *F. Pelster*, Die zweite Rede Markwarts von Randeck für die Aussöhnung des Papstes mit Ludwig dem Bayern, in: Hist. Jahrb. 60 (1940) 88–114. - *L. Mohler*, Die Einnahmen der Apostolischen Kammer unter Klemens VI. Paderborn 1931 = Quell. z. Gesch. d. päpstl. Hof- und Finanzverwaltg. 1316–1378. V. Bd. - *P. Piur*, Cola di Rienzo. Darstellung seines Lebens und seines Geistes. Wien 1931. - *E. Rodocanachi*, Cola di Rienzo. Histoire de Rome 1342 à 1354. Paris 1888. - *K. Burdach, P. Piur*, Vom Mittelalter zur Reformation. Forsch. z. Gesch. d. dt. Bildung. Zweiter Bd.: Briefwechsel des Cola di Rienzo. 5 Teile. Berlin 1913–1929. - *G. Hardorp*, Die politischen Ideen des Cola di Rienzo. Diss. Marburg 1922. - *K. Höhlbaum*, Der Kurverein von Rhense, in: Abh. d. Ges. d. Wiss. zu Göttingen, phil.-hist. Kl. N. F. VII (1903). - *Th. E. Mommsen*, The date of Petrarch's canzone Italia mia, in: Speculum 14 (1939) 28–37.

M. Seidlmayer, Petrarca, das Urbild des Humanisten. In: AFK. 40 (1958) 141 bis 193. - *F. Schalk* (Hrsg.), Petrarca 1304–1374. Beiträge zu Werk und Wirkung. Frankfurt 1975. - *E. Carrara*, Studi Petrarcheschi e altri scritti. Torino 1959. - *K. H. Höfele*, Rienzi. Das abenteuerliche Vorspiel der Renaissance. München 1958 = Janus-Bücher 10.

Sechstes Kapitel: *M. E. Cosenza*, Francesco Petrarca and the revolution of Cola di Rienzo. Chicago 1913. - *F. Vigener*, Karl IV., in: Meister der Politik. Bd. I (Stuttgart und Berlin 1923) S. 403–442. - *K. Hampe*, Karl IV., in: Ders., Herrschergestalten des Mittelalters. Leipzig ² 1933, S. 319–407. - *Heinz Zatschek*, Kaiser Karl IV., in: Gestalten der Vergangenheit. Potsdam/Berlin [1937] S. 172–185. - *J. Pfitzner*, Kaiser Karl IV. Potsdam 1938 = Deutsche Könige und Kaiser. Bd. 14. - *E. Maschke*, Karl IV., Wesen und Werk, in: Dt. Kultur im Leben der Völker. Mitt. d. Akad. München 15 (1940) 371–393. - *J. Susta*, Karel IV., Otec a syn 1333–46 [= Karl IV., Vater und Sohn 1333–1346]. Prag 1946. - *J. Susta*, Karel IV., Za císařskou koronou 1346–55 [= Karl IV., Im Streben nach der Kaiserkrone 1346–55].

Prag 1948. – *H. Zatschek*, Kaiser Karl IV., in: Ostdt. Wissenschaft. Jahrb. d. Ostdt. Kulturrates. Bd. I (München 1954) S. 299–310. – *Kaiser Karl IV.*, Selbstbiographie. Übers. und eingel. von O. Menzel. Berlin o. J.

Nachtrag: *R. Schneider*, Karls IV. Auffassung vom Herrscheramt. In: HZ, Beiheft 2, N. F. (1973) 122–150.

Siebentes Kapitel: Documenti ined. per il conte Werner di Homberg ed altri condottieri in Lombardia, in: Bollet. stor. della Svizzera Italiana 29. – *E. Rodocanachi*, Le premier jubilé de 1350. Paris ² 1912. – *P. Fedele*, Il giubileo del 1350, in: Roma XI (1933). – *P. Guidi*, La coronazione d'Innocenzo VI, in: Papsttum und Kaisertum. Festschr. f. P. Kehr. München 1926, S. 571–590. – *F. Filippini*, Il cardinale Egidio Albornoz. Bologna 1933. – *J. Beneyto*, El cardinal Albornoz. Madrid 1950. – *E. Werunsky*, Italienische Politik Papst Innocenz' VI. und König Karls IV. i. d. Jahren 1353–54. Wien 1878. – *G. Colombe*, Nicolas Rienzi au palais des papes d'Avignon. Le lieu de sa détention, in: Mémoires Académie Vaucluse XI (1911). – *F. Filippini*, Cola di Rienzo e la Curia Avignonese, in: Studi storici X (1901) 241–287; XI (1902) 3–35. – *M. Antonelli*, Il cardinale Albornoz e il governo di Roma nel 1354, in: Arch. della R. Società rom. di storia patria XXXIX (1916) 587 ff.

ZWÖLFTES BUCH

Politische Geschichte: *J. Calmette-E. Déprez*, L'Europe occidentale de la fin du XIVe siècle aux guerres d'Italie. Paris 1937/39 = Hist. gén. ed. G. Glotz 7. – *W. T. Waugh*, A History of Europe from 1378 to 1494. London 1932. (² 1948?) = Methuens History of medieval and modern Europe 4. – *F. Baethgen*, Schisma- und Konzilszeit. Reichsreform und Habsburgs Aufstieg, in: *B. Gebhardt*, Handb. d. dt. Gesch. Bd. 1 (Stuttgart ⁸1954), S. 505–584; (Stuttgart ⁹1970), S. 607–692.

H. Finke, Die Nation in den spätmittelalterlichen Konzilien, in: Hist. Jahrb. 57 (1937) 323–338.

Kirchengeschichte: *A. Hauck*, Kirchengeschichte Deutschlands. Bd. 5, 2. Berlin und Leipzig ⁵ 1953. – *M. Antonelli*, La dominazione pontificia nel Patrimonio negli ultimi venti anni del periodo avignonense, in: Arch. della Società rom. di storia patria XXX (1907) 269–332; XXXI (1908) 121–168. – *W. von Hofmann*, Forsch. z. Gesch. d. kurialen Behörden vom Schisma bis zur Reformation. 2 Bde. Rom 1914 = Bibl. Hist. Inst. in Rom, 12/13.

Geschichte Roms: *E. Rodocanachi*, Histoire de Rome de 1354 à 1471. L'antagonisme entre les Romains et le S. Siège. Paris 1922. – *A. Natale*, La Felice Società dei balestrieri e dei pavesati a Roma e il governo dei banderesi dal 1358 al 1408, in: Arch. della R. Società rom. di storia patria LXII (1939) 1–176. – *M. Romani*, Pellegrini e viaggiatori nell' economia di Roma dal XIV al XVII secolo. Milano 1948.

Zwölftes Buch: Einzelfragen

Erstes Kapitel: *F. Kern*, Karls IV. „Kaiserlager" vor Rom, in: Hist. Aufs. f. K. Zeumer. Weimar 1910, S. 385–395. – *M. Lintzel*, Die Entstehung des Kurfürstenkollegs. Berlin 1952 = Sitz.-Ber. Leipzig 99, 2. – *K. Zeumer*, Die Goldene

Bulle Karls IV. Weimar 1908 = Quell. u. Stud. z. Verf.-Gesch. d. Dt. Reiches in Mittelalt. u. Neuz. H. 1 u. 2. – *F. Filippini*, La riconquista dello Stato della Chiesa per opera di Egidio Albornoz (1353–1357), in: Studi storici VI (1897) 169–213; 343–378. VII (1898) 481–555. VIII (1899) 295–346; 465–499. – *A. Sautier*, Papst Urban V. und die Söldnerkompagnien in Italien. Diss. Zürich 1912. – *R. Bott*, Die Kriegszüge der Englisch-Französischen Soldkompagnien nach dem Elsaß und der Schweiz unter der Regierung Karls IV. Diss. Halle 1891. – *J. P. Kirsch*, Die Rückkehr der Päpste Urban V. und Gregor XI. von Avignon nach Rom. Paderborn 1898.

Nachtrag: *A. Erler*, Aegidius Albornoz als Gesetzgeber des Kirchenstaates. Berlin 1970.

Zweites Kapitel: *G. Pirchan*, Italien und Kaiser Karl IV. i. d. Zeit seiner zweiten Romfahrt. 2 Bde. Prag 1930. – *O. Halecki*, Un empereur byzantin à Rome. Varsovie 1931 = Travaux hist. de la Société des Sciences et Lettres. – *A. A. Vasiliev*, Il viaggio dell' imperatore bizantino Giovanno V Paleologo in Italia (1369–1371) e l'unione di Roma del 1369, in: Studi bizantini e neoellenici III (1931) 149–193. – *E. Fogelklou*, Die Heilige Birgitta von Schweden. Aus dem Schwed. übertr. von Maja Loehr. München 1929 = Aus der Welt christl. Frömmigkeit Bd. 9. – *G. Joergensen*, S. Brigida di Vadstena. Brescia 1947–48. – *M. Seidlmayer*, Ein Gehilfe der hl. Birgitta: Alfons von Jaen, in: Hist. Jahrb. 50 (1930) 1–18. – *R. Fawtier*, Ste. Cathérine de Sienne. 2 Bde. Paris 1921/30. – *E. De Sanctis-Rosmini*, Santa Caterina di Siena. Torino 1930. – *E. M. F. von Seckendorff*, Die kirchenpolitische Tätigkeit der heiligen Katharina von Siena unter Papst Gregor XI. (1371–1378). Ein Versuch zur Datierung ihrer Briefe. Diss. Freiburg i. Br. 1917. – *A. Alessandrini*, Il ritorno dei papi da Avignone e S. Caterina da Siena, in: Arch. della Società rom. di storia patria LVI-LVII (1933/34) 1–131. – *L. Mirot*, La politique pontificale et le retour du S. Siège à Rome en 1376. Paris 1899.

Drittes Kapitel: *E.-G. Léonard*, Histoire de Jeanne Ire, reine de Naples, comtesse de Provence (1343–1382). T. 1–3. Monaco 1932–1936. – *E. Duprè Theseider*, Sulla dimora romana di S. Caterina da Siena, in: Atti II Congresso Studi romani vol. II., Roma 1931, S. 151–153. – *G. Tellenbach*, Die große Spaltung der abendländischen Kirche (1378). Heidelberg 1934. – *O. Halecki*, Rome et Byzance au temps du grand schisme d'occident. Collectanea Theologica XVII (1937). – *M. Seidlmayer*, Die Anfänge des großen abendländischen Schisma. Münster 1940 = Span. Forsch. d. Görresges. Reihe II, Bd. 5. – *P. Brezzi*, Lo scisma d'Occidente come problema italiana, in: Arch. della R. Deputaz. rom. di storia patria 67 (1944). – *S. Steinherz*, Das Schisma von 1378 und die Haltung Karls IV., in: MIÖG. 21 (1900) 599/639. – *H. Weigel*, Männer um König Wenzel. Das Problem der Reichspolitik 1379–1384, in: DA. 5 (1941) 112–177. – *E. Dienemann*, Die Romfahrtfrage in Wenzels Politik. 1. Bis zum Tode Urbans VI. Diss. Halle 1910. – *M. Rothbarth*, Urban VI. und Neapel. Berlin und Leipzig 1913 = Abh. z. mittl. u. neuer. Geschichte 49. – *W. Eisenhardt*, Die Eroberung des Königreichs Neapel durch Durazzo. Diss. Halle 1896. – *H. Weigel*, König Wenzels persönliche Politik. Reich und Hausmacht 1384–1389, in: DA. 7 (1944) 133–199. – *S. Steinherz*, Dokumente z. Gesch. d. großen abendl. Schismas (1385–1395). Prag 1932 = Quell. u. Forsch. aus dem Gebiet der Gesch. 11.

Viertes Kapitel: *H. Kochendörffer*, Bonifatius IX. Diss. Berlin 1903. – *M. Jansen*, Papst Bonifatius IX. (1389–1404) und seine Beziehungen zur deutschen Kirche. Freiburg i. Br. 1903. – *M. Sauerbrey*, Die italienische Politik König Sigmunds (1400–1413). Diss. Halle 1894. – *H. Herre*, Beziehungen König Sigmunds zu Italien vom Herbst 1402 bis Herbst 1414, in: QFIAB. 4 (1902) 1–62. – *H. Heimpel*, Aus der Vorgeschichte des Königtums Ruprechts v. d. Pfalz, in: Von Land und Kultur, Festschr. R. *Kötzschke*. Leipzig 1937, S. 170–183. – *A. Eitel*, Zur Kritik der Approbationsverhandlungen Papst Bonifaz' IX. mit König Ruprecht v. d. Pfalz, in: Hist. Jahrb. 35 (1914) 59–85. – *H. F. Helmolt*, König Ruprechts Zug nach Italien. Diss. Leipzig 1892. – *E. Göller*, Kaiser Sigmunds Kirchenpolitik vom Tode Bonifaz' IX. bis 1413. Freiburg i. Br. 1902=Stud. a. d. Collegium Sapientiae. Bd. 7.

Nachtrag: *A. Esch*, Bonifaz IX. und der Kirchenstaat. Tübingen 1969 = Bibliothek des Deutschen Historischen Instituts in Rom, Bd. 29.

Fünftes Kapitel: *H. V. Sauerland*, Gregor XII. und seine Wahl bis zum Vertrag vom Marseille, in: HZ. 34 (1875) 74–120. – *P. Hemmerle*, Das religiöse und kirchenpolitische System des Nikolaus von Clemenges. Diss. Tübingen 1912. – *A. Simon*, Studien zu Nikolaus von Clemenges. Diss. Freiburg 1929. – *L. Schmitz*, Zur Geschichte des Konzils von Pisa 1409, in: Röm. Quartalschr. 9 (1895) 351–375. – *R. Kötzschke*, Ruprecht v. d. Pfalz und das Konzil zu Pisa. Diss. Jena 1889. – *O. Schiff*, König Sigmunds italienische Politik bis zur Romfahrt (1410–31). Frankfurt 1909. – *H. Blumenthal*, Johann XXIII., seine Wahl und seine Persönlichkeit, in: ZKiG. 21 (1901) 488–516. – *E. Göller*, Papst Johann XXIII. und König Sigmund im Sommer 1410, in: Röm. Quartalschr. 17 (1903) 169–180. – *J. Schwerdfeger*, Papst Johann XXIII. und die Wahl König Sigmunds zum römischen Kaiser. Wien 1898.

Sechstes Kapitel: *J. Hollnsteiner*, Das Konstanzer Konzil in der Gesch. der christlichen Kirche, in: MIÖG. Erg.-Bd. 11 (1929) 395–420. – *P. M. Baumgarten*, Concilium Constanciense, in: Hist. Jahrb. 47 (1927) 747–760. [Referat über die Acta Concilii Constanciensis, hrsg. v. *H. Finke*, Bd. III]. – *K. Zähringer*, Das Kardinalkollegium auf dem Konstanzer Konzil b. z. Absetzung Papst Johanns XXIII. Münster 1935. – *K. Gatzemeier*, Stellung und Politik der Kardinäle auf dem Konstanzer Konzil nach der Absetzung Johanns XXIII. Diss. Münster 1937.–*H. Finke*, Forsch. und Quell. z. Geschichte des Konstanzer Konzils. Paderborn 1889. – *H. Finke*, Kleinere Quellenstudien zur Geschichte des Konstanzer Konzils. [Über Theoderich Vrie], in: Hist. Jahrb. VIII (1887) 454–465. – *H. Finke*, Bilder vom Konstanzer Konzil. Heidelberg 1903 = Neujahrsbl. d. bad. hist. Komm. NS. 6. – *J. Hollnsteiner*, König Sigismund auf dem Konstanzer Konzil, in: MIÖG. 41 (1926) 185–200. – *B. Fromme*, Die Wahl Martins V., in: Röm. Quartalschr. 10 (1896) 133–161. – *M. Vischer*, Jan Hus. Sein Leben und seine Zeit. 2 Bde. Frankfurt/M. 1940. – *J. Loserth*, Huss und Wiclif. München ² 1925. – *K. B. Mc Farlane*, John Wycliffe an the Beginnings of English Nonconformity. London 1952.

Siebentes Kapitel: *G. Voigt*, Die Wiederbelebung des klassischen Altertums oder das erste Jahrhundert des Humanismus. 2 Bde. Leipzig ³1893. – *R. Valentini*, Gli istituti romani di alta cultura e la presunta crisi dello „Studium Urbis" (1370–1420), in: Arch. della Deputaz. rom. di storia patria LIX (1936) 179–243. – *F. Ehrle*, Eine Geschichte des Schatzes der Bibliothek und des Archivs der Päpste im

XIV. Jahrhundert, in: Arch. f. Lit.- u. Kirchengesch. d. Mittelalt. I (1885) 1–48; 228–364. II (1886) 690 ff. – *H. Kühn-Steinhausen*, Il cardinale Pietro Colonna e la sua biblioteca, in: Rivista di storia della Chiesa in Italia V (1951). – *K. Brandi*, Cola di Rienzo und sein Verhältnis zu Renaissance und Humanismus, in: Dt. Vierteljahrsschr. f. Lit.- u. Geistesgesch. IV (1926) 595–614. – *H. Heimpel*, Dietrich von Niem (ca. 1340–1418). Münster 1932 = Westfälische Biographien II (Veröffentl. d. Provinzialinst. f. westf. Landes- und Volkskde. XVIII, 2.). – *K. Pivec* u. *H. Heimpel*, Neue Forschungen zu Dietrich von Niem, in: Nachr. d. Akad. d. Wiss. in Göttingen 51, Heft 4. – *F. Carabellese*, Notizie storico-artistiche di Roma nella prima metà del secolo XIV., in: Arch. storico italiano, serie V, vol. XXIII (1899). – *Ph. Lauer*, Le palais de Lateran. Étude historique et archéologique. Paris 1911. – *C. Re*, Il Campidoglio e le sue adiacenze nel secolo XIV, in: Bullettino della Commissione archeologica comunale di Roma X (1882) 94–129. – *G. Ladner*, I mosaici e gli affreschi ecclesiastico-politici nell'antico palazzo Lateranense, in: Rivista Archeologia cristiana XII (1935) 265–292. – *H. Otto*, Der Altarar von St. Peter und die Wiederherstellungsarbeiten an der alten Basilika unter Johann XXII. und Benedikt XII., in: MIÖG. LI (1937) 470–490. – *H. V. Sauerland*, Die Zerstörung der Engelsburg unter Urban VI. und ihre Wiederherstellung unter Bonifaz IX., in: MIÖG. VIII (1887) 619–623. – *E. Lavagnino*, Pietro Cavallini, in: Roma III (1925) 305 ff., 337 ff., 385 ff. – *P. Fedele*, Per la biografia di Pietro Cavallini, in: Arch della R. Società rom. di storia patria XLIII (1920) 157–159 – *V. Mariani*, Una scultura di P. Cavallini? in: Roma V (1927) 541 f. – *R. Lanciani*, Il Testaccio e i prati del popolo romano, in: Bull. della Comiss. archeologica comunale di Roma XLII (1915) 241–250. – *L. Borsari*, Della distruzione di alcuni monumenti romani nel secolo XIV, in: Bull. della Commiss. archeologica comunale di Roma XXV (1897) 291–300. – *F. Gregorovius*, Das römische Passionsspiel im Mittelalter und in der Renaissance, in: Ders., Kleine Schriften zur Geschichte und Cultur. Bd. III. Leipzig 1892, S. 177–189. – *A. Marpicati*, Rom nell' opera del Petrarca, in: Roma XV (1937). – *P. Fedele*, Aspetti di Roma nel Trecento, in: Roma I (1923).

Nachtrag: *H. Diener*, Johannes Cavallini. Der Verfasser der Polistoria de virtutibus et doctibus Romanorum. In: Storiografia e storia. Studi in onore di Eugenio Duprè Theseider. Roma 1974, p. 151–173.

BAND III

DREIZEHNTES BUCH

Politische Geschichte: *K. Brandi*, Die Renaissance, in: Propyläen-Weltgesch. Bd. IV (Berlin 1932), S. 157ff. – *L. v. Muralt*, Das Zeitalter der Renaissance, in: Neue Propyläen-Weltgesch., hrsg. v. W. Andreas, Bd. III (Berlin 1941), S. 1–70. – *H. Pirenne* u. a., La Fin du moyen âge. Paris 1931. Bd. 1: La Désagrégation du monde médiéval (1285–1453); Bd. 2: L'Annonce des temps nouveaux (1453–1492). – *C. W. Prévité-Orton and Z. N. Booke*, The Cambridge Medieval History. Vol. 8: „The Close of the Middle Ages". London 1936. – *B. Schmeidler*, Das spätere Mittelalter von der Mitte des XIII. Jahrhunderts bis zur Reformation. Wien 1937 = Handb. f. d. Geschichtslehrer Bd. 4, S. 225–492. – *J. Haller*, Von den Staufern zu den Habsburgern. Auflösung des Reiches und Emporkommen der Landesstaaten (1250–1519). Berlin ² 1943. – *O. Brunner*, Kaiser und Reich im Zeitalter der Habsburger und Luxemburger. 1257–1517 (bes. S. 231–251), in: Deutsche Geschichte im Überblick, hrsg. v. P. Rassow. Stuttgart 1953, S. 210–251. – *Ch. Bémont*, Histoire de l'Europe au moyen âge (1270 bis 1493). Paris 1931. – *W. Kienast*, Die Anfänge des europäischen Staatensystems im späteren Mittelalter, in: HZ. 153 (1936) 229–271. – *E. Keyser*, Das Wesen des späten Mittelalters, in: Dt. Viertelj.-Schr. f. Lit.- u. Geistesgesch. 9 (1931) 363ff. – *B. Schmeidler*, Die Bedeutung des späteren Mittelalters für die deutsche und europäische Geschichte, in: HV. 29 (1935) 93ff. – *B. Schmeidler*, Das spätere Mittelalter als ein Zeitalter der Auflösung und der Vorbereitung, in: Welt als Geschichte 2 (1936) 349ff. – *E. Dürr*, Die Politik der Eidgenossen im 14. und 15. Jahrhundert; eidgenössische Großmachtpolitik im Zeitalter der Mailänderkriege. Bern 1933. – *D. M. Vaughan*, Europe and the Turk. A pattern of alliances 1350–1700. Liverpool 1954. – *E. R, Labande*, L'Italie de la Renaissance. Duecento – Trecento – Quattrocento. Evolution d'une société. Paris 1954. Dazu: *H. Baron*, Dekadenz im Italien des Quattrocento? In: Bibl. d'Humanisme et Renaissance, travaux et documents XVII (1955) 431–437. – *H. Baron*, A Struggle for Liberty in the Renaissance: Florence, Venice and Milan in the early Quattrocento, in: The American Historical Review 58 (1953) 265–289; 544–570. – *H. Baron*, The Crisis of the Early Italian Renaissance. Civil Humanism and Republican Liberty in an Age of Classicism and Tyranny. 2 Bde. Princeton, 1955, – *A. v. Martin*, Soziologie der Renaissance. Physiognomik und Rhythmik, eine Kultur des Bürgertums. Frankfurt ² 1949. – *W. Näf*, Staat, Gesellschaft und Wirtschaft im Zeitalter der Renaissance, in: *Ders.*, Staat und Staatsgedanke. Bern 1935, S. 47–105. – *J. Lucas-Dubreton*, La renaissance italienne, la vie et les mœrs [15 siècle]. Paris 1953. – *P. S. Leicht*, Staatsformen in der italienischen Renaissance, in: QFIAB. 30 (1940) 207–222. – *L. Simeoni*, Le signorie 1313–1599. 2 Bde. Milano 1950. – *N. Valeri*, L'Italia nell'era dei principati dal 1343 al 1516. Milano 1950. – *H. Baron*, Die politische Entwicklung der italienischen Renaissance, in: HZ. 174 (1952) 31 ff. – *C. Cipolla*, Storia delle signorie Italiane dal 1300 al 1530. Milano 1881. – *E. Salzer*, Über die Anfänge der Signorie in Oberitalien. Berlin 1900.

Nachtrag: *F. Merzbacher*, Europa im 15. Jahrhundert. In: Propyläen Weltgeschichte, hg. v. G. Mann u. A. Nitschke Bd. VI (Berlin 1964), S. 373–428.

Kirchen- und Papstgeschichte: *F. X. Seppelt*, Das Papsttum. Bd. IV: Spätmittelalter und Renaissance. Geschichte der Päpste vom Regierungsantritt Bonifaz' VIII. bis zum Tode Klemens' VII. (1294–1534). Leipzig 1941. – *M. Creighton*, A History of the Papacy during the period of the Reformation (1378 till 1557). 5 Bde. London 1882–1894. – *L. E. Binns*, The Decline and Fall of Mediaeval Papacy. London 1934. – *J. Hashagen*, Staat und Kirche vor der Reformation. Essen 1931. – *B. Gebhardt*, Die Gravamina der Deutschen Nation gegen den römischen Hof. Ein Beitrag zur Vorgeschichte der Reformation. Breslau [2] 1895. – *M. Brosch*, Geschichte des Kirchenstaates. 2 Bde. Gotha 1880–1882. – *J. Guiraud*, L'État pontifical après le grand schisme. Paris 1896. – *J. B. Sägmüller*, Die Papstwahlen und die Staaten von 1447 bis 1555 (Nikolaus V. bis Paul IV.). Eine kirchenrechtlich-historische Untersuchung über den Anfang des Rechtes der Exklusive in der Papstwahl. Tübingen 1890. – *J. Lulvès*, Päpstliche Wahlkapitulationen, in: QFIAB. XII (1909) 212–235. – *W. v. Hofmann*, Forschungen zur Geschichte der kurialen Behörden vom Schisma bis zur Reformation. Bd. I und II. Rom 1914. – *N. Del Re*, La Curia Romana, cenni storico-giuridici. Roma 1941. – *H. Hoberg*, Die Protokollbücher der Rotanotare von 1464–1517, in: ZRG. KA. 70 (1953) 177–227. – *H. Hoberg*, Die Amtsdaten der Rotarichter in den Protokollbüchern der Rotanotare von 1464–1566, in: Röm. Quartalschr. 48 (1953) 43–78. – *J. Haller*, Piero da Monte, ein Gelehrter und päpstlicher Beamter des 15. Jahrhunderts. Seine Briefsammlung. Hrsg. und erläutert. Rom 1941 = Bibliothek des Deutschen Historischen Instituts in Rom. 19. Dazu: *K. Heilig*, in: DA. 6 (1943) 572f. – *F. Merzbacher*, Wandlungen des Kirchenbegriffs im Spätmittelalter. Grundzüge der Ekklesiologie des ausgehenden 13., des 14. und 15. Jahrhunderts, in: ZRG. KA. 39 (1953) 274–361. – *N. Valois*, La crise réligieuse du XV siècle. Le pape et le concile (1418–1450). 2 Bde. Paris 1909. – *J. Guiraud*, L'Église Romaine et les origines de la Renaissance. Paris [5] 1921. – *K. Anker*, Bann und Interdikt im 14. und 15. Jahrhundert als Voraussetzung der Reformation. Diss. Tübingen 1919. – *A. Gottlob*, Aus der Camera Apostolica des 15. Jahrhunderts. Ein Beitrag zur Gesch. d. päpstl. Finanzwesens und des endenden Mittelalters. Innsbruck 1889. – *E. Hennig*, Die päpstlichen Zehnten aus Deutschland im Zeitalter des Avignonesischen Papsttums und während des großen Schismas. Beiträge z. Finanzgesch. des späteren Mittelalters. Halle 1909 (Diss. Königsberg). – *E. Vogt*, Die Besteuerung Deutschlands durch die Kurie im späten Mittelalter, in: MÖIG. 37 (1917) 362ff. – *N. Paulus*, Geschichte des Ablasses im Mittelalter, Bd. 3: Geschichte des Ablasses am Ausgang des Mittelalters. Paderborn 1923. – *E. Laslowski*, Beiträge zur Geschichte des spätmittelalterlichen Ablaßwesens. Breslau 1929 = Breslauer Stud. z. hist. Theologie Bd. 11.

Kultur- und Geistesgeschichte (Renaissance und Humanismus): *R. Stadelmann*, Vom Geist des ausgehenden Mittelalters. Halle 1929. – *K. Eder*, Deutsche Geisteswende zwischen Mittelalter und Neuzeit. Salzburg-Leipzig 1937 = Bücherei d. Salzburger Hochschulwochen Bd. VIII. – *W. Goetz*, Mittelalter und Renaissance, in: HZ. 98 (1907) 30–54. Auch in: *Ders.*, Italien im Mittelalter II (Leipzig 1942), S. 146–173. – *K. Burdach*, Vom Mittelalter zur Reformation. Berlin 1893–1926; ² 1913–1928. – *P. Joachimsen*, Vom Mittelalter zur Reformation, in: HV. 20 (1920/21) 426–470. – *E. Troeltsch*, Renaissance und Reformation, in: HZ. 110 (1913) 519–556. – *K. Burdach*, Reformation, Renaissance und Humanismus. Berlin ² 1926. – *K. Burdach*, Sinn und Ursprung der Worte Renaissance und Reformation, in: Sitz.-Ber. d. Preuß. Akad. d. Wiss., phil.-hist. Kl. 1910. – *H. S. Lucas*, Renaissance and the reformation. London 1934. – *K. Burdach*, Die seelischen und geistigen Quellen der Renaissancebewegung, in: HZ. 149 (1934) 477–521. – *J. Huizinga*, Das Problem der Renaissance, in: *Ders.*, Wege der Kulturgeschichte. München 1930, S. 89–139. Auch in: *Ders.*, Parerga. Basel 1945, S. 85–146. – *A. Buck*, Das Problem der italienischen Renaissance in der neuesten Forschung, in: Italienische Kulturberichte, hrsg. v. W. von Wartburg und Fr. Valsecchi. Bd. 2 (1937) 179–213 = Leipziger Romanistische Studien, III. Reihe. – *L. Olski*, Bildung und Wissenschaft im Zeitalter der Renaissance in Italien. Leipzig 1922. – *Fr. Olgiati*, L'anima dell' Umanesimo e del Rinascimento. Milano 1924. – *B. L. Ullmann*, Studies in the Italian Renaissance. Roma 1955. – *G. C. Sellery*, The renaissance, its nature and origins. Madison 1950. – *W. Ferguson*, The interpretation of the Renaissance: Suggestions for a Synthesis, in: Journal of the History of Ideas XII (1951) 483 ff. – *W. Ferguson*, The Renaissance in historical thought. Cambridge (Mass.) 1948. – *J. Burckhardt*, Die Kultur der Renaissance in Italien. Hrsg. v. W. Goetz. Stuttgart 1947 (Kröner Bd. 53). – *M. P. Gilmore*, The world of humanism 1453–1517. New York 1952. – *L. Geiger*, Beziehungen zwischen Deutschland und Italien zur Zeit des Humanismus, in: Z. f. dt. Kulturgesch., Neue Folge IV (1875) 104–124. – *L. Geiger*, Renaissance und Humanismus in Italien und Deutschland. Berlin 1882 = Allg. Gesch. in Einzeldarstellungen, hrsg. v. W. Oncken, II. Abt., 8. Teil. – *G. Voigt*, Die Wiederbelebung des klassischen Altertums oder das erste Jahrhundert des Humanismus. 2 Bde. Berlin ³ 1893. – *H. Ankwicz*, Neuere Literatur zur Geschichte des Humanismus und der Renaissance, in: MÖIG. 38 (1920) 509–530. – *R. Spongano*, L'Umanesimo e le sue origini, in: Giornale storico della letteratura italiana 130 (1953) 289–310. – *E. Garin*, Medioevo e Rinascimento, Studi e Ricerche. Bari 1954 = Biblioteca di Cultura Moderna, Bd. 506. – *R. Weiss*, Il primo secolo dell' Umanesimo. Roma 1949. – *V. Zabughin*, Storia del Rinascimento cristiano in Italia. Milano 1924. – *E. Walser*, Gesammelte Studien zur Geistesgeschichte der Renaissance. Basel 1932. – *H. Gmelin*, Personendarstellung bei den florentinischen Geschichtsschreibern der Renaissance. Leipzig 1927 = Beiträge z. Kulturgesch. d. Mittelalters u. d. Renaissance. Bd. 31. – *A. Buck*, Das Problem der Nationalsprache in der italienischen Geistesgeschichte, in: Z. f. dt. Geisteswiss. 4 (1942) 179–189. – *Ph. Monnier*, Le Quattrocento. 2 voll. Paris 1902. – *V. Rossi*, Il Quattrocento. Firenze 1898. – *V. Rossi*, Storia letteraria d'Italia. Il Quattrocento. Milano 1898. – *K. P. Hasse*, Die italienische Renaissance. Leipzig ² 1925. – *A. Gaspary*, Geschichte der italienischen Literatur. Bd. II, Berlin 1888. – *A. Buck*,

Italienische Dichtungslehren. Von den Anfängen bis zum Ausgang der Renaissance. Stuttgart 1944. – *E. Cassirer*, Individuum und Kosmos in der Philosophie der Renaissance. Leipzig 1927 = Stud. d. Bibl. Warburg X. – *A. Janner*, Individualismus und Religiosität in der Renaissance, in: Dt. Viertelj.-Schr. f. Literaturwiss. u. Geistesgesch. 13 (1935) 357 ff. – *H. Heß*, Die Naturanschauung der Renaissance in Italien. Marburg 1924. – *P. O. Kristeller*, Die italienischen Universitäten der Renaissance. Krefeld o. J. = Schriften und Vorträge des Petrarcainstituts Köln 1. – *V. Da Bisticci*, Vite de uomini illustri del secolo XV, a cura di P. d'Ancona e di E. Aeschlimann. Milano 1951. – *G. Saitta*, Il pensiero italiano nell'umanesimo e nel rinascimento. 3 Bde. Bologna 1949–51. – *E. Garin*, Filosofi italiani del Quattrocento. Firenze 1942. – *G. Gentile*, Studi sul Rinascimento. Il pensiero italiano del Rinascimento, in: Opere complete X, XI. Firenze 1936, 1940. – *R. Hönigswald*, Denker der italienischen Renaissance. Gestalten und Probleme. Basel 1938. – *K. Brandi*, Vier Gestalten aus der italienischen Renaissance. Dante, Cola di Rienzo, Machiavelli, Michelangelo. München 1943.

Nachtrag: *E. Garin*, Die Kultur der Renaissance. In: Propyläen Weltgeschichte, hg. v. G. Mann u. A. Nitschke Bd. VI (Berlin 1964), S. 429–534. – *G. Müller*, Bildung und Erziehung im Humanismus der italienischen Renaissance. Grundlagen – Motive – Quellen. Wiesbaden 1969.

Kunst der Renaissance: *H. Janitschek*, Die Gesellschaft der Renaissance in Italien und die Kunst. Vier Vorträge. Stuttgart 1879. – *R. Saitschick*, Menschen und Kunst der italienischen Renaissance. Berlin 1903. Ergänzungsband Berlin 1904, München [2] 1925. – *M. Wackernagel*, Der Lebensraum des Künstlers in der Florentinischen Renaissance. Leipzig o. J. [1938]. – *A. Venturi*, Storia dell'arte Italiana. Milano 1901 ff. – *M. Salmi*, L'arte italiano. vol. II.: Dall'arte del primo rinascimento ai tempi moderni. Firenze 1953. – *D'Ancona-Wittgens-Gengaro*, Storia dell'arte italiana. Vol. 1–3. Firenze 1953/54. – *M. Dvořák*, Geschichte der italienischen Kunst. 2 Bde. München 1927/28. – *G. Frizzoni*, Arte Italiana del Rinascimento. Milano 1891. – *E. Müntz*, Histoire de l'art pendant la Renaissance. I. Italie. 3 voll. Paris 1889–1895. – *W. Paatz*, Die Kunst der Renaissance in Italien. Stuttgart 1953. [2] 1954 = Urban-Bücher. – *L. Bruhns*, Die italienische Renaissance. Hamburg 1955 = Gesch. d. Kunst Bd. III. – *W. Bode*, Die Kunst der Frührenaissance in Italien. Berlin 1923. – *E. Müntz*, Les arts à la cour des papes pendant le 15 et 16 siècle. Bd. I–III. Paris 1878–1882. – *G. Weise*, Renaissance und Antike. Tübingen 1953. – *H. Hettner*, Italienische Studien. Zur Geschichte der Renaissance. Braunschweig 1879. – *C. F. v. Rumohr*, Italienische Forschungen. Hrsg. v. J. Schlosser. Frankfurt 1920. – *A. Haseloff*, Begriff und Wesen der Renaissancekunst, in: Mitt. d. Kunsthist. Inst. in Florenz III (1931) 373 ff. – *W. Paatz*, Renaissance oder Renovatio? Ein Problem der Begriffsbildung in der Kunstgeschichte des Mittelalters, in: Beitr. z. Kunst des Mittelalters. Vorträge d. 1. dt. Kunsthistorikertagung auf Schloß Brühl 1948. Berlin 1950, S. 16 ff. – *H. Wölfflin*, Die klassische Kunst. Eine Einführung in die italienische Renaissance. München [7] 1924 (bearb. von K. Escher). – *H. Wölfflin*, Die Kunst der Renaissance in Italien und das deutsche Formgefühl. München 1931. – *J. Burckhardt*, Geschichte der Renaissance in Italien. 3. Aufl. hrsg. v. H. Holtzinger. Leipzig 1891. – *J. Durm*, Die Baukunst der Renaissance in Italien. Darmstadt 1890 bis 1906, Stuttgart ² 1904–1911 = Handb. d. Architektur 2, 5. – *H. Willich* und *P. Zucker*, Die Baukunst der Renaissance in Italien, in: Handb. f. Kunstwiss. o. J. [1914ff.]. – *W. J. Anderson*, The Architecture of the Renaissance in Italy. London ⁵ 1927. – *R. Wittkower*, Architectural principles in the age of Humanism. London 1949. – *R. von Marle*, The development of the Italian schools of painting. 19 Bde. Den Haag 1923–1938. – *B. Berenson*, The Italian Painters of the Renaissance. 4 Bde. New York/London 1894ff. – *B. Berenson*, De italienischen Maler der Renaissance. Zürich 1952. – *E. v. d. Bercken*, Die Malerei der Früh- und Hochrenaissance in Oberitalien. Wildpark-Potsdam 1927 = Handb. d. Kunstwiss. – *K. Escher*, Die Malerei des 14. bis 16. Jahrhunderts in Mittel- und Unteritalien. Berlin-Neubabelsberg 1922 = Handb. d. Kunstwiss. – *H. Voß*, Die Malerei der Spätrenaissance in Rom und Florenz. 2 Bde. Berlin 1920. – *W. Bode*, Die italienische Plastik. Berlin ² 1893. – *J. Schmeißer*, Spätgotik und spätgotischer Barock im Gewandstil der italienischen Kunst des Quattrocento. Tübingen 1953 = Tüb. Forsch. d. Kunstgesch. H. 2. – *L. Planiscig*, Venezianische Bildhauer der Renaissance. Wien 1921.

Geschichte Roms: Bollettino sistematico di bibliografia romana, edito dal R. Istituto di Studi Romani, serie II, vol. I, Roma 1939. – *R. Garnett*, Rome and the temporal power, in: The Cambridge Modern History, planned by the late Lord Acton, edited by A. W. Ward, G. W. Prothero, Stanley Leathes. Vol. I: The Renaissance. Cambridge ⁴ 1907, p. 219–252. – *E. Rodocanachi*, Histoire de Rome de 1354 à 1471. Paris 1922. – *R. Rodocanachi*, Histoire de Rome. Une cour princière au Vatican pendant la Renaissance. Sixte IV – Innocent VIII – Alexandre VI (1471–1503). Paris 1925. – *U. Boncompagni-Ludovisi*, Roma nel Rinascimento. Vol. 1–4. Roma 1928/29 = Biblioteca romana di storia ed arte, vol. 1. 2. – *P. Paschini*, Roma nel Rinascimento. Bologna 1940 = Storia di Roma, vol. XII. – *G. Pardi*, La popolazione del distretto di Roma sui primordi del Quattrocento, in: Arch. della Società rom. di storia patria XLIX (1926) 331 ff. – *Andrea da Mosto*, Ordinamenti militari delle soldatesche dello stato romano da 1430 al 1470, in: QFIAB. V (1903) 19–34. – *A. da Mosto*, Ordinamenti militari delle soldatesche dello stato romano nel secolo XVI, in: QFIAB. VI (1904) 72–133. – *E. Rodocanachi*, Le Saint-Siège et les juifs. Le ghetto à Rom. Paris 1891. – *H. Vogelstein* und *P. Rieger*, Geschichte der Juden in Rom. 2. Bde. Berlin 1895. – *A. Berliner*, Geschichte der Juden in Rom von den ältesten Zeiten bis zur Gegenwart. 2 Bde. Frankfurt a. M. 1893.

Römische Kunst und römische Bauten: E. Steinmann, Rom in der Renaissance. Leipzig ² 1902. – *F. Hermanin*, Die Stadt Rom im 15. und 16. Jahrhundert. Leipzig 1911. – *L. Pastor*, Die Stadt Rom zu Ende der Renaissance. Freiburg 1916. ⁴⁻⁶ 1925. – *L. v. Matt*, Rom. Ein Standardwerk in zwei Bänden. Zürich 1950. – *J. M. Wiesel*, Rom, die ewige Stadt. Stuttgart 1954. – *L. Càllari*, Le ville di Roma. Roma ² 1943. – *C. Cecchelli*, Studi e documenti sulla Roma Sacra. Roma 1938. – *E. Müntz*, Les antiquités de la ville de Rome au XIVe, XVe, XVIe siècles. Paris 1886. – *R. Lanciani*, Storia degli scavi di Roma. Roma 1902. – *L. Càllari*, I Palazzi di Roma e le case d'importanza storica e artistica. 2 editione a cura di U. Sofia Moretti. Roma 1934. - *P. Romano*, Ponte. 2 voll. Roma 1941. - *F. Tomassetti*, Torri di Roma, in: „Capitolium" I (1925/26) 266ff. - *E. Amadei*, Le torri di Roma. Roma 1932. - *E. Amadei*, Roma turrita. Roma 1943. - *P. Pecchiai*, Acquedotti e fontane di Roma nel Cinquecento. Roma 1944. - *G. B. de Rossi*, Mosaici cristiani di Roma. Roma 1899.

Dreizehntes Buch: Einzelfragen

Erstes Kapitel: *F. Baix*, La Chambre apostolique et les „libri annatarum" de Martin V., 1417-1431. P. 1. Bruxelles 1947. - *F. Alessio*, Storia di S. Bernardino da Siena e del suo tempo. Mondovi 1899. - *R. Lanciani*, Il patrimonio della famiglia Colonna al tempo di Martino V. (1417-1431), in: Arch. della Società rom. di storia patria XX (1897) 369ff. - *E. König*, Kardinal Giordano Orsini. Freiburg i. Br. 1906. - *L. Bignami*, Francesco Sforza (1401-1466). Milano 1937. - *K. A. Fink*, Martin V. und Aragon. Berlin 1938 = Eberings Hist. Stud., H. 340. - *K. A. Fink*, Martin V. und Bologna (1428-1429), in: QFIAB. XXIII (1931/32) 182-217. - *K. A. Fink*, Papsttum und Kirchenreform nach dem Großen Schisma, in: Theol. Quartalschr. 126 (1946) 110-122. - *M. Morpurgo-Castelnuovo*, Il cardinal Domenico Capranica, in: Arch. della Società rom. di storia patria LII (1929) 1 ff. con nota di R. Valentini p. 143 ff. - *F. Ph. Abert*, Papst Eugen IV. Mainz 1884. - *L. Fumi*, I Colonna contro Roma e papa Eugenio IV nel 1431, in: Bulletino della Società Umbra di Storia Patria I (1895), p. 611 ff. - *P. Lazarus*, Das Basler Konzil. Seine Berufung und Leitung, seine Gliederung und seine Behördenorganisation. Berlin 1912 = Eberings Hist. Stud. H. 100. - *J. Haller*, Concilium Basiliense. 4 Bde. Basel 1896-1903. - *P. Roth*, Das Basler Konzil. Bern 1931. - *E. Bursche*, Die Reformarbeiten des Basler Konzils. Eine kirchengeschichtliche Untersuchung. Diss. Basel 1921. - *R. Zwölfer*, Die Reform der Kirchenverfassung auf dem Konzil zu Basel in: Basler Zeitschr. f. Gesch. u. Altertumskde. 28 (1929) 141-247; 29 (1930) 1-58. - *H. Herre*, Die Beziehungen König Sigmunds zu Italien vom Herbst 1412 bis zum Herbst 1414, in: QFIAB. IV (1902) 1-62. - *K. A. Fink*, König Sigismund und Aragon, die Bündnisverhandlungen vor der Romfahrt, in: DA. II (1938) 149-171. - *A. Gottschalk*, König Sigismund als Vermittler zwischen Papst und Konzil. Diss. Erlangen 1911. - *M. Koch*, Die Kirchenpolitik König Sigismunds während seines Romzuges (1431-1433). Leipzig 1906. - *K. Beer*, Zur Entstehungsgeschichte der Reformation Kaiser Sigismunds, in: MIÖG., Erg.-Bd. 12, 1933, S. 572-675. - *K. Beer* (Hrsg.), Die Reformation Kaiser Sigismunds. Eine Schrift des 15. Jahrhunderts zur Kirchen- und Reichsreform. Stuttgart 1933 = Beiheft zu d. Dt. Reichstagsakten, hrsg. durch die Hist. Kommission b. d. Bayr. Akad. d. Wiss. - *H. Koller*, Eine neue Fassung der Reformatio Sigismundi, in: MIÖG. 60 (1952) 143-154. - *K. Beer*, Der gegenwärtige Stand der Forschung über die Reformatio Sigismundi, in: MIÖG. 59 (1951) 55-93. - *C. S. Gutkind*, Cosimo Medici, Pater patriae (1389-1464). London 1938. - *Ed. Heyck*, Florenz und die Mediceer. Bielefeld [2] 1902 = Monographien zur Weltgesch. 1. - *V. Sora*, I conti di Anguillara ecc.: Everso conte di Anguillara, in: Arch. della Società rom. di storia patria XXX (1930) 53ff. - *J. Haller*, Die Belehnung Renés von Anjou mit dem Königreich Neapel (1436), in: QFIAB. IV (1901) 184ff. - *H. Dannen-*

bauer, Ein deutscher Reformantrag vom Konzil zu Ferrara 1438, in: Hist. Jb. 70 (1950) 106–154. – *N. Lederer*, Der spanische Cardinal Johann von Torquemada, sein Leben und seine Schriften. Freiburg i. Br. 1879. – *W. v. Goethe*, Studien und Forschungen über das Leben und die Zeit des Kardinals Bessarion. I, 1: Die Zeit des Konzils von Florenz. Jena 1871. – *H. Vast*, Le Cardinal Bessarion (1403 bis 1472). Étude sur le chrétienté et la renaissance vers le milieu du XVe siècle. Paris 1878. – *L. Mohler*, Kardinal Bessarion. Paderborn 1923/27. – *G. Pérouse*, Le cardinal Louis Aleman, président du concile de Bâle et la fin du grand schisme. Paris 1904. – *G. Hofmann*, Die Konzilsarbeit in Florenz, in: Orient. christ. 3/4 (1938) 372–422. – *V. Chiaroni*, Lo scisma greco e il concilio di Firenze. Florenz 1938. – *D. J. Geanakoplos*, The Council of Florence (1438–1439) and the Problem of Union between the Greek and Latin Churches, in: Church History 24 (1955) 324–346. – *J. Sevčenko*, Intellectual Repercussions of the Council of Florence, in: Church History 24 (1955) 291–323. – *H. Manger*, Die Wahl Amadeos von Savoyen zum Papst. Diss. Marburg 1901. – *L. Rizzoli*, Il cardinale Ludovico Scarampo. Padova 1901. – *J. Stutz*, Felix V. Diss. Freiburg (Schweiz) 1930. – *A. Eckstein*, Zur Finanzlage Felix' V. und des Basler Konzils. Berlin 1912 = Neue Studien z. Gesch. d. Theol. u. Kirche, hrsg. v. Bonwetsch u. Seeberg, Heft 14. – *O. Hufnagel*, Caspar Schlick als Kanzler Friedrichs III., in: MIÖG. Erg.-Bd. 8 (1911) 253 ff. – *Th. Buyken*, Enea Silvio Piccolomini. Sein Leben und Wirken bis zum Episkopat. Bonn und Köln 1931. – *P. Haas*, Das Salvatorium Eugens IV. (1443–1447) vom 5. Februar 1447, in: ZRG. KA. 37 (1916) 293–330. – *M. Pelaez*, Visioni di S. Francesca Romana, testo romanesco del secolo XV, in: Arch. della Società rom. di storia patria XIV (1891) 365 ff.

Nachtrag: *P. Partner*, The Papal State unter Martin V. The administration and government of the temporal power in the early fifteenth century. London 1958. – *W. Brandmüller*, Das Konzil von Pavia-Siena 1423–1424, Bd. I: Darstellung. Münster 1968 = Vorreformationsgeschichtl. Forschungen Bd. 16. – *W. Brandmüller*, Der Übergang vom Pontifikat Martins V. zu Eugen IV. In: QFIAB. 47 (1967) 596–629. – *J. Gill, S. J.*, The Council of Florence. Cambridge 1959.

Zweites Kapitel: *W. Boulting*, Aeneas Silvius orator, man of lettres, statesman and pope. London 1908. – *P. Paschini*, Lodovico Card. Camerlengo e i suoi maneggi alla morte di Eugenio IV, in: Mem. stor. Forogiuliesi. Udine 1928. – *P. Paschini*, Lodovico cardinale camerlengo (gest. 1465). Roma 1939. – *O. Tommasini*, Documenti relativi a Stefano Porcaro, in: Arch. della Società rom. di storia patria III (1880) 63–135. – *L. Fumi*, Nuove rivelazioni sulla congiura di Stefano Porcaro, in: Arch. della Società rom. di storia patria XXXIII (1910) 481 ff. – *K. Pleyer*, Die Politik Nikolaus' V. Stuttgart 1927. – *Fr. v. Krones*, Leonora von Portugal. Graz 1901. – *E. Nasalli Rocca di Corneliano*, Il cardinale Bessarione, legato pontificio in Bologna 1450–1455, in: Atti e Memorie Dep. Stor. Romagna XX (1930) 17–80. – *J. Martens*, Die letzte Kaiserkrönung in Rom 1452. Diss. Leipzig 1900. – *J. Hofer*, Johannes von Capistrano. Ein Leben im Kampf um die Reform der Kirche. Innsbruck/Wien/München 1936. – *G. Voigt*, Enea Silvio d' Piccolomini als Papst Pius II. und sein Zeitalter. 3 Bde. Berlin 1856–63. – *G. Kallen*, Aeneas Sylvius Piccolomini als Publizist. Stuttgart 1939. – *A. Weiß*, Enea Silvio Piccolomini, sein Leben und Einfluß auf die literarische Kultur Deutschlands. Mit 149 ungedr. Briefen. Graz 1897. Dazu: *J. Haller*, in: HZ. 81 (1898) 303–306. – *W. Schürmeyer*, Das Kardinalskollegium unter Pius II. Berlin 1914 = Eberings Hist. Stud., H. 122.

Nachtrag: *B. Schimmelpfennig*, Die Krönung des Papstes im Mittelalter, dargestellt am Beispiel der Krönung Pius' II. (3. 9. 1458). In: QFIAB. 54 (1974) 192 bis 270. *D. Brosius*, Die Pfründen des Enea Silvio Piccolomini. In: QFIAB. 54 (1974) 271–327.

Drittes Kapitel: *P. Joachimsohn*, Gregor Heimburg. Bamberg 1891 = Hist. Abh. aus dem Münchener Seminar H. 1. – *G. Soranzo*, Pio II e la politica italiana nella lotta contro i Malatesti (1457–1463). Padova 1911. – *K. Bittmann*, Die Ursprünge der französisch-mailändischen Allianz von 1463. Mainz 1952 = Akad. d. Wiss. u. d. Lit. Abh. d. geistes- u. sozialwiss. Kl. 1. – *J. Pisko*, Skanderbeg. Historische Studie. Wien 1894. – *F. Clementi*, Il Carnevale Romano nelle cronache contemporanee. Roma 1899. ² 1939 (2 voll.). – *W. Mengozzi*, Il pontefice Paolo II ed i Senesi (1464 bis 1471), in: Bulletino Senese di Storia Patria XXI (1914) 141 ff. – *B. Belotti*, La Vita di Bartolomeo Colleoni. Bergamo 1952. – *A. v. Reumont*, Die Carafa von Maddaloni. Neapel unter spanischer Herrschaft. 2 Bde. Berlin 1851. – *Cl. Bauer*, Studi per la storia delle finanze papali durante il pontificato di Sisto IV, in: Arch. della Società rom. di storia patria (1927) 319–400. – *E. Frantz*, Sixtus IV. und die Republik Florenz. Regensburg 1880. – *G. Soranzo*, Lorenzo il Magnifico alla morte del padre e il suo primo balzo verso la Signoria, in: Arch. Stor. Ital. 111 (1953) 42–77. – *G. Soranzo*, La lega italiana. Milano 1924.

Nachtrag: *Deutsche Reichstagsakten unter Kaiser Friedrich III.*, 8. Abt., 1. Hälfte 1468–1470, hg. v. I. Most-Kolbe. Göttingen 1973 = Deutsche Reichstagsakten 22, 1.

Viertes Kapitel: *R. Sabbadini*, Giovanni Colonna biografo e bibliografo del secolo XV, in: Atti Accad. Torino XV (1910/11). – *L. Staffetti*, Il cardinale Innocenzo Cibò. Firenze 1894. – *A. Zanelli*, Roberto Sanseverino e le trattative di pace tra Innocenzo VIII ed il re di Napoli, in: Arch. della Società rom. di storia patria XIX (1896) 177 ff. – *P. Fedele*, La pace del 1486 tra Ferdinando d'Aragona ed Innocenzo VIII, in: Arch. Stor. per le Provincie Napol. XXX (1905) 481 ff. – *H. Forgeot*, Jean Balue cardinal d'Angers. Paris 1895. – *P. D. Pasolini*, Caterina Sforza. 3 voll. Roma 1893. – *V. Cian*, Caterina Sforza. Torino 1893. – *L. Thuasne*, Djem-Sultan, fils de Mohammed II. Paris 1892. – *R. Palmarocchi*, La politica italiana di Lorenzo de' Medici. Firenze nella guerra contro Innocenzo VIII. Firenze 1933. – *A. v. Reumont*, Lorenzo dei Medici. 2 Bde. Leipzig ² 1883. – *A. Bergsträsser*, Lorenzo Medici. Kunst und Staat im Florentiner Quattrocento. Frankfurt 1936 = Wiss. u. Gegenwart 9. – *E. Rho*, Lorenzo il Magnifico. Bari 1926. – *A. Doren*, Studien aus der Florentiner Wirtschaftsgeschichte. 2 Bde. Stuttgart 1901–08. – *F. La Torre*, Del Conclave di Alessandro VI papa Borgia. Firenze 1933. – *G. Soranzo*, Studi intorno a Papa Alessandro VI (Borgia), in: Mai, Vita e pensiero, 1950. – *G. Portigliotti*, I. Borgia. Milano 1921. – *G. Portigliotti*, Die Familie Borgia. Berlin 1923. – *L. Celier*, Alexandre VI et ses enfants en 1493, in:

Mélanges d'Archéologie et d'Histoire XXVI (1906) 319 ff. – *C. v. Höfler*, Don Rodrigo de Borgia (Papst Alexander VI.) und seine Söhne, Don Pedro Luis, erster, und Don Juan, zweiter Herzog von Gandia aus dem Hause Borja. Wien 1889. – *D. Dal Re*, Discorso critico sui Borgia con l'aggiunta di documenti inediti relativi al Pontificato di Alessandro VI, in: Arch. della Società rom. di storia patria IV (1881) 77–147. – *L. Celier*, Alexandre VI et le Réforme de l'Eglise, in: Mélanges d'Archéologie et d'Hist. XXVII (1907) 65–124. – *L. Geiger*, Alexander VI. und sein Hof. Nach dem Tagebuch seines Zeremonienmeisters Burcardus. Stuttgart 1912. – *L'abbé Clément*, Les Borgia. Histoire du pape Alexandre VI, de César et de Lucrèce Borgia. Paris 1882. – *M. Bellonci*, Lucrèce Borgia, sa vie et son temps. Paris 1951. – *B. Nabonne*, La vie privée de Lucrèce Borgia. Paris 1953. – *M. Bellonci*, Lucrezia Borgia. Nicht Teufel, nicht Engel, nur Weib. Übersetzt von Richard Hoffmann. Berlin/Wien/Leipzig 1943. – *F. Gregorovius*, Lucrezia Borgia nach Urkunden und Korrespondenzen ihrer eigenen Zeit. Stuttgart 1874. [7] 1925. – *R. Konetzke*, Die Außenpolitik König Ferdinands des Katholischen, in: HZ. 175 (1953) 463 ff. – *J. Schneider*, Die kirchliche und politische Wirksamkeit des Legaten Raymund Peraudi 1486–1505. Unter Benutzung ungedruckter Quellen bearbeitet. Halle 1882. – *A. Gottlob*, Der Legat Raimund Peraudi, in: Hist. Jb. VI (1885) 438–461. – *H. Ulmann*, Kaiser Maximilian I. 2 Bde. Stuttgart 1884–1891. – *A. Coreth*, Dynastisch-politische Ideen Kaiser Maximilians I., in: Mitt. Österr. Staatsarch. 3 (1950) 81–105. – *W. Winker*, Kaiser Maximilian I. Zwischen Wirklichkeit und Traum. München 1950. – *E. Breitner*, Maximilian I. Der Traum von der Weltmonarchie. Bremen/Wien 1939.[2] 1950 [= Hist. Roman!] – *G. E. Waas*, The legendary Character of Kaiser Maximilian. London 1942. – *H. Fr. Delaborde*, L'expédition de Charles VIII en Italie. Histoire diplomatique et militaire. Paris 1888. – *E. Herbst*, Der Zug Karls VIII. nach Italien im Urteil der italienischen Zeitgenossen. Berlin 1911. – *P. Pieri*, La crisi militare italiana nel Rinascimento. Napoli 1933. – *H. Pfeffermann*, Die Zusammenarbeit der Renaissancepäpste mit den Türken. Winterthur 1946. – *Fr. Malaguzzi-Valeri*, La corte di Lodovico il Moro. La vita privata e l'arte a Milano nella seconda metà del Quattrocento. 4 Bde. Milano 1913–23.

Nachtrag: *R. Buchner*, Maximilian I. Kaiser an der Zeitenwende. Göttingen [2]1970 = Persönlichkeit und Geschichte 14. – *H. Wiesflecker*, Kaiser Maximilian I. Das Reich, Österreich und Europa an der Wende zur Neuzeit Bd. 1 und 2. München 1971 und 1975.

Fünftes Kapitel: *M. v. Wolff*, Die Beziehungen Kaiser Maximilians I. zu Italien 1495–1508. Innsbruck 1909. – *L. G. Pélissier*, Les amies de Ludovic Sforza et leur rôle en 1498–1499, in: Revue historique XLVIII (1892) 39–60. – *P. Villari*, Storia di Girolamo Savonarola e dei suoi tempi. 2 Bde. Firenze [4] 1929. – *J. Schnitzer*, Savonarola. 2 Bde. München 1924. – *C. v. Höfler*, Die Katastrophe des herzoglichen Hauses der Borjas von Gandia. Wien 1892 = Denkschr. d. Kais. Akad. d. Wiss. philos.-hist. Kl. 41, Abh. 5. – *L. G. Pélissier*, Sopra alcuni documenti relativi all'alleanza tra Alessandro VI e Luigi XII 1498–1499, in: Arch. della Società rom. di storia patria XVII (1894) 303–373; XVIII (1895) 99–319. – *L. G. Pélissier*, Louis XII et Ludovic Sforza. 2 Bde. Paris 1896. – *B. Kindt*,

Die Katastrophe Ludovico Moros in Novara im April 1500. Eine quellenkritische Untersuchung. Diss. Greifswald 1890. - *A. Baum*, Die Demarcationslinie Papst Alexanders VI. und ihre Folgen. Diss. Köln 1890. - *J. Schnitzer*, Der Tod Alexanders VI. Quellenkritische Untersuchung. München 1929.

Nachtrag: *H. Wiesflecker*, Die Belagerung von Livorno 1496. Wende der Reichsherrschaft in Italien. In: MIÖG. 68 (1960) 291-312.

Sechstes Kapitel: *K. Brandi*, Die Renaissance in Florenz und Rom. Leipzig [5] 1921. - *G. Zippel*, Per la biografia dell' Argiropulos, in: Giorn. stor. XXVIII (1896) 92 sqq. - *P. Gothein*, Francesco Barbaro. Früh-Humanismus und Staatskunst in Venedig. Berlin 1932. - *Th. E. Mommsen*, Rudolph Agricula's life of Petrarch, in: Traditio 8 (1952) 367-386. - *G. Billanovich*, Lo scrittorio del Petrarca. Roma 1947. - *Th. E. Mommsen*, Petrarch's Conception of the „Dark Ages", in: Speculum 17 (1942) 226-242. - *E. H. Wilkins*, Petrarca und Giacomo de' Rossi, in: Speculum 25 (1950) 374-378. - *E. Müntz* et *P. Fabre*, La Bibliothèque du Vatican au XVe siècle d'après des documents inédits. Paris 1887 = Bibl. des écoles françaises d'Athènes et de Rome. Fasc. 48. - *P. Fabre*, La Vaticane de Sixte IV, in: Mélanges d'Archéologie et d'Histoire. XV (1895) 455-483. - *G. Biagi*, Per la storia del libro in Italia nei secoli XV e XVI. Firenze 1900. - *Ferd. Ongania*, L'arte della stampa del rinascimento italiano. Venezia 1894. - *K. Haebler*, Deutsche Buchdrucker des 15. Jahrhunderts im Ausland. München 1924. - *L. De Gregori*, I tipografi tedeschi del '400 a Roma. In: L'Urbe, rivista romana III (1938), fasc. IV. - *P. Kristeller*, Die italienischen Buchdrucker- und Verlegerzeichen bis 1525. Straßburg 1893. - *K. Burger* (Hrsg.), Monumenta Germaniae et Italiae typographica. Berlin und Leipzig 1892ff. - *A. Buck*, Italienischer Humanismus, in: AFK. XXXVII (1955) 105-122. - *P. Joachimsen*, Aus der Entwicklung des italienischen Humanismus, in: HZ. 121 (1920) 189-233. - *E. Garin*, Der italienische Humanismus. Bern 1947. - *E. Garin*, L'Umanesimo italiano. Bari 1952. - *P. O. Kristeller*, Humanism and Scholasticism in the Italian Renaissance, in: Byzantion XVII (1944/45) 346ff. - *R. Sabbadini*, Il metodo degli umanisti. Firenze 1920. - *N. A. Robb*, Neoplatonism of the Italian Renaissance. London 1935. - *B. Kieszkowski*, Studi sul platonismo del Rinascimento in Italia. Firenze 1936. - *J. Kurda*, Platon und die Staatslehre der italienischen Frührenaissance. Diss. Breslau 1939. - *H. Baron*, Leonardo Bruni Aretino, humanistisch-philosophische Schriften. Berlin/Leipzig 1928. - *E. Walser*, Poggius Florentinus. Leipzig/Berlin 1914 = Beitr. z. Kulturgesch. d. Mittelalters u. d. Renaissance Bd. 14. - *F. Gabotto*, Lorenzo Valla e l'Epicureismo nel Quattrocento. Studio. (Parte prima). Milano/Torino 1889. - *G. Mancini*, Vita di Lorenzo Valla. Firenze 1891. - *W. Schwahn*, Lorenzo Valla. Berlin 1896. - *H. Baron*, Humanistic and Political Literature in Florence and Venice at the Beginning of the Quattrocento. Studies in Criticism and Chronology. Cambridge 1955. Dazu: *M. Seidlmayer*, in: Göttinger Gelehrte Anzeigen 210 (1956) 35ff. - *L. Mohler*, Kardinal Bessarion als Theologe, Humanist und Staatsmann. Paderborn 1923 = Funde u. Forsch. I, 1. - *A. della Torre*, Storia dell' accademia Platonica di Firenze. Firenze 1902 = Pubblicazioni del R. Istituto in Firenze, Sezione di filosofia e filologia Bd. 33. - *R. Weiss*, Lineamenti per una storia del primo Umanesimo fiorentino, in: Rivista storica italiana 60 (1948) 349–366. – *G. Saitta*, Marsilio Ficino e la filosofia dell'Umanesimo. Firenze ² 1943. – *W. Horbert*, Metaphysik des Marsilio Ficino. Koblenz 1930 (Diss.). – *J. Pusino*, Ficinos und Picos religiös-philosophische Anschauungen, in: ZKiG. 44 (1925) 504–543. – *L. Thorndike*, M. Ficino und Pico della Mirandola und die Astrologie, in: ZKiG. 46 (1927) 584 ff. – *H. Baron*, Willensfreiheit und Astrologie bei M. Ficino und Pico della Mirandola, in: Festschr. W. Goetz, Leipzig 1927, S. 145–170. – *H. Omont*, Inventaire des manuscrits grecs et latins donnés à Saint-Marc de Venise par le Cardinal Bessarion (1468), in: Revue des bibliothèques IV (1894) 129–187. – *E. Anagninc*, G. Pico della Mirandola, sincretismo religio-filosofico, 1463–1494. Bari 1937. – *L. Dorez* (= *L. Thuasne*), Pic de la Mirandole en France (1485–1488). Paris 1897. – *G. Zippel*, Niccolò Niccoli. Trento 1890. – *G. Romano*, Degli studi sul medio evo nella storia del rinascimento. Pavia 1892 [= Flavius Blondus]. – *A. Masius*, Flavio Biondo. Leipzig 1879. – Scritti inediti e rari di Biondo Flavio, con introduzione di Bartolomeo Nogara. Roma 1927. – *E. Hempel*, Nikolaus von Cues. Berlin 1953. – *L. von Bertalanffy*, Nikolaus von Kues. München 1928. – *G. Kallen*, Die politische Theorie im philosophischen System des Nikolaus von Cues, in: HZ. 165 (1942) 246 bis 277. – *J. Hommes*, Die philosophischen Grundlagen des Nikolaus Kusanus über Gott und das Verhältnis Gottes zur Welt. Augsburg 1926. – *M. de Gandillac*, Nikolaus von Cues. Studien zu seiner Philosophie und philosophischen Weltanschauung, übersetzt von K. Fleischmann. Düsseldorf 1953. Dazu: *M. Seidlmayr*, in: DA. 11 (1954) 321–323. – *E. Bohnenstädt*, Kirche und Reich im Schrifttum des Nicolaus von Cues, in: SA. Heidelberg 1938/39, 1. – *K. G. Hugelmann*, **Der Reichsgedanke bei Nikolaus von Cues**, in: Reich und Recht in der dt. Philosophie. Hrsg. von K. Larenz 1 (Stuttgart u. Berlin 1943), S. 1–32. – *J. Zibermayr*, Die Legation des Kardinals Nikolaus Cusanus und die Ordensreform in der Kirchenprovinz Salzburg. Münster 1914 = Reformationsgeschichtl. Stud. – *F. v. Bezold*, Konrad Celtis, der „deutsche Erzhumanist", in: Ders., Aus Mittelalter und Renaissance, München/Berlin 1918, S. 82 ff. – *St. Infessura*, Diario della città di Roma, ed. O. Tommasin. Roma 1890 = Fonti per la storia d'Italia. Dt. Übersetzung von H. Hefele, Jena 1913. – *L. Raffaele*, Maffeo Vegio. Bologna 1901. – *A. Capasso*, Tre saggi sulla poesia italiana del Rinascimento: Boiardo, Lorenzo, Ariosto. Genova 1939. – *A. D'Ancona*, Origini del teatro italiano. Torino ² 1891. – *M. Apollonio*, Storia del teatro italiano. Vol. I.: La drammaturgica medievale: Dramma sacro e Mimo. Firenze 1938.

Nachtrag: *E. Garin*, La cultura filosofica del Rinascimento italiano. Ricerche e doc. Firenze 1961. – *M. Seidlmayer*, Wege und Wandlungen des Humanismus. Studien zu seinen politischen, ethischen, religiösen Problemen. Mit einem Gedenkwort von H. Baron. Göttingen 1965. – *P. O. Kristeller*, Studies in Renaissance. Thought and Letters. Roma 1969. – *Ch. Trinkaus*, In our Image and Likeness. Humanity and Divinity in Italian Humanist Thougth Vol. 1. 2. London 1970. – *W. Setz*, Lorenzo Vallas Schrift gegen die Konstantinische Schenkung (De falso credita et ementita Constantini donatione). Zur Interpretation und Wirkungsgeschichte. Tübingen 1975 = Bibliothek des Deutschen Historischen Instituts in Rom 44.

Siebentes Kapitel: *L. Planiscig*, Bernardo und Antonio Rossellino. Wien 1942. – *F. Schumacher*, Leon Battista Alberti. Berlin 1901. – *H. Folnescis*, Brunelleschi. Wien 1915. – *L. H. Heydenreich*, Spätwerke Brunelleschis, in: Jb. d. Preuß. Kunstsamml. Berlin 52 (1931) 1 ff. – *A. Muñoz*, La cappella di S. Silvestro ai SS. Quattro Coronati e le recenti scoperte, in: Nuovo Bullettino d'Arch. crist. 1913, p. 205 ff. – *H. Brockhaus*, Das Hospital S. Spirito zu Rom im 15. Jahrhundert, in: Repertorium f. Kunstwiss. VII (1884) 281 ff. u. 429 ff. – *C. Cecchelli*, S. Agnese fuori le mura e S. Costanza. Roma [1924] = Le chiese di Roma illustrate, n. 10. – *G. Dehio*, Die Bauprojekte Nicolaus' V. und L. B. Alberti, in: Repertorium f. Kunstwiss. III (1880) 241–257. – *Graf Haugwitz*, Der Palatin und seine Geschichte und Ruinen. Rom 1901. – *F. Ehrle* und *H. Egger*, Der Vaticanische Palast in seiner Entwicklung bis zur Mitte des XV. Jahrhunderts. Roma 1935 = Studi e documenti per la storia del Palazzo Vaticano vol. II. – *E. Rodocanachi*, Le Capitole Romain antique et moderne. Paris 1904. – *P. Pecchiai*, Il Campidoglio nel Cinquecento. Roma 1948. – *H. Siebenhüner*, Das Kapitol in Rom. Idee und Gestalt. München 1954 = Italien. Forsch., hrsg. v. Kunsthist. Inst. in Florenz III. Folge, 1. Bd. – *I. Schuster*, La Basilica e il monastero di S. Paolo fuori le mura. Torino 1934. – *G. B. Giovenale*, Il chiostro medioevale di S. Paolo fuori le Mura, in: Bullettino della commissione arch. comun. di Roma. XLV (1917) 125 sqq. – *P. Fedele*, Il chiostro di S. Paolo, in: Arch. della Società rom. di storia patria XLI (1918) 38 sqq. – *G. Biasiotti*, La basilica esquilina di S. Maria Maggiore e il palazzo apostolico apud S. Mariam Maiorem. Roma 1911. – *E. Lavagnino e V. Moschini*, S. Maria Maggiore. Roma [1924] = Le chiese di Roma illustrate, n. 7. – *L. Huetter e E. Lavagnino*, S. Lorenzo in Lucina. Roma [1931] = Le chiese di Roma illustrate, n. 27. – *Ph. Dengel, M. Dvořák* und *H. Egger*, Der Palazzo di Venezia in Rom. Wien 1909. – *G. Giovannoni*, La chiesa vaticana di S. Stefano, in: Atti della Pontificia Accademia di archeologia (memorie) 1934, serie III, vol. IV, p. 1 sqq. – *R. Falb* (Hrsg.), Giamberti Guiliano, Il taccuino Senese di Giuliano da Sangallo. Siena 1902. – *L. Cavazzi*, La diaconia di S. Maria in Via Lata. Roma 1908. – *L. Lohninger*, S. Maria dell'Anima, die deutsche Nationalkirche in Rom. Bau- und kunstgeschichtl. Mitteilungen aus dem Archiv der Anima. Rom 1909. – *J. Schmidlin*, Geschichte der deutschen Nationalkirche in Rom, S. Maria dell'Anima. Freiburg i. Br. 1906. – *A. d. Waal*, Der Campo Santo der Deutschen zu Rom. Geschichte der nationalen Stiftung. Freiburg i. Br. 1896. – *K. A. Fink*, Die Anfänge der Bruderschaft am Deutschen Campo Santo in Rom, in: Röm. Quartalschr. 44 (1936) 221–230. – *M. Borgatti*, Castel Sant' Angelo. Roma 1911 = Monumenti d'Italia 4. – *E. Lavagnino*, Castel Sant'Angelo. Roma 1950 = Itinerari dei musei e monumenti d'Italia 82. – *F. Hermanin*, L'appartamento Borgia in Vaticano. Roma 1934 = Monografie artistiche dei musei e gallerie pontificie 1. – *L. Planiscig*, Andrea del Verocchio. Wien 1941. – *M. Andrieu*, La chapelle de Saint Grégoire dans l'ancienne Basilique Vaticane, in: Rivista archeologia cristiana 1936, p. 61 ff. – *J. Schlosser*, Leben und Meinungen des Florentiner Bildners Lorenzo Ghiberti. München 1941. – *L. Planiscig*, Lorenzo Ghiberti. Wien 1940. – *L. Goldscheider*, Lorenzo Ghiberti. London 1949. – *J. Vielliard*, Les tombeaux des Papes du moyen-âge à Rome et en Italie, in: Le Moyen-

Age. Paris 1929, S. 191 ff. – *H. Kauffmann*, Donatello. Berlin 1935. – *J. Friedlaender*, Die italienischen Schaumünzen des 15. Jahrhunderts (1430–1530). Ein Beitrag zur Kunstgeschichte. Berlin 1882. – *A. Armand*, Les médailleurs italiens des XVe et XVIe siècles. Bd. II und III. Paris 1883 und 1887. – *R. Oertel*, Masaccio und die Geschichte der Freskotechnik, in: Jb. d. Preuß. Kunstsamml. LV (1934) 229 ff. – *St. Beißel*, Fra Giovanni Angelico da Fiesole. Sein Leben und seine Werke. Freiburg i. Br. 1895. – *F. Schottmüller*, Fra Angelico da Fiesole. Stuttgart 1911. – *B. Degenhart*, Antonio Pisanello. Wien 1940. – *A. Schmarsow*, Melozzo da Forli. Ein Beitrag zur Kunst- und Kulturgeschichte Italiens im 15. Jahrhundert. Berlin und Stuttgart 1886. – *E. Steinmann*, Die Sixtinische Kapelle. 4 Bde. München 1901/05. – *L. Pastor*, Die Fresken der Sixtinischen Kapelle und Raffaels Fresken in den Stanzen des Vaticans, beschrieben und erklärt. Freiburg i. Br. 1925. – *H. Ulman*, Sandro Boticelli. München [1893]. – *E. Steinmann*, Boticelli. Bielefeld und Leipzig 1897. – *G. Fiocco*, Mantegna. Milano o. J. [1937]. – *F. Ehrle* u. *E. Stevenson*, Gli affreschi del Pintoricchio nell'appartamento Borgia. Roma 1897. – *E. Steinmann*, Pinturicchio. Bielefeld 1898. – *D. Gnoli*, „Descriptio Urbis" o censimento della popolazione di Roma avanti il sacco borbonico, in: Arch. della Società rom. di storia patria XVII (1894) 375 ff. – *U. Gnoli*, Topografia e Toponomastica di Roma medioevale e moderna. Roma 1939. – *V. Lundstroem*, Undersökningar i Roms topografi. Göteborg 1929 = Svenskt Arkiv för humanistika avhandlingar 2. – *G. B. de Rossi*, Piante iconografiche di Roma anteriori al secolo XVI. Roma 1879. – *Ch. Huelsen*, Di una piante prospettica di Roma del sec. XV. Roma 1892. – *U. Gnoli*, Piante du Roma inedite. Roma 1941. – *P. Romano*, Strade e piazze di Roma. 2 voll. Roma 1939/40. – *P. Romano-P. Partini*, Strade e piazze di Roma, vol. III.: Piazza Navona dall' origine ai nostri giorni. Roma 1942. – *C. Aru*, Le statue del Ciborio di S. Cecilia in Roma, in: L'Arte VIII (1905) 47 ff. – *V. Bianchi-Cagliesi*, Santa Cecilia e la sua basilica nel Trastevere. Roma 1902. – *P. Romano*, Il quartiere del Rinascimento. Roma 1938. – *U. Gnoli*, Alberghi ed osterie di Roma nella Rinascenza. Roma 1942. – *A. Proia-P. Romano*, Vecchio Trastevere. Roma 1935. – *A. Pazzini*, Le chiese dei SS. Cosma e Damiano in Roma nell' alto medio evo. Roma 1935. – *A. Cametti*, La torre di Nona e la contrada circostante dal medio-evo al secolo XVII, in: Arch. della Società rom. di storia patria XXXIX (1916) 411 ff. – *P. Fedele*, Santa Maria „in Monasterio" (Note e documenti), in: Arch. della Società rom. di storia patria XXIX (1906) 183 ff. – *A. Proia-P. Romano*, Roma nel Rinascimento: Parione. Roma 1934. – *D. Gnoli*, Storia di Pasquino dalle origini al sacco del Borbone, in: Nuova antologia III. serie, vol. XXV, p. 51–75; 265–296. – *L. Morandi*, Pasquino e pasquinate, in: Nuova antologia III. serie, vol. XIX, p. 271 sqq. – *A. Cesareo*, La formazione di maestro Pasquino, in: Nuova antologia III. serie, vol. 51 (1894) 87–107; 522–600. – *B. Schweitzer*, Das Original der sogenannten Pasquino-Gruppe. Leipzig 1936. – *C. Baracconi*, I rioni di Roma. Torino-Roma [3] 1905. – *A. Proia-P. Romano*, Il rione S. Eustachio. Roma 1937. – *A. Proia-P. Romano*, Arenula (rione Regola). Roma 1935. – *A. Proia-P. Romano*, Il rione S. Angelo. Roma 1935. – *A. Proia-P. Romano*, Il rione Pigna, Roma 1936. – *G. Marchetti-Longhi*, Le contrade medioevali della zona „in Circo Flaminio". Il

"Calcarario", in: Arch. della Società rom. di storia patria XLII (1919) 401 ff. – *P. Pecchiai*, Il Gesù di Roma. Roma 1948. – *P. Pecchiai*, Il Gesù di Roma, descritto ed illustrato. Roma 1952. – *P. Romano*, Il rione Ripa. Roma 1939. – *L. Oliger*, Due musaici con S. Francesca della chiesa di Aracoeli in Roma, in: Archivum franciscanum historicum IV (1911) 213–251. – *E. Thea*, La basilica di S. Maria Antiqua. Milano 1937. – *V. Federici*, Sancta Maria Antiqua, in: Arch. della Società rom. di storia patria XXIII (1900) 517 ff. – *E. Wedin*, Studien zur Topographie des Forum Romanum. Lund 1953 = Acta Inst. Romani Regni Sueciae, 2. Ser., Bd. 6. – *P. Fedele*, Una chiesa del Palatino, S. Maria „in Pallara", in: Arch. della Società rom. di storia patria XXVI (1903) 343 ff. – *P. Romano*, Il rione Campo Marzio. 2 voll. Roma 1939. – *A. Muñoz*, Studi sulle basiliche romane di S. Sabina e di S. Prassede, in: Dissertazioni della Pont. Accad. di Archeol. XIII (1918) 117 ff. – *A. Petrignani*, La chiesa di S. Pudenziana secondo gli scavi recentemente eseguiti. Città del Vaticano 1934. – *M. Mesnard*, La basilique de S. Chrysogone à Rome. Città del Vaticano 1935.

VIERZEHNTES BUCH

Politische Geschichte: *K. Kaser*, Deutsche Geschichte zur Zeit Maximilians I. 1486–1519. Stuttgart 1912 = Bibl. dt. Gesch., hrsg. v. H. v. Zwiedineck-Südenhorst, Bd. 10. – *E. Fueter*, Geschichte des europäischen Staatensystems von 1492–1559. München und Berlin 1919 = Hdb. d. mittelalterl. u. neueren Gesch. *(Below-Meinecke)*. – *G. Ritter*, Die Neugestaltung Europas im 16. Jahrhundert. Berlin 1950. – *P. Joachimsen*, Die Reformation als Epoche der deutschen Geschichte, hrsg. v. O. Schottenloher. München 1951. – *P. Rassow*, Das Zeitalter Luthers und Karls V. 1517–1558, in: Deutsche Geschichte im Überblick. Hrsg. v. P. Rassow. Stuttgart 1953, S. 252–284. – *'S. Pugliese*, Le prime strette dell' Austria in Italia. Milano 1932. – *W. Köhler*, Die deutsche Kaiseridee am Anfang des 16. Jahrhunderts, in: HZ. 149 (1934) 35–56. – *H. Baron*, Imperial Reform and the Habsburgs, 1486–1504. A new interpretation, in: The American hist. Review XLIV (1939) 293–303. – *M. de Maulde-la Clavière*, La diplomatie au temps de Machiavel. 3 voll. Paris 1892–1893.

Kirchen- und Papstgeschichte: *L. v. Ranke*, Die römischen Päpste in den letzten vier Jahrhunderten. Bd. I, 1. Buch (bis zu Clemens VII.) München 1938 (1. Aufl. 1834) und Stuttgart 1953 (eingel. v. F. Baethgen). – *P. Tschackert*, Die Päpste der Renaissance. Heidelberg 1879. – *L. Pastor*, Geschichte der Päpste seit dem Ausgang des Mittelalters. Bd. I–IV, 1 u. 2. Freiburg i. Br. 1885–1907. [12] 1955 ff. – *E. Rodocanachi*, La réforme en Italie. 2 Bde. Paris 1820/21.

Kunst- und Geistesgeschichte: *M. Goering*, Italienische Malerei des 16. Jahrhunderts. Berlin 1935. – *F. Flamini*, Il Cinquecento (Storia lett. d'Italia). Milano [1903].

Geschichte Roms: *E. Rodocanachi*, La Première Renaissance; Rome au temps de Jules II et de Léon X. Paris 1912. – *P. Pecchiai*, Roma nel cinquecento. Introd. di Pietro Tacchi Venturi. Bologna 1948 = Storia di Roma 13. – *A. Schulte*, Die

Fugger in Rom 1495–1523. Mit Studien z. Gesch. d. kirchl. Finanzwesens jener Zeit. 2 Bde. Leipzig 1904.

Vierzehntes Buch: Einzelfragen

Erstes Kapitel: *Ch. Yriarte*, César Borgia, sa vie, sa captivité, sa mort. 2 voll. Paris 1889. – *W. Harrison Woodward*, Cesare Borgia. A Biography. London 1913. – *M. Brosch*, Papst Julius II. Gotha 1878. – *J. Klaczko*, Jules II. Paris 1898. – *E. Rodocanachi*, Histoire de Rome: Le pontificat de Jules II (1503–1513). Paris 1928. – *R. v. Albertini*, Das florentinische Staatsbewußtsein im Übergang von der Republik zum Prinzipat. Bern 1955. – *R. Fester*, Machiavelli. Stuttgart 1900. – *P. Villari*, Niccolò Machiavelli e i suoi tempi. 3 Bde. Milano ³ 1912–14. – *H. Freyer*, Machiavelli. Leipzig 1938. – *E. Brandenburg*, Machiavelli und sein Principe. Leipzig 1938 = Berichte üb. d. Verhandl. d. Sächs. Akad. d. Wiss. zu Leipzig. Philol.-hist. Kl. 89 (1937), H. 4. – *R. König*, Niccolo Machiavelli. Zur Krisenanalyse einer Zeitenwende. Erlenbach-Zürich 1941. – *A. Renaudet*, Machiavel. Paris 1942. – *C. Schmid*, Machiavelli, in: Große Geschichtsdenker. Tübingen u. Stuttgart 1949, S. 111–129. – *L. Bottigliero*, Machiavelli. Milano 1953. – *G. Prezzolini*, Machiavelli. Roma 1954. – *R. Ridolfi*, Vita di Niccolò Machiavelli. Roma 1954. – *M. Hobohm*, Machiavellis Renaissance der Kriegskunst. 2 Bde. Berlin 1913. – *Fr. Schilling*, Grundzüge von Machiavellis geschichts- und gesellschaftsphilosophischer Auffassung. Breslau 1928. – *W. Kaegi*, Vom Glauben Machiavellis, in: Ders., Historische Meditationen. Zürich 1942, S. 95 ff. – *L. v. Muralt*, Machiavellis Staatsgedanke. Basel 1945. – *G. Ritter*, Machiavelli und der Ursprung des modernen Nationalismus, in: Ders., Das sittliche Problem der Macht. Bern 1948, S. 40–90. – *U. Spirito*, Machiavelli e Guicciardini. Roma 1944. – *A. Buck*, Die Krise des humanistischen Menschenbildes bei Machiavelli, in: Arch. f. d. Studium d. neueren Sprachen 189 (1953) 304–317. – *A. Cesareo*, Papa Leone X e Maestro Pasquino, in: Nuova antologia, IV. serie, vol. 75 (1898) 193–218. – *H. Roßbach*, Das Leben und die politisch-kirchliche Wirksamkeit des Bernardino Lopez de Carvajal, Cardinals von S. Croce in Girusalemme in Rom und das schismatische Concilium Pisanum. Erster Teil. Diss. Breslau 1892. – *H. Ulmann*, Kaiser Maximilians I. Absichten auf das Papsttum in den Jahren 1507–1511. Stuttgart 1888. – *P. Lehmann*, Das Pisaner Konzil von 1511. Diss. Breslau 1874. – *L. Sandret*, Le concile de Pise 1511, in: Revue des questions historiques XXXIII (1883) 425–456. – *J. Vincke*, Acta Concilii Pisani, in: Röm. Quartalschr. 46 (1941) 81–323 [= Abdruck des notariellen Protokolls des Konzils]. – *J. Vincke*, Briefe zum Pisaner Konzil; Schriftstücke zum Pisaner Konzil. Ein Kampf um die öffentliche Meinung = Beitr. z. Kirchen- u. Religionsgesch., hrsg. v. J. Vincke, Bd. 1 u. 3. Bonn 1940 u. 1942. – *A. Luzio*, Federigo Gonzaga ostaggio alla Corte di Giulio II. Roma 1887. – *E. Guglia*, Studien zur Geschichte des fünften Laterankonzils. 1512–1517. Sitzber. d. Wiener Akad. 152, N. F. 1905 [Quellen u. Geschäftsordnung des Konzils]. – *H. Semper, F. O. Schulze* und *W. Barth*, Carpi. Ein Fürstensitz der Renaissance. Dresden 1882.

Zweites Kapitel: *C. Baroni*, Bramante. Bergamo o. J. [1944]. – *U. Gnoli*,

Le Palais Farnese (notes et documents), in: Mélanges d'Archéologie et d'Histoire LIV (1937) 200 ff. – *E. Gerlini*, La Villa Farnesina in Roma. Roma 1949 = Itinerari dei musei e monumenti d'Italia 80. – *G. Cugnoni*, Agostini Chigi il Magnifico, in: Arch. della Società rom. die storia patria II (1879) 37 ff., 209 ff., 475 ff.; III (1879/80) 213 ff., 291 ff., 422 ff.; IV (1881) 56 ff., 195 ff.; VI (1883) 139 ff., 497 ff. – *G. Clausse*, Les San Gallo. 3 Bde. Paris 1900–1902. – *G. Marchini*, Giuliano da Sangallo. Firenze 1942. – *Chr. Huelsen*, Il libro di Giuliano da Sangallo. Cod. Vat. Barbarino lat. 4424. Leipzig 1910. – *D. Frey*, Bramantes St. Peter-Entwurf und seine Apokryphen. Wien 1915. – *Th. Hoffmann*, Entstehungsgeschichte des St. Peter in Rom. Zittau i. S. 1928. – *G. Giovannoni*, La Cupola di S. Pietro. Roma 1942. – *A. Michaelis*, Geschichte des Statuenhofes im Vatikanischen Belvedere, in: Jb. d. Kaiserl. Dt. Archäol. Inst. V (1890) 5 ff. – *R. Förster*, Laokoon im Mittelalter und in der Renaissance, in: Jb. d. preuß. Kunstsamml. 27 (1906) 149 ff. – *H. Grimm*, Leben Michelangelos. 2 Bde. Berlin [5] 1879. 1949. – *F. Kriegbaum*, Michelangelo Buonarotti. Berlin 1940. – *K. Justi*, Michelangelo. Beiträge zur Erklärung der Werke und des Menschen. Leipzig 1900. – *K. Justi*, Neue Beiträge zur Erklärung der Werke und des Menschen. Berlin 1909. – *H. v. Geymüller*, Michelangelo als Architekt. München 1904. – *A. Neumeyer*, Michelangelos Fresken in der Capella Paolina des Vatikan, in: Zeitschr. f. bild. Kunst 63 (1929/30) 173 ff. – *W. Körte*, Zur Peterskuppel des Michelangelo, in: Jb. d. preuß. Kunstsamml. 53 (1932) 90 ff. – *H. Sedlmayr*, Die area capitolina des Michelangelo, in: Jb. d. preuß. Kunstsamml. 52 (1931) 176 ff. – *R. Oertel*, Michelangelo, die Sixtinische Decke. Burg b. Magdeburg 1940. – *A. Springer*, Raffael und Michelangelo. 2 Bde. Leipzig [3] 1895. – *M. Minghetto*, Raffaelo. Bologna 1885. – *H. Grimm*, Leben Raffaels, Stuttgart [6] 1927. – *A. Venturi*, Raffaelo. Rom 1920. – *E. Müntz*, Raphael. Sa vie, son œuvre et son temps. Paris 1881. [2] 1885. – *Th. Hetzer*, Gedanken zu Raffaels Form. Frankfurt 1932. – *E. Müntz*, Les tapisseries de Raphael. Paris 1897. – *H. Dollmayr*, Raffaels Werkstätte, in: Jb. d. kunsthist. Samml. Wien XVI (1895) 231 ff. – *K. Clark*, Piero della Francesca. London 1951.

Drittes Kapitel: *G. B. Picotti*, La giovinezza di Leone X, „il papa del Rinascimento". Milano 1927. – *H. Ulmann*, Studien zur Geschichte des Papstes Leo X., in: Dt. Ztschr. f. Geschichtswiss. X, 2 (1893) 1–13; XI (1894) 90–113. – *E. Rodocanachi*, Histoire de Rome: Le pontificat de Léon X (1513–1521). Paris 1931. – *F. Nitti*, Leone X e la sua politica secondo documenti e carteggi inediti. Firenze 1892. – *A. Joly*, Sadolet (1477–1547). Caen 1857. – *B. Fontana*, Renata di Francia, duchessa di Ferrara. 3 Bde. Roma 1889–1894. – *A. v. Reumont*, Die Jugend Katharinas de' Medici. Berlin 1854. [2] 1856. – *H. Reinhard*, Lorenzo von Medici, Herzog von Urbino 1492–1515. Ein biographischer Versuch unter besonderer Berücksichtigung der Vermittlerrolle Lorenzos zwischen Leo X. und Franz I. von Frankreich im Jahre 1515. Freiburg i. Br. 1935. – *R. Marcucci*, Francesco Maria I della Rovere. P. I. Senigallia 1903. – *A. Ferraiolo*, La congiura dei cardinali contro Leone X. Roma 1919. – *A. Ferraioli*, Il Ruolo della Corte di Leone X (1514–1516), in: Arch. della Società rom. di storia patria XXXIV (1911) 361 ff. – *D. Gnoli*, Le cacce di Leone X. Roma 1893. – *N. Paulus*, Johann Tetzel als Ablaßprediger. Mainz 1899. – *A. Hausrath*, Luthers Romfahrt; nach einem gleichzeitigen Pilgerbuch erläutert. Berlin 1893. – *Th. Elze*, Luthers Reise nach Rom. Berlin 1899. – *L. Gautier-Vignal*, Erasme. Paris 1936. – *J. Huizinga*, Erasmus. Basel 1938. – *K. Schlechta*, Erasmus. Hamburg 1940. – *R. Newald*, Erasmus Proterodamus. Freiburg i. Br. 1947. – *K. A. Meißinger*, Erasmus von Rotterdam. Berlin 1942. ² 1948. – *A. Schreiber*, Petrarca und Erasmus, der Humanismus in Italien und im Norden. Heidelberg 1947. – *P. de Nolhac*, Érasme en Italie. Paris 1888. – *E. Stange*, Erasmus und Julius II. Eine Legende. Berlin 1937. – *W. K. Ferguson*, Renaissance tendencies in the religious thought of Erasmus, in: Journ. Hist. Ideas 15 (1954) 499–508. – *C. R. Thompson*, Erasmus as Internationalist and Cosmopolitan, in: AFR. 46 (1955) 167–195. – *R. Pfeiffer*, Erasmus und die Einheit der klassischen und der christlichen Renaissance, in: Hist. Jb. 74 (1955) 175–188. – *P. Kalkoff*, Zu Luthers römischem Prozeß, in: ZKiG. XXV (1904) 90ff., 273ff., 399ff., 503ff. – *P. Kalkoff*, Forschungen zu Luthers römischem Prozeß. Rom 1906. – *P. Kalkoff*, Zu Luthers römischem Prozeß des Jahres 1518. Gotha 1912. – *K. Müller*, Luthers römischer Prozeß, in: ZKiG. XX (1903) 46–85. – *A. Schulte*, Die römischen Verhandlungen über Luther 1520. Rom 1903. Auch in: QFIAB. 6 (1904) 32ff., 174ff., 374ff. – *F. Dittrich*, Beiträge zur Geschichte der katholischen Reformation im ersten Drittel des 16. Jahrhunderts, in: Hist. Jahrb. V (1884) 319–398; VII (1886) 1–50. – *H. v. Voltelini*, Die Bestrebungen Maximilians I. um die Kaiserkrone 1518, in: MIÖG. XI (1890) 41–86; 574–626. – *H. Baumgarten*, Die Politik Leos X. in dem Wahlkampf in den Jahren 1518 und 1519, in: Forsch. z. dt. Gesch. XXIII (1883) 521–571. – *F. M. Mignet*, La rivalité de Charles-Quint et de François I. 2 voll. Paris 1875. ² 1876. – *P. Rassow*, Die politische Welt Karls V. München 1943. – *D. B. W. Lewis*, Emperor of the West. A study of the emperor Charles the Fifth. London 1932. – *W. L. McElwee*, The Reign of Charles V. 1516–1558. London 1936. – *K. Brandi*, Kaiser Karl V. Werden und Schicksal einer Persönlichkeit und eines Weltreiches. Bd. 1: München ⁴ 1942, Bd. 2: Quellen und Erörterungen. München 1941. – *P. Rassow*, Die Kaiser-Idee Karls V., dargestellt an der Politik der Jahre 1528 bis 1540. Berlin 1932. – *Th. Brieger*, Aleander und Luther. Die vervollständigten Aleander-Depeschen nebst Untersuchungen über den Wormser Reichstag. 1. Abt. Gotha 1884. – *P. Kalkoff*, Die Depeschen des Nuntius Aleander vom Wormser Reichstage, übersetzt und erläutert. Halle ² 1897. – *S. A. Nulli*, Francesco Guicciardini. 1936. – *L. Malagoli*, Guicciardini. Firenze 1939. – *V. Luciani*, Francesco Guicciardini and his European Reputation. New York 1936. – *G. Fremercy*, Guicciardinis finanzpolitische Anschauungen. Stuttgart 1931 = Beih. 26 z. Vierteljahrsschr. f. Soz.-Wirtschaftsgesch. – *V. de Caprariis*, Francesco Guicciardini, dalla politica alla storia. Bari 1950 = Istituto Italiano per gli studi storici in Napoli. – *W. Köhler*, Huldrych Zwingli. Leipzig 1943. – *H. Jedin*, Kardinal Contarini als Kontroverstheologe. Münster 1949 = Vereinsschr. d. Ges. z. Herausgabe des Corpus Catholicorum 9.

Viertes Kapitel: *A. Warburg*, Die Erneuerung der heidnischen Antike, in: *Ders.*, Gesammelte Schriften. Bd. I u. II. Leipzig/Berlin 1932. – *E. Walser*, Christentum und Antike in der Auffassung der italienischen Frührenaissance, in: AFK. 11 (1914) 273ff. – *C. v. Chlędowski*, Rom. Die Menschen der Renaissance.

München ³ 1913. – *H. Gollwitzer*, Zur Geschichte der Diplomatie im Zeitalter Maximilians I., in: Hist. Jb. 74 (1955) 189–199. – *G. Mattingly*, Renaissance diplomacy. Boston 1955. – *C. Martinati*, Notizie storico-biografiche intorno al conte Baldassare Castiglione con documenti inediti. Firenze 1890. – *V. Cian*, Baldassar Castiglione, un illustre nunzio pontificio di rinascimento. Roma 1951. – *A. v. Reumont*, Frauenschicksale in der Renaissance. Hrsg. v. E. Schaeffer. 2 Bde. Dresden 1927. – *M. de Maulde-la-Clavière*, Les femmes de la Renaissance. Paris 1898. – *E. Rodocanachi*, La femme italienne à l'époque de la Renaissance. Paris 1907. – *K. Schätti*, Erasmus von Rotterdam und die Römische Kurie. Basel und Stuttgart 1954 = Basler Beitr. z. Geschichtswiss. – *P. de Nolhac*, La bibliothèque de Fulvio Orsini, contributions à l'histoire des collections d'Italie et à l'étude de la Renaissance. Paris 1887. – *H. Rabow*, Die „Asolanischen Gespräche" des Pietro Bembo. Eine Studie zum Kulturproblem der italienischen Renaissance. Bern/Leipzig 1933. – *E. Müntz*, La Bibliothèque du Vatican au XVIᵉ siècle. Paris 1886. – *E. Rostagno*, Prefazione all'Eschilo Laurenziano. Firenze 1896. – [Über Leos X. Privatbibliothek und die Vaticana unter ihm vgl.:] *L. Pastor*, Geschichte der Päpste seit dem Ausgang des Mittelalters. Bd. IV, 1, S. 479ff. Freiburg i. Br. ²⁻⁴ 1906. – *F. Wickhoff*, Die Bibliothek Julius' II., in: Jb. d. preuß. Kunstsamml. XIV (1893) 49–65. – *J. Paquier*, L'humanisme et la réforme. Jérôme Aléander de sa naissance à la fin de son séjour à Brindisi (1480–1529). Paris 1900. – *M. Santoro*, Pietro Bembo. Napoli 1937. – *V. Cian*, Un decennio della vita di M. Pietro Bembo (1521–31). Torino 1885. – *V. Cian*, Il Cortegiano del conte Baldesar Castiglione annotato ed illustrato. Firenze 1894. – Der Hofmann des Grafen Baldassar Castiglione. Übersetzt, eingeleitet und erläutert von A. Wesselski. 2 Bde. München und Leipzig 1907. – *C. v. Chledowski*, Der Hof von Ferrara. Berlin 1910. – *L. G. Pélissier*, De opere historico Aegidii cardinalis Viterbiensis. Monspelii 1896. – *E. Müntz*, Le musée de portraits de Paul Jove. Paris 1900. – *K. K. Müller*, Neue Mitteilungen über Janus Laskaris und die Mediceische Bibliothek, in: Zentralbl. f. Bibliothekswesen (hrsg. v. O. Hartwig und K. Schulz) I (1884) 333–411. – *R. Weiss*, The Dawn of Humanism in Italy. London 1947. – *A. v. Reumont*, Vittoria Colonna. Leben, Dichten, Glauben im 16. Jahrhundert. Freiburg i. Br. 1881. – *A. Luzio*, P. Aretino nei suoi primi anni a Venezia e la corte di Gonzaga. Torino 1888. – *V. Rossi*, Pasquinate di P. Aretino ed anonime. Turin/Palermo 1891. – *A. Luzio*, Pietro Aretino e Pasquino, in: Nuova antologia. III. serie, vol. XXVIII, p. 679–708. – *K. Voßler*, Pietro Aretinos künstlerisches Bekenntnis. Heidelberg 1900. – *C. Bertani*, Pietro Aretino e le sue opere. Sondrio 1901. – *A. Del Vita*, Aretino, Uomo libero. Arezzo 1954. – *U. Leo*, Petrarca, Ariost und die Unsterblichkeit, in: Roman. Forsch. 63 (1951) 241–281. – *B. Croce*, Ludovico Ariosto. Bari ² 1927. – *B. Morsolin*, Giangiorgio Trissino. Firenze ² 1894. – *W. Creizenach*, Geschichte des neueren Dramas. 1. Bd.: Mittelalter und Frührenaissance. 2. Bd.: Renaissance und Reformation. 1. T. Halle 1893 und 1901. – *Th. Hetzer*, Die Sixtinische Madonna. Frankfurt a. M. 1947. – *E. Müntz*, Léonard de Vinci. Paris 1899. – *L. H. Heydenreich*, Leonardo. Berlin 1943. Basel ² 1954 (Neue verb. und erw. Aufl.). – Léonard de Vinci et l'expérience scientifique au XVIᵉ siècle. (Festschrift.) Paris 1953. – *L. Baldaß*, Zu den

Gemälden der ersten Periode des Leonardo da Vinci, in: Zeitschr. f. Kunstwiss. VII (1953) 165–182. – *G. Uzielli*, Leonardo da Vinci e le Alpi con sette carte antiche in fac-simile. Torino 1890 = SA. aus dem Bolletino des Club alpino italiano, vol. XXIII. – *A. Nava*, La storia della chiesa di S. Giovanni dei Fiorentini nei documenti del suo archivio, in: Arch. della Società rom. di storia patria XIX (1936) 337 ff. – *H. R. Weihrauch*, Studien zu bildnerischen Werken des Jacopo Sansovino. Straßburg 1935. – *D. Gnoli*, La Roma di Leone X. Milano 1938. – *W. Körte*, Der Palazzo Zuccari in Rom, sein Freskenschmuck und seine Geschichte. Leipzig 1935 = Röm. Forsch. d. Bibl. Hertziana, Bd. 12. – *G. Felici*, Villa Ludovisi in Roma. Roma 1952.

Fünftes Kapitel: *H. Varnhagen*, Die Eroberung Genuas durch die Kaiserlichen unter Prospero Colonna und Pescara im Mai 1522. Neue Bearb. Erlangen 1922. – *C. Ritter v. Höfler*, Papst Adrian VI. 1522–1523. Wien 1880. – *G. Pasolini*, Adriano VI. Roma 1913. – *E. Hocks*, Der letzte deutsche Papst Adrian VI. 1522–1523. Freiburg i Br. 1939. – *E. Rodocanachi*, Histoire de Rome. Les pontificats d'Adrien VI et de Clément VII. Paris 1933. – *C. L. Halkin* et *G. Dansaert*, Charles de Lannoy, vice roi de Naples. Bruxelles 1935. – *L. Pastor*, Die kirchlichen Reunionsbestrebungen während der Regierung Karls V. Aus den Quellen dargestellt. Freiburg i. Br. 1879. – *K. Hofmann*, Die Konzilsfrage auf den deutschen Reichstagen von 1521–1524. Diss. Heidelberg 1932. – *G. Romano*, Cronaca del soggiorno di Carlo V in Italia. Milano 1892. – *G. de Leva*, Storia documentata di Carlo V in correlazione all' Italia. 5 voll. Venezia/Padova 1863–94. – *P. Zeller*, Charles-Quint et le Connétable de Bourbon. Coulomniers 1889. – *A. Lebey*, Le connétable de Bourbon 1490–1527. Paris 1904. – *E. Mehl*, Die Weltanschauung des Giovanni Villani. Ein Beitrag zur Geistesgeschichte Italiens im Zeitalter Dantes. Leipzig 1927 = Beitr. z. Kulturgesch. d. Mittelalters u. d. Renaissance Bd. 33. – *P. Balan*, Clémente VII et l'Italia de' suoi tempi. Milano 1887. – *St. Ehser*, Die Politik Clemens' VII. bis zur Schlacht bei Pavia, in: Hist. Jb. VI (1885) 557 ff. und VII (1886) 553 ff. – *T. Pandolfi*, Giovan Matteo Giberti e l'ultima difesa della libertà d'Italia negli anni 1521–1525, in: Arch. della Società rom. di storia patria XXXIV (1911) 131 ff. – *W. Buddee*, Zur Geschichte der diplomatischen Missionen des Dominikaners Nikolaus von Schomberg bis zum Jahre 1519. Diss. Greifswald 1891. – *F. Chabod*, Lo stato di Milano nell' Impero di Carlo V. Bd. I. Roma 1934. – *R. Grethen*, Die politischen Beziehungen Clemens' VII. zu Karl V. in den Jahren 1523–1527. Hannover 1887. – *R. Thom*, Die Schlacht bei Pavia, 24. 2. 1525. Diss. Berlin 1907. – *L. Beltrami*, La battaglia di Pavia, ill. negli arazzi del marchese del Vasto nel museo di Napoli. Milano 1896. – *E. Gagliardi*, Die Schlacht von Pavia auf den Teppichen des Museums zu Neapel. Zürich 1916/17. – *K. Brandi*, Nach Pavia. Pescara und die italienischen Staaten, Sommer und Herbst 1525, in: Nachrichten von der Gesellsch. d. Wiss. zu Göttingen, philol.-hist. Kl. N. F. Fachgr. II, Bd. 2, [5], S. 139–231. – *F. Dittrich*, Kardinal Contarini. 1483–1542. Eine Monographie. Braunsberg 1885. – *F. Dittrich*, Regesten und Briefe des Kardinals J. Contarini (1483–1542). Braunsberg 1881. – *J. Cartwright*, Isabella d'Este. 2 Bde. London 1903. – *A. Luzio*, Isabella d'Este né primordi del papato di Leone X eil suo viaggio a Roma nel 1514–1515, in: Arch. storico lombardo XXXIII

(1906). – *A. Luzio*, Isabella d'Este e la Corte sforzesca, in: Arch. storico lombardo XXVIII. – *A. Luzio e R. Renier*, Mantova e Urbino. Isabella d'Este ed Elisabetta Gonzaga nelle relazione famigliari e nelle vicende politiche. Turin/Rom 1893. – *F. v. Bezold*, Aus dem Briefwechsel der Markgräfin Isabella von Este-Gonzaga, in: AFK. 8 (1910) 385–418. – *J. Lauts*, Isabella d'Este, Fürstin der Renaissance. 1474–1539. Hamburg 1952. – *K. Brandi*, Die Versuchung des Pescara, in: Gesamtdt. Vergangenheit. Festgabe f. H. v. Srbik. München 1938, S. 63 ff. – *E. Stendell*, Konrad von Bemelberg, der klein Heß, der Landsknechtsoberst, in: Hessenland 3/4 (1889) 2, 18, 34, 46, 62. – *G. Franz*, Vom Ursprung und Brauchtum der Landsknechte, in: MIÖG. 61 (1953) 79–98.

Sechstes Kapitel: *U. Robert*, Philibert de Chalon, prince d'Orange, viceroi de Naples. voll. I u. II. Paris 1902. – *K. Milanesi* [Hrsg.], Il sacco di Roma del MDXXVII. Firenze 1867. – *A. Corvisieri*, Documenti inediti sul sacco di Roma nel 1527. Roma 1873. – *G. Droysen*, Zeitgenössische Berichte über die Eroberung der Stadt Rom 1527. Halle 1881. – *F. Gregorovius*, Gumppenbergs Bericht vom Sacco di Roma. Abh. d. Akad. d. Wiss. München 1877. Auch in: *Ders.*, Kleine Schriften z. Gesch. u. Cultur. Bd. I (Leipzig 1887), S. 181–264. – *H. Schulz*, Der Sacco di Roma. Karls V. Truppen in Rom 1527–28. Halle 1894. – *L. Dorez*, Le sac de Rome (1527). Rélation inédite de Jean Cave, orléanais, in: Mélanges d'Arch. et d'Hist. Paris/Rome XVI (1896) 355 ff. – *D. Orano*, Il sacco di Roma del 1527. Vol. I: I ricordi di Marcello Alberini. Roma 1911.

Siebentes Kapitel: *G. Claretta*, Carlo V e Clemente VII, congresso di Bologna e l'assedio di Firenze. Torino 1893. – *A. Bardi*, Carlo V e l'assedio di Firenze da documenti dell' archivio di Bruxelles, in: Arch. stor. Ital. 5, serie XI (1893) 1–85. – *W. und E. Paatz*, Die Kirchen von Florenz. Ein kunstgeschichtliches Handbuch. 6 Bde. Frankfurt 1940 ff. – *F. Decruc*, Anne de Montmorency, à la cour, aux armes et au conseil du roi François I. Paris 1885. – *B. Dami*, Giovanni Bini dei Medici nella vita politica. Ricerche storiche 1400–1429. Firenze 1899. – *L. Ferrai*, Lorenzino de' Medici e la società cortegiana del Cinquecento. Milano 1891.

REGISTER

A

Aachen, Dom I, 407
Abälard II, 203 ff., 267
St. Abbacyrus, Kirche, II, 274
Abbreviatoren III, 105, 275
Abgaben, römische, im IX. Jahrhundert I, 670; unter Cola di Rienzo II, 692; im XV. Jahrhundert III, 107 f.
Abteien in Rom, die zwanzig I, 482
Abu Hosein Mogêhid II, 10
Abul-Kasem von Palermo I, 642
Accademia vgl. auch Akademie
Acciajoli, Agnolo III, 50
Acciajuoli, Donato III, 121
Acciajuoli, Zanobio III, 498 f.
Acciapaccio, Niccolò III, 42, 297
Accolti, Benedetto III, 603
Accolti, Bernardo III, 491, 513, 521
Accolti, Pietro III, 386, 537
Achaja, Johann von, auf dem Kapitol II, 601 f., 604 ff.; zieht von Rom ab II, 613; versucht einen Handstreich gegen die Stadt III, 641 f.
Achmed Pascha III, 123
Acqua siehe Aqua
Acquasparta, Mattheus von II, 535; sein Grab II, 567
Actores I, 415, 434
Acunha, Tristan d' III, 444
Adalbert, Sohn Berengars II., wird Mitkönig I, 612; in Rom I, 621; letzte Kämpfe mit Otto I. I, 625, 629
Adalbert von Bremen II, 23, 60, 63
Adalbert von Ivrea I, 589
Adalbert, Bischof von Prag, I, 646; seine Verehrung I, 652 f.; Kirchenbauten zu seiner Ehre I, 682; seine Lebensbeschreibung I, 697
Adalbert von Tuszien I, 556 f., 567, 591; unterstützt Sergius III. I, 573; kämpft gegen die Sarazenen I, 587

St. Adalbert und Paulinus, Kirche, I, [682
Adaldag, Bischof, I, 628
Adam, Abt von Farfa, I, 663
Adel, römischer I, 64 ff., 217; heidnisch I, 32 ff., 64; christliche Familien um 400: I, 32 ff.; Leben des Adels im V. Jahrhundert I, 64 ff.; Gliederung im VII. Jahrhundert I, 320; seine Macht im VIII. Jahrhundert I, 434; seine Macht im X. Jahrhundert I, 582, 598 f.; legendarische Stammbäume I, 713 f.; seine Macht am Anfang des XI. Jahrhunderts II, 2, 6, 8; unter Nikolaus II. II, 50; im XII. Jahrhundert II, 194 ff.; Stadtgeschlechter im XII. Jahrhundert II, 142, 194 f.; im XIII. Jahrhundert II, 316, 419 f.; germanische Familien II, 317; die Türme des Adels zerstört II, 430; seine Macht im XIV. Jahrhundert II, 687; in Trastevere III, 329; in Ponte III, 330; in Parione III, 334; in S. Eustachio III, 335; in der Regola III, 336; in S. Angelo III, 337; in Pigna III, 339; in Ripa III, 340 f.; in Campitelli, III, 344; in Campo Marzo III, 346; in Colonna III, 347; in Trevi III, 347 f.; in Monti III, 352 f.; Verfall im XVI. Jahrhundert III, 535 f.
Adelais vgl. Praxedis
Adelais, Kaiserin, II, 121
Adelberga, Königin der Angeln, I, 284
Adelberga, Tochter des Desiderius, I, 408; ihre Bildung I, 423
Adelbert, König der Angeln, I, 284
Adelbert, Graf, Bote Ludwigs II., I, 520
Adelgis I, 393, 398; flieht nach Verona I, 399; nach Konstantinopel I, 402; plant die Vertreibung der Franken I, 409; landet in Kalabrien I, 412; gestorben I, 412

Adelgis von Benevent, nimmt Ludwig II. gefangen I, 545; wird geächtet I, 545

Adelhard von Corvey I, 474

Adelheid, die spätere Kaiserin, heiratet Lothar I, 610; flieht I, 612; heiratet Otto I. I, 612; wird Kaiserin I, 617; gestorben I, 681

Adelheid von Susa II, 69, 102

Adelwald I, 290, 292

Ademar von Puy II, 127

Adenulf, Podestà von Anagni, II, 543

Adeodatus, Papst, I, 314

Adminiculator, I, 437

Adolf von Nassau II, 534

Adolf, Erzbischof von Köln, II, 319

Adolf, Diaconus, I, 474

Adoption durch Haarlocken I, 319

Adorno, Antonio (1385) II, 813

Adorno, Antonio (1522) III, 482, 542

Adorno, Girolamo III, 551

Adorno, Prospero III, 92

S. Adriano, gegründet I, 294; restauriert II, 163

Adrianus, Märtyrer, I, 294

Adrianus, Dux, I, 602

Adrianus, Vater Stephans VI., I, 588

Adscriptitii I, 415

Advocatis, Simon de II, 597

Advokatur der Klöster I, 446

Aemilia, Provinz, I, 235

St. Aemilianae, Titulus, I, 127, 131

Ärzte, besoldet von Justinian, I, 227; römische um 600: I, 279

Aëtius I, 86f.; sein Untergang I, 95ff.

Affile II, 143

Afiarta, Paulus I, 391; zu Desiderius gesandt I, 396; läßt Sergius ermorden I, 396; verhaftet und gestorben I, 397

Agapeti I, 70

Agapitus I., Papst, I, 168f.

Agapitus II., verschenkt die Säule des M. Aurel I, 230; wird Papst I, 611; ruft Otto I. I, 612; gestorben I, 615

S. Agata, Kloster, I, 481

S. Agata in Suburra I, 113ff.; geweiht I, 275; Region I, 704

Agata von Catanea I, 275

Agathon, Papst, I, 314

Agathon, Bischof von Todi, I, 520

Agathon (um 710) I, 334

Ager Romanus vgl. Campagna; Grenzen im VII. Jahrhundert I, 327

Ager Veranus I, 48, 129

Agiltrude, Gattin Guidos von Spoleto, I, 568f.

Agilulf I, 256; erobert Perugia I, 257; belagert Rom I, 256f., 259f.; schließt Frieden I, 268

Agiprand, Herzog von Chiusi, I, 357

Agiprand (916) I, 588

Agnadello, Schlacht, III, 381

Agnellus, Historiker, I, 332, 432, 476, 535

Agnes, Kaiserin, II, 41; bestätigt Nikolaus II. II, 49; gestürzt II, 60; in Rom II, 65; beim Laterankonzil II, 87; gestorben II, 93

St. Agnes, Legende, I, 297

St. Agnes vor dem Nomentanischen Tor oder fuori le mura, I, 41; Gründung I, 49; von Honorius I. neu gebaut I, 297f.; Mosaiken I, 298; um 1500: III, 333

St. Agnes in Agone I, 712

S. Agnese, Kloster, I, 607

Agnesi, Astorgio III, 48

Agobard von Lyon I, 532

Agones, Region, I, 712

S. Agostino III, 306, 312; Gemälde Raffaels III, 529; Statuen Sansovinos III, 423f.

Agricola, Rudolf III, 279

Agrippa, Grab, I, 23

Agrippina, ihre Aschenurne, III, 267

Agropolis I, 552

Agulia I, 702

d'Ailly, Peter II, 859

Aistulf I, 360; nimmt Ravenna I, 364; zieht gegen Rom und fordert Tribut

Register

I, 364; wird von Stephan II. besucht I, 366; von Pippin bekriegt I, 370; rückt in den römischen Dukat ein I, 370; belagert Rom I, 371; hebt die Belagerung auf I, 373; schließt einen neuen Frieden mit Pippin I, 374; gestorben I, 377

Akademie, römische, III, 105, 273 ff., 496 f., 644

Akademie von S. Luca III, 320

Akademien des XV. Jahrhunderts III, 273

Alain von Avignon III, 69, 81, 97

Alaleonibus, Angelus de II, 820

Alarcon III, 396, 568, 584, 623 f., 630 f., 636

Alarich I, 53, 55; zieht gegen Rom I, 57 ff.; sein Dämon I, 57; belagert Rom I, 59 f.; erpreßt eine Kontribution I, 56, 61; zum zweiten Mal in Rom I, 61; erobert Portus I, 62; setzt Attalus als Kaiser ein I, 62; setzt Attalus ab I, 63; zieht zum dritten Mal gegen Rom I, 63; erobert Rom I, 70 ff.; plündert Rom I, 72 ff.; zieht ab I, 74; erbeutet Gefäße des Tempels von Jerusalem I, 100; stirbt I, 80

Albano, Gründung II, 387; von Belisar besetzt I, 187, 190; von den Römern zerstört II, 249; bis zum XIII. Jahrhundert II, 387; savellisch II, 387; von den Sarazenen zerstört II, 387; Bistum I, 132; 1436 zerstört III, 26

Albany, Herzog von III, 660

Albergati III, 11, 31, 49 f.

Albergatis, Vianesius de III, 106

Albergo del Sole III, 331

Alberia, Gattin Walthers von Brienne, II, 315

Alberich I. I, 582; heiratet Marozia I, 583; zieht gegen die Sarazenen I, 587 f.; seine Stellung in Rom I, 589; letztes Schicksal I, 590 f.

Alberich II. kämpft gegen Hugo von Italien I, 597 f.; wird Princeps I, 599; seine Stellung I, 599; seine Münzen I, 599; sein Palast I, 602; seine Herrschaft I, 603; Kämpfe mit Hugo I, 603 f.; er heiratet Alda I, 604; Beziehungen zu Byzanz I, 604; zu Leo VII. I, 604 f.; seine Sorge für die Klöster I, 607 f.; er reformiert Farfa I, 608 f.; erwirbt die Sabina I, 609; unterdrückt einen Aufstand I, 610; neue Kämpfe mit Hugo I, 610; Vertrag mit ihm I, 611; Stellung zu Otto I. I, 613; gestorben I, 613

Alberich, Bruder Ezzelins, II, 379, 433

Alberich Graf von Tusculum II, 4, 6

Alberini, Giovanni III, 532, 610

Albert, Bischof der Sabina, II, 139

Albert von Sachsen III, 196

Albert, Kanzler, II, 150

Albert von Neiffen II, 472

Alberteschi, Francesco II, 669

Alberteschi, Stefanus Normannus II, 606

Alberti, Jakob II, 646

Alberti, Leon Battista III, 64, 243, 294, 298 f., 353

Alberti, Stefan II, 478, 481 f.

Albertini, Francesco III, 504

Albertus Magnus II, 342

Albigenser II, 337 f.

Albinus, Konsular, I, 153

Albinus, Stadtpräfekt, I, 82

Albinus, Rat Karls des Großen, I, 398

Albinus, seine Gesta, II, 137, 269 f.

Albion, Juan III, 180

Albizzi, Rinaldo degli III, 22

Alboin, König der Langobarden, I, 234, 246 f., 309

Alboin, Herzog von Spoleto, I, 381

Albornoz, Egidius II, 726 f.; in Italien II, 735 ff.; seine Beziehungen zu Karl IV. II, 747 f.; unterwirft den Kirchenstaat II, 750 ff.; seine Verwaltung II, 751 f.; wird nach Avignon berufen II, 752; neue Kämpfe mit den Tyrannen II, 754; mit den Visconti II, 754f., 757f.; er schließt Frieden II, 758; reformiert die römischen Statuten II, 758f.; Albornoz und die Soldbanden II, 761ff.; er empfängt Urban V. in Corneto II, 767; gestorben II, 768

Albornoz, Gomez II, 792f.

Albrecht I. II, 534; unterwirft sich Bonifatius VIII. II, 539; gestorben II, 588

Albrecht von Mainz III, 467

Albrecht II. III, 32, 35

Albrecht, Bruder Friedrichs III., III, 55

d'Albret, Charlotte III, 202

d'Albret, Jean III, 368, 565

Albula, Fluß, I, 702

Albuquerque III, 444

Alcuin I, 423; seine Stellung beim Aufstand gegen Leo III. II, 454f.; er weigert sich, nach Italien zu gehen II, 456

Alcyonius III, 642

Alda, Gattin Alberichs, I, 604

Alda, Gattin Hugos von Italien, I, 595

Aldhelm I, 423

Aldobrandi, Rosso II, 488

Aldobrandini, Markgraf von Ferrara (1353), II, 745

Aldobrandini von Nicosia III, 229

Aleander III, 470, 476, 478, 515; Begleiter Hadrians VI. III, 542; Legat bei Frundsberg III, 562; seine Laufbahn III, 499; seine Bibliothek III, 498

d'Aleman, Louis III, 11, 20, 32, 34, 43, 51

Alemannen fallen in Italien ein I, 223

Alemanni, Lodovico III, 523

d'Alençon, Philipp, sein Sarkophag, II, 884

Alethius, Senator, I, 44

Alexander II., vgl. Anselm von Badagio, er wird Papst II, 55; vor Benzo II, 58; Vertrag mit Cadalus II, 59; nach Rom zurückgeführt II, 60; Kampf mit Cadalus II, 61; als Papst anerkannt II, 63; für den Zölibat II, 64; seine Stellung zu Cotta II, 66; seine Reisen II, 67; in Monte Cassino II, 71; gestorben II, 71

Alexander III., Wahl, II, 238; gegen Friedrich I. II, 239; geht nach Frankreich II, 240; nach Rom II, 241; verhandelt mit Byzanz II, 242; er wird belagert II, 246; flieht nach Benevent II, 246; im Exil II, 249f.; erklärt sich für die Lombarden II, 250f.; schließt Frieden mit Friedrich I. II, 251; in Rom II, 252; Konzil von 1179: II, 254; gestorben II, 254; Charakter II, 254f.

Alexander IV. II, 424f.; geht nach Rom II, 425; gegen Brancaleone II, 428f.; nach Viterbo II, 429; bannt Brancaleone II, 430; reklamiert die Wahl des Senators II, 432; bannt Manfred II, 438; fordert die Vertreibung der Sarazenen II, 438f.; bannt Siena II, 440; gestorben II, 440

Alexander V. vgl. Filargo, er wird Papst II, 843; erwirbt Rom II, 845; in Bologna II, 845; gestorben II, 846

Alexander VI., vgl. Borgia, Rodrigo, er wird Papst III, 149f.; gekrönt III, 153; Verwaltung III, 154; Nepotismus III, 154f.; Unterhandlungen mit Ferrante III, 156f.; Liga mit Sforza III, 157; teilt die Erde III, 158; unterhandelt mit Spanien III, 160; Vertrag mit Ferrante III, 161; Kardinalsernennung III, 161ff.; er erkennt Alfonso II. an III, 164; erobert Ostia III, 164; unterhandelt mit Bajazet III, 168; rüstet gegen Karl VIII. III, 171; Vertrag mit ihm III, 174, 177f.; schließt eine Liga gegen ihn III, 181; Krieg mit den Orsini III, 186ff.; Eindruck der Ermordung Gandrías auf ihn III, 190ff.; er beseitigt Savonarola III, 198; schließt ein Bündnis mit Ludwig XII. III, 200; er stürzt die

Gaëtani III, 204f.; entrinnt der größten Lebensgefahr III, 211; macht Cesare zum Herzog der Romagna III, 214; neues Bündnis mit Ludwig XII. III, 215; er konfisziert die Güter der Barone III, 217f.; geht nach Piombino III, 221; vernichtet die Orsini III, 227f.; Aufstand der Barone III, 229ff.; ernennt neue Kardinäle III, 233; seine letzten Pläne III, 233f.; gestorben III, 234; Charakter III, 236ff.; Bauten III, 244, 265, 308ff.; Grab III, 314f.; sein Nachlaß III, 355; Begräbnis III, 355, 358

Alexander VII., Papst, I, 44

Alexander, Sohn des Basilius, I, 700

Alexandros Psalidion I, 193

Alexii, Familie, II, 311f.

Alexius Komnenus II, 99, 102; seine Gesandtschaft nach Rom II, 157

St. Alexius, Gründung, I, 39

St. Alexius, Legende, I, 641

Alfons von Aragon vgl. Alfons von Neapel

Alfons X. von Kastilien II, 437, 467, 490, 494, 521

Alfons I. von Neapel II, 861, III, 7, 45; beansprucht Neapel III, 9, 29; gefangen III, 29f.; neuer Feldzug III, 30; er erobert Neapel III, 30, 39; Vertrag mit Eugen IV. III, 40f.; Erbe Viscontis III, 52; schließt sich der Liga von Lodi an III, 66; Krieg mit Genua und Siena III, 71; gestorben III, 72

Alfons II. von Neapel III, 120, 122, 124, 126ff., 129, 135, 137, 148; mit Hippolyta Sforza vermählt III, 109; König III, 164f.; rüstet gegen Karl VIII. III, 164, 166ff.; geschlagen III, 168; dankt ab III, 179; gestorben III, 184; schützt Valla III, 258

Alfonso von Portugal III, 461

Alfred d. Gr. I, 517

Algidus I, 206, II, 388

Alidosi, Beltramo degli II, 787

Alidosi, Francesco III, 307, 373, 387f., 442, 497

Alidosi, Johann II, 865

Alidosi, Lippus II, 817

Alidosi, Ludwig II, 817

Alidosi, Richard II, 848, 864

Aligern, Sendbote Theoderichs, I, 148

Aligern, Bruder des Teja, I, 218

d'Allegre, Ivo III, 206, 395ff.

d'Allegre, Louis III, 173

Allerheiligen, Fest, I, 289f., I, 504

Allerseelen, Fest, I, 289f.

Allo, Dux von Lucca, I, 408

Almeida III, 444

Almo I, 15

Alphanus II, 289

Alsium I, 207

Alta Semita I, 17f.

Altamura, Federigo von II, 155, 160, 184, 193, 200, 215f.

Altamura, Ferrante von III, 216f.

Altäre I, 326

Altemps, Palast, III, 307

Altieri, Palast, III, 338

Altieri, Marcantonio III, 392, 535f., 606

Altoviti, Familie III, 492

Altoviti, Bindo III, 492f.

Alvarus Pelagius II, 678

Alviano, Bartolomea III, 187

Alviano, Bartolomeo III, 186f., 199, 359ff., 362, 379, 381, 442, 448

Alviano, Bernardino III, 227

Alypius I, 66

Amadeus von Savoyen, Begleiter Heinrichs VII., II, 603, 611, 613, 618

Amadeus VIII. von Savoyen, vgl. Felix V., III, 34

Amalafrida I, 164

Amalasuntha I, 155ff.; versöhnt sich mit dem Senat I, 157; ihre Stellung zu den Goten I, 163; nimmt Theodahad zum Mitregenten an I, 164; verbannt I, 164; gestorben I, 164

Amalfi, Bündnis mit Rom I, 509; Vertrag mit Johann VIII. I, 550, 552;

Verfassung im IX. Jahrhundert I, 550; von Pisa erobert II, 186
Amaseo, Romolo III, 519, 567
Amateschi, ihre Türme II, 575
Amatus von Monte Cassino II, 135
d'Amboise, Charles III, 376, 380, 385; gestorben III, 386
d'Amboise, Georg III, 201, 224, 359f.; gestorben III, 389
d'Amboise, Louis III, 377f.
S. Ambrogio della Massima III, 337
S. Ambrosio, Hospital, III, 345
St. Ambrosius von Mailand I, 32
Amelia I, 353, 443
Ameria I, 514
Amigdani, Niccolò degli III, 62
Amius III, 530
Ammanati III, 93, 101f., 105, 276, 282
Ammianus I, 31, 49, 64ff.; entdeckt III, 245
Ampelius I, 63
Amphitheater des Titus I, 140
Amphitheatrum Castrense I, 17, 49; zur Zeit Poggios II, 893
Amphitheatrum Flavium, vgl. auch Colosseum, I, 16, 140
Amphitheatrum Statilii Tauri I, 19
Amulette I, 274
Anagni, von Werner zerstört, II, 718
Anaklet II., vgl. Petrus Leo, er wird Papst II, 181; seine Briefe II, 182; salbt Roger I. II, 183; wird gebannt II, 184; sein Herrschaftsgebiet II, 186; er macht Roger I. zum Patricius II, 186; gestorben II, 188
Anargyri I, 160f.
St. Anastasia, Heilige, I, 129
St. Anastasia sub Palatio I, 129
Anastasiae, Titulus, I, 129ff.
S. Anastasio ad Aquas Salvias II, 298f., 335, 421, II, 189, 267
St. Anastasius, der Apostel Ungarns, I, 653
St. Anastasius, der Magier, I, 299
Anastasius I., Kaiser, I, 122ff., 140, 149

Anastasius II., Kaiser, I, 335, 338
Anastasius II., Papst, I, 124
Anastasius III. I, 580
Anastasius IV. II, 220; Bauten II, 291
Anastasius Bibliothecarius I, 535
Anastasius, Kardinal von St. Marcellus, abgesetzt I, 517; usurpiert das Papsttum I, 520; wird verjagt I, 521; wird amnestiert I, 539; exkommuniziert I, 540
Anastasius, Defensor, I, 392
Anastasius, Ungar, I, 680
Anathem, Zeremonie, I, 304
Anchard I, 354
Ancherus von Troyes II, 566
Ancona wird päpstlich I, 357, 378
Andalò, Castellano degli II, 432ff.
S. Andrea in Cata Barbara I, 120
S. Andrea de Funarus III, 337
S. Andrea e Gregorio in Clivo Scauri, Gründung I, 246; Gemälde I, 284f.; verfällt I, 285; erwirbt Mazzano I, 608
S. Andrea in Pallara III, 343
S. Andrea della Valle III, 314, 322
St. Andreas, sein Arm I, 274; sein Kopf III, 95ff.
Andreas Paläologus III, 124, 179
Andreas von Ungarn II, 680, 686
Andreas von Bergamo I, 696
SS. Andreas und Bartholomäus, Kloster, I, 481
Andromachus, Senator, verteidigt die Luperkalien I, 124
Anfusus II, 190
Angelerii, Egidius II, 700
St. Angeli usque ad coelos, Kirche, I, Angelico, Beato III, 319   [596
S. Angelo, Region, III, 336f.
Angelo, Fra, II, 728
S. Angelo di Todici, Brücke, II, 65
S. Angelo in Pescaria, im XV. Jahrhundert, III, 336
Angelsachsen, bekehrt I, 283f.; in Rom I, 325, 517

Angelus de Tineosis II, 641
Anghiari, Schlacht, III, 38
Angilbert I, 424, 445, 453
Anglano, Jordan von II, 439, 445, 448, 456f., 460ff.
Angnano, Domenico von III, 152, 162
Angoulême III, 637
Anguillara, Grafen II, 607; ihr Untergang III, 108; werden orsinisch III, 149, 155ff., 161
Anguillara, Turm in Trastevere, II, 574
Anguillara, Deifobo von III, 108, 149
Anguillara, Eversus von III, 25f., 37, 42, 69f., 80, 88f.; gestorben III, 108; sein Palast III, 108
Anguillara, Fabio von III, 393
Anguillara, Francesco von III, 108, 276
Anguillara, Johann von (1336) II, 667
Anguillara, Pandulf von II, 445f., 476, 641
Anguillara, Ursus von II, 667, 669f., 672f.; krönt Petrarca II, 673
Aniballianus I, 49
Anicii, ihre Stellung I, 45, 171; ihr Palast I, 26; ihre Grabkapelle I, 45
Anio, Brücke, I, 112, 134, 173, 208, 231
Anna, Kaiserin, II, 746ff.
Anna von Bretagne III, 160, 200
S. Anna III, 335
Annaten II, 826
Annibaldi, Familie, Ursprung II, 361; erwerben Molara II, 388, 420; ghibellinisch II, 446
Annibaldi, Palast, III, 343
Annibaldi, Annibaldo, Professor, II, 557
Annibaldi, Annibaldo, Senator, II, 360f., 383, 392
Annibaldi, Annibaldo, Senator (1261), II, 441
Annibaldi, Annibaldo, Senator (1284), II, 507
Annibaldi, Annibaldo, Kardinal, II, 446, 452, 458

Annibaldi, Annibaldo (um 1312) II, 605, 608, 610f., 614, 641
Annibaldi, Johann II, 588, 600, 605, 612
Annibaldi, Lorenzo II, 844
Annibaldi, Nicolaus II, 683
Annibaldi, Petrus (um 1204) II, 311f.
Annibaldi, Petrus (um 1312) II, 606
Annibaldi, Pietro Stefaneschi, vgl. Stefaneschi, Pietro
Annibaldi, Ricardellus II, 478, 483
Annibaldi, Richard (um 1312) II, 606
Annibaldi, Richard (vom Colosseum) II, 532
Annibaldi, Richard Petri II, 432, 446, 473, 478, 503, 505f., 541, 566, 580
Annibaldi, Theobald (1266) II, 460ff.
Annibaldi, Theobald (um 1401) II, 823
Annichino II, 758, 761ff.
Annius von Viterbo III, 277
Anno von Köln II, 60, 63
Annona vgl. Getreidespenden
Annunziata in S. Basilio III, 352
Anonymus von Einsiedeln I, 597, 698
Anonymus von Salerno I, 533, 696, 700
Ansaldi III, 617
Ansaldo da Mare II, 390, 394
Anselm von Aosta II, 134
Anselm von Badagio, vgl. Alexander II., II, 47, 55
Anselm von Justingen II, 333
Anselm, Bischof von Lucca, II, 78, 103, 114, 137; gestorben II, 117
Anselm, Erzbischof von Mailand, II, 176
Anselm von Mailand I, 485
Ansfried von Löwen I, 617
Anspert, Erzbischof von Mailand, I, 547, 558; nach Rom gerufen und gebannt I, 560
Antemnae I, 70
Anthemius, Kaiser, I, 109, 115; Ketzer I, 110; sein Krieg mit den Vandalen I, 112; sein Verhältnis zu Rikimer I, 112; gestürzt und gestorben I, 113

Anticoli II, 484
Antigliola, Ruggiero di II, 847, 866
Antikensammlungen im XV. Jahrhundert III, 265ff.; im XVI. Jahrhundert III, 420ff.
Antimus, Patriarch, I, 184
Antinous, Statuen, III, 422
Antiochia, Grafen, II, 484
Antiochien, Friedrich von II, 401f.; gebannt II, 421
Antiochien, Konrad von, Enkel Friedrichs II., II, 460, 468, 477f., 484, 506, 603, 607
Antiochien, Konrad von (um 1431) III, 14, 24
Antiochien, Konradin von II, 832; gestorben II, 835
Antium I, 363, 442
Antius, Massa, I, 363
Anton von Lothringen III, 569
Antonazzo III, 320
Antoni, Floretta III, 443
Antonin, Bischof von Florenz, III, 60, 70, 83
Antonina, Gattin Belisars, I, 184, 187
S. Antonio, Hospitalkirche, III, 349
S. Antonio Abbate II, 564
S. Antonio de' Portoghesi III, 297, 344
Antonius, Anachoret, I, 34
Anzianen II, 586, 588
Apicius III, 247
Apocrisiarius I, 248, 315
Apodissa dohanae III, 107
S. Apollinare in Rom I, 293, 712; Palast III, 330
S. Apollinare in Classe, Domänen, I, 404f.; restauriert I, 479; reformiert I, 674
St. Apollinaris, Verehrung, I, 293f.
Apollinaris Sidonius vgl. Sidonius, Apollinaris
Apollo von Belvedere III, 269f., 420
SS. Apostoli, Gründung I, 230; Gebiet I, 230; Kardinalstitel I, 230; Neubau von Stephan V. I, 566; durch ein Erdbeben zerstört II, 720; von Martin V. wiederhergestellt III, 6, 295; Vorhalle III, 306; Kloster III, 306; Fresken der Tribuna III, 320
SS. Apostolorum, Titulus, I, 129
Appartamento Borgia III, 309, 322
Appia, Johann de II, 505f.
Appiani, Beatrice III, 639
Appiani, Gherardo III, 6
Appiano, Jacobo III, 214
Apulia, Provinz, I, 235
Aqua Claudia, von Hadrian I. hergestellt, I, 414; im XV. Jahrhundert III, 344, 348
Aqua Jobia (Jovia) I, 414; von Nikolaus I. hergestellt I, 530
Aqua Sabatina I, 413, 504, 530
Aqua Tocia I, 530
Aqua Trajana, von Belisar hergestellt, I, 209, 413; von Hadrian I. hergestellt I, 413f.; von Gregor IV. hergestellt I, 504; von Nikolaus I. I, 530
Aqua Virgo I, 138, 190, 384; von Hadrian I. hergestellt I, 414; von Nikolaus V. III, 300, 346
Aquädukte vgl. Wasserleitungen
St. Aquila I, 129
Aquila, Stadt, III, 7f., 136, 647
Aquileja, Schlacht, I, 33
Aquilone, Sinibaldo II, 483
Aquino II, 65
Ara maxima I, 421
Araber vgl. Sarazenen
Aranda, Petrus de III, 201
Arator I, 278, 424
Arborea an die Frangipane II, 403
Arca di Noë III, 352
Arcadius I, 34; baut St. Paul um I, 46
Arcarius I, 436
Arce II, 316
St. Archangelus, Diakonie, I, 481
Archäologie, römische, im XII. Jahrhundert II, 272ff.
Archidiaconus I, 253, 292
Archionibus, Antonio de II, 829

Register

Archipresbiteris, Franciscus Ugolini de II, 759
Archipresbyter I, 253, 292
Architekt, städtischer, I, 137
Architektur, älteste christliche, I, 40, 42; zur Zeit der Karolinger I, 479; römische im XII. Jahrhundert II, 287 ff.; im XIII. Jahrhundert II, 564; gotische II, 564, 881; im XIV. Jahrhundert II, 881 f.; in der Renaissance III, 294; unter Sixtus IV. III, 304; unter Leo X. III, 531 f.
Archiv der Stadtpräfektur I, 158; der Kirche I, 281; im IX. Jahrhundert I, 483, 532; im XI. Jahrhundert II, 137; zerstört II, 831; vatikanisches III, 248 kapitolinisches II, 555, 558, III, 613
Arcimboldi, Gianangelo III, 497 f.
Arcione, Kastell, II, 832
Arco, Familie, II, 288
Arco Camigliano III, 338
Arco della Ciambella III, 335
Arco de Trasi II, 893
Arco Tripoli II, 893
Arcus vgl. auch Bogen
Arcus aureae II, 274
Arcus Fabianus I, 576, 709, III, 342
Arcus manus carneae I, 714
Arcus Novus I, 18
Arcus Pietatis I, 704
Arcus Trasi II, 893
Arcus Tres Falciclas I, 413
Ardaburius I, 86
Ardicino, Kardinal, III, 327
Ardoin von Cluny II, 752, 754, 758
Arduin von Ivrea I, 679, II, 2 ff., 6 f., 9 f.
Arearius, Andreas I, 602
Arenarius I, 142
Arenula vgl. Regola
Aretino, Leonardo I, 205, III, 313, 338; päpstlicher Sekretär II, 829 f., 834, 873, 877; Schreiber Eugens IV. III, 46, 48; als Übersetzer III, 247; seine Laufbahn III, 254; gestorben III, 255

Aretino, Pietro III, 410, 491, 493, 522 f.
Arezzo, Giambattista von III, 608
Arezzo, Paul von III, 573
Argentino, Francesco III, 386
Argento, Paulus de II, 756
Argyropulos III, 244, 262, 279
Argyros II, 35
Ariadne, Statue, III, 422
Ariald I, 292, II, 55, 65 f.
Arianer in Rom I, 54, 113 f.; von Justinus I. verfolgt I, 150; ihre Priester aus Rom vertrieben I, 195; ihre Kirchen in Rom I, 275
Arianum vgl. Lariano
Aribert I, 328
Aribert von Köln I, 686
Aribert von Mailand II, 13 f., gebannt II, 19
Arichis II., Herzog von Benevent, I, 268, 309
Arichis III., Herzog von Benevent, I, 408; verbindet sich mit Adelgis I, 409; kämpft mit dem Papst I, 409; er schließt Frieden mit Karl d. Gr. I, 410; empört sich I, 411; sein Verhältnis zu den Griechen I, 412; gestorben I, 412
Aricia II, 161, 387
Arignano, Domenico von III, 152, 162
Arimbald, Bruder Fra Monreales, II, 737 ff.
Aringhieri, Francesco degli III, 88
Ariosto III, 403, 464 f., 522 f.
Aristokratie, römische vgl. Adel
Aristoteles, Architekt, III, 111
Arithmetiker, von Karl d. Gr. aus Rom berufen, I, 424
Ariulf I, 256
Arlotti, Jakob II, 614 ff.
Arlotti, Johann II, 478
Arlotti, Peter II, 478
Armatus I, 115
Armbrüste, in Italien gebräuchlich, II, 755
Armbrustschützen in Rom II, 755, 758

Arme, Zahl in Rom unter Innocenz III. II, 373
Armellino III, 456, 462, 485, 497, 580, 596, 608; gestorben III, 626f.
Armenspeisungen (vgl. Getreidespenden) I, 264, 417, 530
Arno, Erzbischof von Salzburg, I, 455
Arnold von Brescia II, 189, 203ff.; in Rom II, 211ff.; vertrieben II, 222; dem Papst ausgeliefert II, 223; hingerichtet II, 229f.; Charakter II, 230f.
Arnold von Citeaux II, 341
Arnold Pelagru II, 602, 611
Arnolfo di Cambio II, 565
Arnulf, Kaiser, I, 564; nach Italien I, 567; wieder nach Italien I, 567f.; nimmt Rom I, 568; zum Kaiser gekrönt I, 568; nach Deutschland I, 569; gestorben I, 575
Arnulf, Bischof von Orléans, I, 648f.
Arnulf, Erzbischof von Reims, I, 648
Arpacata II, 482, 487, 575
Arrigo von Kastilien II, 467; ghibellinisch II, 471; vertreibt die Guelfen II, 473; ruft Konradin nach Rom II, 473; Generalkapitän II, 474; gebannt II, 475; mit Konradin II, 478; bei Tagliacozzo II, 480ff.; gefangen II, 483ff.; Ende II, 485
Arsenale III, 340
Arsilli, Francesco III, 514f.
Arsoli, Amico von III, 635
Artabasdus I, 359
Artasires I, 196
Arte vgl. Zunft II, 350, 425ff.
Arvandus I, 111ff.
Ascarich, Graf, I, 453
Aschaffenburg, Konkordat, III, 44f., 51
Ascoli, Lodovico III, 109
Asellius Flavius I, 111
Aspar I, 86, 112
Aspra III, 91
Assectamentum II, 416
Astaldi, Carlo III, 633

Astalli, Dominico II, 853
Astalli, Pietro III, 606
Astarik I, 680
Aston, Adam II, 813
Astorga III, 653
Astorre von Faenza III, 66
Astura I, 442, II, 482; niedergebrannt II, 509; gaëtanisch II, 542
Asyle I, 262, II, 692, III, 543
Atenolf von Benevent I, 584, 588
Atenulf von Monte Cassino II, 12; gestorben II, 12
Athalarich I, 154f.; sein Verhältnis zum oströmischen Reich I, 157; seine Erziehung I, 163; gestorben I, 163
Athanasius, Gesandter Justinians, I, 169
Athanasius von Alexandrien I, 245
Athanasius von Neapel I, 551; blendet Sergius II. I, 551; verbindet sich mit den Sarazenen I, 552; gebannt I, 552; ruft die Griechen I, 552
Athaulf wird König der Goten I, 80; Präfekt der Reiterei I, 62; zieht nach Gallien I, 81; heiratet Placidia I, 81; gestorben I, 91
Athen, weltgeschichtliche Stellung, I, 2ff.; im Mittelalter I, 288, 308; Parthenon I, 288; von den Türken erobert III, 94
Attalus, Kaiser, I, 62
Attigny, Reichstag, I, 486
Attila I, 91ff.
Atto, Erzbischof von Mailand, II, 82
Atto, Bischof von Vercelli, I, 691, 694
Atzuppius, Vater Leos III., I, 444
d'Aubigny, Eberhard III, 165, 168, 181, 184, 203, 215f., 232
d'Aubusson III, 141
Auchar I, 381
Aucharis, Herzog, I, 396ff.
Augerius, Amalricus II, 559, 879
Augsburg, Reichstag von 953: I, 613; von 1518: III, 469f.; von 1530: III, 654; Konzil von 1062: II, 60
Augurelli III, 466

Augurien im V. Jahrhundert, I, 60
Augustinus, Kirchenvater, I, 27, 75ff.; sein Leichnam I, 372
Augustinus bekehrt England I, 283f.
Augustus, Statue, vgl. auch Octavianus, I, 36; Legenden von ihm I, 329f.
Augustus, Vicecomes, I, 282
Aunachar I, 249
S. Aurea in Ostia III, 306
M. Aurelius, Reiterstatue, I, 67, 230, 313; Standort I, 313, 631, II, 890; Legende I, 700; restauriert III, 267, 316; Reliefs ins Kapitol gebracht III, 423
Aurispa, Giovanni III, 46, 244, 246, 261
Ausgrabungen im XV. Jahrhundert III,
Ausonius I, 31   [268
Austa oder L'Austa I, 711
Austoald, Dux, I, 588
Autharis, König der Langobarden, I, 249f., 256; in Regium I, 308f.
Autharis, Herzog, vgl. Auchar, I, 365
Auxerre, Schlacht, I, 500
Auxilius I, 572
Avalos, Familie, vgl. Pescara
Aventin, Grafen vom III, 179
Aventin, verödet II, 110; Palast Ottos III. I, 669, 680; päpstlicher Palast II, 509; im XIII. Jahrhundert II, 576; im XV. Jahrhundert III, 340
Aventinus, Region, I, 24f.; im X. Jahrhundert I, 680
Avienus I, 93, 109, 227
Avignon, Residenz der Päpste II, 587; Palast erbaut durch Benedikt XII.: II, 676; wird päpstlich II, 725f.
Avitus, Kaiser, I, 104ff.
Axiomati I, 320
Azzo von Canossa I, 612, II, 29
Azzo, Marsengraf, II, 35
Azzo, Protoscriniar, I, 626, 628

B
Bacon II, 342
Bäder vgl. Thermen

Baglione, Carlo III, 228
Baglione, Elisabetta III, 475
Baglione, Gentile III, 476, 620; gestorben III, 626
Baglione, Giampolo III, 215, 222f., 225, 228, 360, 362, 365, 374f., 395, 475f.; gestorben III, 476
Baglione, Malatesta III, 475, 578, 648, 650, 656f.
Baglione, Orazio III, 475; im Solde Clemens VII. III, 591; verteidigt Rom III, 604, 610; zieht ab III, 624; ermordet seinen Vetter III, 626; florentinischer Feldherr III, 635; gestorben III, 637
Baglione, Paul III, 579
Bagnacavallo III, 530
Bagnolo, Frieden von III, 131
Bagnorea, Grafen von II, 80
Bagnorea, Stefano von III, 120
Bagnorea wird päpstlich I, 404
Bajazet II. III, 124, 141, 143, 147, 168, 180, 208
S. Balbina I, 131
Balcernas I, 422
Balduin II. von Konstantinopel II, 392,
Balduin, Graf I, 527, 602   [394
Balduin, Abt von Monte Cassino, I, 607
Balduin von Trier II, 589, 596f., 603f., 613, 618, 703
Baldus von Perugia II, 801, 876
Balestrarii II, 755f.
Balneum Regis I, 404
Balthasar von Braunschweig II, 800
Balue, Jean III, 112, 137, 139, 142
Balzo, Bertrandus del II, 487, 658
Bamberg, Bistum, II, 34
Bambridge, Christoph III, 386
Bandello III, 491, 493, 522
Banderesi II, 755f., 758, 817, 819; abgeschafft II, 771; unter Gregor XI. II, 792; unter Urban VI. II, 813, 815; aufgehoben (1398) II, 820; wieder eingerichtet (1407) II, 836; danken ab II, 837

Bandinelli, Baccio III, 451
Bandus II, 194
Banken im XV. Jahrhundert III, 329 f.
Bann vgl. Exkommunikation
Banner von Rom I, 444 ff.
Bannerschaften I, 333; im XII. Jahrhundert II, 194, 196
Baraballo III, 517
Barbadori, Donato II, 786
St. Barbara, Kapelle, I, 286
Barbarano II, 504
Barbaro, Ermolao III, 279
Barbaro, Francesco III, 245, 271
Barbation I, 196
Barbatus II, 714
Barbiano, Alberigo von II, 804 f., 812, 825
Barbo, Marco III, 105, 276, 302
Barbo, Nikolaus III, 103
Barbo, Pietro III, 38, 71, 73 f., 77, 81, 99, 102 f., 113
Barbuten II, 760
Barcelona, Friede von III, 646
Barciglia, Carlo III, 222
Bardanes, Kaiser, I, 334
Bardas, Kaiser, I, 523, 534
Bardis, Bindus de II, 759
Bari, von den Sarazenen erobert I, 507; von Ludwig II. I, 542
Barile, Giovanni III, 530
Baroncelli, Francesco II, 696; Tribun II, 727 f., 735 f.; gestorben II, 736
Baroncellus im XIII. Jahrhundert II, 311
Baronius I, 49
Baronius, Kardinal, I, 277, 286, 571
Baronius, Geschichtschreiber, I, 578, 593
Bart, von den Klerikern nicht getragen, II, 7; gilt als unanständig II, 886; wird Mode II, 885
St. Bartholomäus, seine Leiche, I, 501, 682
Bartholomäus von Grottaferrata II, 21
Bartholomäus, Notar, II, 368

Bartoli, Giovanni II, 882
Bartolini, Erzbischof von Pisa, III, 630
Bartolo, Taddeo di III, 353
S. Bartolomeo, Gründung, I, 682; restauriert II, 163
Bartolomeo von Monte Pulciano III, 245
Baruncius II, 54, 140
Barziza III, 243
Basche, Peron de III, 160 f.
Basel, Konzil (1061) II, 56; Konzil (1431) berufen III, 11; eröffnet III, 15; nach Bologna verlegt III, 16; tagt weiter III, 16; prozessiert gegen Eugen IV. III, 17; von ihm anerkannt III, 17 f.; nach Ferrara verlegt III, 31; widersetzt sich diesem Beschluß III, 32; wählt Felix V. III, 34; unterwirft sich Nikolaus V. III, 51
Basilianer in Rom I, 647
Basilica Aemilia I, 20
Basilica Argentaria I, 20
Basilica Aurea, vgl. Lateran, I, 41
Basilica Heleniana vgl. S. Croce in Gerusalemme
Basilica Johannis et Pauli vgl. SS. Giovanni e Paolo I, 4
Basilica Julia I, 20, 148, 269
Basilica Liberiana vgl. S. Maria Maggiore
Basilica Nova vgl. Basilika des Constantin
Basilica Pauli I, 17
Basilica Semproniana I, 317
Basilica Sessoriana vgl. S. Croce in Gerusalemme
Basilika des Andreas neben St. Peter I, 120, 149; von Honorius I. geschmückt I, 293
Basilika Constantins I, 16, 40 f., II, 296; zur Zeit des Poggio II, 893
Basilika des Cornelius I, 108
Basilika der Marciana I, 23
Basilika des Maxentius vgl. Basilika des Constantin

Basilika des St. Stephan I, 108
Basiliken I, 41, 132; aus antiken Bruchstücken erbaut I, 478
Basiliscus I, 112, 115
Basilius I., Kaiser, I, 524, 559; Streit mit Ludwig II. I, 542ff.; seine Kriege in Italien I, 559
Basilius II., Kaiser, I, 642, 657, II, 13
Basilius, Spanier, I, 60
Basilius, Präfectus Prätorio, I, 121
Basilius, letzter Konsul, I, 152f., 165, 202
Basilius, Dux, I, 342
Basinio III, 289
Basozzo, Leonardo da III, 353
Bassallectus II, 566
Basso, Girolamo III, 330
Bassus I, 36, 45
Battista von Vercelli III, 459f.
Bayard III, 396, 448, 558
Bazzi vgl. Sodoma
Bealvere, Mattheus de II, 429
Beamte, päpstliche, im VIII. Jahrhundert I, 394, 436ff.; der Stadt Rom I, 434ff., II, 416f.; des Senators II, 416
Beatrix, Gemahlin Karls von Anjou, II, 442f., 448, 457, 465
Beatrix, Gattin Friedrichs I., II, 246
Beatrix, Tochter Heinrichs VII., II, 602; mit Peter von Sizilien verlobt II, 610
Beatrix, Tochter Manfreds, II, 464
Beatrix von Saluzzo II, 410, 441
Beatrix von Toskana II, 29; heiratet Gottfried von Lothringen II, 40; wird verhaftet II, 41; frei II, 42; gegen Benedikt X. II, 49; für Alexander II. II, 57
Beaufort, Roger, Kardinal, vgl. Gregor XI., II, 775
Beazzano, Agostino III, 498, 521
Beccadelli III, 249, 257f., 289
Beda I, 284, 307, 423
Behaim, Laurentius III, 271, 286
Belcari III, 291

Belisar, erobert das Vandalenreich, I, 164; erobert Sizilien I, 165; nimmt Rhegium, Neapel und Cumae I, 169; besetzt Rom I, 172; bessert die Mauern aus, I, 172; vor Rom geschlagen I, 173; in Rom belagert I, 174ff.; schickt Silverius nach Griechenland I, 184; macht einen Ausfall I, 186; besetzt Albanum und Tibur I, 187; weist Kapitulationsvorschläge zurück I, 188; schließt Waffenstillstand I, 188; bricht ihn I, 189f.; läßt Constantin töten I, 190; zieht in Ravenna ein I, 191; nach Konstantinopel I, 192; lehnt die Krone ab I, 192; zum zweitenmal nach Italien I, 195; in Ravenna I, 196; nach Portus I, 200; versucht Rom zu entsetzen I, 200; schreibt an Totila I, 204f.; besetzt Rom I, 207; stellt die Mauern wieder her I, 207; zum zweitenmal in Rom belagert I, 208; kämpft in Unteritalien I, 209; wird zurückberufen I, 211; sein Reichtum I, 210; Geschenke an Kirchen und Hospitäler I, 210
Belizo vgl. Berizo
Bellarmin, Kardinal, I, 277
Bellay, Guillaume de III, 492, 581, 593, 599, 602
Belli, Valerio III, 531
Belvedere, Petrus II, 713
Belvedere III, 308, 321f.; Torso des Belvedere III, 331; Sammlungen III, 420
Belvisio, Blasius Fernandi de II, 771
Bembo, Pietro III, 436, 446, 460, 489ff., 493, 501f., 514, 516f., 519f., 545, 642f.
Bemelberg, Konrad von III, 585, 606, 609, 617, 625, 636
Benedetto, Fra II, 525
S. Benedetto in Arenula III, 335
S. Benedetto in Piscinula I, 241
Benedetto da Fojano III, 656
Benedictus Campanino I, 602, 604
Benedictus Christianus II, 179

Benedictus Crispus I, 425
Benedictus de Flumine I, 602
Benedictus de Leone de Ata I, 602
Benedictus Miccino I, 602
Benediktiner, gründen ihr erstes Kloster in Rom, I, 248; ihr Leben im X. Jahrhundert I, 605
St. Benedikt I, 241f.; von Totila besucht I, 193; Prophezeiung über Rom I, 206, 242; errichtet die Klöster von Subiaco I, 241; nach Castrum Casinum I, 242; gründet Monte Cassino I, 242; gestorben I, 242; seine Regel I, 243f.
Benedikt I. I, 247
Benedikt II. I, 318
Benedikt III., Tumult wegen seiner Wahl I, 519f.; wird ordiniert I, 521; sein Verhältnis zu Byzanz I, 521; gestorben I, 522
Benedikt IV. I, 577
Benedikt V., Grammaticus, wird Papst I, 626; gestürzt I, 627; exiliert I, 627; gestorben I, 628
Benedikt VI. I, 637; gestorben I, 639
Benedikt VII. I, 640f.; gestorben I, 643
Benedikt VIII. II, 4; wird Papst II, 6; unterwirft sich dem Kaiser II, 6; in Ravenna II, 7; krönt Heinrich II. II, 7; läßt die Güter der Kirche bestätigen II, 8; seine Herrschaft II, 10; gegen die Sarazenen II, 11; nach Bamberg II, 11; seine kirchliche Wirksamkeit II, 12f.; gestorben II, 13
Benedikt IX. II, 16f.; flieht II, 18; exkommuniziert Aribert II, 19; wieder eingesetzt II, 20; vertrieben II, 20; will heiraten II, 20; inthronisiert II, 21; dankt ab II, 21; abgesetzt II, 23; macht sich wieder zum Papst II, 29; wird verjagt II, 30; sein Ende II, 30
Benedikt X. II, 48; abgesetzt II, 49; belagert II, 49, 53; geht ins Kloster II, 53

Benedikt XI. II, 547; rehabilitiert die Colonna II, 548; hebt die Akte Bonifatius VIII. auf II, 548f.; geht nach Perugia II, 549; bannt Nogaret und Genossen II, 549; gestorben II, 549
Benedikt XII. II, 666; Senator II, 667f.; vermittelt in Rom II, 668f.; baut den Palast in Avignon II, 676; unterhandelt mit Ludwig IV. II, 676f.; gestorben II, 679; seine Bauten II, 881; seine Statue II, 884
Benedikt XIII. II, 819; III, 7; unterhandelt mit Gregor XII. II, 834f.; will sich Roms bemächtigen II, 839; sucht die Union zu vereiteln II, 839f.; von dem Parlament von Frankreich abgesetzt II, 840; flieht nach Perpignan II, 840; in Pisa abgesetzt II, 843; hält eine Synode in Perpignan II, 843; zum Konzil berufen II, 860; flieht nach Peniscola II, 861; gestorben II, 861
Benedikt, Bischof, I, 610
Benedikt, Kanonikus, sein Ordo II, 137, 274
Benedikt, Kardinalpresbyter, I, 571, 623
Benedikt, Musiker, I, 424
Benedikt, Präfekt, II, 117
Benedikt, Rector, I, 629, 657, 662
Benedikt von Soracte I, 696; seine Klage über Rom I, 631f.
Benedikt, Sohn des Stephan vom Markt, I, 664
Benefizium I, 555, 672
Benevent, von Totila erobert, I, 193; fällt zu den Franken ab I, 410; Herzogtum I, 309, 348; seine Grenzen I, 309, 327, 409; bleibt unabhängig I, 408; zerfällt I, 507; wird päpstlich II, 34; von Robert Guiscard belagert II, 95; Philosophen um 870: I, 533f.; Schlacht II, 459ff.
Benignius, Cornelius III, 509f.
Benilo I, 685

Register

Benincasa, Angelo de II, 352
Benjamin von Tudela II, 178, 283f.
Bentivenga, Maler, II, 291
Bentivoglio, Annibale (1444) III, 42; gestorben III, 52
Bentivoglio, Annibale (1510) III, 387, 436
Bentivoglio, Bente II, 826, 828
Bentivoglio, Francesca III, 140
Bentivoglio, Ginevra III, 376
Bentivoglio, Giovanni (gest. 1402) II, 825
Bentivoglio, Giovanni (gest. 1508) III, 122, 125, 140, 376
Bentivoglio, Hermes III, 387, 436
Benzo, Bischof von Alba, II, 57f.; Lied auf Heinrich IV. II, 62
Beraldus vgl. Berardus
Berardus, Stammvater der Marsengrafen, vgl. Bernhard von Italien
Berardus II, 7
Berardus de Aza II, 58
Berardus von Farfa II, 99, 161
Berardus, Erzbischof von Palermo, II, 405
Berengar von Friaul I, 546, 558; wird König I, 565; von Guido besiegt I, 565; erbittet Hilfe von Arnulf I, 567; aufs neue König I, 575; von den Ungarn geschlagen I, 575; blendet Ludwig III. I, 580; zum Kaiser gekrönt I, 587; Kämpfe mit Rudolf von Burgund I, 590; gestorben I, 590; der Panegyricus auf ihn I, 586
Berengar von Ivrea heiratet Willa I, 611; stürzt Hugo I, 611; wird König von Italien I, 612; in Augsburg I, 613; residiert in Ravenna I, 613; seine Kämpfe in der Lombardei und gegen Johann XII. I, 616; gegen Otto I. I, 620f.; nach Bamberg gebracht I, 625
Bergamo mailändisch III, 9
Berizo II, 14, 54, 140
Berlina vecchia III, 331

Bernard, Giovanni III, 531
Bernardino von Siena III, 4, 47
Bernardus Guidonis II, 559
Bernhard von Clairvaux, unterstützt Innocenz II. II, 183f.; wirkt gegen Arnold von Brescia II, 205, 213; seine Schrift De consideratione II, 208
Bernhard, Abt von St. Anastasius ad aquas Salvias, vgl. Eugen III., II, 187, 189, 208
Bernhard, König von Italien, I, 474; nach Rom gesandt I, 478; empört sich I, 485; geblendet und gestorben I, 486
Bernhard von Septimanien I, 498
Bernhard, Bischof, I, 455
Bernhard, Bote Ludwigs II., I, 520
Bernhard, Kardinallegat, II, 96, 219
Berni, Francesco III, 522
Berno von Cluny I, 607
Bernried, Paul von II, 137
Bernward von Hildesheim I, 683ff.
Beroaldo, Filippo III, 392, 494f., 498, 500, 643
Berta, Tochter Heinrichs V., II, 162
Berta, Gattin Pippins, I, 367, 392; geht nach Rom und zu Desiderius I, 393; ihr Verhältnis zu Desiderata I, 395
Berta von Susa, vermählt II, 69; nach Italien II, 90; gekrönt II, 105
Berta, Gattin Adalberts von Tuszien, I, 591
Berta, Gattin Rudolfs II., I, 610
Berta, römisches Geschlecht, vgl. unter Fusco de Berta
Bertharius von Monte Cassino I, 534
Berthold, Sohn Herzog Konrads, II, [350
Berthold von Kärnten II, 89
Berthold von Künsberg II, 256
Berto II, 141
Bertrada vgl. Berta
Bertrand von Embrun II, 667
Bertrand de Got, vgl. Got, II, 625
Bertrand, Bischof von Narbonne, II, 456

Bertrand de Poggetto II, 630, 639f.; greift Rom an II, 642; in Oberitalien II, 657; in Bologna II, 661 ff.
Bertrandi, Petrus II, 747
Besiken, Johannes III, 251
Bessarion, in Ferrara III, 31; in Bologna III, 55; warnt vor Porcaro III, 62; soll Papst werden III, 69; bemüht sich um den Türkenkrieg III, 80; geht nach Mantua III, 81; Rede vor dem Kardinalskollegium III, 85; in Ancona III, 101; beim Konklave Pauls II. III, 102; muß seine Kapitulation unterschreiben III, 104; begrüßt Friedrich III. in Rom III, 110; Legat bei Friedrich III. III, 85; begleitet das Haupt des Hl. Andreas III, 96f.; soll zum zweitenmal Papst werden III, 112; Legat für Frankreich III, 113; als Humanist III, 247f., 262, 273, 276, 278f.; seine Bibliothek III, 262; seine Beziehungen zu Cusa III, 278; gestorben III, 113; Grab III, 262, 315; läßt S. Eugenia ausmalen III, 320
Bessas I, 174, 192; befehligt in Rom I, 193ff.; flieht I, 202
Bethune, Robert von II, 456
Bettelorden II, 339ff.
S. Biagio de Cantu Secutu III, 330
S. Biagio della Pagnotta III, 330
Bianchi II, 821f.
Bibeldrucke, die ersten, III, 251
Biberach, Hans von III, 585
Biberatica, Region, II, 578
S. Bibiana, Gründung, I, 120
Bibiena, Francesco III, 434, 443, 448, 457, 458, 463, 492f., 504; allgemeine Charakteristik III, 525f.; seine Calandra III, 526; sein Badezimmer III, 529f.; als päpstlicher General III, 625; gestorben III, 529
Bibliotheca Secreta III, 499
Bibliothecarius I, 438
Bibliothek von Aracoeli III, 498

Bibliothek, laurentianische III, 497
Bibliothek von S. Marco in Florenz III, 247
Bibliothek der Minerva III, 498
Bibliothek des Palatin I, 280
Bibliothek, päpstliche I, 281
Bibliothek von St. Peter III, 498
Bibliothek des Trajan I, 20f.
Bibliothek, vatikanische III, 248, 498, 613
Bibliotheken, antike I, 211; gehen unter I, 281, 312; römische im IX. Jahrhundert I, 532; im XI.-XIII. Jahrhundert II, 134f.; vor Nikolaus V. III, 247; im XVI. Jahrhundert III, 497f.; der Kardinäle im XIII. Jahrhundert II, 553
Bicocca, Schlacht, III, 541
Biel, Gabriel III, 279
Bilder, ihr Kultus I, 339f., 351; der Märtyrer I, 340; von Leo dem Isaurier entfernt I, 342
Bilderdienst I, 339ff., 351; von der Lateransynode von 769 bestätigt I, 390; vor dem 2. Konzil von Nicäa I, 411
Bilderfeinde, unter den Langobarden I, 372
Bilderstreit I, 342; Ende I, 411
Bilimer I, 113
Bini, Francesco III, 642
Biondo, Flavio II, 821, III, 29, 46, 244, 246, 261, 264, 271ff., 280f., 313, 346, 353
St. Birgitta II, 774f., 779, III, 335
Bisanzo, Inghiramo di II, 526
Bisceglie, Alfonso von III, 200, 204, 212f.
Bischöfe, ihre Stellung in den Munizipien I, 226; ihre Rechte seit Justinian I, 226; beaufsichtigen die Iudices I, 236; weihen den Papst I, 318; Laien als Bischöfe I, 389; ihre Gemächer nach ihrem Tode geplündert I, 563; suburbane I, 622; ihre Le-

bensweise im IX. Jahrhundert I, 563;
sollen in ihren Sprengeln residieren
II, 788
Biserno, Johann von II, 606
Bisuntio, Hugo de II, 502
Blanchefort, Guy III, 142
Blachernae I, 307, 641
Blandrate, Albert von II, 153
Blandrate, Gottfried von II, 349
Blandrate, Guido von II, 236, 238
Blankenburg, Heinrich von II, 619
Blankenfeld, Johann III, 597
S. Blasii de Mercato III, 341
S. Blasio, Hospital, II, 340
Blatta, Mutter Johannes VII., I, 335
Bleda I, 257, 353, 397
Bleichfeld II, 119
Blois, Liga von, III, 373f., 441, 445
Blondus vgl. Biondo
Blosius III, 494, 514, vgl. Pallano, Blosio
Blutrache im XV. Jahrhundert III, 106f.
Bobacterii, Zunft, II, 426
Bobbio, gegründet I, 278
Bobo, Petrus II, 262
Bocard, Graf von Vendôme II, 446
Bocca della verità, vgl. S. Maria in Cosmedin, II, 281
Boccabella, Emilio III, 288
Boccaccio II, 873
Boccadipecora, Teobald II, 175
Boccamazi II, 528
Boccapaduli, ihre Türme, II, 575
Boccasini, Nicolaus II, 544, 547, vgl. Benedikt XI.
Boëmund II, 100, 118; sein Kreuzzug II, 128; gestorben II, 152
Boemund, Vater Eugens II., I, 492
Boëthius, Praefectus Praetorio, I, 96
Boëthius, Senator, I, 151ff., 227; Verbreitung seiner Werke, I, 696; sein Denkmal I, 696
Bogen des Arcadius, Honorius und Theodosius I, 55

Bogen des Camillus I, 714
Bogen des Claudius II, 894, III, 338
Bogen des Constantin I, 21, 39; im X. Jahrhundert I, 708; Burg der Frangipane II, 207, 288, 576; im XV. Jahrhundert III, 343; Name II, 894
Bogen des Diokletian, zerstört III, 308
Bogen des Drusus I, 15
Bogen des Gordianus III, 310
Bogen des Lentulus II, 894
Bogen des Marc Aurel III, 338, 346
Bogen des Septimius Severus I, 19, 135, II, 199; Zustand um 1199: II, 285; im XV. Jahrhundert III, 341
Bogen des Tiberius I, 19
Bogen des Titus, Name, I, 699; Burg der Frangipane II, 122, 207, 288, 576; im XV. Jahrhundert III, 342; Skulpturen I, 100
Bogen des Trajan I, 15, 20, 88
Bogen des Verus I, 15
Bojardo III, 290
Boleslaw, Herzog von Polen, I, 652, II, 5
Bologna, wird päpstlich I, 378; von Alexander IV. gebannt II, 428; unterwirft sich der Kirche II, 499; Universität II, 553; vertreibt Bertrand II, 664; unterwirft sich der Kirche aufs neue II, 676; wird viscontisch II, 726; empört sich gegen Gregor XI. II, 786; unterwirft sich ihm II, 793; schließt einen Vertrag mit Bonifatius IX. II, 817; wird von den Visconti besetzt II, 825; empört sich gegen die Kirche (1411) II, 848; unterwirft sich II, 855; ergibt sich Martin V. II, 870; vertreibt den Kardinallegaten III, 8; Konzil III, 16; Verfassung unter Nikolaus V. III, 52; von Julius II. erobert III, 376f.; Verfassung unter Julius II. III, 377; fällt ab III, 387; wieder erobert III, 402; Vertrag von 1515: III, 451f.; erster Kongreß von 1530: III, 651f.; zweiter Kongreß III, 659

Bolognese, Franco II, 571
Bombasi, Paolo III, 641
Bonacolsi, Passerino de II, 630, 639
Bonamici, Lazzaro III, 504, 642
Bonatinus II, 672
Bonaventura II, 342, 388; gestorben II, 556
Bonfilii, ihre Türme, II, 575
Bongard, Hans von vgl. Annichino
Bonifatius I. I, 85
Bonifatius II. I, 161 ff.
Bonifatius III. I, 286 f.
Bonifatius IV. I, 287; weiht das Pantheon zur Kirche I, 289; gestorben I, 290; Grabschrift I, 290
Bonifatius V. I, 291
Bonifatius VI. I, 570
Bonifatius VII. I, 639; aufs neue Papst I, 645; gestorben I, 645
Bonifatius VIII., vgl. Gaëtani, Benedikt, er wird Papst II, 518; Beziehungen zu Karl II. II, 519; nach Rom II, 519; Krönung II, 519 f.; nimmt Cölestin V. gefangen II, 520; sucht Sizilien für die Anjou zu gewinnen II, 521; Rector von Pisa II, 522; als Podestà II, 522; Streit mit den Colonna II, 523 ff.; Konstitution über die Kardinäle II, 525 f.; besiegt die Colonna II, 526 f.; zerstört Palestrina II, 527 f.; schützt die Kommunen II, 528; bannt die Colonna II, 529; erläßt die Jubelbulle II, 530; ruft Karl von Valois II, 534; fordert Albrecht I. vor sein Tribunal II, 534 f.; Streit mit Philipp dem Schönen II, 536 f.; erläßt die Bulle Unam Sanctam II, 538; im Louvre angeklagt II, 538 f.; Vertrag mit Albrecht I. II, 539; sein Nepotismus II, 540 ff.; wird überfallen und gefangen II, 543 f.; befreit II, 545; in Rom II, 545 f.; gestorben II, 546; Charakter II, 546 f.; Grab II, 546 f., 567; errichtet die Sapienza II, 557; seine Statuen II, 570

Bonifatius IX. II, 816; Vertrag mit Rom II, 817; in Perugia II, 818; neuer Vertrag mit Rom II, 818; kehrt nach Rom zurück II, 819; erwirbt das Dominium von Rom II, 820; stellt die Engelsburg her II, 820, 882; seine Flotte II, 821; verbietet die Flagellanten II, 822; sein Nepotismus II, 822; unterwirft die Gaëtani und Colonna II, 822 f.; und Viterbo II, 823 f.; verbindet sich mit Florenz II, 825; gestorben II, 826
St. Bonifatius, Apostel der Deutschen, I, 338, 359, 361
St. Bonifatius, Missionar in Preußen, I, 653
Bonifatius ruft die Vandalen nach Afrika I, 87, 234
Bonifatius von Canossa II, 446
Bonifatius von Donoratico II, 657
Bonifatius von Tuszien I, 557, 567
Bonifatius, Markgraf von Toskana, II, 23, 29 f.; gestorben II, 40
St. Bonifatius und Alexius, Kloster, Ursprung I, 641; im X. Jahrhundert I, 641; Diplom Ottos III. I, 680
Bonifazio in Korsika III, 7
Bonfilius II, 58
Bonizo von Sutri II, 137
Bonizo, Vater Hildebrands, II, 72
Bonnivet III, 449, 553, 558, 563 f.
Bonsignore, Nicolaus II, 606 f., 610
Borghese, Villa, III, 529
Borghetto III, 26
Borgia, Palazzo, III, 159, 309, 330, 412
Borgia, Familie, III, 154 f.
Borgia, Alfonso, vgl. Calixt III., III, 10,
Borgia, Angela III, 204   [69
Borgia, Carlotta III, 362
Borgia, Castellar III, 233
Borgia, Cesare III, 152, 154, 205 f.; wird Erzbischof von Valencia III, 155; Kardinal III, 162; Geisel III, 170; Legat bei Karl VIII. III, 176, 179; ermordet seinen Bruder III, 190 f.;

Krönungslegat in Neapel III, 189, 193; legt das Kardinalat nieder III, 201; wird Herzog von Valence III, 202; heiratet Charlotte d'Albret III, 202f.; in der Romagna III, 206; Einzug in Rom III, 209f.; ermordet Alfonso von Bisceglie III, 212f.; erobert Faenza III, 213; wird Herzog der Romagna III, 214; kämpft gegen Florenz III, 214; gegen die Aragonesen III, 216; sein Terrorismus in Rom III, 221; geht nach Piombino III, 221; erobert Urbino und Camerino III, 222f.; seine Verwaltung III, 223; Empörung der Condottieri III, 225; in Umbrien III, 228; zieht gegen Siena III, 228f.; gegen die römischen Barone III, 229 f.; neue Pläne III, 233f.; erkrankt III, 234; Persönlichkeit III, 236; nach dem Tode seines Vaters III, 355f.; unterhandelt mit den Kardinälen III, 356; verträgt sich mit den Colonna III, 357; begibt sich in französischen Schutz III, 357f.; zieht nach Nepi III, 358; zu Pius III. III, 359; flieht in die Engelsburg III, 361; hilft Rovere zum Papsttum III, 361f.; sein Verhältnis zu ihm III, 363; wird verhaftet III, 364; verträgt sich mit Guidobaldo von Urbino III, 365; mit Julius II. III, 365f.; nach Neapel III, 366; nach Spanien gebracht III, 367; gestorben III, 368; Charakter III, 368ff.
Borgia, Francesco III, 212, 220, 388
Borgia, Girolama III, 162
Borgia, Hieronyma III, 228
Borgia, Iloris III, 233
Borgia, Jofré III, 152, 154, 157; Ehe mit Sancía von Aragon III, 160f., 165; reist nach Neapel III, 193; nach Spoleto III, 204; besetzt Monte Rotondo III, 227; flieht nach Nepi III, 358; geht nach Rom zurück III, 360; seine Nachkommen III, 368

Borgia, Johann, Sohn von Julia Farnese, III, 218
Borgia, Juan III, 152, 154, 159; wird Herzog von Gandía III, 154; kämpft gegen die Orsini III, 187; wird Herzog von Benevent III, 189; gestorben III, 190f.; seine Nachkommen III, 191, 368
Borgia, Juan, Sohn des Herzogs von Gandía, III, 191
Borgia, Juan Luis de Mila, Kardinal, III, 72f.
Borgia, Lucrezia III, 152, 155, 162; ihre ersten Verlobungen III, 155; mit Giovanni Sforza vermählt III, 158f.; ihr Verhältnis zum Herzog von Gandía und Cesare Borgia III, 193; heiratet Alfonso von Bisceglie III, 200; Regentin von Spoleto III, 204; erwirbt Sermoneta III, 205; geht nach Nepi III, 213; Regentin im Vatikan III, 217f., 219; heiratet Alfonso von Este III, 218, 219f.; ihre Persönlichkeit III, 220; ihr Leben in Ferrara III, 220f.; verwendet sich für Cesare III, 367; ihr Verhältnis zu Bembo III, 501
Borgia, Ludovico III, 365f.
Borgia, Mila III, 72f.
Borgia, Oktavian III, 152
Borgia, Pedro Luis III, 73f., 80
Borgia, Pedro Luis, Sohn Alexanders VI., III, 151, 154
Borgia, Rodrigo III, 81; seine Laufbahn III, 151; wird Kardinal III, 72ff.; sein Charakter als Kardinal III, 151; stimmt für Pius II. III, 77; von ihm zurechtgewiesen III, 87; schmückt sein Haus beim Einzug des Apostelhauptes III, 97; in Ancona III, 101; Vizekanzler III, 102; unterstützt die Wahl Roveres III, 112; Legat in Spanien III, 113; krönt Sixtus IV. III, 113; beim Konklave Innocenz VIII. III, 134; unterhandelt mit den Orsini

III, 137; wird Papst III, 149f.; seine Kinder III, 152 (vgl. Alexander VI.)
Borgia, Rodrigo, Sohn Alfonsos von Bisceglie, III, 213, 218, 276
Borgo I, 492, 507, 511f.; Brand von 847: I, 509; wiederaufgebaut III, 296, 298f.; im XV. Jahrhundert III, 326f.
Borgo nuovo III, 309, 326
Boris I, 524ff.
Bornio III, 84
Bosnien dem Hlg. Stuhl vermacht III, 124
Boso, Graf, I, 527
Boso, Herzog, I, 547, 558; wird König der Provence I, 560
Boso, Neffe Hadrians IV., II, 237
Boso von Toskana I, 595
Botticelli III, 320
Boucicault II, 840
Boulogne, Guido von II, 720f.
Bourbon, Karl von, nimmt Mailand III, 448; verteidigt die Stadt III, 453; tritt zu Karl V. über III, 553; als Statthalter in Mailand III, 558; zieht gegen die Provence III, 558f.; bei Pavia III, 562ff., 568; entsetzt Mailand III, 578, 584; unterstützt Frundsberg III, 590, 591f.; vor Bologna III, 594; marschiert gegen Rom III, 594, 596ff.; vor Rom III, 603ff.; stürmt die Stadt III, 605ff.; gestorben III, 606ff.; Charakter III, 608f.; Grab III, 636
Bourbon, Franz von III, 569
Bourbon, Jakob von II, 864, 866
Bourbon, Louis von III, 461
Bouvines, Schlacht, II, 335
Boyneburg vgl. Bemelberg
Bozardo, Georg III, 168
Bozzolo, Federigo da III, 456, 558, 565, 634
Bracceschi III, 8
Bracciano III, 187, 229f.
Braccio von Montone II, 844; vor Rom II, 847; Signor von Rom II, 865; von Sforza angegriffen II, 867; Vikar von Perugia II, 870; Reichsconnetable von Neapel III, 7; belagert Aquila III, 7f.; gestorben III, 8
Braccio nuovo III, 321
Bracciolini vgl. Poggio
Braisne I, 369
Bramante III, 411; seine Bauten unter Julius II. III, 412, 414ff., 423; gestorben III, 418; baut S. Maria della Pace III, 306; seine Bauten unter Alexander VI. III, 310
Bramantino III, 294, 319, 432
Branca, Paul de III, 177
Brancaleone II, 412; seine Herkunft II, 415; seine Amtsgewalt II, 416ff.; als Senator II, 412, 416, 419ff., 425, 427; gestürzt II, 428; nach Bologna zurück II, 429; nochmals Senator II, 429; gebannt II, 430; zerstört die Adelstürme II, 430; gestorben II, 431; seine Münzen II, 432
Brancaleone, Pier Francesco de II, 833
Brancaleone, Kapitän Prospero Colonnas (1515), III, 447
Brandano III, 595
Brandea I, 273
Brandenburg, Barbara von III, 102
Brandolini, Aurelio III, 289f.
Brandolini, Raffael III, 290, 500, 513, 517
Brantôme III, 618
Braschi, Palast, III, 302, 332
Bravi III, 107
Brayselve, Johann de II, 475f.
Brazutus, Johann II, 55
Breakspear vgl. Hadrian IV.
Brennus I, 74
Brescia, von Heinrich VII. belagert, II, 599
Bresse, Philipp von III, 180
Brettone von Narba II, 737ff.
Briçonnet, Wilhelm III, 160, 165, 176, 178, 388
Brigosi III, 107

Brontotas I, 109
Brossano, Simone de, Kardinal, II, 794
Brücke vgl. Pons und Ponte
Brücken, antike, I, 25 ff.; zur Zeit Poggios II, 895
Brunelleschi III, 268, 294
Bruni, Francesco III, 243 f.
Bruni, Leonardo vgl. Aretino, Leonardo
Bruno von Segni, Abt von Monte Cassino, II, 44, 137, 156
Bruno, Kaplan Ottos III., vgl. Gregor V.
Bruno, Bischof von Toul, II, 31, vgl. Leo IX.
Bruno, Erzbischof von Trier, II, 170
Brusatis, Tebaldo de II, 599
Bruttium, Provinz, I, 235
Buccamaza, Türme, II, 575
Buccelin I, 223
Buccio, Cola di II, 712
Buch der Päpste vgl. Liber Pontificalis
Buchdruck in Subiaco III, 249; in Rom III, 249 ff.
Bucheck, Hugo von II, 613, 618
Bücher, sibyllinische, I, 56 ff., 181, 226
Buda, Silvester II, 787
Budaeus III, 447
Buffalini, Leonardo III, 506
Buffalo, Christophorus del III, 174
Bugianus II, 11
Bukink, Arnold III, 251
Bulgamini I, 622, II, 58, 165
Bulgaren, bekehrt, I, 525 f.
Bulle, goldene II, 750
Bundeslade I, 101
Buonaccorsi, Filippo III, 273, 275, 277
Buonarotti, Michelangelo III, 410, 421, 492; seine Pietà III, 317 f.; sein künstlerischer Charakter III, 424; sein David III, 424 f.; Statue Julius II. III, 377, 426; zerstört III, 387; Grabmal Julius II. III, 425 ff.; Gemälde III, 425, 428 ff.; Tätigkeit zur Zeit Leos X. III, 530, 532; verteidigt Florenz III, 656; baut den St. Peter III, 417 f.
Burchard von Münster II, 150
Burchard, Bischof von Würzburg, I, 361
Burdellum, Kastell, II, 192
Burdinus, Erzbischof von Braga, II, 162; gebannt II, 163; Gegenpapst II, 166; gefangen II, 171; gestorben II, 171
Burellus, Graf, II, 35
Burgus Saxonum I, 431
Burkard, Zeremonienmeister, III, 172, 174, 193, 212 f., 224, 284 f., 355
Busch, Hermann III, 279
Busini III, 500
Bussa, Giffrid II, 543
Bussi, Andrea de III, 248, 250
Busta Ballica III, 350
Busta Gallorum I, 215
Büsten III, 316
Bußkanon II, 46
Bußdisziplin II, 45 f.
Buzio, Francesco III, 532
Byzantiner in Italien im XV. Jahrhundert III, 261
Byzantis, Titulus, I, 129

C

Caballi Marmorei I, 637 f., 700, III, 351
Caballo Marmorei, de, Geschlechtsname, I, 622, 637
Caballus Constantini, vgl. Säule Constantins, I, 313, 630, 708
Cabassoles, Philipp de II, 777
Cabral III, 444
Caccianemici, Gerhard, vgl. Lucius II., er wird Papst II, 206
Cadalus II, 56; nach Italien II, 57; nimmt die Leonina II, 58; zieht ab II, 59; Vertrag mit Alexander II. II, 59; abgesetzt II, 60; zieht wieder gegen Rom II, 61; flieht II, 63; abgesetzt II, 63; Ende II, 63
Caecilia vgl. Cecilia

St. Caecilia, Legende, I, 489; ihr Leichnam I, 490
St. Caecilia, Titulus, I, 126, 131
Caecilia Metella, ihr Grabmal, I, 15, 222; wird Festung II, 579; gaëtanisch II, 550; savellisch II, 610; von Heinrich VII. erstürmt II, 610; zerstört II, 894; ihr Sarkophag II, 579
Caecina Basilius I, 109
Caesar, Reiterstatue, I, 20; Sage über sein Grab I, 702
Caesarenpaläste vgl. Palatium
Caesarius I, 508 f.
Caetanus III, 470, 472, 539, 615
Caffarelli, Familie, III, 334
Caffarelli, Palast, III, 341
Caffarelli, Garten, II, 200
Caffarelli, Antonio III, 89, 244
Caffarelli, Johann II, 478, 481
Caffarello, Gianno II, 738
Caffaro II, 271
Caii, Titulus, I, 128
Caius, Bischof, I, 128, 130
Cajazzo, Robert von III, 590, 619
Calabria, Provinz, I, 235
Calandrini III, 55, 81, 102, 295
Calason, Giraud de II, 485
Calcagnini, Celio III, 502, 505 f.
Calcaranum III, 334
Calcararius I, 707
Calderini, Domizio III, 248, 250
Caldes, Pietro III, 212
Caldora, Jakob III, 8 f., 14
S. Calisti, Titulus, I, 126
Calixt I. I, 39, 50, 130
Calixt II., vgl. Guido von Vienne, wird Papst II, 170; siegt über Burdinus II, 171; schließt das Konkordat II, 172 f.; hält das Laterankonzil II, 173; seine Bauten II, 173 f., 289 f.; gestorben II, 174
Calixt III., vgl. Borgia, Alfonso, Papst III, 69 ff., 248; gestorben III, 74; seine Bauten III, 301; sein Grab III, 314

Calixt III., Gegenpapst, II, 249; abgesetzt II, 251; seine Kämpfe mit Alexander III. II, 253; unterwirft sich II, 253
Callepodius, Katakomben des I, 150
Caltabellota, Vertrag, II, 536
Calvi, Antonio II, 829
Calvi, Mario Fabio III, 505, 641 f.
Calvisianum I, 416
Cambarlhac, Philipp de II, 662
Cambrai, Liga, III, 380 f.; Friede III, 455 f., 646 f.
Camellaria II, 199
Camerarius II, 269
Camerarius gabellarum III, 107
Camerarius Urbis II, 506
Camerino, Girolamo III, 617 f.
Camerino, Rudolf II, 769
Camers, Julianus III, 504, 509, 641
Camigliano I, 714
Camilianum III, 338
Camillus I, 215
Camillus, Julius III, 495
Campagna von Rom, Name, I, 442; Zustände im VI. Jahrhundert I, 266 f., 443; im VIII. Jahrhundert I, 362, 415; ist der Stadt heerpflichtig I, 398; Verhältnisse des Grundbesitzes I, 415 f., 671, II, 7, 316 ff.; Munizipalverfassung II, 191, 317 f.; Grafenamt I, 602; Zustand zur Zeit Poggios II, 897; von Cola kultiviert II, 693
Campagnano III, 187
Campania, Duces, I, 440; Begriff I, 442, 443
Campania, Provinz, I, 235
Campania und Maritima II, 316
Campanus von Novara II, 556
Campanus, Gianantonio III, 87, 251, 264, 276 f., 282, 289; seine Vita Pius' II. III, 283, 289; als Korrektor bei Hahn III, 250; seine Schilderung der Römer III, 87
Campeggi, Lorenzo III, 461, 537, 547, 556, 580, 636 f., 654

Campitelli, Region, III, 341 ff.
Campo vgl. auch Campus
Campo, Abt von Farfa, I, 608, 663
Campo di Annibale II, 361
Campo di Fiore III, 296; im XV. Jahrhundert III, 331
Campo di Fiore, Laurentius Statii di II, 606
Campo di Fiore, Tibaldo di III, 605, 610
Campo Giudeo III, 329
Campo Marzo, Region, III, 344 ff.
Campo di Merlo I, 197
Campo morto, Schlacht, III, 127 f.
Campo Vaccino III, 342
Campo Fregoso, Ottaviano di III, 399
Campofregoso, Pietro, Doge, III, 71
Campulus, Sacellarius, I, 452; sein Attentat auf Leo III. I, 452; wird unter Anklage gestellt I, 455; verbannt I, 459; begnadigt I, 483
Campus vgl. auch Campo
Campus St. Agathae I, 704
Campus Agrippae I, 19
Campus Caloleonis I, 710
Campus Judaeorum III, 336
Campus Martius I, 22 ff.; Zustand im X. Jahrhundert I, 711; im XIII. Jahrhundert II, 575; im XV. Jahrhundert III, 344; unter Leo X. III, 534
Campus Meruli vgl. Campo di Merlo
Campus Neronianus I, 660
Campus Viminalis I, 17
Canale, Carlo III, 152
Cancellaria III, 145, 310, 331; Bau der Cancellaria III, 414; wird päpstlich III, 460
Cancellariis, Lazzarus de II, 756
Canensius, Michael III, 283
Canisius, Egidius, vgl. auch Aegidius von Viterbo, seine Laufbahn und Persönlichkeit III, 507 f.; predigt für Julius II. III, 375; eröffnet das Lateranconzil III, 400; wird Kardinal III, 461; bei Hadrian VI. III, 547; sucht Clemens VII. zu entsetzen III, 622; seine Schriften III, 508
Cannapara II, 199
Canossa (1077) II, 89, 90 ff.
Canossa, Lodovico III, 445, 448 f., 491, 561, 570, 574
Cantapulus, Kastell, II, 192
Capece, Konrad II, 468, 470 f.
Capece, Marinus II, 468, 476
Capello, Paolo III, 382, 643
Capello, Polo III, 212
Capino III, 575
Capistrano III, 47, 70, 301
Capita artium II, 426
Capitaneus, Titel, II, 195
Capitolium, Begriff im Mittelalter, II, 199
Capitolium antiquum I, 17
Capizuchi, ihre Türme, II, 575
Capo di Bove, Kastell, II, 579; abgebrannt II, 610
Capo di Ferro, Cristoforo II, 853
Capo di Ferro, Maddalenus III, 643
Capocci, Familie, II, 265, 307; Türme II, 577, III, 350
Capocci, Angelo II, 466 f., 487
Capocci, Jacobus II, 373
Capocci, Johann, Senator, II, 265, 303, 306 f., 311 f.
Capocci, Johann, Humanist, III, 271, 275
Capocci, Lello, II, 864
Capocci, Nicolaus II, 876, 877
Capocci, Peter II, 564
Capocci, Rainer, wird Rector von Spoleto II, 349; kämpft für Gregor IX. II, 367; nimmt Viterbo für die Kirche II, 367, 391; Legat Innocenz' IV. II, 391, 394; von Marinus von Eboli geschlagen II, 402
Capocie III, 349
Caponi, Neri III, 50
Caporioni vgl. Kapitäne der Regionen
Capponi, Gino III, 123
Capponi, Neri III, 284

Capponi, Niccolò III, 624, 650, 656
Capponi, Piero III, 170
Capracorum I, 416; Miliz I, 417
Capranica, Ort der Grafen von Anguillara, II, 667
Capranica, Palazzo, III, 297, 346
Capranica, ihre Gärten, III, 343
Capranica, Angelo III, 297
Capranica, Domenico, Legat in Bologna III, 8; Kardinal III, 11, 69, 245; von Eugen IV. unter Anklage gestellt III, 14; vom Basler Konzil bestätigt III, 16; von Eugen IV. rehabilitiert III, 20; im Konklave Nikolaus' V. III, 49; warnt vor Porcaro III, 62f.; bei der Liga von Lodi III, 66; protestiert gegen die Ernennung des Pedro Borgia zum Dux von Spoleto III, 73; sein Palast III, 297; gestorben III, 77
Capras I, 215
Capua, wird päpstlich I, 411, von Richard von Aversa erobert II, 52
Capua, Nikolaus von III, 49
Caput Africae I, 16; im XIII. Jahrhundert II, 576; im XV. Jahrhundert III, 344
Caracciolo, Gianni III, 6
Caracciolo, Marino III, 476, 499
Caradosso III, 416, 531
Caraffa, Federigo III, 590
Caraffa, Giampietro III, 494, 546f., 614
Caraffa, Oliviero, Kardinal, III, 112, 150, 156, 160, 195, 218, 332, 351; als Admiral III, 113; baut S. Maria della pace III, 306; seine Wirksamkeit nach dem Tode Alexanders VI. III, 357, 414, 492, 497, 499
Caraffa, Vincenzo III, 537
Caravaggio III, 53, 640
Carbio, Nicolaus de II, 394, 559
Carcassone I, 100
Cardona, Don Juan III, 398
Cardona, Raimund von III, 395f., 403, 405, 441f., 447f., 455, 546

Carillo, Alfonso III, 295
Carisiacus, Vertrag, I, 367
Carlotta von Cypern III, 96, 124
Carlotta von Neapel III, 200, 202
Carmagnola III, 9
Carpi, Alberto von III, 405, 621
Carpilion, Sohn des Aëtius, I, 96
Carpineto II, 542
Carrara III, 149
Carretto, Alfonso del III, 141
Carretto, Carlo del III, 373
Carroccium II, 374
Carroz, Don Luis de III, 474
Cartagena I, 107
Carushomo, Benedikt II, 265, 286
Carvajal, Kardinal, (gest. 1469) III, 43f., 55, 66, 94, 99, 101f., 104, 162, 176, 185
Carvajal, Bernardino III, 365f., 367, 388, 394, 396f., 440, 443, 537f., 540
Carzullus, Stefan II, 303
Casa, Giovanni della III, 522
Casa di Cola di Rienzo II, 287f.
Casa di Crescenzio I, 705
Casa maior II, 276
Casa di Pilato II, 287f.
Casale, Georg III, 570, 601, 608, 634, 636
Casale, Ubertinus von II, 648
Casamari, Kloster, II, 189; Kirche II, 564
Casanova, Marcantonio III, 355, 516, 641, 643
Casanova, Kardinal, III, 20
Caserta, Grafen, II, 523
Cassador III, 616
Cassiodorus I, 103, 136ff., 146; Konsul I, 149; unter Amalasuntha I, 164; geht ins Kloster I, 227, 244; seine Schriften I, 134ff., 220, 280; gestorben I, 245
Castel Fidardo II, 35
Castelles, Kardinal, III, 414, 492
Castelli, Adriano III, 233
Castello S. Angelo vgl. Engelsburg

Castellum Arci I, 662
Castellum Felicitatis I, 404, 405
Castelnau, Pier von II, 341
Castiglionchio, Lapo di II, 809
Castiglione, Baldassaro III, 422, 492f., 501, 506, 514, 517, 537, 545, 576, 578, 627, 643; gestorben III, 646
Castorius I, 249, 260
Castra Misenatium I, 16
Castra peregrina I, 16
Castra praetoria I, 18
Castracane, Castruccio II, 627, 638, 640; Rector von Pisa II, 642; nach Rom II, 643; Pfalzgraf des Lateran II, 645f.; Senator II, 646; nach Lucca zurück II, 647; gestorben II, 655, 657
Castriota, Ferrando III, 564
Castro, Johann de III, 98, 189
Castro, Pedro de III, 395
Castrum II, 317
Castrum vetus I, 671
Cata Gallia Patritia I, 383
Catellus I, 195
S. Caterina de' Funari III, 337
S. Caterina sub Tarpejo II, 200
Cathaneus III, 489
Cathedra Petri I, 44
Cavalerotti II, 687, 691
Cavallini, Pietro II, 571, 883
Cavallini de Cerronibus, Giovanni II, 878
Cavriana, Friede, III, 39
Ceccano, Grafen, II, 7, 316; altes Grafenhaus II, 317
Ceccano, Annibaldo von II, 526, 719ff.
Ceccano, Godfried von II, 171
Ceccano, Johann von (1186) II, 317
Ceccano, Johann von (1297) II, 526, 529
Ceccano, Lando von II, 171
Ceccano, Rainald von II, 171
Ceccano, Richard von II, 616
Cecco von Perugia II, 738
Cechi, Giacomo di Lello III, 61

Cecilia vgl. auch Caecilia
S. Cecilia, Kirche, Gründung I, 39, 131; von Paschalis I. restauriert I, 490f.
S. Cecilia, Domus culta, I, 363
Cedoald vgl. Kadwalla
Celano, Grafschaft, III, 92
Cellanova, Kloster, I, 389
Cellini, Benvenuto III, 106, 492, 531, 616, 625, 640
S. Celso III, 329, 412
Celtis, Konrad III, 279
Cenci, Palast, III, 336
Cenci, Agapito III, 97, 287
Cenci, Johann II, 785, 805, 808, 865
Cenci, Peter II, 820
Cencio III, 448
Cencius vgl. auch Crescentius und Cinthius
Cencius Camerarius, sein Liber censuum II, 137, 269f., (vgl. Honorius III.)
Cencius de Origo II, 276
Cencius, Sohn des Präfekten Stefan, Gegner der Hildebrandianer II, 53, 56, 59; kämpft um die Präfektur II, 67; wird besiegt II, 82; nimmt Gregor VII. gefangen II, 83; unterwirft sich II, 83; geht zu Heinrich IV. II, 92; gestorben II, 92
Centelles, Juan de III, 155
Centulae, Abtei, I, 532
Centumcellae vgl. Civitavecchia
Ceprano, Konzil von II, 157
Cerroni, Giovanni II, 724f.
Cervetri I, 662, III, 149, 155ff.
Cervia III, 93
Cervolles, Arnold von II, 752
Cesare, Julius II, 853
Cesarini, Familie, III, 334
Cesarini, Palazzo, III, 335, 350
Cesarini, Alessandro III, 462
Cesarini, Gabriel III, 162
Cesarini, Gian Andrea III, 162
Cesarini, Giorgio (1458) III, 74, 89, 162, 339

Cesarini, Giorgio (1511) III, 391, 437, 580, 606, 608, 614
Cesarini, Julian (gest. 1444) III, 11; Legat in Basel III, 15f., 20; geht nach Ferrara III, 32; gestorben III, 43
Cesarini, Julian (gest. 1510) III, 162, 653
Cesarini, Kardinal, III, 358
Cesena I, 358; an den Erzbischof von Ravenna abgetreten I, 671; von Robert von Genf mißhandelt II, 792
Cesi, Angelo III, 497, 572, 606, 633, 641
Cesi, Paolo Emilio III, 462
Cestius als Festung II, 845
Cethegus, Princeps Senatus, I, 195, 212, 227
Cetrangoli, Turm, III, 337
Chabot, Philipp III, 650
Chaland, Robert III, 373
Chalant II, 854
Chalkedon, Synode von 451: I, 108, 184
Chalkondylas, Basilius III, 510
Châlons-sur-Marne, Schlacht, I, 92
Chartularii I, 372, 435
Chaumont III, 225, vgl. d'Amboise, Charles
Chaves, Anton Martinez de III, 297
Cherea, Francesco III, 525, 641
Chiavaluce, Pietro III, 620
Chieregati, Francesco III, 547, 549f.
Chieti, Simon von II, 390f.
Chigi, Familie, III, 412f.
Chigi, Agostino, seine Bank III, 412; als Salinenpächter III, 384, 412; seine Stellung bei Julius II. III, 412; sein Reichtum III, 412, 465; seine Sammlungen III, 423; beim Festzug Leos X. III, 439; bürgt für Petrucci III, 459; unterstützt Riario III, 460; seine Villa III, 412f., 528; seine Ehe III, 493; seine Druckerei III, 510; als Mäzen III, 492f.; seine Bibliothek III, 497; Treffpunkt der Akademiker III, 497; gestorben III, 413, 529; sein Grabmal III, 529

Chigi, Francesco III, 412
Chigi, Gismondo III, 412
Chigi, Lorenzo III, 211, 412
Childebert I, 250, 256, 274
Childerich III. I, 360f.
Christen im V. Jahrhundert I, 135ff.
Christian, Erzbischof von Mainz, II, 241, 243ff., 249ff.; gestorben II, 256
Christian von Dänemark III, 118
Christophorus, Papst, I, 577f.
Christophorus, Dux, I, 334
Christophorus, Magister Militum, I, 520
Christophorus, Primicerius der Notare, I, 387; geht zu Desiderius I, 387; in Rom I, 388; läßt Stephan III. wählen I, 388; von Desiderius angegriffen I, 391; sein Aufstand gegen Stephan III. I, 391f.; dem Papste ausgeliefert I, 392; gestorben I, 392; rehabilitiert I, 397
Christus, Bilder von ihm I, 351f.; Bild in Sancta Sanctorum I, 351; Typus der Darstellung III, 323, 656
Chrodegang von Metz I, 365
Chromatius, sein Palast, II, 181, 274
S. Chrysogoni, Titulus, I, 126, 131
S. Chrysogono, Kloster, Gründung I, 351
Chrysogonus I, 129, 130
Chrysoloras, Manuel, Legat bei Sigismund II, 854; sein Urteil über Rom II, 874f.; als Professor in Rom II, 876f.; gestorben II, 877; sein Urteil über die Monumente Roms II, 890f.; seine Wirksamkeit III, 260f.
Cibò, Arano III, 70, 134
Cibò, Battistina III, 148
Cibò, Clarentia III, 492
Cibò, Franceschetto III, 465
Cibò, Francesco III, 134, 138f., 142, 144f., 149, 155, 327
Cibò, Innocenzo III, 443, 465
Cibò, Lorenzo III, 141, 149, 175, 302
Cibò, Maddalena III, 465, 467

Cibò, Theodorina III, 147, 316
Cicala, Meliaduce III, 328
Cicciaporci, Palast, III, 412, 532
Cicero, seine Briefe III, 245, 250, 253; de oratore III, 249
Ciciliano I, 585
Cicilianum, Kastell, II, 192
Cimabue II, 571
Cinthius, Stadtpräfekt, II, 68f.; gestorben II, 92f.
Ciochi, Antonio III, 386
Circus Agonalis I, 712
Circus Flaminius I, 22, 141; beim Anonymus von Einsiedeln I, 699, 712, 714; im XIII. Jahrhundert II, 575; um 1500: III, 337
Circus Flaminius, Region, I, 21f.
Circus Gaianum I, 26
Circus Maximus I, 12, 66, 142ff.; unter den Goten I, 140; im X. Jahrhundert I, 699, 708; im Jahr 1062: II, 57; kommt an die Frangipani II, 207; in den Mirabilien II, 276; zur Zeit Poggios II, 893; im XV. Jahrhundert III,
Circus Maximus, Region, I, 24   [340
Circus des Caligula I, 42
Circus des Maxentius I, 15, 40, 141, 222, II, 893
Circus des Nero I, 26
Circusfaktionen I, 143
Circusspiele I, 34, 65f., 95, 142; unter den Goten I, 140; unter Totila I, 212
Ciriaco III, 48, 294
Cisterer III, 545
Cisterna II, 653
Citonatus, Bischof von Portus, I, 386
Città Leonina, Gründung I, 511ff., vgl. Borgo
Cividale, Synode von 1409: II, 843
Civita Lavinia II, 388
Civitas Papalis II, 528
Civitate, Schlacht bei II, 35f.
Civitates im XIII. Jahrhundert II, 318
Civitavecchia, von Totila belagert I, 213; von Narses I, 218; die Mauern hergestellt I, 352; Zustand im VIII. Jahrhundert I, 408; von den Sarazenen erobert I, 497; neu besiedelt I, 514; Name I, 514; Kammergut Roms II, 504
Clairmont, Tristan von III, 122
Claricia, Mutter Innocenz' III., II, 295
Claudia von Frankreich III, 446
Claudianus, seine Schilderung von Rom I, 5; sein Gedicht vom gotischen Kriege I, 59; seine Statue I, 21
Claudius, Kaiser, I, 185
Clemange, Nikolaus von II, 834
Clemens I. I, 38, 130
Clemens II. II, 24; sein erstes Konzil II, 29; nach Deutschland II, 29; gestorben II, 29
Clemens III. II, 258ff.; gestorben II, 262; seine Bauten II, 292
Clemens III., Gegenpapst (vgl. Wibert), er wird zum Papst gewählt II, 96, 98; Kämpfe gegen Rom II, 98f.; als Papst anerkannt II, 105; geweiht II, 105; geht nach Norden II, 106; wieder in Rom II, 116; Kämpfe mit Urban II. II, 119; von den Kreuzfahrern vertrieben II, 129; letzte Kämpfe II, 131; in Albano II, 139; gestorben II, 139; Grab II, 139
Clemens IV. II, 447f.; ruft Karl von Anjou II, 448f.; weist ihn aus dem Lateran II, 451f.; belehnt ihn mit Sizilien II, 452; unterstützt ihn mit Geld II, 454f.; sein Streit mit den Senatoren II, 466f.; mit Arrigo von Kastilien II, 468; wirkt gegen Konradin II, 470f.; bannt ihn II, 473, 475; ernennt Karl von Anjou zum Reichsvikar II, 476; seine Mitschuld am Tode Konradins II, 485; gestorben II, 485
Clemens V. II, 551; rehabilitiert die Colonna II, 586; wird Senator II, 586; geht nach Avignon II, 587; vermittelt in Rom II, 588; bei der Kaiser-

wahl II, 588f.; investiert Robert I. II, 590; begünstigt die Romfahrt Heinrichs VII. II, 596; schickt Kardinäle zur Kaiserkrönung II, 600; fordert Heinrichs Verzicht auf Neapel II, 611; verlangt den Abzug der Deutschen aus Rom II, 611; bestätigt Jacobus Arlotti II, 615f.; beschützt Robert I. II, 619; macht Robert I. zum Senator II, 623; und zum Reichsvikar II, 623; gründet die Universität von Perugia II, 876; gestorben II, 624; Charakter II, 624

Clemens VI. II, 679; nach Rom eingeladen II, 679; von Cola di Rienzo II, 680; Stellung zu den Römern II, 681; bestätigt Cola II, 693; stellt Karl IV. als Gegenkönig auf II, 703; bittet Cola um Begnadigung der Barone II, 707; schreitet gegen Cola ein II, 707ff.; erläßt eine Bulle gegen ihn II, 715; ordnet das Jubiläum II, 720; läßt über die römische Verfassung beraten II, 723f.; bestätigt Cerroni II, 724; erwirbt Avignon II, 725f.; gestorben II, 725

Clemens VII., vgl. Medici, Julius, er wird Papst III, 556; seine Günstlinge III, 556f.; will zwischen Karl V. und Franz I. vermitteln III, 558; unterhandelt mit beiden III, 559f.; verbindet sich mit Frankreich III, 560f.; schließt ein Bündnis mit dem Kaiser III, 567; unterhandelt mit England III, 569f.; beteiligt sich an der Verschwörung Morones III, 573f.; unterhandelt mit Karl V. III, 574; schließt die Liga von Cognac III, 575; treibt Franz I. zum Krieg III, 576; verwirft die Vorschläge Karls V. III, 577f.; führt Krieg mit ihm III, 578f.; wird von den Colonna überfallen III, 579ff.; schließt einen Vertrag mit Moncada III, 582; bricht ihn III, 584; greift die Colonna an III, 587; von den Kaiserlichen angegriffen III, 587; seine verzweifelte Lage III, 590f.; sein Vertrag mit Ferramosca III, 592; Expedition gegen Neapel III, 593; sein Vertrag mit Lannoy III, 593; schließt Waffenstillstand III, 595; entläßt seine Truppen III, 596; weigert sich, die Landsknechte zu befriedigen III, 599; ernennt Kardinäle III, 603; verteidigt Rom III, 599, 601f., 603f.; flieht in die Engelsburg III, 608; unterhandelt mit den Kaiserlichen III, 609, 621, 623; kapituliert III, 624f.; gefangen III, 626; sein Vertrag mit Veyre III, 631f.; flieht nach Orvieto III, 633; unterhandelt mit der Liga III, 634f.; nach Viterbo III, 636; nach Rom zurück III, 640; schließt sich an Karl V. an III, 645; schließt Frieden mit ihm III, 646; unterhandelt wegen Florenz III, 647f.; geht nach Bologna III, 650f.; krönt Karl V. III, 652f.; schließt einen Vertrag mit Alfonso von Este III, 652, 654; nach Rom zurück III, 655; führt Krieg gegen Florenz III, 656f.; auf einem neuen Kongreß in Bologna III, 659; geht nach Marseille III, 661f.; nach Rom zurück III, 662; sein Abschiedsbrief an Karl V. III, 662f.; gestorben III, 663; Charakter III, 664f.

Clemens VII., vgl. Robert von Genf, er wird Papst II, 802; seine Persönlichkeit II, 803; Gebiet seiner Herrschaft II, 803f.; Krieg mit Urban VI. II, 804f.; flieht nach Neapel II, 806; nach Frankreich II, 806; belehnt Ludwig von Anjou II, 807; gestorben II, 819

Clemens XI. I, 230

S. Clemente, gegründet I, 50f.; Bau Paschalis' II. II, 163; Fresken Masaccios III, 318

Clementia, Tochter Rudolfs von Habsburg, II, 494

S. Clementis, Titulus, I, 126, 131
Clericis Laicos, Bulle, II, 537
Clermont, Konzil, II, 125 ff.
Cleven, Alexander Graf zu III, 585
Clivus Argentarius I, 20, 624, II, 199
Clivus Publicius I, 24
Clivus Scauri I, 126
Clovio, Giulio III, 641
Cluny, Kloster, I, 607
Codex Carolinus I, 405
Codex Theodosianus I, 135
Codices, im V. Jahrhundert I, 67; im IX. Jahrhundert I, 532 f.; im X. Jahrhundert I, 690; im XI. Jahrhundert II, 135; Preise im XV. Jahrhundert III, 249
Cölestin I. I, 87, 126
Cölestin II., vgl. Guido von Castello, II, 206
Cölestin III. II, 262 ff.; gestorben II, 266; Bauten II, 291 f.
Cölestin IV. II, 385
Cölestin V. II, 514 ff.; dankt ab II, 516 f.; wird verfolgt II, 519 f.; gefangen II, 520; gestorben II, 520
Cölestiner, Orden, gestiftet II, 514; tritt gegen Bonifatius VIII. auf II, 524
Coelimontium I, 15 ff.
Coelius, verödet II, 110; im XIII. Jahrhundert II, 575 f.; im XV. Jahrhundert III, 344
Coemeterium vgl. auch Katakomben
Coemeterium des Calixt I, 15, 108, 128
Coemeterium der Felicitas I, 85
Coemeterium der Petronilla I, 383 f.
Coemeterium des Tiburtius und Valerianus I, 233
Cognac, Liga, III, 575
Cola di Rienzo, bei der Dichterkrönung Petrarcas II, 674; Gesandter in Avignon II, 680 f.; päpstlicher Notar II, 681; Jugend II, 682; seine Pläne II, 683; seine allegorischen Bilder II, 683 ff.; erklärt die Lex regia II, 684 f.; beteiligt sich an einer Verschwörung II, 685 ff.; wird Signore der Stadt II, 689; Tribun II, 689; Titel und Wappen II, 689, 700; Briefe an die Italiener II, 690 f.; seine Miliz II, 691; seine Justiz II, 691 f.; Finanzverwaltung II, 692 f.; von Clemens VI. bestätigt II, 693; von den Italienern beglückwünscht II, 694; ruft Petrarca II, 696; unterwirft Johann von Vico II, 696 f.; Edikt von der Majestät des römischen Volkes II, 697; hält das Parlament vom 1. August II, 698 ff.; seine Ritterschaft II, 699; lädt die Reichsfürsten vor II, 701 f.; feiert das Einheitsfest II, 702; wird als Tribun gekrönt II, 704 f.; sein Krönungsedikt II, 705 f.; verhaftet die Barone II, 706; begnadigt sie II, 706; Plan zur Nationaleinheit Italiens II, 708 f.; rechtfertigt sich bei Clemens VI. II, 710; belagert Marino II, 710 ff.; vor Deus II, 711; besiegt den Adel II, 712 f.; sein Benehmen nach dem Siege II, 713 ff.; seine Mutlosigkeit II, 715; sein Sturz II, 716 f.; er wird geächtet II, 717; flieht nach Neapel II, 718; nicht beim Jubiläum II, 722; sein Leben als Einsiedler II, 728; geht zu Karl IV. II, 729 f.; wird ghibellinisch II, 730; gefangen in Raudnitz II, 730 f.; in Avignon II, 733; vor Gericht II, 733; amnestiert II, 734; in Perugia II, 737; kehrt nach Rom zurück II, 737 f.; Senator II, 738; gegen Palestrina II, 738 f.; läßt Fra Monreale hinrichten II, 739 f.; seine Tyrannei II, 740 f.; gestürzt II, 741 f.; gestorben II, 742; allgemeine Charakteristik II, 743 f.; literarische und wissenschaftliche Bedeutung II, 877; seine Vita II, 879
Coliseo vgl. Colosseum
Collateralis des Senators II, 416
Colle, Bonifatius a III, 494

Colledimezzo, Familie, II, 317
Collegium Romanum III, 338
Colleoni, General, III, 110; seine Statue III, 316
Colocci, Angelo III, 496f., 641, 643
Colonna, Kastell, II, 139
Colonna, Palast, II, 263, III, 375, 614
Colonna, Region, III, 346f.
Colonna, Familie, Ursprung I, 602, II, 139f., 263; ihre Besitzungen im XIII. Jahrhundert II, 575; ghibellinisch II, 381; guelfisch II, 483; von Nikolaus III. begünstigt II, 511; im Streit mit Bonifatius VIII. II, 523ff.; erwerben Nepi II, 526; f. rehabilitiert II, 548; Krieg mit den Gaëtani II, 550; von Clemens V. rehabilitiert II, 586; führen Krieg mit den Orsini (1333) II, 662f., 667f.; ihre Erwerbungen durch Martin V. III, 5; Verluste durch Eugen IV. III, 13ff.; gebannt durch Eugen IV. III, 19; ihre Güter von Vitelleschi konfisziert III, 27; unter Sixtus IV. III, 126; der Zweig von Palestrina III, 126; von Paliano-Genazzano III, 126; im Krieg mit den Orsini (1483) III, 126ff., 130f.; 1485: III, 135ff.; 1497: III, 199; sie erwerben Tagliacozzo III, 137; kämpfen darum mit den Orsini III, 137; verlieren ihre Güter durch Alexander VI. III, 218; verbünden sich mit den Orsini und Spanien III, 360; werden rehabilitiert III, 579; kämpfen gegen Clemens VII. III, 579ff.; von Clemens VII. angegriffen III, 587
Colonna, Aegidius II, 557, 560
Colonna, Agapit (um 1298) II, 513, 527
Colonna, Agapit (1333) II, 663
Colonna, Agapit (1378) II, 803
Colonna, Agnes II, 670
Colonna, Antonio (1418) II, 870
Colonna, Antonio, Fürst von Salerno, III, 5, 13f., 81, 126; gestorben III, 115

Colonna, Ascanio III, 579, 587, 592, 616, 636, 639
Colonna, Isabella III, 639
Colonna, Camillo III, 636, 648
Colonna, Caterina III, 6
Colonna, Enrico II, 667
Colonna, Fabrizio III, 126, 130, 133, 137, 156f.; erobert Ostia III, 165, 169; im Heere Karls VIII. III, 178, 182; bei Ferrantino III, 184; im Dienst des Papstes III, 187; mit Tagliacozzo beliehen III, 199; verteidigt Capua III, 216; im Dienste Consalvos III, 218; im Dienste Julius' II. III, 372, 384; schließt Frieden mit den Orsini III, 393; in der Schlacht von Ravenna III, 396f.; bei Alfonso von Ferrara III, 397, 402f.; beim Festzug Leos X. III, 440
Colonna, Francesco III, 372
Colonna, Geronimo III, 126
Colonna, Giulio III, 566, 579, 636
Colonna, Jakob (gestorben 1503) II, 500, 511; im Konklave Cölestins V. II, 513; im Zwist mit Bonifatius VIII. II, 523ff.; geächtet II, 525, 529; losgesprochen II, 548; seine Tätigkeit für S. Maria Maggiore II, 572f.
Colonna, Jakob, Bischof von Lombes, II, 649f., 670
Colonna, Jakob von Palestrina II, 857, 865
Colonna, Johann, Kardinal (um 1240), beschützt den Hl. Franziskus II, 340; begleitet Peter von Courtenay II, 345; Legat in Perugia II, 350; befehligt Friedrich II. II, 357; vermittelt Frieden zwischen Rom und Gregor IX. II, 368; tritt für Friedrich. II. ein II, 381ff.; gefangen II, 386; seine Spitalgründung II, 564
Colonna, Johann (gestorben 1292) II, 502, 511f.
Colonna, Johann, Kardinal (1327), II, 668, 681, 877; Mäzen Petrarcas II,

Register

670f.; Senator II, 683, 685; kämpft gegen die Gaëtani II, 706; gestorben II, 714

Colonna, Johann (gestorben 1413), im Aufstand gegen Bonifatius IX. II, 817, 819, 823; kämpft gegen Bentivoglio II, 826; bekämpft Molara II, 829; vertreibt Innocenz VII. II, 831; gefangen II, 835; gestorben II, 851

Colonna, Johann (gestorben 1508) III, 126f.

Colonna, Johann, Erzbischof von Messina, II, 560

Colonna, Johann Stefani II, 712f.

Colonna, Johann von S. Vito II, 572

Colonna, Jordan (1312) II, 614

Colonna, Jordan (1403) II, 826, 862, 870, III, 5; gestorben III, 5

Colonna, Jordan (1480) III, 126

Colonna, Jugurta II, 742

Colonna, Konradin II, 857

Colonna, Landulf (um 1300) II, 523, 526

Colonna, Latinus II, 500

Colonna, Lodovico II, 864, III, 8; gestorben III, 27

Colonna, Lorenzo (gest. 1423) III, 5; gestorben III, 5

Colonna, Lorenzo (gest. 1484), verteidigt die römische Republik III, 23; kapituliert III, 27; gefangen III, 28; kämpft gegen Sixtus IV. III, 126f.; gegen die Orsini III, 130; gestorben III, 131

Colonna, Marcantonio III, 375, 377, 384, 395, 398, 400, 402f., 452, 455

Colonna, Marcello III, 579

Colonna, Marzio III, 648

Colonna, Matthäus (1292) II, 523

Colonna, Muzio III, 229

Colonna, Nicolaus II, 819, 823, 826, 829, 835

Colonna, Oddo (1154) II, 243

Colonna, Oddo (gest. 1257) II, 383f., 511

Colonna, Oddo (1292) II, 523

Colonna, Oddo, vgl. Martin V., II, 829, 831, 861

Colonna, Odoardo, Fürst von Celano, III, 5, 13, 24, 126

Colonna, Paolo III, 6

Colonna, Peter (1078) II, 139f., 142, 163

Colonna, Peter, Senator (gest. 1347), II, 692, 712f.

Colonna, Peter Agapiti II, 668, 688; gestorben II, 712

Colonna, Peter Jordanis II, 723

Colonna, Peter Sciarra II, 723, 727

Colonna, Petrus (gest. 1326) II, 511, 514, 523ff., 529, 548, 572, 579

Colonna, Pirro III, 648

Colonna, Pompeo, will Rom befreien III, 390ff.; im französischen Dienst III, 393, 399f.; amnestiert III, 440; wird Kardinal III, 462; im Konklave Hadrians VI. III, 538; Haupt der kaiserlichen Partei III, 553; im Konklave Clemens' VII. III, 555f.; tritt für Karl V. ein III, 578f.; im Aufstand gegen Clemens VII. III, 579ff.; geächtet III, 587; kämpft gegen Clemens VII. III, 587, 592, 595, 600; beim Gran Sacco III, 616f.; unterstützt Clemens VII. III, 624, 633; seine Schriften III, 516; geht nach Neapel III, 605

Colonna, Prospero, als Kardinal III, 5f., 11, 13, 19, 45, 81; hofft Papst zu werden III, 49; auf seiten der Borgia III, 73; gestorben III, 102; seine humanistischen Bestrebungen III, 245; sein Wohnsitz III, 351; sein Grab III, 315

Colonna, Prospero, Condottiere, kämpft gegen Sixtus IV. III, 126f., 131; zieht gegen Rom III, 133; beim Tode Innocenz' XIII. III, 148; erklärt sich für Rovere III, 156; im Dienste Alfonsos III, 157; gefangen III, 171; frei III, 173; bei Karl VIII. III, 173, 182;

bei Ferdinand II. III, 184; im Dienst Consalvos III, 187, 216, 218; Ausgrabungen III, 269; Feldherr III, 372, 390f., 396, 460, 537; besetzt Rom III, 356, 359; geleitet Cesare Borgia III, 357, 367; päpstlicher General III, 442, 447, 483f., 541f., 558, 639
Colonna, Rentius II, 862
Colonna, Sciarra II, 524, 527; verbannt II, 529; mit Wilhelm von Nogaret II, 540, 543; überfällt Bonifatius VIII. II, 543f.; gebannt II, 549; für Heinrich VII. II, 600f., 604, 606; Senator II, 614; verbannt II, 614; aufs neue Senator II, 617; Führer der Miliz II, 641; verteidigt Rom II, 642; krönt Ludwig den Bayern II, 645f.; zum drittenmal Senator II, 647; entflieht II, 654; gestorben II, 657
Colonna, Sciarra (1526) III, 579, 606, 639, 648
Colonna, Sciaretta II, 712, 714f., 742
Colonna, Stefan (gestorben 1348) in der Romagna II, 511; Senator (1299) II, 512; Besitzungen II, 523ff.; im Exil II, 529; baut Palestrina wieder auf II, 586; von Heinrich VII. nach Rom geschickt II, 602; kämpft für ihn II, 604ff.; verbannt II, 614; wird Ritter II, 628; wieder verbannt II, 641; greift Rom an II, 642; Zurückhaltung gegen Ludwig den Bayern II, 650; Senator (1328) II, 654, 658; Syndicus II, 658; Rector II, 658; Lobrede auf Petrarca II, 673f.; lädt Clemens VI. nach Rom ein II, 679; Befehlshaber der Milizen II, 688; flieht vor Cola II, 690; von Cola gefangen II, 706; zieht gegen Cola II, 711f.; Haltung nach dem Sturz seines Hauses II, 713f.; beim Sturz des Cola II, 717; gestorben II, 717
Colonna, Stefan (gestorben 1347) II, 663, 668, 679, 690, 712; gestorben II, 712f.

Colonna, Stefan von Genazzano II, 506
Colonna, Stefan, Kardinal (1378), II, 803
Colonna, Stefan (1480) III, 126
Colonna, Stefan (1526) III, 578, 622, 656
Colonna, Stefan Nicolai III, 13f.
Colonna, Stefanello II, 717, 725, 727, 738
Colonna, Stefanuccio II, 667
Colonna, Vespasiano III, 578f., 616f.; gestorben III, 639
Colonna, Vittoria III, 493, 522, 571
Colonnacce III, 352
Colosseum, Name I, 16; Prophezeiungen zur Zeit Bedas I, 312; Zustand zur Zeit des Honorius I, 16; unter Theoderich wiederhergestellt I, 141; zur Zeit Poggios II, 893; Burg der Frangipani II, 175, 575; kommt an die Frangipani II, 207, 312, 393; durch Erdbeben beschädigt II, 575; zu Stiergefechten benutzt II, 888; zu Passionsspielen II, 890; Eigentum des Volkes II, 893; an Sancta Sanctorum abgetreten II, 894; Verwendung der Steine II, 893f., III, 264f., 302; zu dramatischen Vorstellungen benutzt III, 290; Sitz der Dämonen III, 542
Colucci III, 423
Columban I, 278
Columbus III, 150, 158; gestorben III, 444
Columna maior I, 480
Comacchio, wird päpstlich I, 374; an den Erzbischof von Ravenna abgetreten I, 671; Salinen III, 384
Comes Formarum Urbis I, 138
Comes sacrosancti Palatii Lateranensis I, 669
Comines III, 170, 178, 180, 196
Comitatus Campaniae II, 318
Comites I, 260, 372, 440, 668.
Comitiva Romana I, 136

Commodus, Statue, III, 422
Compiègne, Konzil von I, 499
Compsa, Kastell, I, 224
Conditionales I, 415
Condivi III, 429
Conductores I, 265, 415
Condulmaro, Francesco III, 296
Condulmaro, Gabriello, vgl. Eugen IV., II, 850, 870
Condulmaro, Polixena III, 103 [890
Confraternità del Gonfalone II, 756,
Confraternità Salvator ad Sancta Sanctorum III, 348
Confraternità S. Spirito III, 305
Conon von Praeneste II, 157
Consa vgl. Compsa
Consiliarii II, 260, 845
Consiliatores II, 210, 265
Consilium generale II, 418f., 793
Consilium publicum III, 106
Consilium secretum III, 106
Consilium speciale II, 418f.
Constans I. I, 29
Constans II. I, 303; sein „Typus" I, 305; geht nach Italien I, 308 ff.; in Athen I, 308; kämpft gegen die Langobarden I, 308f.; in Rom I, 310ff.; beraubt das Pantheon I, 313; raubt die Bronzestatuen I, 313; geht nach Syrakus I, 313; unterstützt das ravennatische Schisma I, 314; gestorben I, 313
Constantia von Sizilien II, 257, 261, vgl. auch Konstanze; Kaiserin II, 263; empört sich II, 266; Regentin II, 314
Constantin d. Gr., entführt römische Statuen I, 35; gründet Kirchen I, 41; seine Reiterstatue I, 19, 313; seine Schenkung I, 41f., 402, II, 34, 38, 371f.; Edikt von 325 gegen die Blutschauspiele I, 55; von Valla angegriffen III, 258f.
Constantin Pogonatus, beruft ein Konzil I, 315; sein Verhältnis zum Papst I, 319

Constantin Dukas II, 59, 62
Constantin V. Copronymos I, 348; schenkt dem Papst Ninfa und Norma I, 359; unterhandelt mit Pippin I, 373f.; gestorben I, 411
Constantin VI. I, 411, 460
Constantin VIII. I, 587
Constantin IX. I, 642, 657
Constantin, Papst, I, 330; geht nach Konstantinopel I, 331; zurück I, 332; stellt die Ruhe in Rom her I, 335; gestorben I, 336
Constantin, Bruder Totos, er wird Papst I, 386; schreibt an Pippin I, 386; gestürzt I, 388; kirchlich entsetzt I, 388; geblendet I, 389; vor der Lateransynode I, 389; Ende I, 389
Constantin, der Afrikaner von Monte Cassino, II, 135
Constantin, Slawenapostel, I, 524
Constantin, Offizier des Belisar, I, 174, 178; gestorben I, 190
Constantin Defensor I, 350
Constantin, Edler, I, 568f.
Constantin Porphyrogenetus I, 534
Constantina, Tochter Constantins, I, 49
Constantina, Kaiserin, I, 249, 260, 273; ihr Sarkophag III, 266
Constantina, Tochter des Nomenclators Gregor, I, 548
Constantinus Monomachus II, 38
Constantius, Kaiser, I, 21
Constantius, Gemahl Placidias, I, 86
S. Constanza II, 571
Consul Romanorum, Titel, I, 582, 592; erblich im Hause Alberichs II, 59; im XII. Jahrhundert II, 195, 207, 303, 373
Consul et Dux in Kampanien II, 9
Consularis von Ravenna I, 435
Contarini, Gasparo III, 483, 492, 494, 503, 566, 637, 644f., 651
Conti, Familie II, 295; erwerben Poli II, 310; Stammbaum und Teilung II, 319; Türme II, 309, 577

296 Register

Conti, Adenulf II, 543
Conti, Battista III, 149
Conti, Francesco III, 462
Conti, Giambattista III, 579
Conti, Giusto III, 290
Conti, Jakob (1199) II, 315
Conti, Jakob (gest. 1484) III, 128, 180; gestorben III, 130
Conti, Johann (1354) II, 736, 752
Conti, Johann (1461) III, 129, 393
Conti, Lucido III, 13
Conti, Nicolaus II, 511, 543, 605
Conti, Paul II, 669, 681, 683
Conti, Petrus II, 503f.
Conti, Sigismondo III, 248, 493, 497, 506f.
Conti, Stefano III, 105
Contrata Miliciarum II, 578
Contucci vgl. Sansovino
Convenevole II, 672
Corbara, Petrus von II, 650f.; zum Papst gekrönt II, 651, 653; unterwirft sich Johann XXII. II, 657f.; gestorben II, 658
Corbie I, 402
Corcodilum oder Corcollo, Kastell, II, 152
Cordova, Consalvo von III, 181, 183, 187f., 216f., 232, 356f., 360f., 366f., 378
Corduba, Don Alonso de III, 614
Corduba, Don Luis de III, 546ff., 552, 555f., 577f., 579
Coreglia, Micheletto III, 225f., 230, 233, 355f., 364f., 367
Cornaro, Caterina III, 124
Cornaro, Kardinal, III, 382, 548, 556
Corneto um 1144: II, 209; führt Krieg mit Rom II, 431, 506; im XIV. Jahrhundert II, 767; nach dem Sturz Vitelleschis III, 38
Cornuta III, 49
Correr, Angelo, vgl. Gregor XII., II, 833
Correr, Gregorio III, 288

Correr, Paul II, 840
Correse I, 443
Corsi II, 105, 140
Corsica, Provinz, I, 235
Corsignano III, 82
Corsini, Palast, III, 307, 327
Corsini, Petrus, Kardinal, II, 794
Corso III, 302
Corso, Petrus Latro II, 167f., 185
Corso, Stefan II, 140, 142, 143
Corte de' Savelli III, 333
Cortenuova, Schlacht, II, 374f.
Cortese, Paolo III, 514
Corvini, Palast, III, 352
Corvinus, Matthias III, 94, 122
Coryciana III, 514
Coryx III, 643
Cosecchis, Lellus de II, 679
SS. Cosma e Damiano, Gründung I, 158ff.; Mosaiken I, 159
SS. Cosma e Damiano in vico aureo III, 328
Cosmaten II, 291, 563, 565f., 569
Cossa, Baldassaro, vgl. Johann XXIII., II, 825; erklärt sich für das Pisaner Konzil II, 841; zieht gegen Ladislaus II, 841; belagert Rom II, 844; in Bologna II, 845f.
Cossa, Caspar II, 821
Costa, Kardinal, III, 156, 160
Costaguti, Palast, III, 337
S. Costanza, Mosaiken, I, 87
Cotta, Erlembald II, 55, 66, 82
Cotta, Landulf II, 55
Courance, Heinrich von II, 479f.
Covos III, 660
Credenza des Hl. Ambrosius, Zunft, II, 426, III, 106
Crema, von Friedrich I. zerstört, II, 239
Crescentianae, Titulus, I, 128, 132
Crescentier I, 629, 637, II, 7; ihre Stellung um 1002: II, 3; ihr Ende II, 5; besitzen die Engelsburg II, 68
Crescentius de caballo marmoreo I, 622, 637

Crescentius, Stadtpräfekt, II, 3, 5, 6
Crescentius, Sohn Benedikts, I, 657, 662, II, 3
Crescentius, Johannes I, 645; vertreibt Johann XV. I, 649; sein Patriziat hört auf I, 651; er huldigt Otto III. I, 652; Charakter I, 655; Aufstand gegen Gregor V. I, 655; wieder Patricius I, 656; macht Johann XVI. zum Papst I, 657; von Otto III. angegriffen I, 658; und belagert I, 659; Sagen über sein Ende I, 659f.; gestorben I, 660; Grab I, 661
Crescentius, Johannes (gest. 1012) II, 3, 5
Crescentius Numentanus vgl. Crescentius, Johannes
Crescentius de Theodora I, 639; empört sich gegen Benedikt VI. I, 639; erwirbt Castrum vetus I, 671; Ende I, 640; Grab I, 640
Crescenzi, ihre Türme II, 575
Crescenzi, Pierpaolo III, 635, 637
Crispoldus, Tullius III, 494
Crispus, Bischof von Mailand, I, 425
Crivelli III, 243
S. Croce, Andrea III, 89, 244
S. Croce, Antonio III, 616
S. Croce, Francesco III, 130
S. Croce, Giulio III, 656
S. Croce, Jakob III, 227, 233
S. Croce, Paolo III, 604
S. Croce, Prospero III, 125
Croce, Giorgio III, 152
S. Croce in Gerusalemme, Gründung I, 41, 148; Name I, 49ff., 128; restauriert II, 291; Gemälde III, 322
Cronaca III, 294
Croy, Adrian von III, 558
Croy, Wilhelm von III, 455, 539
St. Crucis, Titulus, I, 128, 133
Crypta Balbi I, 22
Cubicularius I, 438
Cum inter, Bulle, II, 632
Cumae, von Belisar erobert I, 169; von Aligern verteidigt I, 218; von den Langobarden erobert I, 337
Cupis, de, Familie, III, 297
Cupis, Domenico de III, 462, 615
Cura Palatii Urbis Romae I, 335
Cures I, 443
Curia Julia I, 19f.
Curia papalis II, 210
Curia Senatus I, 294, II, 210
Curia vetus I, 20
Cymelia I, 420
Cymis, Johann de II, 835
Cypern wird venetianisch III, 124
Cypern, Hugo von, Kardinal, III, 20
Cyprianus I, 58
St. Cyriaci, Titulus, I, 128, 131
St. Cyriaci in Thermis Diocletiani I, 128, III, 349
St. Cyriacus auf der Via Ostiensis I, 297
Cyriacus von Ancona III, 18, 264, 266, 270f., 353
Cyrus, Patriarch, I, 303, 315, 331
Cyrus, Arzt, I, 161

D

Dagisthaeus I, 217
Dagobert, Abt von Farfa, I, 609
Dalberg, Johann von III, 279
Damasi, Titulus, I, 127
Damasus I., Papst, I, 67, 126; errichtet das Baptisterium von St. Peter I, 44; weiht St. Laurentius in Damaso I, 49
Damasus II. II, 30f.
Damiani, Pier, Herkunft und Charakter II, 44ff.; begrüßt Gregor VI. II, 21; sein „Gomorrhianus" II, 32; sein Urteil über die Schlacht von Civitate II, 37; wird Kardinalbischof von Ostia II, 43; seine Reformen II, 44; seine Bußdisziplin II, 45ff.; flieht II, 48; Legat in Mailand II, 55; für Alexander II. II, 56, 58; geht ins Kloster II, 59; bei der Kaiserin Agnes II, 65; Legat in Worms II, 70; gestorben II, 70; seine Bildung II, 137

Damianus, Erzbischof von Ravenna, I, 323, 333
Dandolo, Andrea, Doge, II, 694
Dandolo, Matteo III, 548
Daniel, Magister militum, I, 517
Dante II, 435, 560f.; beim Jubeljahr II, 533; bei Bonifatius VIII. II, 535; seine politischen Ansichten II, 591 ff.; sein Buch „De Monachia" II, 592; bei Heinrich VII. II, 599; seine Klage über den Tod Heinrichs VII. II, 621; Brief an das Konklave II, 625; über die Armut Christi II, 635f.; seine Stellung zur Renaissance II, 872f.; seine Asche zurückgefordert III, 519
Dassel, Rainald von, vgl. Rainald von Köln
Dathus, Julius III, 494
Dati, Giuliano III, 290
Dati, Leonardo III, 248, 288
Dattus II, 11f.
Dauferius I, 672
Decarcones I, 630, 703
Decembrio III, 243, 247
Decemnovische Sümpfe I, 170
Decemnovius I, 170
Decenniae I, 703
Decius Marius Venantius Basilius, Stadtpräfekt, I, 141
Decius Theodorus Paulinus, Konsul, I, 165, 202
Decurionen I, 433
Dedel, Hadrian, vgl. Hadrian VI., III, 538ff.
Defensor, Titel, I, 368, 401; Primus Defensor I, 436
Defensores, von den Bischöfen gewählt, I, 226; Kollegium I, 437
Dekretalen, pseudo-isidorische I, 538, 656
Dekretalensammlungen II, 554
Demetrias I, 108
Demetrius Meliosi I, 602, 620, 622
Demetrius Palaeologus III, 31, 95
Demetrius Secundicerius I, 387

Demetrius, Grieche, III, 542
Desiderata I, 393; heiratet Karl d. Gr. I, 394; verstoßen I, 394
Desiderius, König der Langobarden, I, 377; unterwirft Spoleto und Benevent I, 381; in Rom I, 381; seine Stellung zu Constantin I, 387; zu Stephan III. I, 389; sein Verhältnis zu Hadrian I. I, 395f.; nimmt Gerberga auf I, 396; er verlangt die Salbung der Söhne Karlmanns I, 396; besetzt Teile des Exarchats I, 396; zieht gegen Rom I, 397; zieht ab I, 398; flieht vor den Franken nach Pavia I, 399; wird nach Corbie gebracht I, 402
Desiderius, Abt von Monte Cassino, II, 47, 55; baut die Basilika II, 70f.; vermittelt zwischen Heinrich IV. und den Römern II, 102; entführt römische Säulen II, 111; sorgt für die Bibliothek I, 135; wird Papst, vgl. Viktor III., II, 114f.
Desultores I, 143
Deus, Bertrand de II, 707, 709; lädt Cola vor II, 710f.; verbindet sich mit den Baronen II, 716; nimmt Rom in Besitz II, 717; ächtet Cola II, 717; abberufen II, 719
Deusdedit, Papst, I, 290f.
Deusdedit, Kanonist, II, 137, 269
Deutschritterorden, seine Prokuratoren bewachen das Kapitol III, 48
Diakonen, als Verwalter der Kirchengüter, I, 265
Diakonien I, 132; unter Hadrian I. I, 419; unter Leo III. I, 481
Diano, Nicolaus de II, 853
Diaria III, 284ff.
Diaz, Don Ruy de Pennalosa III, 565
Dichterkrönungen II, 672
Diedo, Proveditore, III, 127
Diego de Azevedo, Bischof, II, 340
Dies Irae, Hymne, II, 561
Dietrich von Mainz III, 44
Dietrich von Niem III, 308

Dietrich von Verdun II, 104
Dio I, 220
Diodati, Fra II, 525
Diogenes, byzantinischer Offizier, I, 211
Diokletian I, 128
Diomedes, Arzt, I, 161
Dionysius, Bischof von Piacenza, II, 94
Dioscorus I, 161
Dipold von Schweinspeunt II, 314 ff., 329, 331
Disciplina, vgl. Bußdisziplin, II, 45 f.
Djem III, 124, 141 ff., 147 f., 159, 168 f., 173 f., 178 f.; gestorben III, 180
Dlugosz III, 275
Doara, Boso von II, 448, 456
Docibilis I, 552, 588
Dodo, Graf, I, 391
Dohanerius salis II, 845
Dolcino von Novara II, 632
Domänen, kaiserliche, vgl. Patrimonien, im X. Jahrhundert I, 671
Dominae Rosae in Castro aureo, Kloster, III, 337
Dominicus der Gepanzerte II, 46
Dominicus von Sora II, 44
Dominicus von Torcelli III, 102
Dominikaner II, 341 f.; in Rom II, 341
St. Dominikus II, 340 ff.
Domitian, Statue, I, 214; Kopf III, 267
Domitii, Grab, I, 23
Domnius, Bischof, I, 302
Domus Augustiana I, 23
Domus cultae I, 363, 416
Domus Faustae I, 41
Domus Tiberiana I, 23
Don, Titel, II, 692
Donatello III, 268, 294, 311
Donato, Girolamo III, 382 f.
Dondi, Giovanni II, 878, III, 270
Donizo von Canossa II, 134
Donna Bona II, 168
Donoratico, Bonifatius von II, 657
Donoratico, Gerhard von II, 477, 479 ff.

Donus, Papst, I, 314
Donus, Magister militum, I, 303
Doria, Palast, III, 297
Doria, Andrea III, 226, 269, 576, 586, 620 f., 625, 638
Doria, Antoniotto III, 442
Doria, Filippino III, 621, 636
Doria, Lamba II, 619
Doria, Percival II, 439, 446, 560
Dornauszieher III, 267
Dossis, Bartholomaeus de III, 347
Dovizi, Bernardo, vgl. Bibiena, III, 434
Draco I, 505
Dragona, Goffred de II, 506
Drama der Renaissance III, 290 ff., 524 ff.; lateinisches III, 292
Drei-Kapitelstreit I, 197, 229
Dreizehnmänner II, 586, 667, 680; abgeschafft II, 753
Droctegang von Görz I, 365
Drogo von Apulien II, 34
Drogo von Metz I, 505 f.
Dromonen I, 551
Drucke, die ersten römischen III, 249 ff.; die ersten griechischen III, 251, 510
Druckereien vgl. Buchdruck
Ducatus Romanus I, 236, 260, 334, 357; Umfang im VIII. Jahrhundert I, 352, 441 f.; unter Johann VIII. I, 555 f.
Duces, griechische I, 236; päpstliche I, 372, 434; ihre Stellung seit Karl d. Gr. I, 666; außerhalb Roms I, 668
Duces maiores I, 439
Duces minores I, 439
Dungalus I, 532
Dunkelmänner, ihre Briefe III, 468
Duraforte, Astorgus da II, 726
Durante, Wilhelm II, 505, 554; Grab II, 567
Dux von Rom I, 260, 334; hört auf I, 400; im VIII. Jahrhundert I, 429, 434

E

Eberhard von Württemberg III, 279

Eberhard, Graf, I, 565, II, 74
Eberstein, Christoph, Graf zu III, 585, 625
Eboli, Wilhelm von II, 654, 658
Ebrimut I, 169
Eck III, 476
Eckhard von Meißen I, 659
Edekon I, 115
St. Edistius, Domus culta, I, 416
St. Edistius, Kirche, I, 416
Edmund von Lancaster II, 412f., 422, 425, 442
Eduard von England (1289) II, 510
Egidianen II, 768
Egidius von Viterbo III, 238, 375, 461, 464, 492, 497, 507, 602, 622, 637
Einsiedler vgl. Eremiten
Einwohner von Rom, Anzahl um 408: I, 70; um 414: I, 82; nach 455: I, 103; zur Zeit Totilas I, 206f., 211; um 555: I, 225; im Jahr 1198: II, 296; im XIV. Jahrhundert II, 771, 897; im XV. Jahrhundert III, 326; im Jahre 1527: III, 534f., 605; nach dem Sacco III, 640
Einwohner von Italien zur Gotenzeit I, 225
Ekthesis I, 300, 304
S. Elena III, 335
Elefanten, in Europa gezeigt, III, 444; aus Bronze I, 214
Eleonore, Gattin Heinrichs III., II, 443
Elephantus Herbarius I, 214
Eleutherius, Exarch, I, 290f.
Eleutherius aus Ravenna I, 406
Eleutherius, Sohn des Arsenius, I, 540
Elia, Fra II, 343
St. Elias, Kloster, I, 607
S. Eligio III, 531
Elisabeth, Gattin Karls IV., II, 772
Elisabeth, Gattin Konrads IV., II, 411
Elisabeth, Mutter Konradins, II, 469
Emanuel Komnenus II, 214, 241, 249
Emanuel d. Gr. III, 444f.
Empedokles I, 161

Emporium I, 24
Ems, Jakob von III, 396f.
Engelberga I, 528, 542, 551, 558, 560
Engelsburg, nicht in der Notitia erwähnt, I, 26; Name I, 155, 254, 596; Brückenkastell I, 178; von Vitiges bestürmt I, 176 ff.; die Statuen vernichtet I, 179; von Totila erobert I, 212; von Narses I, 217; Zustand im X. Jahrhundert I, 596f., 655; von Otto III. erobert I, 659f.; im Besitz der Crescentier II, 68; orsinisch II, 574; zerstört II, 805f.; von Bonifatius IX. wiederhergestellt II, 820, 882; bedeckter Gang nach dem Vatikan II, 848, 882; Teile stürzen ein III, 171; vom Blitz getroffen III, 194; Bau Alexanders VI. III, 222, 308f.; Gefängnisse III, 222, 308; der Engel I, 254
Enkevoirt, Wilhelm III, 541, 545, 547, 608, 614
Ennodius I, 145
Enoche, Albert III, 246
Enrico, Don von Aragon III, 29
Enriquez, Maria III, 154, 159, 191
Enzius von Sardinien II, 379, 401; gefangen II, 404; gestorben II, 404, 489
Enzius, Sohn Manfreds, II, 464
Ephesus, Konzil zu (431) I, 87
Epigraphik III, 270f., 332f.
Epiktet I, 67
Epiphanius, Bischof von Ticinum, I, 112
Equitii, Titulus, I, 127; neu erbaut von Symmachus I, 150
Equitius I, 127
Erarich I, 193
St. Erasmus I, 421
St. Erasmus, Kloster, I, 314, 330, 452; mit Subiaco verbunden I, 314, 608
Erasmus von Rotterdam III, 470, 495f., 503, 510f., 554, 642f.
Erchempert I, 534
Erdbeben, von 801: I, 472; von 847: I,

509; von 1044: II, 20; von 1231: II, 575; von 1348: II, 719f.
Eremiten, im X. Jahrhundert I, 674; im XI. Jahrhundert II, 43f.; auf dem Monte Majella II, 728
Erich von Braunschweig III, 196, 636
Ermengard vgl. Desiderata
Ermold Nigellus I, 535
Erogator I, 261
d'Espinay, Andreas III, 141
Eroli, Kardinal, III, 101
Esquiliae, Region, I, 17
Esquilin um 500: I, 131; im XIII. Jahrhundert I, 576f.
Este, Familie II, 119; ihr Ursprung I, 616; huldigen Johann XXII. II, 656
Este, Albert II, 817
Este, Alfonso von, III, 382, 596f., 599f.; heiratet Lucrezia Borgia III, 218, 219ff.; von Julius II. angegriffen und gebannt III, 384; im Heere Frankreichs III, 396f.; absolviert III, 402; flieht aus Rom III, 403; beim Festzug Leos X. III, 436, 438; mit Frankreich verbündet III, 451; von Leo X. bedroht III, 454, 475; mit Franz I. verbündet III, 483f.; verträgt sich mit Hadrian VI. III, 546; mit Karl V. III, 551; wird sein Generalkapitän III, 553, 589; rät Bourbon, gegen Rom zu ziehen III, 594; nimmt Modena III, 625; schließt sich der Liga an III, 633; schließt einen Vertrag mit Clemens VII. III, 652, 654
Este, Azzo VI. II, 327, 329, 349, 379
Este, Beatrix von III, 167
Este, Borso von III, 55, 84, 111; wird Herzog von Ferrara III, 111
Este, Ercole von III, 115, 122; seine Heirat III, 115; sein Krieg mit Venedig III, 125; im Bunde mit Karl VIII. III, 165; empfängt ihn III, 167; gestorben III, 384
Este, Ercole von, Sohn Alfonsos, III, 633, 650

Este, Fernando von III, 219
Este, Hippolyt von III, 163, 219, 230, 382, 388
Este, Leonora von III, 71, 115ff.
Este, Lionello von III, 60, 249
Este, Nicolaus von II, 769, 825
Este, Obizo von II, 456, 639
Este, Rainald von II, 639
Este, Renata von III, 633
Este, Sigismund von III, 219
Este, Ugo von III, 60
L'Estendard, Wilhelm II, 456, 479, 500, 520
Estouteville, Kardinal, III, 77, 81, 99, 102, 129, 304, 306
Estouteville, Girolamo III, 131, 171, 579
Ethelbald I, 527
Ethelwolf I, 517
Etherius, Kapellan, I, 401
Eucherius, Stilichos Sohn, I, 56
Eudoxia, Gattin Theodosius' II. I, 86, 90, 96, 101
Eudoxia, Kaiserin, I, 90, 96; baut S. Pietro ad Vincula I, 102; heiratet Petronius Maximus I, 98; ruft die Vandalen I, 98; gefangen I, 99; ihr Ende I, 101
Eudoxiae, Titulus, I, 102
Eudoxiae Augustae, Titulus, I, 131
Eugenius, Kaiser, I, 32f.
Eugenius I., Papst, I, 307f.
Eugenius II. I, 492; stellt Doktoren an I, 531; gestorben I, 496
Eugenius III., vgl. Bernhard, Abt von St. Anastasius, er wird Papst II, 208; flieht nach Viterbo II, 208; erobert Rom II, 209; geht nach Frankreich II, 211; in Tusculum II, 214; nach Rom zurück und wieder in der Campagna II, 217; in Rom II, 220; gestorben II, 220; seine Bauten II, 291
Eugenius IV., vgl. Condulmaro, Gabriel, er wird Papst III, 12f.; Kampf mit den Colonna III, 13ff.; Verhält-

nis zum Basler Konzil III, 15f.; verlegt es nach Bologna III, 16; wird von ihm prozessiert III, 17; krönt Sigismund III, 18; wird von den Soldkapitänen bekriegt III, 19f.; unterwirft sich dem Konzil III, 20; schließt Frieden mit Sforza III, 20; erkennt die Freiheit von Rom an III, 21; flieht nach Florenz III, 21 f.; wird zur Rückkehr eingeladen und geht nach Bologna III, 25; erkennt René von Provence an III, 30; verlegt das Basler Konzil nach Ferrara III, 31; und nach Florenz III, 33; schließt die Union mit den Griechen III, 33f.; läßt Vitelleschi verhaften III, 36f.; führt Krieg mit Sforza III, 39; erkennt Alfonso von Aragon an III, 40f.; kehrt nach Rom zurück III, 41; verlegt das Konzil nach Rom III, 40; schließt Frieden mit Sforza III, 39; neuer Krieg III, 42f.; unterhandelt mit Friedrich III. III, 43f.; schließt das Konkordat III, 44f.; gestorben III, 45f.; Charakter III, 46; fördert die Universität III, 244; Bauten III, 295ff.; Grab III, 314

Eulalius, Papst, I, 85
Eunuchen, Handel mit ihnen, II, 408
Euphemia, Kaiserin, I, 109
Euphemia, Äbtissin, I, 579
St. Euphemia, Kirche, I, 253
Euphemianus I, 641
Euphemius, General, I, 497
St. Euplus, Kirche, I, 305
Eusebii, Titulus, I, 127, 130
Eusebius I, 127, 130
S. Eustachio, Region, III, 334f.
S. Eustachio, Alcheruccio II, 478, 481
S. Eustachio, Oddo II, 513
S. Eustachio, Tebaldo II, 606, 641ff., 659, 668
St. Eustachius, Kirche, Gründung I, 713; Streit mit Farfa I, 664f.; Besitzungen im X. Jahrhundert I, 712

St. Eustachius, Legende, I, 713
Eustachius, Dux, I, 405, 422, 439
Eustochium I, 77, 245f.
Eustratius, Bischof von Albano, I, 386
Euthalius I, 187
Eutharich I, 142, 155
Eutropius I, 31
Eutyches I, 108
Eutychius, Exarch, geht nach Neapel I, 343; in Ravenna eingesetzt I, 348; zieht gegen Rom I, 348; gegen Petasius I, 349; schenkt Säulen für St. Peter I, 350; ruft die Vermittlung des Papstes an I, 357; wird vertrieben I, 364
Evaristus I, 38
Exarchat, Errichtung I, 235ff.; hört auf I, 364; wird päpstlich I, 374
Exarchen, bestätigen die Papstwahl I, 292, 321
Exkommunikation, Folgen II, 52
Exkonsul, Titel, I, 236
Execrabilis, Bulle, III, 85f.
Exekutoren der Justiz II, 778, 793
Exercitus Romanus I, 300, 319f.; im VIII. Jahrhundert I, 429
Exhilaratus I, 343
Ezzelino von Onara II, 327
Ezzelino von Romana, kämpft für Friedrich II. II, 374, 401, 410; empfängt Konrad IV. II, 411; exkommuniziert II, 413; gestürzt II, 433

F

S. Fabbiano, Schlacht, III, 86
Fabro, Antonio III, 500
Faggiola, Rainer della II, 653
Faggiola, Uguccione della II, 618, 653; Herr von Pisa II, 622; siegt bei Montecatini II, 626
Falcando, Hugo II, 271
Falco II, 271
Farfa I, 327, 415, 438; Privilegien I, 487; Streit mit dem Papst I, 487; Zustand im IX. und X. Jahrhundert I,

584; von den Sarazenen erobert I, 585; Zustände um 936: I, 608f.; unter Otto II. und III. I, 663; Streit mit dem Grafen Benedikt I, 663; mit St. Eustachius I, 664f.; hat langobardisches Recht I, 664; Besitzungen in Rom I, 712; Feindschaft gegen die Päpste II, 99; kaiserlich gesinnt II, 136; Registrum II, 136; Geschichten des Klosters II, 136

Faria, Juan de III, 444

Farnese, Palazzo III, 412, 532

Farnese, Alexander III, 162, 187, 218, 277, 413, 435f., 492, 497, 504, 532, 537f., 555, 627

Farnese, Gerolima III, 162

Farnese, Giampolo III, 587

Farnese, Julia III, 162, 172, 374

Farnese, Pierluigi III, 613, 648

Farnese, Rainuccio III, 19

Farnese, Ranuccio III, 587, 601, 604, 610

Farnesina, Villa, III, 412f., 528

Faroald, Herzog von Spoleto (um 578) I, 247

Faroald, Herzog von Spoleto (um 683) I, 327

Farold I, 569

Fasanella, Pandulf II, 391, 401

Fasciolae, Titulus, I, 129, 131

Faun, schlafender III, 308

Faunus, Lucius III, 281

Fausta, Gemahlin Constantins, I, 41

S. Faustino e Giovita III, 411

Faustus, Senator, I, 113, 125, 227; sein Palast I, 135

Fazio, Bartolommeo III, 514

Federigo vgl. Friedrich

Federigo von Altamura vgl. unter Alta-

Fegefeuer I, 275   [mura

Feldkirchen, Antoni von III, 626

S. Felice, Kastell, II, 541f.

St. Felix, Kirche, I, 712, III, 345f.

Felix III. I, 121

Felix IV. I, 154, 157; seine Bauten I, 157ff.; gründet S. Teodoro I, 296; gestorben I, 161

Felix V. III, 34, 40, 43; dankt ab und stirbt III, 51

Felix, Erzbischof von Ravenna, I, 331

Felix, Grammatiker, I, 423

Feltre, Vittorino da III, 243

Ferdinand, Erzherzog, III, 552, 568, 583f., 629, 652, 658

Ferdinand der Katholische III, 144, 159; in der Liga gegen Karl VIII. III, 181; schließt einen Vertrag mit Ludwig XII. III, 215; schließt den Vertrag von Blois III, 373f.; geht nach Neapel und Savona III, 378; wird von Julius II. mit Neapel belehnt III, 384; schließt die Heilige Liga III, 394; schließt die Liga von Mecheln III, 442; gestorben III, 452; seine Politik III, 452f.

Fermo, wird päpstlich I, 404

Ferrante von Neapel, wird König III, 72; von Pius II. belehnt III, 80; von Johann von Anjou bekriegt III, 86f.; besiegt ihn III, 92; Zwist mit Paul II. III, 109; verpflichtet sich zu einem weißen Zelter III, 115; schließt eine Liga gegen die Medici III, 122; macht Frieden mit ihnen III, 123; will die Barone ausrotten III, 135; führt Krieg mit Innocenz VIII. III, 136f.; schließt Frieden III, 137; von Innocenz VIII. exkommuniziert III, 144; schließt Frieden mit ihm III, 146; verbindet sich mit ihm III, 147; unterhandelt mit Alexander VI. III, 156f.; mit Spanien III, 157; wieder mit Alexander III, 161; gestorben III, 163f.

Ferrantino von Neapel, als Prinz III, 146ff., 166, 173; wird König III, 179; verläßt Neapel III, 180; kehrt zurück III, 183f.

Ferrara, wird Herzogtum III, 111; Konzil III, 31f.; Akademie III, 501

304 Register

Ferrara, Giulio von III, 604, 607
Ferrari, Giambattista III, 195, 211, 213; gestorben III, 223 f.
Ferreri, Antonio III, 373, 377, 537
Ferreri, Stefano III, 351
Ferrerius II, 449
Ferretus Vicentinus II, 803
Ferruci, Francesco III, 656 f.
Ferrucius I, 639, II, 122
Festus, Senator, I, 122, 148, 227
Feudalismus in der Campagna im X. und XI. Jahrhundert I, 671, II, 7 f.; im XII. Jahrhundert II, 142, 211; im XIII. Jahrhundert II, 316 ff.
Fiano, Palast, III, 296, 346
Ficinus, Marsilius III, 146, 262
Fideli II, 364
Fidelius I, 171
Fieramosca, Cesare III, 447, 591 f., 593, 596, 636
Fieschi, Lucas II, 545, 603, 611, 623
Fieschi, Ludwig II, 822
Fieschi, Urban III, 333
Fieschi, Wilhelm II, 394, 421 f., 424; Grab II, 566
Filangieri, Richard II, 476
Filarete III, 294, 305, 311 ff., 315, 323
Filargo, Pietro, vgl. Alexander V., II, 843
Filelfo III, 64, 79, 243 f., 246 ff., 255 f., 261, 289
Filiberta von Savoyen III, 445 ff.
Filicarius, Comes, I, 363
Filonardo, Ennio III, 364, 570
Finicella III, 4
S. Fiora, Grafen, II, 601, 603, 607
Fioravante, Ridolfo III, 299
Fisiraga, Antonius von II, 597
Fiskus, kaiserlicher, unter Otto III. I,
Flaccus, Bischof, I, 455   [669
Flacius, Valila I, 120
Flagella II, 386
Flagellanten, um 1260: II, 430 ff.; um 1333: II, 664 f.; im Jahre 1400: II, 821 f.

Flajanum, Kastell, II, 59
Flaminia, Provinz, I, 235
Flaminius, Marcantonius III, 410, 491, 515, 517
Flavianus, Grammatiker, I, 423
Fleckenstein, Niklas von III, 585
Fleuranges III, 565
Flodoard I, 577, 605
Flora von Neapel, Statue, I, 24
Florenz, Schlacht, I, 55; huldigt Manfred II, 439; die Bianchi und Neri II, 535; wird von Heinrich VII. belagert II, 617 f.; wird demokratisch II, 686; Verhältnis zu Cola II, 699; ruft Karl IV. II, 732; Lage der Stadt um 1355: II, 745; huldigt Karl IV. II, 747; schließt eine Liga gegen die weltliche Gewalt der Kirche II, 782; ruft die Italiener zur Freiheit auf II, 783 ff.; wird von Gregor XI. gebannt II, 786; schickt eine Gesandtschaft an Gregor XI. II, 788; erläßt ein neues Schreiben an die Römer II, 789 f.; führt Krieg mit Gregor XI. II, 792 f.; schließt Frieden mit Urban VI. II, 804; kämpft mit Gian Galeazzo Visconti II, 825; Bedeutung der Stadt im XIV. Jahrhundert II, 873 f.; im Krieg mit Sixtus IV. III, 122; vertreibt die Medici III, 170; im Krieg mit Maximilian III, 186; wird wieder mediceisch III, 403; Republik wiederhergestellt III, 624; wird von Oranien belagert III, 656; und erobert III, 657; wird Herzogtum III, 658 f.; Einwohnerzahl um 1530: III, 657; Konzil III, 33
Flores, Antonio III, 180
Floridus III, 196
Flotte, Peter II, 537
Flotte, gotische I, 191; päpstliche, unter Leo IV. I, 509; unter Johann VIII. I, 551; unter Bonifatius IX. II, 821; unter Calixt III. III, 71
Flottenpräfekt I, 678

Focaticum II, 692f.
Foderum I, 670, II, 326, 335, 348
Foggia, Schlacht, II, 423
Foix, Andreas de III, 483
Foix, Gaston de III, 372, 395ff.
Foix, Germaine de III, 374
Foix, Odet de III, 394ff., vgl. Lautrec
Foix, Peter de III, 9f.
Foix, Thomas de III, 454, 564
Folengo, Teofilo III, 522
Foligno III, 8, 35
Fondalo, Gabrino II, 855
Fonseca, Juan de III, 180
Fonte Avellana II, 44
Fonteiana, Massa I, 363
Fontejer, Geschlecht, Ursprung II, 4
Foppa, Caradosso III, 416
Forca Palena, Nicolaus von III, 297
Forchheim, Reichstag, II, 93
Fores, Johann von II, 611, 613
Forli, geht von den Ordelaffi auf Riario über, III, 123
Formiae, Massa, I, 363
Formosus, als Bulgarenmissionar I, 525; zu Karl d. Kahlen gesandt I, 546; Mitglied der deutschen Partei I, 548; wird exkommuniziert I, 549; in Frankreich I, 558; rehabilitiert I, 562; wird Papst I, 566; krönt Lambert von Spoleto I, 567; er ruft Arnulf I, 567; wird gefangen und befreit I, 568; krönt Arnulf I, 568; gestorben I, 569; Totengericht über ihn I, 570f.; er wird begraben I, 572 f.; rehabilitiert I, 573; von Sergius III. verflucht I, 578
Fornuovo, Schlacht, III, 182f.
Fortebraccio, Braccio vgl. Braccio
Fortebraccio, Niccolò III, 9, 15, 20; gegen Rom III, 19; von Sforza geschlagen III, 23; Kämpfe mit ihm III, 24
Fortiguerra, Niccolò III, 90, 93, 101f., 108
Fortiguerra, Scipio III, 495, 509

Fortiguerra, Victoria III, 74
Fortin, Michael III, 606
Fortunatus Rainaldi, Senator, II, 779
Forum Augusti I, 20, III, 352
Forum Boarium I, 14, 24, 317, 421
Forum Caesaris I, 20
Forum Nervae I, 20; im XV. Jahrhundert III, 352
Forum Olitorium II, 199f.
Forum Romanum, unter Honorius I, 11f., 19ff.; um 1000 n. Chr. I, 699, 708; zur Zeit Poggios II, 893f.; um 1500: III, 324, 342
Forum Romanum Magnum, Region, I,
Forum Suarium I, 19, 145 [19, 637
Forum Trajanum, unter Honorius I, 20; unter Theoderich I, 139f.; nicht von Narses beschädigt I, 230; im VII. Jahrhundert I, 21; im VIII. Jahrhundert I, 276f.; im X. Jahrhundert I, 699, 710; im Ordo II, 274; im XV. Jahrhundert III, 351f.
Forum Transitorium I, 17, III, 506
Foscari, Francesco III, 400
Foscari, Marco III, 580
Foschino II, 868
Fossa Trajana I, 185
Fossalta, Schlacht, II, 404
Fossames, Johann de II, 502
Fossanova, Klosterkirche, II, 564
Fossombrone, Schlacht, III, 225
Fox III, 634
Fracastoro III, 517ff.
S. Francesca Romana, Kirche, vgl, S. Maria Nova, umgetauft III, 47. 342; Mosaiken I, 516; Gräber II, 884f.
S. Francesca Romana III, 47, 319, 494
Francesca, Piero della III, 432
S. Francesco in Trastevere II, 340
Francesco, Theobald II, 401
Franciotto, Galeotto III, 373
Franco, Geschlecht, I, 639
Franco, Sohn des Ferrucius, I, 637, vgl. Bonifatius VII.

306 Register

Francolini, Cencius II, 58
Frangipane, Cencius II, 55
Frangipane, Cencius Johannis II, 164f., 168, 171
Frangipane, Cencius Leonis II, 107, 115, 116
Frangipane, Donna Bona II, 168, 175
Frangipane, Heinrich II, 393, 403
Frangipane, Jacopo (1527) III, 606
Frangipane, Jakob (1244) II, 311, 393
Frangipane, Johannes (um 1268), nimmt Konradin gefangen II, 483; liefert ihn aus II, 483; wird beschenkt II, 484
Frangipane, Johannes Cencii II, 122, 161, 175
Frangipane, Latino II, 500
Frangipane, Leo (um 1000) II, 122, 175
Frangipane, Leo (um 1108) II, 142, 168, 175
Frangipane, Oddo II, 223, 238, 243f.; seine Heirat II, 250; seine Söhne II, 312
Frangipane, Petrucius II, 702; gestorben II, 712
Frangipane, Petrus (um 1230) II, 359, 373
Frangipane, Robert II, 175
Frangipani, Familie, Ursprung I, 714, II, 122, 175; Name und Wappen II, 175; Zweig de Arco II, 288; ihre Paläste II, 175; ihre Türme II, 122, 207, 288; ihre Türme im XIII. Jahrhundert II, 312, 575f.; ihre Parteistellung II, 122, 207; sie schützen Urban II. II, 122; erwerben Terracina II, 266; ihre Besitzungen zu Beginn des XIII. Jahrhunderts II, 317; werden von Friedrich II. belehnt II, 380; sind guelfisch II, 402; erheben Ansprüche auf Tarent und Arborea II, 402f.
Frank, Eucharius III, 251
Franken, fallen in Italien ein, I, 223
Franko von Worms I, 681

Franz I. III, 446f.; siegt bei Marignano III, 448; erobert Mailand III, 448; sein Vertrag mit Leo X. III, 449; empfängt ihn III, 450; neuer Vertrag mit ihm III, 451; schließt den Frieden von Noyon III, 455; will Kaiser werden III, 463, 472; erster Krieg mit Karl V. III, 483f.; gebannt III, 483; Streit mit Hadrian VI. III, 552; Krieg in der Provence III, 553; nach Mailand III, 558; belagert Pavia III, 559f.; schließt ein Bündnis mit Clemens VII. III, 560f.; wird bei Pavia geschlagen und gefangen III, 564; nach Spanien gebracht III, 568; frei III, 575; schließt die Liga von Cognac III, 575; eine Liga mit England III, 627, 631; den Frieden von Cambrai III, 646f.; Zusammenkunft mit Clemens VII. III, 661f.
Franz von Lothringen III, 562, 564
Franziskaner II, 339f.; in Rom II, 340; Anzahl um 1209: II, 342; als Inquisitoren II, 362; ihre Poesie II, 561; ihr Schisma unter Johann XXII. II, 632f.; ihre Stellung bei Eugen IV. III, 46f.
Franziskus von Assisi II, 339ff.; war nicht Dichter II, 560f.
Franziskus von Treviso II, 446
Frascati II, 388; Ursprung I, 516; colonnesisch III, 375
Fraticellen, vgl. Coelestiner, II, 728, III, 105, 275
Fredis, Felix de III, 420
Fregoso, Alessandro III, 475
Fregoso, Giano III, 401
Fregoso, Ottaviano III, 541
Fregoso, Paul III, 124
Freiberg, Philipp von III, 397
Freskomalerei II, 570f.
Freyberg, Albrecht von III, 585
Friedrich I. II, 218f.; sein erster Romzug II, 222f.; er wird gekrönt II, 227; kämpft in der Leonina II, 228; zieht

ab II, 229 ff.; im Streit mit Hadrian IV. II, 233; sein zweiter Zug nach Italien II, 234; söhnt sich mit den Römern aus II, 235 f.; beruft das Konzil von Pavia II, 239; gebannt II, 239; geht nach Deutschland II, 240; dritter Zug nach Italien II, 242 f.; vor Rom II, 245 f.; schließt Frieden mit Rom II, 247; zieht ab II, 248; seine Kämpfe gegen die Lombarden II, 249 f.; bei Legnano geschlagen II, 250; schließt den Frieden von Venedig II, 251; vor Konstanz II, 256; Streit über die mathildischen Güter II, 257; gestorben II, 260; Charakter II, 260 f.

Friedrich II. II, 313 ff., 318; als Gegenkönig II, 332; seine Jugend II, 333 f.; geht nach Deutschland II, 333 f.; wird zum König gekrönt II, 335; gelobt einen Kreuzzug II, 335; verweigert ihn II, 345 f.; seine Beziehungen zu Honorius III. II, 346; zum Kaiser gekrönt II, 347; Krönungskonstitutionen II, 347; geht nach Sizilien II, 348 f.; Mißverhältnisse mit Honorius III. II, 349 f.; arbeitet gegen die Gemeindefreiheit II, 349 f.; seine Zusammenkunft mit Honorius III. II, 352; seine zweite Ehe III, 352; verspricht aufs neue einen Kreuzzug II, 352; kämpft mit den Lombarden II, 353; wird König von Jerusalem II, 353; sein vereitelter Kreuzzug II, 354 f.; wird gebannt II, 355; erläßt ein Manifest an die Könige II, 355 f.; gewinnt die Römer II, 356; sein Kreuzzug II, 357; er schlägt die päpstlichen Truppen II, 358; schließt Frieden II, 359 f.; seine Ketzergesetze II, 362; er vermittelt zwischen dem Papst und Rom II, 364; unterstützt Gregor IX. II, 366 f.; dritte Ehe II, 370; gegen die Lombarden II, 370 f., 374; gebannt II, 376; Manifeste gegen Gregor IX. II, 376 ff.; zieht gegen den Kirchenstaat II, 379 ff.; weitere Kämpfe II, 381 ff.; vor Rom II, 389; unterhandelt mit Innocenz IV. II, 390; gegen Viterbo II, 390 ff.; Präliminarfriede mit Innocenz IV. II, 392; bricht ihn II, 393 f.; wird in Lyon abgesetzt II, 395 f.; sein Manifest an die Fürsten II, 396 f.; seine Stellung in seiner Zeit II, 399; Krieg mit Innocenz IV. II, 400; Glaubensbekenntnis II, 400; Verschwörung gegen ihn II, 401 f.; siegreiche Kämpfe in Mittelitalien II, 402 f.; vor Parma II, 403 f.; gestorben II, 405; Grab II, 405; Prinzip und Charakter II, 377 f., 405 ff.

Friedrich III. III, 35; unterhandelt mit Eugen IV. III, 43 f.; schließt das Aschaffenburger Konkordat III, 44 f., 51; Romfahrt III, 55 f.; empfängt seine Braut III, 57; wird vermählt III, 59; gekrönt III, 59; kehrt heim III, 60; zum zweitenmal nach Rom III, 110 f.; rät Sixtus IV. vom Krieg gegen Florenz ab III, 122; privilegiert die römische Akademie III, 276; gestorben III, 163

Friedrich von Baden II, 472, 476 f., 478 ff., 483

Friedrich von Hohenstaufen II, 120, 176

Friedrich von Kastilien II, 467, 471

Friedrich von Lothringen II, 35, 38; wird Abt von Monte Cassino und Kardinalpriester II, 42; Papst, vgl. Stephan IX., II, 43

Friedrich von Österreich II, 858, 860

Friedrich von Rotenburg II, 245, 247

Friedrich von Sachsen III, 469, 472, 550

Friedrich der Schöne II, 626; in der Lombardei II, 629 f.; söhnt sich mit Ludwig dem Bayern aus II, 638

Friedrich von Sizilien II, 521 ff., 526, 530, 534, 536, 547; wird anerkannt II, 536; Bündnis mit Heinrich VII.

II, 609f., 619; an seinem Sarge II, 622; lehnt die Signorie von Pisa ab II, 622
Friedrich von Toskana II, 29
Friedrich von Urbino, vgl. Montefeltre, Federigo
Friedrich, Sohn Manfreds, II, 464
Friesen in Rom I, 431
Frondienste I, 415
Frontespizio di Nerone III, 351
Frosinone, Schlacht, III, 592
Fructuaria, Kloster, II, 10
Frundsberg, Adam III, 586
Frundsberg, Georg III, 443, 455, 541, 562f., 565, 586; zieht gegen Rom III, 584ff., 588ff., 594; tritt zurück III, 595
Frundsberg, Kaspar III, 562, 590
Frundsberg, Melchior III, 585, 606; gestorben III, 635
Fulcher II, 129
Fulco, Erzbischof von Reims, I, 565
Fulco, Bruder Welfs IV., II, 119
Fulco von Toulouse II, 341
Fulgentius I, 135
Fulrad, Abt, I, 361, 366, 376
Fulvier, Geschlecht, Ursprung II, 4
Fulvius, Andreas III, 277, 504f.
Fumone II, 171, 364
Fundi, Dukat, I, 588; wird gaëtanisch II, 542
Fundus I, 266, 363
Furlano, Italiano III, 19

G

Gabadeo III, 63
Gabella II, 692
Gabellarius II, 845, III, 107
Gabi I, 363
Gabinus I, 128
Gabrielibus, Gabriel de III, 373
Gabrielis, Jacobus Canti de II, 668
Gabrielli, Johannes II, 726
Gadericus, Bischof von Velletri, I, 546
Gaddi, Giovanni III, 532, 632, 646

Gaddi, Niccolò III, 603
Gaddi, Taddeo II, 883
Gaëta, um 781: I, 409; schließt ein Bündnis mit Rom I, 509; Kriege mit Ptolemäus von Tusculum II, 162f.
Gaëtani, Familie, II, 518; Ursprung II, 518; Entstehung ihrer Hausmacht II, 523, 540ff.; Türme in Rom im XIII. Jahrhundert II, 550; bauen Capo di Bove II, 579; Kampf mit den Colonna II, 550; ihr Einfluß in Neapel II, 616; sie werden von Cola geächtet II, 702; unterwerfen sich Cola II, 706; ihr Palast auf der Tiberinsel III, 329; werden von Alexander VI. enteignet III, 204
Gaëtani, Bello II, 756
Gaëtani, Benedetto, Pfalzgraf, II, 523, 542
Gaëtani, Benedikt II, 513, 515; wird Papst, vgl. Bonifatius VIII., II, 518
Gaëtani, Bernardino III, 205
Gaëtani, Cesare III, 579
Gaëtani, Christophorus II, 839
Gaëtani, Cola III, 149
Gaëtani, Federigo III, 638
Gaëtani, Francesco II, 523, 529, 543f., 549, 624
Gaëtani, Guglielmo III, 204f.
Gaëtani, Honoratus I. von Fundi II, 792, 799f., 802; gebannt II, 803; belagert Rom II, 804; verheert die Campagna II, 814; im Aufstand gegen Bonifatius IX. II, 819f.; gebannt II, 822; gestorben II, 822
Gaëtani, Honoratus II. III, 204
Gaëtani, Jacobus, Kardinal (1314), II, 624
Gaëtani, Jacopo (1380) II, 809f.
Gaëtani, Jacopo (gest. 1500) III, 204f.
Gaëtani, Jacobella II, 800
Gaëtani, Johannes II, 706
Gaëtani, Loffred von Caserta II, 523, 541
Gaëtani, Napoleon Johannis II, 380

Gaëtani, Nicolaus von Fundi II, 706
Gaëtani, Niccolò III, 204
Gaëtani, Petrus II, 523 ff., 541 ff., 550; baut Capo di Bove II, 579
Gaëtani, Roffred von Fundi II, 523, 542,
Gaëtani, Ruggieri III, 24   [616
Gaëtani, Sanzia II, 823
Gaëtanus, Crescentius II, 167
Galeana II, 419, 428
Galeria I, 416; von Gregor IV. hergestellt I, 505; Zustand im XI. Jahrhundert II, 53
Gallese wird päpstlich I, 352
Gallina alba I, 645
Galliot III, 563
S. Gallo vgl. Sangallo
Gallo, Niccolò III, 61
Gallus III, 525, 533
Galuzzo II, 189
Galvaneus Flamma I, 701
Gama, Vasco da III, 444
Gambacorta, Herren in Pisa, II, 746, 748
Gambacorta, Giovanni II, 842
Gambara, Veronica III, 493, 522
Gandolfo, Kastell, III, 26
Gandulfi, Familie, II, 388
Gantelmi, Jakob II, 445, 447, 449; als Prosenator II, 487; in der Schlacht von Tagliacozzo II, 479; aufs neue Prosenator II, 484, 487
Gantelmi, Pietro III, 92
Garamanus, Dux, I, 408
Garcia, Gomez II, 762
Garcilasso III, 191, 201
Gardiner, Stephan III, 634
Garigliano I, 552, 588, II, 12
Garofalo III, 530
Gärten vgl. auch Horti und Orti
Gärten der Agrippina I, 42
Gärten des Pallas I, 17
Gärten des Sallust I, 18
Gasparo von Verona III, 283
Gasthäuser in Rom im XV. Jahrhundert III, 327, 331

Gatta, Bartolommeo della III, 321, 432
Gattamelata III, 23; seine Statue III, 316
Gatti, Familie, II, 350
Gatti, Rainer de II, 390 f.
Gatti, Silvestro de II, 643; gestorben II, 657
Gattinara, Giambartolommeo III, 566 f., 617, 621, 624 f., 627, 629, 646, 650
Gaucelin, Jakob II, 445
Gaudentius I, 652 f.
Gaufried vgl. Malaterra, Gaufried
Gavinana, Schlacht, III, 657
Gaza, Theodor III, 247, 261 f.
Gazzoldo III, 577
Gebhard, Bischof von Eichstädt, vgl. Victor II., II, 40
Gehenna I, 275
Geiserich erobert Afrika I, 87; zieht nach Rom I, 99; plündert die Stadt I, 99 ff.; führt die Tempelschätze von Jerusalem fort I, 100; zieht ab I, 102
Geistliche, ihre Bildung zur Zeit der Renaissance, III, 491 f.
Gelasius I., Papst, I, 124
Gelasius II. II, 164; flieht nach Gaëta II, 165 f.; abgesetzt II, 166; bannt Heinrich V. II, 167; in Rom II, 167; von den Frangipani überfallen II, 168; flieht nach Frankreich II, 168 f.; gestorben II, 169
Gemisthos Plethon III, 31, 261
Gemmulus, Subdiakon, I, 392
Genazzano II, 317, III, 6
Gennadius Avienus I, 93, 109
Gennarius II, 58
Gens Flavia I, 18
Gensberg, Josef III, 251
Gentile von Fabriano III, 319
Gentile, Pietro III, 24
Genua unterstützt Innocenz IV. II, 184; kommt an die Visconti II, 745; ergibt sich 1396 den Franzosen II, 824; macht sich unabhängig von den Visconti III, 30; von den Landsknechten

erobert III, 541 f.; Schiffsvertrag mit Rom II, 242
Genzano, Gründung, II, 388
St. Georg I, 316; sein Kultus I, 318f.; seine Fahne I, 318
Georg, Patriarch, I, 315
Georg, Secundicerius, I, 602
Georg, Bruder des Johannes von Ravenna, I, 523
Georg, Sohn des Johannitius, I, 324,
Georg de Aventino I, 548   [333
Georg, fränkischer Bischof, I, 398
Georg, Bischof von Portus, I, 331
Georg, Bischof von Praeneste, I, 386
Georg von Trapezunt, Professor in Rom III, 244, 261; Übersetzer III, 247, 278; seine Streitigkeiten III, 260f.
St. Georg ad Sedem I, 317
St. Georg in Velabro I, 317f., 421
Gerard, Graf von Galeria, II, 20, 48f., 53, 56
Gerard von Puy II, 782
Gerardini, Agapito III, 214
Gerardus Alexii II, 242
Gerberga, Gemahlin Karlmanns, I, 393; flieht zu Desiderius I, 396; zieht mit Desiderius gegen Rom I, 398; flieht nach Verona I, 399; ergibt sich den Franken I, 399
Gerbert I, 673ff., II, 135; wird Papst, vgl. Silvester II., I, 675
Gerhard, päpstlicher Legat (1286) II, 509
Gerhard von Aleria II, 644, 646
Gerhard von Parma II, 567
Gerhard, Bischof von Basel, II, 596, 613
Gerhard, Bischof von Florenz, vgl. Nikolaus II., II, 49
Gerichtsbarkeit in Rom unter Paul II. III, 106
S. Germano II, 189; Frieden II, 359
St. Germanus, sein Leichnam, I, 501
Germanus, Bischof von Konstantinopel, I, 351

Germanus von Capua I, 275
Germanus, Stadtpräfekt, I, 253
Gero, Erzbischof von Köln, I, 636
Gerold, Graf, I, 478
Gerontius I, 91
Gerson, Johannes II, 859
Gerung I, 486
Gervasius I, 126
Gervasius von Tillbury II, 281
Gesandte, ihr Empfang im XV. Jahrhundert, III, 44
Geschichtsschreibung im X. Jahrhundert I, 696; im XII. Jahrhundert II, 270f.; im XIII. Jahrhundert II, 558f.; im XIV. Jahrhundert II, 879f.; im XV. Jahrhundert III, 280ff.
Getreidespenden, unter Theoderich I. I, 145; hören auf I, 193; unter Justinian I, 227; unter Gregor d. Gr. I, 264; unter Innocenz III. II, 373
Gherardo, Maffeo III, 141, 149
Ghetto II, 160f., 284; im XV. Jahrhundert III, 336
Ghibellinen, in Norditalien II, 380; in Toskana II, 468; ihre Grundsätze seit 1300: II, 584; ihr Reichsideal II, 591ff.
Ghiberti III, 311, 317
Ghirlandajo, Domenico III, 320
S. Giacomo in Agosta III, 345
S. Giacomo in Piazza Navona III, 333
S. Giacomo an der Porta Settimiana III, 327
S. Giacomo di Scossacavalli III, 327
S. Giacopo del Coliseo II, 892
Giammaria III, 513
Giberti, Giammatteo III, 517; seine Laufbahn III, 556f.; Staatssekretär bei Leo X. III, 458; im Orden der Theatiner III, 494; bei Hadrian VI. III, 547; bei Clemens VII. III, 557, 559f., 570, 572, 574, 576, 578f., 581, 587, 592, 596, 602, 604, 608, 630, 633; seine humanistischen Beziehungen III, 491

Giglio, Seeschlacht, II, 382f.
Gilido, Carbonis II, 311f.
Gilles le Brun II, 456, 460
Giminiano, S. Agostino III, 353
Giocondo, Fra III, 418, 505
S. Giorgio, Antonio de III, 163
Giotto II, 343, 562, 571, 573
Giovanni da Fiesole III, 319
Giovanni da Udine III, 322, 413, 528, 530, 533, 640
S. Giovanni der Florentiner III, 330, 531
S. Giovanni der Genuesen III, 328
S. Giovanni in Oleo I, 420
S. Giovanni della Pigna III, 339
S. Giovanni a Porta Latina I, 420, III, 344
Giovanni Fiorentino III, 531
Giovio, Paul, vgl. Jovius, II, 837
Girardo de Saxo II, 20
Giraud-Torlonia, Palazzo, III, 310
S. Girolamo III, 345
Girolamo, Raffael III, 650, 657
Gisela, Tochter Berengars, I, 589
Gisela, Tochter Ludwigs des Frommen, I, 565
Gisela, Tochter Pippins, I, 379, 393
Gisela, Gemahlin Konrads II., II, 14
Giselbert, Normanne, II, 11
Gisulf II., Herzog von Benevent, I, 327
Gisulf von Salerno I, 615, II, 71, 94f., 115f.
Giubileo, Kastell und Geschlecht, II, 832
Giubileo, Buccio di II, 738
Giudecca III, 336
Giuli III, 412
Giulio Romano III, 412f., 527f., 529f., 532f., 641
Giustinian, venetianischer Botschafter, III, 235
Giustiniani, Antonio III, 356, 363f., 614
Glaber, Rudolf, Mönch von Cluny, II, 17
Gladiatorenspiele, unterdrückt I, 54f., 141; im XIV. Jahrhundert II, 888

Glockentürme I, 383
Glycerius, Kaiser, I, 114
Gnesen, Erzbistum, I, 652f., 681
Gnomon I, 23
Godschalk, Herzog von Benevent, I, 353
Gold, Seltenheit seit Alarich, I, 88
Goldarbeiter I, 419, III, 317; Zunft III, 531
Golsch III, 251
Gomorrhianus II, 32
Gonzaga, Carlo III, 53, 99
Gonzaga, Eleonora III, 454
Gonzaga, Elisabetta III, 208, 393, 410, 454, 501
Gonzaga, Federigo III, 396f., 402, 475, 483, 492, 539, 543, 553, 620f., 633, 651, 654
Gonzaga, Ferrante III, 594, 611, 614, 625, 635, 657
Gonzaga, Francesco III, 102, 125, 208, 266, 356, 375f., 382, 454, 456, 597f., 614; unterstützt die Wahl Roveres III, 112
Gonzaga, Gianfrancesco III, 18, 84, 183, 243, 276
Gonzaga, Isabella III, 493, 526, 566, 598, 604, 614
Gonzaga, Julia III, 639
Gonzaga, Leonora III, 372
Gonzaga, Lodovico I. II, 661
Gonzaga, Lodovico II. III, 55, 84, 102
Gonzaga, Luigi III, 609, 621, 633, 639
Gonzaga, Niccolò III, 590
Gonzaga, Sigismondo III, 373, 438
Gordianus, Vater Gregors d. Gr., I, 252, 284f.
Goritz III, 423f., 497, 514f., 529; gestorben III, 641
Got, Bertrand de, vgl. Clemens V., II, 550f.
Gotelin II, 241
Goten, romanisieren sich I, 156f., 163; treten in den Senat I, 157; ihr Verhältnis zum oströmischen Reich I,

157; sie wandern aus I, 219; wohnen noch nach Narses am Po I, 219; Charakter ihrer Herrschaft I, 219f.; haben die Denkmäler Roms nicht zerstört I, 47, 74ff., 221; Fabeln über sie I, 221
Gotik in Rom im XIII. Jahrhundert II, 564; im XIV. Jahrhundert II, 897
Gottesfriede vgl. Treuga Dei
Gottfried von Blandrate II, 349
Gottfried von Bouillon II, 101
Gottfried der Bucklige II, 69, 78
Gottfried von Lothringen II, 35; heiratet Beatrix II, 40; söhnt sich mit Agnes aus II, 42; ist nicht Patricius II, 42; erwirbt Spoleto und Camerino II, 43; wirkt gegen Benedikt X. II, 49; gegen Honorius II. II, 59; besetzt Rom II, 60; wird Missus II, 60; kämpft gegen Richard von Capua II, 65; gestorben II, 69
Gottfried von Speyer II, 247
Gottfried, Abt von Vendôme, II, 122
Gottfried von Viterbo II, 271
Gottfried (1278) II, 499
Gozzadini, Giovanni III, 377, 500
Gozzoli, Benozzo II, 577, III, 319, 353
Gozzoni, Boccolini dei III, 140
Gräber I, 170; in den Kirchen I, 326
Grabmäler, römische, im XIII. Jahrhundert II, 566; im XIV. Jahrhundert II, 883f.; zur Zeit der Renaissance III, 313ff.
Grabschriften des VIII. Jahrhunderts I, 424
Gracchus, Präfekt, I, 28
Gracilis, Tribun, I, 389
Graecostadium I, 20
Gradenigo, Luigi III, 537f.
Grafen in der Campagna, vgl. Comites, II, 7f.
Grammaticus, Titel, I, 691
Grammatiker, besoldet von Justinian I, 227; von Karl d. Gr. aus Rom berufen I, 424

Grammont III, 358, 646, 656, 660
Grana III, 643
Granada, von den Spaniern erobert III, 144
Granvella III, 617, 660
Graphia I, 368, 669, 678, 691f., 698ff., II, 272f.
Grascierii Urbis III, 107
Grassis, Achille de III, 386
Grassis, Paris de III, 285, 406f., 437, 506
Gratian, Herzog, I, 588
Gratianus, Kaiser, I, 31
Gratianus, Kanonist, II, 269
Gratianus, Konsul, I, 588
Gratianus, Superista, I, 517, 520
Gratiosus, Chartular, I, 387; wird Dux I, 388; läßt Constantin blenden I, 389; flieht zum Papst I, 391
Gravina, Herzöge, III, 25
Gravina, Johannes Graf von, vgl. Achaja, Johannes von
Grechetta III, 138
Greco, Constantino III, 602
Gregor d. Gr., seine Biographien I, 536; Herkunft und Jugend I, 252f.; Nuntius in Konstantinopel I, 248f.; baut St. Andreas auf dem Clivus Scauri I, 246; nach Rom zurück I, 250; errichtet Klöster in Sizilien I, 252; wird Papst I, 252; seine Schilderung der Pest I, 251; hält eine Pestprozession I, 252f.; wird ordiniert I, 255; läßt Getreide aus Sizilien kommen I, 256; erkauft den Abzug der Langobarden I, 260; seine Korrespondenz mit Mauritius I, 260; sein Brief an Leontius I, 261; schützt bedrohte Beamte I, 262; seine Stellung in Rom I, 264; seine Getreidespenden I, 264; seine Verwaltung der Kirchengüter I, 265f.; er bestimmt den Modius I, 265; bekehrt England I, 283f.; tritt gegen Johannes Jejunator auf I, 283; nimmt den Titel „Knecht der Knechte Gottes" an I, 283; seine

Tätigkeit für die Anerkennung des römischen Primats I, 282f.; er schließt Frieden mit den Langobarden I, 268; sein Verhältnis zu Phokas I, 269f.; er weiht St. Agatha I, 275; gründet die Sängerschule I, 280; soll die Monumente Roms zerstört haben I, 281; bittet um Herstellung der Wasserleitungen I, 282; seine Bauten I, 284; gründet neue Titel I, 131f.; seine Stellung zum Bilderdienst I, 340; schickt Heiligenbilder an Secundinus I, 340; sein Reliquiendienst I, 274; sein Aberglaube I, 274; seine Bildung I, 279; sein Verhältnis zur klassischen Literatur I, 280; Dialoge I, 206, 242, 276; Homilien I, 257 ff.; gestorben I, 284; sein Porträt I, 285; Legenden von ihm I, 286

Gregor II. I, 337; verteidigt die Bilder I, 342; bannt die Exarchen I, 343; schreibt an den Kaiser I, 344ff.; bewegt Liutprand zum Abzug I, 347; spricht Venedig um Hilfe an I, 347; von Liutprand belagert I, 348; bewegt diesen zum Rückzug I, 348; gegen Petasius I, 349; gestorben I, 349; stiftet Lampen für den St. Peter I, 363

Gregor III. I, 349; schreibt an den Kaiser I, 350; sein Konzil I, 350; stellt die Mauern her I, 351; baut die Mauern von Centumcellae I, 352, 408; erwirbt Gallese I, 352; schreibt Trasamund I, 353; schreibt an Karl Martell I, 353ff.; schmückt die Kirchen I, 350; Bauten I, 351f.; gestorben I, 355

Gregor IV. I, 497; gründet Neu-Ostia I, 498; führt Allerheiligen ein I, 504; seine Bauten I, 504; Sorge für die Campagna I, 505; gestorben I, 505

Gregor V. I, 650; krönt Otto III. I, 651; hält eine Synode I, 652; Charakter seiner Regierung I, 654ff.; flieht I, 655; in Pavia I, 656; wieder eingesetzt I, 658; tritt Comacchio, Cesena und Ravenna ab I, 671; gestorben I, 673

Gregor VI. II, 21; dankt ab II, 23; nach Deutschland II, 29

Gregor VII., vgl. Hildebrand, er wird Papst II, 73f.; läßt die Normannen huldigen II, 75; seine Ansprüche II, 75ff.; plant einen Kreuzzug II, 77f.; Verhältnis zu Mathilde II, 78; sein erstes Konzil II, 79; die Opposition gegen ihn II, 79f.; gegen Heinrich IV. II, 80; sein zweites Konzil II, 81f.; gefangen II, 83; frei II, 83; bricht mit Heinrich IV. II, 84; in Worms abgesetzt II, 84; sein Laterankonzil II, 86; bannt Heinrich IV. II, 87f.; in Canossa II, 90ff.; Verhandlungen in Forchheim II, 93; nach Rom II, 94; im Zwiespalt mit den Normannen II, 94; ausgesöhnt II, 95; erhebt Ansprüche auf England II, 96; setzt Heinrich IV. ab II, 96; wird abgesetzt II, 96; in Rom belagert II, 98 ff.; flieht in die Engelsburg II, 100; Novemberkonzil II, 103; in Rom abgesetzt II, 105; befreit II, 107; nach Salerno gebracht II, 111f.; gestorben II, 112; Charakter II, 112ff.; errichtet Schulen II, 134; sein Registrum II, 137

Gregor VIII. II, 166, 170, 258

Gregor VIII., Gegenpapst, vgl. Burdinus von Braga

Gregor IX., vgl. Ugolino, er wird Papst II, 354; fordert den Kreuzzug II, 354; bannt Friedrich II. II, 355; sein Verfahren in Rom II, 356; flieht nach Umbrien II, 357; greift Friedrich II. an II, 357; nach Rom zurück II, 359; Schenkungen an die Römer II, 359; Friede mit Friedrich II. II, 359f.; Sorge für Rom II, 360; seine Tätigkeit gegen die Ketzer II, 360f.; in Latium II, 363f.; erweitert die Patrimonien II, 363f.; nach Rom II, 364;

flieht aufs neue II, 366; Krieg mit Rom II, 365f.; Friede II, 368f.; erklärt sich für die Städte II, 371f.; nach Rom zurück II, 373; nach Anagni II, 375; zurück II, 375; bannt Friedrich II. II, 376; Enzyklika gegen diesen II, 376f.; Kampf mit ihm II, 379ff.; Konzil von Grottaferrata II, 382; Bauten II, 562; gestorben II, 384f.

Gregor X. II, 488f.; hält das Konzil von Lyon II, 491f.; in Florenz II, 491f.; Bestimmungen über das Konklave II, 492f.; erkennt Rudolf von Habsburg an II, 494; seine Theorien über Kirche und Reich II, 494; in Lausanne II, 494; gestorben II, 495

Gregor XI. II, 777; Krieg gegen die Visconti II, 782; bannt Florenz II, 786; führt Krieg mit der Florentiner Liga II, 787f.; verläßt Avignon II, 788; in Rom II, 790f.; Kampf mit der Liga II, 792f.; Bulle über das Konklave II, 794; gestorben II, 795; Grab II, 795

Gregor XII., vgl. Correr, Angelo, er wird Papst II, 833; unterhandelt mit Benedikt XIII. II, 834f.; geht nach Viterbo und Lucca II, 836; sein Verhältnis zu Ladislaus II, 839; er sucht die Union zu vereiteln II, 839f.; wird von seinen Kardinälen verlassen II, 840; schreibt ein Konzil aus II, 841; geht nach Rimini II, 841; tritt den Kirchenstaat ab II, 842; in Pisa abgesetzt II, 843; Synode von Cividale II, 843; von Alexander V. gebannt II, 843; in Gaëta II, 847; flieht nach Cesena II, 850; zum Konzil berufen II, 860; erklärt sich zur Abdankung bereit II, 860; dankt ab II, 860; gestorben II, 860   [II, 6

Gregor, Gegenpapst Benedikts VIII.,
Gregor, Gesandter Constantins V., I, 374, 381

Gregor, Bruder Benedikts IX., II, 17, 48
Gregor, griechischer Admiral, I, 550
Gregor, Dux, I, 249, 260, 440
Gregor, Herzog, I, 588
Gregor, Kardinallegat, II, 172, 219
Gregor, Konsul von Neapel, I, 588
Gregor, Magister militum, I, 520
Gregor, Nomenclator, I, 548
Gregor von S. Angelo, vgl. Innocenz II., er wird Papst II, 180
Gregor vom Aventin I, 602
Gregor aus Ravenna I, 406
Gregor, Bischof von Tours, I, 250
Gregor, Bischof von Vercelli, II, 60
Gregor de Cannapara I, 602
Gregor von Catino II, 136
Gregor von Montelongo II, 403
Gregor von Romania, Legat, II, 382
Gregor von Tusculum I, 600, 678, 685ff.
Gregorii, Oddo Petri II, 375
S. Gregorio, Kirche, I, 285; Tabernakel III, 311; im XV. Jahrhundert III, 326
Gregoriopolis I, 498
Griechen, ihr Verfahren in Italien I, 193f.; ihre italienischen Besitzungen um 660: I, 309; im VIII. Jahrhundert I, 421; ihre Beamten I, 262; ihr Sklavenhandel I, 408; greifen die Campagna an I, 408, 642; in Rom angesiedelt I, 491; gründen eine neue Herrschaft in Unteritalien II, 11f.
Griechisch, Kenntnis in Italien im VII. Jahrhundert I, 279, 318; im IX. Jahrhundert I, 532; im X. Jahrhundert I, 676; Studium im XIV. Jahrhundert II, 876f.; im XV. Jahrhundert III, 260f.; im XVI. Jahrhundert III, 509
Grifo I, 356
Grimani, Domenico III, 163, 302, 382, 406, 423, 454f., 492, 504, 538, 548; seine Bibliothek III, 497; gestorben III, 554
Grimani, Marino III, 603

Grimoald, König, I, 309
Grimoald II. von Benevent I, 411
Grimoald III. von Benevent I, 412, 457
Grimoard, Angelic II, 776
Gritti, Andrea III, 381, 455, 552, 575
Grolaye, Jean de la III, 162
Grolier III, 616
Grosso, Leonardo III, 330
Grottaferrata, Gründung, II, 4; Zustand im XIII. Jahrhundert II, 388 f.; Bronzen II, 389; Bau Julius' II. III, 306; Bibliothek um 1432: III, 247; vereiteltes Konzil II, 382
Grotten, vatikanische III, 418
Grottesken II, 529
Guaiferius von Salerno I, 550
Guaimar von Salerno I, 584, 588
Gualbert von Vallombrosa II, 44
Guarino von Verona III, 243 f., 246, 261, 509
Guastalla, Konzil, II, 141 f. [827 f.
Gubernatores Camerae Almae Urbis II,
Gubernatores Pacis et Libertatis II, 829; die letzten III, 21
Gubernator Urbis Romae eiusque Districtus III, 25
Guccio, Gianni di II, 741
Guelfen, in Norditalien II, 380; werden aus Rom vertrieben II, 473; ihr Prinzip seit 1300: II, 584
Guerra, Guido de II, 460
Guerra, Monaldo de III, 187 f.
Gui de Beaulieu, Bischof von Auxerre, II, 456
Guicciardini, Francesco, seine Stellung III, 481; für Clemens VII. III, 576; als päpstlicher General III, 483, 578, 584, 589; soll nach Rom berufen werden III, 596; sein Urteil über die Lage des Papstes III, 557, 637; betreibt den Entsatz Roms III, 620 ff.; Urteil über Clemens VII. III, 663 f.
Guicciardini, Luigi III, 123, 153
Guido, Bruder Lamberts von Spoleto, I, 550

Guido, Stifter des Ordens vom Hlg. Geist, II, 564
Guido, Consiliator, II, 215 f.
Guido von Arezzo II, 134
Guido von Castello, vgl. Cölestin II., II, 206
Guido von Crema, vgl. Paschalis III., II, 238, 240
Guido, Erzbischof von Mailand, II, 30, 55, 66
Guido, Bischof von Motula, III, 619
Guido, Herren von Norma, II, 317
Guido von Pomposa II, 44
Guido von Praeneste II, 322
Guido Puella II, 214
Guido I., Herzog von Spoleto, I, 508
Guido II., Herzog von Spoleto, I, 560; abgesetzt I, 562; begnadigt I, 562; besiegt die Sarazenen I, 564; seine Macht I, 565; wird König von Frankreich I, 565; von Italien I, 565; Kaiser I, 565; ernennt Lambert zum Mitkaiser I, 567; gestorben I, 567
Guido von Tuszien, heiratet Marozia I, 591, 592; gestorben I, 594
Guido von Velate II, 55
Guido von Vienne, vgl. Calixt II., II, 157, 596, 603, 611; Herkunft II, 169
Guidobald von Urbino vgl. Montefeltre, Guidobald
Guidocerius, Agacius III, 500, 642
Guidonis, Bernardus II, 879
Guillaume, François III, 373
Guinegate, Schlacht, III, 443
Guinicelli, Guido II, 560
Guinigi, Paul II, 840
Guise, Claude von III, 569
Guldenbeck III, 251
Gulfard, Abt, I, 398
Gumpert von Brandenburg III, 606, 610
Gundebald I, 114
Gundioch I, 114
Gunsalvus von Albano II, 567
Gunther von Köln I, 527

Gunzelin II, 328, 350
Guzman III, 653
Gymnasium Caballini Montis III, 510
Gyraldi, Lilius Gregorius III, 288, 502, 511, 514f., 525, 642
Gyrolus III, 346

H
Haarlocken, Übersendung derselben I, 319, 379
Habsburg, Johann von II, 761
Hadrian, Kaiser, Kolossalbüste III, 308
Hadrian I. I, 392, 395; sein Amnestieerlaß I, 395; sein Verhältnis zu Desiderius I, 395f.; bestraft die Mörder des Sergius I, 396; läßt Paul Afiarta verhaften I, 397; bittet Karl d. Gr. um Hilfe I, 398; bewegt Desiderius zum Abzug I, 398; empfängt Karl d. Gr. I, 399; läßt die Schenkung Pippins bestätigen I, 401; er sucht das Exarchat zu erlangen I, 404f.; beansprucht die Bestätigung der ravennatischen Erzbischöfe I, 407; tritt gegen den Sklavenhandel auf I, 408; warnt Karl d. Gr. vor Adelgis I, 409; schützt die Campagna vor den Beneventanern I, 409; ruft Karl d. Gr. gegen Benevent und die Griechen zu Hilfe I, 410; tauft Pippin I, 410; erwirbt beneventanische Städte I, 411; warnt Karl d. Gr. vor Arichis I, 412; restauriert die Mauern I, 413; stellt die Aqua Trajana her I, 413; die Claudia I, 414; die Jobia und Virgo I, 414; legt Domus cultae an I, 416; gestorben I, 444; seine Bauten I, 418ff.; seine Gedichte I, 425; sein Grab I, 425, 444; seine Vita I, 395
Hadrian II. I, 539; erläßt eine Amnestie I, 539; beklagt sich über Lambert von Spoleto I, 539; seine Stellung in Rom I, 540; seine Tochter I, 540; er exkommuniziert Anastasius I, 540f.; verhandelt mit Lothar I, 542; entbindet ihn des Eides I, 545; gestorben I, 546
Hadrian III. I, 562
Hadrian IV. II, 220f.; belegt Rom mit dem Interdikt II, 221f.; seine Stellung gegenüber Friedrich I. II, 222f.; krönt ihn II, 227; erwirbt Tivoli II, 231; gegen Wilhelm I. II, 232; belehnt ihn II, 232; erwirbt Orvieto II, 232f.; in Rom II, 233; Streit mit Friedrich I. II, 233; verbindet sich mit den Lombarden II, 234; gestorben II, 236; Charakter II, 236; seine Verwaltung II, 236; seine Klage über das Papsttum II, 236f.; Grab II, 237
Hadrian V. II, 496
Hadrian VI., vgl. Dedel, Hadrian, er wird Papst III, 538ff.; seine Romfahrt III, 542f.; er wird gekrönt III, 543; seine Persönlichkeit III, 544f.; im Gegensatz zu Rom III, 545; seine Politik III, 546f.; seine Reformversuche III, 547; er soll ermordet werden III, 547; wird Gegenstand der Satire III, 548; seine Stellung zu Luther III, 549f.; er unterhandelt mit Alfonso von Este III, 551; läßt Soderini verhaften III, 552; tritt der Liga gegen Franz I. bei III, 552; gestorben III, 553
Hadrian von Corneto, Sekretär Alexanders VI., III, 227; seine Laufbahn III, 233; soll vergiftet werden III, 235; sein Palast III, 310; rät Leo X. von seiner Reise nach Bologna ab III, 449; seine Beteiligung an der Verschwörung Petruccis III, 458ff.; wird prozessiert III, 460; sein Ende III, 461; seine Schriften und Gedichte III, 504
Hadrian von Utrecht, vgl. Dedel, Hadrian und Hadrian VI., III, 461
Hadrian, Secundicerius, I, 520
Hahn, Ulrich III, 249f.
Haimerich II, 180, 189

Haimerich, Kardinal von St. Martin, II, 683
Hairadin III, 124
Halynard von Lyon II, 30
Handschriften vgl. Codices
Hanheymer III, 251
Haro, Diego Lopez de III, 159
Hartmann, Michel III, 607
Harun al Raschid I, 445
Hatto, Bischof von Fulda, I, 455, 616
Häuser, römische, Anzahl im V. und VI. Jahrhundert, I, 26; Zustand im X. Jahrhundert I, 705; Beschaffenheit im XIV. Jahrhundert II, 896f.
Hawkwood, Johann II, 762f., 773, 782, 787, 810, 824
Hebräisch, Studium im XV. Jahrhundert, III, 263
Heiden in Rom im V. Jahrhundert I, 31ff., 58; in der Gotenzeit I, 180ff.; im Castrum Casinum I, 242
Heidentum, lebt fort I, 278; zur Zeit der Renaissance III, 274, 488f.
Heilige, in Rom verehrt I, 48ff., 130; lokale I, 130; orientalische I, 160; slawonische I, 302; ihr Verhältnis zu den Göttern I, 289; Handel mit ihren Leichen I, 500f.
Heiligenbilder, aus dem Orient geflüchtet I, 351
Heiligennamen von Göttern und Heroen I, 709
Heiligenschein I, 160
Heimburg, Gregor von III, 86
Heinrich I. I, 612
Heinrich II., kämpft gegen Arduin II, 3; nimmt sich Gregors an II, 6; erkennt Benedikt VIII. an II, 6; wird König der Römer II, 6; seine Romfahrt II, 6; zum Kaiser gekrönt II, 7; bestätigt die Besitzungen der Kirche II, 8, 11; Aufstand gegen ihn II, 9; er kehrt zurück II, 12; zieht gegen die Griechen II, 12; gestorben II, 13
Heinrich III., zieht nach Italien II, 23; in Rom II, 23; läßt Suidger von Bamberg zum Papst wählen II, 24; wird gekrönt II, 24; wird Patricius II, 27; geht nach Kampanien II, 29; sein Verhältnis zu Bonifatius von Tuszien II, 29f.; ernennt Damasus II. II, 30f.; und Leo IX. II, 34; bestätigt ihm den Besitz von Benevent II, 34; ernennt Viktor II. II, 40; zieht mit ihm nach Italien II, 41; gestorben II, 41
Heinrich IV. II, 41; zum Patricius ernannt II, 53, 56; seine verfehlte Heerfahrt nach Italien II, 64f.; er vermählt sich II, 69; bestätigt Gregor VII. II, 74; sein Verhältnis zu ihm II, 79; er siegt an der Unstrut II, 82; bricht mit Gregor VII. II, 84; beruft das Konzil von Worms II, 84; gebannt II, 87; in Tribur II, 89; nach Canossa II, 90ff.; in Piacenza II, 92; in Forchheim abgesetzt II, 93; kämpft gegen Rudolf II, 94; wieder gebannt II, 96; läßt Wibert zum Papst wählen II, 96; geht nach Italien II, 97f.; vor Rom II, 98f.; verbündet sich mit Alexius II, 99; belagert Rom zum dritten Mal II, 100; nimmt die Leostadt II, 100f.; Vertrag mit den Römern II, 101f.; bricht ihn II, 103; nach Kampanien II, 104; nach Rom II, 104; gekrönt II, 105; nimmt die römischen Stadtburgen II, 105f.; zieht ab II, 106; gegen Mathilde II, 120; Abfall Konrads II, 121; gestorben II, 132; Charakter II, 132f.
Heinrich V. II, 141; seine Romfahrt II, 143f.; sein Vertrag mit Paschalis II. II, 147; seine vereitelte Krönung II, 148ff.; kämpft in Rom II, 151; neuer Vertrag mit dem Papst II, 153f.; gekrönt II, 154; zieht ab II, 154; gebannt II, 159; in der Lombardei II, 161; nach Rom (1117) II, 162; in Rom (1118) II, 165; läßt Gregor VIII.

wählen II, 166; gebannt II, 167; Rebellionen in Deutschland II, 170; Konkordat II, 172f.; gestorben II, 176
Heinrich VI., heiratet II, 257; gekrönt II, 257; in der Campagna II, 257; Kaiser II, 263; gegen Tancred II, 263; erobert Sizilien II, 265; sein Verfahren in Italien II, 265f.; gestorben II, 266; seine Lehnsfürstentümer II, 303f.
Heinrich VII. II, 589; Romfahrt II, 595ff.; Persönlichkeit II, 597f.; in Mailand gekrönt II, 598; Aufstand der Torri II, 598f.; belagert Brescia II, 599; in Genua II, 600; unterhandelt mit Robert von Neapel II, 601; nach Pisa II, 602; marschiert auf Rom II, 602f.; zieht ein II, 603f.; Kämpfe in der Stadt II, 604ff.; betreibt die Krönung II, 607; beruft ein Parlament II, 607; gekrönt II, 608f.; Bündnis mit Friedrich von Sizilien II, 609; in Rom festgehalten II, 610; stürmt die Caecilia Metella II, 610; nach Tivoli II, 610; weist die Forderungen Clemens' V. ab II, 612; kehrt nach Rom zurück II, 612; nach Toskana II, 612f.; ruft seine Truppen aus Rom II, 613; vom römischen Volk zurückgerufen II, 615; seine Pläne II, 615; belagert Florenz II, 617f.; rüstet gegen Neapel II, 618ff.; gestorben II, 620; Grab II, 620f.; Charakter II, 621; Inschriften in Rom aus seiner Zeit II, 607
Heinrich II. von Frankreich III, 660
Heinrich III. von England II, 379, 399, 412f., 422, 442f., 489
Heinrich VIII. von England III, 185, 395, 442, 472, 476, 552, 570, 575, 578, 627, 631, 637, 646, 655
Heinrich, Herzog von Bayern, I, 613, 644, 682, II, 185
Heinrich von Kastilien vgl. Arrigo

Heinrich von Flandern II, 603, 618, 620, 622
Heinrich, Abt von Fulda, II, 603
Heinrich von Halem II, 638
Heinrich der Löwe II, 228
Heinrich Raspe II, 400, 403
Heinrich von Steiermark II, 630
Heinrich der Stolze II, 185, 186f.
Heinrich, ältester Sohn Friedrichs II., II, 345; wird römischer König II, 346; empört sich II, 367, 369f.; gefangen II, 370
Heinrich, dritter Sohn Friedrichs II., II, 412f.
Heinrich, Sohn Manfreds, II, 464
Heinrich, Sohn Richards von Cornwall, II, 488
Hekatostylon I, 22
Helena, Mutter Constantins, I, 49; gründet S. Croce I, 49; ihre Leiche gestohlen I, 501
Helena, Tochter Constantins, I, 49
Helena, Gattin Manfreds, II, 441, 464
Helion I, 86
Henotikon I, 125
Heraclius, Kaiser, I, 290; verschenkt das Dach vom Tempel der Roma und Venus I, 293; schickt den Kopf des St. Anastasius nach Rom I, 299; ist Monothelet I, 304; gestorben I, 303
Heraclius Constantinus I, 303
Heraclius, Eunuch, I, 96
Herakleonas I, 303
Heraklian I, 80ff.
Herbert von Aqui II, 236
Heredia, Fernandez de II, 788, 791
Heriveus, Bischof von Reims, I, 590
Herkules, farnesischer I, 24; kapitolinischer aus Bronze III, 267; neugefundener von Bronze III, 331; Torso des Belvedere III, 422
Hermann, Deutschmeister, II, 359
Hermann, Gegenkönig, II, 118
Hermannis, Felcino de II, 852
Hermolaus, Arzt, I, 161

Register

Herrera, Don Michiel III, 574, 642
Hesius, Dietrich III, 545
Heß vgl. Bemelberg
Hexen III, 4
Hieronymiten III, 297
Hieronymus I, 27f., 50, 67f., 77ff., 126, 245
Hilarius, Papst, I, 108ff.; seine Bauten I, 110ff., 301
Hildebald, Erzbischof von Köln, I, 453, 455
Hildebald, Bischof von Worms, I, 650
Hildebert von Tours II, 108f.
Hildebrand, wird Kaplan Gregors VI. II, 21; geht nach Deutschland II, 29; Subdiaconus Leos IX. II, 33; sein Programm II, 39f.; empfiehlt Gebhard von Eichstädt II, 40; erhebt Stephan IX. II, 42; nach Deutschland II, 43; Archidiaconus II, 43; wirkt gegen Benedikt X. II, 49; schließt ein Bündnis mit den Normannen II, 49; läßt Alexander II. wählen II, 55; wird Kanzler II, 56; seine wachsende Macht II, 63; seine Persönlichkeit II, 71ff.; wird Papst, vgl. Gregor VII., II, 73f.
Hildebrand von Farfa I, 608
Hildegard, Gemahlin Karls d. Gr., I, 395, 410
Hildeprand, König der Langobarden, I, 358
Hildeprand, Herzog von Spoleto, I, 404, 409
Hilduin von Trier I, 529
Hinkmar von Reims I, 534
Hohenburg, Berthold von II, 411, 421 f., 424f.
Hohenburg, Ludwig von II, 424f.
Hohenburg, Otto von II, 424f.
Hölle I, 275
Holzschnitt III, 506, 530
Homer, auf dem Forum Trajanum deklamiert I, 277; übersetzt III, 247, 251

Honoria I, 90f.; trägt Attila ihre Hand an I, 91; wird gefangen gesetzt I, 92
Honorius, Kaiser, zieht die Tempelgüter ein I, 34; baut S. Paolo I, 47; sein Einzug in Rom I, 53; verbietet die Gladiatorenspiele I, 54; geht nach Ravenna I, 55; weist Alarich ab I, 61; unterhandelt mit ihm I, 63; nimmt Athaulf in Dienst I, 81; geht nach Rom I, 82; entscheidet die Papstwahl I, 85; gestorben I, 86; sein Mausoleum I, 45, 86
Honorius I., Papst, I, 292; seine Bauten I, 293ff.; baut Mühlen I, 300; gestorben I, 300; verdammt I, 315
Honorius II., vgl. Lambert von Ostia, I, 231; er wird Papst II, 175; belehnt Robert II. II, 177; Roger II. II, 177; gestorben II, 177
Honorius II., Gegenpapst, vgl. Cadalus
Honorius III. II, 344; krönt Peter von Courtenay II, 344f.; betreibt den Kreuzzug II, 345; seine Beziehungen zu Friedrich II. II, 346; zu den Römern II, 346; krönt Friedrich II. II, 347; Mißverhältnisse mit ihm II, 349f.; Kampf mit Richard Conti II, 351f.; Zusammenkunft mit Friedrich II. II, 352; erklärt sich für die Lombarden II, 353; gestorben II, 353; bestätigt die Franziskaner II, 340; die Dominikaner II, 341; errichtet eine Schule II, 553; erneuert die Vorderkirche von S. Lorenzo II, 563; sein Liber censuum II, 269f.
Honorius IV. II, 508; Bauten II, 576; besiedelt den Aventin II, 576; gestorben II, 509; Grab II, 566f.
Hormisdas, Perser, I, 21
Hormisdas, Papst, I, 150
Horrea, Region, vgl. Orrea
Horta I, 257, 353; von Leo IV. wiederhergestellt I, 514
Horti vgl. auch Gärten

Horti Domitii I, 24
Horti Largiani I, 19
Hospital, deutsches, vgl. S. Maria dell' Anima
Hospital, englisches III, 297, 335
Hospital bei S. Lorenzo I, 150
Hospital bei S. Maria in Cosmedin I, 530
Hospital bei St. Paul I, 150
Hospital bei St. Peter I, 145, 150
Hospitäler in Rom im XIII. Jahrhundert II, 563f.
Hoveden, Roger von II, 558
Hrodgarius I, 691
Hubert, Klosteranwalt von Farfa, I, 664
Hugo von Alatri II, 165, 168
Hugo Candidus II, 53, 64
Hugo von Cypern II, 754f.
Hugo von Egisheim II, 31
Hugo, Abt von Farfa, I, 657, 662ff., II, 9, 136
Hugo, Bischof von Lyon, II, 103, 114
Hugo von Provence I, 591; wird König von Italien I, 592; heiratet Marozia I, 595f.; sein Charakter I, 595; seine Mätressen I, 595; blendet Lambert von Tuszien I, 595; flieht aus Rom I, 598; belagert Rom I, 604; seine Beziehungen zu Byzanz I, 610; nimmt Lothar zum Mitkönig an I, 610; heiratet Bertha I, 610; belagert Rom I, 610f.; seine Kämpfe mit Berengar I, 611; Vertrag mit Alberich I, 611
Hugo von Tuszien I, 649, 681f.
Hugo von Vermandois II, 128
Hugo von Vienne II, 596, 611
Hugo, Sohn Maginfrieds von Mailand, I, 575
Hugo, Sohn Roberts von Frankreich, II, 13
Hühner, heilige I, 124
Humanisten III, 243f., 253f., deutsche III, 277ff., 468ff.
Humbert von Silva Candida II, 47
Humbert von Subiaco II, 38, 136

Humfried von Apulien II, 36, 38
Hund, bronzener I, 214
Hunnerich I, 101
Hunyadi, Johann III, 71
Hurtado, Lope III, 573, 653
Hus II, 860, 868f.
Hutten III, 468, 470, 477f., 515
Hytmers, Johann III, 498

I J

Jacoba de Septemsoliis II, 340
Jacobazzi, Domenico III, 462, 500, 537, 606
Jacobus von Camerino II, 571
Jacobus, Syndikus von Rom, II, 473
Jacobus von Volterra III, 284
Jacobus, Kardinal von S. Maria in Cosmedin, II, 452
Jacobus, Sohn des Procurators Sixtus, II, 216
S. Jacopo auf der Navona III, 300
Jacopone von Todi, Fra II, 525, 529, 561
Jakob von Aragon II, 442, 467, 509, 521f., 534, 799
Jakob von Palestrina II, 856
Jakob von Portugal III, 315
St. Jakob in Vicovaro III, 301
Janiculum I, 26; fabelhafte Gründung I, 702
St. Januarius, seine Leiche, I, 502
Januarius von Cagliari, Bischof, I, 268
Janula II, 171
Janus, Sohn Noahs, I, 702
Janus Geminus I, 135
Janus Quadrifons I, 317, II, 576; kommt an die Frangipani II, 207
Jean le Jeune III, 296
Jean de Néelle, Graf von Soissons, II, 456
Jenna II, 424
Jerusalem, weltgeschichtliche Stellung I, 2; Tempelgefäße I, 100; sie werden nach Karthago und Konstantinopel gebracht I, 100; nach Jerusa-

lem I, 100; bei Benjamin von Tudela II, 283; Gesandtschaft des Patriarchen an Karl d. Gr. I, 445
Jerusalem, Kloster, I, 383
Jesi, verkauft, III, 52
Jesse, Bischof, I, 455
Igilium I, 80
Ignatius, Patriarch von Konstantinopel, I, 523
S. Ignazio III, 338
Ildebrandino von S. Fiora II, 308
Ildebrandino von Tuszien II, 329
Ildibad I, 192
Imbussolatoren III, 106
Imiza I, 693
Immo I, 379
Imola wird päpstlich I, 378 ff.
Imperia III, 493 f.
Imperiola, Petrus I, 623
Imperium, sein Begriff, I, 3 ff.; seine Translation auf die Franken I, 464
Importunus, Senator, I, 144, 154
Imprendente, Ricardo II, 740
Ina, König von Wessex, I, 430
Indien, von Vasco da Gama entdeckt, III, 207
Indulf I, 219
Indulgenzen unter Bonifatius IX. II, 816
Infessura III, 64, 132, 143, 146, 152, 286
Ingebald I, 609
Ingeborg II, 336
Inghirami, Fedra III, 498, 500, 525, 533, 643
Ingiltrude I, 527
Ingoald, Abt von Farfa, I, 488
Innocentius, byzantinischer Offizier, I, 197
Innocenz I. I, 39, 54, 60 f., 72; weiht S. Vitale I, 125 f.
Innocenz II. II, 180; in Frankreich II, 181; anerkannt II, 184; krönt Lothar II, 185; flieht II, 185; zurückgeführt II, 186 f.; Friede mit den Pierleoni II, 188 f.; baut ad Aquas Salvias II, 189; sein Laterankonzil II, 189; Krieg mit Roger von Sizilien II, 189; gefangen II, 189; erkennt Roger an II, 190; Krieg mit Tivoli II, 191; Aufstand in Rom II, 192; verdammt Arnold von Brescia II, 204; gestorben II, 192; Grab II, 272; seine Bauten II, 290; baut S. Maria in Trastevere um I, 50
Innocenz III. II, 254; Herkunft II, 295; wird Papst II, 296; macht die Stadtpräfektur päpstlich II, 300; ernennt den Senator II, 302; restauriert den Kirchenstaat II, 304 ff.; bannt Viterbo II, 307; flieht II, 310; zurück II, 310 f.; im Stadtkrieg II, 311 ff.; Vormund Friedrichs II. II, 314; in Unteritalien II, 316 ff.; belehnt Richard Conti II, 318 f.; erklärt sich für Otto IV. II, 320 f.; erwirkt die Kapitulation von Neuß II, 322; kämpft mit Philipp II, 323; krönt Peter von Aragon II, 323; söhnt sich mit Philipp aus II, 324 f.; erkennt Otto IV. an II, 326; krönt ihn II, 328; bricht mit ihm II, 329 ff.; bannt ihn II, 331; für Friedrich II. II, 333 f.; Laterankonzil II, 335; gestorben II, 335; Charakter II, 335 f.; sein Verhalten gegen die Ketzer II, 337 f.; gegenüber St. Franziskus II, 340; gegenüber St. Dominikus II, 341; seine Schrift „De contemptu mundi" II, 552; seine Bauten II, 562 ff.
Innocenz IV. II, 389; für Viterbo II, 390 ff.; Präliminarfriede mit Friedrich II. II, 392; Konflikte daraus II, 393 f.; geht nach Genua II, 394; nach Lyon II, 395; seine Theorie vom Papsttum II, 397; Krieg mit Friedrich II. II, 400 f.; nach Rom gerufen II, 402; nach Italien II, 409; belehnt Edmund von Lancaster mit Sizilien II, 411 f.; nach Rom II, 412; für Terracina II, 420; in Anagni II, 420 f.; gegen Manfred II, 421 f.; belehnt ihn

II, 422; in Neapel II, 423; errichtet die römische Universität II, 553f.; gestorben II, 423; Grab II, 566; Charakter II, 423f.
Innocenz V. II, 495f.
Innocenz VI. II, 726; sendet Albornoz und Cola nach Italien II, 735; verlängert die Senatsperiode für Cola II, 740; ruft Albornoz zurück II, 752; ordnet den Senat neu II, 753; gestorben II, 757
Innocenz VII. II, 826f.; nimmt die Oktoberkonstitution an II, 828; gekrönt II, 828; von den Römern bedrängt II, 828ff.; flieht aus Rom II, 831; kehrt nach Rom zurück II, 832; schließt Frieden mit Ladislaus II, 832f.; stellt die Universität her II, 833, 876; gestorben II, 833
Innocenz VIII. III, 134ff., 146f.; gestorben III, 148f.; Bauten III, 265, 306, 308; Grab III, 314
Innungen vgl. Zünfte
Inquisition II, 341, 362; im XIV. Jahrhundert II, 632
Inquisitoren in Rom II, 362
Inschriften, von Cola gesammelt II, 877f.; Sammlungen im XV. Jahrhundert III, 266; Sammlungen im XVI. Jahrhundert III, 496, 504
Insula vgl. auch Isola
Insula Lycaonia I, 26
Insula Portus Romani I, 185
Insula Sacra I, 416
Insula serpentis Epidaurii, vgl. Insula Tiberina, I, 682
Insula Tiberina im XV. Jahrhundert III, 329
Interdikt, Begriff, II, 222
Investitur, durch Laien verboten II, 81f., 143ff.; dem Kaiser bestätigt II, 153f.
Joachim von Fiore II, 343
Jobst von Mähren II, 846f.
Jocundus, Johann III, 266

St. Johann im Lateran I, 41
St. Johann und Paul, Kloster, I, 108
Johann I. I, 150; nach Konstantinopel gesandt I, 154; verhaftet und gestorben I, 154
Johann II. I, 162; Edikt über die Papstwahl I, 162; gestorben I, 168
Johann III., erhebt SS. Apostoli zum Kardinalstitel I, 230; geht zu Narses I, 233; gestorben I, 247
Johann IV. I, 301; verwirft die Ekthesis I, 304
Johann V. I, 319
Johann VI. I, 326; bewegt Gisulf zum Abzug I, 327; gestorben I, 328
Johann VII. I, 328; Herkunft I, 356; seine Bauten I, 328f.; stellt Subiaco her I, 330; gestorben I, 328
Johann VIII. I, 546; krönt Karl den Kahlen I, 547; geht nach Pavia I, 547; prozessiert Formosus und Genossen I, 549; sucht Hilfe gegen die Sarazenen I, 549; schafft eine Flotte I, 551; besiegt die Sarazenen I, 551; Vertrag mit den Sarazenen und Amalfi I, 551f.; bannt Athanasius I, 552; und die Amalfitaner I, 552; seine Briefe I, 553; Bauten I, 553; seine Stellung zu Karl dem Kahlen I, 554f.; er bestätigt ihn als Kaiser I, 555; hält eine Synode in Ravenna I, 555; empfängt Karl den Kahlen I, 556; unterhandelt mit Lambert I, 556; wird von ihm gefangen I, 557; flieht nach Frankreich I, 557; krönt Ludwig den Stammler I, 558; Vertrag mit Boso I, 558; nach Italien I, 558; erkennt Photius an I, 559; bannt den Erzbischof von Mailand I, 560; krönt Karl den Dicken I, 560; gestorben I, 560; sein Charakter I, 560f.
Johann IX. I, 573; rehabilitiert Formosus I, 573; bestätigt Lambert als Kaiser I, 574; auf der Synode von Ravenna I, 574; gestorben I, 576

Johann X., Jugend I, 580; wird Papst I, 584; krönt Berengar I, 587; kämpft gegen die Sarazenen I, 587f.; ruft Hugo von Provence I, 592; gefangen I, 593; gestorben I, 593; Charakter I, 593

Johann XI., Herkunft I, 594; wird Papst I, 594; von Alberich gefangen I, 598; bestätigt Theophylactus I, 604; gestorben I, 604

Johann XII. I, 614; wird Papst I, 615; gegen Pandulf I, 615; ruft Otto I. an I, 616; krönt ihn I, 617; konspiriert mit Berengar I, 620f.; flieht I, 621; wird vor die Synode geladen I, 622ff.; abgesetzt I, 622ff.; nimmt Rom I, 625; seine Rache I, 625; gestorben I, 626; seine Sprache I, 624, 692

Johann XIII. I, 629; gefangen I, 629; kehrt zurück I, 629; in Ravenna I, 633; krönt Otto II. I, 633; gibt Palestrina an Stephania I, 635; krönt Theophania I, 636; gestorben I, 636

Johann XIV. I, 643, 644

Johann XV. I, 645; Flucht und Rückkehr I, 649; gestorben I, 649

Johann XVI., Jugend I, 656; wird Papst I, 657; verstümmelt I, 658; Ende I, 658

Johann XVII. II, 3

Johann XVIII. II, 3; gestorben II, 5

Johann XIX., vgl. Romanus, er wird Papst II, 13; ruft Konrad II. II, 14; krönt ihn II, 14f.; beruft Guido von Arezzo II, 134; gestorben II, 16

Johann XXI. II, 496f.

Johann XXII. II, 626; seine Parteistellung II, 627; er usurpiert die Reichsgewalt II, 629; bannt die lombardischen Ghibellinen II, 630; gegen Ludwig den Bayern II, 631; bannt ihn II, 631; verdammt die Lehre von der christlichen Armut II, 632; wird für einen Ketzer erklärt II, 639; von den Römern zur Rückkehr aufgefordert II, 640f.; wühlt gegen Ludwig den Bayern II, 641f.; protestiert gegen seine Kaiserkrönung II, 647; wird von ihm abgesetzt II, 648f.; zum Tode verurteilt II, 650; sein Erfolg in Latium II, 656f.; er absolviert den Gegenpapst II, 658; unterwirft Rom II, 658f.; unterhandelt mit Ludwig dem Bayern II, 659f.; unterstützt Johann von Böhmen II, 661; verspricht nach Italien zurückzukehren II, 662; vermittelt zwischen Orsini und Colonna II, 662f.; gestorben II, 665; Charakter II, 665f.

Johann XXIII. II, 846, vgl. Cossa, Baldassaro; er wird Papst II, 846; unterstützt Ludwig von Anjou II, 846; in der Engelsburg belagert II, 848; Vertrag mit Ladislaus von Neapel II, 849; Synode von 1412: II, 850f.; verkündet das Konzil II, 851; gibt Rom die Freiheit II, 852; flieht II, 853; wählt Konstanz zum Ort des Konzils II, 855; geht nach Bologna II, 855; Zusammenkunft mit Sigismund II, 855; nach Konstanz II, 858; flieht von dort II, 860; abgesetzt und gefangen II, 860; gestorben II, 869

Johann von Aragon III, 29, 121

Johann von Arezzo, Bischof, I, 546

Johann von Biserno II, 606

Johann von Böhmen II, 595, 618, 622, 626, 659; in Oberitalien II, 660f.; gestorben II, 703

Johann Brazutus II, 55

Johann von der Bretagne II, 551

Johann von Brienne II, 352f., 357

Johann von Gaëta, vgl. Gelasius II., II, 164

Johann von Jandun II, 638, 645, 648

Johann ohne Land II, 336

Johann von Lothringen-Anjou III, 72, 86, 92

Johann, Kardinal von S. Lorenzo, II, 441

Johann, Kardinal von S. Niccolò, II, 452
Johann, Sohn des Richard von Capua, Johanna, Päpstin, I, 518f. [II, 55
Johanna, Prefetessa, III, 373
Johanna I. von Neapel II, 680; appelliert an Cola II, 703; verkauft Avignon II, 725f.; nimmt Mortimer in Sold II, 762; bei Urban V. II, 772; heiratet Jakob von Aragon II, 799; und Otto von Braunschweig II, 799; unterstützt Urban VI. II, 800; schützt Clemens VII. II, 806; wird von Urban VI. entsetzt II, 807; adoptiert Ludwig von Anjou II, 807; wird in Neapel belagert und gefangen II, 810; gestorben II, 810
Johanna II. von Neapel II, 814; wird Königin II, 857; heiratet Jakob von Bourbon II, 864; schickt Sforza gegen Braccio II, 867; schließt ein Bündnis mit Martin V. II, 867f.; wird gekrönt II, 870; adoptiert Alfonso von Aragon III, 7; Ludwig von Anjou III, 7; schickt Truppen nach Aquila III, 8; unterstützt Eugen IV. III, 14; gestorben III, 29
Johanna von Aquila II, 542
Johanna von Valois III, 200
Johannes, Apostel, sein Rock I, 274
Johannes der Täufer, sein Kopf I, 385
Johannes, Arzt, I, 161
Johannes, Benedikts Sohn, I, 657, 662, II, 3, 9
Johannes, Sohn des Berardus, II, 58
Johannes, Sohn des Crescentius, I, 629, II, 3
Johannes, Diaconus, Gegner Sergius' II., I, 505
Johannes, Diaconus, Biograph Gregors d. Gr., I, 274, 535f., 694
Johannes, Diaconus von Neapel, I, 535
Johannes, Diaconus in Venedig, I, 696
Johannes, Dux, Bruder Stephans III., I, 396

Johannes, Exarch, I, 237
Johannes, Kanonikus, seine Schrift über den Lateran II, 271
Johannes, Kardinal, I, 623, 626
Johannes, Kardinalvikar Alexanders III., II, 238, 241
Johannes, Nuntius Gregors d. Gr., I, 282
Johannes, Patricius, I, 678
Johannes, Patrizier, I, 50
Johannes Silentiarius I, 366
Johannes, Stadtpräfekt (998) I, 664
Johannes, Stadtpräfekt (1013) II, 6
Johannes, Stadtpräfekt (1167) vgl. Vico
Johannes, Subdiaconus (537), I, 184
Johannes, Superista, I, 602
Johannes, Tribun der Kaiserlichen, I, 60; macht sich zum Kaiser I, 86
Johannes, „der Blutige", I, 188, 190; in Picenum I, 190; nimmt Vitiges gefangen I, 192; in Rom I, 195; in Kalabrien I, 200; befreit die römischen Geiseln I, 209; von Totila geschlagen I, 209; unter Narses I, 216; gegen Teja I, 218
Johannes Bellus II, 168
Johannes Cannaparius I, 697
Johannes Cinthii II, 373
Johannes Crescentius vgl. Crescentius
Johannes Gratianus vgl. Gregor VI.
Johannes Jeiunator I, 283
Johannes Lemigius I, 290
Johannes Lurion I, 337, 342
Johannes Mincius, vgl. Benedikt X., II, 48
Johannes Mizina I, 622
Johannes Palaeologus II, 773, III, 31, 33f.
Johannes Platina, Exarch, I, 321; beraubt den Kirchenschatz I, 321
Johannes Rizokopus I, 332
Johannes Scotus I, 532
Johannes Tiniosus II, 49, 68
Johannes Tzimiskes I, 636
Johannes von Compsa I, 291

Register

Johannes von Crema II, 171, 180
Johannes, Abt von Farfa, I, 663
Johannes, Herzog von Gaëta, I, 588
Johannes von Lykopolis I, 33
Johannes, Bischof von Lyon, II, 156
Johannes von Matha II, 564
Johannes von Narni I, 623
Johannes, Bischof von Pavia, I, 562
Johannes von Piacenza, vgl. Johann XVI.
Johannes, Bischof von Portus (1088), II, 117
Johannes de Primicerio I, 622
Johannes, Erzbischof von Ravenna (593), I, 256f.
Johannes, Erzbischof von Ravenna (742), I, 357
Johannes, Erzbischof von Ravenna (858), I, 522f., 529
Johannes von Ravenna, Humanist, III, 260, 273
Johannes, Bischof von Tusculum, II, 150f., 155
Johannipolis I, 553
Johanniter, kommen nach Italien III, 551; sind Herren von Viterbo III, 600f.; erwerben Malta III, 654
Johannitius I, 323f.; gestorben I, 331
Jolanthe, Kaiserin, II, 344, 352
Jonathan von Tusculum II, 243
Jordan I. von Capua II, 65, 71, 98, 100, 102; gestorben II, 120
Jordan II. von Capua II, 176
Jordan, Chartularius, I, 342
Jordan, Sebastos II, 242
Jordan, Subdiaconus (1252), II, 420
Jordan von Terracina II, 483
Jordan, Erzbischof von Mailand, II, 159
Jordanes I, 154, 220
Josef, Dux, II, 3
Joseph, Patriarch von Konstantinopel, Jovinus I, 81 [III, 31, 33
Jovius I, 61
Jovius, Paul III, 152, 461, 491, 508f., 511, 514, 545, 608, 617, 642, 664

Irene, Kaiserin, stellt den Bilderdienst her I, 411; sucht eine Verbindung mit Karl d. Gr. I, 412, 472; gestürzt I, 473
Irmingard, Gattin Adalberts von Ivrea, I, 591f.
Irmingard, Gattin Lothars I. I, 486
Irmingard, Gattin Ludwigs des Frommen, I, 482, 486
Irmingard, Tochter Ludwigs II., I, 546
Irnerius von Bologna II, 166
Isaak, byzantinischer Offizier, I, 196, 200
Isaak, Exarch, I, 292; plündert den Schatz des Lateran I, 300; bekämpft Mauritius I, 303; gestorben I, 303; Grab I, 303
Isabella, Kaiserin, Gattin Friedrichs II., II, 370
Isabella von Frankreich II, 754, 824
Isabella von Kastilien III, 367, 374
Isabella von Provence III, 30
Ischia, Name, I, 497
Iseum I, 714
Isis Patricia I, 17
Isis und Serapis, Region, I, 16
Isola vgl. auch Insula
Isola, erobert 1463: III, 92
Isolani, Jakob, Kardinallegat, II, 858, 863ff., 867f.
Isidor I, 423
Isonzo, Schlacht, I, 122
Isualles, Pietro III, 296
Italien, Provinzen seit Constantin I, 235; Bevölkerung zur Gotenzeit I, 225; zur Zeit Julius' II. III. 370ff.
Jubeljahr vgl. Jubiläum
Jubiläum II, 530; auf das 50. Jahr herabgesetzt II, 679f.: auf 33 Jahre herabgesetzt II, 815; auf 25 Jahre herabgesetzt III, 118
Jubiläum von 1300: II, 530ff.; von 1350: II, 720ff.; von 1390: II, 816; von 1400: II, 821; von 1450: III, 54; von 1475: III, 118f.; von 1500: III, 208

Juden, in Neapel I, 169; in Rom zur Gotenzeit I, 146; ihre Gräber I, 15; sie reklamieren die Tempelschätze I, 100; werden von Justinian verfolgt I, 169; wohnen in Trastevere I, 147, III, 329; ihre Verhältnisse im VIII. Jahrhundert I, 430; im XII. Jahrhundert II, 178; ihre Schola II, 178; ihre Synagoge II, 181; sie werden verfolgt II, 178; begrüßen den Papst II, 297f., III, 153; bezahlen Heinrich VII. eine Krönungssteuer II, 608; zahlen eine Feststeuer II, 889; flüchten aus Spanien nach Rom III, 159; wohnen in Regola III, 336; Edikte Alexanders VI. über sie III, 233

Judenviertel, vgl. auch Ghetto, I, 147

Judice, Johannes de II, 375

Judices I, 236; von Rom I, 237, 301, 434, 577; von Ravenna I, 405; de militia I, 320, 344, 432; ordinarii I, 437, 602, 666; Palatini I, 435, 437, 602, 666; de clero I, 320, 437, 451; dativi I, 602, 666f.; Romani I, 667

Judith, Gattin Ludwigs des Frommen, I, 498

Judith, Tochter Karls des Kahlen, I, 527

Julii, Titulus, I, 126, 131, 192

Julianus, Kaiser, I, 30, 49

Julianus Apostata I, 126

Julius I. I, 50, 126, 130ff.

Julius II., vgl. Rovere, Julian, er wird Papst III, 361f.; Charakter III, 362f.; Verhältnis zu Cesare Borgia III, 363; geht gegen die Venetianer vor III, 363f.; läßt Borgia verhaften III, 366; stürzt ihn III, 366f.; stellt die Gaëtani und Colonna her III, 372; seine Nepoten III, 372f.; Kardinalsernennungen III, 373; vermittelt das Bündnis von Blois III, 373f.; verbündet sich mit den Orsini und Colonna III, 374f.; erobert Perugia III, 375; und Bologna III, 376f.; sein Triumphzug in Rom III, 377f.; schließt die Liga von Cambrai III, 380; schließt Frieden mit Venedig III, 382f.; führt Krieg mit Ferrara III, 384; im Streit mit Frankreich III, 384f., 389f.; erobert Mirandola III, 385f.; wird nach Pisa vorgeladen III, 388; beruft ein Konzil III, 390; wird für tot gehalten III, 390ff.; schließt die Heilige Liga III, 394; belegt Pisa mit dem Interdikt III, 394; seine Haltung nach der Schlacht von Ravenna III, 399f.; hält das Konzil III, 400f.; schließt eine neue Liga gegen Frankreich III, 401; absolviert Alfonso von Ferrara III, 402; kämpft gegen Florenz III, 403; unterwirft Parma und Piacenza III, 404; unterhandelt mit Maximilian III, 405; seine Pläne III, 405f.; sein Prinzip III, 406; gestorben III, 407; Grab III, 425ff.; Charakter III, 407f.; Kunstsinn III, 411, 428ff.; Bauten III, 411f., 414ff.; Sammlungen III, 420ff.; Bibliothek III, 498

Julius Nepos I, 114ff.

S. Justina III, 326

Justinianus I., seine Politik I, 163; beseitigt das Konsulat I, 165; unterhandelt mit Theodahad I, 165ff.; führt Krieg gegen die Goten I, 169ff.; verfolgt die Juden I, 169; seine pragmatische Sanktion I, 226; er verbannt Vigilius I, 229

Justinianus II. I, 321; geht gegen Sergius I. vor I, 322f.; entthront I, 324; aufs neue Kaiser I, 328; wütet gegen die Ravennaten I, 331; beichtet dem Papst I, 332; gestorben I, 333

Justinus I. I, 150ff.

Justinus d. J., beruft Narses ab I, 233; sendet Getreide nach Rom I, 247, 256

Justiz vgl. Rechtspflege

Juturna I, 317

Juvenal I, 65

Juvenalis, Latinus III, 494, 504
Juventier, Geschlecht, Ursprung II, 4
Ivo von Chartres II, 156
S. Ivo, Kirche, III, 344

K

Kadwalla I, 325; sein Grab I, 325, 425
Kailo von Ravenna I, 580
Kaiser, Zeremoniell bei ihrem Empfang I, 310; ihre Einkünfte I, 669f.; Titel seit Maximilian I, 163
Kaisergarde I, 669
Kaiserkrönung II, 24ff.
Kaiserpaläste vgl. Palatium
Kaisertum, Auffassung Ludwigs II. I, 543f.; seine Bedeutung unter den Ottonen I, 618; Theorie Innocenz' III. II, 320f.; Auffassung Dantes II, 592ff., 645; Stellung seit Maximilian III, 471f.; vgl. auch Imperium
Kalliergus, Zacharias III, 509f.
Kallimachus III, 276
Kallinikus, Exarch, I, 268
Kaloleo I, 602; Campus Kaloleoni, Region, I, 704
Kammer, apostolische I, 670
Kapitän des römischen Volkes II, 427f.
Kapitäne der Regionen II, 895
Kapitol, zur Zeit des Honorius I, 11f., 19; von den Vandalen geplündert I, 99, 140; Zustand im X. Jahrhundert I, 709; Zustand im XI. und XII. Jahrhundert II, 197f.; zur Zeit Poggios II, 894; im XV. Jahrhundert III, 298, 300, 341; klingende Statuen I, 700; in den Mirabilien II, 199ff.; an S. Maria in Aracoeli verschenkt II, 198; als Markt II, 198; Palast im XII. und XIII. Jahrhundert II, 201f., 580f.; als Sitz der Stadtbehörden II, 580; Altertümer III, 341
Kardinäle, Ursprung und Anzahl I, 132; ihr wachsender Einfluß I, 517; erlangen die Papstwahl II, 50; Stellung unter Nikolaus II. II, 50f.; Konstitution Bonifatius' VIII. II, 525f.; Purpurmäntel II, 526, III, 104; Anzahl und Persönlichkeiten um 1260: II, 440; Anzahl beim Konklave in Carpentras II, 624; Anzahl und Persönlichkeiten im Jahre 1378: II, 794; Stellung im XV. Jahrhundert III, 139; unter Pius II. III, 102; Stellung im XVI. Jahrhundert III, 457; Einkünfte III, 492
Kardinalbischöfe I, 132, II, 50
Kardinaldiakonen I, 50
Kardinalpresbyter I, 132, II, 50
Kardinalskollegium II, 47
Karl d. Gr., vom Papst gesalbt I, 367; wird König I, 389; schickt 12 Bischöfe nach Italien I, 389; heiratet Desiderata I, 394; verstößt sie I, 394; heiratet Hildegard I, 395; wird nach Italien gerufen I, 398; zieht gegen Desiderius I, 398f.; belagert Pavia I, 399; geht nach Rom I, 399; in Rom I, 400ff.; bestätigt die Schenkung Pippins I, 401; seine Stellung als Patricius I, 368, 401; nimmt Pavia und wird König der Langobarden I, 402; verlangt Anteil an der Wahl der Erzbischöfe von Ravenna I, 406; holt Marmor aus Ravenna I, 407; gegen den Sklavenhandel I, 408; besiegt Rodgausus I, 409; zum drittenmal nach Italien I, 410; zum viertenmal I, 410; unterwirft Arichis I, 410; schenkt dem Papst beneventanische Städte I, 411; macht Grimoald II. zum Herzog von Benevent I, 412; beruft Grammatiker und Musiker nach Rom I, 424; schreibt poetische Briefe I, 425; sein Verhältnis zu Leo III. I, 444ff.; empfängt Leo III. I, 453; läßt einen Prozeß gegen Paschalis führen I, 455; zum fünftenmal nach Italien I, 456; hält ein Parlament in Rom I, 457; Kaiserkrönung I, 462; sein Titel I, 462f.; Charakter seines Reiches I,

467 ff.; sein Titel I, 469, 472; seine römische Residenz I, 470; kehrt nach dem Norden zurück I, 472; verhandelt mit Irene I, 472 f.; empfängt Leo III. I, 473; teilt das Reich I, 473; ernennt Ludwig zum Mitkaiser I, 474; gestorben I, 475; seine welthistorische Stellung I, 475 f.; Vermächtnisse an Kirchen I, 476; heilig gesprochen I, 477; Sagen von ihm I, 477

Karl der Kahle I, 498; kämpft gegen Lothar I, 498 f.; will Italien erobern I, 546 f.; zum Kaiser gekrönt I, 547; Schenkungen an die Kirche I, 547; wird König von Italien I, 547; Stellung zu Johann VIII. I, 554 f.; nach Italien I, 555; gestorben I, 556; Grab I, 556

Karl der Dicke I, 546; wird König von Italien und Kaiser I, 560; Zusammenkunft mit Marinus I. I, 562; setzt Guido von Spoleto ab I, 562; begnadigt ihn I, 562; bestätigt Stephan V. I, 563; abgesetzt und gestorben I, 564

Karl der Kühne III, 122

Karl IV., Vikar seines Vaters II, 661; Gegenkönig II, 703; allgemein anerkannt II, 729; sein Charakter II, 729; er empfängt Cola II, 729 f.; läßt ihn gefangensetzen II, 730; liefert ihn dem Papst aus II, 732; seine Romfahrt II, 746 f.; Kaiserkrönung II, 747 f.; Kämpfe in Toskana II, 748 f.; erläßt die goldene Bulle II, 750; in Avignon II, 762; verspricht Urban V. nach Rom zu geleiten II, 764, 766; zum zweitenmal in Italien II, 772 f.; gestorben II, 804

Karl V., Geburt III, 210; Kaiser III, 473; seine historische Stellung III, 473; gekrönt III, 476; Zusammenkunft mit Heinrich VIII. in Dover III, 476; unterhandelt mit Leo X. III, 477; auf dem Reichstag zu Worms III, 477 f.; seine Persönlichkeit III, 478; ächtet Luther III, 479; Liga mit Leo X. III, 482; erster Krieg mit Franz I. III, 483 f.; seine Stellung zum Konklave Hadrians VI. III, 538 ff.; Verhältnis zu Hadrian VI. III, 541; fordert vom Papst den Zehnten zum Türkenkrieg III, 550; verträgt sich mit Ferrara III, 551; Bündnis mit Hadrian, England, Mailand und Venedig III, 552; Stellung zu Clemens VII. III, 558, 560 f.; nach der Schlacht von Pavia III, 565 f.; Bündnis mit Clemens VII. III, 567; Friede mit Franz I. III, 574 f.; Krieg mit Clemens VII. III, 578 f.; Manifest gegen Clemens VII. III, 582; bestätigt Alfonso von Este III, 589; wünscht den Vormarsch Bourbons III, 598 f.; Eindruck des Gran Sacco III, 628 f.; unterhandelt mit Clemens III, 631 f.; Friede mit ihm III, 646; mit Franz I. III, 646 f.; in Genua III, 649; nach Bologna III, 650 f.; gekrönt III, 652 f.; nach Augsburg III, 654; setzt die Medici in Florenz ein III, 658; auf dem zweiten Kongreß von Bologna III, 659

Karl I. von Neapel (Karl von Anjou) II, 442 f.; Senator II, 443 ff.; erhält Sizilien angetragen II, 412, 442 ff.; nach Rom II, 449 f.; seine Absichten und sein Aussehen II, 450 f.; er wird aus dem Lateran gewiesen II, 451 f.; als Senator eingesetzt II, 452; mit Sizilien beliehen II, 452; erste Kämpfe mit Manfred II, 454; seine Geldnot II, 455; sein Landheer kommt II, 456 f.; er wird gekrönt II, 457; zieht ins Neapolitanische II, 458 f.; siegt bei Benevent II, 460 ff.; zieht in Neapel ein II, 465; legt die Senatsgewalt nieder II, 466; seine Beziehungen zu Arrigo von Kastilien

II, 467f.; er geht nach Florenz II, 471; zurück nach Unteritalien II, 476; wird Reichsvikar II, 476; siegt bei Tagliacozzo II, 480f.; nach Rom II, 484; zum zweitenmal Senator II, 484; läßt Konradin hinrichten II, 485; sein senatorisches Regiment II, 487; seine Statue II, 487; wieder in Rom (1271) II, 487; reist zur Papstwahl II, 487f.; empfängt Gregor X. II, 489; als Senator bestätigt II, 495; beim Konklave II, 496f.; legt die Senatsgewalt nieder II, 500, 502; Vertrag mit Rudolf von Habsburg II, 502; nach dem Tode Nikolaus' II. II, 503f.; zum drittenmal Senator II, 504; verliert Sizilien II, 505; als Senator abgesetzt II, 506; gestorben II, 507; gründet die römische Universität II, 452f., 556

Karl II. von Neapel II, 507, 534; gekrönt II, 510; beim Konklave II, 513; empfängt Cölestin V. II, 515; Beziehungen zu Bonifatius VIII. II, 519f.; sein Krieg mit Friedrich von Sizilien II, 522; beim Konklave Benedikts XI. II, 547; gestorben II, 590

Karl VIII., nach Italien gerufen III, 159f., 164; unterhandelt in Italien III, 165; zieht nach Italien III, 167f.; nach Toskana III, 169f.; gegen Rom III, 172f.; zieht in Rom ein III, 174ff.; Vertrag mit Alexander VI. III, 177f.; gegen Neapel III, 179f.; zurück III, 181f.; siegt bei Fornuovo III, 182f.; gestorben III, 199; gründet S. Trinità dei Monti III, 308

Karl, Sohn Karls d. Gr., I, 473; gestorben I, 474

Karl von Anjou vgl. Karl I. von Neapel

Karl von Durazzo II, 799, 807; erobert Neapel II, 810; läßt Johanna I. hinrichten II, 810; kämpft gegen Ludwig von Anjou II, 810; Mißverhältnis zu Urban VI. II, 811; gebannt II, 812; gestorben II, 814

Karl V. von Frankreich II, 799

Karl VI. von Frankreich II, 824

Karl von Frankreich III, 445, 448, 451, 453

Karl Martell I, 353; lehnt die Intervention in Italien ab I, 354f.; gestorben I, 355

Karl Martell, Enkel Karls von Anjou, II, 494, 513, 515, 520, 533

Karl III. von Savoyen III, 449, 653, 661

Karl von Valois, Generalkapitän der Kirche, II, 534; in Florenz II, 535; gegen Friedrich von Sizilien II, 536; bei der Krönung Clemens' V. II, 551; soll Kaiser werden II, 588

Karl von Viana III, 72

Karlmann, Sohn Karl Martells, I, 356; wird Mönch I, 359; geht nach Frankreich und gestorben I, 369

Karlmann, Sohn Karls d. Gr., vgl. Pippin, I, 410

Karlmann, Sohn Pippins, vom Papst gesalbt I, 367; wird König I, 389; seine Stellung zu Stephan III. I, 390, 392; gestorben I, 394

Karlmann, Sohn Ludwigs II., I, 546; nach Italien I, 556; will Kaiser werden I, 556; erkrankt I, 559

Karneval im XIV. Jahrhundert II, 665, 889; zur Renaissancezeit III, 291; unter Paul II. III, 105f.

Karteromachus, Scipio, vgl. Forteguerra, Scipio, III, 495, 509

Kasimbey III, 142

Kastellane, römische II, 504

Kastelle, Anzahl im X. Jahrhundert I, 632

Kastor und Pollux, Statuen, I, 186

Katakomben, I, 15, 40f., 185, vgl. auch Coemeterium; von den Langobarden geplündert I, 372; von Paul I. erneuert I, 384; jüdische I, 15

Katepan II, 11

Katharina von Aragon III, 631
Katharina von Bosnien III, 124
Katharina von Courtenay II, 521, 534
St. Katharina von Siena II, 779f.; als Gesandtin in Avignon II, 788; ihre Briefe an Gregor XI. II, 780; erklärt sich für Urban VI. II, 802; gestorben II, 808; ihr Wesen II, 808; sie wird Schutzpatronin von Rom II, 809; kanonisiert III, 93
Katzenellenbogen, Diether Graf von II, 603
Kaufleute, Zunft II, 426f.; Statuten II, 427
Kerker des Theoderich I, 155
Ketten Petri I, 102; Festfeier I, 102; Amulette davon I, 273f., 355
Ketzer des XIII. Jahrhunderts II, 337ff.; in Italien (um 1230) II, 360; in Rom verbrannt II, 360; Edikt von 1231: II, 361; Gesetze Friedrichs II. II, 362
Kirche, römische I, 6ff.
Kirchen, älteste römische I, 38ff.; Verteilung in Rom im V. Jahrhundert I, 131; die sieben Hauptkirchen I, 132f.; ältester Stil I, 40; Luxus der Ausstattung I, 88f.; Schmuck im V. Jahrhundert I, 110; im VIII. Jahrhundert I, 418ff.; Altäre darin I, 94, 326; Anzahl unter Nikolaus V. III, 300
Kirchengüter vgl. Patrimonia
Kirchenstaat, erster Ursprung I, 267; Erwerbungen durch Pippin I, 367, 370ff.; Zuwachs nach dem Fall des Desiderius I, 402; Oberherrlichkeit der Kaiser I, 496; Grenzen unter Johann VIII. I, 555; von Lambert garantiert I, 574; von Otto III. erweitert I, 679; unter Alexander II. II, 67; um 1177: II, 251; Zustand unter Innocenz III. II, 304ff.; Einteilung seit Innocenz III. II, 318; Grenzen seit der Kapitulation von Neuß II, 322; als Symbol der Weltherrschaft II, 370ff.; Verhältnis der Städte zum Papst im XIII. Jahrhundert II, 364f.; Zustand seit Albornoz II, 750ff.; Verwaltung unter diesem II, 751f.; Vikariate unter Bonifatius IX. II, 817; an Ladislaus von Neapel abgetreten II, 838

Kirchhöfe I, 233
Klassiker, Studium im X. Jahrhundert I, 692; griechische kommen nach Italien III, 246; lateinische werden wiederentdeckt III, 245f.; Textkritik III, 250
Kleiderordnungen II, 887
Kleidung im XIV. Jahrhundert II, 885f.
Kleph I, 247
Klerus, seine Stellung im IV. Jahrhundert I, 84f.; als Volksklasse I, 319f.; seine Barbarei im X. Jahrhundert I, 689f.; in Rom unter Leo IX. II, 47, vgl. Geistliche; Gerichtsbarkeit über ihn II, 818
Kleve, Engelbert III, 167, 180
Kloaken I, 138
Kloß, Bernhard von III, 586
Klöster, verbreiten sich in Italien I, 245, 359; werden allgemein aufgesucht I, 264; den Soldaten wird der Eintritt verboten I, 264; römische im VI. Jahrhundert I, 245f.; zur Zeit Leos III. I, 481; Anzahl im X. Jahrhundert I, 482; Jurisdiktion II, 317
Klosterreform I, 607
Klosterschulen I, 531, 605
Knecht der Knechte Gottes, Titel, I, 283
Knight, William III, 633
Knut d. Gr. II, 15
Kolonen I, 265, 363, 415
Koloß des Nero I, 16
Kolosse von Monte Cavallo I, 18, 214; Legende I, 637f.; Standort I, 637
Komödie der Renaissance III, 525f.

Kompanie von St. Georg II, 761, 804
Kompanie, heilige II, 782
Kompanie, weiße II, 761 f.
Kompanien II, 656, 718, 759 ff.
König der Römer, Titel, II, 6 f.
Konklave, Konstitution Gregors X. II, 492 f.; von Hadrian V. aufgehoben II, 496; von Cölestin V. erneuert II, 516; Kapitulationen III, 12 f.
Konkordat, calixtinisches II, 172; Friedrichs III. III, 44 f.; Franz' I. III, 451
Konon, Papst, I, 237, 319; gestorben I, 321
Konon, byzantinischer Offizier, I, 188; zieht von Neapel ab I, 194; flieht I, 202; in Rom I, 194 ff., 209; umgebracht I, 211
Konrad II. geht nach Italien II, 14; seine Entscheidung über das römische Recht II, 16; kehrt zurück II, 16; läßt Aribert von Mailand verhaften II, 18; sein Lehngesetz II, 19; wieder nach Rom II, 19; gestorben II, 19
Konrad III. II, 120; empört sich gegen Lothar II, 176; als König II, 207, 214 ff.; gestorben II, 218
Konrad IV. II, 367; König II, 374; folgt Friedrich II. II, 375; nach Italien II, 411; nimmt Neapel II, 412; unterhandelt mit Innocenz IV. II, 413; exkommuniziert II, 413; gestorben II, 413
Konrad, Deutschmeister II, 379
Konrad von Frundsberg, vgl. Frundsberg, Konrad, II, 472
Konrad, Bischof von Hildesheim, II, 282
Konrad von Hohenlohe II, 367
Konrad von Limpurg II, 472
Konrad von Marley II, 314 ff.
Konrad, König von Mercien, I, 325
Konrad von Montferrat II, 253 f., 261
Konrad von Salzburg II, 150
Konrad von Speyer II, 328

Konrad, Herzog von Spoleto, II, 304 f.
Konrad, Sohn Heinrichs IV., II, 118; fällt ab II, 121; zum König gekrönt II, 121; heiratet II, 125; gestorben II, 132
Konrad, Minorit, II, 498
Konradin II, 413, 440; seine Pläne auf Italien II, 470; zieht nach Italien II, 472; wird gebannt II, 473, 475; seine Lage in Norditalien II, 475 f.; erste Erfolge II, 476; nach Rom II, 476 ff.; zieht gegen Neapel II, 478; bei Tagliacozzo geschlagen II, 480 f.; flieht nach Rom II, 481 f.; nach Astura II, 482; gefangen II, 483; an Karl von Anjou ausgeliefert II, 483; gestorben II, 485
Konservatoren II, 771 f., 776, 817, 820; unter Urban VI. II, 815; unter Paul III. III, 106; ihr Recht auf Antiken III, 267
Konservatorenpalast III, 300, 341
Konsistorium II, 210
Konstabler II, 656, 760
Konstantinopel, von den Türken erobert III, 65
Konstanz, Friede, II, 256; Konzil II, 858 ff., 868 f.
Konstanze von Aragon, Tochter Manfreds, II, 441; in Rom II, 521 f.; gestorben II, 522
Konstanze von Sizilien, Regentin, II, 314
Konstanze, Gattin Friedrichs II., II, 334, 347, 352
Konstitution König Ladislaus' II, 827 f.
Konsul, Titel, I, 433
Konsuln unter Odoaker I, 121; von den Kaisern des Ostens ernannt I, 188; im VIII. Jahrhundert I, 350; unter Otto III. I, 668; in Landstädten im XII. Jahrhundert II, 193; der Zünfte II, 373
Konsulat seit Constantin I, 165; Ende I, 165; als Datierung I, 472

Konzil von 731: I, 350; lateranisches von 649: I, 305 f.; von 1047: II, 29; von 1059: II, 50; von 1075: II, 81 f.; von 1076: II, 84; von 1112: II, 156 f.; von 1123: II, 173; von 1139: II, 189, 204; von 1179: II, 254; von 1423: III, 10; von 1512: III, 400 f., 405
Konzil, sechstes ökumenisches I, 315 f.; achtes I, 541
Konzil, Trullanisches I, 322
Kopernikus in Rom III, 279
Kopisten von Handschriften III, 246, 252
Kornspeicher am Aventin I, 24, 145; der Kirche I, 286
Korsen, ihr Kloster in Rom I, 579
Korsika, von Totila erobert I, 213; dem Papst geschenkt I, 484; an Jakob von Aragon verliehen II, 522
Kreuz, das wahre I, 274, 528
Kreuzzug, erster II, 125 ff.
Kreuzzug, dritter II, 261
Kreuzzug Friedrichs II. II, 345, 352, 354 f., 357
Kreuzzug der Kinder II, 345
Kreuzzüge II, 77 f., 123 ff.; Verhältnis Roms zu ihnen II, 124, 127 f.
Kreuzzugszehnten II, 448
Kriminaljustiz I, 668
Kroff von Flüglingen II, 472, 481
Krone, eiserne II, 598
Kronen, kaiserliche I, 677
Krönungssteuer, Heinrich VII. verweigert II, 608; von Ludwig dem Bayern gefordert II, 647
Kruzifixe, Ursprung, I, 340
Kuh des Myron I, 213
Kunibert, Bischof, I, 455
Kunigunde, Kaiserin, II, 7
Kupferstich III, 420, 530
Kurfürstenbund III, 43 f.
Kurie im XV. Jahrhundert III, 104 f.
Kurtisanen III, 339 f., 493 f.
Kybele I, 288 f.
Kybeledienst im IV. Jahrhundert I, 42

L

La Cava, Kloster, II, 171
Lactantius I, 58 f.
Lacus Curtii I, 709
Lacus Orphei I, 17, 297
Ladislaus von Böhmen III, 43, 55
Ladislaus von Neapel II, 814; gekrönt II, 816; schützt Bonifatius IX. II, 819; erobert Neapel II, 822; ordnet die römische Verfassung II, 827 f.; wird Rector der Campagna II, 828; kehrt nach Neapel zurück II, 828; läßt Rom besetzen II, 831; schließt Frieden mit Innocenz VII. II, 832 f.; hetzt gegen Gregor XII. II, 835; fällt in den Kirchenstaat ein II, 836; belagert Rom II, 837; zieht ein II, 838; seine Pläne II, 838; er erwirbt den Kirchenstaat II, 842; sucht das Konzil von Pisa zu sprengen II, 842; gebannt II, 844; von Cossa bekämpft II, 844; von Ludwig von Anjou II, 847 f.; belagert Johann XXIII. II, 848; Vertrag mit Johann XXIII. II, 849; rückt vor Rom II, 852; nimmt Rom II, 853; besetzt Rom aufs neue II, 856; Vertrag mit Florenz II, 856; gestorben II, 857
Laeta I, 60
Laetus, Pomponius III, 105, 130, 251, 261, 269, 273, 275 ff., 279, 293, 351
Lagrange, Jean de II, 801
Lagusta II, 384
Lambert, Erzbischof von Mailand, I, 591
Lambert von Ostia, vgl. Honorius II., II, 172, 175
Lambert, Herzog von Spoleto, überfällt Rom I, 539; abgesetzt I, 545; wieder eingesetzt I, 550; unterstützt Johann VIII. gegen die Sarazenen I, 550; wirkt gegen Johann VIII. I, 554; überfällt Rom I, 557; gebannt I, 558; gestorben I, 560
Lambert von Spoleto wird Mitkaiser I,

567; wird Kaiser I, 567; kämpft mit Arnulf I, 568; nimmt Pavia I, 570; bei dem Totengericht über Formosus I, 570f.; wird von Johann IX. bestätigt I, 574; garantiert den Kirchenstaat I, 574; gestorben I, 575
Lambert von Tuszien I, 591, 594f.
La Motte, Charles III, 564, 597, 617, 625
Lampadius, Präfekt, I, 18
Lampadius, Senator, I, 56
Lampugnani, Gianandrea III, 119
Lancelotti, Scipio III, 392
Lancia, Bartholomäus II, 460ff.
Lancia, Blanca II, 410
Lancia, Friedrich II, 460, 468, 476
Lancia, Galiotto II, 484
Lancia, Galvano, unterhandelt mit Innocenz IV. II, 422; in der Schlacht von Benevent II, 460ff., 468; wirkt für Konradin II, 468, 476; zieht in Rom ein II, 472; zieht nach Tagliacozzo II, 478; bei Tagliacozzo II, 479ff.; gefangen II, 483; gestorben II, 484, 610
Lancia, Jordan II, 460ff.
Lancia, Manfred Malecta II, 460
Landau, Konrad Graf von II, 718, 737, 752, 761
Lando, Papst, I, 580
Lando von Sezza II, 254
Landolf V. von Benevent II, 12
Landriani, Kardinal, III, 50, 259
Landriano, Schlacht, III, 646
Landsknechte III, 585f.
Landulf I., Herzog von Capua, I, 584, 588
Landulf II., Herzog von Capua, I, 615
Landulf V., Herzog von Capua, II, 52
Landulf VI. von Benevent II, 34; huldigt Gregor VII. II, 75; gestorben II, 95
Lanfrank II, 134
Lang, Matthias III, 308
Lange, Rudolf III, 279

Langey III, 584, 604
Langobarden, unterstützen Narses gegen die Goten I, 233f.; erobern Italien I, 234, 246f.; werden katholisch I, 327; ihre Sucht nach Reliquien I, 372; dringen bis Rom vor I, 247; belagern Rom (578) I, 248; zerstören Monte Cassino I, 243, 248; belagern Rom (593) I, 256f.; ihre Stellung in Italien I, 485, II, 95
Langobardische Namen II, 95
Langusco, Filippone von II, 597
Lannoy, Charles de, Vizekönig von Neapel III, 546f., 559; kämpft in der Lombardei III, 553, 558; unterhandelt mit Clemens VII. III, 561; bei Pavia III, 564; zwingt dem Papst ein Bündnis ab III, 567; führt Franz I. nach Spanien III, 568; führt eine Flotte nach Neapel III, 584, 586; bedroht Rom III, 587f., 592; unterhandelt mit dem Papst III, 592, 593, 595f.; bei Frosinone geschlagen III, 592; geht zu Bourbon III, 597f., 600; in Rom III, 623; zieht sich zurück III, 626; rät zum Frieden III, 629; gestorben III, 631
Lanuvium II, 388
Lante, Palazzo, III, 532
Lante, Villa, III, 530, 533
Lanze, heilige III, 147
Lanzo de Curte II, 66
Laokoon, entdeckt I, 16, III, 420ff.; von Bandinelli kopiert III, 451
Laren, ihr Kultus im V. Jahrhundert I, 34
Lariano II, 308, III, 301
Laskaris, Constantin III, 501
Laskaris, Johannes III, 263, 351, 496, 510
Latein, im VIII. Jahrhundert I, 425f.; im IX. Jahrhundert I, 469, 534; Studium im XVI. Jahrhundert III, 500f.
Lateran, Basilika, gegründet I, 41; Titel I, 41; verändert I, 41, 579; legendari-

sche Schätze I, 41 f., 100; Häupter der Apostel II, 774, 881 f.; die Tribuna erneuert I, 108; Neubau im X. Jahrhundert I, 41; von Hadrian I. geschmückt I, 419; stürzt ein I, 571; wiederhergestellt I, 579; Bau Calixts II. II, 174; brennt ab (1308) II, 587; Giebel stürzt ein (1348) II, 720; brennt ab (1360) II, 770; von Urban V. wiederaufgebaut II, 881; von Martin V. und Eugen IV. hergestellt III, 295; Zustand im XV. Jahrhundert III, 348; Tabernakel Valentinians III. I, 88; Urbans V. II, 881; Kapelle des St. Nikolaus von Bari II, 174; Hof II, 563; Fußboden III, 295; Hospital II, 564; Baptisterium I, 301 f.; Patriarchium I, 361 f.; Fresken III, 319

Lateran, Palast, den Päpsten geschenkt I, 41; von Zacharias erneuert I, 361 f.; der Portikus ausgebessert I, 362; das Triclinium maius gebaut I, 362, 449; Mosaiken I, 302; Casa Maggiore I, 362; Oratorium I, 301 f., 479; Bau Nikolaus' I. I, 530; verfällt II, 131; Neubau Gregors IX. und Nikolaus' III. II, 563; Zustand im XV. Jahrhundert III, 295, 348

Lateranus, römisches Geschlecht, I, 41

Latour d'Auvergne, Madeleine III, 463; gestorben III, 474

Laudenbach, Hans von III, 251

Lauer, Georg III, 251

Laurata I, 269

St. Laurentius I, 48 ff.; seine Verehrung I, 251

Laurentius, Papst, I, 125; wird Bischof von Nucera I, 148; erregt ein neues Schisma I, 148

Laurentius, Archidiaconus, I, 250

St. Laurentius auf der Tiberinsel I, 416

St. Laurentius in Damaso I, 49, 287, III, 331; Bau III, 414

Lauretum, Domus culta, I, 363

Lauros ad duos I, 50, 97

Lautrec, Kustos des Konzils von Pisa III, 394; verteidigt Bologna III, 395; bei Ravenna III, 396; überliefert Verona den Venetianern III, 455; aus Mailand vertrieben III, 484; bei Bicocca geschlagen III, 541; kämpft aufs neue in Italien III, 627 f., 631, 633; unterhandelt mit dem Papst III, 634; zieht gegen Neapel III, 635 ff.; gestorben III, 637 f.

Lavagna, Grafen von II, 389

Lavagnoli, Jacopo III, 63

Lavena, Petrus de II, 504, 506

Lavena, Robert de II, 483

Lazarus, Maler, I, 521

Leander I, 514

Lecce II, 315

Legaten, päpstliche, seit Gregor VII. II, 81; Legaten a latere II, 157

Legnano, Schlacht, II, 250

Leibeigene I, 416

Leiningen, Gottfried von II, 603, 613

Lello Cechi, Giacomo di III, 61

Lello Cerbello, Cola di II, 844

Le Mans, Philipp von III, 389

Le Moine, Kardinal, II, 549

Leni, Giuliano III, 604

Lenis, Battista de III, 339

Lenoncourt, Robert III, 179

Leo I., Kaiser, I, 105, 109

Leo Isauricus I, 338; befiehlt die Entfernung der Bilder I, 338, 342; auferlegt Rom eine Kopfsteuer I, 342; seine Korrespondenz mit dem Papst I, 344 ff.; hält die Einkünfte der Kirche zurück I, 343; schickt eine Flotte gegen Italien I, 342, 352; zieht die Kirchengüter ein I, 352; gestorben I, 355

Leo IV., Kaiser, I, 411, 492

Leo V., Kaiser, I, 559

Leo I., Papst, I, 47, 84, 89; verfolgt die Manichäer I, 90; als Gesandter an Attila I, 93; an Geiserich I, 99; läßt

Register

Kirchengefäße einschmelzen I, 94; gestorben I, 108; sein Grab I, 108, 326; sein Charakter I, 108; seine Bauten I, 108; Edikt über die Nonnen I, 108; baut das Kloster des Johannes und Paulus I, 108, 246

Leo II. I, 318; versöhnt Ravenna I, 323

Leo III. I, 444; schickt Karl d. Gr. die Schlüssel zum Grabe Petri I, 444; stellt S. Susanna her I, 448; baut das Triclinium maius im Lateran I, 449; wird mißhandelt und gefangen I, 452; entflieht I, 453; geht nach Paderborn I, 453; nach Rom zurück I, 455; empfängt Karl d. Gr. I, 457; reinigt sich von allen Beschuldigungen I, 458 f.; krönt Karl d. Gr. zum Kaiser I, 462; geht zum zweitenmal zu Karl I, 473; Aufstand gegen ihn I, 478; neuer Aufstand I, 478; gestorben I, 478; Charakter I, 478; Bauten I, 479 f.

Leo IV. I, 509; schließt einen Bund mit den Seestädten I, 509; segnet die Flotte I, 509; baut Mauern I, 510; stellt Portus her I, 513; gründet Leopolis I, 514; befestigt Horta und Ameria I, 514; seine Kirchenbauten I, 514 f.; krönt Ludwig II. I, 516; verflucht Anastasius I, 517; wird bei den Kaisern verklagt I, 517; stellt Lehrer an I, 531; gestorben I, 518

Leo V. I, 577

Leo VI. I, 594

Leo VII. I, 604, 607; gestorben I, 609

Leo VIII. wird Papst I, 624; flieht I, 625; wird verflucht I, 626; wieder eingesetzt I, 627; sein Privilegium I, 628; gestorben I, 628

Leo IX. II, 31 f.; sein erstes Konzil II, 32; seine Geldnot II, 33; seine Reisen I, 33; erwirbt Benevent I, 34; kämpft gegen die Normannen I, 35; versöhnt sich mit den Normannen I, 36; unterhandelt mit Byzanz I, 38; gestorben I, 38

Leo X., vgl. Medici, Giovanni, er wird Papst III, 435; sein Festzug III, 436 ff.; führt Krieg mit Frankreich III, 442 f.; sein Nepotismus III, 443 f.; er spricht Indien Portugal zu III, 445; seine Stellung zu Ludwig XII. III, 445 f.; betreibt die Ausstattung des Julian Medici III, 446 f.; schließt eine Liga gegen Franz I. III, 447; geht nach Bologna III, 449 f.; Vertrag mit Franz I. III, 451; vertreibt Francesco Maria Rovere III, 454; führt einen neuen Krieg mit ihm III, 456 f.; Verschwörung der Kardinäle III, 457 ff.; ernennt 31 Kardinäle III, 461 f.; seine Verwaltung III, 463 f.; er schließt das Konzil III, 464; sein Hof III, 465 f.; seine Finanzwirtschaft III, 466; er schreibt den Ablaß aus III, 466 f.; seine Stellung zu Luther III, 469 f.; zur Kaiserwahl III, 471 ff.; Pläne für den Kirchenstaat III, 475; läßt Giampolo Baglione töten III, 476; bannt Luther III, 476; Liga mit Karl V. III, 477, 482; bannt Franz I. III, 483; gestorben III, 485; seine Schulden III, 485, 538; sein Charakter III, 485 ff.; sein Verhältnis zum Christentum III, 487; zur Kultur III, 487; Sorge für die Vaticana III, 498; für die Sapienza III, 499 f.; für die Poeten III, 513, 515, 518, 523 f.; für die griechischen Studien III, 510; für das Schauspiel III, 524 ff.; Bauten III, 531 f.; Sorge für die Stadt III, 534; Tätigkeit für das vatikanische Museum III, 422; seine Statue III, 464, 500, 530

Leo, Archidiaconus, I, 394; wird Erzbischof von Ravenna I, 394; nimmt Paul Affiarta gefangen und läßt ihn hinrichten I, 397; besetzt Teile des Exarchats I, 405; geht zu Karl d. Gr. I, 405; verbindet sich mit Adelgis I, 409 [58

Leo de Benedicto Christiano II, 49, 55,

Leo de Cazunuli I, 622
Leo Simplex, Abt von S. Alessio e Bonifazio, I, 642, 647
Leo, Abt von Farfa, I, 663
Leo, Kardinal (1208), II, 325
Leo, Kardinaldiakon, I, 571
Leo von Monte Cassino vgl. Leo von Ostia
Leo de Monumento II, 258
Leo, Nomenclator, I, 488
Leo von Ostia II, 135, 150, 155
Leo, Stammherr der Pierleoni, II, 179
Leo, Protoscriniar, I, 620
Leo, Abt von Subiaco, I, 602
Leo, Bischof von Vercelli, II, 3
S. Leo, Kastell, I, 620 f.
Leon, Ponce de III, 653
Leoncilli, Gianantonio III, 81
Leoniceno III, 501
Leonora von Aragon, vgl. Leonora Este, III, 71, 115 ff.
Leonora von Portugal III, 55 ff.
Leonora von Sizilien II, 536
Leontia, Gemahlin des Phokas, I, 269
Leontius, Kaiser, I, 324; gestürzt I, 327
Leontius, Exkonsul, I, 261
Leopolis I, 514
Lescue vgl. Foix, Thomas
S. Leucius, Kirche, I, 416, 520
Leuderis I, 171; schickt die Goten nach Ravenna I, 172; gefangen I, 172
Leutharis I, 223
Lex Regia II, 684 f., 877
Leyva, Antonio de, bei Ravenna III, 396 f.; verteidigt Pavia III, 559, 562, 565, 568; bei der Verschwörung Morones III, 572; verteidigt Mailand III, 577 f., 590, 626, 628, 633, 636; zieht gegen die Türken III, 659; siegt bei Landriano III, 646
Libanius I, 31
Libellaria I, 555
Libellus de imperatoria potestate in urbe Roma I, 697
Libellus securitatis I, 266

Liber censuum II, 269 f.
Liber diurnus I, 236, 292
Liber Pontificalis I, 39, 88, 535 f., II, 271; seit der Rückkehr von Avignon II, 879
Liberius, Papst, I, 50
Liberius, Senator, I, 164
Libertinus, Präfekt, I, 261
Libius Severus, Kaiser, vgl. auch Severus, I, 108
Librarii III, 246
Licianischer Palast I, 120
Lieder, heidnische I, 182; christliche I, 182; Klagelied über Rom aus dem VII. Jahrhundert I, 311; Lied über Ludwig II. I, 545
Liemar, Erzbischof von Bremen, II, 81
Liga, heilige III, 394, 575
Lignamine, Johann de III, 250
Lignano, Johann de II, 801
Ligny III, 203
Ligorio, Pirro III, 526
Liguria, Provinz, I, 235
Lingles, Ugo von Nicosia III, 124
Lingua volgare, Ursprung, I, 426; im X. Jahrhundert I, 692; der Römer im XIII. Jahrhundert II, 561
Lionardo von Tricarico II, 329
Lipari I, 275
Lippi, Filippino III, 320 f., 323
Lippomanno, Aluigi III, 494
Literaturgeschichten des XVI. Jahrhunderts III, 514
Liudolf, Sohn Ottos I., I, 616
Liutprand von Cremona I, 578, 580, 595, 616, 622 f., 628; nach Konstantinopel I, 633 f.; seine Unzuverlässigkeit I, 580; sein Stil I, 594
Liutprand, König, I, 337; seine Haltung während des Bilderstreits I, 348; er nimmt Ravenna, die Pentapolis, Narni und Sutri I, 347; zieht von den römischen Dukat fort I, 347; schenkt Sutri dem Papst I, 347; gibt seine Eroberungen auf I, 348; schließt Freund-

schaft mit dem Kaiser und greift Rom an I, 348; zieht ab I, 349; besiegt Trasamund I, 348; fällt in den Dukat ein I, 353; seine Stellung zu den Franken I, 355; söhnt sich mit Zacharias aus I, 356; kämpft gegen den Exarchat I, 357; kauft den Leichnam St. Augustins I, 372; gestorben I, 358

Liutprand, Herzog von Benevent, I, 381

Liutward, Kanzler, I, 562

Liuza I, 608

Livius, seine Leiche III, 268

Loaysa, Garcia III, 660

Löcher in den Monumenten Roms I, 206, 221

Lodi, Konzil II, 240; Liga III, 111; Friede von 1454: III, 66

Lodron, Antoni III, 586

Lodron, Johann Baptista III, 559

Lodron, Ludwig III, 585, 617, 625

Lolli, Gregor III, 93, 99

Lombarden, ihre Kämpfe gegen Friedrich I. II, 249f.; Kämpfe mit Friedrich II. II, 352f., 370f.; wandern in Rom ein III, 534

Lombardien, griechische Provinz, I,

Longhezza II, 390, 525   [587

Longhi, Guglielmo, Kardinal von Bergamo, II, 624

Longinus, Exarch, I, 233ff.

Longolius, vgl. Longueil, III, 504

Longueil, Christoph III, 515f.

Longueil, Oliver III, 326

Longueville III, 634

Lopez, Kardinal, III, 189, 195

Loredano III, 380f., 461

Lorenzetto III, 315, 529f.

Lorenzetto, Ambrogio di II, 883

Lorenzo vgl. auch Laurentius

Lorenzo, Bernardo di III, 302

Lorenzo, Sohn Colas, II, 714

S. Lorenzo de Ascesa I, 624

S. Lorenzo ad Formosam vgl. S. Lorenzo in Panisperna

S. Lorenzo in Formoso vgl. S.Lorenzo in Panisperna

S. Lorenzo fuori le mura, Gründung I, 41, 120; Architektur I, 251f.; Mosaiken I, 252; Umbau durch Pelagius II. I, 251; Ansehen der Kirche I, 251; von Stephan II. hergestellt I, 383; Tabernakel II, 291; Klosterhof II, 292; Vorhalle II, 563, 571; Fresken II, 570; restauriert durch Nikolaus V. III, 300; Fassade III, 530

S. Lorenzo in Lucina I, 287; Gründung I, 48; Titel I, 130; im XV. Jahrhundert restauriert III, 295, 346

S. Lorenzo in Miranda III, 342

S. Lorenzo in Panisperna I, 17; Name

S. Lorenzo in Piscibus III, 326   [I, 49

Loria, Roger de II, 509, 521

Loschi, Antonio III, 287

Lothar I. wird Mitkaiser I, 484f.; König von Italien I, 486; geht nach Italien I, 486; gekrönt I, 487; entscheidet zwischen Farfa und dem Papst I, 487; kehrt zurück I, 488; zu Eugen II. I, 492f.; seine Constitutio I, 493; zurück I, 496; empört sich I, 499; nach Italien I, 499; wird Kaiser I, 499; Kampf mit seinen Brüdern I, 500; sendet Ludwig II. nach Rom I, 505; wird Mönch und gestorben I, 521; errichtet Zentralschulen I, 531

Lothar II. II, 176; seine Beziehungen zu Anaklet II. II, 182; erkennt Innocenz II. an II, 184; in Italien II, 184; gekrönt II, 185; sein zweiter Romzug II, 186f.; gestorben II, 188

Lothar, König von Italien, wird Mitkönig I, 610; heiratet Adelheid I, 610; wird König von Italien I, 611; gestorben I, 611

Lothar von Lothringen, sein Ehehandel I, 527; wird durch Nikolaus I. beendet I, 530; neuer Ausbruch I, 541; Verhandlungen mit Hadrian II. I, 542; gestorben I, 542

Lothar von Segni, vgl. Innocenz III., II, 295
Lotterius, Guido III, 334
Lotterius, Sinolfo III, 334
Lotti, Lorenzo III, 640
Löwen, im Käfig gehalten, II, 504, 581
Löwen aus Basalt III, 296, 339
Loyola, Ignatius von III, 483
Luca, Simon Nicolai de III, 251
Lucania, Provinz, I, 235
Lucera, Sarazenenkolonie, II, 389
S. Lucia in Orphea I, 297
S. Lucia della Pinta III, 344
S. Lucia quattuor Portarum III, 344
S. Lucia Renati I, 481, 704
S. Lucia in Silice I, 297
S. Lucia in Septa Solis oder Septem Viis I, 481, 707
Lucinae, Titulus, I, 130
Luciolo II, 741 f.
Lucius II. II, 206; Beziehungen zu Roger I. und den Frangipani II, 206 f.; zu Konrad III. II, 207; gestorben II, 208; Bauten II, 291
Lucius III. II, 255 ff., 269
Lucrezia, Donna III, 157
Ludi paschales II, 890
Ludi Romani III, 291
Ludus Dacicus I, 16
Ludus magnus I, 16
Ludwig der Fromme, geht nach Rom I, 410; wird Kaiser I, 474; schickt Bernhard nach Rom I, 478; wird vom Papste gesalbt I, 482; bestätigt die Privilegien der Kirche I, 483 f.; Fabeln darüber I, 484; ernennt Lothar zum Mitkaiser I, 484 f.; er bestraft Bernhard I, 486; auf dem Reichstag zu Attigny I, 486; schickt Missi nach Rom I, 488; neue Reichsteilung I, 498; Kämpfe mit seinen Söhnen I, 498 f.; gestorben I, 499
Ludwig der Deutsche I, 485, 498, 559; gestorben I, 554
Ludwig II. I, 500; nach Rom gesandt I, 505; gekrönt I, 506; sein Vertrag mit Siconolf I, 506; von den Arabern geschlagen I, 516; zum Kaiser gekrönt I, 516; belagert Bari I, 516; sein Placitum in Rom I, 518; seine Stellung zu Benedikt III. I, 519 f.; wird alleiniger Kaiser I, 521; läßt Nikolaus I. wählen I, 522; verlangt die bulgarischen Waffen I, 525; tritt gegen Nikolaus I. auf I, 528; in Rom I, 545; kämpft gegen die Sarazenen I, 540, 542; seine Stellung zu Lothars Ehestreit I, 542; erobert Bari I, 542; Streit mit Basilius I, 542 ff.; von Adelgis gefangen genommen I, 545; gestorben I, 546; Lied über ihn I, 545
Ludwig von Bayern II, 440, 469, 472, 475, 626; siegt bei Mühldorf II, 630; schützt Mailand II, 630; seine Erklärung gegen Johann XXII. II, 631; gebannt II, 631; für das minoritische Schisma II, 633; söhnt sich mit Friedrich dem Schönen aus II, 638; Romfahrt II, 639 f.; in Mailand gekrönt II, 640; belagert Pisa II, 640; geht nach Rom II, 642 f.; wird Senator II, 644; zum Kaiser gekrönt II, 645 f.; sein Verhalten als Kaiser II, 646 f.; Maßregeln gegen den Papst II, 648; setzt ihn ab II, 648 f.; verurteilt ihn zum Tode II, 650; wählt Nikolaus V. II, 650 f.; krönt ihn II, 651, 653; sein Feldzug in Latium II, 653 ff.; zieht von Rom ab II, 654; in Todi II, 655; nach Pisa II, 655; kehrt heim II, 657; unterhandelt mit Johann XXII. II, 659 f.; mit Benedikt XII. II, 676 f.; mit Clemens VI. II, 702 f.; seine Stellung zu Cola II, 702 f.; gestorben II, 729
Ludwig IX. von Frankreich II, 399, 487, 489
Ludwig X. II, 626
Ludwig XI. III, 100, 122
Ludwig XII. III, 167, 182 f., 199; hei-

ratet Anna von Bretagne III, 200; erobert Mailand III, 203; zum zweitenmal III, 210; gegen Neapel III, 215; von neuem nach Italien III, 224; schließt eine Liga gegen den Papst III, 231; erobert Neapel III, 232; schließt den Frieden von Blois III, 373f.; unterstützt Julius II. gegen Bologna III, 376; in Savona III, 378; schließt die Liga von Cambrai III, 380; wird mit Mailand belehnt III, 381; im Streit mit Julius II. III, 384f., 389f.; verbindet sich mit Venedig III, 373f., 441; führt Krieg mit Mailand III, 442f.; entsagt dem Schisma III, 443; schließt Frieden mit Heinrich VIII. III, 445; gestorben III, 446
Ludwig der Blinde geht nach Italien I, 576; wird zum Kaiser gekrönt I, 577; geblendet I, 580
Ludwig der Stammler I, 558
Ludwig von Anjou II, 807, 810; gestorben II, 811
Ludwig d. J. von Anjou II, 811, 814, 835, 870; vertrieben II, 822; zieht gegen Rom II, 844; seine Expedition nach Neapel II, 846f.; neue Expedition III, 6; von Johanna II. adoptiert III, 7; gestorben III, 29
Ludwig von Savoyen II, 597, 600f.; nimmt Aracoeli II, 606; nach Hause zurück II, 611
Ludwig von Tarent II, 703f., 757
Ludwig von Ungarn II, 686; appelliert an Cola II, 703f.; unterstützt ihn II, 711; nimmt Neapel II, 718; kehrt nach Ungarn zurück II, 719; pilgert nach Rom II, 722; unterstützt Urban VI. II, 807; gestorben II, 813
Ludwig II. von Ungarn III, 583
Ludwig, Sohn Bosos, I, 564
Luigi von Aragon III, 147f.
S. Luigi dei Francesi I, 712, III, 334
Luise von Savoyen III, 568ff., 573f., 646

St. Lukas, seine Madonnenbilder I, 351; sein Arm I, 274
Luna, Petrus de, vgl. Benedikt XIII.
Lunate, Bernardino III, 163f., 171, 178, 187, 192
Lungara III, 411f.
Lungaretta III, 328
Luni II, 10
Lupa vgl. Wölfin
Luperkal I, 24, 123
Luperkalien I, 110; abgeschafft I, 123ff.
Lupold von Bamberg II, 638
Lupold, Bischof von Mainz, II, 323
Lupold von Österreich II, 596
Lupus von Ferrières I, 532
Luscus, Antonius II, 892
Lusignan, Jakob von III, 124
de Lutara, Kloster, I, 481
Luther III, 198; in Rom III, 390, 467f.; als Reformator III, 467, 477, 549; in Augsburg III, 469f.; gebannt III, 476; in Worms III, 478; geächtet III, 479; gegen den Türkenzehnten III, 550f.
Luxusgesetze II, 887, III, 10, 108
Lyaconia I, 26
Lychmichus I, 147
Lyon, Konzil von 1245: II, 395f.; von 1275: II, 491ff.
Lysippus I, 213

M

Macbeth II, 33
Maccarani, Palazzo, III, 532
Macell' de Corvi I, 714
Macellum Livianum I, 17, 50
Macellum magnum I, 15
Macharanis, Laurentius de II, 829
Machiavelli, warum er Cesare Borgia bewundert III, 195, 205; seine Gesandtschaft bei ihm III, 225; seine Meinung über Cesare Borgia III, 368; als Gesandter in Rom III, 364; in Frankreich III, 394; bei Clemens VII. III, 576; bei Bourbon III, 597; im

340 Register

Gran Sacco III, 615; sein Principe III, 369f.; seine Stellung zur Kirche III, 489; seine Madragola III, 527
Macrobius I, 31
Mactifried, Graf, Vater Ingiltrudes, 1, S. Macuto III, 339 [527
Madama, Villa, III, 530, 533
Madama, Palazzo, III, 334
Mädchenleiche, antike III, 268
Maddaleni, Fausto III, 515
Maderna III, 418
Madio, Emanuel II, 428f.; gestorben II, 429
Madonna dell' Aquila II, 528
Maffei, Antonio III, 120
Maffei, Girolamo III, 422
Maffei, Mario III, 497, 504
Maffei, Raffael III, 508
Magdaleno, Evangelista III, 288
Magdalenus, Faustus III, 265
Maginfried, Graf von Mailand, I, 575
Maginolf, vgl. Silvester IV., Gegenpapst, II, 141
Magister Palatii imperialis I, 669
Magister Militum I, 236, 249, 260, 262
Magistrat von Rom um 1500: III, 4
Magistri Viarum almae Urbis II, 896; von Martin V. erneuert III, 295
Magnanapoli vgl. Bagnanapoli
Magus, Simon II, 834, III, 150
Magyaren vgl. Ungarn
Mailand, Edikt von 365: I, 30; blüht auf I, 485; Zustand am Ende des XI. Jahrhunderts II, 54, 66, 82; von Barbarossa zerstört II, 240; in der Gewalt der Visconti II, 630; wird Herzogtum II, 824f.; in der Hand der Sforza III, 53; von Ludwig XII. erobert III, 203; von Lodovico Moro III, 209; wieder französisch III, 210; den Sforza zurückgegeben III, 405; von Franz I. erobert III, 448; von Julius Medici III, 484; von Bonnivet belagert III, 558; von Franz I. wiedererobert III, 559

Majano, Giuliano da III, 303
Majolus von Cluny I, 640
Majorianus, Kaiser, I, 97, 105ff.
Majuma I, 140
Makarius I, 315
Malabranca, Familie, II, 387
Malabranca, Angelo (1235 und 1267) II, 368f., 473
Malabranca, Angelo (1328) II, 647, 667, 711
Malabranca, Francesco II, 642
Malabranca, Giovanni Cinthii II, 506
Malabranca, Latinus, Kardinal von Ostia, II, 500, 513; gestorben II, 515; Grab II, 567
Malabranca Peter II, 606
Malaspina, Albert II, 560
Malaspina, Riccarda III, 149
Malaspina, Saba II, 463, 477, 559f.
Malaterra, Gaufried II, 104, 137
Malatesta, unterwerfen sich der Kirche II, 499; werden Vikare II, 750, 817; unterwerfen sich Pius II. III, 93
Malatesta, Gismondo III, 42, 60, 80, 83, 86, 89, 92f., 109, 243; gestorben III, 109
Malatesta, Gismondo (1527) III, 624
Malatesta, Isotto III, 109, 128
Malatesta, Karl II, 841, 850, 860, 864
Malatesta, Malatesta II, 819f., 844f.
Malatesta, Pandolfo III, 128, 213; verkauft Rimini den Venetianern III, 363
Malatesta, Robert III, 109, 111, 127f.; gestorben III, 128
Malavoltis, Johann de II, 777
Malerei, seit dem V. Jahrhundert I, 40; byzantinischer Stil I,47; unter Leo III. I, 480; im XIII. Jahrhundert II, 570f.; in der Renaissance III, 318ff., 427ff., 527ff.
Malestroit, Jean de II, 787
Malipiero, Luigi III, 194, 382
Malliana vgl. Manlianum
Mallius, Peter II, 271f.

Malta, an die Rhodiser gegeben III, 654
Malum Punicum I, 18
Mamilier, Geschlecht, Ursprung II, 4
Mamilius Octavius II, 4
Mamurius Veturius, Statue, I, 18
Mancini, Cecco II, 717
Mandolfo III, 93
Manes I, 352 [299
Manetti III, 48, 50, 64, 66, 244, 263, 283,
Manfred, Sohn Friedrichs II., II, 401, 402, 405, 410f.; verwaltet Sizilien II, 409; erklärt sich für Konradin II, 421; wird gebannt II, 421; Regent II, 422; huldigt Innocenz IV. II, 422; siegt bei Foggia II, 423; wird als Regent anerkannt II, 425; Bündnis mit Brancaleone II, 430; zum König gekrönt II, 437; wieder gebannt II, 438; schützt die Sarazenen II, 438f.; Erfolge in Toskana II, 439; wird Senator II, 441f.; gegen Rom II, 445ff.; Rüstungen gegen Karl von Anjou II, 448f.; sein Manifest an die Römer II, 453f.; seine ersten Kämpfe mit ihm II, 454f.; Kämpfe im Neapolitanischen II, 458f.; bei Benevent II, 459ff.; gestorben II, 461f.; Grab II, 463; Charakter II, 463; seine Kinder II, 464, 522
Manfred, Bischof, II, 203
Manfredi, Astorre III, 92, 140, 213; gestorben III, 222
Manfredi, Bartolomeo III, 248
Manfredi, Galeotto III, 140
Manfredi, Oktavian III, 222
Manfredi, Taddeo III, 118
Manfredi, unterwerfen sich der Kirche II, 750; werden Vikare II, 817
Manichäer, kommen nach Rom und werden verfolgt I, 90
Manilii, Laurentius, Palast, III, 423
Manlianum III, 308, 533
Manriquez, Don Enrico III, 623, 653
Mansionarii Scholae Confessionis S. Petri I, 529, II, 80

Mansionaticum I, 670
Mansuarii I, 415
Mantegna III, 320f.
Mantovano III, 289
Mantua, Konzil von 1064: II, 63; Kongreß von 1458: III, 84f.; Konzil von 1512: III, 403, 405
Manuel, Don Juan III, 477, 482, 538f., 540f., 546
Manutius, Aldus III, 252, 273, 499, 503
Mapheus, Raffael III, 504
Maramaldo, Fabrizio III, 590, 612, 656
Maranen III, 201
Marangone, Bernardo II, 271
Marcantonio vgl. Raimondi
Marcella, Nonne, I, 72, 77, 245
S. Marcelli, Titulus, I, 130, 131
St. Marcellinus I, 501
Marcellinus, Feldherr, I, 112
SS. Marcellinus et Petrus I, 41, 50f.
S. Marcello I, 130, III, 347
Marcellus I. I, 69, 130ff.
Marche, Robert de la III, 167
Marchiones in der Sabina I, 404
Marci, Titulus, I, 130, 131
Marcianus, Kaiser, I, 92, 94, 101
Marcillat, Claude III, 423
Marcillat, Guillaume III, 423, 613
S. Marco in Rom, Gründung I, 50, 130; Titel I, 131; Neubau durch Gregor IV. I, 504; Mosaiken I, 504; Bau Pauls II. III, 265f., 302f., 312, 338
S. Marco in Florenz, Bibliothek, III, 247
Marcus, Apostel, I, 501
Marcus, Papst, I, 50, 130
Mardone, Andreas II, 429
Mare Historiarum II, 560
Marfoli III, 342
Marforio I, 709, II, 891, III, 341f.
Marforio, Salita di I, 20, 128, II, 199
Margani, Familie, ihre Türme II, 575
Margani, Palast, III, 337
Margano, Pietro III, 393, 399f., 447
Marganus, Petrus III, 125

Margareta, Pfalzgräfin von Toskana, II, 542
Margareta, Gattin Ludwigs IX., II, 443
Margareta von Parma III, 646, 648
Margarete, Gattin Karls von Durazzo, II, 812, 814
Margarete, Gattin Ludwigs von Bayern, II, 640
Margarethe von Habsburg III, 380
Maria, ihr Kultus I, 48, 272; ihr Typus zur Renaissancezeit III, 323
Maria, Kaiserin, Tochter des Stilicho, I, 45
Maria von Aragon III, 92
Maria von England III, 445
Maria von Ungarn III, 807, 813
S. Maria Ambrosii I, 481 f.
S. Maria dell' Anima III, 297, 308, 330, 414; Altarbild Giulio Romanos III, 530
S. Maria Antiqua vgl. S. Maria Nova
S. Maria in Aquiro I, 351, III, 346
S. Maria in Aracoeli, Gründung I, 709 f. Name II, 200 f.; Legende II, 201; erwirbt das Kapitol II, 198; wird den Franziskanern übergeben II, 340; wird Sitz des Rates II, 418 f.; Kloster II, 452, 580; Kapelle der Savelli II, 566; Marmortreppe II, 719, 881; Senatskirche III, 48; Bibliothek III, 498
S. Maria de Arca Noë III, 352
S. Maria, Kloster auf dem Aventin, I, 607, 680
S. Maria in Augusta I, 711
S. Maria in Bethlehem, Ritterorden, III, 81
S. Maria in Cacaberis III, 335
S. Maria in Campo Marzo I, 351, 421, 482, III, 344
S. Maria in Campo Santo I, 431
S. Maria in Capitolio I, 710, II, 197
S. Maria in Carleo III, 352
S. Maria in Cornuta in Tivoli I, 195
S. Maria in Cosmedin in Ravenna I, 421
S. Maria in Cosmedin in Rom I, 421; Umbau Hadrians I. I, 422; von Nikolaus I. erneuert I, 422, 530; Turm I, 422; Mosaiken I, 329; Porticus I, 530; von Calixt II. erneuert II, 281, 289 f.; Tabernakel II, 565
S. Maria dei Crociferi III, 347
S. Maria in Domnica vgl. S. Maria in Navicella
S. Maria Egiziaca I, 715, III, 340
S. Maria Febrifuga I, 150
S. Maria in Fornica III, 347
S. Maria in Grotta pinta III, 331
S. Maria Libera nos a poenis Inferni I, 709
S. Maria di Loreto III, 415
S. Maria Maggiore, Gründung I, 50; Name I, 50, 87; Neubau durch Sixtus III. I, 50, 87; Mosaiken I, 87 f.; Mosaiken der Tribuna II, 572; der Außenloge II, 572 f.; Palast II, 512, 563; Decke III, 312; von Nikolaus V. restauriert III, 300; von Estouteville hergestellt III, 306; um 1500: III, 349
S. Maria sopra Minerva I, 714; gebaut II, 564; im XV. Jahrhundert III, 338; Fresken Lippis III, 321; Klosterhof III, 302; der Christus Michelangelos III, 530; Grabmal Clemens' VII. III, 665
S. Maria in Monserrato III, 308
S. Maria in Monticelli II, 163, III, 335
S. Maria in Navicella, Bau Paschalis' I. I, 492; von Leo X. restauriert III, 531
S. Maria Nova I, 421, 516, II, 239 f.; Mosaiken I, 516, 530; umgetauft I, 516, III, 47, 342
S. Maria della Pace III, 129, 306, 330; Klosterhof III, 414; Gemälde Raffaels III, 529
S. Maria in Palladio vgl. S. Maria in Pallara
S. Maria in Pallara I, 707; an Monte Cassino übertragen II, 42, 164
S. Maria de Palatiolis vgl. Palazzuolo

S. Maria in Palatiolo III, 326
S. Maria de Planctu III, 335
S. Maria del Popolo III, 305; Grabmäler III, 305, 315; Tabernakel III, 312; Gemälde Pinturicchios III, 322; Kapelle Chigi III, 530; Chor III, 423; Gemälde Raffaels III, 529; zwei Grabmäler Sansovinos III, 423
S. Maria in Posterula III, 329
S. Maria in Publicolis III, 335
S. Maria rotunda I, 290
S. Maria in Schola Graeca vgl. S. Maria in Cosmedin
S. Maria supra Scholam Saxonum I, 514
S. Maria in Secundicerio II, 167
S. Maria in Sinikeo I, 704
S. Maria del Sole I, 715
S. Maria della Strada III, 338
S. Maria iuxta Thermas Alexandrinas I, 664, 712
S. Maria in Thermis III, 334
S. Maria della Torre vgl. S. Maria in Turri
S. Maria Traspontina II, 25, 272, III, 327
S. Maria in Trastevere, Gründung I, 39, 50; Titel I, 50, 126; von Innocenz II. neu gebaut I, 50, II, 290; Musive II, 290, 883; Tabernakel II, 884; Gräber II, 884
S. Maria in Trivio III, 347
S. Maria in Turri II, 25, 144, 245, III, 328
S. Maria di Valicella III, 333
S. Maria in Via Lata, Bau Innocenz' VIII. III, 308, 347
S. Maria della Virtù, umgetauft III, 129
Mariana II, 195
Marianus, Erzbischof von Ravenna, I, 279
Marianus Scotus I, 519
Marignano, Schlacht, III, 448
Marinarii II, 426
Marino II, 388; Schlacht II, 711 ff., 805
Marinus I. I, 561 f.

Marinus II. I, 610 f.
Marinus, kaiserlicher Offizier, I, 81
Marinus, Dux, I, 342
Marinus, Kardinal, I, 380
Marinus, Kardinalpresbyter, I, 571
Marinus von Eboli II, 402
Marinus, Bischof von Polimartium, I, 602
Marinus, Bischof von Sutri, I, 628
Mariscotti III, 214
Maritima, im VIII. Jahrhundert I, 442; unter päpstlichen Rektoren III, 4
Marius Maximus I, 65
Marius, Bischof, I, 610
Mark, Erard von der III, 499
Mark, Robert von der III, 447
Markt III, 304, 333
Markus, Bischof von Ephesus, III, 31
Markward von Ravenna II, 265 f., 304 f., 314 ff.
Markward, Bischof von Augsburg, II, [750
Marlianus III, 505
Marmorarii II, 291, 565
Marmorata I, 37, II, 576, 791, III, 340; Kirchen dieses Zunamens II, 576
Marone, Andrea III, 513, 545, 641
Marozia, ihre Liebschaft mit Sergius III. I, 578, 582; sie heiratet Alberich I, 583; Guido I, 592; nimmt Johann X. gefangen I, 593; ihre Machtstellung I, 594; heiratet Hugo I, 595 f.; gefangen I, 598; Ende I, 600
Marrana II, 608
Marseille, belagert III, 559
Marsfeld vgl. Campus Martius
Marsilius Ficinus vgl. Ficinus
Marsilius von Padua II, 637 f., 645, 647 f.
Marsuppini, Carlo III, 55, 243
S. Marta III, 338
Martin I. I, 305; beruft ein Konzil I, 305; verhaftet I, 307; nach Griechenland gebracht I, 307; sein Prozeß I, 307; gestorben I, 307; sein Grab I, 307; sein Fest I, 307

Martin II. vgl. Marinus II.
Martin IV., vgl. Simon, er wird Papst II, 503; Senator II, 504; macht Karl von Anjou zum Senator II, 504; flieht nach Montefiascone II, 506; bestätigt Malabranca II, 506; gestorben II, 507
Martin V., vgl. Colonna, Oddo, er wird Papst II, 861; Persönlichkeit II, 862 f.; wird gekrönt II, 863; Bündnis mit Johanna II. II, 867 f.; nach Italien II, 869; erkennt Johanna an II, 870; Vertrag mit Braccio II, 870; zieht in Rom ein II, 871; stellt die Maritima unter päpstliche Rektoren III, 4; sein Nepotismus III, 5 f.; seine Verwaltung III, 6; gegen Johann II. III, 6 f.; gegen Braccio III, 7 f.; seine kirchliche Wirksamkeit III, 9 f.; Kardinalsernennungen III, 11; beruft das Basler Konzil III, 11; gestorben III, 11; Grab III, 12, 313; seine Bauten III, 268, 295
Martin von Tours I, 127
St. Martin, Kloster, I, 341, 383, 480
St. Martina, Kirche, I, 20, 294, III, 341; nicht von Theoderich erbaut I, 146
S. Martina in Augusta I, 711
Martina, Kaiserin, I, 303
Martinelli, Blasius Baroni III, 506
Martini, Francesco di Giorgio III, 294
Martini, Kardinal, III, 189
S. Martino in Montibus I, 127, 150
SS. Martino e Silvestro vgl. S. Martino in Montibus
S. Martino in Thermis vgl. S. Martino in Montibus
Martino, Don III, 581, 609
Martinus Polonus I, 519, II, 559
Martinus Storax II, 45
Märtyrerbilder I, 340
Marzano, Marino III, 86
Masaccio III, 318
Maso, Angelo de III, 61, 88
Maso, Tiburtio de III, 88 f., 90 f.
Maso, Valeriano de III, 88

Massa I, 266
Massa Nemus II, 388
Massimi, Familie, II, 575, III, 331 f.
Massimi, Palast, III, 250, 331 f., 491
Massimi, Domenico III, 411, 423, 491, 601, 614, 618
Massimi, Francesco III, 250
Massimi, Lelio III, 491
Massimi, Pietro III, 250
Mastro Antonio, Bernardo di III, 290
Matasuntha I, 171, 190
Mathilde von Toskana II, 29, 41, 65; heiratet Gottfried den Buckligen II, 69; ihr Verhältnis zu Gregor VII. II, 78 f.; in Canossa II, 91; Kämpfe mit Heinrich IV. II, 98 ff.; für Viktor III. II, 116 f.; heiratet Welf V. II, 120; beschützt Konrad II, 121; begünstigt den Kreuzzug II, 125; setzt die Kirche zum Erben ein II, 130 f.; wird von Welf V. geschieden II, 130; schwört Heinrich V. II, 144; gestorben II, 158; ihre Schenkung II, 158 f., 185
Matiko, Graf, III, 18
Mattei, Familie, III, 328
Mattei, Palast, III, 250, 331 f.
Mattei, Villa, III, 533
Mattei, Geronimo III, 604
Mattei, Girolamo III, 610
Mattei, Marcus III, 177
S. Matteo in Merulana I, 127
Matthaei, Titulus, I, 127, 131
Matthäus, Petrus III, 305
Maturino III, 640
Mauern, aurelianische I, 13, 178; von Arcadius und Honorius hergestellt I, 13; Umfang I, 174; von Theoderich restauriert I, 137 ff.; von Belisar ausgebessert I, 172; von Totila zerstört I, 204; von Belisar hergestellt I, 207; von Sisinnius hergestellt I, 330; von Gregor II. I, 337; von Gregor III. I, 351; von Hadrian I. I, 413; von Leo IV. hergestellt I, 510; vom Senat

unterhalten II, 285; Türme zur Zeit Poggios II, 895
Mauern, leoninische, gebaut I, 417, 511 f.
Mauern, servianische III, 264; durch Nikolaus II. hergestellt III, 298
Mauritius, Kaiser, I, 249; sein Verhältnis zu den Franken I, 250; sein Brief an Gregor d. Gr. I, 260; verbietet den Soldaten den Eintritt ins Kloster I, 264; gestorben I, 268
Mauritius, Chartularius, beraubt den lateranischen Schatz I, 300; empört sich I, 303; gestorben I, 303
Mauritius, Dux von Perugia, I, 257
Mauritius, Dux von Rimini, I, 394
St. Mauritius, Kloster, I, 366
St. Mauritius, Orden, III, 34
Mauro, Giovanni III, 522
St. Maurus I, 242
Maurus von Nepi I, 452
Maurus von Ravenna I, 314
Mausoleum Augusti I, 22; Zustand im X. Jahrhundert I, 711; Name II, 384; Festung der Colonna II, 384, 575; zerstört II, 385; mit Reben bepflanzt II, 894; Zustand im XV. Jahrhundert III, 345
Mausoleum des Hadrian, vgl. Engelsburg, I, 113, 176 ff.
Mausoleum des Honorius I, 45, 121, 150; umgebaut I, 384
Maximian I, 128
Maximilian I., belehnt Lodovico Moro III, 160; wird Kaiser III, 163; schließt eine Liga gegen Karl VIII. III, 181; zieht gegen Florenz III, 186; plant eine Romfahrt III, 379; führt Krieg gegen Venedig III, 379; schließt die Liga von Cambrai III, 380; vor Padua geschlagen III, 382; seine Pläne mit dem Papsttum III, 389; beteiligt sich nicht am Pisaner Konzil III, 394; unterhandelt mit Julius II. III, 405; tritt der Liga von Mecheln bei III, 442; setzt den Krieg gegen die Venetianer fort III, 442 f., 452 f.; tritt Verona an sie ab III, 455; auf dem Reichstag zu Augsburg III, 469 f.; will sich krönen lassen III, 471; gestorben III, 471

Maximus, Patrizier, I, 66, 102
May III, 660
Mayer, Sigismund III, 251
Mäzenaten III, 243, 491 ff.
Mazochi III, 504
Mazzano I, 608
Mazzolinus, Dux, I, 684
Mecheln, Liga, III, 442
Medaillen III, 316 f., 530 f.
Medianus II, 302
Medici, Alessandro III, 474, 561, 624, 645, 648, 661; wird Herzog von Florenz III, 658 f.; gestorben III, 662
Medici, Alfonsina vgl. Orsini
Medici, Antonio III, 123
Medici, Carnesecca III, 663
Medici, Caterina, Tochter Lorenzos, III, 474
Medici, Clarice III, 140, 465, 591, 602, [624
Medici, Contessina III, 465
Medici, Cosimo III, 22, 42, 52, 83, 98 f.; gestorben III, 109
Medici, Francesco Maria III, 588
Medici, Giangiacomo III, 563
Medici, Giovanni, Condottiere, III, 454, 560, 563, 576, 584, 588 f.
Medici, Giovanni, Kardinal, III, 141, 145 f., 149, 170; seine Wohnung in Rom III, 145, 334, 350; als Legat beim päpstlichen Heere III, 395 f.; wird bei Ravenna gefangen III, 397; entflieht III, 401; geht nach Florenz III, 403 f.; sammelt Antiken III, 423; seine Persönlichkeit III, 434 f.; er wird Papst, vgl. Leo X., III, 435
Medici, Giuliano, Sohn Pieros, III, 120; gestorben III, 121
Medici, Giuliano de', Sohn Lorenzos, III, 146, 170, 404, 435, 443; wird Pa-

trizier III, 444; vermählt III, 446f.;
Feldhauptmann der Kirche III, 447;
gestorben III, 452
Medici, Giulio, Fra, III, 437
Medici, Ippolito III, 452, 465, 492, 561,
599, 624, 639, 645, 648, 659; gestorben III, 662
Medici Julius, III, 121; in der Schlacht
bei Ravenna III, 397; bei Julius II.
III, 399; wird Kardinal III, 443; Legat beim Heere III, 447; sein Einfluß
auf Leo X. III, 448, 458; als Legat in
Florenz III, 474; betreibt die Liga mit
Karl V. III, 482; Legat bei ihm III,
483f.; als Mäzen III, 492; seine Haltung im Konklave Hadrians VI. III,
537ff.; empfängt Hadrian VI. III,
542; seine Stellung bei Hadrian III,
552; seine Villa III, 533; im Konklave
III, 555; seine Benefizien III, 555f.;
wird Papst, vgl. Clemens VII., III,
556
Medici, Katharina III, 593, 634, 637,
648, 660, 662
Medici, Lorenzino III, 662
Medici, Lorenzo (gest. 1495) III, 113,
120ff., 137, 145f., 266, 290; schließt
Frieden mit Ferrante III, 123; schließt
sich an die Kirche an III, 140; gestorben III, 146
Medici, Lorenzo (gest. 1519) III, 366,
404, 438, 443, 449, 457, 460, 472;
Pläne Leos X. mit ihm III, 444; Gonfaloniere der Kirche III, 452; Herzog
von Urbino III, 454; heiratet Madeleine de la Tour d'Auvergne III, 463;
gestorben III, 474
Medici, Lucrezia III, 465, 541
Medici, Maddalena vgl. Cibò
Medici, Piero III, 50, 110, 120, 140, 146,
155f., 157, 166, 170, 177, 198, 214,
218; gestorben III, 366, 404, 435
Medizin im XI. Jahrhundert II, 135
Meginhar, Graf, I, 486
Meinhard von Görz II, 469, 472, 475

Melanchthon III, 470
Melfi, Vertrag, II, 52
Meliosus I, 602, 622
Mellini, Familie, III, 515; ihr Palast III,
333, 515
Mellini, Villa, III, 515, 533
Mellini, Celso III, 515f.
Mellini, Giambattista III, 515
Mellini, Girolamo III, 515
Mellini, Mario III, 515
Mellini, Pietro III, 515
Mellini, Sabba III, 515
Melozzo von Forli III, 248, 320
Melus II, 11
Memmi, Simon II, 883
Memoria Caesaris I, 702
Mendoza, Lope Hurtado de III, 540,
653
Mentana, zerstört, III, 136
Mercurius, Magister militum, I, 519
Mesa, Turm, vgl. auch Lamesa, III, 351
Meta I, 712
Meta Romuli, Grabmal, II, 272; Festung II, 866; zur Zeit Poggios II,
894; zerstört III, 306, 309, 506
Meta Scipionis vgl. Meta Romuli
Meta sudans I, 16
Metelino, Schlacht, III, 71
Methodius, Slawenapostel, I, 524
Metz, Synode, I, 527
Michael, Erzengel, sein Kultus I, 673
Michael, Kaiser, I, 521, 523, 534
Michael, König von Bulgarien (vgl.
auch Boris) I, 524ff.
Michael von Cesena II, 632
Michael, Erzbischof von Ravenna, I,
394
Michael Dukas II, 98
Michael Angelus Dukas II, 441
Michele, Antonio III, 313
S. Michele in Sassia I, 431, III, 326; von
Leo IV. hergestellt I, 514f.
Micheletto vgl. Coreglia
Michelotti, Biordo de II, 818f.
Michiel, Giovanni III, 105, 150, 231

Register

Migliorati, Lodovico II, 829 ff., 837
Mignano II, 190
Mila, Juan Luis de III, 44, 72 f.
Mila, Adriana III, 162, 172
Miles, Begriff, I, 429 f.
Miletus, Johann III, 21
Miliciae Tiberianae II, 578
Milites im XII. Jahrhundert II, 195
Militiis, Richard de II, 578
Miliz, römische, unter Belisar I, 183, 186; um 580: I, 248; bis zum VIII. Jahrhundert I, 428; unter Alberich I, 588, 601; im XII. Jahrhundert II, 194; Verhältnis zum Papst II, 315; unter Cola II, 691; im Jahre 1527: III, 591, 607; kaiserliche I, 669, vgl. auch Exercitus
Milliarium aureum I, 19
Millini, ihre Türme II, 575
Millini, Marius III, 174
Mils, Villa, III, 533
Minerva, Säule der I, 113
Mino da Fiesole III, 311, 315, 319, 323
Minorbino, Johann Pippin II, 716
Minoriten, vgl. Franziskaner, II, 340
Minturnae I, 552
Mirabelli, Alessandro III, 90, 93
Mirabilia I, 698 ff., II, 270, 271 ff.; der Abschnitt über das Kapitol II, 199 ff.
Mirabilii, Senator, III, 148
Mirandola, vgl. Pico
Mirepoix, Guido von II, 456, 460
Misenum I, 507
Missi I, 471, 493; zu Ende des IX. Jahrhunderts I, 574
Mithrasheiligtum I, 51
Mitra, päpstliche, I, 331, 538
Mocenigo, Leonardo III, 382
Modius I, 265
Moerbeke, Wilhelm von II, 557
Mohacs, Schlacht, III, 583
Mohammed II., erobert Konstantinopel III, 65; nimmt Athen III, 94; verhandelt mit Pius II. III, 94 f.; gestorben III, 124

Molara II, 388, 420, 653
Molza, Francesco Maria III, 277, 521, 642
Monaldeschi, Konrad Beltrami II, 466
Monaldo III, 456
Monarchisten, ihre Theorien, II, 635 ff., 677 f.
Moncada, Ugo III, 225, 230, 361, 576 f., 579, 581 f., 592; 600, 623, 631, 633, 635 f.
Mönche, wandern in Rom ein I, 245; ihre Regeln vor Benedikt I, 243; ihre Verbreitung in Italien I, 244; griechische in Rom I, 385, 532; ihre historische Aufgabe I, 605 f.; Verfall I, 606, 690
Moneta I, 16
S. Monica III, 268, 296
Monophysiten I, 90, 303
Monotheleten I, 303 f.; werden verdammt I, 315
Monreale, Fra, II, 735, 737 ff.
Monreale, Kardinal, III, 189
Mons Acceptorii II, 384, 575
Mons Augustus I, 711
Mons Gaudii I, 660
Mons Imperialis II, 618
Mons Malus I, 660
Mons Palatiolus I, 431, II, 102
Mons Soracte I, 359
Montalto II, 143, 366
Montaperto, Schlacht, II, 439
Monte, Kardinal, III, 600
Monte Amiata vgl. Amiata
Montebello, Fra Raimundus II, 809
Monte Campatri, Annibaldus II, 669
Monte Caprino II, 198, III, 341
Monte Cassino, Gründung, I, 242; von den Langobarden zerstört I, 243, 248; seine Blüte im IX. Jahrhundert I, 535; wird reformiert I, 607; Verhältnisse im XI. Jahrhundert II, 70; Basilika II, 70 f.; Bibliothek II, 135; Mosaikschule II, 290; säkularisiert II, 379

Montecatini, Schlacht, II, 626
Monte Cavo II, 388
Monte Cincio III, 336
Monte Citorio II, 384, 575, III, 346
Monte Compatri II, 388
Monte Cristo, Seeschlacht, II, 382f.
Montefeltre, Agnese III, 393
Montefeltre, Antonio II, 817
Montefeltre, Federigo II, 618, III, 42, 82, 86, 89ff., 92, 108, 111, 118, 122, 125; gestorben III, 128; seine Bibliothek III, 223, 243; seine Bildung III, 253
Montefeltre, Guidantonio III, 6
Montefeltre, Guido, Prosenator, II, 471, 473; gebannt II, 475; Vikar des Senators II, 478, 482; übergibt das Kapitol II, 484; Tyrann in der Romagna II, 499, 505, 507; ins Exil II, 509; vor Palestrina II, 527
Montefeltre, Guidobaldo III, 128, 187f., 222f., 225f., 364f., 372, 375, 381, 410; sein Hof III, 501
Montefeltre, Johanna III, 118
Montefortino II, 384
Monte Gargano, Wallfahrtskirche, I, 673
Monte Giordano II, 574f.
Monte S. Giovanni III, 180
Monte Johannis de Roncionibus II, 574f.
Montelupo zerstört III, 4
Montelupo, Raffael da III, 640
Monte Majella II, 728
Monte Mario I, 174; Name I, 660
Montenigro, Petrus de II, 608, 645
Monte Porzio, colonnesisch II, 140, 388; Schlacht II, 243f.
Monte Rotondo, Orso von II, 856
Monte Testaccio, vgl. Testaccio, II, 791
Monterano, Gentile de II, 831, 837, 847
Montesansovino, Antonio von III, 223, 390
Montesecco, Giambattista III, 120
Montesortino III, 180

Montferrat, Bonifatius von III, 653
Montferrat, Johann von II, 761
Montfort, Guido von II, 456, 471; ermordet Heinrich von Cornwall II, 488; Charakter II, 488; begnadigt II, 507; seine Witwe II, 542
Montfort, Philipp von II, 456, 460
Montfort, Simon von II, 341, 443
Monti, Region, III, 348ff.
Monticello II, 504
Montjoie, Graf von II, 805
Montmorency, Anne de III, 559, 565
Montone vgl. Braccio, Fortebraccio
Montpensier III, 181, 184, 186
Monumente, ihr Zustand im V. Jahrhundert I, 27ff.; von den Kaisern geschützt I, 34, 106; von Justinian I, 228; von den Römern zerstört I, 106; ihr Zustand im X. Jahrhundert I, 706; Verwendung im XII. Jahrhundert II, 111, 285f.; Zustand im XIV. Jahrhundert II, 890f.; zur Zeit Poggios II, 892ff.; Zustand im XV. Jahrhundert III, 264; von Nikolaus V. zerstört III, 264f.; von Pius II. geschützt III, 265
Monzone vgl. Torre Monzone
Morati, Olympia III, 261
Morena, Acerbus II, 247f., 271
Morena, Otto II, 271
Moro, Cristoforo III, 101
Morone, Girolamo III, 442, 448, 477, 483, 503, 559, 562, 570ff., 590, 596, 617, 630f., 633, 638, 648
Morosina III, 493
Morosini, Kardinallegat, II, 870
Mortimer, Hugo II, 762
Morton, John III, 163, 181
Mosaiken, Technik unter Hadrian I. I, 419; Stand der Kunst im XI. und XII. Jahrhundert II, 290; im XIII. Jahrhundert II, 571f.; aus Marmor gefertigt II, 565
Mosca, Palazzo, III, 302
Mottino III, 361, 364

Register

Mugello, Dino da II, 554
Mugnone, Lucchesina III, 112
Mugnos vgl. Muñoz
Mühldorf, Schlacht, II, 630
Müller, Johann III, 278
Mundus I, 165
Munio de Zamora, Grab, II, 568
Muñoz III, 9
Münze III, 295, 412
Münzen des Gratian und Attalus I, 62; der Päpste I, 450; im IX. Jahrhundert I, 471, 533; Alberichs I, 599; sind päpstliches Regal I, 471, 555, 670; der Stadt Rom II, 210; seit 1188: II, 259; des Senators II, 417; Brancaleones II, 432; Karls von Anjou II, 452, 487; Überwachung der Prägung II, 427; Cola di Rienzos II, 691; Nikolaus' V. III, 300
Münzhaus, Fassade, von Michelangelo gebaut III, 532
Münzsammlungen III, 266
Muratori III, 220
Muro torto I, 177
Murus ruptus I, 177
Muscettola, Gianantonio III, 637, 639, 648, 658
Musciatto II, 540
Musettus II, 10
Museum, kapitolinisches III, 267
Museum, vatikanisches III, 420
Musik, römische, im VIII. Jahrhundert
Mussatus, Albertinus II, 672 [I, 424
Mustarda II, 829, 831
Musurus, Marcus III, 510
Mutatorium Caesaris I, 15
Myron, seine Kuh I, 213
Mysterien III, 290f.
Mythographen I, 424

N

Nagera III, 572, 617
Namen in Italien I, 495; römische im X. Jahrhundert I, 581, 637f.; langobardische II, 95

Nangis, Wilhelm von II, 558
Nanni vgl. Annius
Napoleon von Campilia II, 308
Nardini, Palast, III, 333
Nardini, Stefano III, 307
Narni, von Narses erobert I, 216; wird päpstlich I, 357; schließt ein Bündnis mit Rom II, 427; wird von Schertlin erstürmt III, 626
Narses, erhält den Oberbefehl in Italien I, 213; geht nach Ravenna I, 215; siegt bei Taginas I, 215; erobert Rom I, 217; nimmt Portus I, 218; belagert Centumcellae I, 218; zieht nach Kampanien I, 218; siegt am Vesuv I, 218f. besiegt Bucelin I, 224; besiegt Ragneris I, 224; sein Triumph I, 224; baut die Aniobrücke I, 231; wird abberufen I, 233; geht nach Neapel I, 233; ruft die Langobarden I, 233; nach Rom zurück I, 233; gestorben I, 233; sein Geiz I, 232; seine Frömmigkeit I, 234
Nationalgefühl, italienisches I, 485, 494f.
Natoli, Natolo Buci II, 820
Naumachia I, 480
Navagero, Andrea III, 517, 519, 643
Navarro, Pedro III, 396ff., 541, 576, 586, 638
Navona I, 712, III, 304, 333
Neapel, im VI. Jahrhundert I, 169; von Belisar erobert I, 169; von Totila I, 193; im VIII. Jahrhundert I, 343; im Bündnis mit Rom I, 509; von Roger II. erobert II, 190; von Konrad IV. erobert II, 412
Negri III, 548, 598
Negroponte III, 111
Nemi II, 388
Nemours, Pierre von II, 456
Nepi, von den Griechen erobert I, 218; im VIII. Jahrhundert I, 385f.; colonnesisch II, 526f.; orsinisch II, 527
Nepolianus I, 114
Nepoten im XV. Jahrhundert III, 114

S. Nereo e Achille I, 129; Neubau Leos III. I, 480
Neronisches Feld I, 174, 186
Nestorius, Patriarch, I, 87
Neuffen, Berthold von II, 630
Neumarkt, Johann von II, 731
Neuß, Kapitulation II, 322; erneuert II, 326
Nicaea, Konzil, I, 50; zweites Konzil I, 411
Niccoli III, 48, 243, 245f., 266
Niccolina von Varano III, 8
Niccolini, Palazzo, III, 532
Niccolò vgl. auch Nikolaus
Niccolò von Arezzo II, 882
S. Niccolò in Arcione III, 347
S. Niccolò in Carcere II, 132, 160f.
S. Niccolò de' Cesarini III, 334
S. Niccolò alla Colonna I, 230, 710, II, 286, III, 352
S. Niccolò ad Columpnam Trajanam vgl. S. Niccolò alla Colonna
S. Niccolò de Funariis III, 337
S. Niccolò de' Lorinesi III, 333
S. Niccolò de Molinis III, 335
S. Niccolò dei Prefetti III, 344
Niccolò di Tolentino III, 9, 14, 23
S. Niccolò del Tufo III, 345
Nicetas, Bischof von Silva Candida, I, 331
S. Nicolai in Marmoratis III, 340
S. Nicomedes I, 128f.
Nicomedis, Titulus, I, 128, 131
Niem, Dietrich von II, 802, 812, 815, 829, 835, 838, 879f.
Niger, Hieronymus III, 642f.
Nikephorus, Kaiser, I, 473, 524
Nikephorus Phokas I, 633f.
Nikolaus vgl. auch Niccolò
Nikolaus I., wird Papst I, 522; sein Charakter I, 522, 536; Streit mit Johannes von Ravenna I, 522f.; verdammt Photius I, 523; läßt die Bulgaren bekehren I, 524f.; seine Responsa I, 525; seine Korrespondenz mit Kaiser Michael I, 534; beruft die Synode von Metz I, 527; kassiert ihre Beschlüsse I, 528; Streit mit Ludwig II. I, 528f.; versöhnt Lothar mit seiner Frau I, 530; seine Bauten I, 530; exkommuniziert Waldrada I, 541; gestorben I, 538; Bedeutung seines Pontifikats I, 537f.
Nikolaus II. II, 49; sein Dekret über die Papstwahl II, 2, 50f.; bannt Robert Guiscard II, 52; belehnt ihn II, 52; gestorben II, 54
Nikolaus III., vgl. Orsini, Johann Gaëtanus, er wird Papst II, 497f.; Vertrag mit Rudolf von Habsburg II, 498f.; erwirbt die Romagna II, 499; entzieht Karl von Anjou die Senatsgewalt II, 500; Konstitution über den Senat II, 501f.; vermittelt zwischen Karl von Anjou und Rudolf von Habsburg II, 502; sein Nepotismus II, 502; Bauten II, 503, 562f.; gestorben II, 503
Nikolaus IV. II, 509f.; krönt Karl II. II, 510; begünstigt die Colonna II, 511f.; gestorben II, 512; Bauten II, 512
Nikolaus V., vgl. Parentucelli, er wird Papst III, 49f.; schließt das Aschaffenburger Konkordat III, 51; unterwirft Felix V. III, 51; seine Verwaltung III, 52; Finanzen III, 52; Bauten III, 54; krönt Friedrich III. III, 59; läßt Porcaro hinrichten III, 63; seine Verstimmung III, 65; fordert zum Türkenkrieg auf III, 65; schließt die Liga von Lodi III, 66; Abschiedsrede III, 66f.; gestorben III, 66; Charakter III, 68f.; Grab III, 69, 314; Tätigkeit für den Humanismus III, 78, 245ff., 259f., 263; im Jubeljahr 1450: III, 54; Bauten III, 264, 297ff.
Nikolaus V., Gegenpapst, vgl. Corbara, Petrus von, II, 650f.
Nikolaus, Magister sacri Palatii II, 58

Nikolaus von Anagni I, 519
Nikolaus von Aquileja II, 746, 748
Nikolaus Breakspear, vgl. Hadrian IV., er wird Papst II, 220
Nikolaus von Cusa III, 20, 43, 81, 86, 88, 259, 278, 306; gestorben III, 102, 249; Grab III, 278, 315
Nikolaus von Fabriano II, 650
Nikolaus, Konsiliator, II, 214ff.
Nikolaus Picingli I, 587, 588
Nikolaus von Prato, Kardinal von Ostia, II, 549, 597, 602f., 611, 624
Nikolaus, Primicerius, I, 602
Nikolaus von Trier III, 246
Nil, Statue, II, 891, III, 422
St. Nilus I, 647, 658; von Otto III. besucht I, 673; gründet Grottaferrata II, 4
Nimbus der Heiligen I, 160
Ninfa, wird päpstlich I, 359; Vertragsurkunde II, 143; um 1179: II, 238; wird gaëtanisch II, 541
Nino, Sekretär Petruccis, III, 459f.
Noah, als Gründer Roms I, 702
Nobilis Vir I, 667
Nocera I, 218
Nogaret, Wilhelm von, nach Italien gesandt II, 540; verschwört sich mit den römischen Baronen II, 540, 543; nimmt Bonifatius VIII. gefangen II, 544; wird gebannt II, 549
Noellet, Wilhelm II, 782
Nomenculator I, 433, 436
Nomentum, Bistum, I, 457
Nonantula I, 562, 584
Nonnen, Zahl in Rom im VI. Jahrhundert, I, 245
Nonnenklöster in Rom I, 245
St. Norbert, Erzbischof von Magdeburg, II, 184
Norma wird päpstlich I, 359; gaëtanisch II, 541
Normannen kommen nach Italien II, 11; breiten sich in Unteritalien aus II, 12, 19, 51; kämpfen mit Leo IX. II, 34; schließen ein Bündnis mit Hildebrand II, 49; huldigen dem Papst II, 42, 95; unterstützen Alexander II. II, 60f.
Normanni, Familie, II, 140, ihre Türme II, 574
Normanni, Andrea II, 580
Normanni, Galeotti II, 828, 835
Normannus, Stefan vgl. Stephan Normannus
Notare der Regionen I, 436
Notitia ecclesiarum urbis Romae I, 14
Notre Dame de Pruglia II, 341
Novara, Schlacht, III, 210; zweite Schlacht III, 442
Novas I, 399
Novatus I, 39
Novelli, Boso II, 668
Novello, Domenico Malatesta III, 93, 109
Novello, Guido II, 448, 450, 454, 468, 470
Noyon, Friede, III, 455
Numalio, Cristoforo III, 461, 615
Numana wird päpstlich I, 357
Numerus Militum I, 429
Nuntien, Ursprung der I, 248f.
Nürnberg, Reichstag, III, 549f., 583
Nuvolara, Alessandro Graf von III, 614
Nuvolara, Camilla Gräfin von III, 614
Nympha vgl. Ninfa
Nymphaeum Alexandri I, 17

O

Obelisk auf Monte Citorio I, 23
Obelisk vor dem Lateran I, 142
Obelisk vor dem Pantheon III, 339
Obelisk vor St. Peter I, 26, 46, 150, III, 299
Obelisk auf Piazza del Popolo I, 142
Obelisken I, 26, 206, II, 894
Oberto von Lucca II, 427
Ockham, Wilhelm von II, 637f.
Octavianus, Kaiser, Legende II, 200f.; sein Palast II, 201

Octavianus, Dux, II, 3
Octavius Mamilius I, 714
Oculus pastoralis II, 560
Oderisio von Gubbio II, 571
Oderisius, Marsengraf, II, 7
Oderisius, Abt von Montecassino II, 117
Odeum I, 21, 221
Odo von Cluny I, 595, 604, 610; reformiert die römischen Klöster I, 607; und Farfa I, 609; seine Bildung I, 695
Odo, Graf von Paris I, 564
Odo, Pietro III, 288
Odoaker I, 115; wird König I, 115; die Natur seiner Herrschaft I, 116 ff.; residiert in Ravenna I, 115; ernennt den Papst I, 121; von Theoderich geschlagen I, 122; gestorben I, 122
Offa, König von Essex, I, 325, 431
Offida, Baldassaro di III, 22, 24
Ögödai II, 383
Oktavian, Sohn Alberichs, vgl. Johann XII., I, 614
Oktavian, Kardinal, II, 227, 458, vgl. Victor IV., II, 237
Oldradus, Podestà, II, 569
Oleggio, Johann von II, 754
Olevano II, 317
Olgiati, Girolamo III, 119
Oliva, Kardinal, III, 96, 102
Olivenkultur im VIII. Jahrhundert I, 363
Oliverotto III, 225, 227
Olorico, Girolamo III, 361
Olybrius I, 36, 101, 112 ff., 202; wird Kaiser I, 113; gestorben I, 114
Olympiodor I, 66, 76
Olympius, Minister des Honorius, I, 61
Olympius, Exarch, I, 305; will den Papst ermorden I, 306; geht nach Sizilien und gestorben I, 306
Omen I, 180 f., 213
Onagri I, 176
S. Onofrio III, 297, 322, 325
Opferpriester I, 34

Opilio, Senator, I, 152, 164
Optaris I, 170
Optila I, 97
Optimaten des Heeres I, 320; im VIII. Jahrhundert I, 385, 427; als Richter I, 602, 667
Opus Phidiae III, 351
Opus Praxiteles II, 61
Oracula I, 132
Oranien, Philibert von III, 589 f.; beim Sturm auf Rom III, 604, 606 f., 609; beim Sacco III, 613, 617, 623, 625; zieht nach Umbrien III, 625 f.; in Neapel III, 635 f., 638; unterhandelt mit dem Papst III, 623, 647 f.; erobert Perugia III, 650; belagert Florenz III, 656; gestorben III, 657
Oratoria I, 132
Oratorium Caesarii I, 269
Oratorium divini Amoris III, 494
Orazio III, 247
Orcagna II, 883
d'Orco, Ramiro III, 222
Ordelaffi, Familie, III, 123
Ordelaffi, Francesco II, 726, 750, 754, 817
Ordo I, 263
Ordo coronationis II, 24 ff.
Ordo Romanus II, 270 f., 275 f.
Orestes, Vater des Romulus Augustus, I, 114, 202; gestorben I, 115
Orgeln I, 489
Originarii I, 415
Orléans, Karl von III, 53
Orosius I, 76
Orrea, Region, I, 703, vgl. auch Horrea
Orsini, Familie, Ursprung II, 309; sind Häupter der Guelfen II, 384; erwerben Nepi II, 527; ihre Türme im XIII. Jahrhundert II, 574 f.; führen Krieg mit den Gaëtani II, 550; ihr Palast im Marcellus-Theater II, 509; ihr Palast bei S. Celso II, 710; stehen gegen Heinrich VII. II, 600 f., 604;

führen Krieg mit den Colonna II, 662f., 667f.; zur Zeit Colas II, 710f.; erwerben Gravina III, 25; führen Krieg mit den Colonna (1483) III, 126ff., 130f.; 1485: III, 135ff.; mit Alexander VI. III, 186ff.; mit den Colonna (1498) III, 199; ihre Besitzungen im XV. Jahrhundert III, 5; verbinden sich mit den Colonna und Spanien III, 360

Orsini, Alfonsina III, 140, 366, 443, 454
Orsini, Antonio III, 30
Orsini, Baptista III, 69
Orsini, Bartholomaeus Rubeus II, 479, 482
Orsini, Berthold (gest. 1319) II, 500, 511, 642, 654
Orsini, Bertold Romani (Senator 1348) II, 658, 663, 667, 669, 679, 717, 725; gestorben II, 727
Orsini, Bertold Poncelli II, 658, 723
Orsini, Camillo III, 454, 475, 603, 607, 610, 620
Orsini, Carlo II, 869, III, 126, 173, 186f., 199, 210, 225
Orsini, Clarice, vgl. Medici, III, 140
Orsini Cola II, 711
Orsini, Dolce III, 69
Orsini, Fabio III, 228f., 356f., 361
Orsini, Fortebraccio II, 588
Orsini, Francesco (1311) II, 614, 617
Orsini, Francesco (1404) II, 826, 845, 858
Orsini, Francesco, Herzog von Gravina (gest. 1456), III, 25, 58, 301
Orsini, Francesco, Herzog von Gravina (gest. 1503), III, 225, 227f.
Orsini, Francesco, Herzog von Gravina (1527), III, 587
Orsini, Franciotto III, 462, 556
Orsini, Fulvius III, 496
Orsini, Gentilis II, 503f., 532, 549, 580, 604, 614
Orsini, Giam-Battista III, 129, 225, 227, 230

Orsini, Giampolo III, 38
Orsini, Giampolo (1527) III, 587, 602, 610, 656
Orsini, Gianantonio III, 610
Orsini, Giulio III, 199, 229f., 393, 400
Orsini, Hieronyma III, 37
Orsini, Jakob (1302) II, 545
Orsini, Jakob (1409) II, 832, 835, III, 24
Orsini, Jakob, Kardinal von St. Gregor (gest. 1379), II, 794, 797, 802
Orsini, Johann (1328) II, 654, 662f.
Orsini, Johann (1350) II, 722, 727
Orsini, Johann (1378) II, 804
Orsini, Johann von Trani III, 126
Orsini, Johann Anton III, 86
Orsini, Johann Gaëtanus II, 496f., vgl. Nikolaus III.
Orsini, Johann Gaëtanus (1327) II, 639, 641
Orsini, Johann Jordan III, 126, 148, 186, 199, 201, 216, 229ff., 357, 360f., 365, 374f., 400, 440
Orsini, Jordan (gest. 1342) II, 500, 503, 669, 672, 683, 690, 710; gestorben II, 713
Orsini, Jordan, Kardinal (1405), II, 829, III, 13, 245f.
Orsini, Jordan von Marino II, 712f.
Orsini, Jordan del Monte II, 723f., 738, 804
Orsini, Jordan Poncelli II, 668
Orsini, Latino III, 63, 70, 73, 80, 112, 126; seine Bibliothek und seine Bauten III, 247, 300; Grab III, 315
Orsini, Laura III, 374
Orsini, Lodovico III, 356
Orsini, Mario III, 579, 601, 656
Orsini, Mattheus (um 1279) II, 545, 549, 551; sein Grab II, 567
Orsini, Mattheus (1338) II, 668, 681, 683
Orsini, Mattheus Rainaldi II, 512
Orsini, Mattheus Rubeus (um 1246) II, 340, 384ff., 390, 476

Orsini, Mattheus Rubeus (gestorben nach 1308) II, 437, 484, 502f., 513
Orsini, Napoleon (um 1250) II, 392, 432, 466, 473, 478, 483f.
Orsini, Napoleon (gest. 1342) II, 478, 543, 545, 549; beim Konklave in Carpentras II, 624; sein Brief an Philipp IV. II, 625; wird Ritter II, 628; nach Rom zurück II, 654
Orsini, Napoleon (gest. 1480) III, 92, 108, 126
Orsini, Napoleon (1526) III, 592, 595, 633, 639, 649, 656
Orsini, Niccolò von Pitigliano III, 126, 165, 171, 229, 381f.
Orsini, Nicolaus (1348) II, 696, 711
Orsini, Paul (gest. 1416) II, 829, 831f.; seine Macht II, 835f.; verteidigt Rom gegen Ladislaus II, 831, 835, 837; zieht ab II, 838; für Alexander V. II, 844; nimmt Rom II, 844; setzt den Krieg gegen Ladislaus fort II, 847f.; von Sforza belagert II, 852; gefangen II, 856; befreit II, 864; gestorben II, 864
Orsini, Paul (gest. 1503) III, 126, 131, 225ff.; gestorben III, 228
Orsini, Poncelletus II, 614
Orsini, Poncellus II, 587, 604, 614, 623, 628, 641, 658
Orsini, Raimondello II, 812f.
Orsini, Rainald, Sohn des Mattheus Rubeus, II, 473f.
Orsini, Rainald (Senator 1345) II, 683, 690, 710
Orsini, Rainald (1378) II, 804
Orsini, Renzo von Ceri III, 230; stürmt den Borgo III, 361; Feldherr Leos X. III, 454, 456; wegelagert um Rom III, 542; im Dienste Frankreichs III, 559, 561, 567, 587f., 591, 593, 599; verteidigt Rom III, 602ff., 606, 610; zieht ab III, 624f.; belagert Civitavecchia III, 637
Orsini, Richard II, 600

Orsini, Rinaldo III, 227
Orsini, Robert, (Senator 1347), II, 688
Orsini, Robert (um 1500) III, 126, 391, 393, 399f., 472
Orsini, Romano II, 557
Orsini, Theobald II, 309
Orsini, Ursellus di Campo di Fiore II, 511
Orsini, Ursinus III, 162
Orsini, Ursus II, 500, 503, 511, 513
Orsini, Valerio III, 602, 610
Orsini, Virginio III, 19, 126, 130f., 133, 144, 160; erwirbt Anguillara III, 149, 155; im Streit darüber mit Alexander VI. III, 156f.; söhnt sich mit ihm aus III, 160f.; in seinem Solde III, 171; unterwirft sich Karl VIII. III, 173, 180; gefangen III, 186; gestorben III, 187
Orso, Albergo dell' III, 329
Orvieto wird päpstlich II, 232f., 736
Osdas I, 201
Osimo wird päpstlich I, 357, 378; in den Händen Gozzonis III, 140
Ostasio V. III, 33
Osterspiele II, 890
Ostgoten vgl. Goten
Ostia I, 185; Bischöfe I, 132, 442, 498; im IX. Jahrhundert I, 498, 509; von Gregor IV. neu gegründet I, 498; von Nikolaus I. befestigt I, 530; Seeschlacht I, 510; von den Genuesen verbrannt II, 642; Zustand um 1376: II, 821; unter päpstliche Jurisdiktion gestellt II, 821; Salinen II, 692; Burg III, 164f., 169, 182, 188, 306; Bauten Estoutevilles III, 306; Ausgrabungen III, 268, 296
Otbert, Stammvater der Este, I, 616
Otger, Bischof von Speyer, I, 626, 628
Otranto, von den Türken erobert III, 123; geräumt III, 124
Otricolum I, 443
Öttingen, Graf von II, 655
Otto I., heiratet Adelheid I, 612; zum

zweitenmal nach Italien I, 616; sein Eid I, 616f.; wird Kaiser I, 617; sein Privilegium für den Papst I, 619; kämpft mit Berengar I, 620f.; wieder in Rom I, 621; Bestimmungen über die Papstwahl I, 621f.; hält eine Synode I, 622f.; Kampf mit den Römern I, 624f.; setzt Leo VIII. wieder ein I, 627; nach Deutschland I, 628; wieder in Rom I, 630; schickt Luitprand nach Konstantinopel I, 633f.; gestorben I, 637; sein Palast in Ravenna I, 668

Otto II. I, 616; gekrönt I, 633; heiratet Theophano I, 636; in Rom I, 642; Kämpfe in Unteritalien I, 642f.; gestorben I, 643; Grab I, 643

Otto III. wird König I, 643; zieht nach Italien I, 650; ernennt Gregor V. I, 650; gekrönt I, 651; hält eine Synode I, 652; nach Deutschland I, 653; seine Gesandtschaft nach Byzanz I, 656; wieder nach Italien I, 657f.; greift Crescentius an I, 658f.; sein Verfahren gegen ihn I, 659f.; kämpft gegen Benedikt I, 662f.; ordnet die Angelegenheiten von Farfa I, 663; baut eine Residenz I, 669; Hofzeremoniell I, 669; Pilgerfahrt I, 672f.; ernennt Silvester II. I, 675; seine Pläne I, 675f.; seine Stellung zum Papst I, 679; seine Schenkungen an ihn I, 679; an Kirchen I, 680; seine Beinamen I, 680; seine Mystik I, 681; nach Deutschland I, 681; in Gnesen und Aachen I, 681; in Italien I, 681; Kirchenbauten I, 682f.; gegen Tivoli I, 684; wird aus Rom vertrieben I, 685; in Ravenna und Venedig I, 686; zieht gegen Rom I, 686; gestorben I, 687; Sagen über ihn I, 687; Begräbnis I, 688; Charakter I, 688; errichtet Boethius ein Denkmal I, 696

Otto IV. II, 319, 322, 324f.; allgemein anerkannt II, 326; Romfahrt II, 327f.; Kaiserkrönung II, 328; Kampf in der Leonina II, 328f.; Bruch mit Innocenz III. II, 329 ff.; nach Toskana II, 331; nach Apulien II, 331; gebannt II, 331; Heimkehr II, 332; gestorben II, 345

Otto von Braunschweig II, 761, 799, 810, 814, III, 331

Otto von Mailand II, 151

Otto von Niederlothringen I, 682, 687

Otto von St. Nikolaus, Kardinal, II, 382, 386, 389, 391

Otto von Österreich II, 659

Otto, Bischof von Ostia, II, 103, 114, vgl. Urban II., II, 118

Otto von Portus, Kardinal, II, 394

P

Pace, Aloise del III, 529
Pace, Richard III, 551
Pacheco, Diego III, 444f.
Pacierii Urbis III, 107
Paladinis, Luigi de III, 157
Paläste, römische, im XV. Jahrhundert III, 139, 307; im XVI. Jahrhundert III, 414, 423, 532
Palata I, 497
Palatin, Zustand im V. Jahrhundert I, 12, 23, 54; Zustand im X. Jahrhundert I, 707; in den Mirabilien II, 276; Zustand im XIII. Jahrhundert II, 575f.; Zustand im XV. Jahrhundert III, 342f.
Palatina, Bibliothek, I, 228
Palatina, Region, I, 23f.
Palatiolus, Mons I, 431
Palatium, Begriff im X. Jahrhundert, I, 699, 701
Palatium, bis wann bewohnbar I, 23; unter Honorius I, 54; von den Vandalen geplündert I, 99; Residenz des Theoderich I, 135, 139; restauriert I, 139; Residenz des Narses I, 232; Residenz des Exarchen I, 257; Zustand im VII. Jahrhundert I, 310; im

VIII. Jahrhundert I, 335, 400; Zustand im X. Jahrhundert I, 711; teilweise zerstört (1238) II, 375
Palatium, kaiserliches, vgl. Pfalz
Palatium, päpstlicher Schatz, I, 670
Palatium Chromatii II, 181, 274
Palatium Julianum III, 411
Palatium Neronis I, 26
Palatium Octaviani II, 201f., 578, 580
Palazzo del Governo vecchio III, 307, 312
Palazzo di Venezia III, 303
Palestrina, Name I, 635; an Stephania gegeben I, 635; Bistum I, 132, 635; Altertümer I, 635; im XI. Jahrhundert II, 9, 30f.; colonnesisch II, 140, 163; von Bonifatius VIII. erobert und zerstört II, 527f.; wiederaufgebaut II, 586; von Cola belagert II, 738f.; von Vitelleschi zerstört III, 28; wiederaufgebaut III, 52, 126
Paliano II, 317, 363f.
Palimpseste I, 690
Palisse III, 396, 398ff., 563f.
Pallacinas I, 130
Palladio, Blasio III, 494, 497, 510, 516, 643
Palladio statt Palatin II, 42
Palladius, Caesar I, 98
Pallara statt Palladio II, 42
Pallas, Sohn Evanders, II, 279f.
Pallavicini, Antoniotto Gentile III, 141, 149, 176, 218, 349
Pallavicini, Uberto II, 379, 401, 439, 448, 456
Palma, Palazzo, III, 532
Palma aurea I, 135
ad Palmam I, 135
Palmieri, Matteo III, 280
Palmieri, Mattia III, 248
Palombara, Barone, II, 254
Palombara, Kastell, III, 88, 91, 229; Schlacht III, 199
Pammachii, Titulus, I, 126
Pammachius I, 69, 77, 126, 130

Pamphronius, Patrizier, I, 248
Panciaticis, Giovanni Francesco de II, 832
St. Pancratius I, 299, III, 328
S. Pancrazio, Kirche, Gründung I, 150; von Honorius I. erneuert I, 299
Pandekten, der Pisaner Codex, II, 268
Pandolfuccio II, 741
Pandone, Camillo III, 168
Pandone, Enrico III, 638
Pandulf von Anagni II, 357f.
Pandulf II., Herzog von Benevent, I, 615
Pandulf III. von Benevent II, 34
Pandulf III. von Capua I, 552, 629, 632, 640
Pandulf IV. von Capua II, 11, 34; verbannt II, 12; wieder eingesetzt II, 19; flieht II, 19
Pandulf V. von Capua II, 34
Pandulf, Graf von Fasanella II, 391, 401, 410
Pandulf Normannus II, 167
Pandulf von Pisa II, 270
Pandulf von Suburra II, 303, 307
Pandulf von Teano II, 12
Pandulfi, Türme, II, 577
Pannartz, Arnold III, 249f.
Panormita, Antonius vgl. Beccadelli
S. Pantaleo III, 332
Pantaleon, Arzt, I, 161
Pantaleon, Jakob, vgl. Urban IV., er wird Papst II, 440
Pantaleon, Präfekt von Amalfi, II, 59
Pantheon I, 21, 23, 287; wird Kirche I, 288f.; Titel I, 290; der goldenen Ziegel beraubt I, 313; Sage über den Bau I, 700f.; Zustand zur Zeit Poggios II, 893; Zustand im XV. Jahrhundert III, 339; von Martin V. neu gedeckt III, 295; Buden III, 296
Pantomimen I, 95
Panvinius III, 284
S. Paolo in Arenula III, 335
S. Paolo fuori le mure, Gründung I, 41,

46ff.; älteste Gestalt I, 47; Mosaiken I, 47; die Tribuna erneuert I, 108; das Dach zerstört I, 472; von den Arabern geplündert I, 508; von Leo IV. geschmückt I, 515; befestigt I, 553; von Odo von Cluny reformiert I, 607; Bibelkodex I, 533; die Säulenhalle zerstört II, 110; Klosterhof II, 563; Tabernakel II, 565; Tribunenbild II, 571; durch ein Erdbeben zerstört II, 720; durch Nikolaus V. restauriert III, 300

Paolo Romano III, 310, 315

Papa, Familie, ihre Türme II, 574

Paparone, Scottus II, 301f.

Pappenheim, Heinrich von III, 58

Päpste, ihr Primat I, 7f., 90; werden von den Königen bestätigt I, 120, 154; erlangen Zivilgerichtsbarkeit über die Geistlichkeit I, 158, 226; bestimmen Maß und Gewicht I, 226; ihr wachsender Einfluß I, 226; kontrollieren die griechischen Beamten I, 226, 263; werden von den Exarchen bestätigt I, 292; Umfang ihrer Jurisdiktion um 600: I, 265, 283; ihr Primat von Ravenna anerkannt I, 315; ihre Macht im VIII. Jahrhundert I, 344; ihre Administration im VIII. Jahrhundert I, 436; ihr Ministerium im VIII. Jahrhundert I, 436; ihre Titel I, 283, 450; ihre Weihe I, 318; ihre Stellung unter Karl d. Gr. I, 471f.; ihre Gemächer nach dem Tode geplündert I, 563; Schenkungen bei Antritt der Herrschaft I, 564; ändern den Namen I, 615; ihre Einkünfte im IX. Jahrhundert I, 516; im X. Jahrhundert I, 670; Krönung II, 296ff.; ihre Stellung zu Rom seit Innocenz III. II, 302f., 313; sollen Rom nicht verlassen II, 374; werden Podestà II, 510; ihre Paläste im XIII. Jahrhundert II, 563

Papstbiographien im XI. Jahrhundert II, 137; im XII. Jahrhundert II, 269f.; seit Innocenz III. II, 559; im XV. Jahrhundert III, 282ff.

Papstkataloge I, 697, II, 137

Papstkollegium um 1464: III, 102

Papsttum, Ursprung I, 7f.; wachsender Einfluß I, 84; Machterweiterung unter den Goten I, 157f.; Stellung seit Justinian I, 226; Stellung zur Zeit Gregors d. Gr. I, 263, 267f., 282f.; Stellung im IX. Jahrhundert I, 537f.; Theorie Innocenz' III. II, 320f.; Anschauungen Gregors IX. II, 371f.; Theorie Innocenz' IV. II, 397f.; Anschauungen Friedrichs II. II, 399; Theorie Gregors X. II, 494; Wesen in der Renaissance III, 2f., 487f.

Papstwahl, Dekrete Odoakers und Symmachus' I, 121, 125, 149; Anteil des Senats I, 161; der Könige I, 154; der Stimmenkauf untersagt I, 162; wird den Römern zugestanden I, 318f.; Einfluß der Exarchen I, 292, 321; Bestimmungen der Synode von 769: I, 390; Rechte des Patricius I, 368; die Zustimmung des Kaisers erforderlich I, 471; Bestimmungen Lothars I. I, 495f.; Dekret Hadrians III. I, 562; Bestimmungen des Konzils von 898: I, 573f.; Bestimmungen Ottos I. I, 621f.; Privilegium Leos VIII. I, 628; Dekrete Nikolaus' II. II, 2, 50f.; Bestimmungen von 1179: II, 254; wann sie stattfinden darf II, 177, vgl. Konklave

Papstweg vgl. Via Papalis

Paradinas, Alfonso III, 300

Parata I, 670

Pardubitz, Ernst von II, 730f.

Parentius, Petrus II, 303

Parentius, Senator, II, 346, 351f.

Parentucelli, Thomas, vgl. Nikolaus V., III, 43f., 49

Parini I, 65

Parione, Region, I, 680, 714, III, 330ff.

Parisio vgl. Parrhasius
Parlament in Rom II, 418f.
Parma, fällt von Friedrich II. ab II, 403; wird päpstlich III, 404, 484; der Kirche verloren III, 441, 451
Parmigianino III, 641
Parrhasius, Janus III, 277, 500, 504
Parthenon I, 288
Particappa, Mariano III, 290
Paschalis I. I, 483; krönt Lothar I, 487; Streit mit Farfa I, 487; ermordet Theodor und Leo I, 488; reinigt sich I, 488; gestorben I, 489; Grab I, 489; Porträt I, 489; seine Bauten I, 489ff.
Paschalis II. II, 139; unterstützt Heinrich V. II, 141; auf dem Konzil zu Guastalla II, 141; nach Frankreich II, 142; seine Kämpfe mit den Baronen II, 142f.; erneuert das Investiturverbot II, 143ff.; verzichtet auf die Kirchengüter II, 145ff.; wird verhaftet II, 150; neuer Vertrag mit Heinrich V. II, 153f.; krönt ihn II, 154; Streit mit dem Klerus II, 155f.; Laterankonzil II, 156; Briefe an Heinrich V. II, 157; belehnt Wilhelm von Apulien II, 157; widerruft das Privilegium II, 159; Aufstand von 1116: II, 160f.; flieht II, 161; nach Monte Cassino II, 161; Konzil von Benevent II, 163; nach Rom II, 163; gestorben II, 163; seine Bauten II, 163f.
Paschalis III. II, 240ff., 248; gestorben II, 249
Paschalis, Archidiaconus, I, 321
Paschalis, Neffe Hadrians I., I, 451; mißhandelt Leo III. I, 452; prozessiert I, 455; verbannt I, 459; begnadigt I, 483
Paschalis, Kardinaldiakon, I, 571
Paschalis, Bruder Totos, I, 386
Pasquille III, 515
Pasquino III, 196, 332, 383
Passarano II, 49

Passerini, Giulio III, 450
Passerini, Silvio III, 561, 599, 624
Passionsspiele im IX. Jahrhundert I, 691; im XIV. Jahrhundert II, 890
Passivus I, 386
Pastoren der Kirche II, 781
S. Pastoris, Titulus, I, 126
Pataria II, 55, 66, 82
Patres Civitatis, von den Päpsten gewählt, I, 226
Patriarchien I, 132
Patricia, Titel, I, 594
Patriciis, Guido Jordanis de II, 736, 738
Patricius, Titel, I, 401, 433; im X. Jahrhundert I, 582, 587, 599; unter Otto III. I, 678; seit 1144: II, 207; abgeschafft II, 209, 265
Patricius der Römer, Titel, geht auf Pippin über I, 367; Bedeutung I, 386, 406; Rechte I, 599; Bedeutung II, 2, 27f.; Stellung unter Heinrich III. und IV. II, 27
Patricius von Sizilien I, 327, 350, 409
Patrimonia der Kirche I, 84; in Sizilien I, 197, 256, 265, 352; eingezogen I, 352; in den cottischen Alpen I, 265; im Neapolitanischen I, 352; in Mittelitalien I, 357; in Tuszien I, 363, 404; in der Sabina I, 357, 404; unter Gregor d. Gr. I, 265; in der Campagna I, 265, 409; die Veräußerung verboten I, 555; Umwandlung in Lehnsgüter I, 555
Patrimonialia II, 305f.
Patrimonium Appiae I, 266, 442, 555
Patrimonium Campanianum I, 555
Patrimonium Labicanense I, 266, 442, 555
Patrimonium Petri, von der Stadt Rom beansprucht II, 365
Patrimonium Savinense I, 404
Patrimonium Theatinum I, 555
Patrimonium Tiburtinum I, 266, 555
Patrimonium Tusciae I, 266, 555, 578
Patrizi, Agostino III, 282

Patroni der Scholen I, 429
Paul vgl. auch Paolo
Paul von Bernried II, 137
St. Paul, Abtei, I, 607
St. Paul, Graf, III, 181
Paulet von Marseille II, 485
Paulina I, 126
Paulinus von Nola I, 44, 67; seine Leiche I, 682
St. Paulus, Typus der Darstellung, I, 341
Paulus I., Papst, I, 150, 378; wird Papst I, 379; sein Verhältnis zu Pippin I, 379; Verhältnis zu Desiderius I, 381 f.; zu den Kaisern I, 382; seine Bauten I, 383 ff.; gestorben I, 386; Charakter I, 385
Paulus II., sein Name III, 103; seine Laufbahn III, 103; wird Papst III, 103; seine Prachtliebe III, 104; setzt die Abbreviatoren ab III, 105; revidiert die Statuten von Rom III, 106 f.; besiegt die Anguillara III, 108 f.; im Streit mit Ferrara und Robert Malatesta III, 109 ff.; verfolgt die römische Akademie III, 105, 274 ff.; empfängt Friedrich III. III, 116; gestorben III, 111; seine Sammlungen III, 266, 302; seine Bauten III, 265, 302 f; sein Grab III, 314
Paulus, Patriarch, I, 303; vom Papst verflucht I, 304; vom Laterankonzil I, 306
Paulus, byzantinischer Offizier, I, 188, 212
Paulus Diaconus I, 243, 277, 279, 284 f., 309, 316, 423 ff.
Paulus, Exarch, I, 342; gestorben I, 347
Paulus Laelii Petronii III, 286
Paulus von Populonia I, 525
Paulus Romanus II, 884
Paulus, Bruder Stephans II., I, 364, 378
Pavia, Hauptstadt der Langobarden I, 234; von Karl d. Gr. belagert I, 399, 402; Schule I, 423, 531; von den Ungarn erobert I, 590; von Franz I. belagert III, 559, 562; Schlacht III, 562 ff.; Konzil von 1160: II, 239; Konzil von 1423: III, 10
Pax Romana III, 393
Pazzi, ihre Verschwörung, III, 119 ff.
Pazzi, Francesco de' III, 120 f.
Pazzi, Jacopo de' III, 121
Pecci, Francesco III, 413
Pecock, Reginald III, 259
Pecorario, Jakob, Kardinal von Praeneste, vgl. Jakob von Praeneste, II, 382, 386, 389
Pedanei I, 668
Pelagiana, Massa, I, 363
Pelagianer I, 85, 90
Pelagius I., als Diaconus I, 198, 202; wird Papst I, 229; Reinigungseid I, 229; baut SS. Apostoli I, 129, 230; gestorben I, 230
Pelagius II. I, 247; bittet in Konstantinopel um Hilfe I, 248, 249; sein Verhältnis zu den Franken I, 249; baut S. Lorenzo um I, 251; gestorben I, 251
S. Pellegrino I, 480
Pennafort, Raimund da II, 554
Penni, Francesco III, 528, 530
Pensio I, 265
Pentapolis I, 323; steht gegen die Griechen auf I, 342; von Liutprand erobert I, 347; wird päpstlich I, 374; Mark Werners II, 140
Pepoli, Galeazzo II, 726, 805
Pepoli, Hugo III, 620 ff., 638
Perauld, Kardinal, III, 162 f.
Peredeo, Herzog von Vicenza, I, 348
St. Peregrinus, Hospiz, I, 480
Perotti, Niccolò III, 244, 247
Perotti, Ponzio II, 722 f.
Perpenna, stellt die Thermen des Constantin wieder her I, 18
Perpignan, an Spanien abgetreten III, 160; Synode von 1409: II, 843
Persicus II, 203

360 Register

Persona, Cristoforo III, 248
Persona, Gobelinus II, 880
Perugia, in den Gotenkriegen I, 211, 216; Dukat I, 441; wird päpstlich II, 305, 349; huldigt Innocenz III. II, 305; innere Kämpfe II, 350; Podestà II, 351; Bündnis mit Rom II, 427; Zünfte II, 350, 425f.; fällt von Martin IV. ab II, 505; Aufstand gegen Urban V. II, 773; unter Bonifatius IX. II, 818; Universität II, 876; von Julius II. erobert III, 375
Perugino III, 320f., 323, 428, 431f.
Perusco, Mario III, 459
Peruzzi, Baldassare III, 413, 418, 428, 503, 505, 526, 528, 532, 640
Pesaro, Giovanni von III, 188, 192, 200
Pescara, Fernando III, 396, 483f., 541, 543, 558f., 562ff., 568, 571ff.; gestorben III, 573
Pescia, Baldassare von III, 602
Pescia, Pier Maria von III, 531
Pest, von 542-590: I, 250f.; ihr Ende I, 254; von 680: I, 316; von 1167: II, 247f.; von 1230: II, 359; von 1348: II, 719; von 1449: III, 54; von 1522: III, 542
Peter vgl. auch Petrus
St. Peter, alter, Gründung I, 34, 41f.; älteste Gestalt I, 42; von Valentinian III. geschmückt I, 88; von Symmachus I, 149ff.; Atrium gepflastert I, 149, 314; Konfession I, 88, 293, 418; Baptisterium I, 44; Tribuna I, 108; Mosaiken I, 43; Templum Probi I, 45; Kapelle des Andreas I, 149, 293; Leuchter I, 146, 293, 419; Hospitäler I, 145, 150; von Honorius I. geschmückt I, 293; von Hadrian I. I, 418; das Dach mit goldenen Ziegeln gedeckt I, 293; Türen des Honorius I. I, 293; Glockenturm I, 383, 480; Atrium von Hadrian I. restauriert I, 418; von Gregor III. mit Säulen von Onyx geschmückt I, 350; mit Silber und Goldplatten belegt I, 350, 418; Mosaiken von Hadrian I. hergestellt I, 419; Mosaiken Johanns VII. I, 328; Kapelle des Hl. Apollinaris I, 293; Kapelle Johanns VII. I, 328; der Petronilla I, 383; Stiftung für die Lampen I, 363; Klöster I, 246; Gräber in der Kirche I, 326; Gräber der Päpste I, 326; von den Arabern geplündert I, 507; von Leo IV. restauriert I, 515; von Formosus I, 569; Atrium von Leo IV. restauriert I, 515; Konfession von Leo III. geschmückt I, 479; Baptisterium von Leo III. erneuert I, 479; Kapelle des Hl. Kreuzes I, 479; von Calixt II. restauriert II, 174; als Festung II, 116; Bronzetüren II, 308, III, 312f.; von Innocenz III. restauriert II, 561; Mosaiken der Tribuna II, 561; Mosaik „Navicella" II, 573; Dach erneuert II, 881; Baupläne Nikolaus' V. III, 299f.; Bauten Pius' II. III, 301; Quadriporticus durch Martin V. erneuert III, 295; Loggia III, 301, 303; Tribuna III, 300, 303; um 1500: III, 326; abgerissen III, 417
St. Peter, neuer, gebaut III, 416f., 418f.; Architekten III, 417f.; eingeweiht III, 417; von den Landsknechten geplündert III, 612f.
Peter II. von Aragon II, 323
Peter III. von Aragon II, 441f.; wird König von Sizilien II, 505, 507; gestorben II, 509
Peter IV. von Aragon II, 610, 655, 726,
Peter, Abt von Cluny, II, 207 [III, 30
Peter Damiani vgl. Damiani, Peter
Peter von Savoyen II, 606f.
Peter von Winton II, 367
Peter, Diener Hadrians VI., III, 545
Peter, Großrichter, II, 390, 394
Peters, Johann III, 308
Peterspfennig, von Alfred d. Gr. bestätigt, I, 517

Petersplatz, Fontäne, III, 308
Petersschlüssel, als Reliquie I, 274
Petrarca, Jugend II, 669f.; in Rom II, 670ff.; an Benedikt XII. II, 671; seine Gedichte II, 671; seine Dichterkrönung II, 672ff.; verherrlicht Cola II, 695f.; klagt über den Fall der Colonna II, 714; ist enttäuscht über Cola II, 714; in Rom (1350) II, 721f.; Gutachten über die Stadtverfassung II, 723f.; ruft Karl IV. II, 732; rechtfertigt Cola II, 733; sein Verhältnis zu Karl IV. II, 749; Satiren auf Avignon II, 764f.; ermahnt Urban V. zur Rückkehr nach Rom II, 765; beglückwünscht ihn II, 770; Apologie Roms II, 778f.; Einfluß auf die Wiederbelebung des Altertums II, 873; seine Bibliothek II, 876; schützt die Monumente Roms II, 891ff.; gestorben
Petri, Anton II, 879, III, 286 [II, 779
Petroni, Lodovico III, 90
Petroni, Chronist, III, 286
S. Petronilla, Kapelle, I, 150, 383
Petronius Maximus I, 97; ermordet Aetius und Valentinian III. I, 97; wird Kaiser I, 97; gestorben I, 99
Petronius, Konsul, Vater des Honorius I., I, 292f.
Petrucci, Alfonso III, 386, 438, 458f., 492; gestorben III, 460
Petrucci, Borghese III, 458
Petrucci, Fabio III, 579, 604
Petrucci, Pandolfo III, 223, 225, 227ff., 232; seine Kinder III, 458
Petrucci, Raffael III, 439f., 450, 458, 460, 462, 542
Petrus vgl. auch Peter und Pietro
St. Petrus, sein Apostelamt und Anwesenheit in Rom I, 8, 38f.; seine wachsende Verehrung I, 324; Statue I, 341; Typus der Darstellung I, 341; sein Patriziat I, 407; sein angeblicher Brief an Pippin I, 372; seine Leiche gestohlen I, 501

Petrus, Archidiaconus, II, 22
Petrus, Archipresbyter, I, 319
Petrus, Diaconus, I, 276
Petrus, Dux, I, 334, 343
Petrus, Gegner der Bußdisziplin, II, 46
Petrus, Gesandter Justinians bei Theodahad I, 165ff.
Petrus, Stadtpräfekt (966), I, 629f.
Petrus, Stadtpräfekt (1058), II, 49
Petrus, Stadtpräfekt (1105), II, 141, 142; gestorben II, 160
Petrus, Stadtpräfekt (1116), II, 160, 165, 168
Petrus, Stadtpräfekt (1154), II, 223, 229, 238, 266; unterwirft sich dem Papst II, 300
Petrus, Bruder Johanns X., I, 586, 592f.
Petrus, Patriarch, I, 307
Petrus von Alexandrien I, 245
Petrus von Altinum I, 148
Petrus de Cannapara I, 622
Petrus von Celano II, 331
Petrus von Corbara II, 650ff., 657f.
Petrus von Courtenay II, 344f.
Petrus Exorcista I, 50
Petrus, Abt von Farfa, I, 585
Petrus Hispanus vgl. Johann XXI.
Petrus von Illyrien I, 127
Petrus Imperiola I, 623
Petrus von Kulm III, 234
Petrus Latro II, 167f., 185
Petrus Leo, Kardinal, vgl. Anaklet II., II, 181
Petrus Lombardus II, 267
Petrus von Morrone, vgl. Coelestin V., er wird Papst II, 514
Petrus von Pavia vgl. Johann XIV.
Petrus von Pisa I, 425, II, 270 [180
Petrus, Bischof von Portus, II, 168f.,
Petrus I., Abt von Subiaco, I, 585
Petrus Urseolus I., Doge, I, 674
Petrus Urseolus II. I, 686
Petrus de Via II, 58
SS. Petrus et Marcellinus, Kirche, vgl. SS. Marcellinus et Petrus

Peuerbach III, 278
Peutinger III, 277
Pfalz, kaiserliche, in Rom I, 668f.
Pfalzgrafen des Lateran I, 669
Pferde, päpstliche I, 266; Rennen II, 888
Pflügel, Leonhard III, 251
Phidias I, 213f.
Philagatus, vgl. Johann von Piacenza und Johann XVI., I, 656
Philemut I, 216
Philipp August, König, II, 336
Philipp von Burgund III, 99f.
Philipp von Habsburg III, 374, 378
Philipp von Luxemburg III, 178
Philipp von Poitiers II, 626
Philipp der Schöne II, 487f., 507; sein Streit mit Bonifatius VIII. II, 536ff.; sein Verhältnis zu Benedikt IX. II, 548; Einfluß auf das Konklave II, 550; bei der Krönung Clemens' V. II, 551; will Kaiser werden II, 588f. gestorben II, 626
Philipp von Schwaben, wird Herzog von Toskana II, 304; König II, 319; im Kampf mit Innocenz III. II, 323f.; gekrönt II, 324; seine Siege in Deutschland II, 324f.; vom Bann gelöst II, 325; gestorben II, 325
Philipp II. von Spanien III, 628
Philipp von Tuszien II, 265
Philipp von Valois II, 630
Philipp, Sohn Karls II. von Anjou, II, 547
Philipp, Pfalzgraf, III, 653
Philippicus Bardanes I, 333
Philippus, Papst, I, 388
Philippus, Presbyter, I, 405, 439
SS. Philippus und Jacobus vgl. SS. Apostoli
Philosophen, aus Athen vertrieben I, 242
Philostorgius I, 75
Philotheus I, 110
Phönix I, 160

Phokas wird Kaiser I, 269; erklärt Rom für das Haupt der Christenheit I, 287; schenkt Bonifatius IV. das Pantheon I, 289; seine Säule I, 270, 289
Phokas, byzantinischer Offizier, I, 196
Photius, Arzt, I, 161
Photius, Patriarch von Konstantinopel, I, 523; wird verdammt I, 523; verdammt Nikolaus I. I, 524; abgesetzt I, 524; von Johann VIII. als Patriarch anerkannt I, 559; von Marinus I. verdammt I, 562; seine Gelehrsamkeit I, 534
Piacenza wird Erzbistum I, 656; wird päpstlich III, 404, 484; der Kirche verloren III, 441, 451; Konzil II, 86, 125
Piazza Fiammetta III, 330
Piazza del Gesu III, 338
Piazza dei Lombardi III, 334
Piazza Montanara II, 199
Piazza Navona I, 23; Name I, 712; Spiele II, 662, 888f.; Markt III, 304, 333; Zustand im XV. Jahrhundert III, 333
Piazza Nicosia III, 344
Piazza di Pietra III, 346
Piazza del Popolo III, 344f.
Piccinino, Francesco III, 42
Piccinino, Jakob III, 71, 80f., 86, 89ff., 109
Piccinino, Niccolò II, 867, III, 9, 20, 23, 32, 38f., 40; gestorben III, 42
Piccolomini, Palast, III, 332
Piccolomini, Aeneas Sylvius III, 16, 20, 43; als Gesandter Friedrichs III. in Rom III, 44, 76; sein Urteil über Eugen IV. III, 46; beim Konklave Nikolaus' V. III, 48f.; Gesandter für die Verlobung Friedrichs III. III, 55; begleitet ihn auf seiner Romfahrt III, 56ff.; predigt wider die Türken III, 59; wird Kardinal III, 73; Urteil über Porcaro III, 64; leugnet die Schenkung Constantins III, 259; seine

Laufbahn III, 74 ff.; wird Papst, vgl. Pius II., III, 77
Piccolomini, Andrea III, 93
Piccolomini, Antonio III, 89, 91 ff.
Piccolomini, Caterina III, 74, 82
Piccolomini, Francesco Todeschini, vgl. Pius III., III, 93, 96, 102, 150, 156, 160, 169, 171, 189, 195; läßt nach Antiken suchen III, 423; im Konklave Hadrians VI. III, 537; bei seiner Romfahrt III, 542; im Sacco Roms III, 613
Piccolomini, Giacomo III, 93
Piccolomini, Laudomia III, 74, 92
Picchi, ihr Palast, III, 331
Picchi, Geronimo III, 411
Picenum Annonarium, Provinz, I, 235
Picenum Suburbaricum, Provinz, I, 235
Picingli, Nikolaus I, 587, 588
Pico, Francesca III, 385
Pico, Francesco III, 464
Pico, Gianfrancesco III, 385 f., 503, 511
Pico, Giovanni III, 146, 244, 263
Pico, Lodovico III, 230, 360
Pico, Maria III, 192
Pienza III, 82, 301
Pierleone II, 55, 58, 100, 131, 142, 144, 160 f., 165, 169, 179; gestorben II, 179; Grab II, 179 f.
Pierleone, Cencius II, 242
Pierleone, Giovanni II, 265, 311
Pierleone, Huguizon II, 181
Pierleone, Jordan II, 181, 207, 209
Pierleone, Leo II, 181
Pierleone, Massimo II, 179
Pierleone, Petrus II, 180, vgl. Anaklet II.
Pierleone Rainerii, Gregor II, 311
Pierleone Rainerii, Johann II, 306 f., 311 f.
Pierleone, Roger II, 181
Pierleoni, Familie, Ursprung I, 714, II, 160, 179; ihre Burg II, 160; Besitzungen im XIII. Jahrhundert II, 575
Piero della Francesca III, 319
Pietramala, Galeottus II, 813

Pietramala, Tarlatino II, 657
Pietra Pertusa I, 218
Pietrasanta, Giacomo da III, 302, 306
Pietro, Maria III, 316
S. Pietro in Formis II, 483 f., III, 128
S. Pietro in Montorio III, 328; Bau Bramantes III, 414
S. Pietro ad Vincula, Gründung I, 102; Titel I, 131; Altar des Sebastian und der Maria I, 316; Bau Julius' II. III, 306; Palast III, 306, 350; Grab Julius' II. III, 426; Bibliothek III, 498
Piglio II, 484
Pigna, Region, III, 337 ff.
Pignalosa III, 587
Pignatelli, Ercole von III, 398
Pignatelli, Bischof von Cosenza, II, 463
Pilatus I, 715
Pileus, Erzbischof von Tusculum, II, 812 f.
Pilger, im V. Jahrhundert I, 46, 150; im VIII. Jahrhundert I, 431; im IX. Jahrhundert I, 480, 502; als Büßer I, 502 f.; ihre Entsittlichung I, 503; und Betrügerei I, 504; werden geschützt II, 173; Größe ihrer Gaben im XIII. Jahrhundert II, 531 f.
Pilgrim von Köln II, 12
Pincii, ihr Palast I, 23, 184; zerstört I, 139
Pincio, Monte, vgl. auch Monte Pincio, I, 173, III, 345 f.
Pinienapfel, bronzener I, 178
Pintelli vgl. Pontelli
Pinturicchio III, 309, 320 ff., 423, 431
Pio, Alberto III, 382, 402, 436, 438, 447, 492 f., 503 f., 560, 570, 607 f., 625
Piombo, Sebastiano del III, 413, 428
Pippin, von Liutprand adoptiert I, 355; holt die Zustimmung des Papstes zu seiner Usurpation ein I, 361; ruft Stephan II. nach Frankreich I, 365; wird Patricius I, 367; gesalbt I, 367; sein Vertrag mit Stephan II. I, 367; kämpft gegen die Langobarden I, 370; seine

Schenkung an Stephan II. I, 370 ff.; geht zum zweiten Mal nach Italien I, 373; sein Verhältnis zu Paul I. I, 379; schreibt an die Römer I, 379; gestorben I, 389

Pippin, Sohn Karls d. Gr., getauft I, 410; kämpft gegen Adelchis I, 412; empfängt Leo III. I, 453; gegen Grimoald I, 457, 472; von Leo III. gesalbt I, 462; Verhältnis zum Papst I, 473; wird König von Italien I, 473; gestorben I, 474

Pippin, Sohn Ludwigs des Frommen, I, 485, 498

Pippi vgl. Giulio Romano

Pirkheimer, Willibald III, 503

Pisa, von den Sarazenen verbrannt II, 10; erwirbt Sardinien II, 10; Bistum II, 111; Dom II, 111; unterstützt Innocenz II. II, 184; erklärt sich für Innocenz II. II, 186; gegen Roger von Sizilien II, 186; gegen Rom II, 214; Bündnis mit Rom (1267) II, 474; von Ludwig dem Bayern belagert II, 640; erobert II, 642; an Florenz verraten II, 842; Konzil von 1409: II, 842 f.; erhebt sich gegen Florenz III, 170; von Florenz erobert III, 381; Konzil von 1511: III, 388 f., 394

Pisamena I, 60

Pisanello III, 319

Pisani, Francesco III, 461

Pisani, Luigi III, 626, 632, 634, 637, 646

Pisani, Paolo III, 380, 382, 556

Pisano, Vittore II, 807, III, 317

Piscina publica, Region, I, 24, 704

Pistoja II, 646 f.

Pithanea, Guillelmus de III, 331

Pitigliano, Lodovico III, 440

Pitigliano, Niccolò III, 126, 165, 171, 180, 229, 381 f., 579

Pitigliano, Prospero III, 440

Pitti, Luca III, 36

Pius I., gründet S. Pudentiana I, 39

Pius II., vgl. Piccolomini, Aeneas Sylvius, er wird Papst III, 77; seine Kränklichkeit III, 78; er verleugnet den Humanismus III, 79; betreibt den Türkenkrieg III, 80; belehnt Ferrante III, 80; erwirbt Umbrien wieder für die Kirche III, 81; geht nach Mantua III, 81 f.; in Siena III, 82; in Florenz III, 83; in Bologna III, 83 f.; auf dem Mantuaner Kongreß III, 84 f.; verbietet die Appellation an ein Konzil III, 85 f.; baut Pienza III, 82, 87; beruhigt Rom III, 88 ff.; den Kirchenstaat III, 91 ff.; unterstützt Ferdinand I. III, 86; sein Nepotismus III, 93; führt Krieg mit den Malatesta III, 93; sucht Mohammed II. zu bekehren III, 94 f.; erwirbt den Kopf des St. Andreas III, 96 f.; will Kreuzzug anführen III, 98 f.; geht nach Ancona III, 100; gestorben III, 101; Charakter III, 101 f.; Grab III, 314; schützt die Monumente III, 265; antiquarische Studien III, 269; Schriften III, 281 f.; Bauten III, 301 f.

Pius III., vgl. Farnese, Alexander, wird Papst III, 359; schützt Cesare Borgia III, 359 f.; gekrönt III, 360; gestorben III, 361

Pius IV. I, 222

Pizzo Merlo III, 330

Placidia, Tochter Theodosius' d. Gr., I, 60, 72; ihre Schicksale I, 90 f.; von Alarich fortgeschleppt I, 74; heiratet Athaulf I, 81; geht nach Konstantinopel I, 86; Vormund Valentinians III. I, 86; schmückt S. Paolo I, 47, 90; gestorben I, 90

Placidia, Tochter Valentinians III., I, 96, 101

Placidus I, 242

Planca, Ascanius de III, 174

Planca, Paolo III, 393

Plank, Stefan III, 251

Placita I, 471

Placitis, Aldello de III, 603

Register

Plaine, Gerhard de la III, 558
Platea Apostolorum III, 347
Platea Arca Noë III, 352
Platea S. Laurentii III, 346
Platea Parionis III, 333
Platea Presbyterorum III, 346
Platea Tagliacociae III, 335
Platina III, 64, 105, 248, 273, 275f., 277, 283f., 351
Platon, Vater Johannes' VII., I, 328, 335
Plautus, Handschriften der Komödien, III, 246
Pocadota, Lello II, 756
Podestà von Rom, ernannt II, 303, 313; im XIII. und XIV. Jh. II, 415
Podocatharo, Lodovico III, 124
Poesie in Rom im VIII. Jahrhundert I, 424; italienische im XIII. Jahrhundert II, 560 ff.; der Renaissance III, 287 ff., 512 ff., 519 ff.; neulateinische III, 290
Poggetto, Beltram del, vgl. Beltram
Poggio, Bracciolini, seine Schrift „De varietate fortunae" II, 892 ff., III, 255; wird päpstlicher Sekretär II, 876, III, 46, 244; sein Urteil über das Pontifikat Eugens IV. III, 29; sein Urteil über Porcaro III, 48, 64; im Florentiner Literaturverein III, 243; kopiert Quintilian III, 246; seine Laufbahn III, 254 ff.; seine Handschriftenentdeckungen III, 245; als Übersetzer III, 247, 249, 251; sein Streit mit Valla III, 260; seine Sammlungen III, 265f., 271; gestorben III, 255
Pöhlde II, 30
S. Pol III, 565, 636, 646
Pole, Reginald III, 503, 516f.
Polenta, Guido von II, 511
Polentani, Familie, II, 499
Polentano, Ostasio III, 33
Poli, Familie, II, 310
Poli, Grafen von I, 714
Poli, Johann II, 319, 356, 358, 363f., 373, 375

Poli, Odo II, 309f.
Policiano III, 291
Polidoro da Caravaggio III, 530, 533
Polimartium I, 257, 353
Poliziano, Angelo III, 146
Pollajuolo III, 308, 311, 314f.
Pollentia, Schlacht, I, 53
Polleria III, 331
Polonus, Witulo-Thuringo II, 557
St. Polus, Kastell, II, 192
Pompejanus, Stadtpräfekt, I, 60
Pompilius, Paulus III, 288
Pomponazzo, Pietro III, 490
Pomposa, Bibliothek, II, 135
Pons vgl. auch Ponte
Pons Aelius I, 25; Name I, 25, 147
Pons Aemilius I, 25
Pons Antoninus I, 25, 413
Pons Aurelius I, 25
Pons Cestius I, 25; von dem Senator Benedikt hergestellt II, 286
Pons Fabricius I, 25, 715
Pons Gratiani I, 25
Pons Hadriani I, 46, 147, 174
Pons Horatii Coclis III, 265
Pons Janiculensis I, 25
Pons Judaeorum I, 147, 715, II, 160
Pons Lapideus I, 25
Pons Lepidi I, 25
Pons Marmoreus I, 25
Pons Milvius, vgl. auch Ponte Molle, I, 53, 174, 186
Pons Neronianus I, 25
Pons Palatinus I, 25
Pons S. Petri I, 25
Pons Probi in Riparmea I, 715
Pons Senatorius I, 25, III, 295, 304, vgl. auch Ponte Rotto
Pons Sublicius I, 25
Pons Theodosii in Riparmea I, 25, 715
Pons Triumphalis I, 25
Pons Valentiniani I, 25
Pons Vaticanus I, 25
Pontadera, Antonio di III, 24, 26 [289
Pontano, Lodovico III, 137, 244, 277,

Ponte vgl. auch Pons
Ponte, Region, III, 329f.
Ponte, Lodovico de III, 32
Ponte S. Angelo II, 574, III, 298
Ponte di S. Bartolomeo I, 25
Ponte Corvo III, 92
Ponte Mammolo II, 153
Ponte di S. Maria I, 25, 715, II, 573
Ponte Molle I, 73, 174, 186; hergestellt II, 286; zerstört (1335): II, 667; Streit über sie zwischen Innocenz VII. und den Römern II, 830; abgebrochen II, 830; befestigt III, 298, 301
Ponte de' quattro capi I, 25, 715, III, 336
Ponte rotto I, 25; Name im X. Jahrhundert I, 715; stürzt ein II, 359; hergestellt II, 360
Ponte Salaro II, 800
Ponte Sisto I, 22, 25, 175, 413; im X. Jahrhundert I, 715; im XV. Jahrhundert III, 304, 335
Pontecorvo, ergibt sich dem Papst III, 92
Pontelli, Baccio III, 304, 306f.
Ponthion I, 366
Pontia II, 143
Pontigon, Reichstag, I, 547
Pontius, Abt von Cluny, II, 159
Ponza, Schlacht, III, 29
Ponzetta III, 615
Poppaea, Gemahlin des Nero, I, 147
Poppo von Aquileja II, 12
Poppo von Brixen, vgl. Damasus II., II, 30
Populonia I, 404
Populus, Begriff, I, 320; in Rom II, 427; im Anfang des XIV. Jahrhunderts II, 588
Porcari, ihr Palast III, 64, 288, 339; ihre Sammlungen III, 269; ihr Kreis im XVI. Jahrhundert III, 515
Porcaro, Antonio III, 515
Porcaro, Camillo III, 288, 515
Porcaro, Girolamo III, 174f.

Porcaro, Mariano III, 47, 263
Porcaro, Paul III, 288
Porcaro, Stefano, Jugend, Ämter III, 47f.; beim Konklave Nikolaus' V. III, 48; zum Rector der Campagna befördert III, 61; verschwört sich III, 61ff.; gestorben III, 63
Porcaro, Valerio III, 515
Porcellio III, 289
Porcier, Geschlecht, Ursprung II, 4
Porcinario, Niccolò de III, 58
Porcius vgl. Porcaro
Porphyrion III, 247
Porphyrwanne III, 296, 339
Porta, Ardicino della III, 141, 149
Porta Aenea III, 309, 326
Porta di S. Agnese III, 349
Porta Asinaria I, 172, 184, 201
Porta Aurelia I, 174ff., 186, 190
Porta S. Bastian I, 222
Porta Belvedere III, 326
Porta Capena, Region, I, 15
Porta Castelli I, 511, II, 25, III, 326
Porta Cavaleggieri III, 326
Porta Clausa I, 174
Porta Fabbrica I, 512
Porta Flaminia I, 22, 172ff., 711; Türme von Sixtus IV. restauriert III, 305
Porta Janiculensis I, 174ff.
Porta Laterana, „die verbrannte", II, 110
Porta Latina oder Libera III, 344
Porta S. Lorenzo I, 120, 221
Porta Maggiore I, 49
Porta Metrovia I, 703
Porta Nomentana, zerstört I, 174
Porta Palatii I, 511
Porta S. Pancrazio I, 174ff., 186, 299, 386
Porta S. Peregrini I, 511; Inschriften I, 512
Porta Pertusa I, 512, III, 326
Porta S. Petri in Hadriano I, 174f., 418, 511
Porta Pia, abgetragen III, 351

Register

Porta Pinciana I, 18, 173f., 186, 190, III, 346
Porta del Popolo I, 704, 711, III, 345
Porta Praenestina I, 174ff.
Porta Salara I, 18, 70, 129, 173f., 186
Porta Septimiana I, 26, III, 309, 327
Porta S. Spirito III, 326
Porta Tiburtina I, 174
Porta del Torrione III, 326, 361
Porta S. Valentini I, 704, 712
Porta Viridaria I, 511
Porticus der Argonauten I, 22
Porticus Cneius Octavius I, 22
Porticus Constantini I, 19
Porticus Crinorum II, 199f.
Porticus Europae I, 22
Porticus Gypsiani I, 19
Porticus Liviae I, 16
Porticus nach S. Lorenzo I, 418
Porticus Maximae I, 22
Porticus des Meleager I, 22
Porticus Minucii I, 22
Porticus Octaviae I, 22, III, 301, 336
Porticus Pallacinae, zerstört I, 413
Porticus Palmaria I, 293
Porticus nach St. Paul I, 418
Porticus S. Petri I, 178; von Hadrian I. ausgebessert I, 418; abgebrannt I, 509; von Leo IV. hergestellt I, 515; päpstliches Eigentum I, 555; zerstört II, 110
Porticus Philippi I, 22
Porticus Vaticanae, zerstört II, 110
Portiuncula II, 339
Portogallo III, 346, 350
Portus I, 185f.; von Alarich erobert I, 62; unter Theoderich I, 186; von Vitiges besetzt I, 185, 376; von Totila erobert I, 211; von Narses I, 218; Bistum I, 132, 513; Xenodochium I, 150; im VIII. Jahrhundert I, 408; letzte Schicksale I, 513f.; von Leo IV. neu gegründet I, 513; Kirche des St. Hippolytus I, 513; Marmorata III, 268

Porzio III, 643
Possolis, Bernardus II, 709
Posterula S. Agathae I, 704
Posterula S. Angeli I, 511
Posterula Saxonum I, 511
Posthumus, Guido III, 466, 517f.
Pozzo albo III, 333
Praefecti I, 261
Praefecti Navales I, 678
Praefectura annonae I, 145
Praefectus Italiae I, 261
Praefectus Urbis I, 29, 137; unter den Griechen I, 227, 236; im VI. Jahrhundert I, 253, 261f.; im VIII. Jahrhundert I, 396, 435; als Kriminalbehörde I, 435; unter den Ottonen I, 629, 668, 678; unter Alexander II. II, 67f.; seine Bedeutung im XII. Jahrhundert II, 160; seine Residenz II, 198; abgeschafft II, 209; hergestellt II, 209; von Friedrich I. wieder hergestellt II, 247; um 1191: II, 265; Kleidung II, 160; Gegenpräfekten II, 118; wird päpstlicher Beamter II, 300; Umfang seiner Jurisdiktion II, 300f.; unter Innocenz IV. II, 393; Lehen des Volkes II, 696; Stellung im XIV. Jahrhundert II, 822f.; seit Eugen IV. III, 25; Zeremoniell bei der Ernennung II, 73
Präfekturlehen II, 300, III, 73
Pragmatische Sanktion I, 226
Prasina, Circusfaktion, I, 143
Praestaria I, 555
Prat, du III, 450f., 656
Praet, de III, 647
Praetextatus I, 34
S. Prassede, Castiglione di II, 739
S. Prassede I, 39; von Paschalis I. erneuert I, 491; Kapelle des Zeno I, 491f.; Mosaiken I, 492; im XV. Jahrhundert III, 300, 349
Prata Decii I, 703
Praxedis, Kaiserin, II, 121
Praxidae, Titulus, I, 125

Praxiteles I, 214
Precaria I, 555
Predigerbrüder vgl. Dominikaner
Preise, unter Theoderich I, 145; während der Belagerung durch Totila I, 199; um 1300: II, 531; um 1350: II, 727; zur Zeit Vitelleschis III, 38
Presbyterium II, 298
Preußen, bekehrt I, 653
Prie, René III, 378, 388
Prignano, Bartholomäus von, vgl. Urban VI., II, 791f.
Prignano, Francesco de II, 809, 811
Primates Cleri I, 438
Primates Exercitus I, 319f.
Primicerius Defensorum I, 436
Primicerius der Notare I, 253, 292, 433,
Primicerius Scholarum I, 429 [666
Princeps, Titel, I, 582, 599
Principia I, 72
S. Prisca, Gründung I, 39, 129 ff.; von Calixt III. hergestellt III, 301
S. Priscae, Titulus, I, 129, 131
S. Priscilla I, 129
Priszillianer I, 90
Privata Mamertini I, 709
Privilegien, ihre Erneuerung I, 483
Proba I, 45, 71
Probinus I, 125, 148
Probus, vgl. Anicius, I, 36, 66, 227
Probus, Abt, I, 263, 268
Proceres Cleri I, 320, 438, 451
Procida, Gasparo de III, 155
Procida, Johann von II, 521
Proconsul Italiae I, 261
Procopius I, 71, 75, 97ff., 154, 173ff.; von Belisar nach Neapel geschickt I, 187; seine Chronologie I, 193, 220
Professoren, unter Amalasuntha I, 156; unter Justinian I, 227
Prohynis, Guido de II, 793
Prokonsul, Titel, II, 372f.
Prosenatoren, städtische II, 506; für Karl von Anjou II, 504; ihr Wohnsitz II, 580

Prospettivo III, 269
Protastasius I, 126
Protokletos I, 149
Protoscrinarius I, 436
Prozessionen, päpstliche, ihr Weg II, 274f.; im XV. Jahrhundert III, 291
Prudentius I, 32, 48
Ptolemäus von Lucca II, 559, 879
Ptolemäus II. von Tusculum II, 142, 161f.; seine Macht II, 162f.; huldigt Lothar II, 187; nimmt Eugen III. auf II, 214; gestorben II, 243
Pucci, Antonio III, 630
Pucci, Hieronyma III, 162
Pucci, Lorenzo III, 443, 458, 466, 537, 547, 555, 607f., 648
Pucci, Pucio III, 162
Pudens I, 39, 45, 126, 130
S. Pudentiana, Gründung I, 38f., 126, 130; Mosaiken I, 39, 87; erneuert I, 39; Name I, 126
Pudentis, Titulus, I, 38f., 126
Pulcharius von Amalfi I, 550
Pulcheria I, 90, 98
Pulgiensibus, Guelfo de II, 758
Pulperia I, 91
Pulpitum III, 293
Puteus Dominae Probae III, 350
Puy, Gerard von II, 782
Pyrrhus, Patriarch, Monothelet I, 303; wird bekehrt und wieder Monothelet I, 304; wird verflucht I, 304; wieder als Patriarch eingesetzt I, 304; verdammt I, 315

Q

SS. Quadraginta Colisei II, 893
SS. Quaranta alle Calcare III, 337f.
Quatracci III, 275, 334
Quattuor Coronati, Heilige I, 296
SS. Quattuor Coronati, Kirche, Gründung I, 296; Kardinalstitel I, 296; von Leo IV. neu gebaut I, 516; abgebrannt I, 516, II, 110; von Paschalis II. hergestellt II, 163; Wandgemälde II,

290; Fresken II, 570; Palast II, 452, 474, 580; von Carillo hergestellt III, 295
SS. Quattuor Coronatorum, Titulus, I, 132, 296
Querno III, 513, 517
Quertinus I, 261
Quierzy I, 367, 401; Weihnachtsfest 804: I, 473
Quiñonez III, 396, 588, 591, 628, 631, 645f., 649
Quintianus I, 89;
S. Quiriaco I, 128, 132
Quirinal, im XIII. Jahrhundert II, 576f.; im XV. Jahrhundert III, 350f.

R
Rachimpert I, 387
Radagaisus, vgl. auch Rhadagaisus, I,
Radelchis von Benevent I, 506f. [55
Radoald von Portus I, 520; erklärt sich für Photius I, 523; in Metz I, 527
Rafaelli, Boso Novello II, 668
Ragnano, Schlacht, II, 188
Ragnaris I, 224
Raimondi, Marcantonio III, 530
Raimund Berengar IV., Graf von Provence, II, 442
Raimund von Orvieto II, 688, 691, 693, 701, 705, 709
Raimund von Toulouse II, 367, 392, 394f.
Raimundus, Fra, von Montebello II, 809
Rainald von Aquaviva II, 357, 363
Rainald, Erzbischof von Köln, II, 240, 242f., 247
Rainaldis, Lucas de III, 358
Rainer von Bleda, vgl. Paschalis II., II, 139
Rainer, Bischof von Ostia, vgl. Alexander IV., II, 424
Rainer von Toskana II, 29
Rainer, Kardinal von S. Maria in Cosmedin, II, 368

Rainerii, Gregorius Pierleone II, 311
Raino, Graf, I, 580,
Raino von Tusculum II, 243, 249
Rainulf von Alife II, 184, 187, 189
Rainulf von Aversa II, 19, 34, 71
Ramazotto III, 657
Ramires, Pedro III, 625
Ramiro, Diego III, 365
Ramolini, Kardinal von Sorrent, I, 364f., 366
Rampoald von Tibur, Vater Johanns IX., I, 573
Rangone, Blanca III, 462, 493
Rangone, Ercole III, 461, 517; gestorben III, 627
Rangone, Guido III, 456, 541, 576, 584, 589, 597, 600, 603f., 610f., 619, 621, 634, 638
Rangone, Lodovico III, 625
Ranierii, Theodor II, 528
Ranucius II, 291
Raoul, Sir II, 271
Rapallo, Schlacht, III, 168
Rapizo von Todi II, 62
Ratchis, Langobardenkönig I, 358; belagert Perugia I, 360; wird Mönch I, 360; kämpft gegen Desiderius I, 378; aufs neue ins Kloster I, 378
Ratherius von Verona I, 694
Ratta, Diego della II, 601
Räuberwesen im XIV. Jahrhundert II, 675, 689; im XV. Jahrhundert III, 138
Ravenna, Erzbistum, I, 315; das Wahlrecht der Erzbischöfe von Karl d. Gr. beansprucht I, 406; erwirbt Comacchio, Cesena und Ravenna I, 671
Ravenna, Herzogtum, II, 305
Ravenna, Residenz des Honorius I, 55; des Odoaker I, 119; von Theoderich belagert I, 122; von Belisar erobert I, 191; Sitz des Exarchats I, 234; empört sich gegen die Griechen I, 290f.; wird bestraft I, 331; empört sich unter Georg I, 333; wird von Liut-

prand erobert I, 347; von den Venetianern I, 348; von Aistulf I, 364; Verhältnisse unter Stephan III. I, 394; Rechte des Papstes auf die Stadt I, 405; sie wird päpstlich I, 407; Residenz Berengars I, 613; an den Erzbischof abgetreten I, 671; Palast Ottos I. I, 668; Zustand im XVI. Jahrhundert II, 395f.; Schlacht III, 395ff.; Synode von 877: I, 555; Bannerschaften I, 333; Exercitus I, 323; Tribuni I, 440; Schola Forensium I, 430; S. Maria in Cosmedin I, 421; S. Maria in Blachernis I, 422; Palast des Theoderich I, 407; Volksspiele I, 332; Kunstwerke nach Aachen entführt I, 407
Reati vgl. Rieti
Rebald II, 203
Rebstein, Prokop von III, 44
Reccared I, 274, 283
Recht, im IX. Jahrhundert I, 494; justinianisches I, 494, II, 16, 268; kanonisches II, 269, 554f.
Rechtsgelehrte, besoldet von Justinian I, 227; im IX. Jahrhundert I, 532
Rechtspflege in Rom im VIII. Jahrhundert I, 415, 435; unter Alberich I, 602; unter Otto III. I, 655, 663ff., 666ff.; unter Alexander II. II, 67; unter Innocenz II. II, 190f.; seit 1144: II, 210; seit Paul II. III, 106f.; unter Innocenz VIII. III, 138
Rechtsschule, römische, im X. Jahrhundert I, 691; seit Innocenz IV. II, 553f.
Rector Campaniae et Maritimae II, 318
Rectores Patrimonii I, 265, 415, 437
Redner, besoldet von Justinian, I, 227
Reformation III, 479ff., 549, 583
Reformatoren der Stadt II, 753f.; abgeschafft II, 771
Regesten der Päpste II, 559
Regeta I, 170
Regetellus II, 49

Regillus, Schlacht, II 4
Reginald, Dux von Chiusi, I, 405; verbindet sich mit Adelchis I, 409
Reginald von Como II, 103
Reginhar I, 486
Regiomontanus vgl. Müller
Regionare I, 699
Regionen, kaiserliche I, 15ff.; kirchliche I, 38ff.; im X. Jahrhundert I, 703f.; bürgerliche im X. Jahrhundert I, 703f.; unter Alberich I, 601; im XII. Jahrhundert II, 260; Namen im Mittelalter II, 895f.; Verfassung II, 896; Wappen II, 896
Registrum Gregors VII. II, 137
Regnum II, 296
Regola, Region, III, 335f.
Reichsapfel II, 7
Reichskleinodien des abendländischen Reiches nach Konstantinopel gebracht I, 116; an Theoderich ausgeliefert I, 122; zur Zeit Friedrichs III. III, 59
Reichstag zu Köln II, 42
Reims, Synode von 991: I, 648; von 995: I, 649; von 1119: II, 170; von 1132: II, 184
Reinhardt, Johann III, 251
Reinigung Mariä, Fest, eingesetzt I, 124
Reinold vgl. Rainald
Reißner III, 563, 586, 588, 638
Reliquien, in Rom verehrt I, 273, 350; Handel damit I, 500f.
Remigius I, 381
Renaissance III, 1f., 239ff., 410f.
Renata von Frankreich III, 445, 502, 633
René von Lothringen III, 136f.
René von Provence III, 29f., 39, 41, 66, 92
Rense, Konstitution von II, 677f.
Reparatus von Ravenna I, 315
Reuchlin III, 263, 277, 279, 468, 503
Rhabanus Maurus I, 532
Rhadagaisus I, 55

Rhegium, von Belisar erobert, I, 169
Rhetia Prima, Provinz, I, 235
Rhetia Secunda, Provinz, I, 235
Rhetorik der Renaissance III, 50 f., 500 f.
Rhodiserritter vgl. Johanniter
Rhodos, von den Türken belagert III, 546; erobert III, 551
Riario, Caterina vgl. Sforza
Riario, Girolamo III, 118 f., 120 f., 130, 133; erwirbt Forlì III, 123; strebt nach dem Besitz der Romagna III, 125; kämpft mit den Colonna III, 126, 128, 131, 133 f.; gestorben III, 140; sein Landhaus III, 327; sein Palast III, 330
Riario, Ottavio III, 140
Riario, Pietro III, 114 ff., 291, 306 f.
Riario, Raffael, bei der Verschwörung der Pazzi III, 120 f.; wird von Giovanni Medici besucht III, 145; beim Konklave Alexanders VI. III, 149; Bevollmächtigter des Papsts III, 176; baut die Cancellaria III, 145, 310; flieht vor Cesare Borgia III, 206; fördert das Drama III, 292; beim Konklave Pius' III. III, 359; nach der Verhaftung Cesare Borgias III, 367; läßt nach Antiken suchen III, 423; im Konklave Leos X. III, 434; bei der Kardinalsverschwörung III, 458; wird verhaftet III, 459; gestorben III, 460; als Mäzen III, 492; seine Bibliothek III, 497; Großkanzler der Universität III, 500
Ricasoli, Simone III, 624
Riccardi, Bonifatius de II, 758
Ricci, Rosso de II, 758
Riccio, Antonio III, 296
Richard, Kardinal von S. Angelo, II, 394, 452
Richard von Aquila II, 142
Richard von Aversa II, 36, 71; erobert Capua II, 52; huldigt der Kirche II, 52; unterstützt Alexander II. II, 61 f.; kämpft gegen die Kirche II, 64; huldigt Gregor VII. II, 75; kämpft mit Robert Guiscard II, 94; gegen Gisulf II, 95; und Benevent II, 95; gestorben II, 95
Richard von Capua vgl. Richard von Aversa
Richard, Graf von Caserta II, 391, 462
Richard von Cornwall II, 319, 383, 412, 437, 441 ff.; gestorben II, 489
Richard Löwenherz II, 261
Richard von Siena II, 543
Richard, Bruder Innocenz' III., II, 307, 309 ff.; Graf von Sora II, 318 f.; gegen Honorius III. II, 351 f.
Richardus I, 622
Richenza II, 185
Richilda, Gattin des Bonifatius von Toskana, II, 29
Richilda, Gattin Karls des Kahlen, I, 547; gekrönt I, 556
Richtstätte II, 740, III, 331, 341
Rido, Antonio III, 36 ff.; Grab III, 316
Ridolfi, Lorenzo III, 624, 630, 633, 653
Ridolfi, Niccolò III, 461, 465, 543, 581
Rieti, Grenzstreitigkeiten mit dem Papste, I, 404
Rieux, Marschall, III, 173
Rikimer, seine Stellung I, 104 ff.; setzt Majorianus ein I, 105; setzt ihn ab I, 107; vermählt sich I, 109; geht nach Mailand I, 112; erobert Rom I, 113; gestorben I, 113; sein Grab I, 114
Rind, ehernes I, 213
Ringkampf, unter den Goten I, 140
Riofreddo, Gianandrea di III, 27
Rioni vgl. Regionen
Ripa II, 818
Ripa, Region, III, 339 ff.
Ripa Graeca I, 318, 421
Ripa Grande III, 328
Ripa Romea III, 328
Ripaille III, 34
Ripetta II, 818, III, 534
S. Riquier, Bibliothek, I, 532
Rispampano II, 367, 504

Ristori, Fra II, 563f.
Ritterschaft Petri, Orden der III, 466
Robert von Artois II, 509
Robert I. von Capua II, 152
Robert II. von Capua II, 177, 183, 184, 186, 187, 189f.
Robert von England II, 120
Robert von Flandern II, 128, 460, 603f., 611, 613
Robert, König von Frankreich, I, 678
Robert von Genf, vgl. Clemens VII., II, 787, 792, 796, 799, 802
Robert Guiscard II, 36; seine Eroberungen II, 51; huldigt der Kirche II, 52; Zwiespalt mit Gregor VII. II, 75; besiegt Gisulf II, 94; gegen Benevent II, 95; huldigt Gregor VII. II, 95f.; griechische Pläne II, 98f.; nach Italien zurück II, 100; unterstützt Gregor II, 100; befreit ihn II, 106f.; entführt römische Säulen II, 111; in der Campagna II, 111; gestorben II, 114
Robert von Kalabrien vgl. Robert II. von Neapel
Robert II. von Neapel II, 521, 547; wird König II, 590f.; Haupt der Guelfen II, 591; Rector in der Romagna II, 596; schließt eine guelfische Konföderation II, 601; unterhandelt mit Heinrich VII. II, 601; besetzt Rom II, 601; wird von Heinrich VII. entsetzt II, 618; wird Senator II, 623; Reichsvikar II, 623; seine Stellung im deutschen Thronstreit II, 627; seine Vikare II, 627; bekämpft Ludwig den Bayern in Rom II, 652; wieder Senator II, 658; seine Vikare II, 658, 667; prüft Petrarca II, 672; gestorben II, 680
Robert von der Normandie II, 128
Rocca, Begriff, II, 317
Rocca, Lodovico de II, 754
Rocca di Papa II, 361, 388
Rocca Priora II, 388; zerstört III, 26
Rocca Secca II, 847

S. Rocco III, 308, 345
Rochetaille, Jean de III, 295
Rodgausus I, 409
Rodio, Johann de II, 759
Roffred, Abt von Farfa, I, 608
Roffred von Benevent II, 356, 555
Roffred, Graf I, 629
Roffried, Abt von Monte Cassino, II, 316
Rogata, Senatrix, II, 3
Roger I. von Sizilien II, 107, 118, 131
Roger II. von Sizilien II, 176; wird König II, 183; seine Kämpfe mit Pisa II, 186; wird Advokat der Kirche II, 186; wird von Lothar geschlagen II, 187; erobert Unteritalien wieder II, 187; stellt Victor IV. auf II, 188; nimmt Innocenz II. gefangen II, 189; erwirbt Neapel II, 190; tritt gegen Lucius II. auf II, 206; unterstützt Eugen III. II, 214; gestorben II, 221
Roger, Herzog von Apulien, II, 115, 116, 118; gestorben II, 152
Rojas, Francesco de III, 358
Roland Bandinelli II, 237f.
Roland, Kardinal, vgl. Alexander III., II, 237
Roland der Mohr III, 460
Roland von Parma II, 86
Rom, weltgeschichtliche Stellung I, 1ff.; Bedeutung im Mittelalter I, 9ff.; als aurea urbs I, 19, 515, 702; als Roma felix I, 146, II, 48; Fabeln von der Gründung der Stadt I, 702; Prophezeiungen über ihren Untergang I, 58, 76, III, 602f.; Stellung der Stadt seit Karl d. Gr. I, 467ff.; wieder als Welthauptstadt betrachtet I, 667; Stellung im XI. Jahrhundert II, 1ff., 8; zur Hauptstadt des Reiches erklärt (1312) II, 615; im XIV. Jahrhundert II, 585; als Gegenstand historischer Betrachtung II, 874f.; Gestalt unter Honorius I, 51ff.; Gestalt im XIII. Jahrhundert II, 294f., 573ff.; um 1500:

III, 324 ff.; Statuten verbessert von Paul II. III, 106; unter Julius II. III, 409 f.; unter Leo X. III, 533 f.; Konzil III, 42; Kongreß von 1463: III, 99
Romagna, kaiserliche Vizegrafen II, 349; wird päpstlich II, 499; Zustände um 1278: II, 499; Zustände um 1334: II, 663; Statistik von 1373: II, 751 f.
Romani, Titulus, I, 129
Romani II, 140, 433; ihre Türme II, 574
Romano, Cristoforo III, 316
Romano, Giulio vgl. unter Giulio
Romanus, Kaiser, I, 604
Romanus, Papst, I, 572
Romanus, Anachoret, I, 241
Romanus, Bischof von Bagnorea, I, 520
Romanus, Exarch, I, 256 f.
Romanus, Bischof von Portus, II, 368
Romanus, Graf von Tusculum, Senator der Römer II, 8; wird Papst, vgl. Johann XIX., II, 13
Romena, Ildebrand de II, 511
Romescot I, 431
St. Romuald I, 674 f., 686
Romuald von Benevent I, 309, 348
Romuald, Sohn des Arichis, I, 410
Romulus, Haus des I, 17, 24
Romulus Augustulus I, 115; abgesetzt I, 115
Roncaglia, Reichstag, II, 234
S. Rosa, Kloster, III, 337
Rose, goldene III, 188
Rosellae I, 404
Roselli, Antonio III, 244
Roselli, Cosimo III, 320 f.
Rosellini, Bernardo III, 294, 299, 301
Rosellino, Antonio III, 315
Rossebändiger vgl. Kolosse
Rossi, Familie, II, 403
Rossi, Palazzo, II, 826
Rossi, Cola III, 91
Rossi, Lodovico III, 461, 474
de Rossi, Governator, III, 601
Rosso III, 641

Rostra I, 19
Roswitha I, 693
Rot, Adam III, 251
Rota prophyretica II, 25, 148 f.
Rothard, Herzog, I, 366
Rotharis I, 302
Rothilda von Tuszien I, 557
Rotrudis, Tochter des Ratchis, I, 360
Rotrudis, Tochter Karls d. Gr., I, 412
Roussillon III, 160
Rovere, Clemens Grossus III, 373
Rovere, Cristoforo III, 121
Rovere, Domenico III, 307, 322, 327
Rovere, Felice III, 373 ff., 407
Rovere, Francesco, vgl. Sixtus V., III, 112
Rovere, Francesco Maria III, 204, 223, 226, 362, 593; von den Montefeltri adoptiert III, 372; heiratet Leonora Gonzaga III, 372; kämpft für Julius II. III, 381, 384; ermordet Alidosi III, 388; wird prozessiert III, 390; in seinen Ehren wieder hergestellt III, 392; erobert Reggio III, 402; beim Festzug Leos X. III, 438; wird aus Urbino vertrieben III, 454; erobert Urbino zurück III, 456 f.; entsagt Urbino III, 462; nimmt Urbino wieder III, 537, 551; als Befehlshaber gegen Bourbon III, 576, 578; und Frundsberg III, 589; zieht zum Entsatz von Rom III, 619 ff., 622; nach dem Sacco III, 626; begibt sich zu Clemens VII. III, 634; Feldherr der Venetianer III, 636; Stadtpräfekt III, 653
Rovere, Galeotto III, 373, 403, 412, 423
Rovere, Girolamo, Grab, III, 423
Rovere, Guidobaldo III, 454
Rovere, Hieronymus, Kardinal, III, 121
Rovere, Johann III, 118, 136, 168, 204, 226, 322; gestorben III, 226
Rovere, Julian, wird Kardinal III, 115, 117 f., 131; kämpft für die Kirche III, 118; beim Konklave Innocenz' VIII.

III, 134; wirkt gegen Ferrante III, 135ff.; seine Stellung bei Innocenz VIII. III, 140f.; im Konklave Alexanders VI. III, 149; geht nach Ostia III, 156; nach Rom III, 160f.; nach Frankreich III, 164; beim Zuge Karls VIII. III, 167, 171, 173, 175, 181 f.; unterstützt Cesare Borgia III, 202, 206; sammelt Statuen III, 270; seine Bauten an S. Pietro in Vincoli und SS. Apostoli III, 306; in Grottaferrata und Ostia III, 306; nach Rom zurück III, 358; im Konklave Pius' III. III, 358; wird Papst, vgl. Julius II., III, 361 f.
Rovere, Leonardo, Stadtpräfekt, III, 115; gestorben III, 118
Rovere, Leonardo Grosso III, 373
Rovere, Lucchina III, 373
Rovere, Lucrezia III, 375
Rovere, Nicolaus III, 373 f.
Rovere, Sixtus Gara III, 373
Rubeis, Ugolinus de II, 519
Ruccellai, Bernardo III, 273
Ruccellai, Giovanni, seine „Bienen" III, 523; seine „Rosmunda" III, 526
Rudolf von Anhalt III, 171
Rudolf, Herzog von Bayern, II, 603, 611
Rudolf von Burgund I, 564, II, 15; in Italien II, 590, 591 f.
Rudolf von Habsburg II, 386, 472; wird König II, 490f.; bestätigt die Rechte der Kirche II, 493f.; in Lausanne II, 494; Vertrag mit Nikolaus III. II, 498 f.; Vertrag mit Karl von Anjou II, 502; gestorben II, 512
Rudolf von Schwaben II, 89; Gegenkönig II, 93, 96; gestorben II, 97
Rudolf, Rector von Benevent, II, 35
S. Rufina I, 132
Ruinen, ihre Restauration unter Justinian I., vgl. Monumente, I, 231
Ruota II, 554
Rupes Tarpeja II, 200, III, 341

Ruprecht von der Pfalz II, 825, 838; gestorben II, 846
Ruscia, Schlacht, I, 210
Russel, Sir John III, 592, 595, 601
Rustici, Cencio III, 245, 339
Rusticiana I, 203
Rusticus, Gesandter Theodahads, I, 166
Rusticus, Neffe Gregors VII., II, 105
Russuti, Philipp II, 572
Rutilius von Namaz, Präfekt, I, 77, 245; sein Urteil über die Juden I, 147

S

S. Saba I, 252, 421
Sabaeus, Faustus III, 498
Sabba, Petrus II, 820
Sabellicus III, 277, 281
Sabina, den Päpsten abgetreten I, 404, 555; Marchiones I, 404; Umfang I, 443; Rectoren I, 404, 609; Verhältnisse im X. Jahrhundert I, 662 f.; wird römisch I, 609; Comites I, 609, II, 3; Bistum I, 132
S. Sabina, Gründung I, 87, 184; wird Dominikanerkloster II, 341, 563, 576; Palast II, 563; Bibliothek III, 498
S. Sabinae, Titulus, I, 126 f., 131
Sabinianus, Papst, I, 281, 286
Sabinus, Fulvius vgl. Fulvius
Sabinus, Petrus III, 271, 500, 504
Sacellarius I, 387, 433, 436
Sacchi vgl. Platina
Sacco di Roma III, 611 ff.; Literatur III, 642 f.
Sacrosanctae, Bulle, III, 390
Sadoleto III, 436, 489, 491, 493 f., 497, 501, 502 f., 516, 545, 556, 576, 642 f.
Sagundinus, Nikolaus III, 262
Sala, Bernard von II, 805
Salerno, Dom II, 111
Salinguerra von Ferrara II, 327, 329, 379
Salita di Marforio I, 20, 128, II, 199, III, 341

Register

Sallustia Barbia Orbana, Statue, III, 422
Sallustius, seine Paläste abgebrannt I,
Sallustius, Stadtpräfekt, I, 46   [71
Sallustrico III, 349
Salm, Nikolaus III, 562, 564
Salutatus Colutius II, 785, 873, 880
Saluzzo III, 583, 590, 597, 600, 619f., 622, 626, 634, 638
Salvantius, Stadtpräfekt, I, 162
Salvatio Romae II, 280f.
S. Salvatore in aerario III, 341
S. Salvatore ad duos amantes I, 714
S. Salvatore de Cacabariis III, 335
S. Salvatore de Insula et Coliseo II, 893
S. Salvatore in Lauro III, 300
S. Salvatore in Macello I, 431
S. Salvatore in Maximis II, 200, II, 341
S. Salvatore de Militia III, 350
S. Salvatore de Ossibus I, 431
S. Salvatore in Pensilis II, 427, III, 337
S. Salvatore in Primicerio III, 330
S. Salvatore de Rota Colisei II, 893
S. Salvatore ad Sancta Sanctorum II, 881, III, 302
S. Salvatore in Statera III, 341
S. Salvatore in Thermis I, 712, III, 334
S. Salvatore del Torrione I, 431
S. Salvatore in Via Ostiense I, 305
Salvi, Niccolò III, 300
Salvianus I, 117, 140
Salviati, Kapelle, I, 285
Salviati, Francesco III, 120
Salviati, Giovanni III, 461, 465
Salviati, Jacopo III, 438, 465, 595, 602, 608, 624, 627, 630, 653
Samnium, Provinz, I, 235
Sampson, Arzt, I, 161
Sanches, Rodrigo III, 276
Sancia von Aragon III, 160f., 165, 204, 358
Sancia, Gattin Richards von Cornwall, II, 443
Sancta Sanctorum I, 362; neugebaut II, 563; ausgeraubt III, 612; Christusbild I, 351

Sancta Via II, 275
Sanctio Pragmatica I, 226
Sanga III, 579
Sangallo, Antonio da III, 121, 309, 414f., 418, 532
Sangallo, Giuliano da III, 294, 306f., 312, 414f., 418, 420, 425, 505
Sängerschule Gregors d. Gr. I, 280; des Lateran II, 134
Sangineto, Philipp de II, 647
Sangro, Simon von II, 663
Sanguigni, ihre Türme II, 575
Sanguigni, Bernardo III, 138
Sanguineis, Richard de II, 835
San Micheli III, 455
Sannazar III, 216, 277, 517f., 519
Sansecondo, Giacomo III, 521
Sanseverino, Antonello III, 135
Sanseverino, Federigo III, 141, 149f., 171, 173f., 203, 218, 350, 357f., 388, 394ff., 397, 440, 443, 492
Sanseverino, Fracasso III, 358
Sanseverino, Galeazzo III, 564
Sanseverino, Gasparo III, 136
Sansovino, Jacopo III, 423f., 450, 531f., 641
Santi III, 52, 83
Santoro, Fazio III, 373
Sanzio, Raffael, sein Bildungsgang III, 431; malt in der Farnesina III, 410; baut am St. Peter III, 417f.; Charakter seiner Malerei III, 430f.; seine Stanzen III, 431ff., 528; seine Impannata III, 492; als Mäzen III, 493; malt Inghirami III, 498; sein Stadtplan III, 505f.; malt die Madonna von Foligno III, 507; Kustos der Altertümer III, 505; seine Gemälde unter Leo X. III, 527ff.; als Architekt III, 532; seine Villa III, 532; seine Schüler III, 527f., 529f.; gestorben III, 529
Sapaudus I, 229
Sapienza II, 557, vgl. Universität
Saracinesco I, 585, II, 478
Sarazenen, erobern Syrakus I, 313; Sar-

dinien I, 352; erobern Sizilien I, 497; Misenum I, 507; plündern St. Peter I, 507; plündern St. Paul I, 508; werden geschlagen I, 508; vor Ostia geschlagen I, 510; ihr Handel mit Rom I, 515; plündern die Campagna I, 549; ihr Verkehr mit Italien I, 550; von Johann VIII. geschlagen I, 551; vertragen sich mit ihm I, 552; setzen sich am Garigliano fest I, 552; nehmen Syrakus I, 557; Farfa und Subiaco I, 585; plündern die Campagna I, 584; werden von Johannes IX. geschlagen I, 588; kämpfen mit Benedikt VII. II, 10; von Friedrich II. nach Lucera umgesiedelt II, 389; unter den Hohenstaufen II, 438 f.
Sarden, ihr Kloster in Rom I, 481
Sardinia, Provinz, I, 235
Sardinien, von Totila erobert I, 213; angeblich dem Papste geschenkt I, 484; wird pisanisch II, 10; an Jakob von Aragon verliehen II, 522
Sarno, Schlacht, III, 86
Sarnus I, 218
Sarriano, Bernardo II, 509
Sarto, Andrea del III, 450, 529
Sarus I, 63
Sarzana, Kongreß, II, 793
Saschel, Georg III, 251
Sassi, Palazzo, III, 333, 423
Sassia I, 431
Sassoferrato, Ungaro di II, 754
Satrium III, 331
Saturnia I, 702
Säule des Antonius I, 23, 711
Säule des Duilius I, 510
Säule des Marc Aurel I, 23; im Besitz von S. Silvestro in Capite I, 230, 710; Dekret von 1119: II, 286
Säule des Phokas I, 270, 289
Säule des Trajan I, 20f.; Eigentum daran I, 230, 710, II, 286; Dekret zu ihrer Erhaltung II, 286
Säulen in Rom zur Zeit Poggios II, 891

Säulenbau im XIV. Jahrhundert II, 897
Sauli, Domenico III, 572
Saulis, Bandinello de III, 386, 458 f., 492; gestorben III, 460
Savelli, Familie, Ursprung II, 344; erwerben Albano II, 387; und Castel Gandolfo II, 388; ihre Besitzungen um 1287: II, 509; ihre Türme im XIII. Jahrhundert II, 575 f.; ihre Familiengruft II, 566 f.; Palast III, 337
Savelli, Antimo III, 391, 393
Savelli, Antonello III, 130 f., 187
Savelli, Antonio II, 835
Savelli, Battista II, 826, 837, 847, 857, 865, 869
Savelli, Cencius, vgl. Honorius III., II, 344
Savelli, Cola III, 24
Savelli, Filippo III, 130
Savelli, Giambattista (gest. 1498) III, 127, 129, 150
Savelli, Giambattista (1527) III, 604, 610
Savelli, Jacopo (1460) III, 88, 91
Savelli, Jakob (gest. 1287), vgl. Honorius IV.
Savelli, Jakob (1326) II, 628, 641 ff., 645, 647, 654, 659, 667 ff.
Savelli, Johann (gest. um 1279) II, 441, 447, 473, 479, 482, 508
Savelli, Johann (um 1312) II, 605 f., 610 f., 614
Savelli, Luca (gest. 1266) II, 366 ff., 473, 567
Savelli, Luca (Senator 1290) II, 466, 511, 549
Savelli, Luca (Senator 1348) II, 714 ff.; Senator II, 717; vertreibt Perotti II, 723; von Cerroni gestürzt II, 724; kämpft gegen die Senatoren II, 727; verschwört sich gegen das Volksregiment II, 792
Savelli, Mabilia II, 567
Savelli, Mariano III, 127

Savelli, Pandulf (gest. 1306) II, 473, 479, 482, 502, 507f., 511, 522f., 526, 567
Savelli, Paul II, 819
Savelli, Peter (1307) II, 606, 614
Savelli, Silvio III, 224, 229
Savello oder Sabellum, Kastell, II, 344, III, 26; restauriert durch Pius II. III, 301
Savigny, Johann II, 610, 614
Savonarola III, 146, 166, 170, 182, 196ff.
Savoyen, Grafen von (1310) II, 596
Saxo von Anagni II, 172, 175
Saxo de Helpiza II, 58
Scala, Can grande della II, 623; für Friedrich den Schönen II, 629f.; Vertrag mit Ludwig dem Bayern II, 630; bei Ludwigs Römerzug II, 639; gestorben II, 657
Scala, Mastino della II, 660f.
Scaliger, Julius Cesare III, 519
Scarampo, Mediarota Lodovico III, 36, 38, 40, 42, 44f., 73, 99, 102, 259; Admiral III, 71; seine Bauten III, 296; gestorben III, 104
Schatzgräber I, 221f.
Schaumünzen vgl. Medaillen
Schedel, Hartmann III, 154
Schertlin, Sebastian III, 585, 611f., 624ff., 636
Scheurener III, 251
Schiavonia III, 345
Schiff des Aeneas I, 17, 214; vor S. Maria in Navicella I, 492; des Tiberius III, 269
Schiffmühlen I, 175
Schindeldächer I, 509, 705
Schinner, Matthias III, 383, 386, 394, 405, 448, 482, 484, 537
Schio, Girolamo III, 646
Schisma, drittes I, 85; griechisches I, 523f.; minoritisches II, 632f.; avignonisches II, 801ff.
Schlick, Kaspar III, 18, 43, 76

Schlüssel des Apostelgrabes I, 354, 444ff.
Schola Anglorum I, 430
Schola Confessionis S. Petri I, 531
Schola Francorum I, 378, 431
Schola Frisonum I, 431
Schola Graecorum I, 421, 430
Schola Judaeorum I, 430, II, 178
Schola Langobardorum I, 431
Schola Militiae I, 320, 401
Schola sacri Palatii II, 553
Schola Saxonum I, 430; zum Hospital S. Spirito umgewandelt I, 431, II, 564
Schola Xantha II, 199
Scholae I, 429; im Ordo I, 430, II, 426
Scholae Peregrinorum I, 430
Scholastica I, 241; gestorben I, 242
Scholasticus, Exarch, I, 335f.
Schomberg, Nikolaus III, 557f., 562, 581, 588, 591, 608, 624, 646, 658
Schrift, langobardische I, 533; auf Stein seit dem XIII. Jahrhundert II, 568; zur Zeit der Renaissance II, 883f.
Schulen in Italien im VIII. Jahrhundert I, 424; im IX. Jahrhundert I, 531f.; im X. Jahrhundert I, 690; im XI. Jahrhundert II, 133f.; der Kathedralen II, 553
Schützenfeste im XIV. Jahrhundert II, 755
Schützengilde, ihre Vorsteher II, 755; ihre Räte II, 793
Schwegler, Kaspar III, 626
Schweinheim, Konrad III, 249f.
Schweizer, verbinden sich mit Julius II. III, 383f., 394, 400, 404f.; schließen Frieden mit Franz I. III, 451, 455; unterstützen Leo X. III, 447
Schweizergarde, päpstliche III, 438
Sciarra, Battista III, 61, 64
Scipio, Arzt, III, 235
Sclafetani, Jakob III, 129, 150
Scorciati, Giulio III, 438
ad Scorticlarios I, 704, 712
Scotta, Romanus II, 309

Scotti, Goffredo II, 705
Scriniarii I, 437
Scriptores III, 105
Scrofa III, 344
Sculcola II, 542
Sculgola, Familie, II, 317
Scultenna, Schlacht, I, 302
Scurgola, Schlacht, vgl. Tagliacozzo
St. Sebastian I, 249; stillt die Pest von 680: I, 316
S. Sebastiano fuori le mura I, 133, 249; Kloster I, 530
S. Sebastiano auf dem Palatin vgl. S. Maria in Pallara
S. Sebastiano in Paladio I, 707
Secretarium Senatus II, 20, 294
Secundicerius Notariorum I, 436, 666
Sedisvakanz, Verwaltung der Kirche I, 253; im VIII. Jahrhundert I, 436; politische Auswirkungen I, 539; Rechte des Herzogs von Spoleto I, 539
Segarelli, Gerhard II, 632
Segni, Grafen von I, 714, II, 7, 295, 319; päpstliche Residenz II, 291
Segovia, Johann von III, 32, 43, 191, 282
Seidenstücker, Klaus III, 585, 607, 625
Selim I. III, 462
Sella stercoraria I, 519, II, 298
Seminario, Romano III, 306
Senat, kaiserlicher, sein Verhältnis zu Rikimer I, 109; bittet bei Kaiser Zeno um das Patriarchat für Odoaker I, 116; erklärt sich für Theoderich I, 122; unter Theoderich I, 133 f.; gotische Mitglieder I, 157; bittet Justinian um Frieden I, 166; unter Totila I, 194, 204; unter Justinian I, 226; Fortdauer unter den Griechen I, 236, 262 f.; bestimmt Maß und Gewicht I, 226; sein Anteil an der Papstwahl I, 161 f.; sein Ende I, 236, 432 f.; unter Pippin I, 380; als Bezeichnung der Aristokratie I, 380, 582, 600; unter Alexander II. II, 67 f.; als Gemeinderat II, 218 ff.; seit 1144: II, 196, 209; Adel darunter II, 264; schreibt an Konrad III. II, 215 f.; schickt Boten an Friedrich I. II, 224 ff.; Vertrag mit Clemens III. II, 259 ff.; stellt die Mauern her II, 259, 285; Bestand im Jahre 1198: II, 301 f.; in den Kämpfen von 1204: II, 311 ff.; seit 1205: II, 313, 344; Konstitution Nikolaus' III. II, 501 f.; sie wird aufgehoben II, 504

Senator Romanorum I, 582, 599; Stellung II, 8 f.; Titel seit 1191: II, 265; Gehalt II, 416; Offizianten II, 416; Eid II, 417; Amtsgewalt II, 417; Amtstracht II, 417; Kontrolle über ihn II, 417 f.; Verpflichtung zur Ketzerverfolgung II, 417; Volkskapitän II, 427 f.; Wohnsitz II, 474; vom Papst gewählt II, 302, 312; Zweizahl II, 375, 428; die Wahl auf die Bürger übertragen II, 588; nur noch ein einziger II, 752; Verpflichtungen desselben II, 753; Bestimmungen Bonifatius' IX. II, 818

Senatoren, Anzahl seit 1144: II, 210; unter Johann Crescentius II, 5; unter Heinrich II. II, 8; Zahl von 1278-79: II, 502; von 1280: II, 503; von 1284: II, 507; von 1288-90: II, 511; von 1291-92: II, 512; von 1293-94: II, 513; von 1294-95: II, 519; von 1296-97: II, 522 f.; von 1300: II, 532; von 1304: II, 549; fürstliche II, 441 f.; fremde Senatoren II, 753, 820

Senatorenpalast, im XII. Jahrhundert II, 201 f.; im XIII. Jahrhundert II, 580; Neubau Bonifatius' IX. II, 882; Wappen daran II, 882 f.; Salzniederlage II, 883; Bau Nikolaus' V. III, 300, 341

Senatrix I, 582
Senatus, Gebäude, I, 20, 135
Senior, Begriff, I, 600

Senlis, Vertrag, III, 160
Septizonium I, 24, 699, 707; von Heinrich IV. erstürmt II, 105; Burg der Frangipani II, 207, 576; im XIV. Jahrhundert II, 895; im XV. Jahrhundert III, 343
Serafino von Aquila III, 290
Serena, Gattin des Diokletian, I, 128
Serena, Gattin Stilichos, I, 33, 53, 60; gestorben I, 60
Serenon III, 201
Serenus, Bischof von Marseille, I, 340
Sergius I., Papst, I, 321; verwirft das Trullanische Konzil I, 322; soll verhaftet werden I, 322; seine Weihgeschenke und Kirchenbauten I, 326; gestorben I, 326
Sergius II. I, 505; empfängt Ludwig II. I, 505; krönt ihn I, 506; schwört Lothar I, 506; gestorben I, 508
Sergius III. I, 41; im Aufstand gegen Formosus I, 567, 568, 571; versucht Papst zu werden I, 573; wird Papst I, 578; sein Charakter I, 578; baut den Lateran wieder auf I, 579; seine Liebschaft mit Marozia I, 578, 582; gestorben I, 580
Sergius IV. II, 5; gestorben II, 5
Sergius II. von Neapel I, 551
Sergius III. von Neapel II, 71
Sergius IV. von Neapel II, 176, 187
Sergius von Damaskus I, 641
Sergius de Euphemia I, 588
Sergius, Magister militum, I, 508, 548
Sergius, Bischof von Nepi, I, 608
Sergius, Patriarch, I, 303, 315
Sergius, Primicerius, I, 588
Sergius, Erzbischof von Ravenna, I, 382, 389; seine Macht I, 394; gestorben I, 394
Sergius, Sacellarius, I, 387; stürzt Constantin I, 388; nach Frankreich I, 389; seine Stellung in Rom I, 390; Aufstand gegen Stephan III. I, 391f.; dem Papst ausgeliefert I, 392; geblendet und gestorben I, 396; rehabilitiert I, 397
Sergius von Sorrent II, 71
SS. Sergius und Bacchus, Kloster, I, 362, 481, 709, II, 285
Serlio, Sebastiano III, 505
Sermoneta wird gaëtanisch II, 541; kommt an Lucrezia Borgia III, 205
Seronatus I, 112
Seron, Kanzler Moncadas, III, 593, 631, 636
Serra, Nicola della II, 724
Serristori, Palazzo, III, 327
Serrone II, 317, 363f.
Servi I, 415
Sessorium I, 49
Sette Sale III, 349
Severin, Mönch, I, 115
S. Severino, Thomas II, 516
S. Severino bei Tivoli, vgl. Sanseverino, I, 297
St. Severinus I, 275
Severinus, Papst, I, 300
Severus, Kaiser, I, 108ff.
Sextus Anicius Petronius Probus, Präfekt, I, 45
Sforno, Obadja III, 263
Sforza, Alessandro III, 42, 86, 89ff., 243
Sforza, Ascanio III, 119, 129, 134, 137, 139, 146, 149f., 155f., 161, 164, 170f., 174f., 178, 191f., 203, 209f., 359, 373; Grabmal III, 423
Sforza, d'Attendolo II, 844, 847ff.; belagert Orsini II, 852; versucht Rom zu nehmen II, 857; wird gefangen II, 864; wird Großconnetable von Neapel II, 867; kämpft gegen Braccio II, 867; nimmt Rom II, 867; im Dienst Martins V. II, 870; kämpft gegen Johanna II. III, 7; gestorben III, 7
Sforza, Beatrice III, 167
Sforza, Blanca III, 119, 160, 169
Sforza, Bona III, 119, 123
Sforza, Caterina III, 118, 206f., 209, 454
Sforza, Costanzo III, 123, 243

Sforza, Francesco III, 7 ff.; Vikar in Ancona III, 20; kämpft mit Fortebraccio III, 23; wird Hauptmann der Florentiner III, 23; heiratet Bianca Visconti III, 19; sein Krieg mit Eugen IV. III, 40, 42; schließt Frieden III, 39; neuer Krieg III, 42f.; wird Herzog von Mailand III, 53, 66; führt Krieg mit Venedig III, 66; in Mantua III, 85; unterstützt Ferdinand I. III, 86; lehnt die Teilnahme am Kreuzzug ab III, 99; gestorben III, 109

Sforza, Francesco (1529) III, 651, 660

Sforza, Francesco Maria III, 477, 482, 634, 651

Sforza, Galeazzo Maria III, 55, 83ff., 109, 111, 117; gestorben III, 119

Sforza, Gian Galeazzo III, 119, 123, 140, 147, 155; gestorben III, 168

Sforza, Giovanni III, 155, 158, 188, 372

Sforza, Hippolyta III, 71, 85, 109

Sforza, Isabella III, 147, 155, 168f., 216

Sforza, Leo III, 20

Sforza, Lodovico il Moro III, 119, 123; seine Umtriebe gegen die Aragonesen III, 155f; schließt eine Liga mit Alexander VI. III, 157; ruft Karl VIII. III, 159f.; empfängt ihn III, 167; wird Herzog III, 169; tritt gegen Karl VIII. auf III, 169, 181; schließt den Separatfrieden von Vercelli III, 183; von Ludwig XII. besiegt III, 203; erobert Mailand zurück III, 209; gefangen III, 210

Sforza, Maria III, 72, 83, 119

Sforza, Maximilian III, 405, 442f., 448, 541f., 559, 570, 573, 575, 578

Sforza, Micheletto III, 20, 22f., 38

Sforza, Ottaviano III, 119

Sforza-Cesarini, Palast, III, 151, 309

Sforzeschi III, 8

Sibylla von Sizilien II, 465

Sibylle, tiburtinische II, 200f.

Sicard von Benevent I, 501, 506

Sicilia, Provinz, I, 235

Sickingen, Franz von III, 477f.

Sico von Benevent I, 502

Sico, Bischof von Ostia, I, 625

Siconolf I, 506f.

Sidonius Apollinaris, seine Panegyrici I, 104, 109ff.; verteidigt Arvandus I, 111; seine Statue I, 21, 104

Siegfried von Mainz II, 335

Siena, Bündnis mit Rom und Manfred II, 440; Bündnis mit Rom (1267) II, 474; wird Erzbistum III, 82

Siena, Antonello von III, 19

Sigibold I, 161

Sigismund, Kaiser, II, 813, 846, 849; betreibt das Konzil II, 851, 854; sagt das Konzil an II, 854f.; gekrönt II, 859; in Konstanz II, 859ff.; besucht Benedikt XIII. II, 861; in Mailand gekrönt III, 17; schützt das Basler Konzil III, 16; seine Romfahrt III, 16f.; zum Kaiser gekrönt III, 18; Rückkehr III, 18; gestorben III, 32

Sigismund von Tirol III, 86

Signorelli, Luca III, 320, 428, 432

Signorili, Niccolò II, 878, III, 48; verzeichnet die Rechte der Stadt III, 4; sammelt Inschriften III, 270f.

Silva Candida, Bistum, I, 132; zerstört I, 508; von Sergius III. beschenkt I,

Silvanus III, 515   [578

Silverius, Papst, I, 171; nach Lykien geschickt I, 184f.; gestorben I, 197

Silvester I., Papst, I, 41, 127ff., 130

Silvester II., vgl. Gerbert, er wird Papst I, 675; sein Auftreten I, 679; Verhältnis zu Otto III. I, 679; kirchliche Erfolge I, 680; ruft Otto III. I, 681; beredet Tivoli zur Unterwerfung I, 684; beim Tode Ottos III. I, 687; in Todi III, 686; seine Bemühungen um die Literatur I, 695; seine Studien I, 695; verleiht Terracina I, 695; gestorben II, 3; Grab II, 3

Silvester III. II, 20; vertrieben II, 21; entsetzt II, 23

Silvester IV. II, 141

Silvester, Guido Posthumus III, 466, 517f.

Silvestri, Titulus, I, 127

S. Silvestro in Capite, Kloster, I, 704, III, 346; erwirbt die Marc Aurel-Säule I, 230, 710; Gründung I, 359, 384; Nonnenasyl II, 713

Silvia, Mutter Gregors d. Gr., I, 252, 284

Simon, Kardinal, vgl. Martin IV., II, 444f., 448, 455, 503

Simon Graf von Chieti II, 390f.

Simon Magus II, 32

Simone von Florenz III, 311, 313

Simoneta III, 243

Simonetta III, 119

Simonetto, Fra III, 66

Simonie I, 162, II, 32, 81

Simplicius, Papst, I, 115, 120, 150

Singarich I, 91

Sinibaldi II, 575

Sinibaldi, Jacobus III, 174

Sinigaglia III, 474

Sinolfo III, 228

Siponto III, 621, 630, 634

Siricius, Papst, I, 39

Sisinnius, Papst, I, 330

S. Sisto in Via Appia I, 127, 129, II, 341

Sisto, Fra II, 562ff.

Sitten, Kardinal von, vgl. Schinner

Sittich, Marx III, 455, 562

Sixtus II. I, 127

Sixtus III. I, 48, 87, 126; baut S. Maria Maggiore neu I, 50, 87; gestorben I, 89; baut das Baptisterium des Lateran I, 301

Sixtus IV., seine Jugend III, 112f.; wird Papst III, 113; betreibt den Türkenkrieg III, 113; sein Nepotismus III, 114; seine Beteiligung an der Verschwörung der Pazzi III, 119ff.; schließt eine Liga gegen die Medici III, 122; bannt Florenz III, 122; absolviert es III, 123; führt Krieg gegen Ferrara III, 125f.; mit den Colonna und Neapel III, 126ff.; schließt Frieden III, 129; führt Krieg mit den Colonna III, 130f.; gestorben III, 132; Charakter III, 132f.; Grab III, 314; seine Tätigkeit für das capitolinische Museum III, 267; für Rom III, 303ff., 316; für die vatikanische Bibliothek III, 248, 265

Sixtus, Konsiliator, II, 214ff.

Sizilien, von Belisar erobert I, 165; von Totila erobert I, 213; Kornkammer Roms I, 256, 265f., 362; Patriziat I, 442; von den Sarazenen erobert I, 497; angeblich dem Papst geschenkt I, 484; wird Monarchie II, 183; Karl von Anjou angetragen II, 412, 442ff.

Skabinen I, 667

Skanderbeg III, 92

Skeptizismus der Renaissance III, 490

Sklaven, Freilassung I, 416

Sklavenhandel im VIII. Jahrhundert I, 408

Skulptur, Verfall I, 39; im V. Jahrhundert I, 110f.; unter Leo III. I, 480; im XII. Jahrhundert II, 291; in Rom im XIII. Jahrhundert II, 569f.; im XIV. Jahrhundert II, 883f.; unter Sixtus IV. III, 310f.; in der Renaissance III, 311ff.; im XVI. Jahrhundert III, 423; unter Julius II. III, 423; unter Leo X. III, 530

Smaragdus, Exarch, I, 249

Soana wird päpstlich I, 404

Soderini, Francesco III, 123, 233, 235, 403, 435, 458ff., 492

Soderini, Giuliano III, 551

Soderini, Piero III, 371, 435, 440, 449, 537f., 542, 549, 551f., 554ff.

Soderini, Tommaso III, 650

Sodoma III, 413, 428, 432

Sokrates, Byzantiner, I, 75

Soldbanden vgl. Kompanien

Solidus I, 145

Soliman d. Gr. III, 546, 551, 659

Sophia, Kaiserin, I, 233
Sora I, 327, 411; Grafschaft II, 316
Sora, Palast, III, 333
Sordello II, 560
Sorella II, 315f.
Soriano II, 503; Schlacht III, 187
Spanocchi, Alessandro III, 357
Spannocchi, Ambrosio III, 93
Specchio, Bonanno III, 90f.
Speyer, Reichstag (1310) II, 589, 595; 1526: III, 583
Spiele in Ravenna I, 332; in Rom im V. Jahrhundert I, 33f., 64.; im XIII. Jahrhundert II, 365; im XIV. Jahrhundert II, 888ff.
Sphaerula III, 495
Spinelli, Johann II, 867
Spinelli, Florentiner Wechsler, III, 58
Spinola, Agostino III, 603
Spinola, Francesco III, 30
S. Spirito, Hospital, Gründung I, 431, II, 563f., III, 325, 327; Neubau Sixtus' IV. III, 304f.; Fresken III, 321
Spiritualen, vgl. auch Coelestiner, II, 343
Spoleto, von Narses erobert I, 216; Herzogtum I, 348; unterwirft sich dem Papst I, 403; wird fränkisch I, 404; Rechte des Herzogs bei der Sedisvakanz I, 471; von Friedrich I. zerstört, II, 232; Herzöge II, 305; wird päpstlich II, 305, 349; Synode I, 85
S. P. Q. R. um 1231: II, 363, 365
Squarcialupis, Pietro III, 391, 400
Squillace, Vaterstadt des Cassiodorus,
Stabat mater II, 525, 561   [I, 245
Stacio, Johannes de II, 310
Stadium Domitiani I, 23; im X. Jahrhundert I, 712
Stadtbeschreibungen des IX. und X. Jahrhunderts I, 698 ff.; des XVI. Jahrhunderts III, 504f.
Stadtplan, kapitolinischer I, 158; von Rom I, 699; mittelalterlicher II, 581, III, 353; Schedels und mantuanischer III, 353; zur Zeit Innocenz' III. III, 353; Raffaels III, 505f.
Stadtpräfekt vgl. Praefectus Urbis
S. Stanislao della nazione Polacca III, 337
Statii, ihre Türme, II, 575
Statii, Laurentius II, 606
Statuen, antike, von Constantin entführt I, 35f.; vor Zerstörung geschützt I, 36; Anzahl I, 36; von den Vandalen entführt I, 101; zur Zeit Theoderichs I, 136; vor Theoderich geschützt I, 137; zur Zeit Prokops I, 213; von Tieren I, 214; sie werden eingeschmolzen I, 61; jüdische Bronzestatuen I, 36; antike von Constans geraubt I, 313; von den Sarazenen I, 313; Sagen über sie I, 700, II, 278f.; sie werden zu Kalk verbrannt I, 707, II, 890f.; klingende Statuen I, 700; als Ehrenerweisungen errichtet II, 569f., III, 316; ihre Anzahl am Anfang des XV. Jahrhunderts II, 891; gesammelt seit dem XV. Jahrhundert III, 266f.
Statuetten im XV. Jahrhundert III, 315f.
Statutarii II, 427
Statuten der italienischen Gemeinden II, 555; von Rom II, 555, 558f., 838; von Paul II. revidiert III, 106ff.
Stefaneschi, Familie, III, 328; ihre Türme II, 574
Stefaneschi, Giulio III, 392
Stefaneschi, Jakob II, 532, 557, 573; seine Dichtungen II, 561f.; seine Vita Coelestins V. II, 514f., 562
Stefaneschi, Lello di Pietro II, 877
Stefaneschi, Martin II, 668f.; gestorben II, 691
Stefaneschi, Petrus (Senator 1293), II, 509, 513
Stefaneschi, Pietro (gest. 1417) II, 829, 831, 836, 838, 847, 855, 865f.; gestorben II, 867; Grab II, 884

Stefani, Johann II, 881
Stefani, Petrus II, 473, 580
Stefania Rubea II, 384
S. Stefano neben S. Lorenzo I, 120
S. Stefano in Caco III, 339
S. Stefano delle Carozze I, 715
S. Stefano e Ciriaco, Kloster, Gründung I, 608
S. Stefano an der Via Latina I, 108
S. Stefano, Kloster bei St. Peter, I, 480
S. Stefano in Piscinula I, 680
S. Stefano Rotondo I, 120; restauriert
S. Stefano in Trullo III, 347 [III, 300
S. Stefano degli Ungari I, 680
Steigbügelstreit II, 223f.
Steinbrüche des Staats I, 37
Steinschneider III, 316, 531
Stephan II., Papst, I, 150, 363; unterhandelt mit Aistulf I, 364; erbittet Hilfe von Byzanz I, 364; von Pippin I, 365; reist zu Aistulf I, 366; nach Frankreich I, 366; salbt Pippin I, 367; sein Vertrag mit Pippin I, 367; kehrt nach Rom zurück I, 370; die pippinische Schenkung I, 370ff.; bittet Pippin erneut um Hilfe I, 371f.; erwirbt das Exarchat I, 374; unterstützt Desiderius I, 378; bewegt Spoleto und Benevent zum Abfall von Desiderius I, 380f.; seine Bauten I, 383ff.; gestorben I, 378
Stephan III., er wird Papst I, 388; schreibt an Pippin I, 389; seine Synode I, 389f.; seine Stellung zu Desiderius I, 390; kommt mit Desiderius zusammen I, 391; sein Anteil am Untergang des Sergius und Christophorus I, 392; rät den Frankenkönigen von einer langobardischen Heirat ab I, 393; ordnet die ravennatischen Wirren I, 394; gestorben I, 395
Stephan IV. I, 482; geht nach Frankreich I, 482; salbt Ludwig den Frommen I, 482; bestätigt die Privilegien von Farfa I, 487; gestorben I, 483

Stephan V., seine Wahl I, 562f.; krönt Guido von Spoleto I, 566; gestorben I, 566
Stephan VI. I, 570; hält ein Totengericht über Formosus I, 570f.; gestorben I, 572; Grab I, 572
Stephan VII. I, 594
Stephan VIII. I, 609f.
Stephan IX., vgl. Friedrich von Lothringen, er wird Papst II, 43; seine Umgebung II, 47; seine Pläne II, 48; gestorben II, 48
Stephan der Heilige I, 680
Stephan, Kardinal von St. Chrysogonus, II, 47, 55
Stephan, Kardinal von S. Maria in Trastevere, II, 368, 394
Stephan Arcarius I, 588
Stephan von Chartres II, 128
Stephan de Imiza I, 622
Stephan, Bischof von Neapel, I, 389
Stephan, Dux von Neapel, I, 398
Stephan Normannus (1118) II, 165, 167f.
Stephan Normannus (1268) II, 478
Stephan, Dux von Rom, I, 353, 357
Stephan, Secundicerius, I, 548, 588
Stephan, Stadtpräfekt, II, 68
Stephan, Vestiarius I, 622, 629
Stephan, Bruder des Cencius, II, 92f.
Stephania, Gattin Hadrians II., I, 540
Stephania, Gattin des Crescentius, I, 660
Stephanus, Primus der Defensoren, I, 588
Stercoraria vgl. Sella Stercoraria
Sterz, Albert II, 761
Steuern vgl. Abgaben
Stier, farnesischer I, 24
Stiergefechte II, 888
Stil, byzantinischer I, 47
Stilicho I, 53; siegt bei Florenz I, 55 gestorben I, 55; seine Statue I, 55 seine Religion I, 56f.
Stilo, Schlacht, I, 642

Stobaeus, Johann III, 509
Strada, Janobi da III, 244
Strascino III, 494
Straßen in Rom im X. Jahrhundert I, 704f.; werden gepflastert III, 296, 303
Straßennamen im X. Jahrhundert I, 704; im XIV. Jahrhundert II, 896
Strozzi, Antonio III, 400, 403
Strozzi, Filippo III, 465, 581f., 587, 602, 624
Strozzi, Matteo III, 438, 650
Stuart, John III, 560f., 566
Stutereien, päpstliche, vgl. Gestüte, I, 266
Sub Capitolio, Region, I, 637
Subdiakonen I, 265
Subiaco, Name I, 516; Klostergründung I, 241 f.; das Kloster zerstört und hergestellt I, 330; Klosterbauten Leos IV. I, 516; von den Sarazenen zerstört I, 585; das Kloster erwirbt das Castrum Sublacense und S. Erasmo I, 608; wird von Benedikt VII. geweiht I, 640f.; seine Stellung im XI. Jahrhundert II, 136; erwirbt Pontia und Affile II, 143; Registrum II, 136; Santo Speco II, 136; Burg III, 218, 309; Druckerei III, 249
Subura I, 16, 17; im X. Jahrhundert I, 716; im XV. Jahrhundert III, 350
Subura, Pandulf II, 307, 309ff., 359
Sueno, König von Dänemark, II, 81
Suetonius, De viris illustribus III, 246
Suffolk, Richard III, 562, 564, 646
Sugerius, Abt, II, 285
Suidger von Bamberg, vgl. Clemens II., II, 23
Sujo, Schlacht, III, 366
Sümpfe, decemnovische I, 170
Superista Palatii I, 438
Supino, Barone II, 317
Supino, Adenolf von II, 542
Supino, Rainald von II, 540, 543f.; gebannt II, 549

Surdi II, 478
Surdi, Stephanus II, 567
S. Susanna, Heilige, I, 128
S. Susanna, Kirche, I, 128; von Leo III. hergestellt I, 448; Mosaiken I, 448
S. Susannae, Titulus, I, 128, 131
Sutri, von Liutprand dem Papst geschenkt I, 347; Synode von 1046: II, 23; Synode von 1059: II, 49
Symmachus, Papst, I, 124, 148; seine 1. Synode I, 125; verklagt und freigesprochen I, 148f.; seine Bauten I, 127, 149ff.; gestorben I, 150
Symmachus, Jude, I, 154
Symmachus, Patrizier, I, 66, 139, 151ff., 227
Symmachus, Präfekt, I, 30, 85
Symmachus, Präfekt und Pontifex, I, 32
Synagoge, älteste römische I, 147; wird verbrannt (521) I, 148; zerstört III, 177
Syndici des Klerus II, 751
Syndikat des Senats II, 418
Synisacti I, 70
Synode, von 499: I, 125; des Lateran von 769: I, 389f.; von 863: I, 523; von 898: I, 572, 573f.; von 963: I, 622f.; von 996: I, 652
Synodika I, 307
Synodus Palmaris I, 148
Syphilis III, 184, 494, 518
Syrakus, im Mittelalter I, 313f.; von den Sarazenen genommen I, 559

T

Tabelliones I, 430, 437
Taberna Campagna III, 331
Taberna Meritoria I, 126
Taberna Solis III, 331
Tabularium II, 202; als Salzmagazin II, 883, 893; restauriert III, 265
Tacitus, seine Annalen III, 245f., 497; seine Germania III, 246
Tagebücher vgl. Diaria
Taginas, Schlacht, I, 215

Register

Tagliacozzo, wird colonnesisch III, 137, 199; Schlacht II, 480f.
Tammus, Graf, I, 660, 686
Tancred, Kreuzfahrer, II, 128
Tancred von Hauteville II, 34
Tancred von Sizilien II, 261, 265
Tannetus, Schlacht, I, 215
Tarent, von Walther von Brienne beansprucht, II, 315; den Frangipani zugesprochen II, 402
Tarlati, Guido II, 639f.
Tarquinia, von den Sarazenen zerstört I, 514
Tarquinius II, 4
Tartaglia II, 853, 864f., 867, III, 24
Tartaren II, 383
Tassia, Gemahlin des Ratchis, I, 360
Taus III, 16
Tausend Jahre nach Christus I, 681f.
Tebaldeo, Antonio III, 290, 501, 521, 641
Tebaldi vgl. Tibaldi
Tedald, Bischof von Arezzo, II, 134
Tedald von Canossa II, 29, 159
Tedald, Erzbischof von Mailand, II, 82, 94
Teja, in Verona I, 215; wird König I, 216; tötet die römischen Geiseln I, 217; geht nach Kampanien I, 218; verliert seine Flotte I, 218; gestorben I, 219
Telegonus II, 4
Telemachus I, 55
Tempel vgl. auch Templum
Tempel, im V. Jahrhundert I, 27, 34ff.; von den Kaisern geschützt I, 29; werden geschlossen I, 29, 33; für Staatseigentum erklärt I, 34; sollen zerstört werden I, 34; ihre Gefälle eingezogen I, 34; in christliche Kirchen verwandelt I, 34, 288
Tempel des Aeskulap I, 26
Tempel des Antoninus und der Faustina II, 893
Tempel des Apollo I, 24, 214
Tempel des Caius und Lucius I, 221
Tempel der Ceres, zerstört III, 506
Tempel des Cicero II, 276
Tempel des Claudius I, 15, 120
Tempel der Concordia I, 19; restauriert I, 29; dient als Kirche I, 709; wird zerstört II, 893
Tempel der Dea Bona I, 24
Tempel der Diana, auf dem Aventin, I, 24, 127
Tempel der Faustina I, 17, III, 342
Tempel der Flora I, 17
Tempel der Fortuna Virilis I, 35, 317, 421, 715, II, 893
Tempel des Friedens I, 16, 147, 158; Ruinen I, 16, 213; im XV. Jahrhundert III, 342, vgl. Templum Pacis
Tempel des Herkules, sullanischer, I, 17; am Forum Boarium I, 421; abgerissen III, 265
Tempel des Janus I, 20, 181, II, 276
Tempel der Isis und des Serapis I, 16, 23
Tempel der Isis Patricia I, 17
Tempel des Julius II, 276
Tempel der Juno Lucina I, 49
Tempel der Juno Moneta II, 199f.
Tempel der Juno Regina I, 24
Tempel des Jupiter Capitolinus I, 19, 26; seine Lage II, 200; von den Vandalen geplündert I, 99; die Statue des Jupiter eingeschmolzen I, 94
Tempel des Jupiter Latiaris II, 388
Tempel des Jupiter Stator I, 17, II, 276; zur Zeit Poggios II, 893
Tempel des Jupiter Victor I, 24
Tempel der Kastoren I, 20
Tempel des Mars I, 15, 127, II, 276f.
Tempel des Mars Ultor I, 20
Tempel der Minerva I, 20, 23, 24; vom Feuer zerstört I, 113
Tempel der Minerva Medica I, 17
Tempel der Pallas II, 276
Tempel der Pudicitia Patricia I, 421, III, 340

Tempel des Quirinus I, 17; angeblich zum Treppenbau für Aracoeli verwendet II, 881
Tempel der Roma und Venus I, 16; seines Daches beraubt I, 293, 312; Zustand zur Zeit Poggios II, 893
Tempel des Romulus I, 158; zur Zeit Poggios II, 893
Tempel des Salus I, 17
Tempel des Saturnus I, 19; zerstört II, 893
Tempel der Sonne I, 19, 40; in den Mirabilien II, 276; im XV. Jahrhundert
Tempel des Tellus I, 17   [III, 351
Tempel des Titus I, 19
Tempel des Vespasian I, 19
Tempel der Vesta I, 20, 35; angeblicher I, 421, 715; von Sixtus IV. restauriert III, 265
Tempelherren, aufgehoben II, 624
Templum vgl. auch Tempel
Templum Concordiae et Pietatis I, 708
Templum Fatale I, 20, 181, 709
Templum Fauni I, 26, 120
Templum Jovis et Severianum II, 276
Templum Lentuli II, 276
Templum Olovitreum II, 275
Templum Pacis, Region, I, 16f., vgl. Tempel des Friedens
Templum Probi I, 45, III, 300
Templum Refugii I, 709
Templum septem solia I, 708
Templum Sibyllae I, 715
Tempuli, Kloster, I, 482
Tenuta I, 266
S. Teodoro, Gründung, I, 295; Mosaiken I, 296; restauriert I, 296; wundertätiger Ruf I, 296; Neubau III, 300
Teppiche, Fabrikation im VIII. Jahrhundert I, 420; in den Kirchen I, 362, 419
Terebinthus Neronis II, 25, 272
Terentius, Verbreitung seiner Komödien im X. Jahrhundert I, 691; Codex des Hrodgarius I, 691

Termini II, 365
Terra Arnulphorum II, 752
Terracina I, 409, 442; von Hadrian I. erobert I, 409; wird päpstliches Lehen I, 672; Verhältnisse im XII. Jahrhundert II, 266; Verhältnis der Stadt zu den Frangipani II, 266, 312; von Brancaleone bedrängt II, 420; Verfassung Pius' II. III, 91
Tertullian I, 58
Tertullus, Konsul, I, 62
Tertullus, Patrizier, I, 242
Testaccio I, 422; Spiele II, 662, 888f., III, 340
Tetzel III, 467
Thaddäus von Suessa II, 392, 394f.; gestorben II, 404
Theater, unter den Goten I, 140f.; im X. Jahrhundert I, 691f.; im XV. und XVI. Jahrhundert III, 524f., 527
Theater des Balbus I, 22, 140
Theater des Marcellus I, 22, 140; als Kastell II, 160, 576; im XV. Jahrhundert III, 336f.
Theater des Pompejus I, 22, 49, 139, 140; von Theoderich hergestellt I, 139; im X. Jahrhundert I, 699, 715; im XV. Jahrhundert III, 296, 331
Theatiner III, 494, 557, 614f.
Theatrum, Begriff im X. Jahrhundert I, 701
Theatrum Antonini I, 715
Theatrum Romanum I, 139
S. Thecla, Kloster, I, 383
Theobald von Bar, Bischof von Lüttich, II, 596, 603, 607
Theobald, Abt von Monte Cassino, II, 12
Theobald, Graf von der Provence, I, 591
Theobald, Stadtpräfekt, II, 185, 191, 261
Theodahad, wird Mitregent I, 164; sein Charakter I, 164; verbannt Amalasuntha I, 164; schließt Frieden mit

den Griechen I, 166; sein Verhältnis zum Senat I, 167; besetzt Rom I, 167f.; verhaftet die Gesandten Justinians I, 169; zieht gegen Belisar I, 169ff.; wird abgesetzt I, 170; stellt Statuen her I, 214; setzt Silverius als Papst ein I, 171; gestorben I, 170
Theodat, Onkel Hadrians I., I, 451
Theodebert I, 208
Theodelinde I, 256, 274, 283
Theoderich, König der Ostgoten, zieht nach Italien I, 121f.; sein Verhältnis zu Byzanz I, 121; wird König von Italien I, 121; seine innere Politik I, 133ff.; er entscheidet die Papstwahl I, 125; in Rom I, 134ff.; schützt die Bildsäulen I, 137; seine Sorge für Rom I, 136; Geschenke an St. Peter I, 146; sein Verhältnis zur Kirche I, 146; seine Reskripte I, 136ff.; sein Edikt über die Wagenlenker I, 144; über die Juden I, 148; er beruft ein Konzil I, 148; stellt die appische Straße her I, 155; trocknet die pontinischen Sümpfe aus I, 155; seine Stellung zu Johannes I. I, 150; er verbietet das Waffentragen I, 151; zerstört St. Stephan in Verona I, 151; setzt Johann I. gefangen I, 154; läßt Boethius und Symmachus hinrichten I, 151ff.; ernennt Felix IV. I, 154; gestorben I, 154; Legenden über ihn I, 154f.; sein Grab I, 155; seine Statuen I, 155; sein Charakter I, 155; seine Statuen werden nach Aachen geschafft I, 407
Theoderich II., Westgotenkönig, I, 104
Theoditius, Herzog von Spoleto, I, 387
Theodora, Gemahlin Justinians, I, 184, 197
Theodora I., Senatrix, I, 578; macht Johann X. zum Papst I, 580; ihre Persönlichkeit I, 581
Theodora II. I, 582
Theodoranda I, 609, 629, 637, II, 3

Theodoricus, Senator, I, 144
St. Theodorus I, 295
Theodorus I., Papst, I, 302; empfängt Pyrrhus I, 304; verflucht ihn und Paulus I, 304; gestorben I, 304; seine Bauten I, 304f.
Theodorus II., Papst, I, 572
Theodorus, Neffe Hadrians I., I, 451
Theodorus, Bischof, I, 388
Theodorus, Musiker, I, 424
Theodorus, Patrizier, I, 331
Theodorus, Presbyter, I, 319, 321
Theodorus, Primicerius, I, 483; gestorben I, 488
Theodorus, Erzbischof von Ravenna, I, 315
Theodorus de Rufina I, 622, II, 139
Theodorus, Scriniarius, I, 520
Theodorus, Senator, I, 153
Theodorus Calliopa, Exarch, I, 303; zum zweitenmal Exarch I, 306; verhaftet Martin I. I, 307
Theodorus Pelarius I, 306
Theodosius d. Gr. schließt die Tempel I, 32; baut S. Paolo um I, 46
Theodosius II., befiehlt die Zerstörung der Tempel I, 34; bekämpft Johannes I, 86
Theodosius, Bruder Constans' II., I, 308, 338
Theodosius, Sohn des Athaulf, I, 91
Theodotus, Primicerius der Notare, I, 395
Theodulf von Orléans I, 423, 485
Theoktista I, 249
Theophano I, 634; heiratet Otto II. I, 636; wird gekrönt I, 636; Regentin I, 646; geht nach Rom I, 646; gestorben I, 649
Theophylactus, griechischer Admiral, I, 550
Theophylactus, Konsul und Dux und Senator der Römer, I, 578, 581; kämpft gegen die Sarazenen I, 588; seine Nachkommen II, 4

Theophylactus, Archidiaconus, I, 378
Theophylactus, Exarch, I, 327
Theophylactus, Patriarch, I, 604
Theophylactus, Saccellarius, I, 588
Theophylactus, Graf von Tusculum, vgl. Benedikt VIII.
Theophylactus, Vestararius, I, 602
Thermantia, Kaiserin, I, 45, 60
Thermen kommen außer Gebrauch I, 175
Thermen des Agrippa I, 23
Thermen der Agrippina I, 287
Thermen des Caracalla I, 16, 24, III, 340, im XIII. Jahrh. II, 577
Thermen des Commodus I, 15
Thermen des Constantin I, 16, 40, 214, 230; hergestellt I, 18; zerstört I, 230; als Festung der Colonna II, 577; zur Zeit Poggios II, 894; im XV. Jahrhundert III, 350f.
Thermen des Decius I, 24
Thermen des Diokletian I, 16, 18, 40; im Gebrauch I, 128; im XV. Jahrhundert III, 349
Thermen des Domitian zur Zeit Poggios II, 894
Thermen des Nero I, 23
Thermen des Novatus I, 17, 39
Thermen der Olympias I, 17, 48
Thermen des Severus I, 15; zur Zeit Poggios II, 894
Thermen des Sura I, 24
Thermen des Titus I, 16, III, 420, 529
Thermen des Trajan I, 16; neuerbaut durch Symmachus I, 115; im XIII. Jahrhundert II, 577
Thesaurarius II, 752
Theutgaud von Trier I, 527; amnestiert I, 539
Thiutberga I, 527, 541
Thomas von Acerra II, 461
Thomas von Aquino II, 342, 556; seine Lehre über Kaiser und Papst II, 634f.
Thomas Becket, Erzbischof von Canterbury, II, 250

Thomas von Celano II, 561
S. Thomas in Formis II, 564
Thomas de Montenigro II, 386
Thomas Palaeologus III, 85, 95f.
S. Thomas in Parione III, 333
Thomas von Spoleto II, 754
Thomas, Wagenlenker, I, 143
Thymelici I, 691
Tiara, päpstliche, I, 538, II, 296, vgl. Mitra
Tibaldeschi, Francesco, Kardinal, II, 794, 796ff., 801
Tibaldi, Pierpaolo III, 610, 637
Tibaldi, Simon III, 610
Tibaldo von Campo di Fiore II, 605, 610
Tibaldo von S. Eustachio II, 606, 641ff., 659, 668
Tiber, Statue, III, 422
Tiber, überschwemmt (589) I, 250, 287; 716: I, 337; 791: I, 413; 856 und 860: I, 521; 1230: II, 359; 1495: III, 184; 1530: III, 658
Tiberinsel, vgl. Insula Tiberina, I, 26; Name I, 682; um 1500: III, 329
Tiberius I., Kaiser, seine Villa entdeckt III, 269; Legenden von ihm I, 329f.
Tiberius Apsimar I, 326; gestorben I, 328
Tiberius Petasius I, 349
Tibur vgl. Tivoli
Tiene, Gaëtanus III, 494, 546, 614
Tiepolo, Jacopo II, 555
Tiepolo, Pietro II, 374
Tierhetzen unter den Goten I, 140ff.
Tigillum Sororium I, 17
Tigridae, Titulus, I, 127, 131
Tigridis, Titulus, I, 127, 131
Timotheus I, 39
Tiniosus vgl. Johannes Tiniosus
Tita III, 323
Tituli I, 125ff., 132; Bedeutung I, 130ff.; errichtet unter Marcellus I. I, 132; unter Honorius II. I, 132; konstantinopolitanische nach Italien

übertragen I, 422; unter Leo III. I, 480f.; Anzahl im X. Jahrhundert I, 622

Tivoli, Name I, 683; von Belisar besetzt I, 187; von Totila erobert I, 195; und befestigt I, 208; Zustand im X. Jahrhundert I, 683; empört sich gegen Otto III. I, 684; Verfassung im XII. Jahrhundert II, 191; Stellung im Investiturstreit II, 191; Krieg mit Rom II, 99, 191 f.; verliert die Mauern II, 211; wird von den Römern überfallen II, 211; wird an Hadrian IV. übergeben II, 231; von Rom unterworfen II, 420f.; schließt mit Rom einen Vertrag (1259) II, 432; Grafen II, 432, 504; Burg III, 301

Tod, schwarzer II, 719, 766

Todeschini, Nanni III, 92

Todi, Verhältnis zu Rom im XIII. Jahrhundert II, 351; Statuten von 1337: II, 686f.; Synode I, 686

Todinus II, 136

Toledo, Pedro de III, 653

Tolentino, Nicolaus Graf von III, 636

Tolfa, Alaungruben, III, 98

Tolomeis, Raimund de II, 753

Tolomeo, Giacomo III, 93

Tomacelli, Andreas II, 822f.

Tomacelli, Antoniello II, 827, 830

Tomacelli, Johann II, 822

Tor vgl. auch Porta

Tor, capenisches (Porta Capena) I, 170

Tor St. Peters I, 174

Tore, antike I, 13; im X. Jahrhundert I, 632; zur Zeit Poggios II, 895

Tornabuoni, Simone III, 580

Torquemada, Juan III, 31, 44, 159, 249, 251, 302; Grab III, 315

Torre Argentina III, 334

Torre de' Conti, gebaut II, 577; durch Erdbeben beschädigt II, 577, 720; abgetragen II, 577

Torre Foschi de Berta III, 352

Torre Marana II, 286

Torre di Mezza Via II, 832

Torre delle Milizie II, 274, 577f.; wird gaëtanisch II, 541, 550; wieder annibaldisch II, 604; Heinrich VII. übergeben II, 605; durch Erdbeben beschädigt II, 720

Torre Monzone II, 287f.; zerstört II, 615

Torre di Nona III, 222, 329

Torre Pignattara I, 49

Torre del Quinto I, 522

Torre dei Sanguigni III, 330

Torre, Gaston della II, 598

Torre, Guido della II, 597f.

Torre, Martinus della II, 428

Torre, Paganino della II, 586

Torri, stehen gegen Heinrich VII. auf II, 598f.

Torso des Belvedere vgl. Herkules

Torstayn II, 12

Tortelli, Giovanni III, 248

Torti, Janottus II, 837, 844

Tortona I, 107

Toscana, Lorenzo III, 601

Toscanella, dem Kapitol unterworfen II, 532; Verminderung des Jahreszinses II, 693

Toscano, Matteo III, 267

Toskana, Eidgenossenschaften, II, 305 ff.

Totila, wird König I, 193; zieht nach Unteritalien I, 193; besucht St. Benedikt I, 193, 242; nimmt Benevent und Neapel I, 193; schreibt an den Senat I, 194; zieht gegen Rom I, 195f.; nimmt Tivoli I, 195; in Mittelitalien I, 196; belagert Rom I, 196; nimmt Rom I, 202; plündert Rom I, 202f.; läßt die Mauern niederreißen I, 204; sein Briefwechsel mit Belisar I, 204f.; hat Rom nicht zerstört I, 205f.; geht nach Lukanien I, 206; belagert Rom zum zweitenmale I, 208; will heiraten I, 208; befestigt Tivoli I, 208; kämpft in Unteritalien I, 209; schlägt

Johannes I, 209; siegt bei Ruscia I, 210; zieht zum drittenmal gegen Rom I, 211; erobert Portus I, 211; nimmt Rom I, 211; belagert Civitavecchia I, 213; erobert Sizilien, Sardinien und Korsika I, 213; in Rom I, 215; bei Taginas geschlagen und gestorben I, 215; Charakter I, 216
Toto, Dux, I, 385f., 440; gestorben I, 388
Tournon, Kardinal, III, 660
Tours III, 385
Traetto, Grafen, I, 588
Tragödien zur Zeit der Renaissance III, 526f.
Translationen I, 501f.
Transtiberim vgl. Trastevere
Trasamund, tritt dem Papst Gallese ab I, 352; empört sich und flieht nach Rom I, 353; nimmt Spoleto I, 353; unterwirft sich I, 356
Trasmundus, Marsengraf, II, 7, 35
Trastemare, Heinrich von II, 787
Trastevere I, 25, 113; brennt ab I, 205; verliert die bürgerlichen Rechte II, 819; im XV. Jahrhundert III, 327ff.; Kirchen in Trastevere III, 327f.
Trausnitz, Vertrag von 1325: II, 638
Traustila I, 97
Traversari III, 13, 48, 247, 266, 271; auf dem Basler Konzil III, 31; als Humanist III, 244, 263
Traversari, Paul II, 379
Trebicum II, 152
Treglio III, 347
La Trémouille III, 172, 210, 232, 234, 378, 442, 564
Tres Faccielas oder Falciclas I, 413, III, 346
Tres Tabernae, Bistum, I, 442
Treuga Dei II, 17f.
Trevi, Burg, II, 542
Trevi, Fontana, III, 300
Trevi, Region, III, 347f.
Trevisano, Domenico III, 382f.

Trevisano, Zaccaria II, 823
Treviso, purpurnes Kastell, II, 888
Tria Fata I, 135, 181, II, 197
Tribuna, Titel, I, 440
Tribuni I, 236, 260; im VIII. Jahrhundert I, 372; im X. Jahrhundert I, 668
Tribunus Voluptatum I, 141
Tribur, Reichstag von 887: I, 564; Reichstag von 1075: II, 89
Tributales I, 415
S. Trifomena I, 502
Trigarium I, 23
Trigetius, Präfekt, I, 93
Triklinium im Lateran I, 449
Trinci, Familie, III, 35
Trinci, Corrado III, 8, 35
Trincia, Konrad II, 468, 470
S. Trinità dei Monti III, 308, 345
S. Trinità de' Pellegrini III, 335
Trinitarier II, 564
Tripizon, Turm, II, 603f.
Trissino III, 524, 526
Triumphbogen vgl. Bogen; als Kastelle II, 285
Trivulzio, Alessandro III, 203, 209, 360, 387, 401, 442, 447
Trivulzio, Augustin, Kardinal, III, 587f., 592f., 632, 646
Trivulzio, Gian Giacopo III, 137, 140, 157, 171, 180f.
Trivulzio, Paolo Camillo III, 634, 637
Trivulzio, Scaramuccia III, 615
Trivulzio, Teodoro III, 448
Troche III, 233
Trofei di Mario I, 127
Trofoli III, 346
Troja, gegründet II, 12; von Heinrich II. erobert II, 12; von Robert Guiscard erobert II, 52
Troyes, Synode, I, 549; Konzil von 1107: II, 142
Trullus I, 712
Tübingen, Universität, bestätigt III, 279

Tudeschi, Niccolò de III, 32
Turcius Rufius I, 227
Turenne, Raimund von II, 790, III, 637
Turini, Baldassare III, 493, 533
Türken, erobern Konstantinopel III, 65; Otranto III, 123; in Rom III, 95; erobern Rhodos III, 551; und Ungarn III, 583; bei Wien geschlagen III, 651
Türkenzehnten III, 66, 70f., 85, 208
Turm vgl. auch Torre und Turris
Turm des Crescentius, vgl. Engelsburg, I, 178
Turm des Malabranca II, 606
Turm des Nikolaus II, 287f.
Türme der Kirchen I, 383; der Stadt, Anzahl im IX. Jahrhundert I, 413; im X. Jahrhundert I, 632; Anzahl im XII. Jahrhundert II, 288; Anzahl im XIII. Jahrhundert II, 430; Anzahl um 1257: II, 430; des Adels im XIII. Jahrhundert II, 574ff.; der Mauer zur Zeit Poggios II, 895
Türme, Bezeichnung in Namen von Tenuten der Campagna, II, 580
Turpilio I, 59
Turpin von Reims I, 389
Turris Cartularia, Burg der Frangipani, II, 122, 288, 576; zerstört II, 373; im XV. Jahrhundert III, 342
Turris Palara III, 342
Turris Secura III, 350
Turrita, Jakob della II, 568, 571f.
Tuscana, wird päpstlich I, 404
Tuscia, Provinz, I, 235
Tusculum I, 132; Geschichte II, 4; im X. Jahrhundert II, 4; Grafen I, 614, 714, II, 4f.; ihr Gebiet II, 7; ihr Verfall II, 243; ihr Ausgang II, 249, 263; Rechte der Päpste II, 243; von den Römern belagert II, 243; ergibt sich dem Papst II, 249; verliert die Mauern II, 250; führt Krieg mit Rom (1183) II, 255f.; wird zerstört II, 262f.; im XIII. Jahrhundert II, 388
Tusculum, Cibò von III, 375

Tuszien, römisches I, 404, 441, II, 158f.
Tyrannen in der Romagna II, 499, 750f.

U

Ubaldo, Matteo III, 87
Übersetzungen im XV. Jahrhundert III, 247
Uberti, Farinata degli II, 439
Uberti, Fazio degli II, 892, III, 353
Uberti, Pier Asino degli II, 465
Udalrich von Aquileja II, 150
Ugolino, Kardinal, vgl. Gregor IX., II, 325, 340, 354
Ulfia I, 228
Ulisse von Fano III, 351
Ulitheus I, 190
Ulrich von Godesheim II, 102
Unam Sanctam II, 538; teilweise für Frankreich aufgehoben II, 624
Umbilicus Romae I, 19, 699
Umbria, Provinz, I, 235, 443
Ungarn, fallen in Italien ein I, 575; erobern Pavia I, 590; in der Campagna I, 591; werden bekehrt I, 680
Union mit den Griechen III, 33
Universität I, 157; in Rom von Karl von Anjou gegründet II, 452f., 556; neuerrichtet von Bonifatius VIII. II, 557; geht ein II, 876; wird nach Trastevere verlegt II, 876; von Innocenz VII. erneuert II, 876; von Urban IV. hergestellt II, 877; von Eugen IV. hergestellt III, 244; nach S. Eustachio zurückverlegt III, 244; gebaut III, 309; ihr Zustand unter Leo X. III, 499f.
Unterricht um 600: I, 279; im IX. Jahrhundert I, 531, vgl. Schulen
Unwissenheit in Rom im IX. Jahrhundert I, 531, 534; im XI. Jahrhundert II, 133ff.; im XIII. Jahrhundert II, 553
Uraias I, 192
Urban I. I, 126
Urban II., vgl. Otto von Ostia, er wird

Papst II, 118; nach Rom geführt II, 119; seine Kämpfe mit Clemens III. II, 119; wieder in Rom II, 120; im Lateran II, 122; predigt den Kreuzzug II, 125 ff.; nimmt Rom II, 131; Vertrag mit Roger II, 131; auf dem Konzil von 1099: II, 131; gestorben II, 131 f.

Urban III. II, 257 ff.

Urban IV. II, 440; bietet Karl von Anjou Sizilien an II, 442 ff.; seine Gewalt in Rom II, 443; seine Verhandlungen mit Anjou II, 444 f.; seine Maßregeln gegen Manfred II, 446; gestorben II, 447; seine Bildung II, 556

Urban V. II, 757; tritt gegen die Soldbanden auf II, 762 f.; erläßt eine Bannbulle gegen sie II, 763; schließt eine Liga gegen sie II, 763; beschließt nach Rom zu gehen II, 764; geht nach Rom II, 766 ff.; schließt eine Liga gegen die Visconti II, 767 f.; Aufstand in Viterbo II, 768 f.; setzt die Konservatoren ein II, 771 f.; seine Zusammenkunft mit Karl IV. II, 772 f.; empfängt Johann Palaeologus II, 773; geht nach Frankreich zurück II, 776; stellt den Lateran wieder her II, 881; gestorben II, 776

Urban VI. II, 797 f.; entzweit sich mit den Kardinälen II, 799 f.; mit den Gaëtani II, 799 f.; seine Rechtmäßigkeit wird bezweifelt II, 800 f.; er ernennt 20 Kardinäle II, 803; Gebiet seiner Herrschaft II, 804; er schließt Frieden mit Florenz und Visconti II, 804; führt Krieg mit Clemens VII. II, 804 f.; residiert im Vatikan II, 806; entsetzt Johanna von Neapel II, 807; unterstützt Karl von Durazzo II, 807, 809; geht nach Neapel II, 810 f.; seine Zwistigkeiten mit Karl von Durazzo II, 811; sein Gewaltstreich gegen die Kardinäle II, 812; er bannt Karl von Durazzo II, 812; wird belagert II, 812; flieht nach Genua II, 813; kehrt nach Rom zurück II, 815; setzt das Jubiläum auf 33 Jahre herab II, 815; gestorben II, 815

d'Urbieta, Juan III, 564

Urbino wird Herzogtum III, 118; wird päpstlich III, 474

Urbis Romae I, 185

d'Urfé, Piero III, 167

Ursicinus I, 67

Urslingen, Konrad von, vgl. auch unter Konrad, II, 265 f.

Ursus, Stammvater der Orsini, II, 309

Usodimare, Gherardo III, 141, 148

Usodimare, Peretta III, 141, 147

V

Vacca, Flaminius I, 221

Vaga, Pierin del III, 530

Vajani, Paul II, 709

Valdez, Juan III, 517, 627

Valdus, Augustinus III, 499, 504, 641

Valencia, Bistum, kommt an die Borgia III, 10

Valentin III, 21

Valentinian II. baut S. Paolo um I, 46

Valentinian III. wird Kaiser I, 33, 86; befiehlt die Zerstörung der Tempel I, 34; residiert in Rom I, 96; ermordet Aëtius I, 96; gestorben I, 97

Valentinianus, Abt, I, 248

Valentinus, Papst, I, 497

Valentinus, Bischof von Silva Candida, I, 198

Valentinus, byzantinischer Offizier, I, 173, 196

St. Valentinus, Kirche, I, 305

Valeriano, Pierio von Belluno III, 489, 505, 554, 643; seine Beschreibung der Altertümer Bellunos III, 505; seine Schrift vom Unglück der Schriftsteller III, 514, 642

Valerianus, Urbanus III, 509

Valerium, Provinz, I, 235

Valerius III, 641

Register

Valery, Erard von II, 479f.
Valila, Flavius, Gotengraf, I, 195
Valla, Lorenzo III, 37, 48; wird päpstlicher Scriptor III, 52; seine literarische Tätigkeit III, 257ff.; als Übersetzer III, 247, 260; gestorben III, 260
Vallati, Giulio III, 610
Valle, Familie, III, 334
Valle, Andrea della III, 462, 537, 579f., 606, 608, 612, 613f.
Valle, Niccolò III, 251, 288
Valle magna wird päpstlich I, 357
Valliers, Philipp III, 551
Valmontone, Grafen, I, 714, II, 319
Valori, Bartolommeo III, 657
Valvassoren II, 18, 195
Vandalen erobern Afrika I, 87; plündern Rom I, 98ff.
Vanozza III, 152, 358, 360; gestorben III, 368
Varanes I, 59
Varano, Giammaria III, 438, 474
Varano, Gismondo III, 537, 542
Varano, Julius Caesar III, 214, 223, 225f.
Varano, Oddo III, 8
Varano, Rudolf II, 750, 787, 793
Varanus, Fabricius III, 504
Varchi III, 500
Varna, Schlacht, III, 43
Vasari III, 429
Vasto, Alfonso del III, 563f., 577f., 590, 596, 623, 625f., 635f., 648
Vatikan, Palast, Gründung I, 149, II, 291; unter Stephan II. I, 383; Klöster I, 383; Gärten II, 563; Bauten Innocenz' III. und IV. II, 562; Nikolaus' III. II, 503, 562f.; mit der Engelsburg verbunden II, 848, 882; dauernder Sitz der Päpste II, 881; Bauten Nikolaus' V. III, 300; Bauten Pauls II. III, 303; Sixtus' IV. III, 305; Alexanders VI. III, 300, 309; Capella Sistina III, 305, 312; Fresken derselben III, 319f.; Belvedere III, 308; alte Bibliothek III, 305; Tapeten III, 528, 613; Bauten Bramantes III, 415; Deckengemälde III, 429; jüngstes Gericht III, 429f.; Stanzen III, 431ff., 527; Loggien III, 415; Hof des Damasus III, 415; Museum III, 420; Grotten III, 418; neue Bibliothek III, 498
Vaudemont, René Graf von III, 587, 593, 598, 634, 637
Vecchio, Cecco del II, 742
Vegetius, entdeckt III, 245
Vegio, Maffeo III, 46, 244, 271f., 287f., 300, 342
Velabrum III, 340
Vellano III, 302, 316
Velletri, unterwirft sich dem Kapitol II, 616; wird durch Cola autonom II, 693; von den Römern unterworfen II, 756; schließt Frieden mit Rom II, 758
Velum auri I, 317
Venaissin wird päpstlich II, 587
St. Venantius I, 302
Venantius, Patrizier, I, 277
Venatores I, 141
Venedig, Friede von 1177: II, 251; Liga von 1495: III, 181
Venerameri, Ponceletto di Pietro III, 21, 26f.
Veneta, Circusfaktion, I, 143
Venetia, Provinz, I, 235
Venetianer, kämpfen gegen Liutprand I, 348; ihr Sklavenhandel I, 408; werden aus Ravenna vertrieben I, 407; bekriegen Ercole von Este III, 125; greifen die Romagna an III, 363f.; treten Teile derselben an Julius II. ab III, 374; kämpfen mit Maximilian I. III, 379; ihre Macht am Anfang des XVI. Jahrhunderts III, 379f.; führen Krieg mit der Liga von Cambrai III, 381; schließen Frieden mit Julius II. III, 382f.; führen Krieg mit der Heiligen Liga III, 394; schließen die Liga

von Blois III, 373ff., 441; führen Krieg mit Maximilian III, 381, 452f.; erwerben Verona III, 455; verbinden sich mit Karl V. III, 552; mit Franz I. III, 561; schließen mit Karl V. Frieden III, 650, 651f.
Venier, Domenico III, 591, 599, 614f.
Ventodur, Gerald de II, 720
Venturino, Fra, II, 664f.
Venus von Medici III, 336
Verardi, Carlo III, 292
Verardi, Marcellinus III, 292
Verbannung als Strafe I, 397, 471
Verde, Conte II, 769
Verdun, Vertrag, I, 500
Verina, Kaiserin, I, 114
Verme, Jakob del II, 824
Verocchio, Andrea von III, 311, 315f.
Verona wird venetianisch III, 455; Schlacht I, 53, 122
Veronika, ihr Schweißtuch I, 329; im Jahre 1300 als Reliquie in St. Peter II, 531; im Jahre 1328: II, 643; im Jahre 1350: II, 721; im Gran Sacco III, 612
Verwaltung der Stadt Rom unter Paul II. III, 107f.
Vesc, Etienne de III, 160
Vespasiano, Fiorentino III, 50, 247, 282
Vesper, sizilische II, 505
Vestiarius I, 438
Vestinae, Titulus, I, 125ff.
Vesuv, Schlacht am I, 218f.
Vettori, Francesco III, 438, 463, 535, 576, 664
Vexillum, vgl. Banner, I, 446f.
Veyre, Don Pedro de III, 628f., 631f., 633; gestorben III, 637
Via Alessandrina III, 309, 326
Via Anicia III, 328
Via ad Apothecas obscuras III, 427
Via Appia, von Theoderich hergestellt I, 155; im VI. Jahrhundert I, 108, 170, 187; im VIII. Jahrhundert I, 442; im XII. Jahrhundert III, 387f.
Via d'Aracoeli III, 341

Via Ardeatina I, 298, 383, 442
Via Aurelia I, 363, 441
Via del Banco di S. Spirito III, 329f.
Via Baullari III, 331
Via delle Botteghe oscure III, 337, 411
Via Campana I, 441
Via Canal del Ponte III, 329
Via Cannapara III, 343
Via Cassia I, 441
Via S. Celso III, 411
Via de' Cesarini III, 338
Via Claudia I, 441
Via Contrata Arcus de Trofoli III, 346
Via Cornelii III, 350
Via dei Coronari III, 330
Via Flaminia I, 359, 441, III, 346
Via Florida III, 304, 330, 335
Via del Governo vecchio III, 333
Via Janiculensis III, 327
Via Judaeorum III, 411
Via Julia III, 330, 411, 534
Via Labicana I, 49, 442
Via Lata, Region, I, 18f.
Via Lata, Straße, I, 18, 230; im X. Jahrhundert I, 699; umgetauft III, 302, 338
Via Latina I, 108, 171, 371, 442, II, 387, 458
Via Leonina III, 534
Via Lombarda III, 330, 345
Via Magnanapoli I, 710, III, 351
Via Mamurtini I, 128
Via de Maximis III, 331
Via Mercatoria III, 330
Via Merulana I, 396, III, 349
Via del Monserato III, 335
Via Nomentana I, 128, 443
Via Ostiensis I, 442
Via di Panico III, 329f.
Via Papalis II, 26, 274f., III, 304, 338, 348
Via del Paradiso III, 331
Via del Parione III, 333
Via dei Pelliciari III, 338
Via di Pietra III, 338

Via Piè di Marmo III, 338
Via Pontificalis I, 704
Via del Popolo III, 345
Via Posterula III, 329
Via Preta delli Pesci III, 338
Via Recta III, 309, 330, 338
Via della Ripetta III, 344
Via Sacra, Region, I, 16, 158; Straße I, 335, II, 296, III, 309
Via Salara I, 371, 442
Via Sancta vgl. Sancta Via
Via Sixtina III, 304, 326, 329
Via Tiburtina I, 363, 443
Via Transtiberina III, 328
Via Trinitatis III, 344
Via Valeria I, 443, II, 387
Vicedomini, Filippo II, 394
Vicedominus I, 438
Vich, Hieronymus III, 400, 447, 474, 537
Vico, Familie, II, 253, 300, III, 25
Vico, Faziolus de II, 657
Vico, Francesco de (1346) II, 679, 711
Vico, Francesco de (1369) II, 774, 783, 793, 803, 814f., 817f., 823; gestorben II, 815
Vico, Jakob de III, 15, 25
Vico, Johann de (Präfekt), II, 247, 249, 253
Vico, Johann de (1346) II, 683, 693, 696f., 724f., 735, 747
Vico, Johann Sciarra de II, 817, III, 5
Vico, Manfred de II, 603, 607, 645, 696
Vico, Petrus Romani de, kämpft für Manfred II, 445 ff.; auf seiten Karls von Anjou II, 454, 458; huldigt Konradin II, 478; gestorben II, 481
Vicolo de' Savelli II, 509, 575
Vicovaro, Kastell, II, 192
Victor II., wird Papst II, 40; seine Regierung II, 41; geht nach Deutschland II, 41; seine Stellung nach dem Tode Heinrichs III. II, 42; gestorben II, 42
Victor III., vgl. Desiderius von Monte Cassino, er wird Papst II, 115; geweiht II, 116; mit Mathilde in Rom II, 116f.; hält eine Synode in Benevent II, 117; gestorben II, 117; Grab II, 117
Victor IV., wird Papst II, 237f.; seine Anhänger II, 238; in Pavia II, 239; in Lodi II, 240; gestorben II, 240
Victor IV., Gegenpapst, II, 188
Victoria, Bildsäule, I, 31
Vicus Jugarius I, 20, II, 199
Vicus Saxonum I, 431
Vida III, 410, 491, 514, 517f., 643
Vidoni, Palast, III, 334
Vigerio, Marco III, 373, 499f.
Vigilantius I, 59
Vigiles I, 137
Vigilius, Papst, I, 162, 184, 197; geht nach Konstantinopel I, 197; schürt den Gotenkrieg I, 212; betreibt die pragmatische Sanktion I, 226; wird verbannt I, 229; gestorben I, 229
Vikariate der Kirche II, 751f., 817
Vilgard I, 693
Villamarina III, 164
Villani, Giovanni II, 533, 558
Villehardouin, Wilhelm von II, 479
Villen des XVI. Jahrhunderts III, 533
St. Vincentius I, 298f.
Vincenzio da S. Gimignano III, 530, 533, 641
S. Vincenzo I, 298
S. Vincenzo am Volturno, Kloster, I, 364, 552
Vinci, Leonardo da III, 223, 529
Vinea, Petrus de II, 376, 392; gestorben II, 404
Vineae Tedemarii, Region, III, 334
Vinigild, Vater Pelagius' II., I, 247
Vio, Thomas de III, 401; wird Kardinal III, 461; in Augsburg III, 469f., als Professor III, 500; empfiehlt Hadrian VI. III, 537f.
Violanta von Aragon II, 521
Virgil, Sagen über ihn, II, 279ff.; auf

dem Forum Trajanum deklamiert I, 277
Virtus, Statue, I, 61
Visand I, 174
Visconti, Familie, II, 754
Visconti, Ambrosio II, 761
Visconti, Azzo II, 656, 661
Visconti, Bernabò II, 746, 754, 757f., 782, 804; gestorben II, 824
Visconti, Bianca III, 19, 39, 53
Visconti, Carlo III, 119
Visconti, Filippo III, 7, 9, 14, 17, 19, 23, 29f., 40, 42, 243; gestorben III, 52
Visconti, Filippo Maria II, 825, 869
Visconti, Galeazzo II, 630, 639f., 754, 761, 782; gestorben II, 657
Visconti, Gian Galeazzo II, 824f.
Visconti, Johann II, 676, 726, 735, 745f., 754; gestorben II, 746
Visconti, Johann Maria II, 825, 869
Visconti, Lucchino II, 639, 676, 694, 754
Visconti, Marco II, 639, 656
Visconti, Mattheus II, 597f., 623, 629f., 746; gestorben II, 630
Visconti, Robert II, 746
Visconti, Stefan II, 754
Visconti, Valentina II, 824
Vitae Paparum Avenionensium II, 879
S. Vitale I, 125, 131
Vitalianus, Papst, I, 308, 314
St. Vitalis I, 126
Vitalis, Janus III, 489
Vitelleschi, Bartolommeo III, 43
Vitelleschi, Johann III, 15, 296; seine Jugend III, 24; als Feldherr der Kirche III, 19, 23f.; unterwirft Rom III, 24; Legat in Rom III, 24; besiegt Vico III, 25; wird Erzbischof von Florenz und Patriarch von Alexandrien III, 26; kämpft gegen die Savelli III, 26; nimmt Palestrina III, 26f.; seine Herrschaft in Rom III, 27; er zerstört Palestrina III, 28; kämpft für Isabella von Provence III, 30; wird Kardinal III, 30; unterwirft Umbrien III, 35f.; wird verhaftet III, 36f.; gestorben III, 37; sein Charakter III, 37f.
Vitelleschi, Manfred III, 38
Vitelleschi, Pietro III, 38
Vitelleschi, Vituccio II, 844
Vitelli, Familie, III, 38
Vitelli, Alessandro III, 657
Vitelli, Niccolò III, 120
Vitelli, Paolo III, 214
Vitelli, Vitello III, 454, 456, 576, 584, 587, 600
Vitelli, Vitellozzo III, 187, 209, 214f., 223, 225ff.
Vitellius von Ischia III, 21
Viterbo, wird päpstlich I, 404; im Kriege mit Rom (1178) II, 253; Krieg mit Rom (1199) II, 307f.; unterwirft sich II, 308; Parlament von 1207: II, 316; seine Macht im XIII. Jahrhundert II, 350; Krieg mit Rom (1225) II, 350; im Schutz des Kaisers II, 363; Krieg mit Rom (1231) II, 363; Friede II, 364; erklärt sich für Gregor IX. II, 366; kaiserlich II, 380; guelfisch II, 391; von Friedrich II. belagert II, 391; ergibt sich Friedrich von Antiochien II, 402; das Rektorat wird päpstlich II, 508; die Stadt unterwirft sich Rom II, 512; die Stadt unterwirft sich dem Papste II, 823; Verfassung unter Bonifatius IX. II, 823; die Stadt wird an die Rhodiserritter gegeben III, 600f.
Viterbo, Aegidius von, vgl. Canisius, Egidius, III, 400
Viti, Timoteo III, 530
Vitiges, wird König I, 170; geht nach Ravenna I, 171; heiratet Matasuntha I, 171; tritt Südgallien an die Franken ab I, 171; belagert Rom I, 174ff.; zerstört die Wasserleitungen I, 175; versucht einen Sturm auf Rom I, 176; tötet die römischen Geiseln I, 185;

besetzt Portus I, 185; unterhandelt mit Belisar I, 188; schließt Waffenstillstand I, 188; stürmt zum zweitenmal I, 190; zieht von Rom ab I, 191; wird nach Konstantinopel gebracht I, 192

Vitorchiano II, 307f., 504; wird Kámmergut Roms II, 364; erhält den Titel „fedele" II, 364

Vitruvius, Editio princeps III, 505

Vittoria II, 404

Vivariense I, 245

Vivarium I, 176

Vives, Gabriel III, 122

Vizantii oder Vitantii, Titulus, I, 129

Volaterranus, Jacobus vgl. Jakob von Volterra

Volaterranus, Raffael vgl. Maffei, Raffael

Volterra, Jacobus von III, 248

Volterra, Kardinal, III, 364

Vorsteher des Krieges II, 793

Voveranum, Kastell, II, 192

Vulcani, Marino, sein Grab II, 884f.

Vulturnus I, 224

W

Wachtgesänge I, 183

Waffentragen verboten III, 601

Wagenrennen unter den Goten I, 140, 143

Waimar vgl. auch Guaimar

Waimar IV. von Salerno II, 19, 34

Wala I, 474, 486

Walbert, Erzbischof von Mailand, I, 616

Waldenser II, 338

Waldrada I, 527; exkommuniziert I, 541

Waldipert, Presbyter, I, 387; macht Philipp zum Papst I, 388; gestorben I, 389

Walfred II, 142

Wallfahrten vgl. Pilger

Wallia, König, I, 91, 104

Walram von Luxemburg II, 596, 599

Walther von Brienne, Prätendent von Sizilien, II, 315f.

Walther von Brienne, Herzog von Athen, II, 639

Walwisindula I, 548

Warnefried, vgl. Paulus Diaconus, I, 309

Warnsberg, Aegidius von II, 606

Wasserleitungen vgl. auch Aqua

Wasserleitungen, antike I, 14, 138; von Vitiges zerstört I, 175; von Belisar hergestellt I, 209; unter Gregor d. Gr. I, 282; von Hadrian I. hergestellt I, 413

Wechsler im XV. Jahrhundert III, 108

Weil, Wendelin von III, 251

Weinsteuer, unter Eugen IV. III, 41; unter Paul II. III, 107

Welf IV. II, 119, 131

Welf V. II, 119, 121; wird geschieden II, 130; für Heinrich IV. II, 131; gestorben II, 248

Welf von Bayern, Schwiegervater Ludwigs des Frommen, I, 498

Wenzel II, 804, 824f.

Werdenberg, Felix von III, 656

Werner, seine Kompanie, II, 686, 718

Werner I. von Spoleto II, 35, 140f.

Werner, Abt, I, 371f.

Werner, Erzbischof von Mainz, II, 490

Wessel, Johann III, 279

Westgoten vgl. Alarich

Weyden, Rogier van der III, 319

Wibald, Abt von Stablo, II, 217

Wibert, Kanzler II, 49; erhebt Cadalus II, 58; gestürzt II, 60; Erzbischof von Ravenna II, 80; für Heinrich IV. II, 92; wird Papst, vgl. Clemens III., II, 96; Charakter II, 97

Wigbert von Thüringen II, 101

Wilhelm von Apulien, Dichter, II, 134

Wilhelm, Herzog von Apulien, vom Papste belehnt II, 157; gestorben II, 176

Wilhelm von Aquitanien II, 13
Wilhelm von Arezzo II, 448
Wilhelm von Eboli II, 654, 658
Wilhelm Eisenarm II, 34
Wilhelm der Eroberer II, 96
Wilhelm von Holland II, 405, 409, 437
Wilhelm von Malmesbury II, 279
Wilhelm von der Provence I, 642
Wilhelm I. von Sizilien II, 221; führt Krieg mit Hadrian IV. II, 222; wird belehnt II, 232; gestorben II, 241
Wilhelm II. von Sizilien II, 241, 251; gestorben II, 261
Wilhelm, Graf von Tuszien, II, 369, 391
Wilhelm, Sohn Tancreds, II, 315
Willa, Gattin Berengars, I, 611, 625
Willigis, Erzbischof von Mainz, I, 649, 650
Windeln, übersandt I, 379
Winfried vgl. Bonifatius
Winiges, Herzog von Spoleto, I, 453,
Winkel, Johann III, 545   [478
Wipo II, 133
Wirundus I, 453
Wittelsbach, Konrad von II, 243, 246, 249
Wittelsbach, Otto von II, 236, 238; ermordet Philipp von Schwaben II, 325
Wladislaw von Litauen III, 95
Wölfin, kapitolinische I, 123, 296, 631, III, 267
Wolfger von Aquileja II, 325, 327
Wolfold von Cremona I, 485
Wolsey, Thomas III, 445, 631, 637; wird Kardinal III, 447; für Karl V. gewonnen III, 476; will Papst werden III, 538; betreibt eine Liga mit Frankreich III, 569f., 627; gestorben III, 655
Worms, Konzil II, 84; Konkordat II, 172f.; Reichstag von 1521: III, 477f.
Wulfrin I, 410
Wunderglaube im VI. Jahrhundert I, 274

X
Ximenez von Toledo III, 378

Y
Ygnano, Johann de II, 586
Ymarus von Tusculum II, 238
Ysaias III, 315

Z
Zabarella, Francesco II, 854, 877
Zacharias, Papst, I, 356; verträgt sich mit Liutprand I, 356; reist zu ihm I, 357; vermittelt Frieden zwischen Liutprand und dem Exarchat I, 357f.; erwirbt Norma und Ninfa I, 359; bezwingt Ratchis I, 360; erkennt Pippin als König an I, 361; gestorben I, 361; seine Bauten am Lateran I, 361f.; errichtet Domus cultae I, 363
Zacharias, sein Breviarium I, 101
Zacharias, Presbyter, I, 445
Zacharias, Protospathar, I, 322
Zacharias von Anagni I, 523
Zagarolo, colonnesisch II, 140; von Vitelleschi zerstört III, 28
Zeitrechnung der Kirche II, 530
Zelter, weißer, als Tribut Neapels III, 115
Zeno, Isauricus, macht Odoaker zum Patricius I, 116; veranlaßt die Goten nach Italien zu ziehen I, 121; sein Henotikon I, 125; gestorben I, 122
Zeno, byzantinischer Offizier, I, 188
Zeno, Battista III, 105, 150, 159
Zeno, Carlo II, 807, III, 243
Zenodorus, sein Koloß, I, 16
Zeus des Phidias I, 94
Ziâdet-Allah I, 497
Ziazo I, 678, 681, 687
Ziegel, mit Theoderichs Stempel, I, 146
Ziegelfabrik des Staats I, 137
Zink, Johann III, 440   [632
Zinnen, Anzahl im X. Jahrhundert, I,
Zölle in Rom im XV. Jahrhundert III, 107f.

Zollern, Eitel-Fritz von III, 559
Zorzi, Geronimo III, 183, 332
Zorzi, Marin III, 448f.
Zosimus, Papst, I, 85
Zosimus, heidnischer Geschichtsschreiber, I, 60
Zoto, Herzog von Benevent, I, 248, 309
Zünfte in Rom im VIII. Jahrhundert I, 430; im X. Jahrhundert I, 601; im XIII. Jahrhundert II, 425ff.; in Perugia II, 350, 425; in Rom seit dem XV. Jahrhundert II, 687, 759, 820; im XV. Jahrhundert III, 108
Zuniga, Juan de III, 373
Zwingli III, 482